KB010252

박지훈의

친절한 경제학

박지훈 편저

일반사회 [경제]영역 **핵심이론편**

합격기준 박문각 임용 동영상강의 www.pmg.co.kr

중등임용
일반사회
[경제]
대비

PMG 박문각

머리말

중등교사임용시험의 일반사회 경제학 과목을 완벽하게 준비한다는 것은 참으로 쉽지 않은 일이다. 우선, 경제학의 출제범위는 입문과정인 「경제학 원론」과 「경제학 각론」(미시경제학, 거시경제학 및 국제경제학)의 일부 내용까지 포함된다.

또한, 우리 시험은 서술형 문제이므로 경제이론을 이해하여 서술할 수 있어야 하며 계산문제가 상당한 비중으로 출제되고 있다. 미시경제학의 경우는 50% 이상이 계산문제이다.

따라서, 경제학의 수험준비를 위해서는 광범위한 경제이론의 이해와 관련 계산문제의 해결 능력이 요구된다.

그러나 어쩌겠는가? 우리는 기꺼이 '선생님'의 길을 선택했다.

공자님은 "學而時習之 不亦說乎!"
맹자님은 "得天下英才 而教育之 三樂也!"

즐거운 마음으로 공부(學習)하여, 평생의 즐거움(三樂)을 누리도록 하자.

한 해를 보내며 우리 모두 내년의 합격을 소망합니다.

편저자 박지훈

박지훈의 경제학 학습 TIP!

1단계 기본 및 심화이론 정리

경제학원론과 경제학 각론의 일부 내용을 정리하여 경제학 기본 및 심화이론을 이해한다.
이 과정에서 모든 계산 문제를 완벽하게 정리한다.

> **단원별 서브노트 작성**
> 1단계 강좌를 수강 또는 자습하면서 판서 내용을 기록하여 서브노트를 작성한다. 이 서브노트
> 는 이후 진행되는 기출문제 분석, 단원별 연습문제 및 전 범위 모의고사 과정의 기본 자료가
> 된다.
>
> **[기본도서]** • 박지훈 편, 일반사회-경제학, 박문각(경제학원론 및 경제학각론 내용 포괄)
> **[참고도서]** • 이준구, 이창용 공저, 경제학원론, 문우사
> • 김대식, 노영기, 안국신 공저, 현대 경제학원론, 박영사
> • 그레고리 맨큐 저, 김경환 · 김종석 역, 맨큐의 경제학(Principles of
>   Economics), 센게이지러닝

2단계 기출문제 분석

기출문제 풀이 과정을 통해 출제범위와 난이도 파악

3단계 진도별 연습문제 풀이

출제 가능한 심화이론까지 포함한 연습문제 풀이를 통해 최종 이론정리 및 문제풀이
능력 제고

4단계 전 범위 모의고사

실전 문제형식에 의한 문제풀이 연습과 이론 최종정리

교원임용시험 경제학 기출문제 분석 – 2014~2023년

(괄호 안은 계산문제)

		14	15	16	17	18	19	20	21	22	23	총	
미시경제학		2(1)	1(1)	2	2(2)	2(2)	2(1)	3(1)	2(2)	2(2)	2(1)	20(13)	
거시경제학		1(1)	1	1	1	2(2)	2(1)	1	−	1	1(1)	11(5)	
국제경제	무역론	1(1)	2(1)	−	1(1) [중복]	−	1(1)	1(1)	1(1)	−	−	7(6)	10(7)
	수지론	1	−	1		−	−	−	−	−	−	3(1)	
총		5(3)	4(2)	3	4(3)	4(4)	5(3)	5(2)	3(3)	3(2)	3(2)	41(25)	

⊓ 미시경제학

Unit 목차	Chapter 목차	연도별	출제내용
수요 · 공급이론	수요 · 공급이론		
	수요와 공급의 탄력도		
수요 · 공급이론의 응용 [4문]	경제적잉여	2014	소비자잉여(계산)
	조세귀착	2018	종량세 전가와 귀착(계산)
	가격통제	2022 2019	최저가격제와 정부수매(계산) 최고가격제 자중손실(계산)
소비자균형이론 [1문]	무차별곡선이론	2020	완전대체재 가격효과
소비자균형이론의 응용 [3문]	노동공급	2021 2014	노동공급 효용극대화(계산) 후방굴절노동공급곡선
	자본공급	2019	자본공급 효용극대화
생산자균형이론	생산함수와 비용함수		
생산물시장이론 [6문]	완전경쟁시장	2018 2017	단기균형(계산) 장기균형(계산)
	독점시장	2022 2021 2016	독점균형과 자중손실(계산) 묶어팔기(계산) 독점규제 종량세
	독점적경쟁 및 과점시장	2020	게임균형과 죄수의 딜레마
소득분배이론과 생산요소시장이론 [3문]	소득분배이론	2023 2016	소득불평등 지표(10분위분배율, 지니계수) 롤즈의 사회정의 원칙
	생산요소시장이론	2015	노동수요독점시장(계산)
시장실패 [3문]	외부효과	2023 2020 2017	적정 오염배출량과 피구세(계산) 코우즈정리와 피구세 오염배출권(계산)
	공공재		
정보경제론			

⟡ 거시경제학

Unit 목차	Chapter 목차	연도별	출제내용
기초개념 [4문]	주요 거시경제변수		
	단순모형	2016	인플레이션갭과 디플레이션갭
	재정정책	2023 2018 2014	2부문단순모형 재정정책(계산) 3부문정액세모형 재정정책(계산) 재정정책(계산)
개별함수이론 [2문]	소비수요함수	2022	절대소득가설과 생애주기가설
	투자수요함수	2019	현재가치법(계산)
통화금융이론	통화공급함수		
	통화수요함수		
총수요–총공급모형 [5문]	IS-LM모형	2020 2019 2015	유동성함정하의 재정 · 통화정책 재정정책과 통화정책 효과 크기 유동성함정하의 재정 · 통화정책(양적완화)
	총수요–총공급모형	2017	단기조정과 장기조정
	인플레이션과 실업	2018	장단기 필립스곡선(계산)
동태거시경제모형	경제성장이론		

⟡ 국제경제학

Unit 목차	Chapter 목차	연도별	출제내용
국제무역이론 [7문]	자유무역	2017(중복) 2014	자유무역 수출입량(계산) 자유무역 수출입량(계산)
	비교우위	2021 2020 2015	비교우위판별, 무역 후 소비량(계산) 비교우위판별, 무역 후 소비량(계산) 균형교역조건(계산)
	무역정책	2019 2015	관세와 쿼터(계산) 수출보조금
국제수지이론 [3문]	환율	2017(중복)	구매력평가(계산)
	IS-LM-BP모형	2014	개방경제하의 재정 · 통화정책
	개방거시경제 분석	2016	'이자율–재정적자 모형'

CONTENTS

차례

박지훈의
친절한 경제학

PART

01

미시경제학 원론

박지훈의
친절한 경제학

경제학의 기초

박지훈의
친절한 경제학

CHAPTER 01 경제문제와 경제체제

I │ 경제와 경제문제

01 경제문제와 희소성의 법칙

1. 경제와 경제문제

① 경제(economy)란 재화(goods)와 용역(services)의 생산·교환·분배 및 소비와 관련된 사회제도 또는 그 안에서의 행위이며, 이와 관련된 문제를 경제문제라고 한다.

② 사무엘슨(P. A. Samuelson)은 이러한 경제문제를 다음과 같이 세 가지로 요약하였으며, 동서고금의 어떤 경제체제이든 이러한 경제문제가 존재한다.

③ 첫 번째와 두 번째 문제는 자원배분의 **효율성**(efficiency)에 관한 문제이며, 세 번째는 소득분배의 원리와 소득분배의 **공평성**(equity, 균등성)에 대한 것이다.

④ 이 중에서 소득분배의 공평성은 주관적 견해에 따라 판단 기준이 달라지는 문제이다.

⑤ 따라서 경제학에서는 주로 자원배분의 효율성에 대한 문제를 분석한다.

> **개념정리** **사무엘슨(P. A. Samuelson)의 '세 가지 경제문제'**
>
> • 무엇을, 얼마나 생산할 것인가?　　　　　　　　　(생산물의 종류와 수량의 결정)
> • 어떻게 생산할 것인가?　　　　　　　　　　　　(생산방법의 결정)
> • 누구를 위하여 생산할 것인가?　　　　　　　　　(생산물 및 소득의 분배)

2. 경제문제 발생원인 : 희소성의 법칙

① 경제문제가 발생하는 것은 희소성의 법칙 때문이다.

② 희소성의 법칙이란 욕망을 충족시켜주는 자원이 상대적으로 부족한 것을 말한다.

02 경제적 효율성과 경제원칙

1. 경제적 효율성

① 모든 경제행위에는 경제적 비용(cost)과 편익(benefit)이 발생한다.

② 비용은 경제행위에 따라 발생하는 경제적 비용(기회비용)이다.

③ 편익은 경제행위에 따른 사익(私益, self interest, 효용·수입 등)을 말한다.

④ 편익에서 비용을 뺀 것을 순편익(편익-기회비용)이라고 하며, 순편익은 모든 경제행위의 유인(economic incentive)이 된다.

⑤ 경제적 효율성은 순편익이 극대화되도록 희소자원을 사용(배분)하는 것이다.

⑥ 이때 편익과 비용은 총편익과 총비용이 아니라, 추가되는 편익과 비용을 의미하는 한계편익과 한계비용을 중심으로 분석한다.

> ⊙ 경제적 순편익: 경제적 편익(한계편익) - 경제적 비용(한계비용)
> ⊙ 경제적 효율성: 경제적 순편익이 극대화되는 경제행위

2. 경제원칙: 최대효과·최소비용의 원칙, 경제적 합리주의

① 편익은 극대화하고 비용을 최소화하여 순편익을 극대화하는 것을 경제원칙(경제적 합리성)이라고 한다.

② 경제학에서는 모든 경제주체(가계, 기업, 정부 등)가 경제원칙에 따라 행동하는 것으로 가정하고 분석하며, 경제원칙에 따라 행동하는 경제주체를 경제인(homo economicus)이라고 한다.

> ⊙ 경제원칙: 최소비용, 최대효과의 원칙. 경제적 합리주의
>
> ▸ 최대효과의 원칙: 주어진 자원으로 최대효과
> ▸ 최소비용의 원칙: 일정한 목표 달성에 최소한의 자원 사용

3. 경제적 비용: 기회비용과 매몰비용

① 기회비용(opportunity cost)은 어떤 행위(선택)에 따라 발생한 화폐적 비용과 그 행위에 따라 포기한 다른 대안(代案)들 중의 최고가치를 더한 것이다.

② 매몰비용(sunk cost)은 잘못된 판단에 따라 투입된 비용이며 포기해야 한다.

> ⊙ 기회비용: 화폐적 비용 + 포기한 대안 중의 최고가치
>
> **예제** 회사 선택 시 필요한 화폐비용 10만 원,
> A회사 주급 80만 원, B회사 주급 100만 원, C회사 주급 120만 원
>
> ▸ B회사 선택: 기회비용 = 화폐비용(10만) + C회사 주급(120만) = 130만 원
> ▸ C회사 선택: 기회비용 = 화폐비용(10만) + B회사 주급(100만) = 110만 원
>
> ⊙ 매몰비용: 잘못된 판단에 따라 이미 투입된 비용   **예** 불량 원자재 구입 비용

03 경제학적 사고의 기초

경제학(신고전학파 경제학)에서는 다음과 같은 기본인식을 전제로 경제문제를 분석한다.

> ⊙ 경제주체는 자신의 이익(사익(私益))을 위해 행동한다.   [이기심]
> ⊙ 합리적 선택은 한계적으로 이루어진다.   [한계원리]
> ⊙ 어떤 선택이든 포기해야만 하는 대가가 따른다.   [기회비용]
> ⊙ 비교우위에 따른 분업(특화)과 자발적 교환은 모두에게 이익이다.
> ⊙ 시장은 스스로 조정과정을 통해 균형이 이루어지며 이를 거스를 수 없다.
> ⊙ 시장은 효율적이지만 완벽하지는 않다.   [시장실패]
> ⊙ 정부개입은 시장의 문제점을 더 악화시킬 수도 있다.   [정부실패]
> ⊙ 자원배분 효율성과 소득분배 공평성(균등분배)을 동시에 이루기 어렵다.

개념정리

1. **경제주체** : 경제행위를 하는 세 주체

   ① 가계 : 생산물을 소비하고 생산요소를 공급
   ② 기업 : 생산물을 공급하고 생산요소를 수요(고용). 가계와 기업을 민간부문이라고 함
   ③ 정부부문(정부와 공기업) : 생산물과 생산요소를 수요·공급. 경제정책을 집행

2. **경제객체(Ⅰ)** : 경제행위의 대상이 되는 생산물

   ① 재화(goods) : 소비에 따라 효용이 발생하는 유형의 물건
   ② 용역(services) : 소비에 따라 효용이 발생하는 무형의 행위   **예** 강의, 공연, 도·소매업 등
   ③ 상품(goods, commodities) : 시장에서 거래되는 재화와 용역 및 생산요소
   ④ 경제재(economic goods) : 소비에 대가가 필요한 재화와 용역 및 생산요소
   ⑤ 자유재(free goods) : 소비에 대가가 필요치 않은 재화와 용역
   ⑥ 소비재(consumer goods) : 최종목적이 소비인 재화와 용역   **예** 소비자에 판매된 쌀
   ⑦ 생산재(producer goods) : 최종목적이 생산인 재화와 용역   **예** 양조장에 판매된 쌀

3. **경제객체(Ⅱ)** : 생산물을 생산하는 데 투입되는 요소와 기술

   ① 생산요소(본원적 생산요소·자원) : 생산에 투입되는 재화와 용역

      ㉠ 노동(L) : 노동력. 인적자본(human capital), 투자를 통해 교육(훈련, 연수)된 노동
      ㉡ 자본(K) : 공장설비, 기계, 원재료 등 생산된 생산요소
      ㉢ 토지(N) : 토지, 자연자원 및 천연자원. 일반적으로 자본에 포함하여 분석

   ② 기술과 정보(지식, IT) : 경영능력. 제4의 생산요소라고도 함

Ⅱ 경제체제

20세기 경제체제는 자본주의와 사회주의로 구분되었다.

01 자본주의 경제체제

1. 자본주의의 성립과 특징

① 수공업과 상업을 기초로 하는 중상주의 경제체제(mercantilism; 15C 중반~18C 중반)하에서 축적된 상업자본을 기반으로 산업혁명(기계 및 동력 발명; 17C 말~18C 말)이 일어났다.
② 산업혁명에 의해 생산방식이 변화(공장제 기계공업)하여 생산력이 획기적으로 증대됨에 따라 대규모 산업자본이 축적되었고 이를 기초로 자본주의 경제체제가 등장하였다.
③ 모든 경제문제는 자유시장기구(free market mechanism)에 의해 해결되며, 사유재산이 허용된다.

2. 자본주의의 장단점

① 시장을 통해 각 경제주체는 자신의 사익(私益)극대화를 추구한다.
② 즉, 생산자(공급자; 기업)는 자신이 보유한 생산수단을 이용하여 이윤극대화를 추구하며, 소비자(수요자)는 자신의 소득으로 소비에 따른 효용극대화를 추구한다.
③ 이러한 개별주체들의 사익극대화 노력을 통해서 희소한 자원이 효율적으로 배분된다.
④ 그러나 소득(부)분배의 불공평, 실업과 인플레이션의 주기적 반복에 따른 경제 불안, 과도한 사익 추구에 따른 자연환경 파괴, 인간소외, 사익과 공익의 괴리 등의 문제점을 가지고 있다.

02 사회주의 경제체제

1. 사회주의의 성립과 특징

① 러시아혁명(1917. 10)을 통해 자본주의의 대안으로 등장한 경제체제이다.
② 마르크스(K. Marx)는 자본주의는 내부모순에 따라 스스로 붕괴하며, 노동자·농민혁명(프롤레타리아 혁명)에 의해 사회주의 경제체제로 이행되는 것이 역사적 필연이라고 주장하였다.
③ 모든 경제문제는 당국의 계획(plan)에 의해 해결되며, 생산수단은 국유화(國有化, 공유화)되고 사유재산은 허용되지 않는다.

2. 사회주의의 장단점

① 사회주의경제는 분배의 평등을 추구하며 사유재산을 금지한다.
② 그러나 사유재산 금지와 계획에 의한 자원배분은 개별경제주체들의 사익추구 행위를 불가능하게 하여 자원배분의 비효율성이 초래되었다.

경제학 방법론

Ⅰ 경제학의 정의와 구분

01 경제학의 정의

① 경제학(economics)은 희소한 자원의 합리적 사용(자원배분의 효율성)과 소득분배(소득분배의 균등성(공평성))에 관한 문제를 분석하는 학문이다.

② 자본주의 경제체제를 분석하는 주류(主流) 경제이론을 신고전학파 경제학이라고 하며, 스미스(A. Smith. 1723~1790)의 국부론(國富論, 1776)으로부터 시작되었다.

『국부론(An Inquiry into the Nature and Causes of the Wealth of Nations)』
자본주의경제에 대한 최초의 체계적 분석. 신고전학파 경제이론의 시작

02 경제학의 구분

1. 미시경제학(micro economics)과 거시경제학(macro economics)

① 미시경제학(시장론, 개별시장 가격결정이론)은 개별상품시장의 균형을 분석한다.

② 거시경제학(국민소득결정이론)은 한 나라의 총체적 생산(국민소득)을 분석한다.

2. 실증경제학(positive economics)과 규범경제학(normative economics)

① 실증경제학(경제이론)은 경제문제에 대한 법칙성을 규명하여 미래를 예측한다.

② 규범경제학(경제정책)은 주관적 가치판단에 따라 경제문제의 대책을 제시한다.

3. 부분균형이론과 일반균형이론

① 부분균형분석(마샬; A. Marshall)은 각 시장이 분리·독립되어 존재하는 것으로 간주하여 분석한다. 다른 시장과의 상호작용을 무시하는 한계를 가진다.

② 일반균형분석(왈라스; L. Walras)은 관련 시장과의 상호관계까지 분석한다.

4. 정태경제학(static economics)과 동태경제학(dynamic economics)

① 정태경제학(정태분석, 비교정학)은 특정 시점에서 경제문제를 분석한다.

② 동태경제학(동태분석, 동학)은 경제의 시간경로(time path)까지 고려하여 분석한다.

Ⅱ | 경제이론의 구성과 방법론

01 경제이론의 구성

1. 이론의 목적

① 경제이론은 경제변수들 사이의 **상관관계**(correlation)를 파악한 후, 상관관계를 갖는 변수들 사이의 인과관계(causation)를 분석하여 경제변수들 사이의 법칙성을 규명한다.

② 경제이론의 목적은 이러한 법칙성을 이용하여 현실을 설명하고 미래를 예측하는 것이다.

2. 이론구성의 3단계

① 가정을 설정하여 경제문제를 추상화·단순화한다.

② 그 가정하에서 인과관계를 추론하여 **가설**(경제모형, 경제이론)을 정립한다.

③ 정립된 가설의 정확성과 예측력을 통계자료를 이용하여 검증한다.

02 경제이론의 오류 가능성

1. 인과의 오류(post hoc fallacy)

① 경제현상들 사이의 인과관계(causation)를 잘못 파악하는 오류이다.

② 두 현상(A, B) 사이에 인과관계가 없음에도 불구하고 인과관계가 있는 것으로 오인하거나, 인과관계의 선후를 잘못 파악($A \Rightarrow B$의 관계인 것을 $B \Rightarrow A$의 관계로 파악)하는 것이다.

> **예** 까마귀 날자 배 떨어진다.: 우연한 현상을 인과관계가 있는 현상으로 오인
> 명품은 비싸야 잘 팔린다.: 명품 소비는 가격 이외의 요인에 따라 결정

2. 구성의 오류(fallacy of composition)

① 전체(부분)에 옳은 것이 부분(전체)에는 옳지 않은 경우가 있을 수 있음에도 불구하고, 이를 구분하지 않고 분석하는 것을 구성의 오류라고 한다.

> **예** "숲과 나무": 숲을 적절히 관리하기 위해서는 나무를 베어내고 길을 내야 함

② 전체적인 거시경제현상에 적용되는 법칙성(거시경제이론)을 부분적인 미시경제현상의 분석(미시경제이론)에 그대로 적용하거나 그 반대의 경우 나타날 수 있는 오류이다.

> **예** 절약의 역설: 개별소비자의 절약이 거시경제 경기침체의 원인이 될 수 있음
> 가수요: 가격 상승을 예상한 소비자가 미리 더 사게 되면 실제 물가 상승

03 경제이론의 표현

1. 서술적 표현   ◀ 수요법칙과 공급법칙을 예로 들어 설명

① 수요법칙: 가격이 오르면(내리면) 수요량이 감소(증가)한다.   ■ 가격과 수요량은 부(−)의 관계
② 공급법칙: 가격이 오르면(내리면) 공급량이 증가(감소)한다.   ■ 가격과 공급량은 정(+)의 관계

2. 수리적 표현

(1) 독립변수가 하나일 때   ◀ 차분(△) 또는 미분(d)을 이용하여 분석

> • 함수: $Y = f(X)$ (단, X: 독립변수, Y: 종속변수)
>
> • 미분: $f' = \dfrac{\triangle Y}{\triangle X} = \dfrac{dY}{dX} = \dfrac{\text{종속변수 변동분}}{\text{독립변수 변동분}}$ (단, $\triangle$: 차분. 변동이 클 때, d : 미분. 변동이 작을 때)
>
> ▸ $f' = \dfrac{\triangle Y}{\triangle X} = \dfrac{dY}{dX} > 0$. Y는 X의 증가함수. X 증가(감소) 시, Y 증가(감소)
>
> ▸ $f' = \dfrac{\triangle Y}{\triangle X} = \dfrac{dY}{dX} < 0$. Y는 X의 감소함수. X 증가(감소) 시, Y 감소(증가)
>
> • 미분값의 의미: 독립변수(X)가 1단위 변화할 때 종속변수(Y)의 변동분
> 　　　　　　　　독립변수(X)와 종속변수(Y)를 그림으로 그릴 때 기울기
>
> ---
>
> 예제 　 $Y = 10 - 2X$.　　 $f' = \dfrac{dY}{dX} = -2$　　 (Y는 X의 감소함수)
>
> ▸ X가 1단위 증가(감소)할 때 Y는 2 감소(증가)
>
> ▸ Y축 절편이 10이고 기울기가 −2 가 되는 우하향하는 직선

> • 수요함수: $Q_X^D = f(P_X)$　　　 (단, P_X: 가격. 독립변수, Q_X^D: 수요량. 종속변수)
>
> • 수요법칙: $f' = \dfrac{dQ_X^D}{dP_X} < 0$.　　 수요량은 가격의 감소함수(가격 상승 시, 수요량 감소)
>
> ---
>
> 예제 　 $Q_X^D = 100 - 0.5P_X$,　　 $f' = \dfrac{dQ_X^D}{dP_X} = -0.5$　　 가격 1원 오를 때 수요량 0.5개 감소

> • 공급함수: $Q_X^S = f(P_X)$　　　 (단, P_X: 가격. 독립변수, Q_X^S : 공급량. 종속변수)
>
> • 공급법칙: $f' = \dfrac{dQ_X^S}{dP_X} > 0$.　　 공급량은 가격의 증가함수(가격 상승, 공급량 증가)
>
> ---
>
> 예제 　 $Q_X^S = 10 + 2P_X$,　　 $f' = \dfrac{dQ_X^S}{dP_X} = 2$　　 가격 1원 오를 때 공급량 2개 증가

(2) 독립변수가 여러 개일 때 ◀ 편미분(∂)을 이용하여 분석

- 함수: $Y = f(X, Z)$ (단, X, Z: 독립변수, Y: 종속변수)

- 편미분: $f_X = \dfrac{\partial Y}{\partial X} = \dfrac{\text{종속변수}(Y)\ \text{변동분}}{\text{독립변수}(X)\ \text{변동분}}$ (독립변수 X가 1단위 변화할 때 종속변수(Y) 변동분)

  $f_Z = \dfrac{\partial Y}{\partial Z} = \dfrac{\text{종속변수}(Y)\ \text{변동분}}{\text{독립변수}(Z)\ \text{변동분}}$ (독립변수 Z가 1단위 변화할 때 종속변수(Y) 변동분)

예제 $Y = 10 - 2X + 0.5Z$. $\quad f_X = \dfrac{\partial Y}{\partial X} = -2$, $\quad f_Z = \dfrac{\partial Y}{\partial Z} = 0.5$

- ▶ Y는 X의 감소함수. X가 1단위 증가(감소)할 때 Y는 2 감소(증가)
- ▶ Y는 Z의 증가함수. Z가 1단위 증가(감소)할 때 Y는 0.5 증가(감소)

- 수요함수: $Q_X^D = f(P_X, I)$ (단, I: 소득. 독립변수)

  - ▶ $f_{P_X} = \dfrac{\partial Q_X^D}{\partial P_X} < 0$: 수요량은 가격의 감소함수(가격 상승 시, 수요량 감소).

  - ▶ $f_I = \dfrac{\partial Q_X^D}{\partial I} > 0$: 수요는 소득의 증가함수(소득 증가 시, 수요 증가)

예제 수요함수: $Q_X^D = 100 - 0.5P_X + 0.1I$

- ▶ $f_{P_X} = \dfrac{\partial Q_X^D}{\partial P_X} = -0.5 \quad$ 가격이 1원 오를 때 X재 수요량 0.5개 감소

- ▶ $f_I = \dfrac{\partial Q_X^D}{\partial I} = 0.1 \quad$ 소득이 1원 증가할 때 X재 수요 0.1개 증가

- 공급함수: $Q_X^S = f(P_X, P_Y)$ (단, P_Y: Y재 가격. 독립변수)

  - ▶ $f_{P_X} = \dfrac{\partial Q_X^S}{\partial P_X} > 0$: 공급량은 가격의 증가함수(가격 상승 시, 공급량 증가).

  - ▶ $f_{P_Y} = \dfrac{\partial Q_X^S}{\partial P_Y} < 0$: 공급은 Y재 가격의 감소함수(Y재 가격 상승 시, X재 공급 감소)

예제 공급함수: $Q_X^S = 10 + 2P_X - 0.5P_Y$

- ▶ $f_{P_X} = \dfrac{\partial Q_X^S}{\partial P_X} = 2 \quad$ X재 가격이 1원 오를 때 X재 공급량 2개 증가

- ▶ $f_{P_Y} = \dfrac{\partial Q_X^S}{\partial P_Y} = -0.5 \quad$ Y재 가격이 1원 오를 때 X재 공급 0.5개 감소

3. 그림으로 표현

경제학에서는 수학적 관행과는 반대로, 독립변수인 가격을 수직축, 종속변수인 수요량과 공급량을 수평축에 표시하여 그린다.

(1) 수요함수와 수요곡선

① 수요곡선식은 수요함수를 가격으로 정리하여 도출한다.
② 따라서, 수요곡선의 기울기는 수요함수 기울기(수요함수 미분값)의 역수이다.

- 수요함수 : $Q_X^D = f(P_X)$ (단, $f' = \dfrac{dQ_X^D}{dP_X}$: 수요함수 미분값, 수요곡선 기울기(D')의 역수)

- 수요곡선 : $P_X = D(Q_X^D)$ (단, $D' = \dfrac{dP_X}{dQ_X^D}$: 수요곡선 기울기, 수요함수 미분값(f')의 역수)

예제 수요함수(수요곡선식을 수요량으로 정리) : $Q_X^D = 100 - 0.5P_X$ (단, $f' = \dfrac{dQ_X^D}{dP_X} = -0.5$. 수요함수의 기울기)

수요곡선(수요함수식을 가격으로 정리) : $P_X = 200 - 2Q_X^D$ (단, $D' = \dfrac{dP_X}{dQ_X^D} = -2$. 수요곡선의 기울기)

수요곡선 도출 : $Q_X^D = 100 - 0.5P_X \Rightarrow 0.5P_X = 100 - Q_X^D \Rightarrow P_X = 200 - 2Q_X^D$

수요함수 도출 : $P_X = 200 - 2Q_X^D \Rightarrow 2Q_X^D = 200 - P_X \Rightarrow Q_X^D = 100 - 0.5P_X$

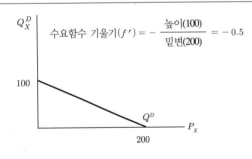

수요함수 기울기(f') $= -\dfrac{높이(100)}{밑변(200)} = -0.5$

[수요함수]

- $Q_X^D = f(P_X)$: 수요곡선식을 수요량으로 정리하여 도출
- $f' = \dfrac{dQ_X^D}{dP_X}$: 수요함수 기울기(수요곡선 기울기 역수)

예 $Q_X^D = 100 - 0.5P_X$

$f' = \dfrac{dQ_X^D}{dP_X} = -0.5$ (수요함수 기울기)

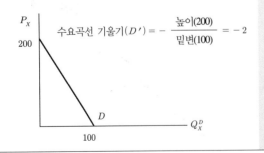

수요곡선 기울기(D') $= -\dfrac{높이(200)}{밑변(100)} = -2$

[수요곡선]

- $P_X = D(Q_X^D)$: 수요함수를 가격으로 정리하여 도출
- $D' = \dfrac{dP_X}{dQ_X^D}$: 수요곡선 기울기(수요함수 기울기 역수)

예 $P_X = 200 - 2Q_X^D$

$D' = \dfrac{dP_X}{dQ_X^D} = -2$ (수요곡선 기울기)

(2) 공급함수와 공급곡선

① 공급곡선식은 공급함수를 가격으로 정리하여 도출한다.
② 따라서, 공급곡선의 기울기는 공급함수 기울기(공급함수 미분값)의 역수이다.

- 공급함수: $Q_X^S = f(P_X)$ (단, $f' = \dfrac{dQ_X^S}{dP_X}$. 공급함수 미분값. 공급곡선 기울기($S'$)의 역수)

- 공급곡선: $P_X = S(Q_X^S)$ (단, $S' = \dfrac{dP_X}{dQ_X^S}$. 공급곡선 기울기. 공급함수 미분값($f'$)의 역수)

예제   공급함수(공급곡선의 역함수): $Q_X^S = 10 + 2P_X$ (단, $f' = \dfrac{dQ_X^S}{dP_X} = 2$. 공급함수의 기울기)

공급곡선(공급함수의 역함수): $P_X = -5 + 0.5Q_X^S$ (단, $S' = \dfrac{dP_X}{dQ_X^S} = 0.5$. 공급곡선의 기울기)

공급곡선 도출: $Q_X^S = 10 + 2P_X$ $\Rightarrow$ $2P_X = -10 + Q_X^S$ $\Rightarrow$ $P_X = -5 + 0.5Q_X^S$

공급곡선 도출: $P_X = -5 + 0.5Q_X^S$ $\Rightarrow$ $0.5Q_X^S = 5 + P_X$ $\Rightarrow$ $Q_X^S = 10 + 2P_X$

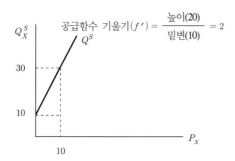

[공급함수]

- $Q_X^S = f(P_X)$: 공급곡선식을 공급량으로 정리하여 도출

- $f' = \dfrac{dQ_X^S}{dP_X}$: 공급함수 기울기(공급곡선 기울기 역수)

예 $Q_X^S = 10 + 2P_X$

$f' = \dfrac{dQ_X^S}{dP_X} = 2$ (공급함수 기울기)

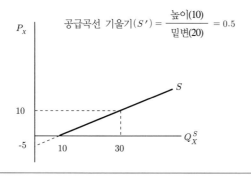

[공급곡선]

- $P_X = S(Q_X^S)$: 공급함수를 가격으로 정리하여 도출

- $S' = \dfrac{dP_X}{dQ_X^S}$: 공급곡선 기울기(공급함수 기울기 역수)

예 $P_X = -5 + 0.5Q_X^S$

$S' = \dfrac{dP_X}{dQ_X^S} = 0.5$ (공급곡선 기울기)

미분법

1. 독립변수가 하나일 때

$$Y = a + bX^{\alpha}$$
(단, a, b, α : 상수)

$$f' = b \, X^{\overset{\otimes}{\overline{a-1}}} = (b \times \alpha) X^{\alpha-1}$$

[미분법]
계수에 차수를 곱한 다음, 차수 -1
ⅰ) 계수(b)×차수(α)
ⅱ) 차수(α) -1

예제
$Y = 3X \,(= 3 \cdot X^{-1})$
$Y = 10 - X^2$
$Y = 3 + 4\sqrt{X} \,(= 3 + 4X^{0.5})$
$Y = 2 - 5X^{0.6}$

$f' = (3 \times 1)X^{1-1} = 3 \cdot X^0 = 3 \cdot 1 = 3$
$f' = (-1 \times 2)X^{2-1} = -2X^1 = -2X$
$f' = (4 \times 0.5)X^{0.5-1} = 2X^{-0.5} = 2\dfrac{1}{X^{0.5}} = 2\dfrac{1}{\sqrt{X}}$
$f' = (-5 \times 0.6)X^{0.6-1} = -3X^{-0.4} = -3\dfrac{1}{X^{0.4}} = -\dfrac{3}{X^{0.4}}$

2. 독립변수가 여러 개일 때(Ⅰ)

$$Y = a + bX^{\alpha} + cZ^{\beta}$$
(단, a, b, c, α, β : 상수)

$$f_X = b \, X^{\overset{\otimes}{\overline{a-1}}} = (b \times \alpha) X^{\alpha-1}$$
ⅰ) 계수(b)×차수(α)
ⅱ) 차수(α) -1

$$f_Z = c \, Z^{\overset{\otimes}{\overline{\beta-1}}} = (c \times \beta) Z^{\beta-1}$$
ⅰ) 계수(c)×차수(β)
ⅱ) 차수(β) -1

예제 $Y = -20 + 0.6X^3 - 2Z^{1.5}$

$f_X = (0.6 \times 3)X^{3-1} = 1.8X^2$
$f_Z = (-2 \times 1.5)Z^{1.5-1} = -3Z^{0.5} = -3\sqrt{Z}$

3. 독립변수가 여러 개일 때(Ⅱ)

$$Y = b \, X^{\alpha} Z^{\beta}$$
(단, b, α, β : 상수)

$$f_X = b \, X^{\overset{\otimes}{\overline{a-1}}} Z^{\beta} = (b \times \alpha) X^{\alpha-1} Z^{\beta} = baX^{\alpha-1}Z^{\beta}$$

[ⅰ) 계수(b)×차수(α),　　ⅱ) 차수(α) -1]

$$f_Z = b \, X^{a} Z^{\overset{\otimes}{\overline{\beta-1}}} = (b \times \beta) X^{\alpha} Z^{\beta-1} = b\beta X^{\alpha}Z^{\beta-1}$$

[ⅰ) 계수(b)×차수(β),　　ⅱ) 차수(β) -1]

예제 $Y = 5X^2Z^3$

$f_X = (5 \times 2)X^{2-1}Z^3 = 10XZ^3$
$f_Z = (5 \times 3)X^2Z^{3-1} = 15X^2Z^2 = 15(XZ)^2$

연습문제

Chapter 01 | **경제문제와 경제체제**

01 다음 글을 읽고, 합리적 의사결정은 어떤 경제 원리에 입각해야 하는지, 또 그릇된 의사결정은 어떤 경제 개념
에 집착하기 때문인지를 각각 쓰시오.

일반사회 05

> 오늘날 우리는 위험(risk)과 불확실성(uncerainy)의 시대를 살아가고 있다. 이러한 시대적 상황 속에서 합리적
> 의사결정을 통하여 지혜롭게 살아간다는 것은 대단히 중요하다. "영화관에 가서 영화가 재미없을 때 영화를 끝까지
> 보는 게 경제적일까, 아니면 중간에 나오는 게 경제적일까?", "주식투자? 아니야, 이번엔 대출을 받아 땅을 조금
> 사 볼까?", "집을 지금 사는 게 경제적일까? 아니면 나중에 사는 게 경제적일까?" 이러한 경우 각 경제주체들은
> 자신의 의사결정 과정에서 비합리적 의사결정을 함으로써 큰 손실을 입거나 그릇된 의사결정을 하고 난 후에야
> 후회를 하는 경우도 자주 있다.

정답 • 경제 원리 : 최소비용 최대효과의 원칙 　　　　　 • 경제 개념 : (기회비용) 매몰비용

02 다음은 사회과 수업시간에 어떤 경제개념을 설명하기 위해 교사가 준비한 사례이다. 이와 관련된 다음의 질문
에 답하시오.

일반사회 99

> 가. 불황기에도 불구하고 대학생들의 휴학률은 오히려 줄었다.
> 나. 화폐에 대한 수요는 이자율에 반비례한다.
> 다. 전업주부들의 경제적 가치는 호황기일수록 더 크다.
> 라. 십대 인기 연예인들의 대학진학에 대한 선호율이 줄어들고 있다.

2-1 위 사례로써 이 교사가 설명하고자 한 경제개념은?

2-2 위 사례 중 두 개를 선택하여 그 현상이 나타나게 된 이유를 〈2–1〉의 경제개념을 적용하여 설명하시오.

정답 **2-1.** 기회비용

　　　 2-2. 가. 휴학의 기회비용 > 학업 계속의 기회비용

　　　　　　 나. 화폐수요(보유)의 기회비용은 이자율. 이자율이 오르면 화폐수요(보유)의 기회비용이 증가하므로 화폐수요량
　　　　　　　　 (보유량) 감소. 따라서 화폐수요와 이자율은 반비례

　　　　　　 다. 전업주부 가사노동의 경제적 가치(기회비용)는 취업 시 임금
　　　　　　　　 호황기에는 임금이 상승하므로 가사노동의 경제적 가치(기회비용) 증가

　　　　　　 라. 대학 진학의 기회비용 < 연예 활동의 기회비용

Chapter 02 | 경제학 방법론

03 다음 대화에서 甲이 범하고 있는 오류의 내용은 무엇인지 쓰시오.

> 甲: 2018년 동계올림픽을 드디어 우리나라에서 개최하게 되었어!
> 乙: 그러게. 참 대단한 일이지?
> 甲: 동계올림픽을 개최한 대부분 나라들은 1인당 국민소득이 3만 달러 이상이래. 우리나라도 동계올림픽을 치르게 됐으니 곧 3만 달러가 될 거야.
> 乙: ??

정답 甲은 상관관계와 인과관계를 잘못 해석하고 있어 '인과의 오류'를 범하고 있다.

04 다음의 사례와 비슷한 경제적 현상은 무엇인지 쓰시오.

> 가. 영화관에서 한 사람이 잘 안 보인다고 허리를 곧추세우면 뒷사람은 연쇄적으로 엉덩이를 들고 봐야 한다.
> 나. 탁자 간격이 좁은 식당에서 한 사람이 목소리를 높이면 다른 사람들도 목소리를 높인다. 나중에는 거의 고함치듯 목소리를 높여야 대화가 가능해진다.

정답 구성의 오류

Unit

02

수요·공급이론과 응용

박지훈의
친절한 경제학

CHAPTER 03

수요·공급이론

I 가격

1. 가격의 종류

(1) 시장가격(절대가격, 가격)

재화 1단위와 교환되는 화폐액이며, 시장의 수요와 공급에 따라 결정된다.

(2) 상대가격

① 두 재화(X, Y)의 시장가격을 서로 나눈 것$\left(\dfrac{P_X}{P_Y}\right)$이며, Y재 수량으로 표시한 X재의 상대가격이다.

② Y재 수량으로 표시한 X재 1단위 소비의 기회비용을 의미한다.

⊙ X재 상대가격: $\dfrac{P_X}{P_Y}$

▶ 읽기: Y재 수량으로 표시한 X재의 상대가격
▶ 의미: Y재 수량으로 표시한 X재 소비의 기회비용

예제 P_X(쌀)$=15$만 원, P_Y(보리)$=5$만 원일 때

▶ $\dfrac{P_X\,(150,000)}{P_Y\,(50,000)}=3$. (보리 수량으로 표시한) 쌀의 상대가격 3

▶ 쌀 1단위 소비의 기회비용은 보리 3단위(쌀 1단위 소비 시, 보리 3단위 포기)

---

2. 가격의 기능

① 모든 경제주체는 가격을 기준으로 생산과 소비를 결정한다. 따라서 가격은 생산과 소비의 **지표**(signal)가 된다.

② 또한 희소한 자원은 그 자원의 가격을 지불할 의사와 능력을 가진 자에게 배분된다. 따라서 가격에는 희소한 자원을 자율적으로 배분하는 기능도 있다.

③ 이러한 두 가지 기능을 가격의 매개변수적 기능(parametric function)이라고 한다.

④ 스미스(A. Smith)는 이러한 기능을 보이지 않는 손(invisible hand)이라고 하였으며, 시장기구 또는 가격기구라고도 한다.

Ⅱ | 수요(demand)

01 수요량과 수요

1. 수요량(quantity demand)과 수요

① 수요량은 일정 기간 동안 주어진 가격하에서 구입하고자 하는 최대수량이며, 실제 소비능력(구매력, 소득)을 가지고 있어야 한다.

② 수요량은 수요곡선상 한 점으로 표시되며 가격이 변화하면 수요량이 변화한다.

③ 수요는 가격과 수요량의 전반적 관계이며 수요곡선으로 표시된다.

> ⊙ 유량(flow) : 기간이 명시되어야 하는 수량
> ⊙ 최대수량 : 일정 가격에서 구입하고자 하는 최대수량. 실제 구매량은 아님
> ⊙ 구매력 : 실제로 구매할 수 있는 구매력(소득, 화폐)을 보유하고 있을 것

2. 수요법칙

① 가격과 수요량은 역(−)의 관계이다. 즉, 가격이 오르면(내리면) 수요량이 감소(증가)한다.

② 따라서 수요곡선은 우하향한다.　　　　📖 Unit 03. 소비자 선택이론에서 분석

개념정리　**수량변수의 성격**

- **유량(flow)과 저량(stock)**

  ▸ 유량(流量) 변수 : 기간이 정해져야 의미를 갖는 경제량　　예 소득
  ▸ 저량(貯量) 변수 : 특정 시점에서 의미를 갖는 경제량　　예 부(富)

- **사전적 변수와 사후적 변수**

  ▸ 사전적(ex‐ante) 변수 : 미리 계획된 경제량　　예 소비수요, 투자수요
  ▸ 사후적(ex‐post) 변수 : 실제 실현된 경제량　　예 소비지출, 투자지출

02 수요곡선

1. 개별수요곡선(individual demand curve)

① 개별수요곡선은 개별소비자의 수요곡선이며 두 가지 의미를 갖는다.

② 먼저, 일정 기간 중 개별소비자가 각 가격수준에서 소비하고자 하는 **최대수량**을 보여주는 곡선이다.

③ 또는, 일정 기간 중 개별소비자가 각 소비량을 소비하고자 할 때 지불 용의가 있는 **최고가격**(수요가격, demand price)을 보여준다.

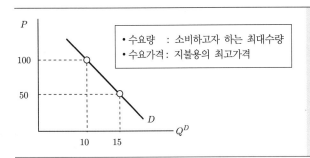

• 수요량 : 소비하고자 하는 최대수량
• 수요가격 : 지불용의 최고가격

[수요곡선의 의미]

• 수요자의 지불용의 최고가격(수요가격)과 구입하고자 하는 최대수량과의 관계를 보여주는 곡선
• 그림에서, 100원일 때 구입하고자 하는 최대수량 10개. 10개 구입할 때 지불용의 최고가격 100원

2. 시장수요곡선(market demand curve)

① 각 가격 수준에서의 시장수요량은 개별소비자의 수요량을 모두 더한 것이다.

② 따라서 시장수요곡선(D_M)은 개별소비자의 수요곡선(D_i)을 수평으로 더하여 도출한다.

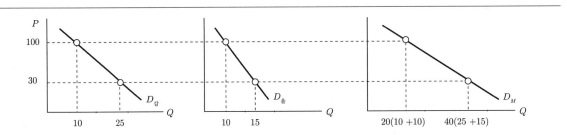

• **시장수요곡선**: 개별수요곡선의 수평합. 시장수요량은 주어진 가격하에서, 개별소비자 수요량을 모두 더한 합

▸ 가격이 100일 때, 시장수요량 = 갑의 수요량(10) + 을의 수요량(10) = 20
▸ 가격이 30일 때, 시장수요량 = 갑의 수요량(25) + 을의 수요량(15) = 40

개념정리 시장수요곡선의 도출(개별소비자의 수요가 동일할 때)

- **시장수요함수**: 시장수요량은 개별수요량의 합. 개별수요함수에 소비자 숫자(n)를 곱하여 도출

  ▸ 개별수요함수(Q_i^D): $Q_i^D = a - bP$

  ▸ 시장수요함수(Q^D): $Q^D = n \cdot Q_i^D = n \cdot (a - bP) = n \cdot a - n \cdot bP$

- **시장수요곡선**: 개별수요곡선의 기울기를 소비자 숫자(n)로 나누어 도출

  ▸ 개별수요곡선(D_i): $P_i = \alpha - \beta Q^D$

  ▸ 시장수요곡선(D): $P = \alpha - \dfrac{\beta}{n} Q^D$

예제 동일한 수요함수를 갖는 소비자가 5명일 때 시장수요함수는?

▸ 개별수요함수: $Q_i^D = 100 - 0.5P$

▸ 시장수요함수: $Q^D = 5 \cdot Q_i^D = 5 \cdot (100 - 0.5P) = 500 - 2.5P$

▸ 개별수요곡선: $P_i = 200 - 2Q^D$ (개별수요함수를 가격으로 정리)

▸ 시장수요곡선: $P = 200 - \dfrac{2}{5} Q^D$ (시장수요함수를 가격으로 정리)

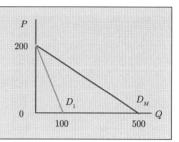

03 수요량 변화와 수요 변화

1. 수요량 변화

① 수요량 변화는 가격 변화에 따른 수요곡선상의 변화이다.

② 수요법칙에 따라 가격이 오르면 수요량이 감소하고 가격이 내리면 수요량이 증가한다.

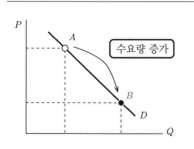

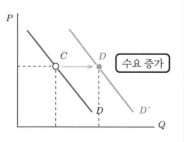

[수요량 변화와 수요 변화]

- **왼쪽**: 수요곡선상의 이동
  가격 하락 ⇒ 수요량 증가
  (수요곡선 상 하방이동)

- **오른쪽**: 수요곡선의 이동
  여건 변화 ⇒ 수요 증가
  (수요곡선 우측이동)

2. 수요 변화

① 수요 변화는 가격 이외에 수요에 영향을 미치는 각종 요인(수요측 여건: 소득과 부, 관련재 가격, 선호 등)이 변화하여, 동일한 가격 수준에서 소비하고자 하는 최대수량이 변화하는 것이다.

② 따라서 수요가 변화하면 수요곡선이 좌·우로 이동한다.

04 수요 변화의 요인

1. 소득(I)과 부(W)

(1) 정상재(보통재(normal goods), 우등재(superior goods))

① 정상재는 소득과 부가 증가할 때 수요가 증가하는 재화이다.
② 따라서 소득과 부가 증가하면 수요가 증가(수요곡선 우측이동)한다.
③ 부(자산)가 변화하여 소비수요가 변하는 것을 **자산효과**(wealth effect)라고 한다.

(2) 열등재(하급재; inferior goods)

① 열등재는 소득과 부가 증가할 때 수요가 오히려 감소하는 재화이다. **예** 라면
② 따라서 소득과 부가 증가하면 수요가 감소(수요곡선 좌측이동)한다.

> ▶ 소득(부) 증가 ⇒ ┌ **정상재**: 수요 증가(수요곡선 우측이동)
> 　　　　　　　　　└ **열등재**: 수요 감소(수요곡선 좌측이동)
>
> ▶ 소득(부) 감소 ⇒ ┌ **정상재**: 수요 감소(수요곡선 좌측이동)
> 　　　　　　　　　└ **열등재**: 수요 증가(수요곡선 우측이동)

2. 관련상품의 가격(P_Y)

(1) 대체재(substitute goods)

① 대체재는 서로 바꾸어 소비할 수 있는 재화이다. **예** 커피와 녹차
② 따라서 한 재화의 가격이 오르면 상대적으로 저렴한 대체재를 더 소비하려 하므로 대체재 수요가 증가한다(대체재의 수요곡선 우측이동).

(2) 보완재(complementary goods)

① 보완재는 다른 재화와 동시에 소비해야만 하는 재화이다. **예** 커피와 설탕
② 따라서 한 재화의 가격이 오르면 그 재화의 수요량이 감소하므로 보완재의 수요가 감소한다(보완재의 수요곡선 좌측이동).

> ▶ P_Y 상승 ⇒ ┌ **대체재**: X재 상대가격 하락 ⇒ X재 수요 증가
> 　　　　　　　└ **보완재**: Y재 수요량 감소 ⇒ X재 수요 감소
>
> ▶ P_Y 하락 ⇒ ┌ **대체재**: X재 상대가격 상승 ⇒ X재 수요 감소
> 　　　　　　　└ **보완재**: Y재 수요량 증가 ⇒ X재 수요 증가

3. 소비자의 기호(T ; 선호(preference))

유행 등에 따라 어떤 재화의 선호(기호)가 높아지면 수요가 증가한다(수요곡선 우측이동).

4. 소비자의 예상(expectation) : 가격예상(E_P), 소득예상(E_I)

① 가격이 오를 것으로 예상되면 수요가 증가한다(수요곡선 우측이동). **예** 사재기
② 소득이 증가할 것으로 예상되면 수요가 증가한다(수요곡선 우측이동).

5. 소비자 숫자(N)

소비자 숫자가 증가하면 시장수요가 증가한다(시장수요곡선 우측이동).

05 수요함수와 수요곡선

① 수요함수는 수요(종속변수)에 영향을 미치는 요인(독립변수)들과의 관계이다.
② 수요곡선은 가격 이외에 수요에 영향을 미치는 여건이 변하지 않는다는 가정(여건일정불변의 가정)하에서, 가격과 수요량과의 관계를 보여주는 곡선이다.
③ 경제학의 관행에 따라 수요곡선식은 수요함수를 가격으로 정리한 식이다.
④ 수요 측 여건(가격 이외의 독립변수)이 변화하면 수요가 변화(수요곡선 이동)한다.

⊙수요함수 : $Q_X^D = f(P_X : P_Y, I(W), T, E_P, E_I, N, \cdots)$

　(단, P_X : X재 가격, P_Y : Y재 가격, $I(W)$: 소득(부), T : 선호, E_P : 가격예상, E_I : 소득예상, N : 소비자 숫자)

⊙수요곡선 : 여건불변 가정하에서 가격과 수요량과의 관계를 보여주는 곡선

　▶ 수요법칙(가격과 수요량은 부(−)의 관계)에 따라 수요곡선은 우하향
　▶ 수요측 여건이 변화하면 수요 변화(수요곡선 좌우 이동)

⊙수요 변화 : 수요측 여건 변화

　▶　소득과 부(재산) 증가　⇒　**정상재** : 수요 증가(수요곡선 우측이동)
　　　　　　　　　　　　　　　　열등재 : 수요 감소(수요곡선 좌측이동)

　▶　관련상품가격 상승　⇒　**대체재** : 수요 증가(수요곡선 우측이동)
　　　　　　　　　　　　　　　보완재 : 수요 감소(수요곡선 좌측이동)

　▶　가격 및 소득 증가 예상　⇒　수요 증가(수요곡선 우측이동)
　▶　　선호 증가(유행)　⇒　수요 증가(수요곡선 우측이동)
　▶　　소비자 숫자 증가　⇒　시장수요 증가(시장수요곡선 우측이동)

III 공급(supply)

01 공급량과 공급

1. 공급량(quantity supplied)과 공급

① 공급량은 일정 기간 동안 주어진 가격하에서 판매하고자 하는 **최대수량**이며, 실제 공급능력을 가지고 있어야 한다.

② 공급량은 공급곡선상 한 점이며 가격이 변화하면 공급량이 변화한다.

③ 공급은 가격과 공급량의 전반적 관계이며 공급곡선으로 표시된다.

> ⊙ **유량(flow)** : 기간이 명시되어야 함
> ⊙ **최대수량** : 일정 가격에서 판매하고 싶은 최대수량. 실제 판매량은 아님
> ⊙ **공급능력** : 실제로 공급할 수 있는 능력을 보유하고 있을 것

2. 공급법칙

① 가격과 공급량은 정(+)의 관계이다. 즉, 가격이 오르면(내리면) 공급량이 증가(감소)한다.

② 따라서 공급곡선은 우상향한다.　　　　📖 Unit 05. 생산물시장이론에서 분석

02 공급곡선

1. 개별공급곡선

① 개별공급곡선은 개별공급자의 공급곡선이며 두 가지 의미를 갖는다.

② 먼저, 개별공급곡선은 일정 기간 중 개별공급자가 각 가격수준에서 공급하고자 하는 **최대수량**을 보여 주는 곡선이다.

③ 또한, 개별공급곡선은 일정 기간 중 개별공급자가 각 공급량을 공급하고자 할 때 받고자 하는 **최저가격** (공급가격; supply price)을 나타낸다.

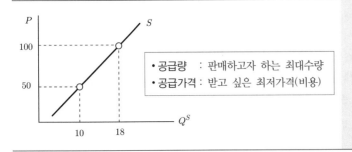

[공급곡선의 의미]

• 받고 싶은 최저가격(공급가격)과 공급하고자 하는 최대수량과의 관계를 보여주는 곡선

　예 100원일 때 팔고 싶은 최대수량 18개

　　　10개 공급할 때 받고 싶은 최저가격 50원

　　　(공급자가 최소한 공급가격을 받고자 하는 것은 공급곡선이 생산비를 반영하기 때문)

• 공급량 : 판매하고자 하는 최대수량
• 공급가격 : 받고 싶은 최저가격(비용)

2. 개별공급곡선과 시장공급곡선

① 각 가격수준에서의 시장공급량은 개별공급자의 공급량을 모두 더한 것이다.
② 따라서 시장공급곡선(S_M)은 개별공급자의 공급곡선(S_i)을 수평으로 더하여 도출한다.

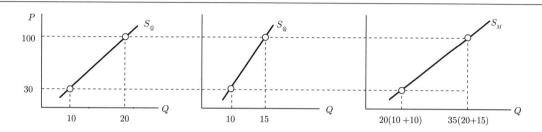

- **시장공급곡선**: 개별공급곡선의 수평합. 시장공급량은 주어진 가격하에서, 개별공급자 공급량을 모두 더한 합
  ▸ 가격이 100일 때, 시장공급량=갑의 공급량(20)+을의 공급량(15)=35
  ▸ 가격이 30일 때, 시장공급량=갑의 공급량(25)+을의 공급량(15)=40

 시장공급곡선의 도출(개별공급자의 공급이 동일할 때)

- **시장공급함수**: 시장공급량은 개별공급량의 합. 개별공급함수에 공급자 숫자(n)를 곱하여 도출
  ▸ 개별공급함수(Q_i^S) : $Q_i^S = a + bP$
  ▸ 시장공급함수(Q^S) : $Q^S = n \cdot Q_i^S = n \cdot (a+bP) = n \cdot a + n \cdot b P$

- **시장공급곡선**: 개별공급곡선의 기울기를 공급자 숫자(n)로 나누어 도출
  ▸ 개별공급곡선(S_i) : $P_i = \alpha + \beta Q^S$
  ▸ 시장공급곡선(S) : $P = \alpha + \dfrac{\beta}{n} Q^S$

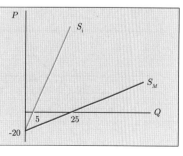

예제 동일한 공급함수를 갖는 기업이 5개일 때 시장공급함수는?

  ▸ 개별공급함수: $Q_i^S = 5 + 0.25P$
  ▸ 시장공급함수: $Q^S = 5 \cdot Q_i^S = 5 \cdot (5 + 0.25P) = 25 + 1.25P$
  ▸ 개별공급곡선: $P_i = -20 + 4Q^S$ (개별공급함수를 가격으로 정리)
  ▸ 시장공급곡선: $P = -20 + \dfrac{4}{5} Q^S$ (시장공급함수를 가격으로 정리)

03 공급량 변화와 공급 변화

1. 공급량 변화

① 가격 변화에 따른 공급곡선상의 변화이다.

② 공급법칙에 따라 가격이 오르면 공급량이 증가하고, 가격이 내리면 공급량이 감소한다.

2. 공급 변화

① 가격 이외에 각종 공급측 여건(생산요소가격, 관련재 가격 등)이 변화하여 동일한 가격 수준에서 공급하고자 하는 최대수량이 변화하는 것이다.

② 공급측 여건이 변화하면 공급곡선이 좌·우, 상·하로 이동한다.

③ 공급곡선은 생산비를 반영하므로 생산비가 감소하면 공급가격이 하락하여 공급곡선이 하방이동하므로 공급이 증가(우측이동)한다.

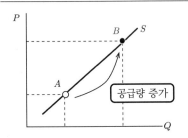
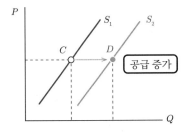

[공급량 변화와 공급 변화]

- 왼쪽: 공급곡선상의 이동
  가격 상승 ⇒ 공급량 증가

- 오른쪽: 공급곡선의 이동
  여건 변화 ⇒ 공급 증가
  (공급곡선 우측이동)

생산비와 공급 변화

- 공급곡선은 생산비(한계비용)를 나타내는 곡선　　　📖 Chapter 11. 완전경쟁시장 참조
- 생산비가 내리면 공급자가 받고자 하는 최저가격(공급가격)이 내리므로 공급곡선 하방이동
- 원래 가격기준으로 보면 같은 생산비로 더 많이 공급할 수 있으므로 공급 증가(공급곡선 우측이동)
- 생산비 감소요인: 요소가격 하락, 기술진보(요소절약), 조세감면, 보조금 지급 등

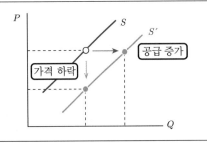

[생산비 변화와 공급곡선]

생산비 감소

(일정 공급량) 비용 감소 ⇔ (일정 가격) 공급 증가
공급곡선 하방이동　　　공급곡선 우측이동

04 공급 변화의 요인

1. 생산요소가격(P_F)

① 생산요소의 가격(임금, 이자, 지대, 원자재비 등)이 내리면 생산비가 감소한다.
② 생산비가 감소하면 공급곡선이 하방으로 이동하므로 공급이 증가(공급곡선 우측이동)한다.

2. 기술진보($Tech.$ 요소절약)

① 기술진보가 일어나면 동일한 생산량을 생산할 때 요소투입량이 감소(요소절약)하여 생산비가 감소한다.
② 생산비가 감소하면 공급곡선이 하방으로 이동하므로 공급이 증가(공급곡선 우측이동)한다.

3. 조세(T)와 보조금(S)

① 조세(T)가 감면되거나 기업에 보조금(S)이 지급되면 생산비가 감소한다.
② 생산비가 감소하면 공급곡선이 하방으로 이동하므로 공급이 증가(공급곡선 우측이동)한다.

4. 관련상품가격(P_Y)

(1) 생산의 대체재   예 대체작물(콩과 팥)

① 대체재는 주어진 생산요소를 가지고 서로 바꾸어 생산할 수 있는 재화이다.
② 따라서 한 재화의 가격이 오르면 그 재화의 공급량이 증가하므로 대체재 공급이 감소한다(대체재 공급곡선 좌측이동).

(2) 생산의 보완재   예 두부와 비지

① 보완재는 한 재화를 생산하면 동시에 생산되는 재화이다.
② 따라서 한 재화의 가격이 오르면 그 재화의 공급량이 증가하므로 보완재 공급도 증가한다(보완재 공급곡선 우측이동).

> ⊙ P_Y 상승 ⇒ ⎡ 대체재: X 재 상대가격 하락 ⇒ X 재 공급 감소
>   ⎣ 보완재: Y 재 공급량 증가 ⇒ X 재 공급 증가
>
> ⊙ P_Y 하락 ⇒ ⎡ 대체재: X 재 상대가격 상승 ⇒ X 재 공급 증가
>   ⎣ 보완재: Y 재 공급량 감소 ⇒ X 재 공급 감소

5. 가격예상(E_P)

　① 공급자가 가격이 상승할 것으로 예상하면 공급(출고)을 줄인다.　　**예** 매점매석

　② 따라서 공급곡선이 좌측으로 이동한다.

6. 공급자 숫자(N)

　공급자 숫자가 증가하면 시장공급이 증가하므로 시장공급곡선이 우측이동한다.

05 공급함수와 공급곡선

　① 공급함수는 공급(종속변수)과 공급에 영향을 미치는 모든 요인(독립변수)들과의 관계이다.

　② 공급곡선은 가격 이외에 공급에 영향을 미치는 여건이 변하지 않는다는 가정(여건일정불변의 가정)하에서, 가격과 공급량의 관계를 보여주는 곡선이다.

　③ 공급곡선식은 공급함수를 가격으로 정리한 식이다.

　④ 여건(가격 이외의 독립변수)이 변화하면 공급이 변화하여 공급곡선이 이동한다.

⊙ 공급함수: $Q_X^S = f(P_X : P_f,\ Tech.,\ T,\ S,\ P_Y,\ E_P,\ N,\ \cdots\cdot)$

　　　　　(단, P_X: X재 가격 P_f: 요소가격, $Tech.$: 기술진보, T: 조세,

　　　　　　S: 보조금, P_Y: Y재 가격, E_P: 가격예상, N: 공급자 숫자)

⊙ 공급곡선: 여건불변 가정하에서 가격과 공급량과의 관계를 보여주는 곡선

　▸ 공급법칙(가격과 공급량은 정(+)의 관계)에 따라 공급곡선은 우상향
　▸ 공급측 여건이 변화하면 공급 변화(공급곡선 좌우(상하) 이동)

⊙ 공급 변화: 공급측 여건 변화

▸　　요소가격 하락		
▸　기술진보(요소절약)	⇒　[비용 감소]	⇒　　공급 증가
▸　조세감면(세율인하)	(공급곡선 하방이동)	(공급곡선 우측이동)
▸　보조금 지급(증가)		
▸　관련상품가격 상승　⇒	대체재: 공급 감소(공급곡선 좌측이동)	
	보완재: 공급 증가(공급곡선 우측이동)	
▸　　가격 상승 예상　⇒	공급 감소(공급곡선 좌측이동)	
▸　공급자 숫자 증가　⇒	시장공급 증가(시장공급곡선 우측이동)	

Ⅳ 시장균형

01 시장균형

1. 시장균형

① 시장균형이란 시장의 수요량과 공급량이 같은 상태를 말하며, 시장균형에 따라 시장균형거래량(Q_E)과 시장균형가격(P_E)이 결정된다.

② 이때 시장균형가격은 수요자가 지불할 용의가 있는 최고가격(수요가격)과 공급자가 받고자 하는 최저가격(공급가격)이 같은 수준으로 결정된다.

③ 여건이 변화하여 시장수요나 시장공급이 변화(시장수요곡선 또는 시장공급곡선 이동)하면 시장균형이 변화하여 균형가격과 균형거래량이 변화한다.

▷ 시장균형조건(Ⅰ): 시장수요량(Q^D) = 시장공급량(Q^S)

▷ 시장균형조건(Ⅱ): 수요가격(P^D) = 공급가격(P^S)

예제 시장수요함수가 $Q^D = 100 - 2P$ 이고 시장공급함수는 $Q^S = -5 + 0.5P$ 일 때 균형가격과 거래량은 각각 얼마인가?

- 시장수요곡선과 시장공급곡선

  ▶ 수요곡선: $P^D = 50 - 0.5Q$ (수요함수를 가격으로 정리)

  ▶ 공급곡선: $P^S = 10 + 2Q$ (공급함수를 가격으로 정리)

- 균형조건(Ⅰ): 시장수요량(Q^D) = 시장공급량(Q^S)

  $$100 - 2P = -5 + 0.5P \Rightarrow 2.5P = 105 \qquad \therefore P_E = 42, \ Q_E = 16$$

  (도출된 가격을 수요 또는 공급함수에 대입하여 균형거래량 도출)

- 균형조건(Ⅱ): 수요가격(P^D) = 공급가격(P^S)

  $$50 - 0.5Q = 10 + 2Q \Rightarrow 2.5Q = 40 \qquad \therefore Q_E = 16, \ P_E = 42$$

  (도출된 거래량을 수요 또는 공급곡선식에 대입하여 균형가격 도출)

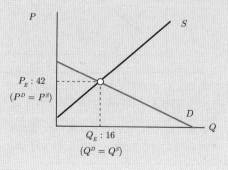

2. 시장불균형의 조정 : 왈라스(L. Walras)의 완전신축적 가격조정

시장수요량과 시장공급량이 같지 않을 경우 시장은 불균형상태가 된다.

시장불균형은 가격조정에 의해 즉시 해소(왈라스의 완전신축적 가격조정)된다.

경제학에서는 모든 생산물시장, 생산요소시장(노동, 자본) 및 금융자산시장(통화, 증권)에서 완전신축적 가격조정이 이루어지는 것으로 상정하고 분석한다.

⑴ 초과공급(재고; 시장수요량 < 시장공급량)

① 실제 가격이 시장균형가격보다 높을 때 초과공급이 발생한다.

② 초과공급이 발생하면 공급자들이 재고를 처분하기 위해 경쟁적으로 가격을 내린다.

③ 가격이 내리면 수요량이 증가하고 공급량은 감소하여 초과공급이 즉시 해소된다.

⑵ 초과수요(품귀; 시장수요량 > 시장공급량)

① 실제 가격이 시장균형가격보다 낮을 때 초과수요가 발생한다.

② 초과수요가 발생하면 수요자들이 상품을 구입하기 위해 경쟁적으로 높은 가격을 제시한다.

③ 가격이 오르면 수요량이 감소하고 공급량은 증가하여 초과수요가 즉시 해소된다.

> ⊙ 초과공급(수요량 < 공급량) : 가격 하락 ⟹ 수요량 증가, 공급량 감소
>   ⟹ 초과공급 해소. 시장균형 회복
>
> ⊙ 초과수요(수요량 > 공급량) : 가격 상승 ⟹ 수요량 감소, 공급량 증가
>   ⟹ 초과수요 해소. 시장균형 회복

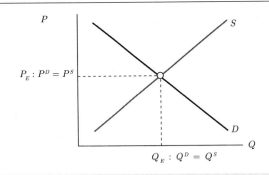

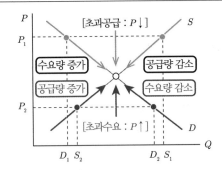

[시장균형]	[불균형 조정 : 왈라스의 완전신축적 가격조정]
• 균형거래량(Q_E) : 수요량＝공급량 • 균형가격(P_E) : 수요가격＝공급가격	• 초과수요 : 가격 상승 ⟹ 수요량 감소, 공급량 증가 • 초과공급 : 가격 하락 ⟹ 수요량 증가, 공급량 감소

02 시장균형의 변화

시장여건(가격 이외의 변화요인)이 변화하면 시장수요와 시장공급이 변화한다.
시장의 수요와 공급이 변화하면 시장수요곡선과 시장공급곡선이 이동하여 균형이 변화한다.

1. 수요 변화

(1) 수요 증가 : 수요곡선 우측이동

① 수요가 증가하면 수요곡선이 오른쪽으로 이동한다.
② 수요곡선이 오른쪽으로 이동하면 시장가격이 오르고 시장거래량이 증가한다.

(2) 수요 감소 : 수요곡선 좌측이동

① 수요가 감소하면 수요곡선이 왼쪽으로 이동한다.
② 수요곡선이 왼쪽으로 이동하면 시장가격이 내리고 시장거래량이 감소한다.

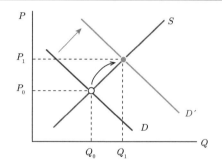

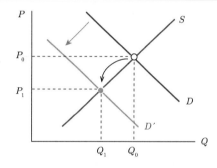

[수요 증가 (수요곡선 우측이동)]   [수요 감소(수요곡선 좌측이동)]

가격 상승, 거래량 증가   가격 하락, 거래량 감소

2. 공급 변화

(1) 공급 증가: 공급곡선 우측이동

① 공급이 증가하면 공급곡선이 오른쪽으로 이동한다.

② 공급곡선이 오른쪽으로 이동하면 시장가격이 내리고 시장거래량이 증가한다.

(2) 공급 감소: 공급곡선 좌측이동

① 공급이 감소하면 공급곡선이 왼쪽으로 이동한다.

② 공급곡선이 왼쪽으로 이동하면 시장가격이 오르고 시장거래량이 감소한다.

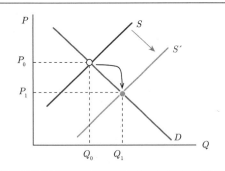

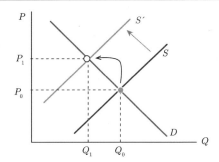

[공급 증가(공급곡선 우측이동)]

가격 하락, 거래량 증가

[공급 감소(공급곡선 좌측이동)]

가격 상승, 거래량 감소

3. 수요와 공급의 동시 변화

(1) 공급 감소 · 수요 증가 또는 공급 증가 · 수요 감소

① 시장가격은 변화하지만 시장거래량의 변화는 알 수 없다.

② 수요와 공급의 상대적 변화 정도에 따라 시장거래량은 증가할 수도 있고 감소할 수도 있다.

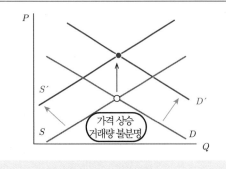

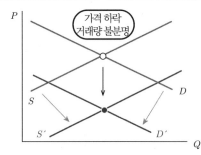

[공급 감소, 수요 증가]

가격 상승, 거래량 변화 불분명

[공급 증가, 수요 감소]

가격 하락, 거래량 변화 불분명

(2) 공급 감소 · 수요 감소 또는 공급 증가 · 수요 증가

① 시장거래량은 변화하지만 시장가격의 변화는 알 수 없다.
② 수요와 공급의 상대적 변화 정도에 따라 시장가격은 오를 수도 있고 내릴 수도 있다.

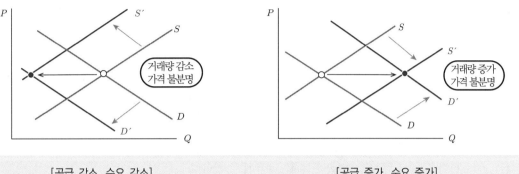

[공급 감소, 수요 감소]	[공급 증가, 수요 증가]
거래량 감소, 가격 변화 불분명	거래량 증가, 가격 변화 불분명

03 시장균형의 존재 여부

① 수요량과 공급량이 같아지는 시장균형점에서 가격과 거래량이 정(+)의 값을 가질 때 시장균형이 존재한다고 한다.
② 시장균형이 존재하는 재화만 경제재(상품; economic goods)가 되어 시장에서 거래된다.
③ 균형가격이 부(−)이거나 균형거래량이 부(−)일 경우에는 시장균형이 존재하지 않는다고 하며, 이러한 재화는 시장에서 경제재(상품)로 거래되지 않는다.
④ 균형가격이 부(−)이면 공짜로 소비할 수 있는 자유재가 된다.
⑤ 균형거래량이 부(−)이면 공급가격보다 수요가격이 낮아서 생산이 불가능하다.

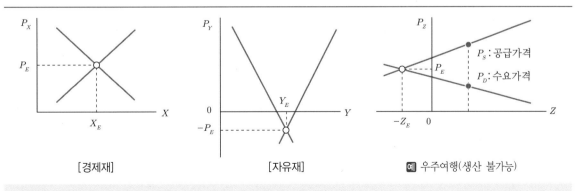

[경제재]　　　　　　[자유재]　　　　　예 우주여행(생산 불가능)

- 경제재: 균형에서 정(+)의 가격, 정(+)의 수량.
- 자유재: 균형에서 부(−)의 가격, 정(+)의 수량. 가격이 0일 때 공급량이 수요량보다 많으므로 공짜소비 가능
- 우주여행: 정(+)의 가격, 부(−)의 수량. 모든 공급량에서 공급가격(생산비) > 수요가격. 따라서 생산 불가능

I 수요의 탄력도

01 수요의 가격탄력도

1. 수요의 가격탄력도(ε_D : price elasticity of demand)

① 수요의 가격탄력도는 가격이 변화할 때 수요량 변화의 정도를 보여주는 측정치이다.

② 가격 변화율(%)로 수요량 변화율(%)을 나누어 측정한다.

③ 가격이 1% 변화할 때 수요량 변화율(%)을 나타내며 절댓값으로 표시한다.

▶ 수요의 가격탄력도

$$\varepsilon_D = \left| \frac{\text{수요량 변화율}}{\text{가격 변화율}} \right| = \left| \frac{\dfrac{\triangle Q^D}{Q^D} \times 100}{\dfrac{\triangle P}{P} \times 100} \right| = \left| \frac{\triangle Q^D}{\triangle P} \right| \cdot \frac{P}{Q^D} \quad \text{(단, } \triangle \text{ : 변동분)}$$

▸ $\varepsilon_D = \infty$ 가격 불변(가격 변화율=0), 수요량 변화   완전탄력적

▸ $\varepsilon_D > 1$ 가격 변화율 < 수요량 변화율   탄력적(elastic)

▸ $\varepsilon_D = 1$ 가격 변화율 = 수요량 변화율   단위탄력적

▸ $\varepsilon_D < 1$ 가격 변화율 > 수요량 변화율   비탄력적(inelastic)

▸ $\varepsilon_D = 0$ 가격 변화, 수요량 불변(수요량 변화율=0)   완전비탄력적

▶ 수요의 가격탄력도 의미

▸ 가격 1% 변화 시 수요량 변화율(%)

    예 $\varepsilon_D = 2$ 일 때, 가격 1% 상승(하락) 시 수요량 2% 감소(증가)

▸ 수요의 가격탄력도가 클수록 가격 변화 시 수요량이 대폭 변화하므로 수요곡선은 완만한 기울기를 가지게 됨

▸ $\varepsilon_D = 0$: 가격 변화 시 수요량 불변. 따라서 수요곡선은 수직선

▸ $\varepsilon_D = \infty$: 가격불변 상태에서 수요량 변화. 따라서 수요곡선은 수평선

---

2. 측정 : 호탄력도와 점탄력도

(1) 호탄력도(arc elasticity)

① 수요곡선상 한 점에서 가격이 상당한 폭으로 변화(차분. $\triangle P$)할 때의 가격탄력도이다(I . 기준점 기준).

② 호탄력도는 측정 기준점에 따라 수요의 가격탄력도가 달라지므로 중간점을 기준으로 측정할 수도 있다(Ⅱ. 중간점 기준).

> ⊙ 호탄력도(I): $\varepsilon_D = \left| \dfrac{\triangle Q^D}{\triangle P} \right| \cdot \dfrac{P}{Q^D}$ (기준점 기준 측정)
>
> ⊙ 호탄력도(Ⅱ): $\varepsilon_D = \left| \dfrac{\triangle Q^D}{\triangle P} \right| \cdot \dfrac{(P_1 + P_2)/2}{(Q_1^D + Q_2^D)/2} = \left| \dfrac{\triangle Q^D}{\triangle P} \right| \cdot \dfrac{P_1 + P_2}{Q_1^D + Q_2^D}$ (중간점 기준 측정)

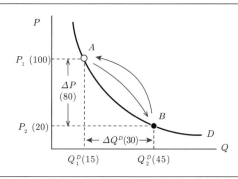

[호탄력도의 측정]

- A점 기준: $\varepsilon_D = \left| \dfrac{\triangle Q^D}{\triangle P} \right| \cdot \dfrac{P}{Q^D} = \left| \dfrac{30}{-80} \right| \cdot \dfrac{100}{15} = 2.5$

- B점 기준: $\varepsilon_D = \left| \dfrac{\triangle Q^D}{\triangle P} \right| \cdot \dfrac{P}{Q^D} = \left| \dfrac{-30}{80} \right| \cdot \dfrac{20}{45} = 0.17$

- 중간점 기준: $\varepsilon_D = \left| \dfrac{\triangle Q^D}{\triangle P} \right| \cdot \dfrac{P_1 + P_2}{Q_1^D + Q_2^D}$

  $= \left| \dfrac{30}{-80} \right| \cdot \dfrac{100 + 20}{15 + 45} = 0.75$

(2) 점탄력도(point elasticity)

① 수요곡선상 한 점에서 가격이 아주 조금 변화(미분. dP)할 때의 탄력도이다.

② 수요함수로부터 수리적으로 도출되며, 그림을 이용하여 측정할 수도 있다.

③ 수요곡선상 한 점에서 가격탄력도와 수요곡선 기울기는 부(−)의 관계이다.

④ 또한 수요곡선이 우하향할 때 수요곡선상 각 점의 가격탄력도는 다른 값을 가진다. 즉, 가격이 올라서 수요량이 감소하면 수요의 가격탄력도가 커진다.

> ⊙ 점탄력도(I): $\varepsilon_D = \left| \dfrac{dQ^D}{dP} \right| \cdot \dfrac{P}{Q^D} = \left| \dfrac{1}{D'} \right| \cdot \dfrac{P}{Q^D}$
>
> $\qquad$ (단, $\dfrac{dQ^D}{dP}$ (수요함수 미분값) $= \dfrac{1}{D'}$ (수요곡선 기울기(D')의 역수))
>
> **예제** 수요함수가 $Q^D = 100 - 2P$ 이고 가격 20일 때 수요의 가격탄력도는?
>
> $\qquad \varepsilon_D = \left| \dfrac{dQ^D}{dP} \right| \cdot \dfrac{P}{Q^D} = \left| \dfrac{1}{D'} \right| \cdot \dfrac{P}{Q^D} = |-2| \cdot \dfrac{20}{60} = \dfrac{2}{3}$
>
> $\qquad$ (단, 수요곡선: $P = 50 - 0.5Q^D$, 수요곡선 기울기(D') $= \dfrac{dP}{dQ^D} = -0.5$)

> ⊙ 점탄력도(Ⅱ): 그림을 이용한 측정 (아래 그림, 수요곡선 상 B점에서)
>
> $$\varepsilon_D = \left| \frac{1}{D'} \right| \cdot \frac{P}{Q^D} = \frac{CQ_0}{BQ_0} \cdot \frac{BQ_0}{Q_0 0} = \frac{CQ_0}{Q_0 0} = \frac{0P_0}{P_0 A} \left(= \frac{CB}{BA} \right)$$
>
> (단, $|D'| = \frac{A0}{C0} = \frac{BQ_0}{CQ_0}$, $\left| \frac{1}{D'} \right| = \frac{CQ_0}{BQ_0}$, $P = P_0 0 = BQ_0$, $Q^D = Q_0 0$)

예제 아래 그림에서, $\varepsilon_D = \frac{CQ_0}{Q_0 0} = \frac{0P_0}{P_0 A} = \frac{10}{20} = \frac{100}{200} = 0.5$

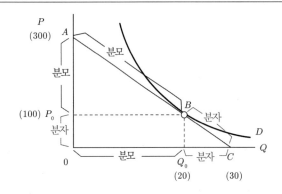

- $\varepsilon_D = \frac{CQ_0(10)}{Q_0 0(20)} = \frac{0P_0(100)}{P_0 A(200)} = \frac{CB}{BA} = 0.5$

[그림을 이용한 측정]

- 수요곡선상 한 점(B)에서 접선을 그린 후 수평축 절편점에서 수요량까지의 선분 길이(CQ_0)를 수요량에서 원점까지의 선분 길이($Q_0 0$)로 나눈 값$\left(\frac{CQ_0}{Q_0 0} \right)$이 그 점에서의 수요의 가격탄력도

- 이는 원점에서 가격까지의 선분길이($0P_0$)를 가격과 수직축 절편까지의 선분길이($P_0 A$)로 나눈 값, 또는 접선의 수평축 절편점에서 B점까지의 선분길이(CB)를 B점에서 수직축 절편점까지의 선분길이(BA)로 나눈 값과 동일

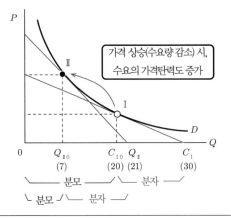

[동일한 수요곡선상의 가격탄력도]

- 동일한 수요곡선상에서도 가격이 오르고 수요량이 감소하면 수요의 가격탄력도 증가

  ▸ Ⅰ점: $\varepsilon_D = \frac{C_Ⅰ C_{Ⅰ0}(10)}{C_{Ⅰ0} 0(20)} = 0.5$

  ▸ Ⅱ점: $\varepsilon_D = \frac{Q_Ⅱ Q_{Ⅱ0}(14)}{Q_{Ⅱ0} 0(7)} = 2$

3. 수요곡선의 형태와 가격탄력도

(1) 직선의 수요곡선

① 수요곡선이 우하향하는 직선이면 중점(中點)에서 단위탄력적($\varepsilon_D = 1$)이다.

② 중점 좌측에서는 탄력적($\varepsilon_D > 1$), 중점 우측에서는 비탄력적($\varepsilon_D < 1$)이 된다.

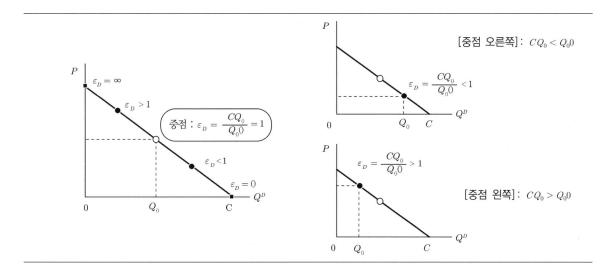

(2) 모든 점에서 가격탄력도가 동일한 수요곡선

① 수요곡선이 수직선(기울기 ∞)이면 가격이 변화할 때 수요량이 변화하지 않으므로(수요량 변화율 = 0) 수요의 가격탄력도는 0 (완전비탄력적)이 된다.

② 수요곡선이 수평선(기울기 0)이면 가격이 변화하지 않아도(가격 변화율 = 0) 수요량이 변화하므로 수요의 가격탄력도는 무한대(완전탄력적)이다.

③ 수요곡선이 직각쌍곡선이면 가격이 변화해도 소비지출액(E)은 변화하지 않으며 수요곡선상 모든 점에서 수요의 가격탄력도는 1이 된다.

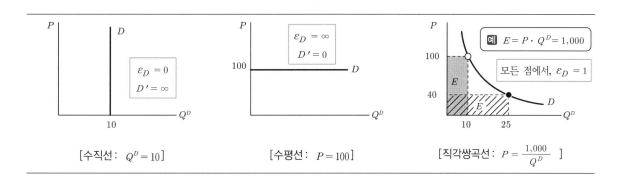

직각쌍곡선

⊙ **직각쌍곡선**: $Y = \dfrac{c}{X} \Rightarrow XY = c$ (단, c: 상수) **예** $Y = \dfrac{10,000}{X}$

⊙ **직각쌍곡선의 수요곡선**: 가격이 변화해도 지출액(E) 불변

▸ 수요곡선: $P = \dfrac{\overline{E}}{Q^D}$ ∴) $P \cdot Q^D = \overline{E}$ (단, E: 지출액, 일정)

▸ 수요의 가격탄력도: $\varepsilon_D = \left| \dfrac{dQ^D}{dP} \right| \cdot \dfrac{P}{Q^D} = |-E \cdot P^{-2}| \cdot \dfrac{P}{E \cdot P^{-1}} = 1$

4. 수요의 가격탄력도와 소비지출액

① 소비지출액(기업의 총수입)은 가격과 수요량을 곱한 것이다.

② 따라서, 소비지출액의 변화율은 가격 변화율과 수요량 변화율을 더한 값이다.

③ 수요가 탄력적(비탄력적)일 때 가격이 오르면 가격 상승률보다 수요량 감소율이 더 크므로(작으므로) 소비지출액은 감소(증가)한다.

④ 또한, 수요가 탄력적(비탄력적)일 때 가격이 내리면 가격하락률보다 수요량 증가율이 더 크므로(작으므로) 소비지출액은 증가(감소)한다.

⊙ 소비지출액(E): $E = P \cdot Q^D \Rightarrow$ $\dot{E}$ = $\dot{P}$ + $\dot{Q^D}$

지출액 변화율 = 가격 변화율 + 수요량 변화율

		가격 변화	지출액 변화
▸ $\varepsilon_D > 1$		가격 하락 시, 가격하락률 < 수요량 증가율	증가
		가격 상승 시, 가격상승률 < 수요량 감소율	감소
▸ $\varepsilon_D = 1$		가격 하락 시, 가격하락률 = 수요량 증가율	불변
		가격 상승 시, 가격상승률 = 수요량 감소율	불변
▸ $\varepsilon_D < 1$		가격 하락 시, 가격하락률 > 수요량 증가율	감소
		가격 상승 시, 가격상승률 > 수요량 감소율	증가

예		가격 변화율	수요량 변화율	지출액 변화율
가격탄력도 0.5일 때		20% 하락	10% 증가	10% 감소
(비탄력적)		20% 상승	10% 감소	10% 증가
가격탄력도 1.5일 때		20% 하락	30% 증가	10% 증가
(탄력적)		20% 상승	30% 감소	10% 감소

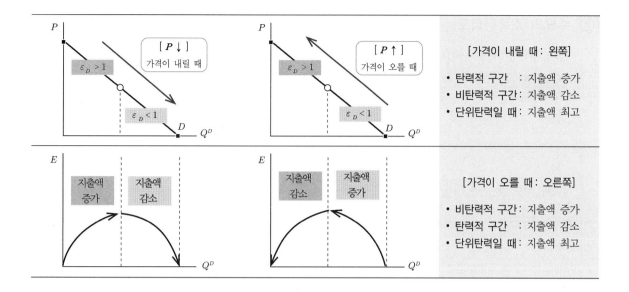

5. 수요의 가격탄력도 결정요인

수요의 가격탄력도는 대체재 여부와 대체성 정도(재화의 포괄범위), 가격이 소득에서 차지하는 비중, 생활
필수품 여부, 가격 변화 후 시간경과 정도 등에 따라 그 크기가 달라진다.

> ▷ 대체재가 많고 대체하기 쉬울수록 수요의 가격탄력도 큼(완만한 수요곡선)
> ▷ 재화의 포괄범위가 좁을수록 대체하기 쉬우므로 수요의 가격탄력도 큼
>
> **예** 채소류(깻잎과 상추) 수요의 가격탄력도 큼   (대체하기 쉬움)
> 　　 음식물(채소와 생선) 수요의 가격탄력도 작음   (대체하기 어려움)
>
> ▷ 가격이 소득에서 차지하는 비중이 클수록[高價品] 수요의 가격탄력도 큼
> ▷ 생활필수품과 기호품은 수요의 가격탄력도 작음.
> 　 생활필수품이 아닌 상품은 가격탄력도 큼
> ▷ 가격이 변화하고 시간이 경과할수록(장기일수록) 수요의 가격탄력도 큼

02 수요의 소득탄력도($\varepsilon_{D,I}$: income elasticity of demand)

① 소득탄력도는 소득이 변화할 때 수요 변화 정도를 보여주는 측정치이다.

② 수요 변화율(%)을 소득변화율(%)로 나눈 값이며 소득이 1% 변화할 때 수요 변화율(%)을 나타낸다.

③ 소득탄력도의 크기에 따라 정상재와 열등재로 구분되며, 정상재는 다시 사치품과 필수품으로 구분된다.

▷ 소득탄력도: $\varepsilon_{D,I} = \dfrac{\text{수요 변화율}}{\text{소득 변화율}} = \dfrac{\dfrac{dQ^D}{Q^D} \times 100}{\dfrac{dI}{I} \times 100} = \dfrac{dQ^D}{dI} \cdot \dfrac{I}{Q^D}$

(단, $\dfrac{dQ^D}{dI}$: 수요함수를 소득으로 미분한 값)

▷ 소득탄력도와 재화의 성격

▸ 정상재: 소득 증가 시, 수요 증가. 따라서 수요의 소득탄력도($\varepsilon_{D,I}$) > 0

(단, 필수품: $0 < \varepsilon_{D,I} < 1$, 사치품: $1 < \varepsilon_{D,I}$)

▸ 열등재: 소득 증가 시, 수요 감소. 따라서 수요의 소득탄력도($\varepsilon_{D,I}$) < 0

예제 $Q_X^D = 100 - 0.5 P_X + 0.01 I$, $P_X = 200$, $I = 10{,}000$일 때 X재의 소득탄력도는?

$\varepsilon_{D,I} = \dfrac{dQ^D}{dI} \cdot \dfrac{I}{Q^D} = 0.01 \cdot \dfrac{10{,}000}{100} = 1$ (단, $P_X = 200$, $I = 10{,}000$일 때 $Q_X^D = 100$)

예 $\varepsilon_{D,I} = 1.5$: 소득 1% 증가할 때 수요 1.5% 증가 (사치품)

$\varepsilon_{D,I} = 0.5$: 소득 1% 증가할 때 수요 0.5% 증가 (필수품)

$\varepsilon_{D,I} = -2$: 소득 1% 증가할 때 수요 2% 감소 (열등재)

03 수요의 교차탄력도($\varepsilon_{D,XY}$: cross elasticity of demand)

① 교차탄력도는 관련재 가격이 변화할 때 수요 변화 정도를 보여주는 측정치이다.

② 관련재 가격 변화율(%)로 수요 변화율(%)을 나누어 측정하며, 관련재 가격이 1% 변화할 때 수요 변화율(%)을 나타낸다.

③ 교차탄력도의 크기에 따라 두 재화는 대체재와 보완재로 구분된다.

⊙ 교차탄력도 : $\varepsilon_{D,XY} = \dfrac{수요(X재) \ 변화율}{관련재(Y재) \ 변화율}$

$$= \dfrac{\dfrac{dQ_X^D}{Q_X^D} \times 100}{\dfrac{dP_Y}{P_Y} \times 100} = \dfrac{dQ_X^D}{dP_Y} \cdot \dfrac{P_Y}{Q_X^D} \quad (단, \ \dfrac{dQ_X^D}{dP_Y} : X재 \ 수요함수를 \ Y재 \ 가격으로 \ 미분한 \ 값)$$

▸ 대체재 : 관련상품 가격 상승 시, 수요 증가. 따라서 교차탄력도($\varepsilon_{D,XY}$) > 0

▸ 보완재 : 관련상품 가격 상승 시, 수요 감소. 따라서 교차탄력도($\varepsilon_{D,XY}$) < 0

예제 $Q_X^D = 100 - 0.5P_X + 2P_Y$, $P_X = 200$, $P_Y = 50$ 일 때 X재의 교차탄력도는?

$$\varepsilon_{D,XY} = \dfrac{dQ_X^D}{dP_Y} \cdot \dfrac{P_Y}{Q_X^D} = 2 \cdot \dfrac{50}{100} = 1 \ (> 0 : 대체재) \quad (단, \ P_X = 200, \ P_Y = 50 일 \ 때 \ Q_X^D = 100)$$

II 공급의 가격탄력도

1. 공급의 가격탄력도(ε_S : price elasticity of supply)

① 공급의 가격탄력도는 가격 변화 시 공급량 변화 정도를 보여주는 측정치이다.

② 가격 변화율(%)로 공급량 변화율(%)을 나누어 측정하며, 가격이 1% 변화할 때 공급량 변화율(%)이다.

⊙ 공급의 가격탄력도

$$\varepsilon_S = \dfrac{공급량 \ 변화율}{가격 \ 변화율} = \dfrac{\dfrac{\triangle Q^S}{Q^S} \times 100}{\dfrac{\triangle P}{P} \times 100} = \dfrac{\triangle Q^S}{\triangle P} \cdot \dfrac{P}{Q^S} \quad (단, \ \triangle : 변동분)$$

▸ $\varepsilon_S = \infty$	가격 불변(가격 변화율 = 0), 공급량 변화	완전탄력적
▸ $\varepsilon_S > 1$	가격 변화율 < 공급량 변화율	탄력적(elastic)
▸ $\varepsilon_S = 1$	가격 변화율 = 공급량 변화율	단위탄력적
▸ $\varepsilon_S < 1$	가격 변화율 > 공급량 변화율	비탄력적(inelastic)
▸ $\varepsilon_S = 0$	가격 변화, 공급량 불변(공급량 변화율 = 0)	완전비탄력적

> ⊙ 공급의 가격탄력도 의미
>
> ▸ 가격 1% 변화 시 공급량 변화율(%)
>
> > 예 $\varepsilon_S = 2$ 일 때, 가격 1% 상승(하락) 시 공급량 2% 증가(감소)
>
> ▸ 공급의 가격탄력도가 클수록(작을수록) 가격 변화 시 공급량이 대폭 변화하므로 공급곡선은 완만한(가파른) 기울기를 가지게 됨
> ▸ $\varepsilon_S = 0$: 가격 변화 시 공급량 불변. 따라서 공급곡선은 수직선
> ▸ $\varepsilon_S = \infty$: 가격불변 상태에서 공급량 변화. 따라서 공급곡선은 수평선

2. 측정 : 호탄력도와 점탄력도

(1) 호탄력도

① 공급곡선상 한 점에서 가격이 상당한 폭으로 변화(차분. $\triangle P$)할 때의 가격탄력도이다(Ⅰ. 기준점 기준).
② 호탄력도는 측정 기준점에 따라 공급의 가격탄력도가 달라지므로 **중간점**을 기준으로 측정할 수도 있다(Ⅱ. 중간점 기준).

> ⊙ 호탄력도(Ⅰ): $\varepsilon_S = \dfrac{\triangle Q^S}{\triangle P} \cdot \dfrac{P}{Q^S}$ (기준점 기준 측정)
>
> ⊙ 호탄력도(Ⅱ): $\varepsilon_S = \dfrac{\triangle Q^S}{\triangle P} \cdot \dfrac{(P_1 + P_2)/2}{(Q_1^S + Q_2^S)/2} = \dfrac{\triangle Q^S}{\triangle P} \cdot \dfrac{P_1 + P_2}{Q_1^S + Q_2^S}$ (중간점 기준 측정)

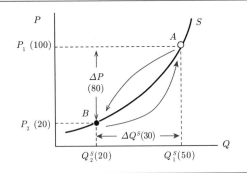

[호탄력도의 측정]

- A점 기준 : $\varepsilon_S = \dfrac{\triangle Q^S}{\triangle P} \cdot \dfrac{P}{Q^S} = \dfrac{-30}{-80} \cdot \dfrac{100}{50} = 0.75$
- B점 기준 : $\varepsilon_S = \dfrac{\triangle Q^S}{\triangle P} \cdot \dfrac{P}{Q^S} = \dfrac{30}{80} \cdot \dfrac{20}{20} = 0.38$
- 중간점 기준 : $\varepsilon_S = \dfrac{\triangle Q^S}{\triangle P} \cdot \dfrac{P_1 + P_2}{Q_1^S + Q_2^S}$

  $= \dfrac{30}{80} \cdot \dfrac{100 + 20}{20 + 50} = 0.64$

(2) 점탄력도

① 공급곡선상 한 점에서 가격이 아주 조금 변화(미분. dP)할 때의 탄력도이다.
② 공급함수로부터 수리적으로 도출되며, 그림을 이용하여 측정할 수도 있다.
③ 공급곡선상 한 점에서 가격탄력도와 공급곡선의 기울기는 부(−)의 관계이다.
④ 또한 공급곡선이 우상향할 때 공급곡선상 각 점의 가격탄력도는 다른 값을 가진다. 즉, 가격이 올라서 공급량이 증가하면 공급의 가격탄력도가 작아진다.

⊙ 점탄력도(I): $\varepsilon_S = \dfrac{dQ^S}{dP} \cdot \dfrac{P}{Q^S} = \dfrac{1}{S'} \cdot \dfrac{P}{Q^S}$

(단, $\dfrac{dQ^S}{dP}$ (공급함수 미분값) $= \dfrac{1}{S'}$ (공급곡선 기울기(S')의 역수))

예제 공급함수가 $Q^S = -5 + 0.5P$ 이고 가격 20일 때 공급의 가격탄력도는?

$\varepsilon_S = \dfrac{dQ^S}{dP} \cdot \dfrac{P}{Q^S} = \dfrac{1}{S'} \cdot \dfrac{P}{Q^S} = 0.5 \cdot \dfrac{20}{5} = 2$

(단, 공급곡선: $P = 10 + 2Q^S$, 공급곡선 기울기(S') $= 2$)

⊙ 점탄력도(II): 그림을 이용한 측정 (아래 그림, 공급곡선상 B 점에서)

$\varepsilon_S = \dfrac{1}{S'} \cdot \dfrac{P}{Q^S} = \dfrac{AQ_0}{BQ_0} \cdot \dfrac{BQ_0}{0Q_0} = \dfrac{AQ_0}{0Q_0}$

(단, $S' = \dfrac{BQ_0}{AQ_0}$, $\dfrac{1}{S'} = \dfrac{AQ_0}{BQ_0}$, $P = BQ_0$, $Q^S = 0Q_0$)

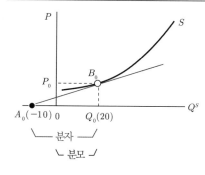
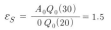

$\varepsilon_S = \dfrac{A_0 Q_0 (30)}{0 Q_0 (20)} = 1.5$

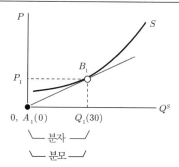

$\varepsilon_S = \dfrac{A_1 Q_1 (30)}{0 Q_1 (30)} = 1$

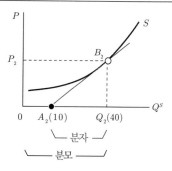

$\varepsilon_S = \dfrac{A_2 Q_2 (30)}{0 Q_2 (40)} = 0.75$

[그림을 이용한 측정]

- 공급곡선상 한 점(B)에서 접선을 그린 후, 수평축 절편점에서 공급량까지의 선분 길이(AQ)를 원점에서 공급량까지의 선분 길이($0Q$)로 나눈 값이 공급의 가격탄력도
- 공급의 가격탄력도: $\varepsilon_S = \dfrac{AQ}{0Q}$

[동일한 공급곡선상의 가격탄력도]

- 같은 공급곡선 상에서도 가격이 높을수록 ε_S 감소
  ▸ B_0점: $\varepsilon_S = 1.5$
  ▸ B_1점: $\varepsilon_S = 1$
  ▸ B_2점: $\varepsilon_S = 0.75$

3. 공급곡선의 형태와 가격탄력도

(1) 직선의 공급곡선

① 공급곡선이 원점에서 우상향하는 직선이면 기울기와 관계없이 모든 점에서 단위탄력적($\varepsilon_S = 1$)이다.

② 공급곡선이 가격축에서 우상향하는 직선이면 모든 점에서 탄력적($\varepsilon_S > 1$)이며, 가격이 오르면 가격탄력도가 점점 감소하여 1에 가까워진다.

③ 공급곡선이 수량축에서 우상향하는 직선이면 모든 점에서 비탄력적($\varepsilon_S < 1$)이며, 가격이 오르면 가격탄력도가 점점 증가하여 1에 가까워진다.

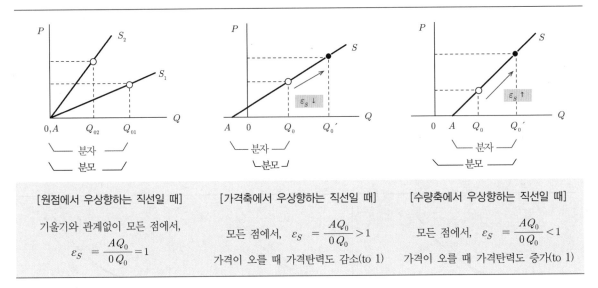

[원점에서 우상향하는 직선일 때]

기울기와 관계없이 모든 점에서,

$$\varepsilon_S = \frac{AQ_0}{0Q_0} = 1$$

[가격축에서 우상향하는 직선일 때]

모든 점에서, $\varepsilon_S = \dfrac{AQ_0}{0Q_0} > 1$

가격이 오를 때 가격탄력도 감소(to 1)

[수량축에서 우상향하는 직선일 때]

모든 점에서, $\varepsilon_S = \dfrac{AQ_0}{0Q_0} < 1$

가격이 오를 때 가격탄력도 증가(to 1)

(2) 모든 점에서 가격탄력도가 동일한 공급곡선

① 공급곡선이 수직선(기울기 ∞)이면 가격이 변화할 때 공급량이 변화하지 않으므로(공급량 변화율=0) 공급의 가격탄력도는 0(완전비탄력적)이 된다.

② 공급곡선이 수평선(기울기 0)이면 가격이 변화하지 않아도(가격 변화율=0) 공급량이 변화하므로 공급의 가격탄력도는 무한대(완전탄력적)이다.

③ 공급곡선이 원점에서 우상향하는 직선이면 기울기에 관계없이 공급곡선상 모든 점에서 공급의 가격탄력도는 1이 된다.

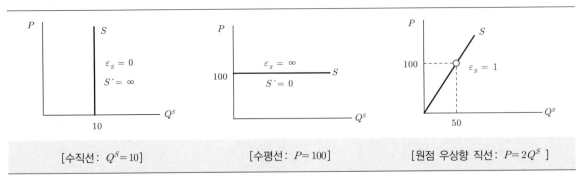

[수직선: $Q^S = 10$]　　　　[수평선: $P = 100$]　　　　[원점 우상향 직선: $P = 2Q^S$]

4. 공급의 가격탄력도 결정요인

공급의 가격탄력도는 저장 가능성, 가격 변화 후 시간의 경과 정도 및 요소가격 변화 정도(생산요소의 수요와 공급의 요소가격탄력도) 등에 따라 그 크기가 달라진다.

> ▶ 저장하기 어렵고 저장비용이 높은 상품일수록 공급의 가격탄력도 작음
> ▶ 가격이 변화하고 시간이 경과할수록(장기일수록) 공급의 가격탄력도 큼
> ▶ 생산물 가격이 변화할 때 요소가격이 많이 변화할수록 생산물 공급의 가격탄력도 작음
> > ▸ 생산물 가격이 오르면(공급량 증가) 요소수요가 증가하여 요소가격 상승
> > ▸ 이때 요소가격이 대폭 상승하면 생산물 공급량이 많이 증가할 수 없으므로 생산물공급이 비탄력적
> > ▸ 요소의 수요와 공급이 모두 비탄력적이면 수요 증가 시 요소가격 대폭 상승

Ⅲ 가격탄력도와 자원배분

① 수요와 공급이 모두 탄력적일 경우(공산품)에 수요나 공급이 변화하면 가격변동폭이 작고 거래량 변동폭은 크다.
② 수요와 공급이 모두 비탄력적일 경우(농산물)에 수요나 공급이 변화하면 가격변동폭이 크고 거래량 변동폭은 작다.
③ 어느 한쪽이 탄력적이거나 비탄력적일 경우에도 마찬가지이다.
④ 공급이 변화할 때 수요가 비탄력적이면(D_2) 가격은 대폭, 거래량은 소폭 변화한다. 수요가 탄력적인 경우(D_1)는 가격은 소폭, 거래량은 대폭 변화한다.
⑤ 수요가 변화할 때 공급이 비탄력적이면(S_2) 가격은 대폭, 거래량은 소폭 변화한다. 공급이 탄력적일 경우(S_1)는 가격은 소폭, 거래량은 대폭 변화한다.

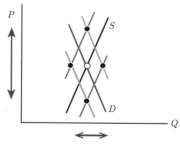

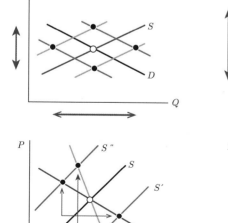

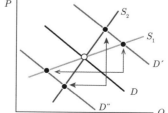

- 왼쪽: 수요와 공급이 모두 탄력적(공산품)일 때 가격 소폭 변화, 거래량 대폭 변화
- 오른쪽: 수요와 공급이 모두 비탄력적(농산물)일 때 가격 대폭 변화, 거래량 소폭 변화

- 왼쪽: 공급 변화 시, 수요가 비탄력적(D_2)일 때 가격 대폭 변화, 거래량 소폭 변화
- 오른쪽: 수요 변화 시, 공급이 비탄력적(S_2)일 때 가격 대폭 변화, 거래량 소폭 변화

CHAPTER 05 수요 · 공급이론의 응용

I 경제적잉여(economic surplus)

01 소비자잉여(consumer's surplus) ◀ 마샬(A. Marshall)

① 수요곡선이 우하향할 때 개별 소비자는 지불용의 최고가격(수요가격)보다 낮은 시장가격을 지불하고 소비하며, 이 차이를 소비자잉여라고 한다.

② 시장 전체 소비자잉여는 각 상품 단위별 소비자잉여를 모두 더한 것이며, 시장수요곡선 아래와 시장가격 사이의 면적(a)으로 측정된다.

③ 이는 소비자들의 지불용의 총지출액($a+c$)에서 실제 지출액(c)을 뺀 값이다.

④ 소비자잉여는 수요의 가격탄력도가 작을수록(가파른 수요곡선) 크다.

⑤ 소비자잉여는 수요의 가격탄력도가 0(수직의 수요곡선)이면 무한대, 가격탄력도가 무한대(수평의 수요곡선)이면 0이 된다.

> ⊙ 개별 소비자잉여 : 수요가격(지불용의 최고가격) − 시장가격(실제 지불가격)
>
> ⊙ 전체 소비자잉여 : $\sum_{i=1}^{n}$ (상품별 소비자잉여)$_i$ = $\sum_{i=1}^{n}$ (수요가격 − 시장가격)$_i$

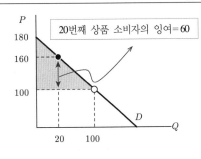

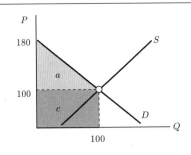

[소비자잉여]

- 20번째 상품 소비자의 잉여 60
- 전체 소비자잉여(a)
  ▶ 수요곡선 아래 면적(4,000)
  ▶ a = 지불용의 총액($a+c$) − 실제 지출액(c)

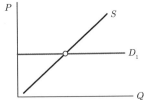

[완전탄력적(D_1) : 소비자잉여 0]

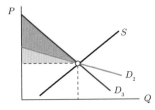

[비탄력적(D_3) : 소비자잉여 大]

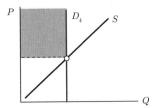

[완전비탄력적(D_4) : 소비자잉여 ∞]

02 생산자잉여(producer's surplus)

① 공급곡선이 우상향할 때 생산자는 받고 싶은 최저가격(공급가격. 생산비)보다 높은 시장가격을 받고 판매하게 되며, 이 차이를 생산자잉여라고 한다.

② 시장 전체 생산자잉여는 각 생산자의 생산자잉여를 모두 더한 것이며, 시장공급곡선 위와 시장가격 사이의 면적(b)으로 측정된다.

③ 이는 생산자들의 실제 총수입($b+c$)에서 받고자 했던 최소한의 수입(c. 총비용)을 뺀 값이다.

④ 생산자잉여는 공급의 가격탄력도가 작을수록(가파른 공급곡선) 크다.

⑤ 생산자잉여는 공급의 가격탄력도가 0(공급곡선 수직선)이면 생산자의 총수입(매출액) 전체, 가격탄력도가 무한대(공급곡선 수평선)이면 0이 된다.

> ⊙ 개별 생산자잉여 : 시장가격(판매가격) − 공급가격(받고 싶은 가격. 생산비)
>
> ⊙ 전체 생산자잉여 : $\sum_{i=1}^{n}$ (상품별 생산자잉여)$_i$ = $\sum_{i=1}^{n}$ (시장가격 − 공급가격)$_i$

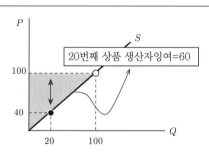

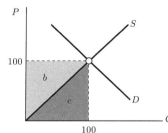

[생산자 잉여]

- 20번째 상품 생산자의 잉여 60
- 전체 생산자잉여(b)
  ▸ 공급곡선 위 면적(5,000)
  ▸ b = 실제 총수입($b+c$)
    − 받고 싶은 최소수입(c)
    (생산비)

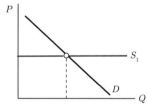

[완전탄력적(S_1) : 생산자잉여 0]

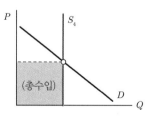

[비탄력적(S_3) : 생산자잉여 大]

[완전비탄력적(S_4) : 생산자잉여 최대]

03 경제적잉여[total surplus; 총편익(total benefits)]

시장경제에서 소비자와 공급자는 모두 잉여(이득)를 얻게 되며 이를 경제적잉여라고 한다.
따라서 경제적잉여는 모든 경제주체가 얻는 **사회순편익**(net social benefit; 사회적 잉여)을 의미한다.

1. 경제적잉여

① 경제적잉여는 소비자잉여(a)와 생산자잉여(b)를 더한 것이며 시장 전체의 잉여(이득)이다.
② 어떤 시장의 경제적잉여가 극대화될 때 그 시장을 **효율적 시장**이라고 평가한다.

> ⊙ 개별 경제적잉여 : 수요가격(지불용의 가격) − 공급가격(받고 싶은 가격)
>
> ⊙ 전체 경제적잉여 : $\sum_{i=1}^{n}$ (수요가격−공급가격)$_i$ = 전체 소비자잉여 + 생산자잉여

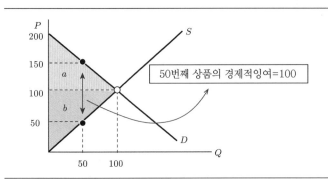

[경제적잉여]

• 개별 경제적잉여 = 수요가격 − 공급가격

예 50번째 생산물의 경제적잉여
= 수요가격(150) − 공급가격(50) = 100

• 경제적잉여 = 소비자잉여(a) + 생산자잉여(b)
= 5,000 + 5,000 = 10,000

2. 경제적잉여의 크기

① 동일한 시장균형하에서, 수요와 공급의 가격탄력성이 작을수록(가파른 수요·공급곡선) 경제적잉여가 크다.
② 반대로 수요와 공급의 가격탄력성이 크면(완만한 수요·공급곡선) 경제적잉여는 작다.

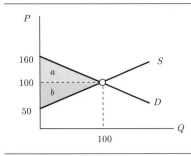
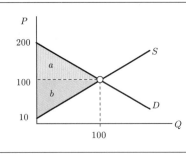

[가격탄력도와 경제적잉여]

• 왼쪽: 수요, 공급 탄력적
경제적잉여($a+b=5,500$) 小

• 오른쪽: 수요, 공급 비탄력적
경제적잉여($a+b=9,500$) 大

04 수요·공급의 변화와 잉여

1. 수요 변화와 경제적잉여

① 공급곡선이 우상향할 때 수요가 증가(수요곡선 우측이동)하면 소비자잉여와 생산자잉여가 계속 증가한다.
② 따라서 경제적잉여도 계속해서 증가한다.

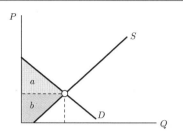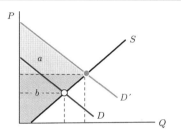

[수요가 증가할 때]

▶ 소비자잉여(a) 증가
▶ 생산자잉여(b) 증가
▶ 경제적잉여($a+b$) 증가

2. 공급 변화와 경제적잉여

① 수요곡선이 우하향할 때 처음 공급이 증가(공급곡선 우측이동)하면 소비자잉여와 생산자잉여가 모두 증가하여 생산자잉여가 증가한다.
② 그러나 계속해서 공급이 증가하면 소비자잉여와 경제적잉여는 계속 증가하지만 생산자잉여는 감소한다.
③ 공급이 계속 증가하여 가격이 0이 될 경우(자유재) 생산자잉여는 0이 된다.
④ 이때 소비자잉여는 수요곡선 아래 전체 면적이며 경제적잉여와 소비자잉여가 같다.

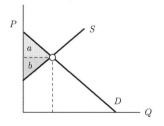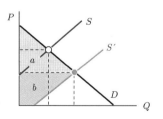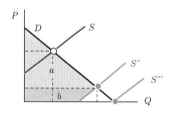

[공급이 증가할 때]

• 최초, 소비자잉여(a),
  생산자잉여(b)

▶ 공급 증가(S') : 소비자잉여(a), 생산자잉여(b), 경제적잉여($a+b$) 모두 증가
▶ 계속 증가(S'') : 소비자잉여(a), 경제적잉여($a+b$) 계속 증가. 생산자잉여(b)는 감소
▶ 더욱 증가(S''') : 자유재가 되면 소비자잉여(a) = 경제적잉여(a). 생산자잉여(b)는 0

Ⅱ | 조세귀착(tax incidence)

조세는 사람에게 부과되는 **직접세**와 상품에 부과되는 **간접세(물품세)**로 나뉜다.

간접세는 일반적으로 공급자에게 부과되며, 부과된 세금은 수요자도 일부 부담(조세전가)하게 되는데 이를 조세귀착이라고 한다.

간접세는 수요자에게 부과할 수도 있으며 그 효과는 모두 동일하다.

간접세는 상품 단위당 일정액이 부과되는 **종량세**와 상품가격의 일정 비율로 부과되는 **종가세**로 나뉘는데, 종량세를 중심으로 분석한다.

간접세 감면은 모든 면에서 간접세 부과와 정반대의 효과를 가지며, **보조금을 지급하는 것과 동일한 의미**를 가진다.　　　　▦ p.65의 '보조금(조세감면)' 참조

⊙ 간접세 : 물품세(物品稅). 부가가치세, 주세, 특별소비세 등

　▸ 종량세(per unit tax) 　: 재화 단위당 부가　　　　　　　　예 소주 1병당 200원
　▸ 종가세(ad valorem tax) : 가격의 일정 비율로 부과　　　예 소주세율 20%

---

01 간접세를 공급자에게 부과할 때

1. 조세귀착

① 공급자에게 종량세가 부과되면 그 액수만큼 생산비가 증가하므로 공급자가 받고자 하는 최저가격 (공급가격)이 종량세액만큼 높아진다.

② 따라서 공급곡선이 종량세액만큼 상방으로 이동한다(공급곡선 절편 증가).

③ 공급곡선이 상방(좌측)으로 이동(공급 감소)하면 거래량이 감소하고 시장가격이 상승한다.

④ 이때 시장가격 상승분만큼은 수요자가 부담하고, 공급자는 원래 시장가격에서 세후 단위당 실제 수입 (세후 공급가격 = 세후 시장가격 − 종량세)을 뺀 만큼 부담하게 된다.

2. 잉여변화

① 종량세가 부과되면 가격이 오르고 소비가 감소하므로 소비자잉여가 감소한다.

② 또한 공급자의 세후 공급가격(세후 실제 단위당 수입)이 내리고 생산량이 감소하므로 생산자잉여도 감소한다.

③ 전체 경제적잉여는 소비자잉여와 생산자잉여의 감소분을 더한 값에서 조세징수액을 뺀 만큼 감소하며, 이를 **자중손실**(自重損失, deadweight loss) 또는 **사중손실**(死重損失)이라고 한다.

④ 조세징수액은 재정지출에 사용되어 사회후생을 높이므로 후생손실로 보지 않는다.

⊙ 조세귀착

▸ 수요자 부담＝가격 상승분(조세부과 후 시장가격 − 조세부과 전 시장가격)

▸ 공급자 부담＝조세부과 전 원래 시장가격 − 세후 공급가격

　　　(단, 세후 공급가격 ＝ 세후 시장가격−종량세)

⊙ 잉여변화

▸ 시장가격이 상승하고 수요량이 감소하므로 소비자잉여 감소

▸ 세후 공급가격이 하락하고 공급량이 감소하므로 생산자잉여 감소

▸ 자중손실 ＝ (소비자잉여 감소분 ＋ 생산자잉여 감소분) − 조세징수액

예제 시장수요곡선이 $P = 214 - 5Q$ 이고 시장공급곡선이 $P = 7 + 4Q$ 일 때 공급자에게 종량세 36을 부과. 조세귀착, 종량세 징수액 및 자중손실의 크기는?

- 조세부과 전

  ▸ 균형조건 : 수요가격=공급가격 ⇒ $214 - 5Q = 7 + 4Q$　∴) $Q = 23$

  ▸ 균형 가격과 거래량 : $Q = 23$, $P = 99$

- 조세부과 후 공급곡선 : $P = 43 + 4Q$　(종량세만큼 공급곡선 절편 증가)

  ▸ 균형조건 : 수요가격=공급가격 ⇒ $214 - 5Q = 43 + 4Q$　∴) $Q = 19$

  ▸ 균형 가격과 거래량 : $Q = 19$, $P = 119$

- 조세귀착

  ▸ 소비자 부담＝가격상승분＝세후 시장가격−세전 시장가격＝$119 - 99 = 20$

  ▸ 공급자 부담＝세전 시장가격−세후 공급가격＝$99 - 83 = 16$

- 잉여변화와 자중손실

  ▸ 소비자잉여 감소분＝$a + b$,　생산자잉여 감소분＝$c + d$

  ▸ 종량세 징수액$(a + c)$ ＝ 세후 거래량× 단위당 종량세 ＝ $19 \times 36 = 684$

  ▸ 자중손실(Ⅰ)＝(소비자잉여 감소분+생산자잉여 감소분)−종량세 징수 ＝ $(420 + 336) - 684 = 72$

  ▸ 자중손실(Ⅱ)＝$\frac{1}{2}$(단위당 종량세× 거래량 감소분)＝$\frac{1}{2}(36 \times 4) = 72$

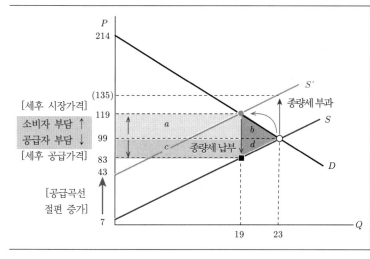

[공급자에게 종량세 부과]

- 종량세만큼 공급곡선 상방이동(공급 감소), 공급곡선 절편 증가

- 공급 감소에 따라 가격 상승, 거래량 감소

- 잉여변화

  ▸ 소비자잉여 감소분 : $a + b$,

  ▸ 생산자잉여 감소분 : $c + d$

  ▸ 종량세 징수액 : $a + c$

  ▸ 자중손실 : $((a + b) + (c + d)) - (a + c)$

　　　$= b + d$

3. 조세귀착과 잉여변화의 크기

(1) 일반적인 경우

① 조세부담 비율은 수요와 공급의 가격탄력성 비율과 역(−)의 관계이다.

② 따라서 가격탄력성이 큰 쪽이 조금 부담하고, 작은 쪽이 많이 부담한다.

③ 또한 가격탄력성이 큰 쪽의 잉여는 조금 감소하고, 작은 쪽은 많이 감소한다.

④ 수요와 공급의 가격탄력성이 모두 클 경우는 작을 경우에 비하여 거래량이 대폭 감소한다. 따라서 자중손실이 더 크고, 조세징수액은 작아진다.

⊙ 조세귀착 : $\dfrac{\varepsilon_S}{\varepsilon_D} = \dfrac{\text{소비자 부담분}}{\text{공급자 부담분}}$ ◀ 가격탄력도와 역의 비율로 부담

⊙ 일반적인 경우 : 수요곡선 우하향, 공급곡선 우상향

  ‣ 가격탄력도와 역의 비율로 조세부담.
  ‣ 탄력적인 쪽이 적게 부담하고 잉여감소도 작음
  ‣ 모두 탄력적일 때(완만한 수요·공급곡선) 자중손실 크고, 조세징수액 적음

⊙ 한쪽이 완전탄력적일 경우 : 완전탄력적인 쪽은 조세를 부담하지 않으며 잉여(원래 0)도 감소하지 않음.
　　　　　　　　　　　　　상대방이 조세를 모두 부담하며 잉여 감소

⊙ 한쪽이 완전비탄력적일 경우 : 완전비탄력적인 쪽이 조세를 모두 부담하며 잉여 감소.
　　　　　　　　　　　　　　상대방은 조세를 부담하지 않으며 잉여도 감소하지 않음

　예 종량세 100, $\dfrac{\varepsilon_S(3)}{\varepsilon_D(2)} = \dfrac{\text{소비자 부담분}(60)}{\text{공급자 부담분}(49)} = \dfrac{3}{2}$ 　공급자 탄력적, 적게 부담

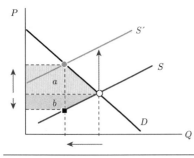

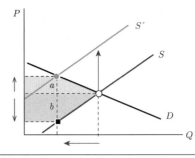

[왼쪽 : 수요가 비탄력적]

• 가격 대폭 상승: 소비자가 많이 부담, 소비자잉여 많이 감소$(a > b)$

[오른쪽 : 공급이 비탄력적]

• 가격 소폭 상승: 공급자가 많이 부담, 생산자잉여 많이 감소$(a < b)$

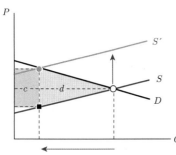

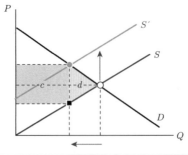

[왼쪽 : 모두 탄력적]

• 거래량 대폭 감소
• 자중손실(d) 大, 조세수입(c) 小

[오른쪽 : 모두 비탄력적]

• 거래량 소폭 감소
• 자중손실(d) 小, 조세수입(c) 大

(2) 한쪽이 완전탄력적인 경우

① 완전탄력적인 쪽은 종량세를 부담하지 않으며 상대방이 모두 부담한다.
② 또한 완전탄력적인 쪽의 잉여(0)는 변화하지 않으며, 상대방 잉여만 감소한다.

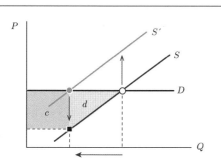

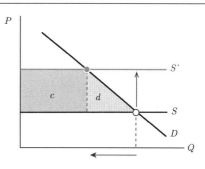

[수요 완전탄력적]

▸ 가격불변. 공급자가 모두 부담
▸ 소비자잉여(원래 0) : 불변
▸ 생산자잉여 감소 : $(c+d)$
▸ 간접세 징수액 : (c)
▸ 자중손실 : (d)

[공급 완전탄력적]

▸ 종량세만큼 가격 상승. 소비자가 모두 부담
▸ 소비자잉여 감소 : $(c+d)$
▸ 생산자잉여(원래 0) : 불변
▸ 간접세 징수액 : (c)
▸ 자중손실 : (d)

(3) 한쪽이 완전비탄력적인 경우

① 완전비탄력적인 쪽이 종량세를 모두 부담하고 잉여가 감소한다.
② 상대방은 조세를 전혀 부담하지 않고 잉여도 감소하지 않는다.
③ 이때 잉여감소분과 간접세액이 같아서 자중손실은 발생하지 않는다.

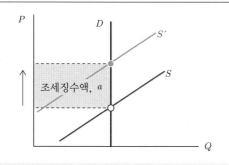

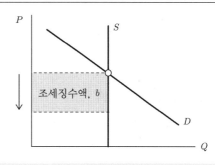

[수요 완전비탄력적]

▸ 종량세만큼 가격 상승. 소비자 전액 부담
▸ 소비자잉여 감소(a)
▸ 생산자잉여 불변
▸ 소비자잉여 감소분=종량세 총액. 따라서, 자중손실 0

[공급 완전비탄력적]

▸ 가격불변. 종량세만큼 세후 공급가격 하락(공급자 부담)
▸ 소비자잉여 불변
▸ 생산자잉여 감소(b)
▸ 생산자잉여 감소분=종량세 총액. 따라서, 자중손실 0

02 간접세를 수요자에게 부과할 때

조세부과에 따른 경제적 효과는 공급자에게 부과하는 경우와 모두 동일하다.

(1) 일반적인 경우

① 수요자는 재화 구입 후 종량세를 납부해야 하므로 그만큼 싸게 사고자 한다.

② 따라서 수요가격(지불용의 최고가격)이 종량세만큼 감소하므로 수요곡선이 종량세액만큼 하방으로 이동(수요곡선 절편 감소)한다.

③ 수요곡선이 하방(좌측)이동(수요 감소)하면 거래량이 감소하고 가격이 내린다.

④ 이때 가격 하락분은 공급자가 부담하고, 수요자는 세후 단위당 실제 지불액(세후 수요가격= 세후 시장가격+ 종량세)에서 원래 시장가격을 뺀 만큼 부담한다.

> ⊙ 공급자 부담＝시장가격 하락분(조세부과 전 시장가격 − 조세부과 후 시장가격)
>
> ⊙ 수요자 부담＝세후 수요가격 − 원래 시장가격 (단, 세후 수요가격＝세후 시장가격+종량세)

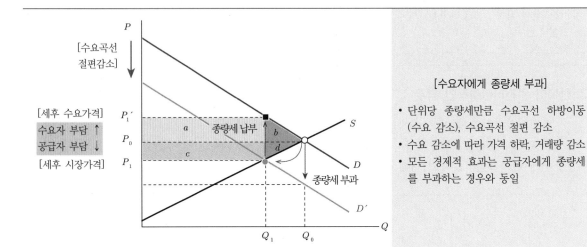

[수요자에게 종량세 부과]

• 단위당 종량세만큼 수요곡선 하방이동 (수요 감소), 수요곡선 절편 감소
• 수요 감소에 따라 가격 하락, 거래량 감소
• 모든 경제적 효과는 공급자에게 종량세를 부과하는 경우와 동일

(2) 한쪽이 완전탄력적인 경우

① 완전탄력적인 쪽은 종량세를 부담하지 않으며 상대방이 모두 부담한다.

② 또한 완전탄력적인 쪽의 잉여(0)는 변화하지 않으며, 상대방 잉여만 감소한다.

(3) 한쪽이 완전비탄력적인 경우

① 완전비탄력적인 쪽이 종량세를 모두 부담하고 잉여가 감소한다.

② 상대방은 조세를 전혀 부담하지 않고 잉여도 감소하지 않는다.

③ 이때 잉여감소분과 간접세액이 같아서 자중손실은 발생하지 않는다.

Ⅲ 보조금(조세감면)

생산자나 소비자에게 보조금을 지급할 수 있으며, 조세감면과 동일한 효과를 가진다. 보조금도 공급자에게 지급하거나 수요자에게 지급하거나 그 효과는 같다.
보조금은 상품 단위당 일정액이 보조되는 **정액보조**와 상품가격의 일정 비율로 보조되는 **정률보조**로 나뉜다. 아래에서는 정액보조를 중심으로 분석한다.

01 생산자에게 보조금을 지급할 때 ◀ 공급자에 대한 간접세 감면과 동일

1. 보조혜택

① 공급자에게 정액보조금을 지급(종량세 감면)하면 생산비가 감소하므로 공급자가 받고자 하는 최저가격(공급가격)이 보조금(종량세 감면액)만큼 낮아진다.

② 따라서 공급곡선이 보조금(종량세 감면액)만큼 하방(우측)이동(공급곡선 절편 감소)하여 시장가격이 내리고 거래량이 증가한다.

③ 이때 가격 하락분은 소비자 혜택이 되고, 공급자는 보조금 수령 후 단위당 실제 수입(보조금 수령 후 시장가격 + 보조금)에서 보조금 지급 전 시장가격을 뺀 만큼 혜택을 보게 된다.

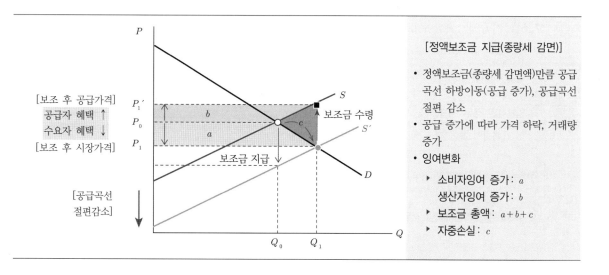

[보조 후 공급가격]
공급자 혜택 ↑
수요자 혜택 ↓
[보조 후 시장가격]

[공급곡선 절편감소]

[정액보조금 지급(종량세 감면)]
- 정액보조금(종량세 감면액)만큼 공급곡선 하방이동(공급 증가), 공급곡선 절편 감소
- 공급 증가에 따라 가격 하락, 거래량 증가
- 잉여변화
  ▶ 소비자잉여 증가: a
    생산자잉여 증가: b
  ▶ 보조금 총액: $a+b+c$
  ▶ 자중손실: c

2. 잉여변화

① 공급자에게 정액보조금이 지급되면 시장가격이 내리고 소비량이 증가하므로 소비자잉여가 증가한다.

② 또한 공급자의 보조금 수령 후 단위당 실제 수입이 증가하고 생산량이 증가하므로 생산자잉여도 증가한다.

③ 이때 보조금 지급액(재정지출액)이 소비자잉여와 생산자잉여의 증가분보다 많으므로 **자중손실**(自重損失, deadweight loss) 또는 **사중손실**(死重損失)이 발생한다.

> ⊙ 보조금 지급(조세감면) 혜택의 배분
>
> ▸ 수요자 혜택＝시장가격 하락분
>   ＝보조(조세감면) 전 시장가격 － 보조(조세감면) 후 시장가격
> ▸ 공급자 혜택＝보조(조세감면) 후 공급가격 － 보조(조세감면) 전 시장가격
>   (단, 보조(감면) 후 공급가격＝보조(감면) 후 가격 ＋ 보조금 총액(조세 총액))
>
> ⊙ 잉여변화
>
> ▸ 시장가격이 하락하고 수요량이 증가하므로 소비자잉여 증가
> ▸ 보조 후 공급가격이 상승하고 공급량이 증가하므로 생산자잉여 증가
> ▸ 자중손실 ＝ 보조금 지급액(조세징수액) － (소비자잉여 증가분 ＋ 생산자잉여 증가분)

3. 보조(조세감면) 혜택과 잉여변화의 크기

(1) 일반적인 경우

① 보조혜택과 잉여변화는 물품세의 경우와 같이 가격탄력성에 따라 결정된다.

② 즉, 가격탄력성이 큰 쪽의 혜택과 잉여증가의 크기는 작고, 가격탄력성이 작은 쪽은 혜택과 잉여증가의 크기가 크다.

③ 수요와 공급의 가격탄력성이 모두 클 경우는 작을 경우에 비하여 시장거래량이 대폭 증가하므로 보조금 지급액(조세감면액)과 자중손실의 크기가 더 크다.

> ⊙ 보조(조세감면) 혜택 : $\dfrac{\varepsilon_S}{\varepsilon_D} = \dfrac{\text{소비자 혜택분}}{\text{공급자 혜택분}}$ ◀ 탄력도와 역의 비율로 혜택
>
> ⊙ 일반적인 경우 : 수요곡선 우하향, 공급곡선 우상향
>
> ▸ 탄력적인 쪽이 적은 혜택을 보며, 잉여증가도 작음
> ▸ 모두 탄력적일 때(완만한 수요·공급곡선) 자중손실 크고, 보조(조세)액 큼
>
> ⊙ 한쪽이 완전탄력적일 경우 : 완전탄력적인 쪽은 혜택이 없으며 잉여(원래 0)도 증가하지 않음
>   상대방이 모든 혜택을 보며 잉여 증가
>
> ⊙ 한쪽이 완전비탄력적일 경우 : 완전비탄력적인 쪽이 모든 혜택을 보며 잉여 증가
>   상대방은 혜택을 보지 못하며 잉여도 증가하지 않음

(2) 한쪽이 완전탄력적이거나 완전비탄력적일 경우

① 완전탄력적인 쪽에는 보조혜택과 잉여증대 효과가 전혀 나타나지 않으며, 상대방에게만 그 효과가 나타난다.

② 완전비탄력적인 쪽에만 보조혜택과 잉여증대 효과가 나타나며, 상대방에게는 그 효과가 전혀 나타나지 않는다.

③ 이 경우, 잉여증가분과 재정지출액이 같아서 자중손실은 발생하지 않는다.

02 수요자에게 보조금을 지급할 때   ◀ 수요자에 대한 간접세 감면과 동일

① 수요자에게 보조금이 지급되면 재화 구입 후 그 액수만큼 보조금을 받으므로 재화 구입 전 수요가격 (지불용의 최고가격)이 단위당 보조금만큼 증가한다.

② 따라서 수요곡선이 정액보조금만큼 상방으로 이동(수요곡선 절편 증가)한다.

③ 수요곡선이 상방(우측) 이동(수요 증가)하면 거래량이 증가하고 가격이 오른다.

④ 이때 시장가격 상승분만큼은 공급자의 혜택이 되고, 수요자는 원래 시장가격에서 보조 후 단위당 실제 지불액(보조 후 수요가격 = 보조 후 시장가격 – 정액보조금)을 뺀 만큼 혜택을 보게 된다.

⑤ 모든 경제적 효과는 공급자에게 보조금을 지급하는 경우와 같다.

> ⊙ **수요자 혜택**: 보조 전 시장가격 – 보조 후 수요가격
>
> ⊙ **공급자 혜택**: 보조 후 시장가격 – 보조 전 시장가격

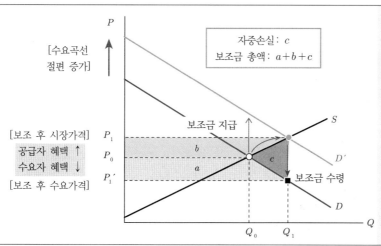

[수요곡선 절편 증가]

자중손실: c
보조금 총액: $a+b+c$

[보조 후 시장가격]
공급자 혜택 ↑
수요자 혜택 ↓
[보조 후 수요가격]

[정액보조금 지급(종량세 감면)]

• 단위당 보조금(종량세)만큼 수요곡선 상방이동(수요 증가), 따라서, 수요곡선 절편 증가

• 수요 증가에 따라 가격 상승, 거래량 증가

개념정리

	조세부과	보조금지급(조세감면)
• 일반적인 경우	‣ **탄력적인 쪽**: 조세부담, 잉여감소 적음 ‣ **비탄력적인 쪽**: 조세부담, 잉여감소 많음	‣ **탄력적인 쪽**: 보조혜택, 잉여증가 적음 ‣ **비탄력적인 쪽**: 보조혜택, 잉여증가 많음
• 한쪽 완전탄력적	‣ 완전탄력적인 쪽 조세부담과 잉여감소 없음 ‣ 상대방만 조세부담하고 잉여감소	‣ 완전탄력적인 쪽은 혜택과 잉여증가 없음 ‣ 상대방만 혜택, 잉여증가
• 한쪽 완전비탄력적	‣ 완전비탄력적인 쪽만 조세부담, 잉여감소 ‣ 상대방은 조세부담과 잉여감소 없음 ‣ 자중손실 0 (조세징수액=잉여증가분)	‣ 완전비탄력적인 쪽만 혜택, 잉여증가 ‣ 상대방은 혜택과 잉여증가 없음 ‣ 자중손실 0 (보조액(감면액)=잉여증가분)

■ 수요자에게 조세부과하거나 보조금 지급(조세감면)하는 경우에도 동일한 효과를 가짐

Ⅳ | 가격통제

01 최고가격제 : 가격상한제(price ceiling)

1. 최고가격제

① 수요자를 보호하기 위해 시장가격 이하로 가격을 통제한다. 예 전시(戰時) 가격통제
② 설정된 최고가격이 시장가격보다 높을 때(실효성 없는 가격통제)는 시장가격으로 거래한다.

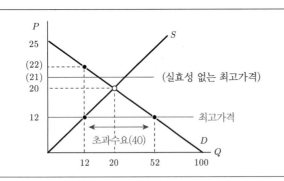

[최고가격제]

예 수요함수 : $Q^D = 100 - 4P$, 공급함수 : $Q^S = P$
   수요곡선 : $P = 25 - 0.25Q^D$, 공급곡선 : $P = Q^S$

▸ 시장균형 : 시장가격 20, 시장거래량 20
▸ 최고가격 12일 때 : 수요량 52, 공급량 12. 초과수요 40
▸ 최고가격 21일 때 : 실효성 없는 최고가격제
                    시장가격으로 거래. 시장균형 불변

2. 문제점   ◂ 초과수요와 암시장

① 가격 하락에 따라 공급량이 감소하고 수요량이 증가하여 초과수요가 발생한다.
② 통제가 불충분하여 암시장이 형성될 경우 원래 시장가격보다 높은 암가격이 형성된다.
③ 최고가격제가 장기화되면 수요와 공급이 모두 탄력적으로 변화(기울기 완만)하여 초과수요가 더 커진다.

3. 대책   ◂ 선착순, 균등배분, 추첨 등

① 먼저 도착한 순서(선착순)에 따라 배분한다. 소비자 선호를 반영할 수 있으나 줄 서기에 따른 자원의 낭비(대기 시간 등)가 발생한다.
② 또한 최고가격하의 공급량을 소비자 숫자로 나누어 균등 배분하거나, 추첨을 통해 배분할 수도 있으나 이 경우에는 소비자의 선호가 반영될 수 없다는 문제점이 있다.

4. 최고가격제와 경제적잉여의 변화

① 최고가격제가 시행되면 소비자잉여는 증가하고 생산자잉여는 감소한다. 이때 소비자잉여 증가분보다 생산자잉여 감소분이 커서 전체 경제적잉여는 감소한다.

② 암시장이 형성되면 최고가격제가 정상적으로 시행될 때에 비하여 소비자잉여가 감소하고 생산자잉여는 증가한다. 이때 전체 경제적잉여 감소분은 최고가격제일 때와 동일하다.

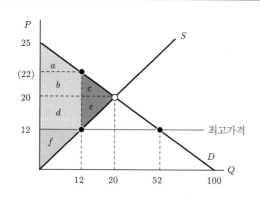

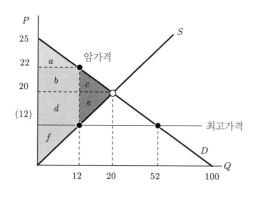

[최고가격제 시행 전: 위 그림]

- 소비자잉여 $= a+b+c = 50$,
- 생산자잉여 $= d+e+f = 200$,
- 경제적잉여 $= (a+b+c)+(d+e+f) = 250$

[최고가격제 정상적 시행: 최고가격(12), 거래량 12]

- 소비자잉여: $a+b+c\,(=50) \;\Rightarrow\; a+b+d\,(=138)$
  따라서, $d-c\,(=88)$만큼 증가 (통상, $d>c$)
- 생산자잉여: $d+e+f\,(=200) \;\Rightarrow\; f\,(=72)$
  따라서, $d+e\,(=128)$만큼 감소
- 경제적잉여: $(a+b+c)+(d+e+f) \;\Rightarrow\; (a+b+d+f)$
  따라서, $c+e\,(=40)$ 만큼 감소
- 자중손실(경제적잉여 감소분) $= c+e$

[암시장 형성: 거래량 12, 암가격(22)]

- 잉여변화: 최고가격제가 정상적으로 시행될 때에 비하여
  ▸ 소비자잉여: $a+b+d\,(=138) \;\Rightarrow\; a\,(=18)$
    따라서, $b+d\,(=120)$만큼 감소
  ▸ 생산자잉여: $f\,(=72) \;\Rightarrow\; b+d+f\,(=192)$
    따라서, $b+d\,(=120)$만큼 증가
  ▸ 경제적잉여: 최고가격제일 때와 동일

임대료 규제와 신용할당

- 임대주택 임대료 규제(rent control)
  ▸ 임대주택시장에 초과수요가 발생하여 임대주택부족 발생
  ▸ 시간이 지날수록 공급량이 더욱 감소하고 수요량은 더욱 증가하여 임대주택부족 심화

- 이자율 규제(interest rate control) **예** 사채(私債) 이자율 최고한도 30%
  ▸ 대부자금시장에 초과수요가 발생하며 시간이 지날수록 대부자금 부족현상이 심화
  ▸ 부족한 자금을 누구에게 대출할 것인가 하는 신용배급(신용할당; credit rationing)의 문제 발생
  ▸ 사채(私債)시장 등 암시장이 형성되면 이자율이 규제 전 시장이자율 이상으로 상승

02 최저가격제(price floor) ◀ 최저임금제, 농산물가격지지제

1. 최저가격제

① 공급자를 보호하기 위해 시장가격 이상으로 거래하도록 가격을 통제한다.
② 최저가격이 시장가격보다 낮을 때(실효성 없는 통제)는 시장가격으로 거래한다.
③ 농민을 위한 농산물 가격지지제, 비숙련·저임금 근로자를 위한 최저임금제 등이 이에 해당한다.
④ 노동조합의 요구에 의한 임금인상은 최저임금제와 동일한 효과를 가진다.

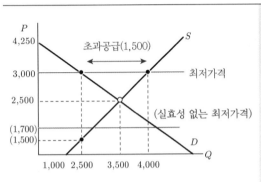

[최저가격제]

예 수요함수: $Q^D = 8,500 - 2P$, 공급함수: $Q^S = 1,000 + P$
수요곡선: $P = 4,250 - 0.5Q^D$, 공급곡선: $P = -1,000 + Q^S$

▶ 시장균형: 시장가격 2,500, 시장거래량 3,500
▶ 최저가격 3,000일 때: 수요량 2,500, 공급량 4,000
　　　　　　　　　　　　　　　　초과공급 1,500
▶ 최저가격 1,700일 때: 실효성 없는 최저가격제
　　　　　　　　　　　　　시장가격으로 거래. 시장균형 불변

2. 문제점 ◀ 초과공급과 암시장

① 가격 상승에 따라 공급량이 증가하고 수요량이 감소하여 초과공급이 발생한다.
② 농산물가격지지제의 경우는 재고, 최저임금제의 경우는 실업이 발생한다.
③ 최저가격제가 장기화되면 최고가격제가 시행될 때와 마찬가지로 수요와 공급이 모두 탄력적(기울기 완만)으로 변화하여 초과공급의 크기가 더욱 커진다.

3. 최저가격제와 경제적잉여의 변화

① 최저가격제가 시행되면 생산자잉여는 증가하고 소비자잉여는 감소한다.
② 이때 소비자잉여 감소분이 더 커서 경제적잉여는 감소한다.

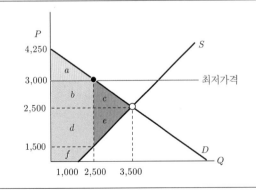

[최저가격제: 최저가격(3,000), 실제 거래량 2,500]

• 소비자잉여: $a + b + c \Rightarrow a$. 따라서, $b + c$만큼 감소
• 생산자잉여: $d + e + f \Rightarrow b + d + f$
　　　　　　　따라서, $b - e$만큼 증가 (통상, $b > e$)
• 경제적잉여: $(a + b + c) + (d + e + f) \Rightarrow (a + b + d + f)$
　　　　　　　따라서, $c + e$만큼 감소
• 자중손실(경제적잉여 감소분) $= c + e$

4. 최저임금제

① 최저임금제에 따라 임금이 오르면 노동수요량이 감소(해고)하여 고용이 줄고, 노동공급량이 증가 (신규근로자 진입)하여 초과공급(실업)이 발생한다.

② 일반적으로 최저임금제 대상에 되는 비숙련 근로자에 대한 노동수요의 임금탄력성은 크다.

③ 따라서 최저임금제가 시행되면 임금인상률보다 고용감소율이 더 커서 고용이 대폭 감소하고 근로자 전체 소득은 오히려 감소할 수 있다.

④ 또한 최저임금제가 시행되어 실업이 발생하면 원래 시장임금보다 낮은 임금으로라도 일하고자 하는 근로자가 존재하므로 암시장이 형성될 수도 있다.

⑤ 단, 노동시장이 수요독점일 경우는 고용이 감소하지 않는다. 📖 Chapter 17. 후생경제이론 참조

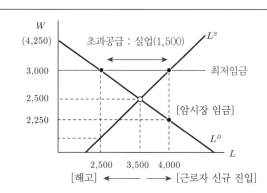

[최저임금제]

• 최초 노동시장이 균형일 때 노동공급량과 노동수요량이 같아 서 완전고용(3,500)

• 임금(W)이 오르면 고용량이 감소(1,000)하고 노동공급량이 증가(500)하여 실업(1,500) 발생.

• 실업은 현재 임금수준에서 일할 의사와 능력이 있으나 일자리 가 없는 상태를 말함

• 암시장이 형성되면 원래 시장임금보다 하락

5. 농산물 가격지지와 이중곡가제

① 농산물가격지지에 따른 재고보유를 피하기 위해 이중곡가제를 시행할 수 있다.

② 이중곡가제는 공급자로부터 지지가격(수매가격)에 상응하는 공급량을 구매한 후, 소비자에게 싸게 (판매가격) 팔아서 재고가 발생하지 않도록 하는 제도이다.

③ 이때 소비자잉여와 생산자잉여는 증가하지만 이중곡가제 시행에 따른 재정지출을 고려하면 경제적 잉여는 감소한다.

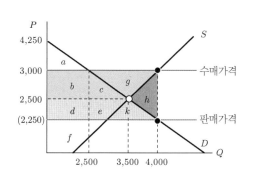

[이중곡가제 : 수매가격(3,000), 판매가격(2,250)]

• 소비자잉여: $(a+b+c) \Rightarrow (a+b+c+d+e+k)$
   따라서, $(d+e+k)$만큼 증가

• 생산자잉여: $(d+e+f) \Rightarrow (d+e+f+b+c+g)$
   따라서 $(b+c+g)$만큼 증가

• 경제적잉여: (h)만큼 감소. 자중손실 발생
   ▸ 재정지출액: $(d+e+k+b+c+g+h)$
   ▸ 잉여증가분: $(d+e+k)+(b+c+g)$
   ▸ 자중손실=재정지출액 – 잉여증가분)= h

Unit
02

연습문제

01 ㈎, ㈏의 원인을 ㈎는 과일가격, ㈏는 우유가격 변화를 중심으로 설명하시오.　　일반사회(객관식) 13

> 잼과 버터는 대체재이다. 잼의 원료는 과일이고 버터의 원료는 우유이다.
>
> ㈎ 버터의 균형거래량이 증가하고, 잼의 균형가격이 상승하였다.
>
> ㈏ 버터의 균형거래량이 증가하고, 잼의 균형가격이 하락하였다.

정답 ㈎ 과일가격 상승 ⟹ 잼 생산비 증가

⟹ 잼 공급 감소(공급곡선 좌측이동) : 잼 가격 상승, 잼 거래량 감소

⟹ 버터 수요 증가(수요곡선 우측이동): 버터 거래량 증가, 버터 가격 상승

㈏ 우유가격 하락 ⟹ 버터 생산비 감소

⟹ 버터 공급 증가(공급곡선 우측이동): 버터 거래량 증가, 버터 가격 하락

⟹ 잼 수요 감소(수요곡선 좌측이동) : 잼 가격 하락, 잼 거래량 감소

02 어떤 재화의 수요함수 $Q^D = 5{,}000 - 500P$ 이고, 공급함수 $Q^S = 500P$일 경우, 이 재화의 균형 가격과 균형 수급량을 쓰시오. (단, P : 가격)　　일반사회(객관식) 92

정답 ・시장균형조건: 시장수요량 = 시장공급량 ⟹ $5{,}000 - 500P = 500P$

⟹ $1{,}000P = 5{,}000$ ∴) $P = 5$, $Q = 2{,}500$

[도출된 시장가격(P)을 수요함수 또는 공급함수에 대입하여 거래량(Q) 도출]

03 어떤 재화에 대한 시장수요함수가 $P = 180 - 12Q^D$ 이고 시장공급함수는 $P = 80 + 8Q^S$ 이다. 소비자와 공급자의 숫자가 각각 두 배로 증가할 경우 시장가격을 쓰시오.

해설 ・개별수요곡선으로부터 시장수요곡선(P_M^D)의 도출: 소비자 숫자만큼 기울기 완만하게 변화

문제에서, 시장수요곡선 $P_M^D = 180 - \dfrac{12}{2}Q = 180 - 6Q^D$

・개별공급곡선으로부터 시장공급곡선(P_M^S)의 도출: 공급자 숫자만큼 기울기 완만하게 변화

문제에서, 시장공급곡선 $P_M^S = 80 + \dfrac{8}{2}Q^S = 80 + 4Q^S$

・시장균형조건: $P_M^D = P_M^S$ ⟹ $180 - 6Q = 80 + 4Q$ ∴) $Q = 10$, $P = 120$

04 X재 소비자는 10,000명이며 개별수요함수는 $Q^D = 12 - 2P_X$ 이다. 공급자는 1,000명이며 개별공급함수는 $Q^S = 20P_X$ 이다. X재의 균형가격과 균형수량은 각각 얼마인지 쓰시오.

해설 • 개별수요함수(Q^D)로부터 시장수요함수(Q_M^D)의 도출 : 시장수요량은 개별수요량의 합

    ▶ 개별수요함수가 동일할 경우, 개별수요함수에 소비자 숫자(n)를 곱하여 도출

$$Q^D = a - bP \;\Rightarrow\; Q_M^D = n \cdot Q^D = n\,(a - bP)$$

    ▶ 문제에서, $Q_M^D = 10,000 \cdot Q^D = 10,000 \cdot (12 - 2P_X) = 120,000 - 20,000P_X$

  • 개별공급함수(Q^S)로부터 시장공급함수(Q_M^S)의 도출 : 시장공급량은 개별공급량의 합

    ▶ 개별공급함수가 동일할 경우, 개별공급함수에 공급자 숫자(n)를 곱하여 도출

$$Q^S = c + dP \;\Rightarrow\; Q_M^S = n \cdot Q^S = n\,(c + dP)$$

    ▶ 문제에서, $Q_M^S = 1,000 \cdot Q^S = 1,000 \cdot 20P_X = 20,000P_X$

  • 시장균형(시장수요량＝시장공급량) : $Q_M^D = Q_M^D \;\Rightarrow\; 120,000 - 20,000P_X = 20,000P_X$ ∴) $P = 3, \; Q = 60,000$

05 어느 재화 X가 다음과 같은 수요함수와 공급함수를 가지고 있다. 수요곡선과 공급곡선의 기울기를 구하고, 이 재화의 가격이 6원일 경우와 9원일 경우에 시장상황을 쓰시오.

$D_X = 110 - 10 \cdot P_X$ $S_X = -100 + 20P_X$ (P_X는 X재화의 가격)

해설 • 수요곡선식 : $Q_X^D = 110 - 10P_X \Rightarrow 10P_X = 110 - Q_X^D \Rightarrow P_X = 11 - \dfrac{1}{10}Q_X^D$ ∴) $P_X = 11 - 0.1Q_X$

    수요곡선 기울기($|D'|$) : $|D'| = \left|\dfrac{dP_X}{dQ_X^D}\right| = 0.1$, 또는 $|D'| = \left|\dfrac{1}{\dfrac{dQ_X^D}{dP_X}}\right| = \left|\dfrac{1}{-10}\right| = 0.1$

  • 공급곡선식 : $Q_X^S = -100 + 20P_X \Rightarrow 20P_X = 100 + Q_X^S \Rightarrow P_X = 5 + \dfrac{1}{20}Q_X^S$ ∴) $P_X = 5 + 0.05Q_X$

    공급곡선 기울기(S') : $S' = \dfrac{dP_X}{dQ_X^S} = 0.05$,   또는 $S' = \dfrac{1}{\dfrac{dQ_X^S}{dP_X}} = 0.05$

  • 시장균형 : 시장수요량(Q_D) ＝ 시장공급량(Q_S) $\Rightarrow\; 110 - 10P_X = -100 + 20P_X$ ∴) $P_X = 7, \; Q = 40$

    ▶ 가격이 6원일 때 : $Q_X^D = 110 - 10P_X = 50$. $Q_X^S = -100 + 20P_X = 20$ ∴) 초과수요＝30

    ▶ 가격이 9원일 때 : $Q_X^D = 110 - 10P_X = 20$. $Q_X^S = -100 + 20P_X = 80$ ∴) 초과공급＝60

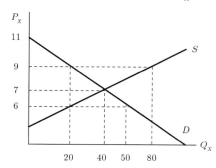

Chapter 04 | 수요와 공급의 탄력도

06 다음 ㈎ ~ ㈐를 읽고 물음에 답하시오.

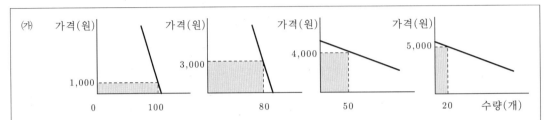

㈎

㈏ (사례 1) 전반적인 경기침체에 따라 백화점을 찾는 발길이 많이 줄었다. *A*백화점도 예외가 아니다. 이번에 *A*백화점은 지난번에 출시한 자체 상표 상품의 매출액을 증가시키기 위해 해당 상품의 가격을 인하했다.

(사례 2) *B*시 교통 당국은 2~3년마다 지하철 요금을 인상하기로 했다. 요금을 올리면 총수입이 늘어나 지하철회사의 적자를 면할 수 있다는 것이다.

(사례 3) *C*국은 *D*국과의 무역에서 막대한 경상수지적자를 기록했다. 많은 사람들은 이를 *D*국의 화폐가 저평가된 탓으로 돌렸다. 즉, *C*국 화폐의 평가절상으로 인해 *C*국 상품의 수출가격은 인상되고 상대국 상품의 수입가격은 인하되어 *C*국의 경쟁력이 약화되었다는 것이다. 이에 대한 처방으로 *C*국은 *D*국에 대해 *D*국 화폐의 평가절상을 요구하였다.

㈐ 2008년 들어 원유가 상승과 서브프라임 모기지 사태 등으로 미국경제는 더욱 어려워졌다. 경기가 좋지 못해 세금이 예상보다 적게 걷히자 미국의 각 주(州)들은 지출을 줄이고 세금 인상조치를 취하였다. 특히 매사추세츠 주(州)는 주민들의 건강 증진과 세수 증대를 목적으로 담배세를 1갑당 1달러씩 올려 담배가격을 인상하였다. 한편, 일본에서도 일부 의원들이 건강 증진과 세수 증대를 위해 담배세 인상의 필요성을 제기했다. 당시 일본의 담배가격은 1갑에 300엔이었지만 일부 의원들은 이를 3배 이상 높은 1,000엔까지 올리자고 주장하였다.

6-1 ㈎의 자료에서 도출 가능한 일반화를 제시하시오. 이를 토대로 ㈏의 세 가지 조치에 의해 관련 문제가 해결되기 위한 전제 조건을 사례별로 제시하시오.

6-2 ㈐에서 제시된 정책의 효과를 ㈎에서 도출한 일반화를 토대로 종합적으로 분석하고, 이러한 정책을 실시하기에 앞서 고려할 점을 서술하시오.

해설 **6-1.** 1) 수요가 비탄력적인 경우: 가격 상승 시 매출액 증가,   수요가 탄력적인 경우: 가격 상승 시 매출액 감소

2) 사례 1: 자체 상표 상품의 수요가 탄력적

사례 2: 지하철에 대한 수요가 비탄력적

사례 3: D국 통화의 평가절상은 C국 통화의 평가절하(환율인상)

C국 환율인상: 수출가격이 하락(D국 통화표시 수입가격 하락)하여 D국 수입(C국 수출) 증가.

따라서, D국 수요가 탄력적일 때 D국 수입액(C국 수출액) 증가

C국 환율인상: 수입가격이 상승하여 C국 수입량 감소.

따라서, C국 수요가 탄력적일 때 C국 수입액 감소

6-2. 정책효과 종합분석: 담배세를 올려 담배소비를 줄이고 세수 증대를 목적으로 하는데,

경우 1: 담배 수요가 비탄력적일 때 조세수입 증가, 소비는 소폭 감소

경우 2: 담배 수요가 탄력적일 때 조세수입 감소, 소비는 대폭 감소

---

07 다음 ㉮, ㉯와 같은 현상을 설명하는 경제학 개념(용어)이 무엇인지 각각 정확하게 쓰시오.   일반사회 05

> ㉮ '전국에서 가장 싼 집, 이보다 더 쌀 수는 없다!', '파격 세일!', '가격은 절반, 기쁨은 두 배!' …(중략)… 흔히 볼 수 있는 가격 파괴의 광고 문구, 가격 파괴의 현장 풍경들이다. 주유소, 옷 가게, 음식점, 가전제품 가게, 각종 할인마트, 재래시장, 백화점 …(중략)… 가격 인하 때면 이 점포들은 필요한 물건을 구매하려는 알뜰파들로 붐빈다.
>
> ㉯ IMF 외환위기 이후 7년여의 세월이 흐르는 동안 실업자는 늘어나고 많은 사람들의 소득은 줄어들었다. 이러한 위기가 언제까지 지속될지 모른다는 불안감 때문에 대부분의 주부들은 허리띠를 졸라맸다. 외식비, 자녀의 학원비, 남편의 용돈도 줄이고, 고장 난 세탁기도 알뜰하게 고쳐 썼다.

정답 ㉮ 가격 파괴: 수요가 탄력적일 때 가격을 인하하면 수요량이 대폭 증가하여 소비지출액(공급자 판매액) 증가

㉯ 수요 변화: 소득 감소 예상 시, 수요 감소

---

08 다음 글에서 기업들이 밑줄 친 것처럼 행동하는 이유는 무엇인가? 공산품에 대한 인식의 차이, 수요의 가격탄력도(성)와 판매수입 간의 관계를 고려하여 130자 이내로 쓰시오.   일반사회 04

> 인플레이션이 우려될 때, 정부 당국은 독·과점적 시장구조를 갖는 기업들에게 서민생활과 밀접한 공산품의 가격인하를 권고하는 경우가 종종 있다. 이때, 정부 당국은 공산품의 가격인하가 인플레이션 억제는 물론 기업들의 판매수입 증가에도 긍정적인 효과를 미칠 수 있다는 논리를 제시한다. 그러나 대다수 기업들은 정부 당국의 그런 논리에 이의를 제기하며, 공산품의 가격인하에 부정적인 입장을 표명한다.

정답 정부: 공산품의 수요의 가격 탄력성이 1보다 큰 것으로 보고 있음. 따라서 가격이 내릴 때 지출액(기업수입) 증가

기업: 공산품의 수요의 가격 탄력성이 1보다 작은 것으로 보고 있음. 따라서 가격이 내릴 때 지출액(기업수입) 감소

09 어떤 소비자의 상품 X에 대한 수요함수가 다음과 같이 표시된다고 가정하자. 이와 관련된 다음 물음에 답하시오.

일반사회 99

$$D_X = f(P_X, P_Y, I) = 100 - \frac{1}{2}P_X + \frac{1}{3}P_Y + \frac{1}{4}I$$

(단, $D_X =$ 상품 X 에 대한 수요량, $P_X =$ 상품 X 의 가격,

$P_Y =$ 상품 Y 의 가격, $I =$ 소비자의 소득임)

9-1 $P_X = 100$, $P_Y = 60$, $I = 200$ 일 때, 가격탄력성, 교차탄력성 및 소득탄력성을 구하시오. (단, 풀이 과정은 생략해도 무방함)

9-2 상품 X 와 상품 Y 의 관계는?

9-3 $P_Y = 90$, $I = 100$ 일 때, 상품 X 에 대한 수요곡선을 그리시오.

정답 **9-1.** 수요의 가격탄력성

▶ $P_X = 100$, $P_Y = 60$, $I = 200$ 일 때,

▶ $D_X = 100 - \frac{1}{2}P_X + \frac{1}{3}P_Y + \frac{1}{4}I = 100 - \frac{1}{2} \cdot 100 + \frac{1}{3} \cdot 60 + \frac{1}{4} \cdot 200 = 120$

▶ 수요의 가격탄력도: $\varepsilon_D = \left| \frac{dQ^D}{dP} \right| \cdot \frac{P}{Q^D} = 0.5 \cdot \frac{100}{120} = \frac{5}{12}$

▶ 수요의 교차탄력도: $\varepsilon_{D.XY} = \frac{dQ_X^D}{dP_Y} \cdot \frac{P_Y}{Q_X^D} = \frac{1}{3} \cdot \frac{60}{120} = \frac{1}{6}$

▶ 수요의 소득탄력도: $\varepsilon_D = \frac{dQ^D}{dI} \cdot \frac{I}{Q^D} = \frac{1}{4} \cdot \frac{200}{120} = \frac{5}{12}$

9-2. 교차탄력도가 정(+)이므로 대체재

9-3. $P_Y = 60$, $I = 200$ 일 때, $D_X = 155 - \frac{1}{2}P_X \Rightarrow P_X = 310 - 2D_X$

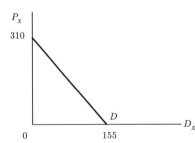

| **수요 · 공급이론의 응용**

10 다음 그래프는 치약의 수요곡선과 공급곡선을 나타낸다. 정부는 세수 확보를 위하여 치약 1개당 300원의 세금을 부과하려고 한다. 〈작성 방법〉에 따라 서술하시오.

일반사회(B) 18

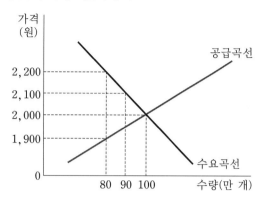

〈작성 방법〉

• 세금을 판매자에게 부과할 때에 구매자가 내는 치약 가격과 구매자에게 부과할 때에 판매자가 받는 치약 가격을 각각 제시할 것.

• 세금을 판매자에게 부과할 때에, 치약 1개당 부과되는 세금 중 판매자 부담 금액과 구매자 부담 금액을 각각 제시할 것.

• 세금을 구매자에게 부과할 때와 판매자에게 부과할 때에, 치약 1개당 부과되는 세금 중 판매자 부담 금액에 차이가 있는지의 여부를 서술할 것.

● 해설 (종량세 부과 시 귀착은 어느 쪽에 부과하나 그 효과는 모두 동일)

• 그림의 좌표를 이용하여 수요곡선식과 공급곡선식 도출

▶ 수요곡선식: $P = 3,000 - 10Q$

▶ 공급곡선식: $P = 1,500 + 5Q$

▶ 균형에서, $Q = 100$, $P = 2,000$ 공급곡선식: $P = 1,500 + 5Q$

• 판매자에게 종량세 300원 부과할 경우. 공급곡선 절편 300 증가

▶ 공급곡선식: $P = 1,800 + 5Q$. 수요곡선은 원래와 동일 $P = 3,000 - 10Q$

▶ 조세부과후 균형: $Q = 80$, $P = 2,200$

▶ 구매자가 내는 가격: 2,200원

▶ 판매자가 받는 가격: 1,900원 [조세부과 후 시장가격(2,200) − 종량세액(300)]

▶ 구매자 부담액 200원, 판매자 부담액 100원

• 구매자에게 종량세 300원 부과할 경우. 수요곡선 절편 300 감소

▶ 수요곡선식: $P = 2,700 - 10Q$. 공급곡선은 원래와 동일 $P = 1,500 + 5Q$

▶ 조세부과후 균형: $Q = 80$, $P = 1,900$

▶ 판매자가 받는 가격: 1,900원

▶ 구매자가 내는 가격: 2,200원 [조세부과 후 시장가격(1,900) + 종량세액(300)]

▶ 구매자 부담액 200원, 판매자 부담액 100원

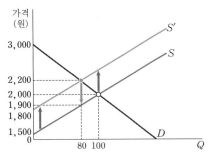

[판매자에 부과할 때 : 공급곡선 상방이동]

▶ 조세부과후 시장가격. 구매자 내는 가격 : 2,200원
▶ 판매자가 받는 가격 : 1,900원

　[조세부과 후 시장가격(2,200)−종량세액(300)]

▶ 구매자 부담액 200원, 판매자 부담액 100원

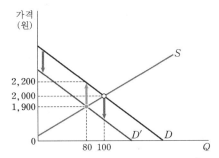

[구매자에 부과할 때 : 수요곡선 하방이동]

▶ 조세부과후 시장가격. 판매자 받는 가격 : 1,900원
▶ 구매자가 내는 가격 : 2,200원

　[조세부과 후 시장가격(1,900)+종량세액(300)]

▶ 구매자 부담액 200원, 판매자 부담액 100원

11 다음 글을 읽고 〈작성 방법〉에 따라 서술하시오.

> 갑국에서 감자에 대한 시장수요곡선과 시장공급곡선은 각각 $Q_D = 10 - 0.5P$ 및 $Q_S = -2 + P$이다. 갑국
> 정부는 감자 농가의 소득을 증대하기 위해 감자의 시장가격을 균형가격보다 높은 수준인 단위당 10달러에서
> 유지하는 정책을 시행하기로 결정하였다. 이를 위해 갑국 정부는 감자 농가의 초과 생산량을 시장에서 구매해
> 주는 방식을 고려하고 있다. (단, Q는 수량(백만), P는 단위당 가격을 나타낸다.)

〈작성 방법〉

○ 갑국 정부의 개입이 없는 경우, 감자시장의 균형가격과 균형거래량이 각각 얼마인지 쓸 것.
○ 갑국 정부가 밑줄 친 방식을 택할 경우, 정부가 감자를 구매하는 데 지출하는 비용이 얼마인지 쓸 것.
○ 갑국 정부가 밑줄 친 방식을 택할 경우, 생산자의 이익에 어떠한 변화가 있는지 시행 전과 후의 생산자잉여
　의 크기를 각각 포함하여 서술할 것.

해설 • 감자시장 균형

　▶ 수요함수 : $Q^D = 10 - 0.5P$　(수요곡선 : $P = 20 - 2Q$)
　▶ 공급함수 : $Q^S = -2 + P$　(공급곡선 : $P = 2 + Q$)
　▶ 시장균형조건 : 수요량＝공급량 ⇒ $10 - 0.5P = -2 + P$
　　　　　　　　　　　　　　　⇒ $1.5P = 12$　　　∴ $P = 8$, $Q = 6$

• 지출비용＝정부구매량(3 초과공급량) × 단위당 가격(10)＝30
• 생산자잉여 : 정부구매 전($a = 18$), 정부구매 후($a + b + c = 32$). 생산자잉여 증가($b + c = 14$)
• 문제에서, 설정된 최고가격 15보다 시장균형가격이 낮으므로 시장균형에 따라 거래. 따라서, 변화 없음

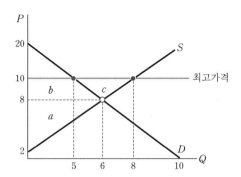

12 다음 글에서 괄호 안의 ㉠에 들어갈 숫자와 ㉡에 들어갈 단어를 순서대로 쓰시오.
일반사회(A) 19

> A 재에 대한 시장 수요곡선은 $Q_d = 100 - P$ 이고 공급곡선은 $Q_s = -20 + P$ 이다. 시장균형가격과 균형거래량에서의 소비자잉여와 생산자잉여의 합인 총잉여는 (㉠)이다. 정부가 A 재에 대한 상한가격을 50으로 결정하여 가격상한제를 실시할 경우, 가격규제하에서의 총잉여는 가격규제가 없을 때와 비교하여 (㉡)한다. (단, Q 와 P 는 각각 수량과 가격을 나타낸다.)

정답 ㉠ 1,600

㉡ 감소

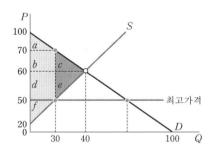

[시장균형 하의 잉여]

▶ 소비자잉여 : $a+b+c$
▶ 생산자잉여 : $d+e+f$
▶ 경제적잉여 : $a+b+c+d+e+f$

[최고가격제 하의 잉여]

▶ 소비자잉여 : $a+b+d$
▶ 생산자잉여 : f
▶ 경제적잉여 : $a+b+d+f$
▶ 자중손실 : $c+e$ (총잉여 감소)

13 다음 X 재 시장에서 시장 전체의 소비자잉여는 얼마인지 쓰시오. 일반사회(A 기입) 14

> - 시장수요: 소비자 1인의 수요는 $q^d = 8 - P$ 이다. 시장에는 수요가 동일한 300명의 소비자가 존재한다. 시장 수요는 각 개별소비자 수요의 합이다.
> - 시장공급: 생산자 1인의 공급은 $q^s = P$ 이다. 시장에는 공급이 동일한 100명의 생산자가 존재한다. 시장공급은 각 개별생산자 공급의 합이다.
> (여기서, q^d 는 소비자 1인의 수요, q^s 는 생산자 1인의 공급, P 는 시장가격을 나타내며 수량의 단위는 개, 가격의 단위는 달러이다.)

정답 · 시장수요함수: $Q^D = n \cdot q^d = 300 \cdot 8 - P = 2,400 - 300P$ · 시장수요곡선: $P = 8 - \dfrac{1}{300} Q^D$

· 시장공급함수: $Q^S = n \cdot q^s = 100 \cdot P = 100P$ · 시장공급곡선: $P = \dfrac{1}{100} Q^S$

· 시장균형조건: $Q^D = Q^S \Rightarrow 2,400 - 300P = 100P$ ∴) $P = 6, \quad Q = 600$

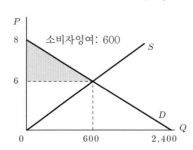

14 고율의 세금부과로 고소득층의 사치품 소비를 억제할 수 있는지를 검증하려고 한다. 경제학의 어떤 개념을 이용하는 것이 적절한지 50자 이내로 쓰시오.

일반사회 97

> 〈주장 1〉
> 우리 경제는 과도한 소비 지출로 인해 인플레이션, 저축률 하락 및 경상 수지 적자가 심화되고 있다. 특히 고소득층의 외국산 고가 사치품 과소비는 국민 경제에 많은 해를 끼치고 있다. 정부는 과소비를 억제하기 위해 자동차나 고급 의류 또는 귀금속 등 고급 사치품의 수입과 소비를 강력하게 막아야 한다. 사치품에 대한 고율의 수입 관세와 특별소비세 부과가 해결 방법이다.
>
> 〈주장 2〉
> 고소득자가 자신의 소득 범위 내에서 욕구를 만족시키기 위해 고가의 외제품을 사는 것은 자본주의 경제 체제에서 소비자의 자유 선택권 행사에 속한다. 따라서 이를 과소비라고 매도해서는 안 된다. 우리가 세계무역기구(WTO)와 경제협력개발기구(OECD)에 가입하고 수입 시장을 개방한 이상, 고가 외제품을 사치품이라는 이유로 수입을 막으려는 것은 무역 자유화 정신에도 어긋난다. 아무리 세금을 많이 부과해도 고소득층의 고급 외제품 소비를 줄이는 데에는 큰 효과가 없을 것이다.

해설 수요의 가격탄력성과 소비지출액

　　주장 1: 사치품 수요의 가격탄력도는 1보다 큼. 따라서 관세나 특소세 부과에 따라 가격이 오르면 소비지출액 감소
　　주장 2: 고소득층은 베블렌 효과 등에 따라 가격이 높을수록 수요 증가.
　　　　따라서 관세나 특소세 부과에 따라 가격이 오르더라도 소비가 감소하지 않음

15 상품의 수요와 공급은 다음 표와 같다. 상품 1단위당 30원의 종량세를 생산자에게 부과할 경우, 정부의 조세수입, 과세 후 소비자 구매가격, 과세 후 자중손실, 과세 후 생산자 부담액을 쓰시오. 일반사회(객관식) 11

가격(원)	수요량	공급량
10	130	40
20	110	50
30	90	60
40	70	70
50	50	80
60	30	90
70	10	100

해설 • 과세 전

▶ 수요곡선: $P = 75 - 0.5Q^D$

▶ 공급곡선: $P = -30 + Q^S$

▶ 균형조건: 수요가격 = 공급가격 $\Rightarrow$ $75 - 0.5Q = -30 + Q$ $\Rightarrow$ $1.5Q = 105$ $\therefore$) $Q = 70$, $P = 40$

[도출된 시장거래량(Q)을 수요함수 또는 공급함수에 대입하여 가격(P) 도출]

• 과세 후

▶ 수요곡선: $P = 75 - 0.5Q^D$

▶ 공급곡선: $P = Q^S$

▶ 균형조건: 수요가격 = 공급가격 $\Rightarrow$ $75 - 0.5Q = Q$ $\Rightarrow$ $1.5Q = 75$ $\therefore$) $Q = 50$, $P = 50$

[도출된 시장거래량(Q)을 수요함수 또는 공급함수에 대입하여 가격(P) 도출]

ㄱ. 과세 후 정부 조세수입 = 시장거래량(50) × 단위당 종량세(30원) = 1,500원

ㄴ. 과세 후 소비자 구매가격은 과세 후 시장가격 50원

ㄷ. 과세 후 후생 순손실(deadweight loss) = [시장거래량 감소분(20원) × 단위당 종량세(30원)] / 2 = 300원

ㄹ. 과세 중 생산자 부담액 = 과세 전 시장가격(40원) − [과세 후 시장가격(50원) − 단위당 종량세(30원)] = 20원

　　　　　 = 단위당 종량세(30원) − 소비자 부담액(10원. 시장가격 상승분) = 20원

16 시장수요함수가 $Q^D = 50 - 0.5P$ 이고, 시장공급함수는 $Q^S = 2P$ 인 재화시장이 있다. 정부가 소비촉진을 위해 소비자에게 단위당 10의 구매보조금을 지급하기로 했다. 이 보조금정책으로 인해 예상되는 시장의 자중손실(deadweight loss)은 얼마인지 쓰시오.

해설 • 보조금 지급 전

▶ 보조금 지급 전 수요곡선(수요함수의 역함수): $P = 100 - 2Q^D$

▶ 보조금 지급 전 공급곡선(공급함수의 역함수): $P = 0.5Q^S$

▶ 보조금 지급 전, 시장균형: 수요가격 = 공급가격 $\Rightarrow$ $100 - 2Q^D = 0.5Q^S$ $\therefore$) $Q = 40$, $P = 20$

- 소비자에게 정액보조금을 지급할 때

  ▶ 보조금 지급 후 수요곡선: $P = 110 - 2Q^D$ (단, 정액보조금액만큼 수요곡선 상방이동)

  ▶ 보조금 지급 후, 시장균형조건: 수요가격=공급가격 ⇒ $110 - 2Q^D = 0.5Q^S$ ∴) $Q = 44$, $P = 22$

- 공급자에게 정액보조금을 지급할 때

  ▶ 보조금 지급 후 공급곡선: $P = -10 + 0.5Q^S$ (단, 정액보조금액만큼 공급곡선 하방이동)

  ▶ 보조금 지급 후, 시장균형조건: 수요가격=공급가격 ⇒ $100 - 2Q^D = -10 + 0.5Q^S$ ∴) $Q = 44$, $P = 12$

- 정액보조금 지급에 따른 자중손실(경제적잉여 감소분) = $\frac{1}{2} \times$ [거래량 증가분(4)×정액보조금(10)] = 20

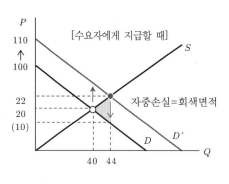
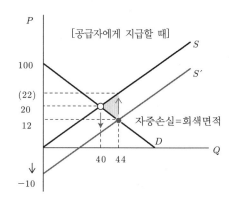

17 특정 제품에 대한 수요함수와 공급함수는 다음과 같다. 정부는 이 제품에 대한 가격안정을 위해 이 제품의 판매가격이 12원을 초과하지 못하도록 가격을 규제하는 방안을 검토하고 있다. 정부규제가 없는 시장균형과 비교할 때, 가격상한제가 도입되면 소비자잉여는 어떻게 변하는지 쓰시오.

수요: $Q_D = 100 - 4P$,   공급: $Q_S = P$

◦해설 • 시장균형 조건: 수요량 = 공급량 ⇒ $100 - 4P = P$ ⇒ $5P = 100$ ∴) $P = 20$, $Q = 20$
- 최고가격 12원일 때: 공급량(시장거래량) = $P = 12$,

                   수요량 12개일 때 수요가격(지불용의 최고가격) = $25 - 0.25 \cdot 12 = 22$

                   (단, 수요곡선(수요함수의 역함수) $P = 25 - 0.25Q_D$)

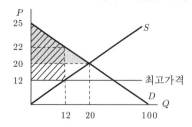

- 최초,   소비자잉여(삼각형 면적) = 50
- 규제 후, 소비자잉여(빗금 면적)   = 138

18 노동수요곡선은 $W = 10,000 - 100 \times L$ 이고, 노동공급곡선은 $W = 100 \times L$ 이다. 최저임금이 5,500원으로 설정될 때 노동시장에 발생하는 잉여 변화에 대하여 설명하시오.

해설

- 노동시장균형

  ▶ 노동수요곡선: $W = 10,000 - 100L$ (노동수요함수: $L^D = 100 - 0.01W$)

  ▶ 노동공급곡선: $W = 100L$ (노동공급함수: $L^S = 0.01W$)

  ▶ 시장균형조건: 노동수요가격 = 노동공급가격 $\Rightarrow 10,000 - 100L = 100L$

                                 $\Rightarrow 200L = 10,000$ ∴) $L = 50$, $W = 5,000$

- 문제에서 최저임금 5,500원일 때,

  ▶ 노동수요량: $L^D = 100 - 0.01W \Rightarrow L^D = 45$

  ▶ 노동공급량: $L^S = 0.01W$ $\Rightarrow L^S = 55$ ∴) 노동시장 초과공급(실업) 10 발생

- 최저임금제 시행할 때 잉여변화: 수요자(사용자)잉여 감소, 공급자(근로자)잉여 증가, 경제적잉여 감소(자중손실)

  ▶ 소비자(사용자)잉여: 최초, $a+b+c \Rightarrow$ 시행 후, a ∴) 소비자(사용자)잉여 감소: $b+c$

  ▶ 공급자(근로자)잉여: 최초, $d+e+f \Rightarrow$ 시행 후, $b+d+f$ ∴) 공급자(근로자)잉여 증가: $b-e$ $(b > e)$

  ▶ 경제적잉여 감소(자중손실): $c+e = 2,500$ (삼각형 면적)

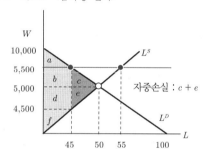

19 다음은 정부의 가격 규제에 대한 글이다. 물음에 답하시오.

일반사회 03

> 유권자들로부터 표를 얻는 데만 급급한 정치가들은 종종 경제적으로 잘못된 결정을 내릴 때가 있다. 1970년대에 미국에서는 서민들의 낙원을 표방한 정치가들이 앞다투어 주택 임대료 통제법을 통과시켰다. 이는 주택의 소유주가 임대료를 올리지 못하도록 제한하여 서민들이 싼 값에 임대할 수 있도록 한다는 것이었다. 비록 이 법의 취지는 대단히 좋았지만, 실제로는 문제가 많았다.

19-1 임대료가 시장 균형 가격보다 낮게 규제될 경우에 발생할 수 있는 경제적 현상을 쓰고, 이런 현상이 발생할 때 공급된 주택을 원하는 사람들에게 배분할 수 있는 방법을 두 가지만 쓰시오.

19-2 주택 임대료 통제법이 장기적으로 주택의 임대료에 끼칠 영향을 쓰시오.

19-3 시장 원리에 맞지 않는 임대료 제한과 같은 정책이 시행될 때 나타나기 쉬운 현상은 무엇인지 쓰시오.

정답 **19-1.** 경제적 현상: 초과수요 발생(주택의 공급은 줄어들고, 수요는 늘어나 주택 부족이 발생함.)

             배분 방법   : 선착순 방식, 추첨에 의해 배분 등

      19-2. 수요가 공급을 초과하므로 장기적으로 주택의 임대료 상승

      19-3. 암시장 형성. 초과수요에 따른 사회적 후생 감소(경제적잉여 감소)

박지훈의
친절한 경제학

03

소비자선택이론

박지훈의
친절한 경제학

한계효용이론

Ⅰ 소비자선택이론의 기초

01 소비자균형과 소비자균형이론

1. 소비자균형

① 합리적인 소비자는 자신의 주어진 소득과 시장가격하에서 소비에 따른 효용이 극대화되도록 소비한다. 이를 소비자균형이라고 한다.

② 가격이 변화할 때 소비자균형의 변화로부터 수요법칙(수요곡선)이 도출된다.

2. 소비자균형이론

소비의 효용(주관적 만족감)의 평가 방식에 따라 다음 세 가지 소비이론이 존재한다.

(1) 한계효용이론(1860년대)　　　◀ 멩거(C. Menger), 제본스(W. S. Jevons), 왈라스(L. Walras)

① 소비에 따른 효용을 기수적으로 측정(단위: util)할 수 있다고 가정하고 분석한다. 따라서 기수적 효용 (cardinal utility) 이론이라고 한다.

② 소득제약을 나타내는 소득제약식과 기수적 효용을 측정하는 효용함수를 이용하여 분석한다.

(2) 무차별곡선이론(1930년대)　　　◀ 파레토(V. Pareto), 힉스(J. R. Hicks), 슬러츠키(E. Slutsky)

① 효용을 구체적으로 측정할 수는 없으나 그 크기를 서로 비교할 수는 있다는 전제하에서 분석한다. 따라서 서수적 효용(ordinal utility) 이론이라고 한다.

② 소득제약은 예산선, 서수적 효용함수는 무차별곡선을 이용하여 분석한다.

(3) 현시선호이론(1950년대)　　　◀ 사무엘슨(P. A. Samuelson), 하우트하커르(H. S. Houthakker)

① 효용은 구체적으로 고려하지 않는다.

② 소비자가 주어진 소득(예산선)으로 합리적이며 일관성을 갖는 소비를 한다는 가정(약공리, 강공리)하에서, 소비자의 실제 소비행위로부터 수요법칙을 유도한다.

Ⅱ 한계효용이론

01 한계효용이론의 특징

① 합리적인 소비자는 주어진 소득(예산제약, 소득제약)으로 효용을 극대화할 수 있도록 소비한다.

② 이때 소비에 따른 효용(주관적 만족감)의 크기를 구체적으로 측정(기수적 효용)할 수 있다.

③ 소비의 효용은 기수적 효용함수, 소득제약은 소득제약식을 이용하여 분석한다.

02 기수적 효용 : 총효용과 한계효용

1. 총효용(TU)

① 총효용(TU : total utility)은 전체 소비에서 느끼는 총 만족감이다.

② 총효용은 소비량과 효용의 크기를 나타내는 기수적 효용함수(utility function)를 이용하여 측정한다.

> • 기수적 효용함수 : $TU = U(X, Y)$ [두 재화(X, Y)만 소비하는 것으로 가정]
>
> **예** $TU = 2X + Y^2$. X재 10개, Y재 3개 소비할 때, $TU = 2 \cdot 10 + 3^2 = 29\,(util)$

2. 한계효용(MU)

① 한계효용(MU : marginal utility)은 마지막 1단위 추가 소비에 따라 증가한 총효용이며, 한계편익(MB : marginal benefit)이라고도 한다.

② 총효용함수를 미분하여 도출하며, 한계효용을 모두 더하면(적분; 한계효용곡선 아래 면적) 총효용이 된다.

> • X재 한계효용 : $MU_X = \dfrac{\partial TU}{\partial X}$ (단, $TU = \displaystyle\sum_{i=1}^{n} MU_{X_i} = \int_{i=1}^{n} MU_{X_i}$)
>
> • Y재 한계효용 : $MU_Y = \dfrac{\partial TU}{\partial Y}$ (단, $TU = \displaystyle\sum_{i=1}^{n} MU_{Y_i} = \int_{i=1}^{n} MU_{Y_i}$)
>
> ---
>
> **예제** 효용함수가 $TU = 2X + Y^2$ 이고 X재 10개, Y재 3개 소비할 때, 각 재화의 한계효용은?
>
> $MU_X = \dfrac{\partial TU}{\partial X} = 2$ (X재 10번째 1단위 추가 소비할 때 증가한 총효용)
>
> $MU_Y = \dfrac{\partial TU}{\partial Y} = 2Y = 6$ (Y재 3번째 1단위 추가 소비할 때 증가한 총효용)

3. (궁극적) 한계효용체감의 법칙 : 일반적 소비심리

① 한 재화의 소비량만 계속 증가할 때 처음에는 한계효용이 체증하지만 어느 단계가 지나면 체감하여 0 또는 부(−)가 된다. 이는 보통의 소비자에게서 나타나는 일반적 소비심리이다.

② 소비량이 증가할 때 한계효용이 체증하면 총효용은 체증적으로 증가하고, 한계효용이 정(+)인 상태에서 체감하면 총효용은 체감적으로 증가한다.

③ 그러나 소비량이 계속 증가하여 한계효용이 부(−)가 되면 총효용이 감소한다.

④ 따라서 한계효용이 0인 소비량 수준에서 총효용은 극대가 된다.

⊙ (궁극적) 한계효용체감의 법칙(law of ultimately diminishing marginal utility)

한 재화의 소비량만 계속 증가할 때 처음에는 한계효용이 체증(점점 증가)하지만 어느 단계를 지나면 체감(점점 감소)하며, 0 또는 부(−)가 될 수 있음

▸ 한계효용체증 　 : 총효용 체증적 증가
▸ 한계효용체감(>0) : 총효용 체감적 증가
▸ 한계효용체감(=0) : 총효용 극대 　 ■ 욕망의 포화점(saturation point)
▸ 한계효용체감(<0) : 총효용 감소 　 ■ 비재화(bads) : 한계효용 부(−)인 재화

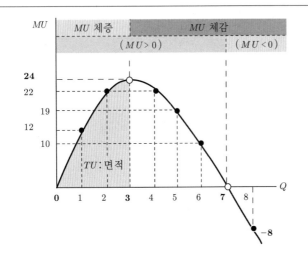

[한계효용체감의 법칙]

• 한 재화 소비량만 증가할 때 한계효용은 체증하다가 체감하여 0 또는 부(−)가 됨

[총효용과 총효용곡선]

• 총효용은 한계효용을 모두 더하여 도출
• 한계효용곡선 아래 면적이 총효용
• 한계효용이 정(+)이며 체증할 경우, 총효용 체증적 증가
• 한계효용이 정(+)이며 체감할 경우, 총효용 체감적 증가
• 한계효용이 0일 때 총효용 최대
• 한계효용이 부(−)이면 총효용 감소
• 따라서 총효용곡선은 변곡점을 가지며 우상향하다가 우하향하는 형태로 도출

예 3개 소비할 때
　첫 번째 재화의 한계효용은 12,
　두 번째는 22, 세 번째는 24
　따라서 **총효용은 58**

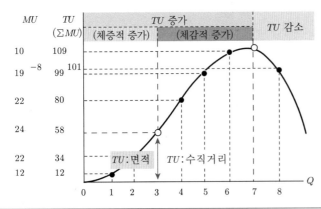

03 소비자균형 : 가중된 한계효용균등의 법칙

① 주어진 소득제약(예산제약)하에서, 각 재화의 **가중된 한계효용**(한계효용을 가격으로 나눈 것. 1원어치 효용) 이 서로 같도록 소비하면 효용이 극대화되며, 이를 **가중된 한계효용균등의 법칙**이라고 한다.

② 가중된 한계효용이 같지 않을 경우, 가중된 한계효용이 더 큰 재화의 소비를 늘리면 총효용이 증가한다.

▶ 소비자균형 : 소득제약하에서 가중된 한계효용이 같아지도록 소비

▸ 소득제약 : $I = P_X \cdot X + P_Y \cdot Y$ (단, I : 소득, 예산)

▸ 균형조건 : $\dfrac{MU_X}{P_X} = \dfrac{MU_Y}{P_Y}$ ■ 가중된 한계효용균등의 법칙

(단, $\dfrac{MU_X}{P_X}$: X재 가중된 한계효용, X재 마지막 소비단위의 1원어치 효용,

$\dfrac{MU_Y}{P_Y}$: Y재 가중된 한계효용, Y재 마지막 소비단위의 1원어치 효용)

▸ 의미 : 각 재화 마지막 소비 1단위의 1원어치 한계효용이 같도록 소비하면 효용극대화

▸ 증명 : $\dfrac{MU_X}{P_X} > \dfrac{MU_Y}{P_Y}$ X재 1원어치 효용 > Y재 1원어치 효용

  X재 소비 늘리고, Y재 소비 줄이면 총효용 증가

  $\dfrac{MU_X}{P_X} < \dfrac{MU_Y}{P_Y}$ X재 1원어치 효용 < Y재 1원어치 효용

  Y재 소비 늘리고, X재 소비 줄이면 총효용 증가

■ 재화가 여러 개일 때 : $\dfrac{MU_1}{P_1} = \dfrac{MU_2}{P_2} = \cdots = \dfrac{MU_n}{P_n} \left(= \dfrac{MU_M}{P_M} = \overline{m} \right)$

(단, $\dfrac{MU_M}{P_M} = \overline{m}$: 소득(M, 화폐) 1원의 한계효용이며 상수인 것으로 가정)

예제 소비자 효용함수가 $TU = 2XY$ 이고 소득(I) = 120, $P_X = 10$, $P_Y = 20$ 일 때, 효용극대화 소비량은?

▸ 소득제약식 : $120 = 10 \cdot X + 20 \cdot Y$ ①

▸ 가중된 한계효용균등의 법칙 : $\dfrac{MU_X}{P_X} = \dfrac{MU_Y}{P_Y} \Rightarrow \dfrac{2Y}{10} = \dfrac{2X}{20}$ ②

(단, $MU_X = \dfrac{\partial TU}{\partial X} = 2Y$, $MU_Y = \dfrac{\partial TU}{\partial Y} = 2X$)

▸ ①과 ②를 연립으로 풀어 효용극대화 소비량 도출
②에서, $20X = 40Y \Rightarrow X = 2Y$ ③
③을 ①에 대입, $X = 6$, $Y = 3$

04 수요곡선

1. 수요곡선(수요법칙)의 도출

① 한 재화의 가격이 오르면(내리면) 그 재화의 가중된 한계효용이 감소(증가)하므로 소비량을 줄여야
(늘려야) 한다.

② 따라서 가격과 수요량은 부(−)의 관계이며 개별수요곡선은 우하향한다.

> ▶ 개별수요곡선의 도출: 최초, 소비자균형 상태 $\left(\dfrac{MU_X}{P_X} = \dfrac{MU_Y}{P_Y} \right)$ 에서,
>
> X재 가격 상승 $\Rightarrow$ X재 1원어치 효용이 감소하므로, $\dfrac{MU_X}{P_X(\uparrow)} < \dfrac{MU_Y}{P_Y}$
>
> 따라서, X재 소비를 줄이면 효용 증가
>
> X재 가격 하락 $\Rightarrow$ X재 1원어치 효용이 증가하므로, $\dfrac{MU_X}{P_X(\downarrow)} > \dfrac{MU_Y}{P_Y}$
>
> 따라서, X재 소비를 늘리면 효용 증가

2. 수요곡선의 경제적 의미

① 개별수요곡선은 소비자균형에 따라 도출된 것이므로 수요곡선상의 각 점은 각각의 가격수준에서
효용극대화 소비량을 나타낸다.

② 개별수요곡선은 상품 소비에 따른 한계효용곡선이다.　　　　📖 p.91의 'Plus(가격결정이론)' 참조

③ 따라서 개별수요곡선이 우하향하는 것은 한계효용이 (궁극적으로) 체감하기 때문이다.

05 한계효용이론의 의의와 한계

① 소비자의 수요 측 이론이 확립되어 수요·공급이론(신고전학파이론)이 성립되는 기초가 되었다.

② 그러나 효용을 기수적으로 측정하는 것은 현실적으로 불가능하며, 화폐(소득)의 한계효용이 일정한
것으로 가정하고 있으나 체감하는 것이 일반적이다.

06 네트워크 효과(network effect)

합리적인 소비자는 자신의 선호(효용)에 따라 소비(선호의 독립성)하며 다른 사람의 소비에 의해 영향을
받는 경우(선호의 비독립성)는 비합리적인 것으로 평가한다.
네트워크 효과란 다른 사람의 소비행위에 의해 자신의 소비가 영향을 받는 현상을 말한다.

1. 편승효과(포장마차효과, 악대차효과) ◀ 라이벤스타인(H. Leibenstein)

① 다른 사람의 소비가 증가할 때 덩달아 소비하는 현상이다. **예** 유행에 따른 충동구매
② 편승효과가 없을 때에 비하여 개별수요가 증가하고 시장수요도 증가한다.

2. 속물효과(snob effect; 백로효과)

① 다른 사람의 소비가 증가하면 오히려 그 상품의 소비를 줄이는 현상이다.
② 속물효과가 없을 때에 비하여 개별수요가 감소하고 시장수요도 감소한다.

3. 베블렌 효과(Veblen effect) ◀ 베블렌(T. Veblen)

① 다른 사람에게 과시하기 위하여 고가의 상품을 소비한다. **예** 졸부의 과시형 소비, '명품족'
② 베블렌 효과가 존재할 때 사치성 상품은 가격이 비쌀수록 수요량이 증가한다.

가치논쟁(가격결정이론)과 가치역설

⊙ **고전학파(노동가치설)** : 가격은 노동투입량(생산비 한계비용)에 따라 결정. 공급측 가격결정이론

- 미시경제학에서는 한계효용이론 이전의 경제이론을 고전학파라고 함
- 고전학파에 따르면 노동만이 가치창출 요소이며 상품가격은 노동투입량에 따라 결정
- 따라서 자본가의 이자소득이나 지주의 지대소득은 잉여가치. 즉, 노동자의 소득을 착취한 것임

⊙ **한계효용학파** : 가격은 소비자가 느끼는 한계효용의 크기에 따라 결정. 수요측 가격결정이론

- 가중된 한계효용균등의 법칙에 따르면 한계효용의 크기에 따라 가격 결정

  예 $$\frac{MU_1(300)}{P_1(30)} = \frac{MU_2(50)}{P_2(5)} = \cdots = \frac{MU_n(20)}{P_n(2)} = m(\overline{10}\ util)$$

  가중된 한계효용이 같아야 하므로 재화의 가격은 한계효용에 따라 결정

- 개별수요곡선의 의미 : 한계효용에 따라 가격이 결정되므로 한계효용곡선이 개별수요곡선
  소비가 증가할 때 한계효용이 체감하므로 수요곡선 우하향

⊙ **신고전학파** : 수요·공급이론. 자본주의경제 주류(主流)이론

- 마샬(A. Marshall)에 의해 고전학파 노동가치설과 한계효용이론이 종합되어 수요·공급이론 완성
- 가격은 시장에서 수요(한계효용)와 공급(한계비용)의 상호작용에 의해 결정

⊙ **스미스(A. Smith)의 가치역설**

- 가치역설 : 물(W)의 사용가치(효용)는 높으나 교환가치(시장가격)는 낮고 다이아몬드(D)는 그 반대
- 한계효용이 체감할 때, 물의 실제 소비량은 매우 많으므로 한계효용은 아주 작고 다이아몬드 소비량은 아주 적으므로 한계효용이 매우 큼. 따라서 물 가격은 낮고 다이아몬드 가격은 높게 결정

  예 $$\frac{MU_D(30,000,000)}{P_D(3,000,000)} = \frac{MU_W(1)}{P_W(0.1)} = m(\overline{10})$$

무차별곡선이론

Ⅰ 무차별곡선이론의 특징

① 합리적인 소비자는 주어진 소득(예산제약, 소득제약)으로 효용을 극대화할 수 있도록 소비한다.
② 무차별곡선이론에서는 효용의 크기를 측정할 수 없으며 서로 비교(서수적 효용)만 할 수 있다.
③ 서수적 효용은 무차별곡선, 소득제약은 예산선을 이용하여 분석한다.

Ⅱ 무차별곡선

01 무차별곡선

① 무차별곡선(indifference curve)은 소비자가 동일한 효용을 느끼는 상품묶음(consumption bundle; 소비조합)을 연결한 곡선이며, 전체 무차별곡선을 무차별지도(indifference map)라고 한다.
② 무차별곡선과 무차별지도는 소비자의 서수적 효용(선호)을 나타내는 서수적 효용함수이다.

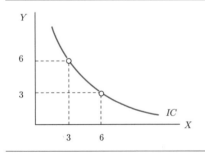

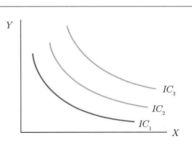

[무차별곡선과 무차별지도]
• 동일한 효용을 느끼는 소비점을 연결한 곡선
• X재 3개, Y재 6개 소비할 때와 X재 6개, Y재 3개 소비할 때 동일한 효용
• 오른쪽은 무차별지도

02 무차별곡선의 성질

소비자의 선호가 정상적(일반적)일 경우 무차별곡선은 네 가지 성질을 가진다.

1. 무차별곡선은 우하향한다.

◀ 강단조성 공리

한 상품의 소비량을 늘리면 다른 상품의 소비량은 줄여야 효용이 같아진다.

2. 원점에서 멀리 있는 무차별곡선의 효용수준이 더 높다.

◀ 강단조성 공리

두 상품 소비량이 모두 증가하면 효용수준이 높아진다.

3. 무차별곡선은 서로 교차하지 않는다.

◀ 이행성 공리

무차별곡선은 서로 교차하거나 겹칠 수 없다.

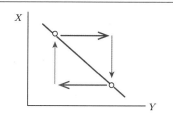

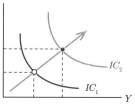

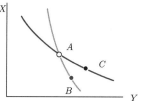

[무차별곡선 우하향]	[원점에 멀리 있는 무차별곡선 효용 大]	[교차할 수 없음]
X재 소비 증가(감소) 시, Y재 소비 감소(증가)해야 동일한 효용	X재 소비량과 Y재 소비량이 모두 많으므로 효용 大	C점은 B점보다 X재와 Y재 소비량이 모두 많으므로 효용 수준이 같을 수 없음

4. 무차별곡선은 원점에 대해 볼록하다.　　　　　　　◀ 볼록성 공리

정상적(일반적)인 소비선호를 갖는 소비자의 무차별곡선은 원점으로 볼록하다.

이는 동일한 무차별곡선상에서 X재 소비를 늘리고 Y재 소비를 줄일 때(소비대체)할 때 무차별곡선의 기울기가 감소한다는 것을 의미한다.

이러한 현상을 한계대체율(MRS_{XY}) 체감의 법칙이라고 한다.

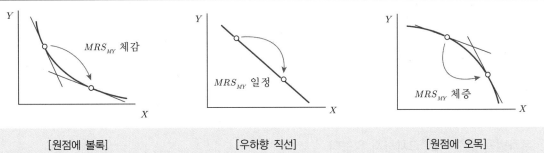

[원점에 볼록]	[우하향 직선]	[원점에 오목]
X재 소비 증가, Y재 소비 감소 시, 무차별곡선 기울기(MRS_{XY}) 감소	X재 소비 증가, Y재 소비 감소 시, 무차별곡선 기울기(MRS_{XY}) 일정	X재 소비 증가, Y재 소비 감소 시, 무차별곡선 기울기(MRS_{XY}) 증가

(1) 한계대체율(MRS : Marginal Rate of Substitution)

① 한계대체율은 소비자가 동일한 효용수준을 유지하면서(동일한 무차별곡선상에서) Y재를 X재로 소비 대체하고자 하는 비율$\left(\dfrac{\nabla Y : Y재\ 소비\ 감소분}{\triangle X : X재\ 소비\ 증가분}\right)$ 이다.

② 한계대체율은 무차별곡선상 한 점의 기울기(절댓값)이며, 두 재화 한계효용의 비율(역수)이다.

③ 또한 한계대체율은 Y재 수량으로 표시한 X재 1단위 소비의 선호도(효용)이며, 한계대체율이 클수록 X재를 더 선호한다는 것을 의미한다.

> ▶ 한계대체율 : $MRS_{XY} = -\dfrac{\triangle Y}{\triangle X} = \dfrac{MU_X}{MU_Y} = |IC'|$
>
> ▹ 효용 불변 상태에서, X재 소비를 1단위 늘릴 때 줄여야 하는 Y재 수량
> ▹ Y재 한계효용에 대한 X재 한계효용의 비율이며, 무차별곡선 기울기($|IC'|$)의 절댓값
> ▹ Y재 수량으로 표시한 X재 1단위의 효용을 의미하며, 한계대체율(무차별곡선 기울기)이 클수록 X재를 상대적으로 더 선호한다는 것을 의미
>
> ---
> **예제** $MRS_{XY} = -\dfrac{\triangle Y(-4)}{\triangle X(2)} = 2$ 일 때, 경제적 의미는?
>
> ▹ X재 소비를 1단위 늘리고 Y재 소비량을 2단위 줄이면 동일한 효용
> ▹ X재 1단위의 효용과 Y재 2단위의 효용이 동일

(2) 한계대체율체감의 법칙(law of diminishing marginal rate of substitution)

① 동일한 무차별곡선상에서, X재 소비를 늘리고 Y재 소비를 줄여나갈 때 한계대체율(무차별곡선 기울기의 절댓값)이 체감한다.

② 따라서 무차별곡선은 원점에 대하여 볼록(convex)한 형태를 가지게 된다.

③ 이는 상대적으로 많이 소비하게 되는 재화(X)의 상대적 중요도(선호도)는 감소하며, 두 재화를 고르게 소비하는 것을 더 선호한다는 것을 의미한다.

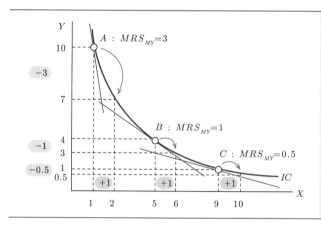

[한계대체율체감의 법칙]

- 무차별곡선상에서 계속해서, 한 재화(X)의 소비를 늘리고 다른 재화(Y)의 소비를 줄이면 한계대체율(무차별곡선 기울기) 감소

  ▶ $A : MRS_{XY} = -\dfrac{\triangle Y(-3)}{\triangle X(1)} = 3$

  ▶ $B : MRS_{XY} = -\dfrac{\triangle Y(-1)}{\triangle X(1)} = 1$

  ▶ $C : MRS_{XY} = -\dfrac{\triangle Y(-0.5)}{\triangle X(1)} = 0.5$

03 예외적 무차별곡선

소비자의 선호가 정상적이지 않을 경우에는 무차별곡선이 원점에 볼록하지 않다.

1. 완전대체 효용함수

① 두 재화가 일정한 대체비율에 따라 완전히 자유롭게 소비대체될 수 있다.
② 이 경우 무차별곡선은 우하향하는 직선이며, 두 재화의 한계대체율(소비대체비율, X재 선호도, 무차별곡선 기울기)은 무차별곡선상 어디에서나 일정하다.
③ 따라서 한계대체율체감의 법칙은 성립하지 않는다.

⊙ 완전대체효용함수: $U = aX + bY$ (단, a, b: 상수)

⊙ 무차별곡선: 효용함수를 Y로 정리하여 도출

  ▸ 무차별곡선: $Y = \dfrac{U}{b} - \dfrac{a}{b}X$ (단, $\dfrac{U}{b}$: 절편, $-\dfrac{a}{b}$: 기울기, 상수)

  ▸ 한계대체율: $MRS_{XY}\left(= |IC'| = \dfrac{MU_X}{MU_Y}\right) = \dfrac{a}{b}$ (단, 한계대체율: 상수)

⊙ 특징: 한계대체율이 상수이므로 무차별곡선은 우하향 직선. 완전대체 가능

예제 효용함수가 $U = 2X + 3Y$일 때, 한계효용(MU)과 한계대체율(MRS_{XY})은?

  ▸ 한계효용: $MU_X = \dfrac{dU}{dX} = 2$, $MU_Y = \dfrac{dU}{dY} = 3$

  ▸ 무차별곡선: $Y = \dfrac{U}{3} - \dfrac{2}{3}X$ (효용함수를 Y로 정리하여 도출)

  ▸ 한계대체율(무차별곡선 기울기): $MRS_{XY}\left(= |IC'| = \dfrac{MU_X}{MU_Y}\right) = \dfrac{2}{3}$

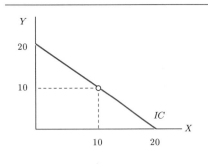

효용함수: $U(20) = X + Y$

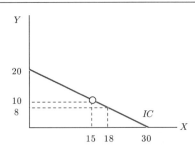

효용함수: $U(60) = 2X + 3Y$

[완전대체효용함수]

• 왼쪽: 무차별곡선식

  $Y = U(20) - X$

  $MRS_{XY} = |IC'| = 1$

• 오른쪽: 무차별곡선식

  $Y = \dfrac{U(60)}{3} - \dfrac{2}{3}X$

  $MRS_{XY} = |IC'| = \dfrac{2}{3}$

2. 완전보완 효용함수

◀ 레온티에프 효용함수

① 두 재화를 일정한 보완비율에 따라 소비하는 경우이다.　**에** 안경테와 안경렌즈

② 이 경우 두 재화는 서로 대체 소비할 수 없으며 무차별곡선은 L자형이 된다.

③ 따라서 한계대체율은 정의되지 않는다.

⊙ 효용함수(Ⅰ)：$U = Min\left[\dfrac{X}{a}, \dfrac{Y}{b}\right]$ 　　　(단, a, b: 상수)

- ▸ X재 a개, Y재 b개를 소비할 때 1단위의 효용(1 util)
- ▸ 완전보완비율은 $X:Y = a:b$
- ▸ 무차별곡선은 X재 a개, Y재 b개인 점에서 꼭짓점을 갖는 L자형

⊙ 효용함수(Ⅱ)：$U = Min[\alpha X, \beta Y]\left(= Min\left[\dfrac{X}{\frac{1}{\alpha}}, \dfrac{Y}{\frac{1}{\beta}}\right]\right)$ 　(단, α, β: 상수)

- ▸ X재 $\dfrac{1}{\alpha}$개, Y재 $\dfrac{1}{\beta}$개를 소비할 때 1단위 효용(1 util)
- ▸ 완전보완비율은 $X:Y = \beta:\alpha$
- ▸ 무차별곡선은 X재 $\dfrac{1}{\alpha}$개, Y재 $\dfrac{1}{\beta}$개인 점에서 꼭짓점을 가지는 L자형

예제 $U = Min\left[\dfrac{X}{3}, \dfrac{Y}{2}\right]$ 일 때 1단위 효용(1 util)을 위한 소비량과 소비비율은?

X재 66개, Y재 40개 소비할 때의 효용과 합리적 소비량은? (다음 페이지 그래프 참조)

- ▸ 1 util 을 위한 소비량: $U = Min\left[\dfrac{X}{3}, \dfrac{Y}{2}\right] = 1$ 　　∴) $X=3$개, $Y=2$개

- ▸ 완전보완비율: $X:Y = 3:2$

- ▸ $U = Min\left[\dfrac{X}{3}, \dfrac{Y}{2}\right] \Rightarrow U = Min\left[\dfrac{66}{3}, \dfrac{40}{2}\right] = Min[22, 20] = 20(util)$

- ▸ 20 util 을 위한 합리적 소비: $U = Min\left[\dfrac{60}{3}, \dfrac{40}{2}\right] = 20$ 　　∴) X재 60개, Y재 40개

예제 $U = Min[2X, 5Y]$일 때 1단위 효용(1 util)을 위한 소비량과 소비비율은?

X재 10개, Y재 5개 소비할 때의 효용과 합리적 소비량은? (다음 페이지 그래프 참조)

- ▸ 1 util 을 위한 소비량: $U = Min[2X, 5Y] = Min\left[\dfrac{X}{\frac{1}{2}}, \dfrac{Y}{\frac{1}{5}}\right] = 1$ 　∴) $X = \dfrac{1}{2}$개, $Y = \dfrac{1}{5}$개

- ▸ 완전보완비율: $X:Y = \dfrac{1}{2}:\dfrac{1}{5}$ 　　∴) $X:Y = 5:2$

- ▸ $U = Min[2\cdot10, 5\cdot5] = 20(util)$

- ▸ 20 util 을 위한 합리적 소비: $U = Min[2\cdot10, 5\cdot4] = 20$ 　　∴) X재 10개, Y재 4개

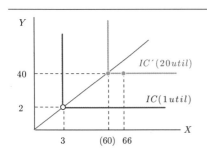 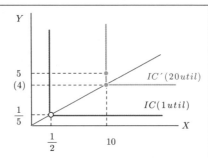

	[완전보완효용함수]
	• 왼쪽 보완비율:
	$X : Y = 3 : 2$
	X재 60, Y재 40 소비할 때
	20 util
	• 오른쪽 보완비율:
	$X : Y = \dfrac{1}{2} : \dfrac{1}{5} = 5 : 2$
	X재 10, Y재 4 소비할 때
	20 util

3. 중립재와 극단적 선호

① 한계효용이 0인 재화를 중립재라고 하며, 한 재화가 중립재일 경우에 무차별곡선은 수직선 또는 수평선이 된다.

② 한 재화를 매우 좋아하는 경우에는 무차별곡선 기울기가 매우 크거나 작다.

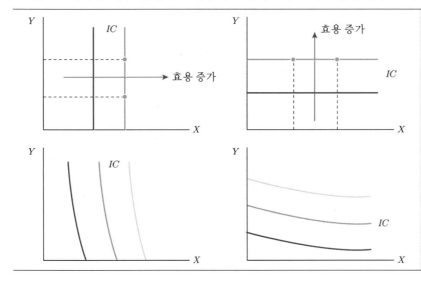

[중립재 : 한계효용 0]

• 왼쪽 : Y재 중립재

$$MRS_{XY} = |IC'| = \infty$$

• 오른쪽 : X재 중립재

$$MRS_{XY} = |IC'| = 0$$

[극단적 선호]

• 왼쪽 : X재 극단 선호

$$MRS_{XY} = |IC'| \approx \infty$$

• 오른쪽 : Y재 극단 선호

$$MRS_{XY} = |IC'| \approx 0$$

4. 비재화(bads)   ◀ 우상향

① 한계효용이 부(−)인 재화를 비재화라고 한다.

② 한 재화가 비재화이면 무차별곡선이 우상향한다.

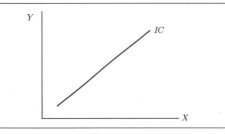

[비재화]

• 비재화는 한계효용이 부(−)인 재화. 따라서 비재화 소비량이 증가할 경우, 한계효용이 정(+)인 재화의 소비량이 증가해야 총효용 수준이 동일

• 따라서 두 재화 중 하나의 재화가 비재화일 경우는 무차별곡선이 우상향

III 예산선(BL, PL)

01 예산선(BL: Budget Line; 가격선)

① 소비자의 소득과 X재와 Y재의 시장가격이 주어져 있을 때 예산제약(budget constraint; 소득제약)을 X, Y 평면에 그림으로 그린 것이다.

② 예산선 아래의 삼각형 영역은 주어진 소득과 가격하에서 소비가능영역을 나타내며 예산집합(budget set) 이라고 한다.

③ 주어진 소득을 모두 소비하는 경우에는 예산선이 소비가능영역이 된다.

> ⊙ 소득제약: $I = P_X \cdot X + P_Y \cdot Y$　　(소득＝소비지출액. 전액 소비지출 가정)
>
> ⊙ 예산선　: $Y = \dfrac{I}{P_Y} - \dfrac{P_X}{P_Y} \cdot X$　　(소득제약식을 Y로 정리)
>
> 　　　　　　(단, $\dfrac{I}{P_Y}$: 예산선의 Y축 절편. Y재만 구입 시, 구입가능 최대수량
>
> 　　　　　　　$\dfrac{P_X}{P_Y}$: Y재 수량으로 표시한 X재의 상대가격. 객관적 교환비율)

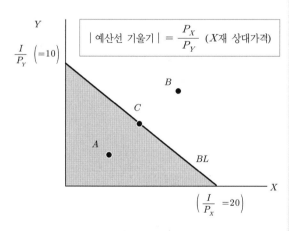

| 예산선 기울기 | $= \dfrac{P_X}{P_Y}$ (X재 상대가격)

[예산선과 예산집합]

• 예산집합: 선분을 포함한 삼각형 영역
  ▸ A : $I > P_X \cdot X + P_Y \cdot Y$　(소득 > 지출액)
  ▸ B : $I < P_X \cdot X + P_Y \cdot Y$　(소득 < 지출액)
  ▸ C : $I = P_X \cdot X + P_Y \cdot Y$　(소득 = 지출액)

• 예산선: 소득을 전액 소비할 때 소비가능영역
  ▸ $\dfrac{I}{P_Y}$: Y축 절편. Y재만 구입할 때 최대 구입가능량
  ▸ $\dfrac{I}{P_X}$: X축 절편. X재만 구입할 때 최대 구입가능량
  ▸ $\dfrac{P_X}{P_Y}$: 예산선 기울기.
  　　　　　Y재 수량으로 표시한 X재 소비의 기회비용

예제 소득(I)이 100,000원이고 $P_X = 5,000$원, $P_Y = 10,000$원일 때,

▸ Y축 절편점: $\dfrac{I}{P_Y} = 10$. 소득으로 Y재만 소비할 때 10개 소비 가능

▸ X축 절편점: $\dfrac{I}{P_X} = 20$. 소득으로 X재만 소비할 때 20개 소비 가능

▸ 예산선 기울기: $\dfrac{P_X}{P_Y} = 0.5$. Y재 수량으로 표시한 X재 소비의 기회비용. X재 1개 소비할 때 Y재 0.5개 줄여야 함

02 예산선의 변화

1. 소득 변화

① 소득이 변화하면 예산선의 기울기(X재의 상대가격)는 변화하지 않고 절편만 변화한다.
② 따라서 예산선이 좌우로 평행이동한다.

2. 한 재화 가격의 변화

한 재화의 가격이 변화하면 예산선의 기울기(X재의 상대가격)만 변화한다.

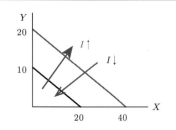 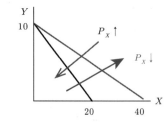 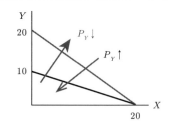

예 최초, $I = 100,000$원, $P_X = 5,000$, $P_Y = 10,000$일 때

[소득 변화 : 예산선 평행이동]	[X재 가격 변화 : X축 절편변화]	[Y재 가격 변화 : Y축 절편변화]
소득이 200,000원으로 증가할 때 X재 최대소비량 20개 ⇒ 40개 Y재 최대소비량 10개 ⇒ 20개	X재 가격이 2,500원으로 내릴 때 X재 최대소비량 20개 ⇒ 40개	Y재 가격이 5,000원으로 내릴 때, Y재 최대소비량 10개 ⇒ 20개

3. 두 재화의 가격과 소득이 같은 비율로 변화할 때

소득과 두 재화의 가격이 같은 비율로 변화하면 예산선은 변화하지 않는다.

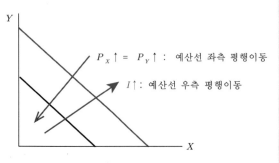

[가격과 소득이 같은 비율로 변화할 때]

- $\overset{\bullet}{P_X} \uparrow = \overset{\bullet}{P_Y} \uparrow = \overset{\bullet}{I} \uparrow$

  두 재화 가격이 같은 비율로 오르면 예산선이 좌측으로 평행이동하고, 소득이 같은 비율로 증가하면 예산선은 다시 우측으로 평행이동. 따라서 예산선은 원래 위치에서 불변

- $\overset{\bullet}{P_X} \downarrow = \overset{\bullet}{P_Y} \downarrow = \overset{\bullet}{I} \downarrow$

  두 재화 가격과 소득이 같은 비율로 감소하면 역시 불변

Ⅳ | 소비자균형(Ⅰ): 일반적 소비자균형

정상적 선호(원점에 볼록한 무차별곡선)를 갖는 소비자의 소비자균형을 분석한다.

01 소비자균형

소비자는 주어진 소득과 시장가격하에서 효용이 극대화되도록 소비하며, 이로부터 개별소비자의 수요 곡선이 도출된다.

1. 소비자균형

① 무차별곡선과 예산선이 접하는 점에서 소비하면 효용이 극대화된다.

② 따라서 균형점에서 무차별곡선 기울기(MRS_{XY})와 예산선 기울기(X재 상대가격)가 서로 같다.

③ 무차별곡선이론의 소비자균형조건은 한계효용이론의 균형조건(가중된 한계효용균등의 법칙)과 그 의미 가 동일하다.

⊙ 소비자균형(효용극대화): 예산선과 무차별곡선의 접점에서 소비

▸ 소득제약: $I = P_X \cdot X + P_Y \cdot Y$　　　　　　　(단, I: 소득, 예산)

▸ 균형조건: $|IC'| = MRS_{XY} = \dfrac{MU_X}{MU_Y} = \dfrac{P_X}{P_Y} = |BL'|$

$$\Rightarrow \quad \frac{MU_X}{P_X} = \frac{MU_Y}{P_Y} \qquad \text{[가중된 한계효용균등의 법칙]}$$

▸ 균형조건의 의미

|무차별곡선의 기울기|	=	|예산선의 기울기|
한계대체율(MRS_{XY}) (Y재 수량 표시, X재 선호도)	=	Y재 수량으로 표시한 X재 상대가격$\left(\dfrac{P_X}{P_Y}\right)$ (Y재 수량 표시, X재 소비의 기회비용)
X재 1원어치 효용$\left(\dfrac{MU_X}{P_X}\right)$	=	Y재 1원어치 효용$\left(\dfrac{MU_Y}{P_Y}\right)$

예제 소비자의 효용함수가 $TU = 2XY$이고 소득(I) $= 120$, $P_X = 10$, $P_Y = 20$일 때, 효용극대화 소비량은?

▸ 소득제약: $120 = 10 \cdot X + 20 \cdot Y$　　　　　　　　　　　　　　①

▸ 균형조건: $MRS_{XY} = \dfrac{MU_X}{MU_Y} = \dfrac{P_X}{P_Y} \Rightarrow \dfrac{2Y}{2X} = \dfrac{10}{20}$　　　②

　　　　(단, $MU_X = \dfrac{\partial TU}{\partial X} = 2Y$, 　$MU_Y = \dfrac{\partial TU}{\partial Y} = 2X$)

▸ ①과 ②를 연립으로 풀어 효용극대화 소비량 도출

②에서, $20X = 40Y \Rightarrow X = 2Y$　　　　　　　　　　　　　③

③을 ①에 대입, $X = 6$, $Y = 3$

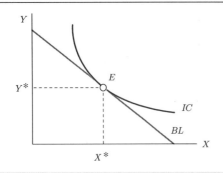 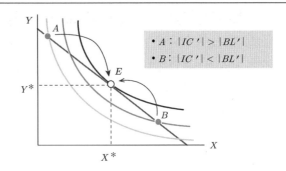

| [소비자균형: 무차별곡선과 예산선의 접점] | [불균형 조정] |

- 균형조건: $|IC'| = |BL'| \implies MRS_{XY} = \dfrac{P_X}{P_Y}$
- A : X 증가, Y 감소 $\implies$ 효용 증가
- B : X 감소, Y 증가 $\implies$ 효용 증가

2. 불균형조정

균형조건을 만족하지 않을 경우 소비대체를 통해 효용을 증대시킬 수 있다.

$\odot$ [A 점] $\quad |IC'| = MRS_{XY} = \dfrac{MU_X}{MU_Y} \quad > \quad \dfrac{P_X}{P_Y} = |BL'|$

$$\dfrac{MU_X}{P_X} \quad > \quad \dfrac{MU_Y}{P_Y}$$

▸	무차별곡선 기울기 $\quad >$	예산선 기울기
▸	한계대체율(MRS_{XY}) (Y재 수량으로 표시한 X재 선호도) $\quad >$	X재 상대가격$\left(\dfrac{P_X}{P_Y}\right)$ (Y재 수량으로 표시한 X재 소비의 기회비용)
▸	X재 1원어치 효용 $\quad >$	Y재 1원어치 효용

[X재 소비를 늘리고 Y재 소비를 줄이면 효용 증가]

$\odot$ [B 점] $\quad |IC'| = MRS_{XY} = \dfrac{MU_X}{MU_Y} \quad < \quad \dfrac{P_X}{P_Y} = |BL'|$

$$\dfrac{MU_X}{P_X} \quad < \quad \dfrac{MU_Y}{P_Y}$$

▸	무차별곡선 기울기 $\quad <$	예산선 기울기
▸	한계대체율(MRS_{XY}) (Y재 수량으로 표시한 X재 선호도) $\quad <$	X재 상대가격$\left(\dfrac{P_X}{P_Y}\right)$ (Y재 수량으로 표시한 X재 소비의 기회비용)
▸	X재 1원어치 효용 $\quad <$	Y재 1원어치 효용

[X재 소비를 줄이고 Y재 소비를 늘리면 효용 증가]

02 소비자균형의 이동(Ⅰ): 소득 변화

소득이 변화하면 소비자균형이 변화하며 이로부터 소득소비곡선과 엥겔곡선이 도출된다.

1. 소득소비곡선(ICC : Income Consumption Curve)

① 소득이 증가하면 예산선이 우측으로 평행이동하며 소비자균형점이 변화한다.
② 소득소비곡선은 소득이 변화할 때 소비균형점을 연결해 놓은 선이다.
③ 소득이 없을 경우에는 소비할 수 없으므로 소득소비곡선은 원점에서 시작한다.
④ 소득이 증가할 때 두 재화가 모두 정상재이면 소득소비곡선이 우상향한다.
⑤ X재가 열등재인 구간에서는 좌상향, Y재가 열등재인 경우는 우하향한다.

2. 엥겔곡선(E)

① 엥겔곡선은 소득이 변화할 때 효용극대화 수요 변화를 보여주는 곡선이다.
② 엥겔곡선이 우상향하면 소득이 증가할 때 소비가 증가하므로 정상재이고, 좌상향하는 구간에서는
소득이 증가할 때 소비가 감소하므로 열등재가 된다.

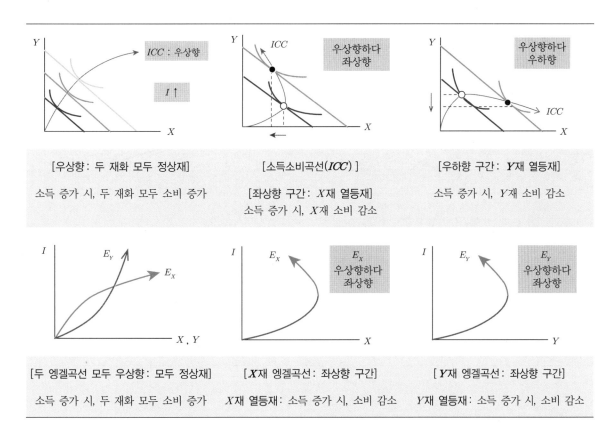

[우상향: 두 재화 모두 정상재]

소득 증가 시, 두 재화 모두 소비 증가

[소득소비곡선(ICC)]

[좌상향 구간: X재 열등재]
소득 증가 시, X재 소비 감소

[우하향 구간: Y재 열등재]

소득 증가 시, Y재 소비 감소

[두 엥겔곡선 모두 우상향: 모두 정상재]

소득 증가 시, 두 재화 모두 소비 증가

[X재 엥겔곡선: 좌상향 구간]

X재 열등재: 소득 증가 시, 소비 감소

[Y재 엥겔곡선: 좌상향 구간]

Y재 열등재: 소득 증가 시, 소비 감소

03 소비자균형의 이동(Ⅱ) : 가격 변화

가격이 변화하면 소비자균형이 변화하며 이로부터 가격소비곡선과 수요곡선이 도출된다.

1. 가격소비곡선(PCC : Price Consumption Curve)

① X재 가격이 내릴 경우 Y축 절편은 고정된 상태에서 예산선 기울기가 완만하게 변화하므로 소비자 균형점이 이동하며, 이를 연결해 놓은 선을 가격소비곡선이라고 한다.

② X재 가격이 아주 높을 때는 X재를 소비하지 않고 Y재만 수요하므로 가격소비곡선은 Y축 절편에서 시작하는 U자형 곡선이 된다.

③ Y재 가격이 내릴 경우는 X축 절편은 고정된 상태에서 예산선 기울기가 급하게 변화하며 그로부터 가격소비곡선이 도출된다.

2. 수요곡선

① 가격소비곡선으로부터 수요곡선이 도출된다.

② 따라서 수요곡선은 각 가격 수준에서의 **효용극대화 수요량**을 보여준다.

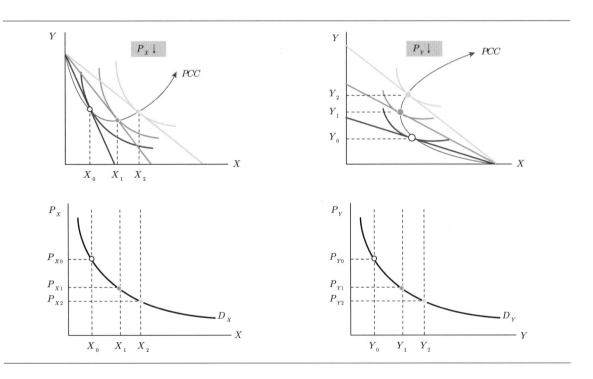

3. 가격효과(price effect)

재화의 가격이 변화하면 그 재화의 상대가격과 실질소득이 변화하여 수요량이 변화한다.

이때 상대가격 변화에 따른 수요량 변동분을 대체효과, 실질소득 변화에 따른 수요 변동분을 소득효과라고 한다.

가격 변화에 따른 전체 수요량 변동분을 가격효과라고 하며, 대체효과와 소득효과를 더한 것이다.

(1) 대체효과(substitution effect)

① 한 재화의 가격이 변화하면 다른 재화에 대한 상대가격이 변화하여 수요량이 변화한다.

② 소비자의 선호가 정상적일 경우(원점에 볼록한 무차별곡선, 한계대체율 체감) 상대적으로 가격이 내린(오른) 재화의 수요량은 반드시 증가(감소)한다.

③ 이때 가격과 수요량이 반대 방향으로 변화하므로 대체효과가 부(−)라고 표현한다.

> ⊙ 대체효과 : 소비자 선호가 정상적(MRS_{XY} 체감)일 때 부(−)의 대체효과
>
> ‣ X재 가격 ↓ $\Rightarrow$ X재 상대가격 $\left(\dfrac{P_X}{P_Y}\right)$ ↓ $\Rightarrow$ X재 수요량 ↑
>
> ‣ X재 가격 ↑ $\Rightarrow$ X재 상대가격 $\left(\dfrac{P_X}{P_Y}\right)$ ↑ $\Rightarrow$ X재 수요량 ↓

(2) 소득효과(income effect)

① 재화의 가격이 변화할 때 가격 변화 전의 소비량을 그대로 소비할 경우, 소비지출액이 변화하여 그 변동분만큼 실질적으로 소득이 변화하므로 수요가 변화한다.

② 실질소득 변화에 따른 수요 변화의 방향은 재화의 성격에 따라 달라진다.

③ 가격이 내릴 때(실질소득 증가) 정상재의 경우는 수요가 증가하므로 소득효과가 부(−)이고, 열등재의 경우는 수요가 감소하므로 소득효과가 정(+)이다.

> ⊙ 소득효과 : 정상재의 소득효과는 부(−), 열등재의 소득효과는 정(+)
>
> ‣ X재 가격 ↓ $\Rightarrow$ 실질소득 ↑ $\Rightarrow$ ⎡ 정상재 : 수요 ↑
> ⎣ 열등재 : 수요 ↓
>
> ‣ X재 가격 ↑ $\Rightarrow$ 실질소득 ↓ $\Rightarrow$ ⎡ 정상재 : 수요 ↓
> ⎣ 열등재 : 수요 ↑

(3) 재화의 성격과 가격효과

① 가격이 변화할 때 대체효과는 항상 부(−)이지만 소득효과는 재화의 성격에 따라 다르게 나타나므로 소득효과에 따라 재화의 성격이 결정된다.

② 정상재는 가격이 변화할 때 대체효과와 소득효과가 모두 부(−)이므로 전체 가격효과도 부(−)이다.

③ 따라서 가격이 내릴 때 수요량이 증가하므로 수요곡선이 우하향한다.

④ 열등재는 소득효과가 정(+)이지만 부(−)의 대체효과보다는 작아서 전체 가격효과가 부(−)인 재화이다.

⑤ 따라서 정상재와 마찬가지로 가격이 내리면 수요량이 증가하므로 수요곡선이 우하향한다.

⑥ 기펜재(Giffen재)는 열등재이다. 그러나 일반적 열등재와 달리 부(−)의 대체효과보다 정(+)의 소득효과가 더 커서 전체 가격효과가 정(+)이 되는 재화이다.

⑦ 따라서 가격이 내릴 때 수요량이 감소하므로 수요곡선이 좌하향(우상향)하며, 수요법칙의 유일한 예외가 되는 재화이다.

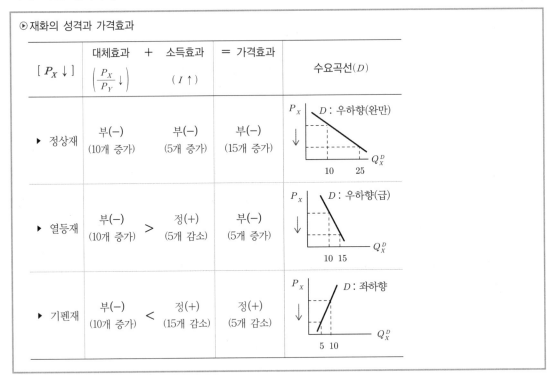

⊙ 재화의 성격과 가격효과

$[P_X \downarrow]$	대체효과 $\left(\dfrac{P_X}{P_Y}\downarrow\right)$	+	소득효과 $(I\uparrow)$	= 가격효과	수요곡선(D)
▶ 정상재	부(−) (10개 증가)		부(−) (5개 증가)	부(−) (15개 증가)	D : 우하향(완만)
▶ 열등재	부(−) (10개 증가)	>	정(+) (5개 감소)	부(−) (5개 증가)	D : 우하향(급)
▶ 기펜재	부(−) (10개 증가)	<	정(+) (15개 감소)	정(+) (5개 감소)	D : 좌하향

대체효과와 소득효과의 구분·측정 : 보상변화 방식

⊙ **구분 방법**

‣ 가격 변화 후의 예산선을 원래의 무차별곡선까지 평행이동시킴(보상변화)
‣ 이는 가격 변화에 따른 실질소득 변화를 제거한다는 것을 의미하며 소득보상이라고 함

⊙ **효과 측정**

‣ 원래 소비점(X_0)에서 소득보상 후 소비점(X_0')까지는 상대가격 변화에 따른 대체효과이며,
‣ 보상 후 소비점(X_0')에서 가격 변화 후 소비점(X_1)까지는 실질소득 변화에 따른 소득효과임

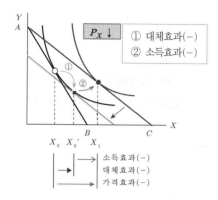

[정상재 : 대체효과, 소득효과 모두 부(−), 가격효과 부(−)]

• 대체효과(−) : 가격 하락 ⇒ 상대가격 하락(예산선 완만화)
　　　　　　　　　　⇒ 수요량 증가(①: $X_0 \to X_0'$)

[무차별곡선이 원점에 볼록(MRS 체감)하면, X재의 상대가격이 내릴 때(예산선 기울기 감소) X재 소비는 반드시 증가. 따라서 대체효과는 언제나 부(−)]

• 소득효과(−) : 가격 하락 ⇒ 실질소득 증가(예산선 우측이동)
　　　　　　　　　　⇒ 수요 증가(②: $X_0' \to X_1$)

• 가격효과(−) : 가격 하락 ⇒ 수요량 증가(①+②: $X_0 \to X_1$)

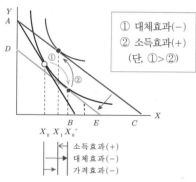

[열등재 : 대체효과(−) > 소득효과(+), 가격효과 부(−)]

• 대체효과(−) : 가격 하락 ⇒ 상대가격 하락(예산선 완만화)
　　　　　　　　　　⇒ 수요량 증가(①: $X_0 \to X_0'$)

• 소득효과(+) : 가격 하락 ⇒ 실질소득 증가(예산선 우측이동)
　　　　　　　　　　⇒ 수요 감소(②: $X_0' \to X_1$)

• 가격효과(−) : 가격 하락 ⇒ 수요량 증가(①+②: $X_0 \to X_1$)

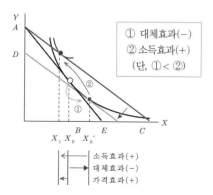

[기펜재 : 대체효과(−) < 소득효과(+), 가격효과 정(+)]

• 대체효과(−) : 가격 하락 ⇒ 상대가격 하락(예산선 완만화)
　　　　　　　　　　⇒ 수요량 증가(①: $X_0 \to X_0'$)

• 소득효과(+) : 가격 하락 ⇒ 실질소득 증가(예산선 우측이동)
　　　　　　　　　　⇒ 수요 감소(②: $X_0' \to X_1$)

• 가격효과(+) : 가격 하락 ⇒ 수요량 감소(①+②: $X_0 \to X_1$)

V 소비자균형(Ⅱ) : 예외적 소비자균형

01 완전보완재

주어진 소득제약하에서 상대가격 $\left(\dfrac{P_X}{P_Y}\right)$ 과 관계없이 완전보완비율대로 소비한다.

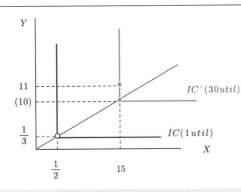

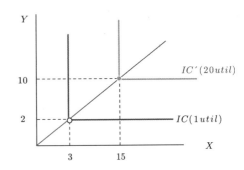

$[\,U = Min\,[\,2X,\ 3Y\,]$. 완전보완비율 $X : Y = 3 : 2\,]$ $\left[\,U = Min\left[\dfrac{X}{3},\ \dfrac{Y}{2}\right]$. 완전보완비율: $X : Y = 3 : 2\,\right]$

예제 효용함수가 $U = Min\,[\,2X,\ 3Y\,]$이다. X재 15개, Y재 11개 소비할 때의 효용은?
또한 이와 동일한 수준의 효용을 얻기 위한 합리적 소비지출액은? (단, X재 가격은 10, Y재 가격은 20)

▸ X재 15개, Y재 11개 소비할 때: $U = Min\,[\,2 \cdot 15,\ 3 \cdot 11\,] = Min\,[\,30,\ 33\,] = 30\,util$
소비지출액 $= P_X \cdot X + P_Y \cdot Y = 10 \cdot 15 + 20 \cdot 11 = 370$

▸ $30\,util$의 효용을 위한 합리적 소비량: $U = Min\,[\,2X,\ 3Y\,] = 30\,util$
∴) $X = 15$개, $Y = 10$개 소비하는 것이 합리적

이때의 소비지출액 $= P_X \cdot X + P_Y \cdot Y = 10 \cdot 15 + 20 \cdot 10 = 350$

예제 효용함수가 $U = Min\left[\dfrac{X}{3},\ \dfrac{Y}{2}\right]$이며, 소득 60, $P_X = 2$, $P_Y = 3$일 때 효용극대화 소비량은?

▸ $U = Min\left[\dfrac{X}{3},\ \dfrac{Y}{2}\right]$일 때 X재 3개, Y재 2개를 동시에 소비할 때 $1\,util$

▸ $1\,util$의 효용을 얻기 위한 소비 1묶음(X재 3개, Y재 2)의 소비지출액 $= P_X \cdot X + P_Y \cdot Y = 2 \cdot 3 + 3 \cdot 2 = 12$

▸ 소득이 60이므로 5묶음 소비 가능   ∴) $X = 15$개, $Y = 10$개

02 │ 완전대체재

① 완전대체재의 한계대체율(MRS_{XY})은 일정하며, 한계대체율(X재 선호도)보다 X재 상대가격(X재 소비의 기회비용)이 작을 경우에는 X재만 소비하고, 클 경우에는 Y재만 소비한다.

② 한계대체율과 X재 상대가격이 같을 경우 예산선상 모든 점에서 균형이 된다.

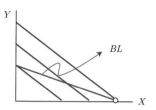

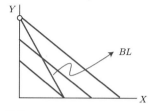

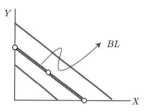

[**X**재만 소비할 때 효용극대화]　　　[**Y**재만 소비할 때 효용극대화]　　　[예산선상 모든 점에서 효용극대화]

$$|IC'| > |BL'| \iff MRS_{XY} > \left(\frac{P_X}{P_Y}\right) \qquad |IC'| < |BL'| \iff MRS_{XY} < \left(\frac{P_X}{P_Y}\right) \qquad |IC'| = |BL'| \iff MRS_{XY} = \left(\frac{P_X}{P_Y}\right)$$

예제 효용함수 $U = 2X + 3Y$, 소득 24, $P_X = 3$, $P_Y = 2$일 때 효용극대화 소비량은?

$$MRS_{XY} = \frac{MU_X}{MU_Y} = \frac{2}{3} < \frac{P_X}{P_Y}\left(= \frac{3}{2}\right) \quad X\text{재 선호도보다 상대가격이 비싸므로 } Y\text{재만 소비} \quad \therefore) \ Y = 12$$

CHAPTER 08 소비자선택이론의 응용과 확장

Ⅰ 생산요소의 공급

생산요소는 소비자(가계)에 의해 공급되므로 효용극대화 소비선택에 따라 요소공급이 결정된다.

01 노동공급

근로자(소비자)가 주어진 가용시간을 여가(餘暇 A 또는 V로 표기)로 사용할 것인지, 소득(M, I 또는 소득으로 재화를 소비할 수 있으므로 소득 대신 소비 C로 표기하기도 함)을 얻는 데 사용(노동공급)할 것인지에 대한 **효용극대화** 선택에 따라 노동공급량이 결정된다. 이때, 가용시간을 여가로 소비하지 않고 노동을 공급하면 임금을 받을 수 있으므로 **여가의 가격은 시간당 임금**(여가소비의 기회비용)이다.

> ⊙ **노동공급(근로)** : 근로자(노동공급자)는 주어진 가용시간을 여가와 근로소득 획득에 소비
>
> ‣ 총가용시간(T) = 여가소비(A) + 근로시간(L)
> ‣ 효용함수 : $U = f(A, M)$
>
>   근로(노동공급)는 한계효용이 부($-$)인 비재화(bad)이므로 한계효용이 정($+$)인 근로소득(M)으로 분석.
>   근로소득으로 재화를 소비하므로 근로소득 대신 소비(C)로 표기하여 분석하기도 함
>
> ‣ 소비가격 : 여가의 가격(P_A) = W, 소득의 가격(P_M) = 1 (단, W : 시간당 임금, 소득(돈) 1원의 가격은 1원)
> ‣ 소득제약 : 소득 = 임금(W) × 근로시간(L)

1. 예산선(소득제약)

① 노동공급자(근로자)는 주어진 가용시간을 여가와 근로소득 획득에 소비한다.
② 예산선의 기울기는 여가소비의 상대가격(시간당 임금)이다.

> ⊙ **시간제약** : $T = A + L$ (단, L : 근로시간(노동공급량 L^S), $L = T - A$)
>
> ⊙ **소득제약(예산선)** : $M = W \cdot L = W \cdot (T - A) = W \cdot T - W \cdot A$
>
> ‣ 예산선 수직축 절편 : $W \cdot T$. 모든 시간을 근로했을 때의 근로소득 $T = L$, $(A = 0)$
> ‣ 예산선 기울기 : $|BL'| = \dfrac{P_A}{P_M} = \dfrac{W}{1} = W$.   소득으로 표시한 여가의 상대가격

2. 무차별곡선

① 여가와 근로소득은 모두 정(+)의 한계효용을 갖는 정상적 재화이다.

② 따라서 여가와 소득에 대한 무차별곡선은 원점에 볼록하다.

3. 효용극대화 균형

① 효용극대화 균형(예산선과 무차별곡선의 접점)에 따라 여가로 소비하는 시간(A)이 결정된다.

② 여가소비시간(A)이 결정되면 노동공급시간(L = 총가용시간 − 여가소비시간)과 근로소득의 크기($M = W \cdot L$)가 결정된다.

③ 여가가격(임금) 변화에 따른 균형이동에 따라 노동공급곡선이 도출된다.

> ⊙ 시간제약: $T = A + L$ (단, L: 근로시간)
>
> ⊙ 소득제약(예산선): $M = W \cdot L = W \cdot (T - A) = W \cdot T - W \cdot A$
>
>   ▸ 예산선 수직축 절편: $W \cdot T$. 모든 시간을 근로했을 때 근로소득($T = L,\ A = 0$)
>
>   ▸ 예산선 기울기: $|BL'| = W$.   소득으로 표시한 여가의 상대가격
>
> ⊙ 효용함수: 무차별곡선
>
>   ▸ 서수적 효용함수: $U(A, M)$ (단, 무차별곡선 원점에 볼록. M: 근로소득, A: 여가)
>
>   ▸ 무차별곡선의 기울기: 한계대체율(MRS_{AM})
>
> $|IC'| = MRS_{AM} = -\dfrac{dM}{dA} = \dfrac{MU_A}{MU_M}$. 소득으로 표시한 여가소비의 선호도
>
> ⊙ 소비자균형: 무차별곡선과 예산선 접점(무차별곡선 기울기 = 예산선 기울기)
>
>   ▸ 균형조건: $MRS_{AM} = \dfrac{MU_A}{MU_M} = W \Rightarrow \dfrac{MU_A}{W} = \dfrac{MU_M}{1}$
>
>   [여가 1원의 효용 = 소득(돈) 1원의 효용]
>
>   ▸ 균형조건의 의미

|무차별곡선의 기울기|	=	|예산선의 기울기|
한계대체율(MRS_{AM}) (소득 표시, 여가 선호도)	=	소득으로 표시한 여가의 상대가격(W) (소득 표시, 여가소비의 기회비용)
여가 1원어치 효용$\left(\dfrac{MU_A}{W}\right)$	=	소득(돈) 1원의 효용$\left(\dfrac{MU_M}{1}\right)$

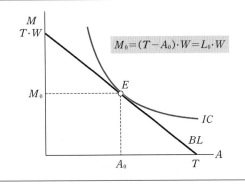

[소비자균형 : 무차별곡선과 예산선의 접점]

- 균형조건 : $|IC'| = |BL'| \Rightarrow MRS_{AM} = W$
- 의미 : (소득으로 표시한) 여가소비의 선호도와 (소득으로 표시한) 여가소비의 기회비용이 같을 때 균형
  여가 1원어치 효용과 소득 1원의 효용 같을 때 균형
- 균형에서, 여가소비량 A_0. 노동공급량 $L = T - A_0$
  소득 $M_0 = $ 노동공급량$(L_0) \cdot $ 임금 $= (T - A_0) \cdot W$

4. 가격효과

(1) 대체효과

① 여가의 가격(임금)이 오르면 여가의 상대가격(P_V / P_I)이 상승하므로 여가소비량이 감소(노동공급량 증가)한다.

② 따라서 대체효과는 부(−)이며, 임금이 오를 때 노동공급량이 증가한다.

(2) 소득효과

① 여가는 정상재이며, 여가의 가격은 임금이다.

② 따라서 여가의 가격(임금)이 오르면 근로자의 실질소득이 증가하므로 여가소비량이 증가(노동공급량 감소)한다.

③ 따라서 소득효과가 정(+)이며, 임금이 오를 때 노동공급량이 감소한다.

④ 여가가 **열등재**일 경우는 여가의 가격(임금)이 상승(실질소득 증가)할 때 여가소비량이 감소(노동공급량 증가)하므로 소득효과가 부(−)이다.

(3) 가격효과

① 일반적인 경우, 부(−)의 대체효과가 정(+)의 소득효과보다 커서 전체 가격효과는 부(−)이다.

② 따라서 여가의 가격(임금)이 오를 때 여가소비량이 감소하므로 노동공급량은 증가한다.

③ 그러나 여가의 가격(임금)이 아주 높은 수준에서 오를 경우에는 부(−)의 대체효과보다 정(+)의 소득효과가 더 커서 전체 가격효과가 정(+)이 될 수 있다.

④ 이 경우에는 여가의 가격(임금)이 오르면 노동공급량이 감소하므로 노동공급곡선이 좌상향하며, 이를 **후방굴절노동공급곡선**이라고 한다. 📖 휴일근무 기피

⑤ 여가가 **열등재**일 경우에는 소득효과도 부(−)이므로 전체 가격효과가 항상 부(−)이다. 따라서 노동공급곡선은 항상 우상향한다.

> ⊙ 대체효과와 소득효과 : 임금이 상승할 때 (단, 여가는 정상재)
>
> ‣ 대체효과 : 임금(여가가격) 상승 ⇒ 여가의 상대가격 $\left(\dfrac{P_A}{P_M}\right)$ ↑ ⇒ 여가소비 감소(노동공급량 증가)
>
> ‣ 소득효과 : 임금(여가가격) 상승 ⇒ 실질소득(M. 근로소득) ↑ ⇒ 여가소비 증가(노동공급량 감소)
>
> ⊙ 임금이 낮은 수준에서 상승할 때
>
> ‣ 처음, 대체효과 > 소득효과 : 여가가격(임금) 상승 ⇒ 노동공급량 증가. 노동공급곡선 우상향
>
> ‣ 나중, 대체효과 < 소득효과 : 여가가격(임금) 상승 ⇒ 노동공급량 감소. 후방굴절노동공급곡선

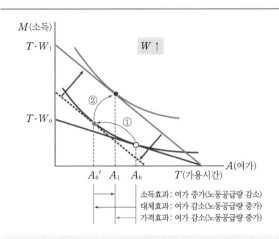

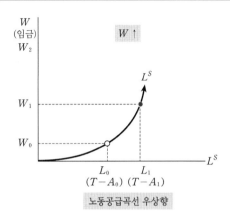

1. 낮은 수준에서 임금이 오를 때, 대체효과>소득효과 : 여가소비 감소, 노동공급량 증가 : 노동공급곡선 우상향

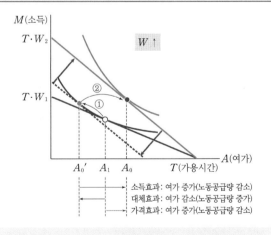

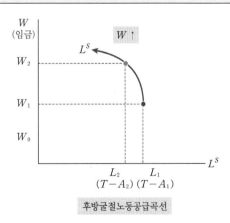

2. 높은 수준에서 임금이 오를 때, 대체효과<소득효과 : 여가소비 증가, 노동공급량 감소 : 노동공급곡선 좌상향

(4) 노동공급곡선

① 일반적인 경우

㉠ 일반적으로 여가의 가격(임금)이 오르면 부(−)의 대체효과가 정(+)의 소득효과보다 커서 전체 가격효과는 부(−)이다.

㉡ 따라서 노동공급곡선은 우상향한다.

② 후방굴절노동공급곡선

㉠ 여가의 가격(임금)이 아주 높은 수준에서 오를 경우에는 부(−)의 대체효과보다 정(+)의 소득효과가 더 커서 전체 가격효과가 정(+)이 될 수 있다.

㉡ 따라서 노동공급곡선은 좌상향(후방굴절노동공급곡선)하는 형태가 된다.

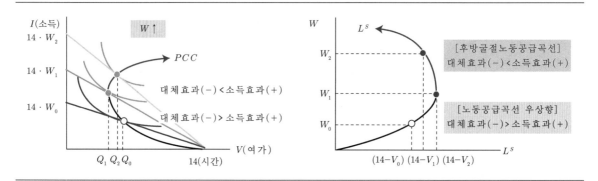

[소비자균형의 이동 : 노동공급곡선 도출]

- M축(소득) 절편 : 가용시간 모두 노동공급(여가소비 0)할 때의 소득. 따라서 임금 상승 시, M축 절편 증가

- W_0로부터 임금 상승 시, 소득(Y축 절편) 증가

  ▸ W_1 이하, 대체효과(−)>소득효과(+) : 임금상승 시 여가소비 감소(노동공급량 증가). 노동공급곡선 우상향

  ▸ W_1 이상, 대체효과(−)<소득효과(+) : 임금상승 시 여가소비 증가(노동공급량 감소). 노동공급곡선 좌상향

02 자본공급(저축) ◀ 피셔(I. Fisher)의 2기간 모형

소비자(저축자)가 주어진 현재소득(Y_1)과 미래소득(Y_2)을 현재소비(C_1)할 것인가, 미래소비(C_2)할 것인가에 대한 효용극대화 선택에 따라 자본공급(저축)이 결정된다.

현재소득을 현재소비하지 않고 저축하면(자본공급)하면 이자를 받을 수 있으므로 현재소비의 가격은 이자율(현재소비의 기회비용)이다. 이때의 이자율은 실질이자율이다.

> ⊙ 자본공급(저축) : 주어진 현재와 미래의 소득을 현재와 미래의 소비에 사용
> - ▶ 제약조건 : 현재소득(Y_1)과 미래소득(Y_2)
> - ▶ 소비대상 : 현재소비(C_1)와 미래소비(C_2)
> - ▶ 소비가격 : 현재소비가격(P_{C_1}) $= 1+r$ (단, r : 1원 저축할 경우, 실질이자율)
>   미래소비가격(P_{C_2}) $= 1$ (단, 미래소비 1원의 가격은 1원)

1. 예산선(소득제약)

① 자본공급자(저축자)는 현재와 미래소득을 현재와 미래의 소비에 사용한다.
② 예산선의 기울기는 현재소비의 상대가격(1+ 실질이자율)이다.

> ⊙ 예산선 기울기 : $|BL'| = \dfrac{P_{C_1}}{P_{C_2}} = \dfrac{1+r}{1} = 1+r$. 미래소비로 표시한 현재소비의 상대가격
> ⊙ 무차별곡선 : 현재와 미래 소비 모두 정(+)의 한계효용. 따라서 원점에 볼록

2. 무차별곡선

① 현재소비와 미래소비는 모두 정(+)의 한계효용을 갖는 정상적 재화이다.
② 따라서 현재소비와 미래소비에 대한 무차별곡선은 원점에 볼록하다.

3. 효용극대화 균형

① 효용극대화 소비자균형(예산선과 무차별곡선의 접점)에 따라 현재소비량(C_1)이 결정된다.
② 현재소비(C_1)가 결정되면 자본공급(저축)과 미래소비(C_2)가 결정된다. 자본공급(저축)은 현재소득에서 현재소비를 뺀 값이고, 현재저축에 따른 미래소비는 저축액의 원리금[$C_2 = S_1(1+r)$]이다.
③ 현재소비의 가격(이자율) 변화에 따른 가격효과 분석을 통해 자본공급(저축)곡선이 도출된다.

4. 가격효과

(1) 대체효과

① 현재소비의 가격(이자율)이 오르면 현재소비의 상대가격이 상승하므로 현재소비액이 감소(저축·자본
공급량 증가)한다.

② 따라서 대체효과는 부(−)이며, 이자율이 오를 때 자본공급량(저축)이 증가한다.

(2) 소득효과

① 현재소비는 정상재이며, 현재소비의 가격은 이자율이다.

② 따라서 현재소비의 가격(이자율)이 오르면 저축자의 실질소득(이자소득)이 증가하므로 현재소비가
증가[자본공급량(저축) 감소]한다.

③ 따라서 소득효과가 정(+)이며, 이자율이 오를 때 자본공급량(저축)이 감소한다.

④ 소비자가 채무자일 경우는 현재소비의 가격(이자율)이 상승하면 이자부담이 증가하여 실질소득이
감소하므로 현재소비가 감소[자본공급량(저축) 증가]한다. 따라서 소득효과가 부(−)이다.

(3) 가격효과

① 일반적인 경우, 부(−)의 대체효과가 정(+)의 소득효과보다 커서 전체 가격효과는 부(−)이다.

② 따라서 현재소비의 가격(이자율)이 오를 때 현재소비가 감소하므로 자본공급량(저축)이 증가하며
자본공급곡선(저축곡선)이 우상향한다.

③ 자본공급의 경우는 노동공급에서 나타나는 후방굴절현상은 나타나지 않는다.

> ▷ 저축자(채권자)의 경우
>
> ▸ 대체효과 : 부(−)
>
> 이자율(현재소비가격) 상승 ⇒ 현재소비의 상대가격 $\left(\dfrac{P_{C_1}}{P_{C_2}}\right)$ 상승
>
> ⇒ 현재소비 감소 → 자본공급량 증가(저축 증가)
>
> ▸ 소득효과 : 정(+)
>
> 이자율(현재소비가격) 상승 ⇒ 실질소득(이자소득) 증가
>
> ⇒ 현재소비 증가 ⇒ 자본공급량 감소(저축 감소)
>
> ▸ 가격효과 : 항상 부(−). 대체효과(−) > 소득효과(+)
>
> 이자율(현재소비가격) 상승 ⇒ 현재소비 감소 ⇒ 자본공급량 증가(저축 증가)

(4) 자본공급곡선

① 일반적으로 이자율이 오르면 부(−)의 대체효과가 정(+)의 소득효과보다 커서 전체 가격효과는
부(−)이다.

② 따라서 자본공급곡선(저축곡선)은 우상향한다.

5. 2시점 선택모형

(I) 현재소득과 미래소득으로 현재 및 미래 소비할 경우

① 저축자(채권자)의 경우

> ⊙ 저축자(채권자)의 경우
>
> ▸ 대체효과 : 부$(-)$
>
> 　이자율(현재소비가격) 상승　$\Rightarrow$　현재소비의 상대가격$\left(\dfrac{P_{C_1}}{P_{C_2}}\right)$ 상승
>
> 　　　　　　　　　　　$\Rightarrow$　현재소비 감소　$\rightarrow$　자본공급량 증가(저축 증가)
>
> ▸ 소득효과 : 정$(+)$
>
> 　이자율(현재소비가격) 상승　$\Rightarrow$　실질소득(이자소득) 증가
>
> 　　　　　　　　　　　$\Rightarrow$　현재소비 증가　$\rightarrow$　자본공급량 감소(저축 감소)
>
> ▸ 가격효과 : 항상 부$(-)$.　대체효과$(-)$ > 소득효과$(+)$
>
> 　　　　　　이자율(현재소비가격) 상승　$\Rightarrow$　현재소비 감소　$\Rightarrow$　자본공급량 증가(저축 증가)

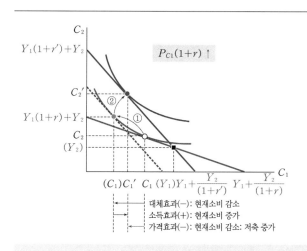
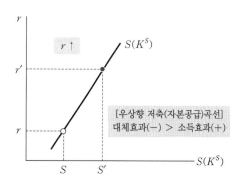

[저축 : 현재 소득(Y_1) > 현재 소비(C_1)]

[대체효과$(-)$ > 소득효과$(+)$, 가격효과$(-)$: 현재소비 감소, 자본공급량(저축) 증가. 저축곡선 우상향]

■ 이자율 상승시, 현재소비 감소 : $C_1 \Rightarrow C_1{'}$,　저축 증가 : $S = Y_1 - C_1 \Rightarrow S' = Y_1 - C_1{'}$

② 차입자(채무자)의 경우

⊙ 차입자(채무자)의 경우

▸ 대체효과 : 부(−)

이자율(현재소비가격) 상승 ⇒ 현재소비의 상대가격 $\left(\dfrac{P_{C_1}}{P_{C_2}}\right)$ 상승

⇒ 현재소비 감소 ⇒ 자본공급량 증가(저축 증가)

▸ 소득효과 : 정(−)

이자율(현재소비가격) 상승 ⇒ 실질소득(이자소득) 감소

⇒ 현재소비 감소 ⇒ 자본공급량 증가(저축 증가)

▸ 가격효과 : 항상 부(−). 이자율(현재소비 상대가격) 상승 ⇒ 현재소비 감소 ⇒ 자본공급량 증가(저축 증가)

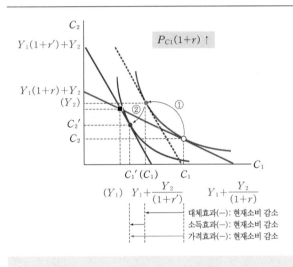

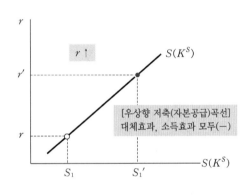

[차입 : 현재 소득(Y_1) < 현재 소비(C_1)]

[대체효과·소득효과 모두 부(−), 가격효과(−) : 현재소비 감소, 자본공급량(저축) 증가 : 저축곡선 우상향]

■ 이자율 상승시, 현재소비 감소 : $C_1 \Rightarrow C_1{'}$, 저축 증가 : $S = Y_1 - C_1 \Rightarrow S' = Y_1 - C_1{'}$
■ 저축자(채권자)에 비하여 저축이 대폭 증가하므로 저축곡선 기울기 완만

(2) 현재소득으로 현재 및 미래 소비할 경우

▶ 가격효과

　▸ 대체효과 : 부$(-)$
　　이자율(현재소비가격) 상승　⇒　현재소비의 상대가격$(1+r)$ 상승
　　　　　　　　　　　　　　　⇒　현재소비 감소
　　　　　　　　　　　　　　　⇒　자본공급량 증가(저축 증가)

　▸ 소득효과 : 정$(+)$
　　이자율(현재소비가격) 상승　⇒　실질소득(이자소득) 증가
　　　　　　　　　　　　　　　⇒　현재소비 증가
　　　　　　　　　　　　　　　⇒　자본공급량 감소(저축 감소)

　▸ 가격효과 : 항상 부$(-)$. 대체효과$(-)$ > 소득효과$(+)$
　　이자율(현재소비가격) 상승　⇒　현재소비 감소
　　　　　　　　　　　　　　　⇒　자본공급량 증가(저축 증가)

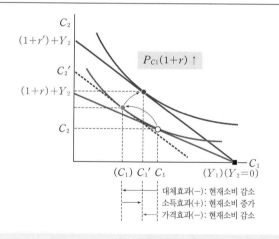
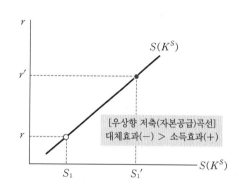

[저축 : 현재 소득(Y_1) > 현재 소비(C_1), 미래소득$(Y_1)=0$]

[대체효과$(-)$ > 소득효과$(+)$, 가격효과$(-)$: 현재소비 감소, 자본공급량(저축) 증가 : 저축곡선 우상향]

■ 이자율 상승시, 현재소비 감소 : $C_1 ⇒ C_1{'}$, 저축 증가 : $S = Y_1 - C_1$ ⇒ $S' = Y_1 - C_1{'}$

Ⅱ 불확실성

01 불확실성(위험)하의 선택 ◀ 폰 노이먼(J. von Neumann), 모겐스턴(O. Morgenstern)

미래에 실현될 상황이 불확실할 경우의 선택을 불확실성하의 선택(보험 가입 여부, 복권 구입 및 증권투기 여부 등)이라고 하며, 기대수익과 기대효용 및 위험성에 대한 태도에 따라 선택이 달라진다.

1. 기대수익과 기대효용

① 기대치는 불확실한 미래에 대한 **확률적 예상치**(평균치)이다.
② 기대수익과 기대효용은 불확실성하에서 확률적으로 예상(기대)되는 수익과 효용이다.
③ 기대효용선은 확률에 따라 도출된 기대수익과 기대효용을 연결한 선이다.

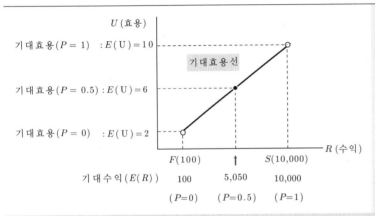

[기대치(expxected value)]

- 기대치 $= \sum_{i=1}^{n}$ (출현 가능 상황 $\times$ 확률)$_i$

  (단, i : 출현 가능한 상황)

- 기대치는 불확실한 미래 상황에 대한 확률적 예상치(평균치)를 의미함

예 성공 시 수익(S) 10,000원, 효용($U(S)$) 10 $util$, 성공 확률 P
실패 시 수익(F) 100원, 효용($U(F)$) 10 $util$, 실패 확률 $1-P$

▶ $P=0$일 때 : 기대수익($E(R)$) $= \{S \cdot P\} + \{F \cdot (1-P)\} = 10,000 \cdot 0 + 100 \cdot 1 = 100$원
　　　　　　　 기대효용($E(U)$) $= \{U(S) \cdot P\} + \{U(F) \cdot (1-P)\} = 10 \cdot 0 + 2 \cdot 1 = 2\,util$

▶ $P=0.5$일 때: 기대수익($E(R)$) $= \{S \cdot P\} + \{F \cdot (1-P)\} = 10,000 \cdot 0.5 + 100 \cdot 0.5 = 5,050$원
　　　　　　　 기대효용($E(U)$) $= \{U(S) \cdot P\} + \{U(F) \cdot (1-P)\} = 10 \cdot 0.5 + 2 \cdot 0.5 = 6\,util$

▶ $P=1$일 때 : 기대수익($E(R)$) $= \{S \cdot P\} + \{F \cdot (1-P)\} = 10,000 \cdot 1 + 100 \cdot 0 = 10,000$원
　　　　　　　 기대효용($E(U)$) $= \{U(S) \cdot P\} + \{U(F) \cdot (1-P)\} = 10 \cdot 1 + 2 \cdot 0 = 10\,util$

2. 위험성에 대한 태도

① 위험성에 대한 태도는 불확실한 기대수익의 효용(기대효용)과 기대수익과 동일한 확실한 현금액의 효용의 크기에 따라 개인별로 달라진다.

② 위험중립자는 불확실한 기대수익의 효용(기대효용)과 기대수익과 동일한 확실한 현금액의 효용이 같다고 느끼는 사람이다(기대효용 = 확실성 등가의 효용). 따라서 현금효용선은 우상향하는 직선이 되며 기대효용선과 동일하다.

③ 위험기피자는 불확실한 기대수익의 효용(기대효용)이 기대수익과 동일한 확실한 현금의 효용보다 작은 사람이다(기대효용 < 확실성 등가의 효용). 따라서 현금효용선이 수평축에 오목하다.

④ 위험선호자는 불확실한 기대수익의 효용(기대효용)이 기대수익과 동일한 확실한 현금의 효용보다 큰 사람이다(기대효용 > 확실성 등가의 효용). 따라서 현금효용선이 수평축에 볼록하다.

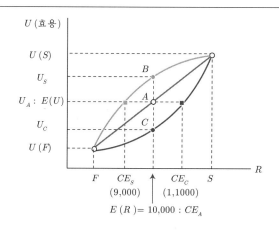

[위험성에 대한 태도]
- 위험중립자(A) : 기대효용($E(U)$) = 확실한 현금 효용(U_A)
- 위험기피자(B) : 기대효용($E(U)$) < 확실한 현금 효용(U_B)
- 위험선호자(C) : 기대효용($E(U)$) > 확실한 현금 효용(U_C)

[확실성등가: 기대효용과 동일한 효용을 갖는 현금액]
- 위험중립자(A) : 기대수익($E(R)$) = 확실성등가(CE_A)
- 위험기피자(B) : 기대수익($E(R)$) > 확실성등가(CE_B)
- 위험선호자(C) : 기대수익($E(R)$) < 확실성등가(CE_C)

[위험부담금: 기대수익－확실성등가]
- 위험중립자(A) : 위험부담금($E(R) - CE_A$) = 0
- 위험기피자(B) : 위험부담금($E(R) - CE_B$) > 0 (1,000)
- 위험선호자(C) : 위험부담금($E(R) - CE_B$) < 0 (－1,000)

- A : 위험중립자의 현금효용선. 기대효용선과 동일
- B : 위험기피자의 현금효용선(수평축에 오목)
- C : 위험선호자의 현금효용선(수평축에 볼록)

3. 확실성 등가와 위험부담금

① 기대수익[$E(R)$]의 효용(기대효용)과 동일한 크기의 효용을 갖는 확실한 현금액을 확실성등가(CE: certainty equivalence)라고 한다.

② 기대수익과 확실성등가와의 차이를 위험부담금(risk premium; 위험 프리미엄)이라고 하며 위험성에 대한 태도에 따라 달라진다.

③ 위험중립자는 기대수익과 확실성 등가가 같다. 따라서 위험부담금은 0이다.

④ 위험기피자는 기대수익보다 확실성 등가가 작으므로 위험부담금은 정(+)이다.

⑤ 위험선호자는 기대수익보다 확실성 등가가 크므로 위험부담금은 부(－)이다.

02 공정복권

① 복권의 기대수익과 같은 수준으로 가격이 매겨진 복권을 공정복권이라고 한다.

② 증권투기는 성공하면 높은 수익을 얻고 실패하면 손실을 볼 수 있다. 따라서 증권투기는 복권과 같은 성격을 가지며 공정복권과 같은 방식으로 분석한다.

③ 위험선호자는 공정복권을 구입하고, 위험기피자는 구입하지 않는다.

④ 위험중립자는 구입할 수도 있고 구입하지 않을 수도 있다.

> ▶ 공정복권 구입 여부 　　　■증권투기 여부도 동일
>
> 　▶ 위험중립자(A) : 복권 구입 시 기대효용 = 복권가격에 해당하는 현금의 효용
> 　　　　　　　　　　　따라서 복권을 구입할 수도 있고, 구입하지 않을 수도 있음
>
> 　▶ 위험기피자(B) : 복권 구입 시 기대효용 < 복권가격에 해당하는 현금의 효용
> 　　　　　　　　　　　따라서 복권을 구입하지 않음
>
> 　▶ 위험선호자(C) : 복권 구입 시 기대효용 > 복권가격에 해당하는 현금의 효용
> 　　　　　　　　　　　따라서 복권을 구입함

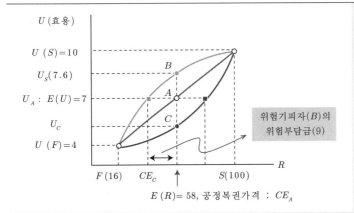

[공정복권 구입 여부]

- 위험중립자(A) : 복권가격(현금 58원)의 효용과 복권의 기대효용(7)이 같으므로 복권을 구입할 수도 있음

- 위험기피자(B) : 복권가격(현금 58원)의 효용이 복권의 기대효용(7)보다 크므로 복권을 구입하지 않음

- 위험선호자(C) : 복권가격(현금 58원)의 효용보다 복권의 기대효용(7)이 크므로 복권 구입

예제 당첨 시 100원, 낙첨 시 16원을 지급하며 당첨 확률이 50%인 공정복권의 경우, 현금효용함수가 $U(M) = \sqrt{M}$ 인 사람의 경우 복권을 구입하는가? (위 그래프 참조)

▶ 현금액(M)이 증가할 때 효용이 체감적으로 증가하므로 이 사람은 위험기피자

▶ 기대수익 $= 100 \cdot \dfrac{1}{2} + 16 \cdot \dfrac{1}{2} = 58$ 원

▶ 기대효용 $= \sqrt{100} \cdot \dfrac{1}{2} + \sqrt{16} \cdot \dfrac{1}{2} = 7\,util$

▶ 공정복권가격 = 기대수익 = 58원

▶ 복권 구입 여부 : 복권의 기대효용($7\,util$) < 복권가격(현금)의 효용($\sqrt{58} \fallingdotseq 7.6\,util$). 따라서 구입하지 않음

▶ 확실성등가(CE) : $\sqrt{CE} = 7\,util$ 　　　∴) $CE = 49$

▶ 위험부담금 : 기대수익(58) − 확실성등가(49) = 9

03 보험

1. 공정보험

① 공정보험(완전보험)은 사고가 발생하지 않을 때의 자산가치(W_0)와 사고를 고려한 기대자산가치 $[E(W)]$의 차이만큼 보험료$[W_0 - E(W)]$를 납부하면 사고 발생 시 손실액(L) 전부를 보험금으로 지급하는 보험이다. 단, 사고가 발생하지 않을 경우 보험료는 환불하지 않는다.

② 이러한 보험료를 공정보험료($P \cdot L$)라고 하며 기대손실액 및 기대보험금액과 같다.

③ 이 경우 공정보험 가입자가 확실하게 보장받는 자산가치는 사고를 고려한 기대자산가치$[E(W)]$와 동일한 액수가 된다.

④ 한편 보험회사는 공정보험료 수입($P \cdot L$)과 기대보험금 지급액($P \cdot L$)이 같아서 기대이윤이 0이 된다.

▶ 기대자산가치$[[E(W)]$

- 기대자산가치= (사고 발생 않을 확률× 자산가치)+ (사고 발생 확률× 화재 발생 시 자산가치)
- $E(W) = (1 - P) \cdot W_0 + P \cdot (W_0 - L) = W_0 - P \cdot L$

    (단, W_0 : 사고 미발생 시 자산가치, L : 사고 발생 시 손실액(보험금),
    $W_0 - L$: 사고 발생 시 자산가치, P : 사고 발생 확률, $P \cdot L$: 기대손실액)

▶ 공정보험

- 보험료 = 자산가치−기대자산가치= $W_0 - E(W) = W_0 - (W_0 - P \cdot L) = P \cdot L$ (= 기대손실액)
- 기대보험금= 사고발생확률× 보험금= $P \cdot L$ (= 기대손실액)
- 따라서, 보험료= 기대보험금=기대손실액

▶ 보험 가입 시 자산가치

- 보험 가입 시 보장되는 확실한 자산가치이며 기대자산가치와 동일
- 사고 발생 시 자산가치 = 사고 발생 시 자산가치($W_0 - L$) +보험금(L)−보험료($P \cdot L$)
    = 기대자산가치($W_0 - P \cdot L$)

- 사고 미발생 시 자산가치 = 사고 미발생 시 자산가치(W_0)− 보험료($P \cdot L$)
    = 기대자산가치($W_0 - P \cdot L$)

▶ 보험회사 기대이윤 : 보험료 수입($P \cdot L$)−기대보험금지급액($P \cdot L$)= 0

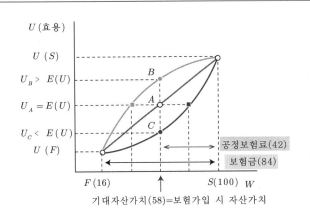

[공정보험 가입 여부]

- 위험중립자(A) : 보험 가입 시,

  자산가치효용(U_A) = 미가입 시 기대효용($E(U)$)
  공정보험 가입할 수도 있음

- 위험기피자(B) : 보험 가입 시,

  자산가치효용(U_B) > 미가입 시 기대효용($E(U)$)
  공정보험 가입

- 위험선호자(C) : 보험 가입 시,

  자산가치효용(U_C) < 미가입 시 기대효용($E(U)$).
  공정보험 가입하지 않음

예제 화재가 발생하지 않을 때(S) 자산가치 100, 화재 발생(F)시 손실이 84이고 화재발생확률은 0.5일 때, 기대자산가치, 기대손실액, 보험료, 보험금, 보험 가입 시 자산가치 및 보험회사의 기대이윤은? (위 그래프 참조)

▶ 기대자산가치 = (화재 발생하지 않을 확률×자산가치) + (화재발생확률×화재 발생 시 자산가치)

$$= (0.5 \cdot 100) + (0.5 \cdot 16) = 58$$

▶ 보험료 = 자산가치 − 기대자산가치 = 100 − 58 = 42
▶ 기대손실액 = 화재발생확률×손실액 = 0.5 · 84 = 42
▶ 보험금 = 손실액 = 84
▶ 기대보험금 = 화재발생확률×보험금 = 0.5×84 = 42
▶ 보험 가입 시 보장자산가치

화재 발생 시 (보장)자산가치 = 화재 발생 시 자산가치 + 보험금 − 보험료 = 16 + 84 − 42 = 58
화재 미발생 시 (보장)자산가치 = 자산가치 − 보험료 = 100 − 42 = 58

▶ 보험 가입 시 자산가치 = 기대자산가치 = 58
▶ 보험회사 기대이윤 = 보험료 − 기대보험금 = 42 − 42 = 0

2. 공정보험 가입 여부

① 위험기피자는 공정보험에 가입하고 위험선호자는 가입하지 않는다.
② 위험중립자는 가입할 수도 있고 가입하지 않을 수도 있다.

> ⊙ 위험중립자(A) : 보험 가입 시 보장자산가치 효용 = 보험 미가입 시 기대효용
> 따라서 보험에 가입할 수도 있고, 않을 수도 있음
>
> ⊙ 위험기피자(B) : 보험 가입 시 보장자산가치 효용 > 보험 미가입 시 기대효용
> 따라서 보험 가입
>
> ⊙ 위험선호자(C) : 보험 가입 시 보장자산가치 효용 < 보험 미가입 시 기대효용
> 따라서 가입하지 않음

3. 위험기피자와 최고보험료

① 위험기피자가 공정보험에 가입할 경우, 확실성등가액(CE)이 기대자산가치(보험 가입 시 자산가치)보다 적으며 그 차이인 위험부담금은 보험가입자의 기대이익을 의미한다.

② 이때 보험회사는 보험가입자에게 위험부담금(기대자산가치− 확실성등가)만큼 보험료를 추가로 부과할 수 있으며 이를 최고보험료(공정보험료+ 위험부담금)라고 한다.

③ 이 경우 보험가입자(위험기피자)는 보험 가입 시 자산가치와 확실성등가액(CE)이 같으므로 보험에 가입한다.

④ 위험기피의 정도가 클수록(수평축에 더욱 오목한 현금효용선) 위험부담금이 증가하며 최고보험료도 증가한다.

⑤ 최고보험료를 부과할 경우 보험회사는 위험부담금만큼 기대이윤을 보며, 보험가입자의 기대이익은 0이 된다.

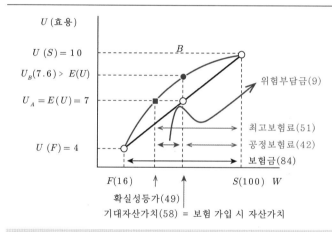

[위험기피자와 공정복권]

예 화재가 발생하지 않을 때(S) 자산가치 100,
화재 발생(F)시 손실이 84이고
화재 발생확률이 0.5인 자산의 경우

▸ 화재 발생 시 자산가치= 자산가치− 손실액
$$= 16$$
▸ 기대자산가치$= (0.5 \cdot 100) + (0.5 \cdot 16)$
$$= 58$$

예제 위 자산 소유자의 효용함수가 $U = \sqrt{W}$ (W : 자산가치)일 때 공정보험료와 최고보험료 및 보험회사 기대이윤은?

• 이 소비자는 위험기피자(효용함수가 $U = \sqrt{W}$ 이므로 자산가치가 증가할 때 효용이 체감적 증가)

　▸ 기대효용$= (0.5 \cdot \sqrt{100}) + (0.5 \cdot \sqrt{16}) = 7\,util$
　▸ 보험 가입 시 확실한 자산가치= 기대자산가치$= 58$
　▸ 보험 가입 시 확실한 자산가치의 효용$= \sqrt{58} ≒ 7.6$. 보험 가입 시 효용이 더 크므로 보험 가입
　▸ 확실성등가(CE) : 기대효용과 동일한 크기의 효용을 갖는 확실한 현금액. $\sqrt{CE} = 7\,util$　∴) $CE = 49$
　▸ 위험부담금= 기대자산가치−확실성등가(CE) $= 58 - 49 = 9$
　▸ 보험회사의 기대보험금= 화재발생확률× 보험금$= 0.5 \times 84 = 42$

• 공정보험료 : 자산가치− 기대자산가치$= 100 - 58 = 42$
　　　　　　보험회사 기대이윤= 공정보험료− 기대보험금$= 42 - 42 = 0$. 따라서 보험가입자의 기대이익$= 9$

• 최고보험료 : 공정보험료+ 위험부담금$= 42 + 9 = 51$
　　　　　　보험회사 기대이윤= 최고보험료− 기대보험금$= 51 - 42 = 9$. 따라서 보험가입자의 기대이익$= 0$

www.pmg.co.kr

III | 기타 : 조세부과의 효율성과 공평성

조세는 국민의 가처분소득을 줄이는 것이므로 효율적이고 공평하게 과세해야 한다.
직접세(소득세 등 人稅)와 간접세(물품세)의 효율성과 공평성을 비교한다.

01 조세와 효율성

① 조세부과 시 경제적잉여의 감소(자중손실, 초과부담)가 최소화되는 조세를 효율적 조세라고 한다.
② 특정 상품(X재)에 간접세(소비세, 물품세)가 부과되면 조세부과 후 가격이 상승하여 예산선 기울기가
  급하게 변화하므로 소비균형점이 변화(아래 그림에서 $E_0 \Rightarrow E_1$)한다.
③ 이때 Y재 수량으로 표시한 개별소비자의 간접세액은 간접세 부과 전 X재 소비량(H)을 기준으로
  할 때 FG(Y재 5개)가 된다.
④ 간접세액과 동일한 액수(FG)로 직접세(소득세)를 부과할 경우에는 예산선이 좌측으로 평행이동(CD)
  하여 E_2점에서 균형이 이루어진다.
⑤ 직접세를 부과할 경우 간접세를 부과할 때(E_1)에 비하여 효용수준이 더 높다(원점에서 멀리 위치한
  무차별곡선).
⑥ 따라서 간접세는 직접세에 비하여 소비자후생을 더 많이 감소시키는 비효율적 조세이다.

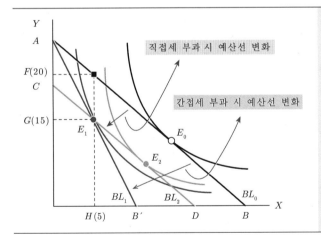

[직접세와 간접세]

• 소비자균형
  ▶ 조세부과 전 소비자균형   : E_0
  ▶ 간접세(소비세) 부과 시 소비자균형: E_1
  ▶ 직접세(소득세) 부과 시 소비자균형: E_2

• 조세징수액
  조세부과 시 X재 소비량(H) 기준, 조세를 부과하지 않을 때
  Y재 소비량(F)은 20개이고 부과 시 소비량(G)은 15개
  이므로 조세징수액은 Y재 5개

02 조세와 공평성

① 조세는 경제능력에 상응하도록 공평하게 부과해야 하며, 조세공평성은 수평적 공평성(Horizontal Equity)과 수직적 공평성(Vertical Equity)으로 구분된다.

② 수평적 공평성은 동일한 경제능력의 소유자는 동일한 세금을 부담하고, 수직적 공평성은 더 많은 경제력을 보유하고 있는 자는 더 많이 조세를 부담해야 한다는 것이다.

③ 직접세(소득세 등)는 소득, 재산 등 경제능력을 대상으로 하여 과세되며, 간접세[부가가치세, 주세(酒稅) 등]는 소득에 관계없이 소비 단위당 과세한다.

④ 따라서 직접세는 간접세에 비하여 공평한 조세이다.

⑤ 소득세는 비례세, 누진세 및 역진세 등 세 가지 형태로 부과될 수 있으며, 이 중에서 누진세가 수직적 공평성에 가장 부합하는 소득세로 평가된다.

⑥ 비례소득세는 비과세소득을 제외한 모든 소득구간에 대하여 동일한 소득세율, 누진소득세는 높은 소득구간의 소득에 높은 세율, 역진소득세는 높은 소득구간의 소득에 낮은 세율로 소득세를 부과한다.

⑦ 단일세율소득세는 비과세소득 없이 전체 소득에 단일세율로 소득세를 부과한다.

⊙ 조세부과의 효율성

▸ 조세부과에 따른 자중손실이 최소화되는 조세가 효율적 조세
▸ 직접세가 간접세에 비하여 자중손실이 작은 효율적 조세

⊙ 조세부과의 공평성

▸ 수평적 공평성: 동일한 경제능력을 가진 자는 동등한 조세부담
▸ 수직적 공평성: 많은 경제능력을 가진 자가 더 많은 조세부담
▸ 직접세가 간접세에 비하여 공평한 조세
▸ 누진소득세가 비례소득세나 역진소득세에 비하여 수직적 공평성에 부합

예 1억 1천만 원 소득에 소득세를 부과할 때,

소득구간	과세소득	비례세율	누진세율	역진세율	단일세율
1억 원 이상	1억 원 이상 소득	$t=0.10$	$t=0.30$	$t=0.05$	
5천만 ~ 1억 원	5천만 원	$t=0.10$	$t=0.20$	$t=0.07$	
2천만 ~ 5천만 원	3천만 원	$t=0.10$	$t=0.10$	$t=0.10$	$t=0.1$
2천만 원 미만	비과세		$t=0$		

▸ 비례소득세: 9천만 원× 0.1 = 900만 원. 2천만 원 소득에는 비과세
▸ 누진소득세: (3천만 원× 0.1)+(5천만 원× 0.2)+(1천만 원× 0.3)= 1,600만 원
　　　　　　 2천만 원 소득에는 비과세
▸ 역진소득세: (3천만 원× 0.1)+(5천만 원0.07)+(1천만 원× 0.05)= 700만 원
　　　　　　 2천만 원 소득에는 비과세
▸ 단일세율소득세: 1억 1천만 원× 0.1= 1,100만 원 (비과세 없음)

연습문제

Chapter 06 | 한계효용이론

01 재화의 단위당 가격과 총효용이 [표]와 같다면, 16원을 가진 사람이 합리적인 소비를 할 때 C재 소비량을 쓰시오.

일반사회(객관식) 92

재화 \ 단위	1	2	3	4	5
A재	10	19	26	30	32
B재	16	28	36	40	40
C재	15	27	36	42	45

(단, 각 재화 1단위 가격은 A재 : 1원, B재 : 2원, C재 : 3원이다.)

정답 2개

해설 효용극대화조건 : 가중된 한계효용균등의 법칙

문제에서 가중된 한계효용$\left(\dfrac{MU}{P}\right)$이 같아지는 생산량은 A재 4개, B재 3개, C재 2개이다.

재화 \ 단위	1			2			3			4			5		
	TU	MU	$\dfrac{MU}{P}$	TU	MU	$\dfrac{MU}{P}$	TU	MU	$\dfrac{MU}{P}$	TU	MU	$\dfrac{MU}{P}$	TU	MU	$\dfrac{MU}{P}$
A재	10	10	10	19	9	9	26	7	7	30	4	4	32	2	2
B재	16	16	8	28	12	6	36	8	4	40	4	2	40	0	0
C재	15	15	5	27	12	4	36	9	3	42	6	2	45	3	1

02 한계효용이론에 따르면 합리적인 개별소비자의 수요곡선은 우하향하는 형태로 도출된다.

2-1 한계효용이론에서 상품의 가격은 무엇에 따라 결정되는지 효용극대화 원칙에 따라 설명하시오.

2-2 수요곡선이 우하향하는 이유는 무엇인지 쓰시오.

2-3 애덤 스미스의 '물과 다이아몬드의 가치역설'을 설명하시오.

정답 **2-1.** 가중된 한계효용균등의 법칙에 따르면 어떤 상품의 가격은 그 재화 소비의 한계효용에 따라 결정

2-2. 재화 소비량이 증가할 때 한계효용이 체감하므로 수요곡선 우하향

2-3. 한계효용이 체감할 때, 물의 실제 소비량은 대단히 많고 다이아몬드의 소비량은 대단히 작으므로 물 가격은 싸고 다이아몬드의 가격은 높게 설정

Chapter 07 │ 무차별곡선이론

03 다음 글에서 괄호 안의 ㉠과 ㉡에 들어갈 숫자를 순서대로 쓰시오.　　　　　　일반사회(A) 20

> 소비자 갑은 두 재화 A와 B만을 소비하여 효용을 얻고 있으며, A재 2단위는 B재 3단위와 완전히 대체될 수 있다. 갑의 소득은 12원, A의 가격은 2원, B재의 가격은 1원이다. 만약 A재의 가격이 1원으로 하락한다면 효용을 극대화하는 A재의 소비량은 (㉠)단위만큼 늘어나고, 이 중에서 대체효과는 (㉡)단위이다.

정답 ㉠ 12개　　　　㉡ 12

보충 • 최초,

▶ $MRS_{AB} = -\dfrac{-dB}{dA} = -\dfrac{-3}{2} = 1.5$. 한계대체율이 일정하므로 완전대체재. $\dfrac{P_A}{P_B} = \dfrac{2}{1} = 2$

▶ 완전대체재의 효용극대화 소비: $MRS_{AB} = 1.5 < 2 = \dfrac{P_A}{P_B}$. B재만 소비.

　　　　소득이 12원이고 B재 가격이 1원이므로 B재 12개 소비, A재 소비량은 0

• A재 가격 하락

▶ $MRS_{AB} = -\dfrac{-dB}{dA} = -\dfrac{-3}{2} = 1.5$. 한계대체율이 일정하므로 완전대체재. $\dfrac{P_A}{P_B} = \dfrac{1}{1} = 1$

▶ 완전대체재의 효용극대화 소비: $MRS_{AB} = 1.5 > 1 = \dfrac{P_A}{P_B}$. A재만 소비.

　　　　소득이 12원이고 A재 가격이 1원이므로 A재 12개 소비

• A재 가격 하락에 따른 가격효과: A재 −12개. 상대가격 변화에 따른 변화이므로 모두 대체효과

04 다음 글로부터 알 수 있는 甲과 乙의 후생변화를 쓰시오.

> 甲은 사과 하나를 더 얻기 위하여 3개의 오렌지를 포기할 의향이 있다. 乙은 하나의 오렌지를 더 얻기 위하여 사과 1개를 포기할 의향이 있다. 甲이 오렌지 2개를 乙에게 주고 乙에게서 1개의 사과를 받았다.

정답 甲과 乙의 후생이 모두 증가

해설 • 甲의 한계대체율(MRS_{XY}): $MRS_{XY} = -\dfrac{\nabla Y}{\triangle X}\left(= \dfrac{MU_X}{MU_Y}\right) = -\dfrac{-3}{1} = 3$　　(단, X: 사과, Y: 오렌지)

　　　　사과 한 개의 효용과 오렌지 세 개의 효용이 동일
　　　　오렌지 소비량이 두 개만 감소했으므로 효용 증가

• 乙의 한계대체율(MRS_{XY}): $MRS_{XY} = -\dfrac{\nabla Y}{\triangle X}\left(= \dfrac{MU_X}{MU_Y}\right) = -\dfrac{1}{-1} = 1$

　　　　오렌지 한 개의 효용과 사과 한 개의 효용이 동일
　　　　사과 소비량이 두 개 증가했으므로 효용 증가

05 두 상품 X 재와 Y 재 소비의 효용함수는 $U(X, Y) = XY + 3$ 이다. 소득이 10,000원이고 X 재와 Y 재의 가격이 각각 1,000원과 500원일 때, 효용을 극대화하는 X 재와 Y 재의 소비량은 각각 얼마인지 쓰시오.

해설 (한계효용이론과 무차별곡선이론의 효용극대화조건은 서로 동일한 의미를 가지며 도출 결과도 동일)

- 소비자균형(Ⅰ): 무차별곡선이론에서의 효용극대화 균형
  - ▶ 소득제약: $P_X \cdot X + P_Y \cdot Y = I \Rightarrow 1,000 \cdot X + 500 \cdot Y = 10,000 \cdots$ ①
  - ▶ 균형조건: 한계대체율$(MRS_{XY}) = X$ 재 상대가격(P_X / P_Y)

$$MRS_{XY} = \frac{MU_X}{MU_Y} = \frac{P_X}{P_Y} \quad (단, MU_X = Y, MU_Y = X, \frac{MU_X}{MU_Y} = \frac{Y}{X}, \frac{P_X}{P_Y} = \frac{1,000}{500} = 2)$$

$$\Rightarrow \frac{Y}{X} = 2 \Rightarrow 2X = Y \cdots ②$$

  - ▶ ①식과 ②식을 연립하여 풀면, $X = 5$, $Y = 10$

- 소비자균형(Ⅱ): 한계효용이론에서의 효용극대화 균형
  - ▶ 소득제약: $P_X \cdot X + P_Y \cdot Y = I \Rightarrow 1,000 \cdot X + 500 \cdot Y = 10,000 \cdots$ ①
  - ▶ 균형조건: 가중된 한계효용균등의 법칙. $\frac{MU_X}{P_X} = \frac{MU_Y}{P_Y}$ (단, $MU_X = Y$, $MU_Y = X$)

$$\Rightarrow \frac{Y}{1,000} = \frac{X}{500} \Rightarrow 1,000X = 500Y \Rightarrow 2X = Y \cdots ②$$

  - ▶ ①식과 ②식을 연립하여 풀면, $X = 5$, $Y = 10$

06 가격이 오를 때 정상재와 열등재 및 기펜재의 가격효과를 소득효과와 대체효과로 나누어 자세히 설명하고, 각 재화의 수요곡선 형태를 설명해보라. 단, 소비자의 선호는 정상적이라고 가정한다.

해설
- 가격효과: 가격 변화에 따른 수요량의 변화분. 소득효과와 대체효과의 합
  - ▶ 소득효과: 가격 변화 시, 실질소득이 변화하여 수요량 변화

      정상재: 가격 상승 시 실질소득이 감소하여 수요 감소. 따라서 부(−)의 소득효과
      열등재와 기펜재: 가격 상승 시 실질소득이 감소하여 수요 증가. 따라서 정(+)의 소득효과

  - ▶ 대체효과: 선호가 정상적(한계대체율 체감)한 재화 가격 변화 시, 그 재화의 상대가격이 변화하여 수요량 변화

      재화의 성격에 관계없이, 한 재화의 가격 상승 시, 그 재화의 상대가격이 상승하여 수요량 감소.
      따라서 부(−)의 대체효과

- 재화의 성격과 가격효과

  - ▶ 정상재: 소득효과와 대체효과 모두 부(−)이므로 가격 상승 시 수요량 감소. 따라서 수요곡선은 우하향
  - ▶ 열등재: 소득효과는 정(+)이며 대체효과는 부(−). 이때 정(+)의 소득효과가 부(−)의 대체효과보다 작음
      따라서 가격 상승 시 수요량이 감소하므로 수요곡선은 우하향
  - ▶ 기펜재: 소득효과는 정(+)이며 대체효과는 부(−). 이때 정(+)의 소득효과가 부(−)의 대체효과보다 큼
      따라서 가격 상승 시 수요량이 증가하므로 수요곡선은 우상향

	소득효과		대체효과	가격효과	수요곡선
정상재	−		−	−	우하향
열등재	+	<	−	−	우하향
기펜재	+	>	−	+	우상향

(단, − : 가격 상승(하락) 시, 소비량 감소(증가), + : 가격 상승(하락) 시, 소비량 증가(감소))

Chapter 08 | 소비자선택이론의 응용과 확장

07 다음 글을 읽고 〈작성 방법〉에 따라 서술하시오.

일반사회(B) 19

다음 그림은 어느 소비자의 현재소비와 미래소비를 무차별곡선과 예산선을 이용하여 나타낸 것이다. 이자율이 상승할 경우 최적점이 A 점에서 C 점으로 이동한다. 이 소비자의 현재소득은 C_0 이고 이 소득을 소비와 저축으로 나눈다. 미래에는 현재 저축한 돈과 이자로 산다. (단, 현재소비와 미래소비는 모두 정상재이며, 선분 $C_0'' C_1''$ 은 선분 $C_0 C_1'$ 과 평행이다.)

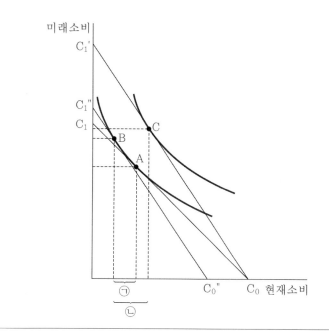

〈작성 방법〉
• 이자율 상승에 따라 A 점에서 B 점으로의 이동인 ㉠과 B 점에서 C 점으로의 이동인 ㉡에 해당하는 경제학 개념을 순서대로 제시할 것.
• 이자율이 상승할 경우 현재저축이 감소할 수 있는 이유를 ㉠과 ㉡을 활용하여 서술할 것.

•해설 1. ㉠ 대체효과   ㉡ 소득효과
2. 이자율이 오를 때,
  1) 대체효과 : 예산선 $C_1 C_0$ ⇒ $C_1'' C_0''$,   소비균형점 $A \rightarrow B$
          현재소비 상대가격($1+r$. 예산선 기울기)이 올라서, 현재소비 감소(현재저축 증가)

  2) 소득효과 : 예산선 $C_1'' C_0''$ ⇒ $C_1' C_0$,   소비균형점 $B \rightarrow C$
          실질소득(이자소득)이 증가(예산선 우측 평행이동)하므로, 현재소비 증가(현재저축 감소)

  대체효과보다 소득효과가 클 경우 이자율이 오를 때 현재소비 증가, 현재저축 감소

  ■**구분 방식** : 소득보상(가격변화에 따른 실질소득 변동분 제거),
          변화 후 예산선을 원래 무차별곡선까지 평행이동(보상변화 방식), 소득보상하면 대체효과만 남게 됨

08 다음 그래프는 甲의 노동공급곡선을 나타낸다. 실질임금이 w^* 이상인 경우 실질임금이 상승함에 따라 노동시간이 감소한다. 그 이유를 대체효과와 소득효과를 이용하여 설명하시오.

일반사회(A 서술) 14

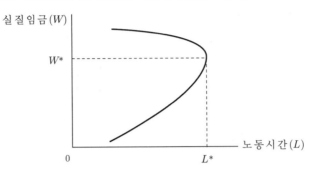

해설 • 실질임금 상승 시,

▶ 소득효과 : 여가가격(실질임금)이 상승하여 실질소득 증가.
따라서 정상재인 여가소비량이 증가하여 노동공급시간 감소. 정(+)의 소득효과
▶ 대체효과 : 여가의 상대가격이 상승하여 여가소비량 감소. 따라서 노동공급시간 증가. 부(−)의 대체효과

• 후방굴절노동공급곡선 : 정(+)의 소득효과가 부(−)의 대체효과보다 커서 실질임금 상승할 때 노동공급량 감소

09 다음은 여가수요와 노동공급에 대한 자료이다. 〈작성 방법〉에 따라 서술하시오.

일반사회 21

> 갑은 하루 시간 중 여가(L)로 l 시간을 즐기고 $(24-l)$ 시간만큼 일한다. 여가는 식사, 수면, 오락 등 모든 비노동활동을 포함한다. 시간당 임금이 w 일 때 하루 소득은 $w(24-l)$ 이 되고 전액을 복합재(Y) 구매에 사용하여 y 만큼 소비한다. 여가의 가격(P_L)은 w 이고 복합재의 가격(P_Y)은 1이다. 여가와 복합재 소비에 대한 갑의 효용과 한계효용은 다음과 같다.
>
> 효용 : $U(l, y) = (l-4)y$
> 여가의 한계효용 : $MU_L = y$
> 복합재의 한계효용 : $MU_Y = l-4$
>
> 갑은 자신에게 주어진 ㉠ 예산제약 내에서 복합재에 대한 여가의 한계대체율과 상대가격이 같은 ㉡ 접점조건을 고려하여 최적의 하루 여가시간(l^*)을 선택할 때 효용이 극대화 된다는 것을 안다.

> 〈작성 방법〉
> ○ 갑이 효용을 극대화하기 위해 고려하는 두 조건인 밑줄 친 ㉠, ㉡을 순서대로 쓸 것.
> ○ 갑이 효용을 극대화하는 최적의 하루 여가시간(l^*)을 구하고, 임금(w)과의 관계를 서술할 것.

• 해설 1. 근로자 효용함수: $U(l, y) = (l - 4)y$

    ㉠ 예산제약

        가용시간 제약: 총가용시간＝여가소비시간＋소득획득 소요시간 $\Rightarrow$ $24 = l + (24 - l)$

                                                                            (소득획득 소요시간＝$24 - l$ = 일한 시간)

        예산제약(예산선): $y = 24w - w \cdot l$ (단, $24w$: 총가용시간 모두 일했을 때 소득,

                                                           w: 예산선 기울기. 소득으로 표시한 여가의 상대가격)

    ㉡ 접점조건(효용극대화조건): 무차별곡선과 예산선 접점에서 효용극대화

        |무차별곡선 기울기|＝|예산선 기울기| $\Rightarrow$ $MRS_{LY} = \dfrac{MU_L}{MU_Y} = \dfrac{y}{l-4} = w$

  2. 근로자 효용극대화

        효용극대화조건: $\dfrac{y}{l-4} = w$

        예산제약: $y = 24w - w \cdot l$

        두 식을 연립으로 풀면, 최적 하루 여가시간(l^*) = 14.

        따라서, 임금 수준과 관계없이 하루 14시간을 여가로 소비. 나머지 10시간 근로

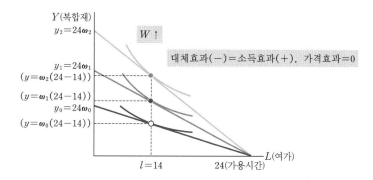

10 철수와 영희는 이자율 정책이 소비지출에 미치는 영향을 탐구하려고 한다. 다음의 대화를 읽고 ㉠, ㉡과 관련된 경제학 용어를 쓰시오.

일반사회 07

> 철수: 이자율이 올라가면 소비지출이 증가할까, 감소할까?
> 영희: ㉠ 이자율이 오르면 내가 현재 소비하지 않고 저축하는 것이 미래에 더 많이 소비할 수 있게 하지. 그러면 현재의 소비가 줄어들 거야.
> 철수: 아니야. ㉡ 이자율이 오르면 나의 저축으로 인한 이자수입이 증가할 거야. 그러면 그 수입 증가로 소비가 늘어날 거야.

정답 ㉠ 대체효과   ㉡ 소득효과

• 해설 • 대체효과: 이자율 상승 시 현재소비의 상대가격이 상승하여 현재소비 감소. 따라서 저축 증가

       • 소득효과: 이자율 상승 시 실질소득이 증가하여 현재소비 증가. 따라서 저축 감소

11 어떤 소비자의 효용함수 $U = X^{0.5}$ (X는 자산금액)이다. 이 소비자는 현재 6,400만 원에 거래되는 귀금속 한 점을 보유하고 있다. 이 귀금속을 도난 당할 확률은 0.5인데, 보험에 가입할 경우에는 도난 당한 귀금속을 현재 가격으로 전액 보상해준다고 한다. 보험에 가입하지 않은 상황에서 이 소비자의 기대효용과 이 소비자가 보험에 가입할 경우 낼 용의가 있는 최대보험료는 각각 얼마인가?

해설 • 공정보험

▶ 기대자산$(E(X)) = S \cdot (1-P) + F \cdot P = 6,400 \cdot 0.5 + 0 \cdot 0.5 = 3,200$ (만 원)

(단, S: 귀금속 현재가격, F: 도난 발생 시 가치: 도난 발생 시 자산가치, P: 도난 당할 확률)

▶ 기대효용$(E(U)) = U(S) \cdot (1-P) + U(F) \cdot P = 80 \cdot 0.5 + 0 \cdot 0.5 = 40$ (만u)

(단, $U(S) = \sqrt{S} = \sqrt{6,400} = 80u$, $U(F) = \sqrt{F} = \sqrt{0} = 0u$)

▶ 확실성등가(CE): $E(U) = \sqrt{CE}$. $\therefore$) $CE = E(U)^2 = 40^2 = 1,600$ (만 원)

▶ 공정보험료 $= S -$ 기대자산$(E(X)) = 6,400 - 3,200 = 3,200$ (만 원)

▶ 위험부담금 $=$ 기대자산$(E(X)) -$ 확실성등가$(CE) = 3,200 - 1,600 = 1,600$ (만 원)

▶ 최대보험료 $= S -$ 확실성등가$(CE) =$ 공정보험료 $+$ 위험부담금 $= 4,800$ (만 원)

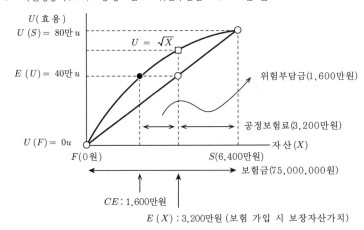

12 조세는 효율적이며 공평하게 과세되어야 하며 이 조건을 만족하는 조세를 최적조세라고 한다.

12-1 효율적 조세란 무엇인지 설명하시오.

12-2 공평한 조세를 수직적 공평성과 수직적 공평성으로 나누어 설명하시오.

12-3 수직적 공평성에 부합하는 소득세제에 대하여 설명하시오.

정답 **12-1.** 조세부과 시 자중손실의 크기를 최소화하는 것

12-2. 수평적 공평성: 경제능력(세금부담 능력)이 같은 자들은 동일한 세금 부담
수직적 공평성: 경제능력(세금부담 능력)이 더 큰 자는 더 많은 세금 부담

12-3. 누진소득세

13 광수는 처음 1,000만 원의 소득에 대해서는 면세이고, 다음 1,000만 원에 대해서는 10%, 그 다음 1,000만 원에 대해서는 15%, 그 다음 1,000만 원에 대해서는 25%, 그 이상 초과 소득에 대해서는 50%의 소득세율이 누진적으로 부과된다. 광수의 소득이 7,500만 원일 경우 광수의 평균세율을 쓰시오.

• 해설 소득세제

소득구간	[누진소득세]		[비례소득세]	[단일세율소득세]
	누진세율(t)	구간별 소득세액	비례세율(t)	단일세율(t)
4천만 이상	$t = 0.50$ (과대대상소득 3,500만 원)	1,750만	$t = 0.35$	$t = 0.35$
1천만	$t = 0.25$	250만		
1천만	$t = 0.15$	150만		
1천만	$t = 0.10$	100만		
1천만	$t = 0.00$	0	$t = 0.00$	
소득세 총액		2,250만	2,275만	2,625만
평균세율(소득세 총액/총소득)	$t = 0.30$		$t = 0.303 \cdot \cdot$	$t = 0.35$

박지훈의
친절한 경제학

생산자선택이론

박지훈의
친절한 경제학

CHAPTER

09 생산함수

I 기초개념 : 기업의 이윤극대화 과정

01 기업의 생산자균형과 이윤극대화

1. 생산자균형과 비용함수 도출

① 기업의 목표는 이윤극대화이며, 이윤을 극대화하기 위해서는 자신의 생산함수하에서 시장요소가격을 고려하여 최소비용으로 최대생산해야 한다.

② 이를 생산자균형이라고 하며, 이로부터 기업의 비용함수가 도출된다.

③ 이때 생산함수는 요소투입량과 최대산출량 사이의 물리적(기술적) 관계이다.

2. 이윤극대화와 공급곡선 도출

① 기업은 생산자균형에 따라 도출된 자신의 비용함수와 생산물시장에서 결정되는 생산물 시장가격에 따라 이윤을 극대화할 수 있는 생산량을 결정한다.

② 이로부터 기업의 공급곡선이 도출된다.

③ 따라서 기업의 공급곡선을 도출하기 위해서는 먼저, 생산자균형(Unit 04)을 통해 비용함수를 도출한 다음, 생산물시장(Unit 05)을 살펴보아야 한다.

02 생산함수

생산함수는 요소투입량과 생산량과의 물리적 관계이며 단기와 장기로 구분된다.

단기에는 노동투입량만 변화하며, 자본투입량과 기술수준은 변하지 않는다.

장기에는 노동과 자본투입량 및 기술수준이 모두 변화하며, 두 상황으로 구분된다.

첫째, 노동과 자본을 서로 대체하여 생산할 수 있으며 이를 요소대체라고 한다.

둘째, 두 요소를 동시에 늘려가며 생산할 수 있으며 이를 규모확대라고 한다.

> ▶단기생산함수 : $Q = \overline{F}(L, \overline{K})$　　(단, Q : 생산량, L : 노동(가변요소), K : 자본(고정요소), F : 기술수준)
>
> ▶장기생산함수 : $Q = F(L, K)$　　(단, 자본과 기술수준도 변화)

II 단기생산함수

단기에는 자본(고정요소)투입은 고정되어 있고 노동(가변요소)투입량만 변화한다.
노동투입만 증가하면 물리적(자연적) 법칙에 따라 수확체감 현상이 나타난다.

01 총생산물, 평균생산물 및 한계생산물

1. 단기생산함수와 총생산물(TP)

① 총생산물(total products)은 각종 요소(F)를 투입하여 생산한 총생산량이다.
② 총생산물은 단기생산함수(product function)와 요소투입량에 따라 결정된다.

2. 평균생산물(AP)

① 평균생산물(average products; 평균생산성)은 생산요소 단위당 생산량이다.
② 총생산물을 요소투입량$\left(\dfrac{TP}{F}\right)$으로 나누어 도출한다.
③ 요소투입량에 평균생산물은 곱하면 총생산량이 된다.

3. 한계생산물(MP)

① 한계생산물(marginal products)은 생산요소를 1단위 추가 투입할 때 증가한 생산량이며, 총생산함수를 각 요소로 편미분$\left(\dfrac{\partial TP}{\partial F}\right)$하여 도출한다.
② 따라서 한계생산물을 모두 더하면(한계생산물곡선 아래 면적) 총생산물이 된다.

⊙ 단기생산함수: $TP = f(L, \overline{K})$ (단, 자본투입량과 기술수준은 고정)

▸ 노동의 평균생산물: $AP_L = \dfrac{TP}{L}$ (단, $TP = L \cdot AP_L$)

▸ 자본의 평균생산물: $AP_K = \dfrac{TP}{K}$ (단, $TP = K \cdot AP_K$)

▸ 노동의 한계생산물: $MP_L = \dfrac{\triangle TP}{\triangle L} = \dfrac{\partial TP}{\partial L}$ (단, $TP = \sum_{i=1}^{n} MP_{L_i}$)

▸ 자본의 한계생산물: $MP_K = \dfrac{\triangle TP}{\triangle K} = \dfrac{\partial TP}{\partial K}$ (단, $TP = \sum_{i=1}^{n} MP_{K_i}$)

예 생산함수가 $TP = 2L + K^2$ 이고 노동 10단위, 자본 3단위 투입할 때,

▸ $TP = 2L + K^2 = 2 \cdot 10 + 3^2 = 29$

▸ $AP_L = \dfrac{TP}{L} = \dfrac{29}{10}$ (단, 노동의 평균생산성. 노동 단위당 생산량)

▸ $AP_K = \dfrac{TP}{K} = \dfrac{29}{3}$ (단, 자본의 평균생산성. 자본 단위당 생산량)

▸ $MP_L = \dfrac{\partial TP}{\partial L} = 2$ (단, 노동 마지막 1단위 추가 투입 시 증가한 생산량)

▸ $MP_K = \dfrac{\partial TP}{\partial K} = 2K = 6$ (단, 자본 마지막 1단위 추가 투입 시 증가한 생산량)

---

02 수확체감의 법칙

1. 궁극적 수확체감의 법칙(궁극적 한계생산물 체감의 법칙)

① 자본투입량이 고정되어 있을 때, 노동투입량만 증가하면 처음에는 노동의 한계생산물이 체증(수확체증)하지만, 어느 단계를 지나면 체감(수확체감)하며 0 또는 부(−)가 될 수도 있다(궁극적 수확체감법칙; law of ultimately diminishing marginal utility).

② 초기에 한계생산물이 체증하는 것은 노동투입이 증가할 때 분업의 이익(전문화 이익)이 발생하기 때문이며, 계속해서 노동투입이 증가하면 자본−노동비율$\left(\dfrac{K}{L}\right)$, 즉 1인당 자본량이 감소하므로 한계생산물이 체감(수확체감)하게 된다.

③ 자본투입량만 증가하는 경우에도 마찬가지 현상이 나타난다. 즉, 처음에는 자본의 한계생산성이 체증하지만 궁극적으로는 자본의 한계생산성이 체감한다.

⊙ 수확체감의 법칙	(초기) 수확체증	(궁극적) 수확체감
▸ 노동투입량 증가 (자본투입량 고정)	$MP_L \uparrow$ (전문화(분업) 이익)	$MP_L \downarrow$ (자본−노동비율$\left(\dfrac{K}{L}\right)$ 감소)
▸ 자본투입량 증가 (노동투입량 고정)	$MP_K \uparrow$ (전문화(분업) 이익)	$MP_K \downarrow$ (노동−자본비율$\left(\dfrac{L}{K}\right)$ 감소)

2. 수확체감의 법칙과 생산물곡선

① 총생산물(TP)은 한계생산물을 모두 더한 것이다.

② 따라서 총생산물은 한계생산물이 증가할 때 체증적으로 증가하고, 한계생산물이 감소하되 정(+)의 값을 가지면 체감적으로 증가한다.

③ 노동의 평균생산물$\left(AP_L = \dfrac{TP}{L}\right)$은 총생산량을 노동투입량으로 나눈 것이며, 원점과 총생산물곡선상 한 점의 기울기가 평균생산물이 된다.

④ 따라서 원점에서 직선과 총생산물곡선의 접점에서 평균생산물은 최대가 된다.

⑤ 노동의 한계생산물$\left(MP_L = \dfrac{dTP}{dL}\right)$은 총생산함수를 노동으로 미분한 것이며, 총생산물곡선상 한 점의 기울기가 그 노동투입량에서의 한계생산물이다.

⑥ 총생산물곡선이 체증적으로 증가하는 구간에서는 한계생산물이 증가하고 체감적으로 증가하는 구간에서는 감소한다. 따라서 총생산물곡선의 변곡점에서 한계생산물이 최대가 된다.

⑦ 평균치(A)와 한계치(M)의 관계에 따라, 한계생산물곡선(MP)은 평균생산물곡선(AP)의 최고점을 지난다.

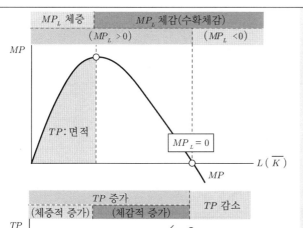

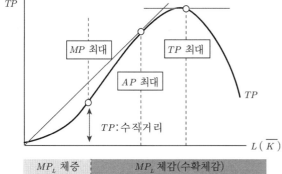

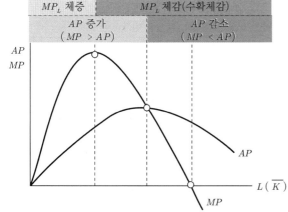

[한계생산물(MP_L)과 총생산물(TP)]

- 궁극적 수확체감의 법칙에 따라 노동의 투입량만 증가할 때 노동의 한계생산물은 체증하다가 체감하여 0 또는 부($-$)가 될 수 있음
- 총생산물은 한계생산물을 모두 더한 것
- 따라서 총생산물은 한계생산물곡선 아래 면적

[총생산물곡선]

- 한계생산물이 체증하면 총생산물 체증적 증가, 체감하며 정($+$)이면 총생산물 체감적 증가
- 한계생산물이 0일 때 총생산물 최대
- 한계생산물이 부($-$)이면 총생산물 감소
- 따라서 총생산물곡선은 변곡점을 가지고 우상향하다 감소

[평균생산물곡선]

- $AP_L = \dfrac{TP}{L} = \dfrac{높이}{밑변}$

  ▸ 원점과 TP곡선상 한 점의 기울기
  ▸ 원점에서 직선과 TP곡선 접점에서 AP_L 최대

[한계생산물곡선]

- $MP_L = \dfrac{dTP}{dL}$

  ▸ TP곡선상 한 점의 기울기
  ▸ TP곡선 변곡점에서 TP곡선 기울기(MP_L) 최대
  ▸ TP 최대일 때 TP 곡선 기울기(MP_L) 0
  ▸ TP 감소할 때 TP 곡선 기울기(MP_L) 부($-$)

[한계생산물과 평균생산물의 관계]

- $AP < MP$이면 AP 증가, $AP > MP$이면 AP 감소
- 따라서 MP 곡선은 AP 곡선 최고점 통과

---

03 생산의 요소탄력도(ε_O)

요소투입량 변화율로 생산량 변화율을 나누어 계산하며, 한계생산물을 평균생산물로 나눈 값과 같다. 요소투입량이 1% 변화할 때 생산량 변화율이다.

$$\odot\ \varepsilon_O = \frac{생산량\ 변화율}{요소투입량(F)\ 변화율} = \frac{\dfrac{dQ}{Q} \times 100}{\dfrac{dF}{F} \times 100} = \frac{dQ \cdot F}{dF \cdot Q} = \frac{\dfrac{dQ}{dF}}{\dfrac{Q}{F}} = \frac{MP}{AP}$$

예 생산의 노동탄력도가 0.6일 때, 노동투입량 2% 증가 시 생산량 1.2% 증가

총량(T)과 평균치(A) 및 한계치(M)

- **평균치와 한계치의 도출** 예 $Y = f(X)$　　　(단, X : 독립변수, 수평축　Y : 종속변수, 수직축)

  ▸ 평균치 $\left(\dfrac{Y}{X}\right)$: 원점과 곡선상 한 점의 기울기로 측정(원점에서의 직선의 기울기)

  ▸ 한계치 $\left(\dfrac{dY}{dX}\right)$: 곡선상 한 점의 기울기로 측정(접선의 기울기)

- **총생산물곡선으로부터 평균생산물곡선과 한계생산물곡선 도출**

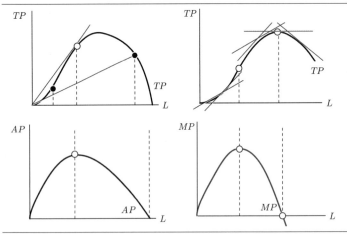

- 평균생산물 $\left(AP_L = \dfrac{TP}{L}\right)$

  ▸ 평균생산물은 원점과 TP 곡선상 한 점의 기울기

  ▸ 따라서 원점에서 직선과 TP 곡선의 접점에서 평균생산물 최대

- 한계생산물 $\left(MP_L = \dfrac{dTP}{dL}\right)$

  ▸ 한계생산물은 TP 곡선상 한 점의 기울기

  ▸ 따라서 TP 곡선 변곡점에서 한계생산물 최대

- **총가변비용곡선으로부터 평균가변비용곡선과 한계비용곡선 도출(■ Chapter 10. 비용함수 참조)**

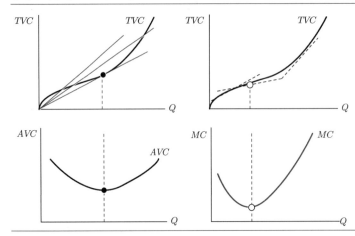

- 평균가변비용 $\left(AVC = \dfrac{TVC}{Q}\right)$

  ▸ 평균가변비용은 원점과 TVC 곡선상 한 점의 기울기

  ▸ 따라서 원점에서 직선과 TVC 곡선의 접점에서 평균가변비용 최소

- 한계비용 $\left(MC = \dfrac{dTVC}{dQ}\right)$

  ▸ 한계비용은 TVC 곡선상 한 점의 기울기

  ▸ 따라서 TVC 곡선 변곡점에서 한계비용 최저

- **평균치와 한계치의 관계**

  ▸ 평균치 일정 : 평균치(A) = 한계치(M)
  ▸ 평균치 감소 : 평균치(A) > 한계치(M)
  ▸ 평균치 증가 : 평균치(A) < 한계치(M)
  ▸ 평균치 극치 : 평균치(A) = 한계치(M)

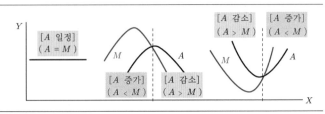

III | 장기생산함수(Ⅰ) : 요소대체

장기에는 노동뿐 아니라 자본투입량과 기술수준도 변화한다.
따라서 장기에는 노동과 자본을 서로 대체해서(요소대체) 생산할 수도 있고, 노동과 자본투입량을 동시에 늘려서(규모확대) 생산량을 늘릴 수도 있다.
이번 절에서는 요소대체를 분석하고, 다음 절에서 규모확대를 다룬다.

01 등량선(IQ : isoquant curve, iso‐product curve)

① 요소대체 시 동일한 생산량을 생산할 수 있는 요소투입점을 연결한 곡선이다.
② 등량지도(isoquant map)는 모든 등량선의 집합이다.

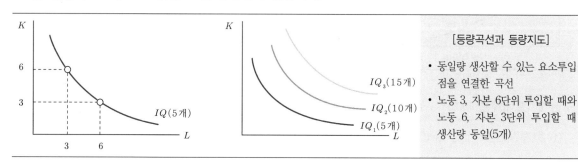

[등량곡선과 등량지도]
- 동일량 생산할 수 있는 요소투입점을 연결한 곡선
- 노동 3, 자본 6단위 투입할 때와 노동 6, 자본 3단위 투입할 때 생산량 동일(5개)

02 등량선의 성질

1. 등량선은 우하향한다.

한 요소투입량을 늘리면 다른 요소의 소비량은 줄여야 생산량이 같아진다.

2. 원점에서 멀리 있는 등량선일수록 생산량이 더 많다.

노동투입량과 자본투입량이 동시에 증가하면 생산량이 증가한다.

3. 등량선은 서로 교차하지 않는다.

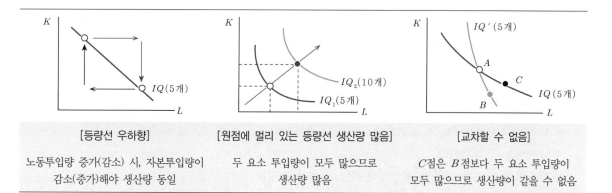

[등량선 우하향]	[원점에 멀리 있는 등량선 생산량 많음]	[교차할 수 없음]
노동투입량 증가(감소) 시, 자본투입량이 감소(증가)해야 생산량 동일	두 요소 투입량이 모두 많으므로 생산량 많음	C점은 B점보다 두 요소 투입량이 모두 많으므로 생산량이 같을 수 없음

4. 등량선은 원점에 대해 볼록하다.

등량선이 원점에 볼록하다는 것은 하나의 등량선상에서 노동투입량을 늘리고 자본투입량은 줄여나갈 때 등량선의 기울기가 점점 감소한다는 것을 의미한다.

이러한 현상을 한계기술대체율($MRTS_{LK}$) 체감의 법칙이라고 하며, 요소대체 시 일반적으로 나타나는 자연현상(물리법칙)이다.

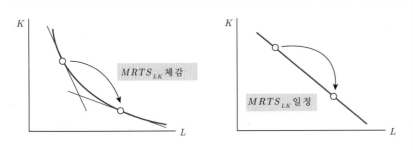

[왼쪽: 원점에 볼록]

노동투입 증가, 자본투입 감소 시, 등량선 기울기($MRTS_{LK}$) 감소

[오른쪽: 우하향 직선]

노동투입 증가, 자본투입 감소 시, 등량선 기울기($MRTS_{LK}$) 일정

(1) 한계기술대체율($MRTS_{LK}$: marginal rate of technical substitution)

① 한계기술대체율은 등량곡선상 한 점의 기울기(절댓값)이며 그 점에서의 노동과 자본의 대체 비율 $\left(\dfrac{\text{자본투입 감소분}}{\text{노동투입 증가분}}\right)$을 의미한다.

② 한계기술대체율은 한계생산물 비율의 역수이며 자본재 수량으로 표시한 노동 1단위의 생산성(중요도)을 나타낸다.

> ⊙ 한계대체율: $MRTS_{LK} = -\dfrac{\triangle K}{\triangle L} = \dfrac{MP_L}{MP_K} = |IQ'|$
>
> ▸ 동일 생산량 수준에서, 노동 투입 1단위 늘릴 때 줄여야 하는 자본투입량 자본의 한계생산물에 대한 노동의 한계생산물 비율
> ▸ 한계기술대체율은 등량선 기울기($|IQ'|$)의 절댓값
> ▸ 자본량으로 표시한 노동 1단위의 생산성을 의미하며, 한계기술대체율(등량선의 기울기)이 클수록 노동생산성이 상대적으로 높다는 것을 의미
>
> > **예** $MRTS_{LK} = -\dfrac{\triangle K(-8)}{\triangle L(4)} = 2$ 일 때, 경제적 의미는?
> >
> > 노동투입량을 1단위 늘리고 자본투입량을 2단위 줄이면 동일한 생산량
> > 노동 1단위의 생산성과 자본 2단위의 생산성이 동일

(2) 한계기술대체율체감의 법칙 ◀ 요소대체 시 물리현상(자연현상)

① 동일한 등량선상에서, 노동투입량을 늘리고 자본투입량을 줄여나갈 때 한계기술대체율(등량선 기울기의 절댓값)이 체감한다.

② 따라서 등량선은 원점에 대하여 볼록(convex)한 형태를 가지게 된다.

③ 이는 상대적으로 많이 투입하는 요소(노동)의 상대적 중요도(생산성)는 감소하며, 두 요소를 적절히 투입하는 것이 효율적이라는 것을 의미한다.

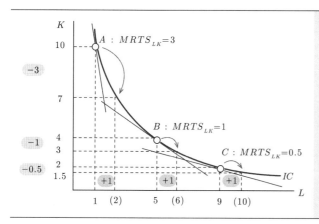

[한계기술대체율($MRTS_{LK}$)체감의 법칙]

• 등량선상에서 계속해서, 한 요소(L)의 투입을 늘리고 다른 요소(K)의 소비를 줄이면 한계기술대체율(등량선 기울기) 감소

▶ $A : MRTS_{LK} = -\dfrac{\triangle K(-3)}{\triangle L(1)} = 3$

▶ $B : MRTS_{LK} = -\dfrac{\triangle K(-1)}{\triangle L(1)} = 1$

▶ $C : MRTS_{LK} = -\dfrac{K(-0.5)}{\triangle L(1)} = 0.5$

03 예외적인 형태의 등량선

1. 완전대체생산함수

① 노동과 자본을 일정한 요소대체비율(한계기술대체율)에 따라 자유롭게 대체투입이 가능한 생산함수이며, 요소의 대체탄력성(σ)은 무한대(∞)이다.

② 한계기술대체율($MRTS_{LK}$)이 일정하므로 등량선은 우하향하는 직선이 된다.

③ 또한 한계생산물은 일정하며, 규모확대 시 보수불변인 1차동차 생산함수이다.

• 완전대체생산함수 : $Q = aL + bK$ (단, a, b : 상수)

• 등량선 : 생산함수를 자본(K)으로 정리하여 도출

$$K = \frac{Q}{b} - \frac{a}{b} L   \quad (단, \frac{Q}{b} : 절편, \ -\frac{a}{b} : 기울기(상수))$$

• 완전대체생산함수의 특징

▶ 한계생산물 일정 : $MP_L = \dfrac{dQ}{dL} = a$. $MP_K = \dfrac{dQ}{dK} = b$ (일정)

▶ 한계기술대체율 일정 : $MRTS_{LK} \left(= |IQ\,'| = \dfrac{MP_L}{MP_K} \right) = \dfrac{a}{b}$

▶ 요소의 대체탄력성(σ) : $\sigma = \dfrac{자본 - 노동비율(K/L)\ 변화율}{한계기술대체율(MRTS_{LK})\ 변화율} = \infty$

　　(단, 한계기술대체율($MRTS_{LK}$) 일정)

▶ 규모보수불변 : $\lambda Q = a(\lambda L) + b(\lambda K) = \lambda(aL + bK)$ (λ배 확대 시, λ배 증가)

예제 생산함수가 $Q = 2L + 3K$ 일 때 한계기술대체율($MRTS_{LK}$)은?

$$MRTS_{LK} \left(= \frac{MP_L}{MP_K} \right) = \frac{2}{3}   \quad (단, MP_L = \frac{dQ}{dL} = 2, MP_K = \frac{dQ}{dK} = 3)$$

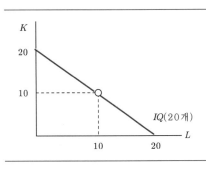 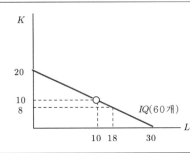

- 왼쪽: $Q(20) = L + K$

  $IQ : K = Q(20) - L$

  $MRTS_{LK} = |IQ'| = 1$

- 오른쪽: $Q(60) = 2L + 3K$

  $IQ : K = \dfrac{Q(60)}{3} - \dfrac{2}{3}L$

  $MRTS_{LK} = |IQ'| = \dfrac{2}{3}$

2. 완전보완생산함수 : 레온티에프 생산함수

① 노동과 자본을 서로 대체할 수 없으며 일정한 보완비율(요소투입비율 고정)에 따라 투입해야만 하는 생산함수이다.

② 이때 1단위 생산에 필요한 노동량을 **노동계수**, 자본량을 **자본계수**라고 한다.

③ 요소대체가 불가능하므로 등량선은 L자형이 되며, 대체탄력성(σ)은 0이다.

④ 또한 한계생산물은 0이며, 규모확대 시 보수불변인 1차동차 생산함수이다.

⊙ 완전보완생산함수(Ⅰ): $Q = Min \left[\dfrac{L}{a}, \ \dfrac{K}{b} \right]$

　　　　　　　　　　(단, a : 노동계수, b : 자본계수. 모두 상수)

- ▸ 노동 a 단위, 자본 b 단위 투입할 때 생산량 1개
- ▸ 요소투입비율 $L : K = a : b$
- ▸ 등량선: 노동 a, 자본 b 단위 투입점에서 꼭짓점을 갖는 L자형

⊙ 완전보완생산함수(Ⅱ): $Q = Min \left[\alpha L, \ \beta K \right] \left(= Min \left[\dfrac{L}{\frac{1}{\alpha}}, \ \dfrac{K}{\frac{1}{\beta}} \right] \right)$

　　　　　　　　　　(단, α : 노동계수, β : 자본계수. 모두 상수)

- ▸ 노동 $\dfrac{1}{\alpha}$ 단위, 자본 $\dfrac{1}{\beta}$ 단위 투입할 때 1개 생산
- ▸ 요소투입비율 $L : K = \beta : \alpha$
- ▸ 등량선: 노동 $\dfrac{1}{\alpha}$, 자본 $\dfrac{1}{\beta}$ 단위 투입점에서 꼭짓점을 가지는 L 자형

⊙ 완전보완생산함수의 특징

- ▸ 한계생산물 0 　　　　　　: 수직구간에서 $MP_K = 0$, 구간에서 $MP_L = 0$
- ▸ 한계기술대체율 부정(不定): 수직구간에서 ∞, 수평구간에서 0
- ▸ 요소의 대체탄력성(σ) : $\sigma = \dfrac{\text{자본} - \text{노동비율}(K / L) \ \text{변화율}}{\text{한계기술대체율}(MRTS_{LK}) \ \text{변화율}} = 0$

  　　　　　　　　　　(단, 자본 - 노동비율(K / L) 일정)

- ▸ 규모보수불변: 규모확대 시(λ배), $\lambda \cdot Q = Min \left[\lambda \cdot \alpha L, \ \lambda \cdot \beta K \right]$

예제 생산함수가 $Q = Min \left[\dfrac{L}{3}, \dfrac{K}{2} \right]$ 일 때, 노동과 자본의 투입비율은? 1개를 생산하기 위한 요소투입량은?

노동을 10 단위, 자본을 5 단위 투입할 때 생산량은?

이때와 동일한 생산량을 생산하기 위한 합리적인 요소투입량은?

▸ 요소투입비율 : $L : K = 3 : 2$

▸ 1개 생산 시 요소투입량 : $Q = Min \left[\dfrac{L}{3}, \dfrac{K}{2} \right] = 1$ ∴) 노동 3, 자본 2 투입

▸ 노동 66, 자본 40 단위 투입할 때, $Q = Min \left[\dfrac{66}{3}, \dfrac{40}{2} \right] = Min [\, 22, 20 \,] = 20$

▸ 20개 생산 시, $Q = Min \left[\dfrac{60}{3}, \dfrac{40}{2} \right] = 20$

∴) 노동 60 단위, 자본 40 단위 투입하는 것이 합리적

예제 생산함수가 $Q = Min [\, 2L, 5K \,]$ 일 때, 노동과 자본의 투입비율은? 1개를 생산하기 위한 요소투입량은?

노동을 66 단위, 자본을 40 단위 투입할 때 생산량은?

이때와 동일한 생산량을 생산하기 위한 합리적인 요소투입량은?

▸ 요소투입비율 : $L : K = \dfrac{1}{2} : \dfrac{1}{5}$ ∴) $L : K = 5 : 2$

▸ 1개 생산 시 요소투입량 : $Q = Min [\, 2L, 5K \,] = Min \left[\dfrac{L}{\frac{1}{2}}, \dfrac{K}{\frac{1}{5}} \right] = 1$ ∴) 노동 $\dfrac{1}{2}$, 자본 $\dfrac{1}{5}$ 단위 투입

▸ 노동 10, 자본 5 투입 시 : $Q = Min [\, 2L, 5K \,] = Min [\, 2 \cdot 10, 5 \cdot 5 \,] = 20$

▸ 20개 생산 시, $Q = Min [\, 2 \cdot 10, 5 \cdot (4) \,] = 20$ ∴) 노동 10 단위, 자본 4 단위를 투입하는 것이 합리적

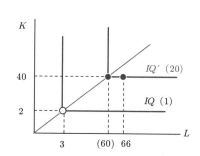

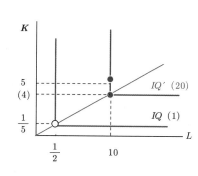

- 왼쪽 : $Q = Min \left[\dfrac{L}{3}, \dfrac{K}{2} \right]$

  ▸ 노동 3, 자본 2 단위 투입할 때 1개 생산

  ▸ 노동 60, 자본 40 단위 투입할 때 20개 생산

- 오른쪽 : $Q = Min [\, 2L, 5K \,]$

  ▸ 노동 $\dfrac{1}{2}$, 자본 $\dfrac{1}{5}$ 단위 투입할 때 1개 생산

  ▸ 노동 10, 자본 4 단위 투입할 때 20개 생산

Ⅳ | 장기생산함수(Ⅱ) : 규모확대

장기에 노동과 자본의 투입량이 동시에 증가할 수 있으며 이를 규모확대라고 한다.

규모확대 시 나타나는 물리적 현상은 k차동차생산함수를 이용하여 분석한다.

1. k차동차생산함수(homogeneous production function of degree k)

① k차동차생산함수는 규모확대 시 생산량 변화를 보여주는 생산함수이다.

② k차동차생산함수에서 k가 1이면(1차동차생산함수) 요소투입량이 같은 비율로 증가할 때 생산량이 그 증가율만큼만 증가하며, 규모에 대한 수확불변, 또는 규모보수불변(CRS : constant returns to scale)이라고 표현한다.

③ k가 1보다 클 경우는 요소투입량 증가율보다 생산량이 더 많이 증가하며, 규모에 대한 수확체증 또는 규모보수증가(IRS : increasing returns to scale)라고 한다.

④ k가 1보다 작으면 요소투입량 증가율보다 생산량이 적게 증가하며, 규모에 대한 수확체감 또는 규모보수감소(DRS : decreasing returns to scale)라고 한다.

> ⊙ k차동차생산함수 : $\lambda^k Q = F(\lambda L, \lambda K)$ [동시에 λ(lambda)배 투입 증가]
>
> ▸ $k = 1$: 1차동차생산함수. 규모에 대한 수확불변(CRS. 규모보수불변)
>   요소투입증가율(λ)만큼 생산량 증가
>
> ▸ $k > 1$: 규모에 대한 수확체증(IRS. 규모보수증가)
>   요소투입증가율(λ) 이상으로 생산량 증가
>
> ▸ $k < 1$: 규모에 대한 수확체감(DRS. 규모보수감소)
>   요소투입증가율(λ) 이하로 생산량 증가

2. 규모확대 시 물리법칙

① 요소투입량이 동시에 증가하면 처음에는 분업에 따른 전문화, 경영효율성 제고, 요소의 대량구매 할인 등에 따른 금전적 이득 때문에 규모보수가 증가한다.

② 그러나 계속해서 규모가 확대되면 규모보수불변(CRS : constant returns to scale) 상태를 거쳐서 궁극적으로는 규모보수가 감소한다.

③ 이때 규모보수가 감소하는 것은 과도한 규모확대에 따른 비효율[X - 비효율(X - inefficiency) 등]이 나타나기 때문이다.

④ 통상, 규모보수증가(규모에 대한 수확체증)를 규모의 경제(economies of scale), 규모보수감소(규모에 대한 수확체감)를 규모의 비경제(diseconomies of scale)라고 한다.

⑤ 그러나 엄밀하게 보면 규모보수증가와 규모의 경제는 다른 현상이다.

⑥ 즉, 규모보수증가는 노동과 자본이 같은 비율로 증가할 때 나타나는 현상이고, 규모의 경제는 노동투입 증가율이 자본투입증가율보다 작을 때 나타나는 현상이다.

▶ 규모확대 시: 규모에 대한, 수확체증 ⇒ 수확불변 ⇒ 수확체감

▸ 초기 : 노동과 자본 투입증가율 < 생산량 증가율
　　　　　규모에 대한 수확체증, 규모보수증가, 규모의 경제

▸ 지속 : 노동과 자본 투입증가율 = 생산량 증가율
　　　　　규모에 대한 수확불변, 규모보수불변

▸ 궁극적: 노동과 자본 투입증가율 > 생산량 증가율
　　　　　규모에 대한 수확체감, 규모보수감소, 규모의 불경제(비경제)

▶ 규모보수증가와 규모의 경제

▸ 규모보수증가: 노동투입량과 자본투입량이 같은 비율로 증가
　　　　　<u>노동투입량 증가율 = 자본투입량 증가율 < 생산량 증가율</u>

▸ 규모의 경제 : 노동투입량 증가율이 자본투입량 증가율보다 작을 때
　　　　　<u>노동투입량 증가율 < 자본투입량 증가율 < 생산량 증가율</u>
　　　예 공장의 자본설비가 두 배 증가할 때 근로자 숫자는 두 배로 증가하지 않음

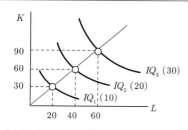
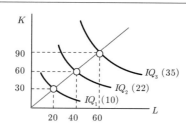
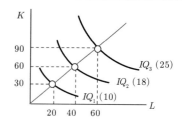

[요소투입량이 같은 비율로 증가할 때]

요소투입량 증가율 = 생산량 증가율　　요소투입량 증가율 < 생산량 증가율　　요소투입량 증가율 > 생산량 증가율

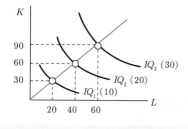
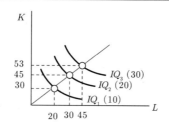
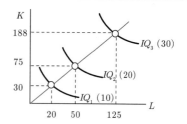

[생산량이 같은 비율로 증가할 때]

생산량 증가율 = 요소투입량 증가율　　생산량 증가율 > 요소투입량 증가율　　생산량 증가율 < 요소투입량 증가율
　(원점에서 등량선 길이 일정)　　　　　(원점에서 등량선 길이 감소)　　　　　(원점에서 등량선 길이 증가)

　　　[규모보수불변]　　　　　　　　　　　[규모보수증가]　　　　　　　　　　[규모보수감소]

Ⅴ 결합생산 : 생산가능성곡선

결합생산은 여러 재화를 동시에 생산하는 것이며, 생산가능성곡선(PPC)을 이용하여 분석한다.

1. 생산가능성곡선(PPC : production possibility curve, 생산변환곡선)

① 생산가능성곡선은 주어진 요소를 모두 투입(완전고용)하고 가장 효율적으로 사용하여 두 재화를 결합 생산할 때 가능한 최대생산량(최대생산능력)을 보여주는 곡선이다.

② 결합생산 시 나타나는 물리적 현상[한계변환율(MRT_{XY}) 체증의 법칙]을 반영하여 원점에 오목한 형태가 된다.

③ 실업이 존재하여 요소가 모두 투입되지 않거나, 투입된 요소가 비효율적으로 사용되면 생산가능성 곡선 안쪽에서 생산이 이루어진다.

④ 요소부존량이 증가하거나 기술진보가 이루어지면 생산가능성곡선이 바깥쪽으로 이동한다.

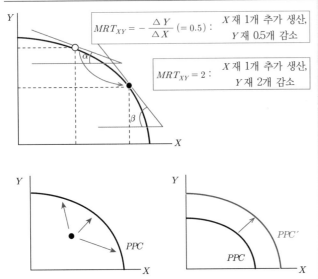

$$MRT_{XY} = -\frac{\triangle Y}{\triangle X} (=0.5) :$$ X재 1개 추가 생산, Y재 0.5개 감소

$$MRT_{XY} = 2 :$$ X재 1개 추가 생산, Y재 2개 감소

[생산가능성곡선(PPC)]

• 생산가능성곡선 : 모든 요소를 효율적으로 투입할 때 최대생산량을 보여주는 곡선

• 한계변환율(MRT_{XY}) 체증의 법칙

▸ 한계변환율 : X재 생산 1단위 늘릴 때 줄여야 하는 Y재 수량. X생산의 기회비용이며 생산가능성곡선의 기울기($\tan \alpha$, $\tan \beta$)

▸ 계속 X재 생산 늘리고 Y재 생산 줄일 때 한계변환율 체증. 생산가능성곡선 원점에 오목

• 왼쪽 : PPC 상으로의 이동
실업 감소, 요소 사용의 효율성 증가

• 오른쪽 : PPC 우측이동. 생산력 증가(잠재성장)
요소부존량 증가, 기술진보

2. 한계변환율(MRT : Marginal Rate of Transformation)

(1) 한계변환율 : 생산가능성곡선의 기울기($|PPC'|$)

① 생산가능곡선상 한 점에서 X재를 1 단위 더 생산할 때 줄여야 하는 Y재 수량이다.

② 따라서 한계변환율은 Y재로 표시한 X재 생산의 (사회적) 기회비용이다.

③ 생산량이 변화할 때 총비용은 불변이므로 한계변환율은 두 재화 한계비용비율의 역수이다.

⊙ 한계변환율(MRT_{XY}) : $MRT_{XY} = -\dfrac{dY}{dX}\left(=\dfrac{MC_X}{MC_Y}\right) = |PPC'|$

▸ 생산가능곡선상에서 생산대체비율이며 생산가능곡선 기울기(절댓값)
▸ Y재 한계비용에 대한 X재 한계비용의 비율
▸ 경제적 의미 : X재를 1단위 더 생산할 때 줄여야 하는 Y재 수량
  따라서, Y재 수량으로 표시한 X생산의 (사회적) 기회비용

(2) 한계변환율체증의 법칙

① 생산가능곡선상에서 계속해서 X재 생산을 늘리고 Y재 생산을 줄이면 한계변환율(생산가능곡선 기울기)이 체증한다. 따라서 생산가능성곡선은 원점에 오목한 형태를 가진다.
② 이는 X재 생산을 계속해서 늘리면 X재 생산의 (사회적)기회비용이 체증한다는 것을 의미한다.
③ 한계변환율이 체증하는 것은 Y재 생산에 적합한 생산요소를 X재 생산에 투입하기 때문이다.

3. 결합생산균형

기업은 주어진 시장가격하에서 수입(이윤)이 극대화되도록 두 재화를 생산한다.

(1) 등수입선$(Iso\text{-}R)$

총수입액이 같아지는 생산량을 연결한 선이며, 총수입이 증가하면 우측으로 이동한다.

⊙ 총수입(TR) : $TR = P_X \cdot X + P_Y \cdot Y$

⊙ 등수입선　: $Y = \dfrac{TR}{P_Y} - \dfrac{P_X}{P_Y} \cdot X$　(단, $\dfrac{P_X}{P_Y}$: 등수입선 기울기)

　　(등수입선 : 총수입식을 Y로 정리하여 도출)

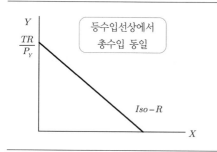
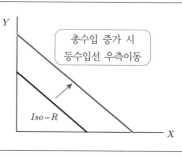

[등수입선$(Iso\text{-}R)$]

• 주어진 가격에서 총수입이 동일한 생산량을 연결한 선
• 기울기 : X재 상대가격(P_X/P_Y)
• 총수입 증가 시, 등수입선 우측이동

(2) 결합생산균형

① 생산가능곡선과 등수입선이 서로 접하는 점에서 생산할 때 총수입(이윤)이 극대화된다.
② 따라서 균형점에서 한계변환율(MRT_{XY})과 X재의 상대가격(P_X / P_Y)이 같다.

> ⊙ 균형조건 : $MRT_{XY} (\,|\,PPC'\,|\,) = -\dfrac{dY}{dX} = \dfrac{P_X}{P_Y} (\,|\,Iso-R.'\,|\,)$
>
> ▸ [A] : $MRT_{XY}(\,|\,PPC'\,|\,) < \dfrac{P_X}{P_Y}(\,|\,Iso-R.'\,|\,)$ X재 생산량 확대, Y재 생산량 축소 ⇒ 총수입 증가
>
> ▸ [B] : $MRT_{XY}(\,|\,PPC'\,|\,) > \dfrac{P_X}{P_Y}(\,|\,Iso-R.'\,|\,)$ X재 생산량 축소, Y재 생산량 확대 ⇒ 총수입 증가

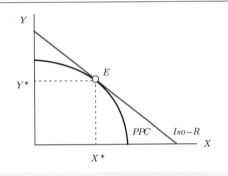

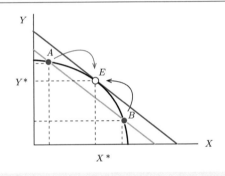

[결합생산균형]	[불균형 조정]
▸ 생산가능곡선과 등수입선이 접하는 점에서 총수입 극대	▸ A : $\|PPC'\| < \|Iso-R.'\|$ ⇒ $MRT_{XY} < \dfrac{P_X}{P_Y}$
▸ 균형조건 : $\|PPC'\| = \|Iso-R'\|$ ⇒ $MRT_{XY} = \dfrac{P_X}{P_Y}$	X재 생산을 늘리고 Y재 생산을 줄이면 총수입 증가
▸ 의미 : X재 생산의 사회적 기회비용(MRT_{XY})과	▸ B : $\|PPC'\| > \|Iso-R'\|$ ⇒ $MRT_{XY} > \dfrac{P_X}{P_Y}$
X재 소비의 기회비용$\left(\dfrac{P_X}{P_Y}\right)$ 동일하도록 생산	X재 생산을 줄이고 Y재 생산을 늘리면 총수입 증가

4. 범위의 경제(economies of scope)

① 여러 재화를 따로 생산할 때에 비하여 결합생산(동시 생산)할 때 생산비가 감소하는 현상을 범위의 경제라고 한다.
② 범위의 경제가 나타날 경우에는 한 재화만을 특화하여 생산하는 것보다 결합생산하는 것이 유리하다.

> 예 은행에서 보험상품 취급(방카슈랑스), 냉장고와 에어컨의 동시 생산

VI | 기술진보

1. 기술진보

① 기술진보는 생산에 필요한 요소투입량이 감소하는 요소절약현상이다.

② 기술진보가 일어나면 동일한 생산량을 생산하기 위한 요소투입량이 감소한다. 이는 요소의 한계생산성이 증가한다는 것을 의미한다.

③ 기술진보가 일어날 때 요소투입량(생산비)이 일정하다면 생산량이 증가하고, 생산량이 일정하다면 요소투입량이 감소하여 생산비가 감소한다.

> ⊙ 노동계수와 자본계수
>
> ▸ **노동계수**(α) : 생산물 1단위 생산에 필요한 노동투입량.   노동 − 산출량 비율(L / Q)
> ▸ **자본계수**(v) : 생산물 1단위 생산에 필요한 자본투입량.   자본 − 산출량 비율(K / Q)

2. 기술진보의 성격　　　◀ 힉스(J.R. Hicks)

① 기술진보가 일어나면 요소투입량이 절약되므로 동일한 생산량을 나타내는 등량선이 원점으로 이동한다.

② 기술진보에 따라 노동투입량과 자본투입량이 감소할 때, 노동투입량이 더 많이 감소하면 **노동절약적** (자본집약적) **기술진보**, 자본투입량이 더 많이 감소하면 **자본절약적**(노동집약적 기술진보) **기술진보**라고 한다.

③ 노동투입량과 자본투입량이 같은 비율로 감소하면 **중립적 기술진보**라고 한다.

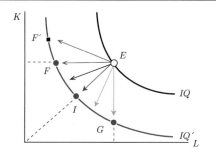

[기술진보 : 요소절약]

• **중립적 기술진보** : $E \Rightarrow I$
　노동절약률 = 자본절약률. 자본 − 노동비율불변

• **노동절약적 기술진보** : $E \Rightarrow F \sim I$
　노동절약률 > 자본절약률. 자본 − 노동비율 증가

• **자본절약적 기술진보** : $E \Rightarrow I \sim G$
　자본절약률 > 노동절약률. 자본 − 노동비율 감소
　(단, 자본 − 노동비율 = $\dfrac{K}{L}$. 노동단위당 자본량)

• $E \Rightarrow F'$: 자본집약적 기술진보, '고용 없는 성장'의 원인

VII 콥 – 더글러스 생산함수

01 콥 – 더글러스 생산함수

1920년대에 콥(C. Cobb)과 더글러스(P. Douglas)에 의해 고안된 생산함수이다.
실제 생산관계를 잘 설명할 수 있는 생산함수이며 신고전학파 생산함수라고 한다.

> ⊙ $Q = A(t)L^{\alpha}K^{\beta}$ (단, $\alpha + \beta = 1$. $A(t)$: 기술상수(총요소생산성, 솔로우 잔차).
> 시간흐름에 따라 증가(기술진보))

02 콥 – 더글러스 생산함수의 특징

1. 1차동차생산함수 : 규모보수불변

① 노동과 자본이 동시에 같은 비율로 증가할 때 생산량이 같은 비율로 증가한다.
② 따라서 콥 – 더글러스 생산함수는 규모보수가 불변인 1차동차생산함수이다.

> ⊙규모확대 시 생산량 : 노동과 자본 투입을 동시에 λ (lambda, 상수) 배 늘릴 때
> $$A(\lambda L)^{\alpha}(\lambda K)^{\beta} = A(\lambda^{\alpha}L^{\alpha})(\lambda^{\beta}K^{\beta}) = A\lambda^{\alpha+\beta}L^{\alpha}K^{\beta} = A\lambda^{\alpha+\beta}Q$$
>
> ⊙위 관계식에서, $\alpha + \beta$ 의 크기에 따라 규모보수 결정
>
> ▸ $\alpha + \beta = 1$: $\lambda^{\alpha+\beta}Q = \lambda Q$. 규모보수불변(1차동차생산함수)
> ▸ $\alpha + \beta > 1$: $\lambda^{\alpha+\beta}Q > \lambda Q$. 규모보수증가(규모의 수확체증)
> ▸ $\alpha + \beta < 1$: $\lambda^{\alpha+\beta}Q < \lambda Q$. 규모보수감소(규모의 수확체감)
>
> ⊙콥 – 더글러스 생산함수: $\alpha + \beta = 1$. 따라서 규모보수불변(1차동차생산함수)

2. 평균생산물과 한계생산물 : 수확체감의 법칙

① 평균생산물과 한계생산물은 자본 – 노동비율($K/L = k$: 1인당 자본)의 함수이다.
② 따라서 노동과 자본이 같은 비율로 변화하면 평균생산물과 한계생산물은 변화하지 않는다.
③ 노동투입량만 증가하면 노동의 평균 및 한계생산물은 감소하고, 자본의 평균 및 한계생산물은 증가한다.
④ 자본투입량만 증가하면 자본의 평균 및 한계생산물은 감소하고, 노동의 평균 및 한계생산물은 증가한다.
⑤ 따라서 콥 – 더글러스 생산함수는 단기 수확체감의 법칙을 만족하는 함수이다.

⊙ 평균생산물과 한계생산물

▸ $AP_L = \dfrac{Q}{L} = AL^{\alpha-1}K^{\beta} = AL^{\alpha-1}K^{1-\alpha} = A\left(\dfrac{K}{L}\right)^{1-\alpha} = Ak^{1-\alpha}$

(단, $\alpha+\beta=1$ 이므로 $\beta=1-\alpha$, $k=\dfrac{K}{L}$: 1인당 자본량)

▸ $AP_K = \dfrac{Q}{K} = AL^{\alpha}K^{\beta-1} = AL^{\alpha}K^{-\alpha} = A\left(\dfrac{K}{L}\right)^{-\alpha} = Ak^{-\alpha}$

(단, $\alpha+\beta=1$ 이므로 $\beta-1=-\alpha$, $k=\dfrac{K}{L}$: 1인당 자본량)

▸ $MP_L = \dfrac{\partial Q}{\partial L} = \alpha AL^{\alpha-1}K^{\beta} = \alpha AL^{\alpha-1}K^{1-\alpha} = \alpha A\left(\dfrac{K}{L}\right)^{1-\alpha} = A\alpha k^{1-\alpha}$

노동투입량 증가 시 감소, 자본투입량 증가 시 증가

▸ $MP_K = \dfrac{\partial Q}{\partial K} = \beta AL^{\alpha}K^{\beta-1} = \beta AL^{\alpha}K^{-\alpha} = \beta A\left(\dfrac{K}{L}\right)^{-\alpha} = A(1-\alpha)k^{-\alpha}$

자본투입량 증가 시 감소, 노동투입량 증가 시 증가

⊙ 콥 - 더글러스 생산함수 : 수확체감의 법칙 만족

한 요소의 투입량만 증가하면 그 요소의 한계생산성과 평균생산성은 감소하고, 다른 요소의 한계생산성과 평균생산성은 증가

	MP_L	AP_L	MP_K	AP_K
노동투입량만 증가 (자본투입량 고정)	감소(수확체감)	감소	증가	증가

	MP_K	AP_K	MP_L	AP_L
자본투입량만 증가 (노동투입량 고정)	감소(수확체감)	감소	증가	증가

3. 요소대체 : 한계기술대체율($MRTS_{LK}$) 체감의 법칙

① 콥 - 더글러스 생산함수는 자본을 노동으로 대체할 때 한계기술대체율체감의 법칙을 만족하는 생산함수이다.

② 따라서 콥 - 더글러스 생산함수의 등량선은 원점에 대하여 볼록한 형태를 가진다.

⊙ 한계기술대체율($MRTS_{LK}$) : $MRTS_{LK} = \dfrac{\triangle K}{\triangle L} = \dfrac{MP_L}{MP_K} = \dfrac{\alpha AL^{\alpha-1}K^{\beta}}{\beta AL^{\alpha}K^{\beta-1}} = \dfrac{\alpha K}{\beta L}$

▸ 식에서 노동투입량을 늘리고 자본투입량을 줄이면 한계기술대체율 체감
▸ 따라서 콥 - 더글러스 생산함수의 등량선은 원점에 볼록 형태

4. 생산의 요소탄력도(ε_O)

① 생산의 노동탄력도가 α이며, 노동투입이 1% 증가하면 생산이 α% 증가한다.

② 생산의 자본탄력도가 β이며, 자본투입이 1% 증가하면 생산이 β% 증가한다.

- 생산의 노동탄력도($\varepsilon_{O.L}$) $= \dfrac{MP_L}{AP_L} = \dfrac{A\alpha k^{1-\alpha}}{Ak^{1-\alpha}} = \alpha$

- 생산의 자본탄력도($\varepsilon_{O.K}$) $= \dfrac{MP_K}{AP_K} = \dfrac{A(1-\alpha)k^{-\alpha}}{Ak^{-\alpha}} = (1-\alpha) = \beta$

예제 $Q = A(t)L^\alpha K^\beta$ 에서, $\alpha = 0.6$, $\beta = 0.4$ 일 때 노동탄력도와 자본탄력도는?

▶ 노동탄력도(생산 증가율 / 노동 증가율) $= \alpha = 0.6$

▶ 자본탄력도(생산 증가율 / 노동 증가율) $= \beta = 0.4$

5. 요소의 대체탄력성(σ)

① 콥 - 더글러스 생산함수의 요소대체탄력성($\sigma : sigma$)은 1이다.

② 따라서 등량선은 원점에 볼록하며 한계기술대체율($MRTS_{LK}$)이 체감한다.

⊙ 요소의 대체탄력성(σ) : $\sigma = 1$

$$\sigma = \frac{\dfrac{d(K/L)}{K/L}}{\dfrac{dMRTS_{LK}}{MRTS_{LK}}} = \frac{d\left(\dfrac{K}{L}\right) \cdot MRTS}{dMRTS \cdot \dfrac{K}{L}} = \frac{\beta}{\alpha} \cdot \frac{\dfrac{\beta}{\alpha} \cdot \dfrac{K}{L}}{\dfrac{K}{L}} = \frac{\beta}{\alpha} \cdot \frac{\dfrac{\beta}{\alpha}}{1} = \frac{\beta}{\alpha} \cdot \frac{\alpha}{\beta} = 1$$

$$\left(단, \ MRTS = \frac{MP_L}{MP_K} = \frac{\alpha AL^{\alpha-1}K^\beta}{\beta AL^\alpha K^{\beta-1}} = \frac{\alpha}{\beta} \cdot \frac{K}{L}, \quad \frac{dMRTS}{d\left(\dfrac{K}{L}\right)} = \frac{\alpha}{\beta}\right)$$

6. 오일러의 정리(Euler's theorem)와 한계생산력설 ◀ 기능적 소득분배이론

① 오일러 정리는 생산함수가 1차동차(규모보수불변)이면 각 요소의 투입량과 한계생산성을 곱한 값을 모두 더하면 총생산량이 된다는 것이다.

② 여기서 요소투입량과 한계생산성을 곱한 값은 그 요소의 소득이 된다.

③ 따라서 생산함수가 1차동차일 경우에는 요소의 한계생산성에 따라 분배하면 총생산물이 과부족 없이 완전분배되며, 이를 한계생산력설이라고 한다.

④ 콥 - 더글러스 생산함수는 1차동차생산함수이므로 오일러 정리와 한계생산력설이 성립하며, 노동소득분배율(총소득에서 차지하는 노동소득의 비율)은 α이고, 자본소득분배율(총소득에서 차지하는 자본소득의 비율)은 β가 된다.

- 오일러 정리 : $Q = L \cdot MP_L + K \cdot MP_K$　　　　　　(단, Q : 총생산(총소득))

  ▸ 노동소득 : $L \cdot MP_L = L \cdot \alpha A L^{\alpha-1} K^{1-\alpha} = \alpha A L^\alpha K^\beta$

  ▸ 자본소득 : $K \cdot MP_K = K \cdot (1-\alpha) A L^\alpha K^{-\alpha} = \beta A L^\alpha K^{1-\alpha} = \beta A L^\alpha K^\beta$

- 콥 - 더글러스 생산함수의 소득분배

  ▸ 노동소득분배율 $= \dfrac{\text{노동소득}}{\text{총소득}} = \dfrac{\alpha A L^\alpha K^\beta}{A L^\alpha K^\beta} = \alpha$　　(생산의 노동탄력도)

  ▸ 자본소득분배율 $= \dfrac{\text{자본소득}}{\text{총소득}} = \dfrac{\beta A L^\alpha K^\beta}{A L^\alpha K^\beta} = \beta$　　(생산의 자본탄력도)

  ▸ 노동 - 자본소득분배율 $= \dfrac{\text{노동소득}}{\text{자본소득}} = \dfrac{\alpha}{\beta}$

  ▸ 자본 - 노동소득분배율 $= \dfrac{\text{자본소득}}{\text{노동소득}} = \dfrac{\beta}{\alpha}$

> **예제** 생산함수 $Q = A(t) L^\alpha K^\beta$ 에서, $\alpha = 0.6$, $\beta = 0.4$ 일 때 노동소득분배율과 자본소득분배율은?
>
> ▸ 노동소득분배율(노동소득 / 총소득) $= \alpha = 0.6$
>
> ▸ 자본소득분배율(자본소득 / 총소득) $= \beta = 0.4$

7. 콥 - 더글러스 생산함수의 실제 측정

① 콥 - 더글러스 생산함수는 로그함수를 이용하면 선형함수로 바꿀 수 있다.

② 따라서 요소투입량 변화 및 기술진보와 총생산량의 변화를 쉽게 측정할 수 있으며, 생산요소가 여러 개일 경우로 확장할 수 있다.

- $Q = A(t) L^\alpha K^\beta \Rightarrow \log Q = \log A + \alpha \log L + \beta \log K$　　(단, $\alpha + \beta = 1$)

  $\Rightarrow \dot{Q} = \dot{A} + \alpha \dot{L} + \beta \dot{K}$

  (단, $\bullet$: 변화율, $\dot{A}$: 기술진보율, α : 노동탄력도, β : 자본탄력도)

> **예제** 생산함수 $Q = A L^\alpha K^\beta$ 에서, $\alpha = 0.6$, $\beta = 0.4$ 일 때 노동이 10%, 자본이 5% 증가할 때 경제성장률(총생산증가율)이 10%일 경우 기술진보율은?
>
> 총생산량 증가율 $= \dot{A} + \alpha \dot{L} + \beta \dot{K} = \dot{A} + 0.6 \cdot 10 + 0.4 \cdot 5 = 10$　　$\therefore) \dot{A} = 2(\%)$

CHAPTER

10 비용함수

I 경제적 비용

① 경제적 비용은 회계적 비용에 귀속임대료와 정상이윤 등 잠재적 비용을 포함한 것이다.
② 회계적 비용은 명시적 비용이며 요소비용(임금, 이자 및 지대), 원자재비, 감가상각비, 조세, 보험료 등
   이다.

> ⊙ 회계적 비용: 요소비용, 원자재비 등 명시적 비용
> ⊙ 경제적 비용: 회계적 비용+잠재적 비용(귀속임대료, 정상이윤)
>   ▸ 귀속임대료: 귀속임금, 귀속이자 및 귀속지대. 자기 요소의 기회비용
>   ▸ 정상이윤: 위험을 감수하고 생산활동을 하는 데 대한 최소한의 보상

회계적 비용과 경제적 비용

[회계적 비용과 이윤]		[경제적 비용과 이윤]	
총수입	500,000원	총수입	500,000원
총비용(명시적 비용)	300,000원	총비용(명시적 비용+잠재적 비용)	400,000원
[명시적 비용]	300,000원	[명시적 비용]	300,000원
임금	100,000원	임금	100,000원
이자	50,000원	이자	50,000원
지대(임대료)	50,000원	지대(임대료)	50,000원
원자재 구입비	100,000원	원자재 구입비	100,000원
		[잠재적 비용]	100,000원
		귀속임금	30,000원
		귀속이자	10,000원
		귀속지대(임대료)	20,000원
		정상이윤	40,000원
회계적 이윤(총수입−명시적 비용)	200,000원	경제적 이윤(총수입−경제적 비용)	100,000원

Ⅱ | 단기비용함수

단기생산함수로부터 단기비용함수가 도출된다.

01 총비용(TC)

총비용은 생산량에 따라 변화하는 가변비용과 변하지 않는 고정비용의 합이다.

1. 총고정비용(TFC)

① 총고정비용은 자본투입에 들어가는 자본비용이며, 매몰비용이다.
② 자본투입량이 고정되어 있으므로 총고정비용은 변화하지 않는다.

2. 총가변비용(TVC)

① 총가변비용은 노동투입에 들어가는 노동비용이다.
② 수확체감법칙에 따라 총생산물은 체증적으로 증가하다가 체감적으로 증가한다.
③ 따라서 총가변비용은 체감적으로 증가하다가 체증적으로 증가한다.

3. 총비용(TC)

① 총비용은 총고정비용(TFC)과 총가변비용(TVC)을 더한 것이다.
② 총고정비용이 일정하므로 총비용도 체감적으로 증가하다가 체증적으로 증가한다.

⊙ **총고정비용**(고정자본비용): $TFC = r \cdot K$　　(단, r: 임금, K: 자본투입량)

　　생산량이 변화해도 불변. 생산량이 0 일 경우도 지출되므로 매몰비용

⊙ **총가변비용**(가변노동비용): $TVC = W \cdot L$　　(단, W: 임금, L: 노동투입량)

　　생산량이 증가할 때 총가변비용은 체감적으로 증가하다가 체증적 증가

⊙ **총비용**: $TC = TFC + TVC$. 총가변비용의 변화를 반영하여 체감적으로 증가하다가 체증적 증가

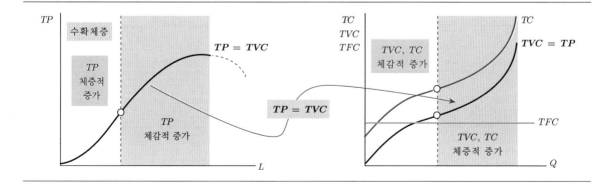

02 평균비용(AC)

단기평균비용은 평균가변비용(노동비용)과 평균고정비용(자본비용)의 합이다.

1. 평균고정비용(AFC : Average Fixed Cost)

① 평균고정비용은 생산물 단위당 고정자본비용이며, 총고정비용을 생산량으로 나눈 값(TFC/Q)이다.
② 생산량이 변화해도 총고정비용이 불변이므로 평균고정비용은 계속 감소한다.

2. 평균가변비용(AVC : Average Variable Cost)

① 평균가변비용은 생산물 단위당 노동비용(TVC/Q)이며, 임금(W)을 노동의 평균생산물(AP_L)로 나눈 값과 같다.
② 따라서 노동의 평균생산물(AP_L)과 평균가변비용(AVC)은 부($-$)의 관계이다.
③ 평균생산물이 증가하다가 감소하므로 평균가변비용은 감소하다가 증가한다.
④ 따라서 평균생산물이 최대가 되는 수준에서 평균가변비용이 최저가 된다.

3. 평균비용(AC : Average Cost)

① 평균비용은 생산물 단위당 총비용(TC/Q)이며, 평균고정비용과 평균가변비용을 더한 것이다.
② 생산량이 증가할 때 평균고정비용은 계속 감소하고 평균가변비용은 감소하다가 증가하므로, 평균비용도 감소하다가 증가한다.

03 한계비용(MC)

① 한계비용은 생산물을 한 단위 추가 생산할 때 증가하는 총비용(dTC/dQ)이다
② 단기에는 총고정비용이 변하지 않으므로 한계비용은 증가한 총가변비용($dTC/dQ = dTVC/dQ$)이며, 임금(W)을 노동의 한계생산물(MP_L)로 나눈 값(W/MP_L)이다.
③ 따라서 노동의 한계생산물(MP_L)과 한계비용(MC)은 부($-$)의 관계이다.
④ 한계생산물이 증가하다가 감소하므로 한계비용은 감소하다가 증가한다.
⑤ 따라서 한계생산물이 최대가 되는 생산량 수준에서 한계비용은 최저가 된다.
⑥ 평균치와 한계치의 관계에 따라, 한계비용곡선은 평균비용곡선과 평균가변비용곡선의 최저점을 지난다.

> ⊙ 평균고정비용 : $AFC = \dfrac{TFC}{Q}$
>
> ‣ 생산물 단위당 고정비용(자본비용)
> ‣ 총고정비용이 불변이므로 생산량 증가할 때 계속해서 감소

- 평균가변비용: $AVC = \dfrac{TVC}{Q}$, $AVC = \dfrac{TVC}{Q} = \dfrac{W \cdot L}{Q} = \dfrac{W}{\dfrac{Q}{L}} = \dfrac{W}{AP_L}$

  ▸ 생산물 단위당 가변비용(노동비용). 임금을 노동의 평균생산물로 나눈 값
  ▸ 평균생산물이 증가하다 감소하므로 평균가변비용은 감소하다가 증가

- 평균비용(총평균비용): $AC = \dfrac{TC}{Q} = \dfrac{TFC}{Q} + \dfrac{TVC}{Q} = AFC + AVC$

  ▸ 평균고정비용과 평균가변비용의 합. 따라서 평균비용도 감소하다가 증가
  ▸ 평균비용곡선은 평균고정비용곡선과 평균가변비용곡선의 수직합

- 한계비용: $MC = \dfrac{dTC}{dQ} = \dfrac{d\,(TFC + TVC)}{dQ} = \dfrac{dTVC}{dQ}$ (단, $\dfrac{dTFC}{dQ} = 0$)

  $MC = \dfrac{dTVC}{dQ} = \dfrac{W \cdot dL}{dQ} = \dfrac{W}{\dfrac{dQ}{dL}} = \dfrac{W}{MP_L}$

  ▸ 생산물 1단위 추가 생산 시 증가하는 총비용(총가변비용. 노동비용)
  ▸ 임금을 노동의 한계생산물로 나눈 값이며, 한계비용(MC)과 한계생산물(MP_L)은 부($-$)의 관계.
    따라서 한계비용은 감소하다가 증가

예제 단기비용함수가 $C = 200 + 3Q + 2Q^2$ 이고 생산량이 10개일 때,

▸ $TC = TFC + TVC$, $\quad TFC = 200$, $\quad TVC = 3Q + 2Q^2$

▸ $AFC = \dfrac{TFC}{Q} = \dfrac{200}{10} = 20$,

▸ $AVC = \dfrac{TVC}{Q} = \dfrac{3Q + 2Q^2}{Q} = 3 + 2Q = 23$

▸ $AC = \dfrac{TC}{Q} = \dfrac{200 + 3Q + 2Q^2}{Q} = \dfrac{200 + 30 + 200}{10} = 43$,

  $AC = \dfrac{TC}{Q} = \dfrac{TFC}{Q} + \dfrac{TVC}{Q} = AFC + AVC = 43$

▸ $MC = \dfrac{TC}{Q} = \dfrac{dTFC}{dQ} + \dfrac{dTVC}{dQ} = \dfrac{dTVC}{dQ} = 0 + (3 + 4Q) = 43$

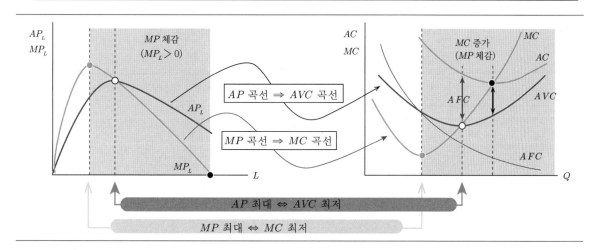

Ⅲ | 장기비용함수

장기에는 요소대체와 규모확대가 동시에 일어난다.

요소대체의 문제는 주어진 총비용과 요소가격하에서 생산량이 극대화되도록 요소투입량을 결정하는 것이며, 장기생산자균형(주어진 총비용하에서 최대생산)의 개념을 이용하여 분석한다.

규모확대의 문제는 총비용이 증가하여 모든 요소투입량이 동시에 증가할 때 생산량 변화를 살펴보는 것이며, 장기생산자균형의 이동을 통하여 분석한다.

따라서 장기비용함수는 장기생산자균형(요소대체)와 장기생산자균형의 이동(규모확대)으로부터 도출된다.

01 장기생산자균형 : 요소대체

주어진 총비용 제약과 요소가격하에서 생산량이 최대가 되도록 노동과 자본을 적절히 대체 투입하는 것을 장기생산자균형이라고 한다.

비용제약은 등비용선, 노동과 자본의 대체투입과 생산량과의 관계는 등량선으로 분석한다.

1. 등비용선 : 비용제약

(I) 등비용선

① 등비용선($Iso-C.$)은 주어진 생산비(TC : 비용제약)를 요소투입에 모두 지출할 때 투입 가능한 요소투입량을 보여준다.

② 등비용선의 기울기는 자본량으로 표시한 노동의 상대가격$\left(\dfrac{W}{r}\right)$이며, 자본량으로 표시한 노동 1단위 투입의 기회비용을 나타낸다.

③ 이때 노동의 가격은 임금(W)이며, 자본의 가격은 이자율(r, 자본재 임대료율)이다.

▶비용제약: $TC = W \cdot L + r \cdot K$ (단, TC : 총비용, $W \cdot L$: 노동투입비용, $r \cdot K$: 자본투입비용)

▶등비용선: $K = \dfrac{TC}{r} - \dfrac{W}{r} \cdot L$ (비용제약식을 K로 정리하여 도출)

     (단, $\dfrac{TC}{r}$: 등비용선의 K축 절편. 자본만 임대하여 투입할 때 최대고용량,

        $\dfrac{TC}{W}$: 등비용선의 L축 절편. 노동만 투입할 때 최대고용량,

        $\dfrac{W}{r}$: 등비용선 기울기. 노동의 상대가격, 자본량으로 표시한 노동투입의 기회비용)

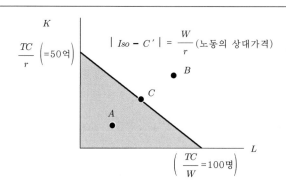

[등비용선($Iso-C.$)]

* $A : TC > W \cdot L + r \cdot K$ (총비용>지출액)

* $B : TC < W \cdot L + r \cdot K$ (총비용<지출액)

* $C : TC = W \cdot L + r \cdot K$ (총비용=지출액)

* $\frac{TC}{r}$: 자본만 투입할 때 최대 자본투입량
  (자본재를 임대하여 고용하는 개념. 따라서 이자율은 자본재 임대료율을 의미)

* $\frac{TC}{W}$: 노동만 구입할 때 최대 노동투입량

* 등비용선 기울기$\left(\frac{W}{r}\right)$: 노동의 상대가격.
  자본량으로 표시한 노동 1단위 투입의 기회비용

📖 총비용(TC)이 1억 원이고 $r=0.02, W=100$ 만 원일 때,

▸ K축 절편점: $\frac{TC}{r}=50$억 원. 50억 원어치 자본재 임대 가능

▸ L축 절편점: $\frac{TC}{W}=100$명. 100명 노동고용 가능

⑵ 등비용선의 변화

① 총생산비와 요소가격이 변화하면 등비용선이 변화한다.

② 총생산비가 증가(감소)하면 등량선 절편이 동시에 증가(감소)하여 등비용선이 우측(좌측)으로 평행이동한다.

③ 임금(W)이 내리면(오르면) 노동축 절편이 증가(감소)하며, 노동의 상대가격$\left(\frac{W}{r}\right)$이 내리므로(오르므로) 등량선 기울기가 완만하게(가파르게) 변화한다.

④ 이자율(r)이 내리면(오르면) 자본축 절편이 증가(감소)하며, 노동의 상대가격$\left(\frac{W}{r}\right)$이 증가(감소)하므로 등량선 기울기가 가파르게(완만하게) 변화한다.

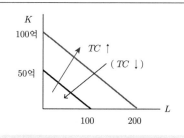

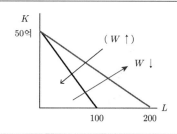

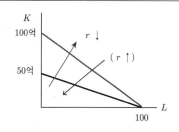

[총비용 변화: 등비용선 평행이동]   [임금 변화: 노동축 절편 변화]   [이자율 변화: 자본축 절편 변화]

📖 최초, $TC=1$억 원, $W=100$ 만 원, $r=0.02$(2%)일 때

* 총비용 2억 원으로 증가할 때,
  최대 노동투입량 100명 ⇒ 200명
  최대 자본투입량 50억 원 ⇒ 100억 원

* 임금이 50만 원으로 하락할 때,
  최대 노동투입량 100명 ⇒ 200명

* 이자율(자본임대료율) 1%로 하락할 때,
  최대 자본투입량 50억 원 ⇒ 100억 원

2. 장기생산자균형과 불균형 조정

(1) 장기생산자균형

① 등량선(IQ)과 등비용선($Iso-C.$)이 접하는 점에서 노동과 자본을 투입하면 생산량이 최대가 된다.

② 따라서 장기생산자균형점에서는 등량선 기울기($MRTS_{LK}$)와 등비용선 기울기$\left(\dfrac{W}{r}\right)$가 같다.

③ 균형조건에 따르면 각 요소의 가중된 한계생산물이 같아지도록$\left(\dfrac{MP_L}{W}=\dfrac{MP_K}{r}\right)$ 요소를 투입하면 생산량이 최대가 되며 이를 가중된 한계생산물균등의 법칙이라고 한다.

④ 가중된 한계생산물은 한계생산물을 요소가격으로 나눈 것이며, 각 요소 1원어치 생산량을 의미한다. 가중된 한계생산물은 한계비용의 역수이다.

- 생산자균형(최소비용, 최대생산) : 등비용선과 등량선 접점에서 요소투입

  ▸ 비용제약 : $TC = W \cdot L + r \cdot K$ (단, TC : 총비용)

  ▸ 균형조건 : $|IQ'| = MRTS_{LK} = \dfrac{MP_L}{MP_K} = \dfrac{W}{r} = |Iso-C.'|$

  $$\Rightarrow \quad \dfrac{MP_L}{W} = \dfrac{MP_K}{r} \quad \text{[가중된 한계생산물균등의 법칙]}$$

  (단, $\dfrac{MP_L}{W}$: 노동 1원어치 한계생산물, $\dfrac{MP_K}{r}$: 자본 1원어치 한계생산)

  ▸ 균형조건의 의미

등량선 기울기	=	등비용 기울기
한계기술대체율($MRTS_{LK}$) (자본량으로 표시한 노동의 생산성)	=	자본으로 표시한 노동의 상대가격$\left(\dfrac{W}{r}\right)$ (자본량으로 표시한 노동의 기회비용)
노동 1원어치 생산량$\left(\dfrac{MP_L}{W}\right)$	=	자본 1원어치 생산량$\left(\dfrac{MP_K}{r}\right)$

  예제 기업의 생산함수가 $Q=2LK$ 이고 총비용(TC) $=120$, $W=10$, $r=0.1$ 일 때, 균형 요소투입량은?

  ▸ 비용제약 : $120 = 10 \cdot L + 0.1 \cdot K$ ①

  ▸ 균형조건 : $MRTS_{LK} = \dfrac{MP_L}{MP_K} = \dfrac{W}{r} \Rightarrow \dfrac{2K}{2L} = \dfrac{10}{0.1}$ ②

  (단, $MP_L = \dfrac{\partial Q}{\partial L} = 2K$, $MP_K = \dfrac{\partial Q}{\partial K} = 2L$)

  ▸ ①과 ②를 연립으로 풀어 균형 요소투입량 도출
  ②에서, $20L = 0.2K \Rightarrow L = 0.01K$ ③
  ③을 ①에 대입, $L=6$, $K=600$

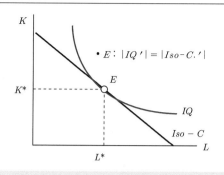

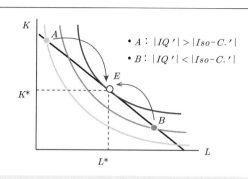

[생산자균형 : 등량선과 등비용선의 접점]

• 균형조건 : $|IQ'| = |Iso-C'| \implies MRTS_{LK} = \dfrac{W}{r}$

[불균형 조정]

• A : 노동투입량 증가, 자본투입량 감소 $\implies$ 생산량 증가
• B : 노동투입량 감소, 자본투입량 증가 $\implies$ 생산량 증가

(2) 불균형 조정

균형조건을 만족하지 않을 경우 요소대체를 통해 생산량을 증가시킬 수 있다.

⊙ [A 점] $|IQ'| = MRTS_{LK} = \dfrac{MP_L}{MP_K} \quad > \quad \dfrac{W}{r} = |Iso-C'|$

$\qquad\qquad\qquad \dfrac{MP_L}{W} \quad > \quad \dfrac{MP_K}{r}$

▸	등량선 기울기	>	등비용선 기울기
▸	한계기술대체율($MRTS_{LK}$) (자본량으로 표시한 노동 1단위 생산성)	>	노동의 상대가격$\left(\dfrac{W}{r}\right)$ (자본량으로 표시한 노동 투입 1단위의 기회비용)
▸	노동 1원어치 한계생산물	>	자본 1원어치 한계생산물

[노동투입량을 늘리고 자본투입량을 줄이면 생산량 증가]

⊙ [B 점] $|IQ'| = MRTS_{LK} = \dfrac{MP_L}{MP_K} \quad < \quad \dfrac{W}{r} = |Iso-C'|$

$\qquad\qquad\qquad \dfrac{MP_L}{W} \quad < \quad \dfrac{MP_K}{r}$

▸	등량선 기울기	<	등비용선 기울기
▸	한계기술대체율($MRTS_{LK}$) (자본량으로 표시한 노동 1단위 생산성)	<	노동의 상대가격$\left(\dfrac{W}{r}\right)$ (자본량으로 표시한 노동 투입 1단위의 기회비용)
▸	노동 1원어치 한계생산물	<	자본 1원어치 한계생산물

[노동투입량을 줄이고 자본투입량을 늘리면 생산량 증가]

02 장기생산자균형의 이동

1. 장기생산자균형의 이동 : 장기총비용곡선 도출

① 총비용이 증가하면 노동과 자본의 투입을 동시에 증가(규모확대)할 수 있다.

② 이 경우 등비용선이 우측으로 이동하여 균형이 이동하고 생산량이 증가한다.

③ 총비용이 증가할 때 장기균형점을 연결한 곡선을 확장선(EP: expansion path; 규모선)이라고 하며 원점으로부터 우상향한다.

④ 확장선으로부터 장기총비용과 생산량의 관계를 보여주는 장기총비용곡선(함수)이 도출된다.

⑤ 이때 장기총비용곡선의 형태는 규모확대 시 나타나는 물리현상(규모보수 증가 ⇒ 불변 ⇒ 감소)에 따라 결정된다.

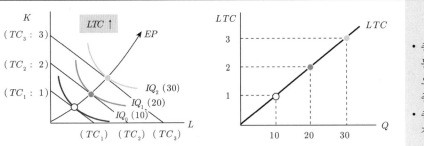

[장기총비용곡선 도출]

• 총비용이 증가(노동과 자본투입량 동시 증가)하면 등비용선이 우측으로 평행이동하여 균형생산량 증가

• 총비용과 균형생산량 변화에 따라 장기총비용곡선 도출

2. 규모보수와 장기비용

(1) 규모보수불변일 때

① 총비용이 증가(규모확대)할 때 생산량이 일정하게 증가한다.

② 생산량이 증가할 때 장기총비용(LTC)이 일정하게 증가하므로 장기평균비용(LAC)과 장기한계비용(LMC)은 서로 같으며 일정하다.

③ 따라서 장기총비용곡선(LTC)은 원점에서 우상향하는 직선이며 장기평균비용곡선(LAC)과 장기한계비용곡선은 서로 같으며 수평선이 된다.

(2) 규모보수증가할 때

① 총비용이 증가(규모확대)할 때 생산량이 체증적으로 증가한다.

② 이 경우, 생산량이 증가하면 장기총비용(LTC)이 체감적으로 증가하므로 장기총비용곡선(LTC)은 우상향하며 수평축에 오목한 형태가 된다.

③ 장기총비용이 감소하면 장기평균비용(LAC)과 장기한계비용이 감소하므로 장기평균비용곡선(LAC)과 장기한계비용곡선(LMC)은 우하향한다.

④ 이때 평균비용이 감소하면 한계비용이 평균비용보다 작으므로 장기한계비용곡선(LMC)은 장기평균비용곡선(LAC) 아래에 위치한다.

(3) 규모보수감소할 때

① 총비용이 증가(규모확대)할 때 생산량이 체감적으로 증가한다.

② 이 경우 생산량이 증가하면 장기총비용(LTC)이 체증적으로 증가하므로 장기총비용곡선(LTC)은 우상향하며 수평축에 볼록하다.

③ 장기총비용이 증가하면 장기평균비용(LAC)과 장기한계비용이 증가하므로 장기평균비용곡선(LAC)과 장기한계비용곡선(LMC)은 우상향한다.

④ 평균비용이 증가하면 한계비용이 평균비용보다 크다.

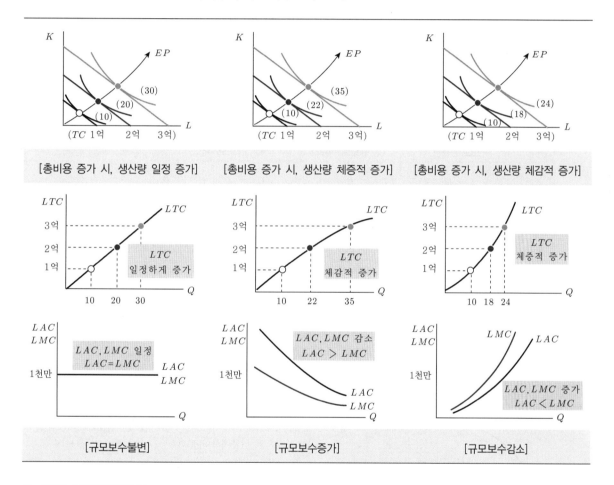

[총비용 증가 시, 생산량 일정 증가]　　[총비용 증가 시, 생산량 체증적 증가]　　[총비용 증가 시, 생산량 체감적 증가]

[규모보수불변]　　　　　　　[규모보수증가]　　　　　　　[규모보수감소]

3. 전체 장기비용곡선

장기 규모확대 시 나타나는 물리적 현상(규모보수증가 ⇒ 감소)에 따라 도출된다.

(1) 장기총비용곡선(LTC)

① 규모확대 초기에는 규모보수가 증가하므로 총비용이 체감적으로 증가하고, 규모보수가 감소하면 총비용은 체증적으로 증가한다.

② 따라서 장기총비용곡선은 우상향하며 변곡점을 가진다.

(2) 장기평균비용곡선(LAC)

① 장기총비용이 체감적(체증적)으로 증가할 때 장기평균비용은 감소(증가)한다.
② 따라서 장기평균비용곡선은 U자형 곡선이다.

(3) 장기한계비용곡선(LMC)

① 장기한계비용은 장기총비용함수를 미분한 값(장기총비용곡선 기울기)이다.
② 따라서 한계비용곡선은 총비용곡선 변곡점에서 최저가 되는 U자형 곡선이다.
③ 단기와 마찬가지로 장기한계비용곡선은 장기평균비용곡선 최저점을 지난다.

⊙ 장기평균비용 : $LAC = \dfrac{LTC}{Q}$ 생산물 단위당 생산비

▸ 장기평균비용이 일정(장기평균비용곡선 수평선)할 때 규모보수불변
▸ 장기평균비용이 감소(장기평균비용곡선 우하향)할 때 규모보수증가
▸ 장기평균비용이 증가(장기평균비용곡선 우상향)할 때 규모보수감소

규모보수불변	규모보수증가	규모보수감소
$\dot{LTC} = \dot{L} + \dot{K} = \dot{Q}$	$\dot{LTC} = \dot{L} + \dot{K} < \dot{Q}$	$\dot{LTC} = \dot{L} + \dot{K} > \dot{Q}$
$LAC\left(=\dfrac{LTC}{Q}\right)$ 불변	$LAC\left(=\dfrac{LTC}{Q}\right)$ 감소	$LAC\left(=\dfrac{LTC}{Q}\right)$ 증가

⊙ 장기한계비용 : $LMC = \dfrac{dLTC}{dQ}$

▸ 생산물 1단위 추가 생산 시 증가하는 비용이며, 총비용곡선 한 점의 기울기
▸ 장기한계비용곡선은 장기총비용곡선 변곡점에서 최소인 U자형 곡선

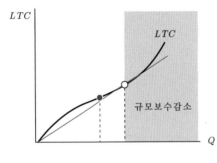

[장기총비용곡선]

• **장기총비용** : 물리현상(규모보수증가 ⇒ 감소)을 반영하여 체감적으로 증가하다가 체증적 증가
• 원점에서의 직선이 LTC 곡선과 접하는 점(LAC 최저점)을 중심으로 왼쪽에서 규모보수증가, 오른쪽에서 규모보수감소

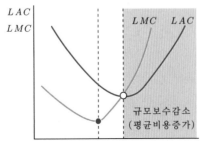

[장기평균비용곡선과 장기한계비용곡선]

• **장기평균비용** : 규모보수증가 시 평균비용 감소, 규모보수감소 시 평균비용 증가. 원점에서 직선이 총비용곡선과 접하는 점에서 최저
• **장기한계비용** : 총비용 체감적 증가 시 한계비용 감소, 총비용 체증적 증가 시 한계비용 증가. 총비용선 변곡점에서 최저

IV 단기비용과 장기비용

01 단기비용곡선과 장기비용곡선

① 장기총비용곡선은 자본의 무한가분성(無限可分性) 가정하에서 각각의 자본설비로부터 도출된 단기총비용곡선(STC)들을 밑으로부터 연결한 포락선(envelop curve)이다.

② 따라서 장기평균비용곡선(LAC)도 각각의 자본설비로부터 도출된 단기평균비용곡선(SAC)들을 밑으로부터 연결한 포락선(envelop curve)이다.

③ 규모보수증가(LAC 우하향) 구간에서는 단기평균비용곡선 최저점 좌측에서 장기평균비용곡선과 접하고, 규모보수감소(LAC 우상향)일 때는 단기평균비용곡선 최저점 우측에서 접한다.

④ 장기평균비용의 최저점에서는 단기평균비용곡선의 최저점과 접한다. 이 단기평균비용곡선을 갖는 자본설비를 최적효율규모라고 하며 평균생산비가 최소가 되는 자본설비이다.

⑤ 장기한계비용곡선(LMC)은 각 단기한계비용곡선(SMC)들과 교차하며 포락선 관계는 아니다.

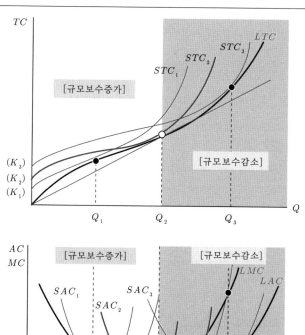

[장기총비용곡선과 단기총비용곡선]

- LTC 곡선은 STC 곡선들의 포락선
- (Q_1, Q_2, Q_3) 생산점에서, LTC와 STC 동일

[장기 평균 및 한계비용곡선,
단기 평균 및 한계비용곡선]

- (Q_1, Q_2, Q_3) 생산점에서,
  ▸ STC와 LTC가 같으므로 SMC와 LMC가 같으며 SAC와 LAC도 같음
  ▸ LAC 곡선은 SAC 곡선들의 포락선
  ▸ LMC 곡선은 SMC 곡선들과 교차

02 단기비용과 장기비용의 관계

1. 장·단기 물리현상과 장·단기 비용곡선의 형태

① 단기의 평균비용곡선과 한계비용곡선은 단기 물리현상인 수확체증·체감을 반영하여 U자형 곡선이 되며 단기한계비용곡선 최저점에서 수확체감이 시작된다.

② 장기 평균비용곡선과 한계비용곡선은 장기의 규모보수증가·감소를 반영하여 U자형 곡선이 되며 장기평균비용곡선의 최저점에서 규모보수감소가 시작된다.

2. 규모보수와 적정생산량

① 주어진 자본설비하에서 평균생산비가 최소가 되는 생산량을 적정생산량이라고 한다.

② 자본설비가 고정되어 있는 단기에는 그 자본설비로부터 도출된 단기평균비용곡선 최저점 생산량이 적정생산량이다.

③ 자본설비가 변화하는 장기에는 규모보수 형태에 따라 적정생산량이 달라진다.

④ 규모보수가 불변일 때는 단기와 장기의 평균비용곡선 최저점이 일치한다. 따라서 각 자본설비의 **단기평균비용곡선 최저점에서의 생산량**이 장·단기 모두 적정생산량이 된다.

⑤ 규모보수가 증가할 때는 단기와 장기 평균비용곡선이 접하는 점, 즉 **단기평균비용 최저점 좌측에서의** 생산량이 장기 적정생산량이 된다.

⑥ 따라서 단기적 적정생산량(단기평균비용 최저점의 생산량)보다 장기적 적정생산량(단기평균비용 최저점 좌측의 생산량)이 적으며, 그 차이만큼 생산할 수 있는 자본설비가 사용하지 않는 셈이므로 유효설비가 존재한다.

⑦ 규모보수가 감소할 때는 생산이 이루어지지 않는다.

> ⊙ 규모보수불변: SAC 최저점에서 장기균형
> ⊙ 규모보수증가: SAC 최저점 좌측에서 균형. 따라서 과소생산, 유휴설비
> ⊙ 규모보수감소: SAC 최저점 우측에서 균형. 따라서 과다생산

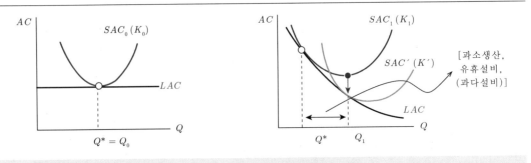

[규모보수불변: LAC 일정]　　　　　　[규모보수증가: LAC 감소]

3. 최적시설규모

평균생산비가 최저가 되는 자본설비(아래 그림에서 K_2)를 최적시설규모(optimum scale of plant)라고 한다.

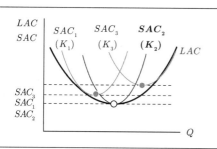

[최적시설규모(K_2)]

• 평균생산비가 최저인 자본

• 최적시설규모 단기평균비용곡선(SAC_2)의 최저점은 장기평균비용곡선 최저점과 일치

4. 실제 장기평균비용곡선과 자연독점

① 실제(경험적, 역사적) 장기평균비용곡선은 수평선이다. 이는 현실적으로는 규모보수불변 상태에서 생산한다는 것을 의미한다. **예** 콥 – 더글러스 생산함수: 1차동차생산함수

② 규모보수증가 기업은 평균생산비가 감소하므로 독점기업이 되며, 이를 자연독점이라고 한다.

③ 규모보수감소 기업은 다른 기업에 비하여 평균생산비가 증가하므로 시장에서 퇴출된다.

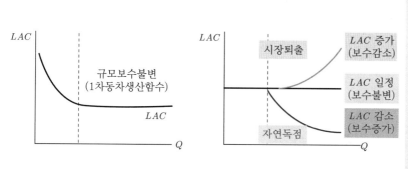

[왼쪽: 경험적 LAC 곡선]

• 규모보수불변(1차동차생산함수. 콥 – 더글러스생산함수)

[오른쪽: 자연독점]

• 지속적으로 규모보수가 증가할 경우 (LAC 감소) 자연독점기업이 되고 규모보수감소 기업(LAC 증가)은 시장 퇴출

5. 비용변화와 비용곡선

① 기술진보(요소절약)가 일어나거나 요소가격이 하락하면 생산비가 감소한다.

② 생산비가 감소하면 모든 장·단기비용곡선이 하방으로 이동한다.

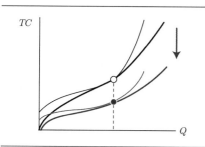
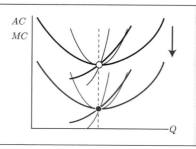

[기술진보, 요소가격 하락]

• 기술진보나 요소가격이 내리면 장단기 비용 감소

• 따라서 장단기 모든 비용곡선은 하방이동

연습문제

01 아래 표는 생산요소가 노동(L)만이 있다고 가정할 때 어느 기업의 총생산물(TP), 한계생산물(MP), 평균생산물(AP)이다. (   ) 안의 값은 각각 얼마인지 쓰시오.

요소투입량(L)	TP	MP	AP
1	(①)	50	50
2	(②)	40	(③)
3	120	(④)	40

해설
- 총생산물(TP): $TP = L \times AP$, $\quad TP = \Sigma MP$

  ▶ 평균생산물(AP): $AP = \dfrac{TP}{L}$

  ▶ 한계생산물(MP): $MP = \dfrac{\triangle TP}{\triangle L}$

정답
① $TP = L \times AP = 1 \times 50 = 50$
② $TP = \Sigma MP = 90$
③ $AP = \dfrac{TP}{L} = \dfrac{90}{2} = 45$
④ $MP = \dfrac{\triangle TP}{\triangle L} = 30$

02 노동(L)과 자본(K)의 투입량과 그에 따른 생산량이 아래와 같다. 생산의 1) 단기, 2) 요소대체 및 3) 규모확대 시에 나타나는 물리적 현상을 설명하시오.

[자본투입량]	[생산량]				
4K	100	140	180	200	
3K	90	120	150	180	
2K	70	100	120	140	
1K	50	70	90	100	
0	1L	2L	3L	4L	[노동투입량]

정답
1) 단기: 자본투입량이 각각 고정된 상태에서, 노동투입량이 증가할 때 한계생산물 체감
2) 장기 요소대체: 생산량 100개일 때

  ┌ 노동 1단위에서 2단위로 늘릴 때 자본은 4단위에서 2단위로 줄여야 함. 따라서, $MRTS = 2$
  └ 노동 2단위에서 4단위로 늘릴 때 자본은 2단위에서 1단위로 줄여야 함. 따라서, $MRTS = 0.5$

  따라서, 한계대체율($MRTS$) 체감

3) 장기 규모확대: 노동과 자본 투입량이 동시에 증가할 때 생산량이 정비례 증가. 따라서 규모보수불변

03 다음 각 그림에 나타나는 변화에 대한 다음 질문에 답하시오. (단, PPC 는 생산가능성곡선이다.)

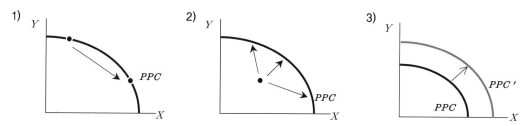

3-1 1) 변화의 내용과 이러한 변화가 가져올 현상에 대하여 설명하시오.

3-2 2) 변화를 가져올 수 있는 요인 두 가지를 제시하시오.

3-3 3) 변화의 원인이 될 수 있는 세 가지 요인을 제시하시오.

> **정답** **3-1.** 생산가능성 곡선상에서 X 재 생산량 증가, Y 재 생산량 감소
> 한계변환율(MRT_{XY}) 체증. Y 재 수량으로 표시한 X 재 생산의 사회적 기회비용 체증
>
> **3-2.** 노동과 자본의 실업 감소, 생산요소 사용의 효율성 개선
>
> **3-3.** 노동투입량 증가(인구 증가), 자본투입량 증가(투자 증가), 기술진보

Chapter 10 | **비용함수**

04 ○○커피숍의 손익계산서가 다음과 같다. 이 커피숍의 경제적 이윤이 얼마인지 쓰시오.   일반사회(객관식) 09

• 총수입: 10억 원
• 총비용: 임금 3억 원,　　　　　　　귀속 임금 1억 원 　　　　　건물임대료 1억 원,　　　　귀속 건물임대료 5천만 원 　　　　　이자 1억 원,　　　　　　귀속 이자 5천만 원 　　　　　재료비 1억 원,　　　　　홍보비 1억 5천만 원 　　　　　정상이윤 5천만 원

> **해설** 경제적 비용＝명시적 비용(회계적 비용 ; 임금 3억, 건물임대료 1억, 이자 1억, 재료비 1억, 홍보비 1억 5천만)
> 　　　　　　＋ 잠재적 비용(귀속 임금 1억, 귀속 건물임대료 5천만, 귀속 이자 5천만, 정상이윤 5천만)
> 　　　　　　＝7억5천만 ＋ 2억5천만 ＝ 10억(원)
> **정답** 경제적 이윤＝총수입(10억 원)－경제적 비용(10억 원)

05 (주)남부의 비용함수는 $C = 100 + Q^2$ 이며, 현재 10개를 생산하고 있다고 한다.

5-1 평균고정비용(AFC), 평균가변비용(AVC) 및 한계비용(MC)을 구하고 그 의미를 설명하시오.

5-2 비용함수를 근거로 이 회사에 나타나고 있는 생산의 물리적 현상을 설명하시오.

5-3 현재 이 회사 근로자들의 평균생산성(AP_L)과 한계생산성(MP_L)의 크기를 비교하여 설명하시오.

해설 **5**-1. $TC = 100 + Q^2$. 생산량 10개. 총비용함수에 상수항이 존재하므로 단기비용함수

- $TFC = 100$　　　　　　　　(고정)자본비용. 생산량이 0일 경우에도 발생하는 비용
- $TVC = Q^2 = 100$　　　　　(가변)노동비용
- $AFC = \dfrac{TFC}{Q} = \dfrac{100}{10} = 10$　　　　　　　　생산물 단위당 자본비용
- $AVC = \dfrac{TVC}{Q} = \dfrac{Q^2}{Q} = Q = 10$　　　　　　생산물 단위당 노동비용
- $MC = \dfrac{dTC}{dQ} = \dfrac{dTFC}{dQ} + \dfrac{dTVC}{dQ} = 2Q = 20$　　생산물 1단위 추가생산 시, 증가하는 총가변비용(노동비용)

　　(단, $\dfrac{dTFC}{dQ} = 0$)

5-2. 총비용함수에 상수항이 존재하며 이는 총고정비용(자본비용)을 의미. 따라서 단기비용함수.

　　한계비용과 노동의 한계생산물(MP_L)은 역의 관계.

　　생산량이 증가할 때, 한계비용($2Q$)이 증가하므로 한계생산물 감소. 따라서 단기 수확체감현상이 나타나고 있음

5-3. 평균가변비용과 노동의 평균생산물(AP_L)은 역의 관계.

　　생산량이 증가할 때, 평균가변비용(Q)이 증가하므로 평균생산물(AP_L) 감소.

　　평균생산물(AP_L)이 감소하면 한계생산물(MP_L)은 평균생산물(AP_L)보다 작음

06 단기비용함수는 단기의 물리적 현상인 궁극적 수확체감법칙을 반영하여 도출된다고 한다. 수확체감 현상이 나타나는 상황에서 생산을 늘려나갈 때 한계비용(MC), 평균가변비용(AVC), 평균고정비용(AFC) 및 전체 평균비용(AC)의 변화를 설명하시오.

해설　• 단기 생산함수와 비용함수

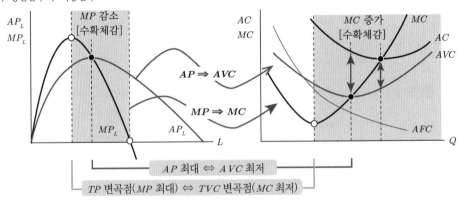

• 수확체감(MP) 체감 상황에서,

　▶ 한계비용(MC) 증가
　▶ 평균가변비용(AVC), 평균비용(AC) 증가
　▶ 평균고정비용(AFC)은 생산량이 증가할 때 지속적으로 감소

생산물시장이론

박지훈의
친절한 경제학

완전경쟁시장

I 완전경쟁시장의 특징

① 다음 조건을 만족하는 시장이 **완전경쟁시장**(perfectly competitive market)이다.
② 이 경우 생산자와 소비자는 모두 **가격수용자**(price taker)가 된다.
③ 이는 개별 기업이나 소비자가 시장가격을 변화시킬 수 없다는 것을 의미한다.
④ 또한 **일물일가**(一物一價)의 법칙이 성립하여 어디서나 가격이 동일하다.

> ▶ 수요자(소비자)와 공급자(생산자)가 각각 무수히 많다.
>
> 　**예** 셰퍼드(W. G. Shepherd) 기준 : 기업매출액이 시장 매출액의 2% 이하
> 　　　　　　　　　　　　　　　　따라서 기업의 수는 최소한 50개 이상
>
> ▶ 공급자가 생산하는 상품이 모두 동질적이다.
> ▶ 수요자와 공급자 모두 시장진입과 퇴출이 자유롭다.
> ▶ 시장참가자는 시장과 관련된 모든 정보를 공유한다(완전정보의 가정).

II 단기균형과 단기공급곡선

기업은 자신의 단기비용함수 하에서 이윤이 극대화되도록 생산한다(단기균형).
이윤은 수입에서 비용을 뺀 것이다.
기업의 수입함수는 생산물시장 형태에 따라 달라지지만 비용함수는 차이가 없다.
기업의 단기균형으로부터 기업의 단기공급곡선이 도출된다.

01 수입함수

1. 일반적 수입함수

(1) 총수입(TR)

총수입(total revenue)은 기업의 매출액이며 가격과 판매량을 곱한 값이다.

(2) 평균수입(AR)

① 평균수입(average revenue)은 생산물 단위당 수입이며, 총수입을 공급량으로 나눈 값(TR / Q)이다.

② 따라서 평균수입은 생산물시장의 형태에 관계없이 항상 시장가격과 같으며, 기업의 평균수입곡선은 그 기업의 수요곡선(D_i)의 의미를 갖는다.

(3) 한계수입(MR)

① 한계수입(marginal revenue)은 생산물을 한 단위 추가 생산할 때 증가하는 수입이며, 총수입함수를 공급량으로 미분하여 계산한다.

② 한계수입은 생산물시장 형태에 따라 시장가격과 다를 수 있다.

⊙ **총수입(TR) : $TR = P \cdot Q$** (단, P : 시장가격, Q : 개별기업 공급량)

⊙ **평균수입(TR) :** 생산물 단위당 수입

▸ $AR = \dfrac{TR}{Q} = \dfrac{P \cdot Q}{Q} = P$

▸ 평균수입은 생산물시장 형태에 관계없이 항상 시장가격과 동일

▸ 따라서 기업의 평균수입곡선은 그 기업의 수요곡선

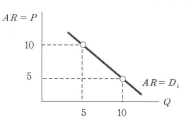

▸ 5개 판매 시 평균수입(=시장가격) 10원

▸ 기업은 가격이 10원일 때 5개를 팔 수 있으므로, 기업의 평균수입곡선은 기업의 수요곡선

⊙ **한계수입(MR) :** 추가 생산 시 증가하는 수입

▸ $MR = \dfrac{dTR}{dQ} = \dfrac{d(P \cdot Q)}{dQ} = P + \left(Q \cdot \dfrac{dP}{dQ} \right)$

▸ 완전경쟁기업의 경우, 생산량 증가 시 가격 불변$\left(\dfrac{dP}{dQ} = 0 \right)$.

   따라서 한계수입(MR) = 시장가격(P)

▸ 불완전경쟁기업의 경우, 생산량 증가 시 가격 하락$\left(\dfrac{dP}{dQ} < 0 \right)$.

   따라서 한계수입(MR) < 시장가격(P)

---

2. 완전경쟁기업의 수입함수

완전경쟁기업은 가격수용자이므로 공급량이 변화해도 가격은 변하지 않는다.

(1) 총수입(TR)

① 공급량이 증가할 때 가격이 변화하지 않으므로 총수입이 일정하게 증가한다.

② 따라서 총수입곡선은 원점에서 우상향하는 직선이며 기울기는 가격과 같다.

(2) 평균수입(AR)

① 기업의 평균수입은 시장가격과 같으며 공급량이 변화해도 변화하지 않는다.

② 평균수입곡선(기업 수요곡선)은 시장가격 수준에서 수평선이며, 기업수요 가격탄력도(ε_{Di})는 무한대이다.

(3) 한계수입(MR)

① 공급량이 변화해도 가격이 변하지 않으므로 한계수입이 시장가격과 같다.

② 따라서 한계수입과 평균수입이 같으며, 한계수입곡선도 수평선이 된다.

③ 아모로소 - 로빈슨 공식은 한계수입과 가격의 관계를 보여주는 공식이다.

⊙ 완전경쟁기업의 수입함수

▸ 총수입: $TR = \overline{P} \cdot Q$ (단, $P = \overline{P}$. 기업 공급량이 변해도 시장가격 불변)

▸ 평균수입: $AR = \dfrac{TR}{Q} = \dfrac{P \cdot Q}{Q} = \overline{P}$

▸ 한계수입: $MR = \dfrac{dTR}{dQ} = P + \left(Q \cdot \dfrac{dP}{dQ} \right) = \overline{P}$ (단, $\dfrac{dP}{dQ} = 0$)

⊙ 아모로소 - 로빈슨(Amoroso - Robinson) 공식: 한계수입과 개별기업수요 가격탄력도의 관계

$$MR = P \left(1 - \dfrac{1}{\varepsilon_{Di}} \right) \quad \text{(단, } \varepsilon_{Di} : \text{개별기업수요의 가격탄력도)}$$

▸ 완전경쟁기업: $\varepsilon_{Di} = \infty$ ∴) $MR = P$

▸ 불완전경쟁기업: $\varepsilon_{Di} < \infty$ ∴) $MR < P$

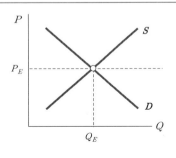

[완전경쟁시장]

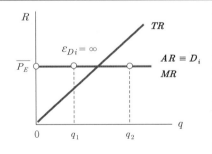

[완전경쟁 개별기업]

[완전경쟁기업 수입곡선]

- 평균수입곡선($AR = \overline{P_E}$)
  시장가격 수준에서 수평선

- 한계수입곡선($MR = \overline{P_E}$)
  평균수입곡선과 동일

- 총수입곡선($TR = q \times \overline{P_E}$)
  원점에서 우상향하는 직선

[02] 개별기업 단기균형(이윤극대화)

1. 개별기업 단기균형

① 한계수입과 한계비용이 같아지도록 생산할 때 이윤이 극대화된다(필요조건).

② 단, 한계비용곡선의 기울기(MC')가 한계수입곡선의 기울기(MR')보다 커야 하며(충분조건), 이 조건을 만족하지 않을 경우는 손실이 극대화된다.

③ 이때의 이윤은 정상이윤을 초과하여 나타나는 것이므로 초과이윤이라고 한다.

④ 이 조건은 모든 생산물시장 기업의 장·단기 균형에 동일하게 적용된다.

- 단기균형조건(이윤극대화조건)
  - ▶ 필요조건: $MR = MC$　　　(단, MR: 한계수입, MC: 한계비용)
  - ▶ 충분조건: $MR' < MC'$　　　(단, MR': MR 기울기, MC': MC 기울기)

  예제 기업 총비용함수는 $TC = Q^2 + 3Q + 10$, 시장가격이 13일 때 균형생산량은?
  - ▶ 필요조건: $MR = MC$ ⇒ $13 = 2Q + 3$ ⇒ $2Q = 10$　∴) $Q = 5$
    (단, $MR = 13$ 시장가격, $MC = 2Q + 3$)
  - ▶ 충분조건: $MR' < MC'$ ⇒ $0 < 2$　∴) 충분조건 만족 (단, $MR' = 0$, $MC' = 2$)

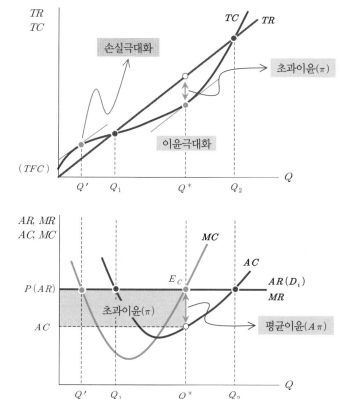

[완전경쟁기업 단기균형]

- 필요조건: $MR = MC$
  - ▶ TR곡선 기울기($TR' = MR$)와 TC 곡선 기울기($TC' = MC$)가 같은 두 점(Q', Q^*)에서 TR곡선과 TC곡선 수직거리(이윤) 최대
  - ▶ 따라서 이윤극대화 필요조건은 $MR = MC$

- 충분조건: $MR' < MC'$
  - ▶ Q^* 점과 Q'점에서 필요조건 만족. 이때,
  - ▶ Q^*점: 한계수입곡선 기울기(MR')보다 한계비용곡선 기울기(MC')가 큼. 따라서 이윤극대화
  - ▶ Q'점: 한계수입곡선 기울기(MR')보다 한계비용곡선 기울기(MC')가 작음. 따라서 손실극대화

- 초과이윤(π): Q^* 점에서,
  - ▶ $\pi = TR - TC$.　　　(그림에서 수직거리)
  - ▶ $\pi = Q^* \times (AR - AC)$ (그림에서 면적).
    (단, $AR - AC$: 평균이윤($A\pi$)]

2. 단기균형조건의 증명

① 필요조건($MR = MC$)을 만족하지 않으면 이윤이 극대화되지 않는다.

② 충분조건($MR' < MC'$)을 만족하지 않는 경우는 손실이 극대화된다.

> ⊙ 필요조건($MR = MC$) 증명
>
> ‣ 한계수입(MR) > 한계비용(MC) : 한계이윤($MR - MC$) 존재, 생산량을 늘리면 이윤 증가
> ‣ 한계수입(MR) < 한계비용(MC) : 한계손실($MC - MR$) 존재, 생산량을 줄이면 손실 감소
>
> ⊙ 충분조건($MR' < MC'$) 증명 : $MR' > MC'$ 일 경우, 손실 극대화

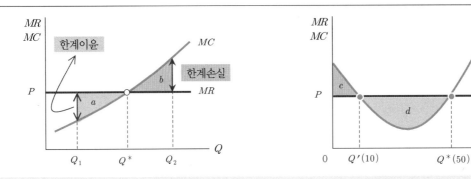

[필요조건: $MR = MC$] [충분조건: $MR' < MC'$]

- Q_1 : $MR > MC$. 한계이윤 존재, 생산 증대 시 이윤 증가(a)
- Q_2 : $MR < MC$. 한계손실 발생, 생산 축소 시 손실 감소(b)
- $Q'(10)$ 생산 시, 손실(c), $Q^* - Q'(40)$ 생산 시 이윤(d)
- $Q^*(50)$ 생산 시, 이윤($d - c$)

3. 단기 초과이윤 여부

① 이윤극대화 조건을 만족하는 생산량 수준에서, 가격(평균수입)이 평균비용보다 높으면 초과이윤이 존재하고, 평균비용보다 낮으면 손실이 발생한다.

② 가격과 평균비용이 같으면 초과이윤은 존재하지 않으며 정상이윤만 존재한다.

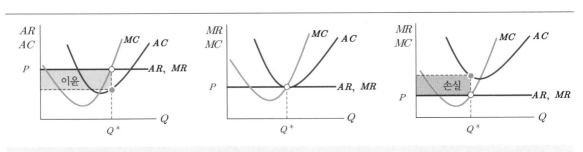

[$P = AR > AC$: 이윤 극대] [$P = AR = AC$: 이윤 0 (정상이윤)] [$P = AR < AC$: 손실 극소]

03 개별기업 단기공급곡선

1. 개별기업 단기공급곡선

① 이윤극대화 조건은 한계수입과 한계비용이 같을 때($MR = MC$)이고, 완전경쟁기업의 한계수입은 시장가격과 같다($P = MR$).

② 따라서 완전경쟁기업은 시장가격과 한계비용이 같아지는 점($P = MR = MC$)에서 생산하며 가격과 생산량이 한계비용곡선상에서 결정된다.

③ 가격이 평균비용보다 높을 경우($P_0 = AR > AC$)에는 초과이윤이 존재한다.

④ 가격이 평균비용과 같을 경우($P_1 = AR = AC$)는 초과이윤이 없다(손익분기점).

⑤ 가격이 평균비용보다 낮지만 평균가변비용보다는 높을 경우($AVC < P_2 < AC$)에는 손실이 발생하지만 총수입이 총가변비용보다 많다.

⑥ 이 경우, 총고정비용(자본비용)의 일부를 충당할 수 있으므로 생산을 계속한다.

⑦ 가격이 평균가변비용과 같을 경우($P_3 = AR = AVC$)는 총수입이 총가변비용과 같아서 총고정비용 전체가 손실이 된다.

⑧ 시장가격이 이 수준(P_3) 이하로 내리면 총수입이 총가변비용(가변노동비용)보다 작아지므로 생산을 중단한다(조업중단점).

⑨ 결국 개별기업의 단기공급곡선은 **평균가변비용곡선 위의 한계비용곡선**이 된다.

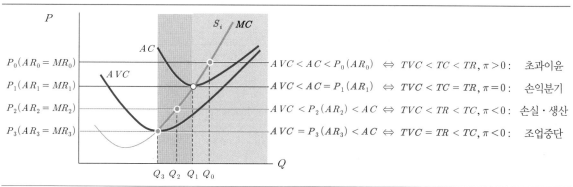

[단기균형]	[수입과 비용 (단, $P = AR$)]		[초과이윤 및 생산 여부]	
P_0 : Q_0 생산	$AVC < AC < P_0(AR)$	$\Rightarrow \quad TVC < TC < TR$	초과이윤 존재	생산
P_1 : Q_1 생산	$AVC < AC = P_1(AR)$	$\Rightarrow \quad TVC < TC = TR$	초과이윤 없음 (정상이윤만 존재)	생산 (손익분기점)
P_2 : Q_2 생산	$AVC < P_2(AR) < AC$	$\Rightarrow \quad TVC < TR < TC$	손실 (손실액 < 총고정비용)	생산
P_3 : Q_3 생산	$AVC = P_3(AR) < AC$	$\Rightarrow \quad TVC = TR < TC$	손실 (손실액 = 총고정비용)	생산 (조업중단점)
P_3 미만	$P(AR) < AVC < AC$	$\Rightarrow \quad TR < TVC < TC$	손실 (손실액 > 총고정비용)	생산 중단

■ 개별기업 공급곡선: AVC곡선 위의 MC곡선. 단기공급곡선(MC곡선)이 우상향하는 것은 수확체감(MP_L) 법칙 때문

2. 손익분기점과 조업중단점

① 균형조건($MR = MC$)을 만족하는 생산점(Q_1^*)에서, 시장가격과 평균비용이 같으면 초과이윤이 존재하지 않으므로 이 점이 손익분기점($P = AC$)이다.

② 완전경쟁기업의 손익분기점은 평균비용곡선 최저점이며, 이 점에서 평균비용곡선의 기울기(AC')는 0이 된다.

③ 균형조건($MR = MC$)을 만족하는 생산점(Q_2^*)에서 시장가격과 평균가변비용이 같으면 고정비용 전체가 손실이 되므로 이 점이 조업중단점($P = AVC$)이다.

④ 완전경쟁기업의 조업중단점은 평균가변비용곡선 최저점이며, 이 점에서 평균가변비용곡선의 기울기(AVC')는 0이 된다.

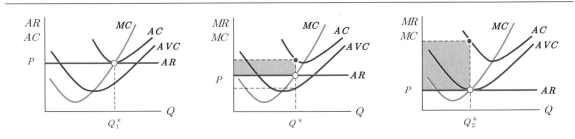

[손익분기점]	[손실보며 생산]	[조업(생산)중단점]
$P = AR = AC, \quad AC' = 0$	$AVC < P = AR < AC$	$P = AR = AVC < AC, \quad AVC' = 0$

예제 완전경쟁기업 비용함수가 $TC = Q^3 - 6Q^2 + 12Q + 32$ 일 때, 조업중단점 생산량과 시장가격은?

▶ **조업중단점**: 평균가변비용곡선 최저점. 이 점에서 평균가변비용곡선 기울기 0

$$AVC = \frac{TVC}{Q} = \frac{Q^3 - 6Q^2 + 12Q}{Q} = Q^2 - 6Q + 12, \quad AVC' = \frac{dAVC}{dQ} = 2Q - 6 = 0 \quad \therefore) \ Q = 3$$

▶ 조업중단점(평균가변비용 최저점)에서는 평균가변비용이 시장가격

$Q = 3$일 때, $AVC = Q^2 - 6Q + 12 = 3 \quad \therefore) \ P = 3$

Ⅲ 장기균형

1. 장기균형 성립과정

① 단기에 개별기업에 초과이윤이 존재할 경우, 기존 기업은 자본설비를 확대하고, 새로운 기입이 시장에 진입하게 된다.

② 따라서 시장공급이 증가하여 시장가격이 내리며 초과이윤이 감소한다.

③ 결국, 초과이윤이 0이 되는 기업의 장기평균비용곡선 최저점까지 시장가격이 내리며 이 점에서 장기균형이 이루어지게 된다.

> ⊙ 단기 초과이윤($P_0 = AR > AC$)이 존재할 경우
>
> ⇒ [기존기업: 평균비용 최저인 최적시설규모(K^*)까지 자본설비 확대
>   신규기업 진입
>
> ⇒ 시장공급 증가(시장공급곡선 우측이동)
>
> ⇒ 장기평균비용곡선의 최저점(초과이윤 0)까지 시장가격 하락

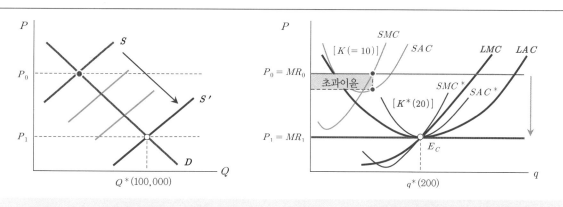

[완전경쟁시장]　　　　　　　　　　　　　[완전경쟁기업]

2. 장기균형의 특징

① 모든 기업이 최적자본설비(K^*)의 평균비용 최저점에서 동일한 생산량을 생산한다.

② 시장가격(평균수입)과 장단기 한계비용 및 평균비용이 모두 같다.

③ 따라서 시장가격이 한계비용과 같은 수준으로 결정(한계비용가격설정)된다.

④ 또한 시장가격이 평균비용과 같은 수준으로 결정되므로 초과이윤은 존재하지 않는다.

⊙ 가격설정: $\underline{P = AR} = \underline{LAC = SAC} = \underline{MR = LMC = SMC}$

▸ $P = AC$ 장기에 초과이윤 0, 이는 소득분배의 공평을 의미
▸ $P = MC$ 한계비용가격설정, 따라서 효율적 가격설정

⊙ 생산물 생산: 가장 낮은 가격수준에서 가장 많이 생산. 따라서 효율적 생산

⊙ 자본설비의 보유와 사용

▸ 보유: 최적시설규모(K^*)로 생산. 따라서 효율적 자본설비 보유
▸ 사용: 최적시설규모의 평균비용(SAC^*)이 최저가 되는 점에서 생산
따라서 자본설비를 가장 효율적으로 사용

Ⅳ | 완전경쟁시장의 후생평가

1. 자원배분의 효율성

(1) **가격설정의 효율성** : 한계비용가격설정

① 장·단기 모두 시장가격이 한계비용과 같다.

② 가격이 한계비용과 같은 수준으로 결정(한계비용 가격설정)되면 생산물의 생산과 소비에 따른 총편익(경제적잉여)이 극대화된다.

③ 따라서 가격이 효율적인 수준으로 설정된 것으로 평가한다.

④ 독점 등 불완전경쟁시장의 경우는 시장가격이 기업의 한계비용보다 높은 수준으로 결정되며, 가격설정이 비효율적이다.

> ⊙ 단기균형상태 : $\underline{P(=AR)} \lessgtr \underline{AC} = \underline{MR = MC}$
>
> ⊙ 장기균형상태 : $\underline{P(=AR)} = \underline{LAC(=SAC)} = \underline{MR = LMC(=SMC)}$

(2) **생산물 생산의 효율성**

① 장기균형에서는 최적시설규모의 자본설비하에서 평균비용이 최저인 수준에서 생산한다.

② 따라서 생산물이 가장 싼 가격으로 많이 생산되므로 생산이 효율적이다.

(3) **자본설비 사용의 효율성**

① 장기에 보유하는 자본시설규모의 평균비용이 최저가 되는 점에서 생산한다.

② 따라서 보유하고 있는 자본설비를 가장 효율적으로 사용한다.

2. 소득분배의 공평성　　　　◀ 평균비용가격설정$(P=AC)$

① 완전경쟁시장의 경우에도 소득분배의 공평성은 보장되지 않는다.

② 그러나 장기에는 가격이 평균비용과 같으므로 초과이윤은 없으며 정상이윤만 존재한다.

③ 따라서 완전경쟁시장의 요소공급자는 기회비용(요소의 생산성)만큼만 보수를 받게 되므로 독점 등 불완전경쟁시장보다는 공평한 소득분배가 이루어진다.

CHAPTER 12 독점시장

I 독점시장의 정의

1. 독점시장의 특징

① 공급자가 유일(唯一)하며 밀접한 대체재도 존재하지 않는다.

② 완전한 진입장벽이 존재한다.

③ 따라서 독점기업 생산물에 대한 시장수요곡선은 독점기업의 수요곡선이 되며, 독점기업이 생산량을 결정하면 수요곡선상에서 가격(평균수입)이 결정된다.

④ 이와 같이 독점기업은 공급량을 조정하여 시장가격을 결정할 수 있으므로 가격설정자(price maker)가 되며 시장지배력(market power)을 갖는다.

> ▶ 독점기업 상품의 교차탄력도
>
> ▸ 독점기업 상품과 밀접한 대체재가 적을수록 독점도가 큼.
> ▸ 이 경우 독점기업 상품과 다른 상품과의 교차탄력도는 작음.
> ▸ 독점기업이 자신의 상품과 교차탄력도가 큰 상품을 생산하는 기업과 합병하는 경우, 시장이 독과점화된 것으로 볼 수 있음.

2. 독점의 생성원인 : 진입장벽(entry barrier)

① 특정 기업이 규모확대할 때 계속해서 규모보수가 증가(평균비용 감소)할 경우, 평균비용이 지속적으로 감소하므로 이 기업에 의해 시장이 독점화되며, 이를 자연독점이라고 한다.

② 특정 기업이 생산에 필요한 원재료를 독점하는 경우 생산물시장이 독점화된다.

③ 정부의 정책이나 법적 조치에 의해 특정 산업이 독점화될 수 있다.

　　　예 특허권(지적소유권), 정부의 인허가, 특수목적 진입규제(철도, 전기, 수도 등)

④ 특정 기업의 차별화된 상품 공급, 덤핑[부담 염매(廉賣)행위] 등에 의해 독점화될 수 있다.

⑤ 특정 기업이 대규모 유휴시설을 보유하는 경우나 흡수·합병(M&A) 등을 통해서도 독점화될 수 있다.

Ⅱ 독점기업 단기균형

01 독점기업 수입곡선

1. 평균수입(AR)과 총수입(TR)   📖 Chapter 04. 수요와 공급의 탄력도 참조

① 시장수요곡선이 독점기업의 수입곡선이며 평균수입곡선이 된다.

② 수요곡선이 우하향할 경우, 생산량이 증가할 때 독점기업의 총수입(소비지출액)은 증가하다가 감소하며 가격탄력도가 1인 점에서 최대가 된다.

2. 한계수입(MR)

① 한계수입은 총수입곡선 기울기이며 총수입 극대점에서 한계수입은 0이 된다.

② 따라서 시장수요곡선(독점기업 평균수입곡선)이 우하향하는 직선일 경우, 수요곡선상 중점(中點)에서 총수입이 최대가 되고 한계수입은 0이 된다.

③ 결국 한계수입곡선 기울기는 시장수요곡선 기울기의 두 배가 된다.

⊙ 독점기업의 수입함수   ■ 불완전경쟁기업(독점적 경쟁기업, 과점기업) 모두 동일

▸ 총수입 : $TR = P \cdot Q$ (단, 공급량 증가 시 시장가격 하락)

▸ 평균수입 : $AR = \dfrac{TR}{Q} = \dfrac{P \cdot Q}{Q} = P$ (단, 공급량 증가 시 평균수입 감소)

▸ 한계수입 : $MR = \dfrac{dTR}{dQ} = P + \left(Q \cdot \dfrac{dP}{dQ} \right) < \overline{P}$ (단, $\dfrac{dP}{dQ} < 0$)

(단, 공급량 증가 시 한계수입 감소. $P = AR < MR$)

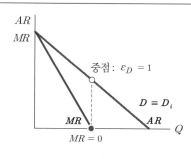

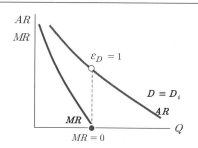

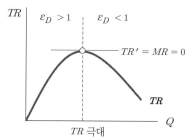

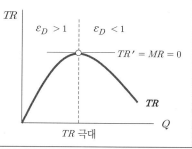

[독점기업 수입곡선]

• 평균수입곡선 : 시장수요곡선(독점기업의 수요곡선)

• 한계수입곡선 : 시장수요곡선 아래에 위치하며 급함. 시장수요곡선이 우하향 직선이면 한계수입곡선 기울기는 수요곡선 기울기 두 배

• 총수입곡선 : 가격 하락 시 탄력적 구간에서 총수입 증가, 비탄력적 구간에서 감소. 따라서 가격탄력도가 1인 점에서 총수입 극대

02 독점기업 단기균형

1. 단기균형

① 독점기업도 이윤극대화 조건($MR = MC$, $MR' < MC'$)에 따라 생산한다.

② 이윤극대화 생산량이 결정되면 수요곡선상에서 독점가격이 결정된다.

③ 한계비용이 부$(-)$일 수 없으므로 수요곡선상 탄력적 구간에서 결정된다.

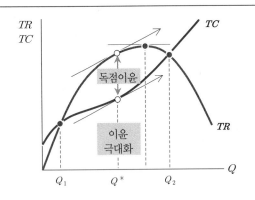

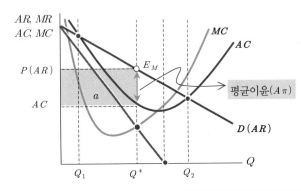

[독점기업 단기균형]

• 이윤극대화 필요조건 : $MR = MC$

  ▸ TR곡선 기울기($TR' = MR$)와 TC곡선 기울기 ($TC' = MC$)가 같은 점(Q^*)에서 생산

  ▸ TR 곡선과 TC 곡선 수직거리(이윤) 극대

  ▸ 독점이윤(π)의 측정
    $$\pi = 총수입(TR) - 총비용(TC) \quad (수직거리)$$
    $$= QM \times (AR - AC) = a$$

  ▸ $MR = 0$ 인 점에서 수요의 가격탄력도$= 1$. 따라서 독점균형은 언제나 탄력적인 점에서 이루어짐

• 이윤극대화 충분조건 : $MR' < MC'$

  ▸ 필요조건을 만족하는 두 생산점 Q_1, Q^*

  ▸ 이때 Q_1 생산량은 충분조건 위배

2. 단기균형조건(이윤극대화조건)과 필요조건의 증명

완전경쟁기업의 경우와 모두 동일하다.

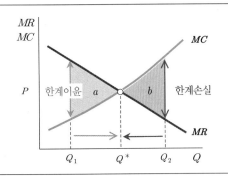

[필요조건 : $MR = MC$]

• Q_1 : $MR > MC$. 한계이윤 발생

  생산량 증가할 때 이윤 추가(a)

  따라서, 생산량 늘려야 이윤극대화

• Q_2 : $MR < MC$. 한계손실 발생

  생산량 감소할 때 과잉생산에 따른 손실 감소(b)

  따라서, 생산량 줄여야 이윤극대화

3. 독점이윤 실현 여부

① 단기에는 완전경쟁기업의 경우와 마찬가지로 비용조건과 수요의 크기에 따라 이윤이 0 또는 부(−)가 될 수 있다.

② 장기에는 완전경쟁의 경우와 달리 반드시 독점이윤이 존재한다.

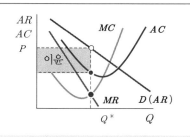 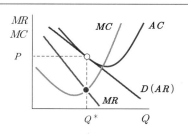 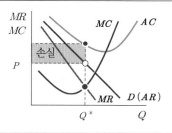

[$P = AR > AC$: 이윤 극대]　　　[$P = AR = AC$: 이윤 0 (정상이윤)]　　　[$P = AR < AC$: 손실 극소]

 가격과 한계비용의 관계

- **이윤극대화조건**: $MC = MR$

- **아모로소 − 로빈슨공식**: $MR = P\left(1 - \dfrac{1}{\varepsilon_{Di}}\right)$

- **이윤극대 시, 가격과 한계비용의 관계**: 이윤극대화조건에 아모로소 − 로빈슨공식 대입하여 도출

$$MC = MR \ \Rightarrow \ MC = P\left(1 - \dfrac{1}{\varepsilon_{Di}}\right) \ \Rightarrow \ P = MC\left(\dfrac{\varepsilon_{Di}}{\varepsilon_{Di} - 1}\right) \ \text{또는,} \ \ P = \dfrac{MC}{1 - \dfrac{1}{\varepsilon_{Di}}}$$

03 독점기업 단기공급곡선

1. 단기공급곡선

① 주어진 비용조건과 시장수요의 크기에 따라 그때그때 이윤극대화 공급량과 가격이 결정된다.

② 따라서 완전경쟁기업과 달리 일정한 형태의 공급곡선은 존재하지 않는다.

2. 손익분기점과 조업중단점

① 손익분기점과 조업중단점은 완전경쟁기업의 경우와 모두 같다.

② 시장가격이 평균비용과 같을 경우에는 이윤이 존재하지 않는다(손익분기점).

③ 시장가격이 평균비용보다 낮아서 손실을 보더라도 가격이 평균가변비용보다 높을 경우에는 고정비용의 일부를 충당할 수 있으므로 생산을 계속한다.

④ 시장가격이 평균가변비용보다 낮을 경우 생산을 중단한다(조업중단점).

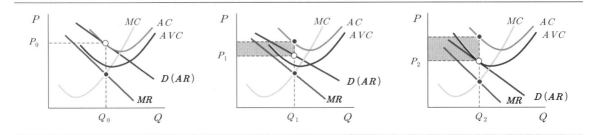

$[P = AR = AC : 독점이윤 0]$ $[AVC < P = AR < AC : 손실. 생산]$ $[P = AR = AVC < AC : 손실. 중단]$

 개념정리 불완전경쟁기업의 목표별 균형조건

- **이윤극대화**: $MR = MC$인 생산량 수준에서 이윤극대화
- **수입극대화**: $MR = 0$인 생산량 수준에서 총수입극대화. 이 점에서 수요의 가격탄력도 1
  수요곡선이 우하향 직선일 경우는 수요곡선상 중점(中點)

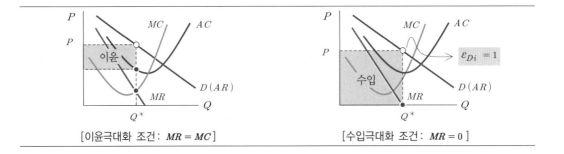

[이윤극대화 조건: $MR = MC$]   [수입극대화 조건: $MR = 0$]

Ⅲ 독점기업의 장기균형

장기에는 독점이윤이 반드시 존재하고, 진입장벽이 존재한다.

1. 장기균형 성립과정

모든 자본규모를 고려하여 장기비용을 도출한 후 시장수요에 따라 생산한다.

⊙ 선택가능한 모든 자본설비규모를 고려하여 장기비용함수 도출

⊙ 장기비용함수와 시장수요에 따라 이윤극대화 생산량 결정(Q_M)

 ▸ 균형생산량(Q_M)을 최저비용으로 생산할 수 있는 적정자본설비규모(K_M^*) 도출

 ▸ 이 자본설비의 평균비용곡선은 장기평균비용곡선 최저점 왼쪽에서 접점

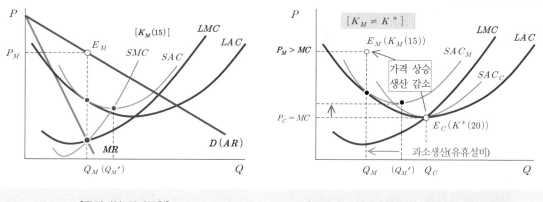

[독점기업 장기균형]　　　　　　　[독점기업 장기균형과 완전경쟁기업 장기균형]

2. 장기균형의 특징

완전경쟁장기에 비하여 가격설정, 생산 및 자본설비의 등이 모두 비효율적이다.

⊙ 가격설정 : $\underline{P(=AR)} > \underline{LAC(=SAC)} > \underline{MR=LMC(=SMC)}$

 ▸ $P > AC$ 장기에 독점이윤. 따라서 소득분배의 불공평을 의미

 ▸ $P > MC$ 한계비용보다 높은 가격. 따라서 비효율적 가격설정

⊙ 생산물 생산

 ▸ 완전경쟁 장기균형보다 높은 가격으로 적게 생산

 ▸ 따라서 비효율적으로 생산

⊙ 자본의 사용

 ▸ 장기 적정 자본설비 규모(K_M^*) 평균비용비용곡선 최저점 좌측에서 생산

 ▸ 따라서 과소생산, 유휴설비 존재. 자본설비를 비효율적으로 사용

Ⅳ 독점시장과 완전경쟁시장

1. 자원배분의 비효율성

(1) 가격설정의 비효율성 : $P > MC$

① 장·단기 모두 시장가격이 한계비용보다 높으므로 가격이 내리고 생산량이 증가하면 사회적 총편익 (경제적잉여)이 증가할 수 있다.

② 따라서 가격설정이 비효율적이다.

> ⊙ 단기균형 : $P\,(=AR) \lessgtr AC > MR = MC$
>
> ⊙ 장기균형 : $P\,(=AR) > LAC\,(=SAC) > MR = LMC\,(=SMC)$

(2) 생산물 생산의 비효율성

① 독점시장 장기균형에서는 완전경쟁일 때에 비하여 가격이 높고 수급량은 적다.

② 따라서 완전경쟁기업에 비하여 생산물 생산이 비효율적이다.

(3) 자본설비 보유와 사용의 비효율성

① 장기에 독점기업은 최적시설규모가 아닌 자본설비로 생산한다. 따라서 자본설비의 보유가 비효율적 이다.

② 독점기업은 장기적정자본설비(K_M^*)하에서 평균비용이 가장 적어지는 생산량(Q_M')보다 적게 생산하므로 자본설비의 사용이 비효율적이다.

③ 이것은 보유하고 있는 자본설비의 일부를 사용하지 않는다는 것을 의미하며 유휴자본설비라고 한다.

2. 소득분배의 불공평성

① 장기에는 가격이 평균비용보다 높아서($P > AC$) 독점이윤이 존재한다.

② 따라서 생산요소에 대하여 기회비용 이상의 보수를 지불할 수 있으므로 완전경쟁시장에 비하여 소득분배가 불공평하게 되는 요인이 된다.

3. 독점화에 따른 사회후생손실

① 완전경쟁시장이 독점시장으로 변화하면 시장가격이 상승하고 시장수급량이 감소하여 경제적잉여가
  감소한다.

② 이를 **자중손실**(deadweight loss; 사중손실, 후생삼각형)이라고 한다.

③ 또한 독점이윤의 보장으로 말미암아 독점기업이 비효율적으로 운영되든지, 진입장벽을 유지하기
  위하여 과도한 비용을 지불하는 등의 경우 독점의 비효율이 더 커질 수 있다.

④ 그러나 독점화 과정에서 기술혁신, 규모확대에 따른 규모보수증가 등에 따라 비용이 대폭 감소하는
  경우는 완전경쟁시장일 때에 비하여 가격이 하락하고 수급량이 증가할 수 있다.

⑤ 이 경우에는 경제적잉여가 오히려 증가한다.

⑥ 슘페터(J. Schumpeter)는 기업의 기술혁신 노력은 독점이윤 때문이라고 하였다.

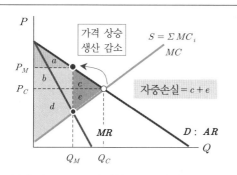

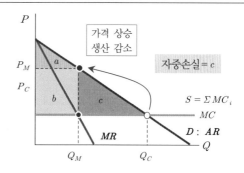

[한계비용이 증가할 때]	[한계비용이 일정할 때]

- 변화 전: 소비자잉여=a+b+c
  생산자잉여=d+e
  경제적잉여=a+b+c+d+e

- 변화 후: 소비자잉여=a　　　　 (감소)
  생산자잉여=b+d　　 (증가)
  경제적잉여=a+b+d (감소). 자중손실 발생

- 변화 전: 소비자잉여=a+b+c
  생산자잉여=0
  경제적잉여=a+b+c

- 변화 후: 소비자잉여=a　　　　 (감소)
  생산자잉여=b　　　 (증가)
  경제적잉여=a+b　　 (감소). 자중손실 발생

Ⅴ | 독점규제

독점시장은 완전경쟁시장에 비하여 자원배분이 비효율적이며 소득분배가 불균등하다. 따라서 가격통제, 조세부과 등의 방법을 통해 규제된다.

1. 가격통제: 최고가격설정

(1) 한계비용가격설정($P = MC$; 최고가격제)

① 독점가격을 한계비용수준으로 통제한다.

② 이 경우 완전경쟁시장과 동일한 시장균형이 이루어져서 가격은 하락하고 시장수급량은 증가하며, 독점이윤이 감소한다.

③ 따라서 자원배분의 효율성이 개선되고 독점이윤 감소에 따라 소득분배 불공평도 개선된다.

> ◉ **자원배분 효율성 개선**: 가격 하락, 시장수급량 증가(사회후생 증가)
>
> ◉ **소득분배 공평성 개선**: 독점이윤 감소

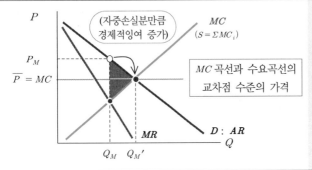

[한계비용가격설정: MC가 증가할 때]

- 한계비용 이상 받을 수 없도록 가격통제(최고가격)
- 가격 하락, 생산 증가. 완전경쟁일 때와 동일한 균형
- 자원배분의 효율성과 소득분배 공평성 모두 개선
- 잉여 변화: 완전경쟁시장이 독점화될 때와 반대
  - ▶ 소비자잉여 증가
  - ▶ 생산자잉여 감소
  - ▶ 경제적잉여 증가(▶: 독점 시 자중손실분)

(2) 자연독점규제의 딜레마

① 자연독점 기업의 경우는 규모보수증가에 따라 평균비용이 감소하므로 한계비용이 평균비용보다 작다.

② 한계비용 수준으로 가격을 통제하면 가격이 평균비용보다 낮으므로 손실이 발생한다. 따라서 한계
비용가격설정이 불가능하다.

③ 따라서 평균비용 수준으로 가격을 통제(평균비용가격설정)하거나 이중가격제를 시행한다.

> ⊙ 평균비용가격설정 : $P = AC$
>
> ▸ 평균비용 수준으로 가격통제. 가격은 하락하고 생산량은 증가하며 독점이윤은 0이 됨
> ▸ 가격 하락, 생산 증가에 따라 자원배분 효율성 개선. 한계비용가격설정 때보다는 비효율적
> ▸ 독점이윤이 0이 되므로 소득분배의 공평성은 개선
>
> ⊙ 이중가격제(two-tier pricing system)　　　(전기요금의 소비량 구간별 가격차별 등)
>
> ▸ 일부 생산물에 대해서는 낮은 가격, 나머지에 대해서는 높은 가격 설정
>
> 　　예 일부 생산물에는 한계비용가격설정($P = MC$)
> 　　　　일부 생산물에는 독점가격(P_M)
>
> ▸ 낮은 가격 설정으로부터 발생하는 손실을 높은 가격 설정으로부터의 이윤으로 보전
>
> ⊙ 이부가격제　　📖 p.200의 '이부가격제' 참조

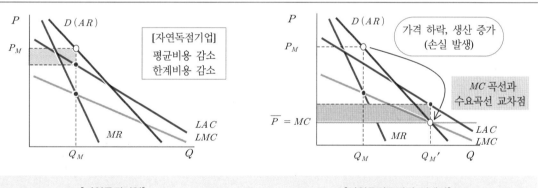

[자연독점기업]　　　　　　　　　　　　　　　　　　[자연독점규제의 딜레마]

2. 조세부과

(1) 정액세(lump‐sum tax; 총괄세)

① 독점규제를 위해 독점기업에 생산량과 무관하게 일정액의 세금을 부과한다.

② 정액세는 고정비용이므로 독점기업의 평균비용만 증가하고 한계비용은 변하지 않는다.

③ 한계비용이 변화하지 않으므로 균형은 변화하지 않고 배분의 효율성도 개선되지 않는다.

④ 그러나 정액세액만큼 독점이윤이 감소하므로 분배의 공평성은 개선된다.

> ▶ **자원배분의 효율성**: 불변. 가격 불변, 시장수급량 불변
>
> ▶ **소득분배의 공평성**: 개선. 총괄세액만큼 독점이윤 감소

(2) 물품세(종량세)

① 독점기업의 생산물에 단위당 세금을 부과한다.

② 물품세는 가변비용이므로 독점기업의 평균비용과 한계비용이 모두 증가한다.

③ 한계비용이 증가하므로 독점균형이 변화하여 가격은 오르고 수급량은 감소한다. 따라서 자원배분의 효율성은 오히려 악화된다.

④ 그러나 종량세액만큼 독점이윤이 감소하므로 분배의 공평성은 개선된다.

> ▶ **자원배분의 효율성**: 악화. 가격 상승, 시장수급량 감소
>
> ▶ **소득분배의 공평성**: 개선. 물품세액만큼 독점이윤 감소

(3) 독점이윤세

① 이윤세는 독점기업의 이윤에 사후적으로 부과되므로 생산비는 변화하지 않는다.

② 따라서 독점균형도 변화하지 않으므로 자원배분의 효율성은 변화지 않는다.

③ 그러나 이윤세액만큼 독점기업의 세후 이윤이 감소하므로 분배의 공평성은 개선된다.

> ▶ **자원배분의 효율성**: 불변. 가격 불변, 시장수급량 불변
>
> ▶ **소득분배의 공평성**: 개선. 이윤세액만큼 독점이윤 감소

Ⅵ 기타

01 가격차별 ◀ 피구(A. Pigou)

1. 가격차별

① 시장지배력을 가진 기업이 시장별로 서로 다른 가격을 매겨서 이윤(매출액)을 늘리고자 하는 것을 가격차별(price discrimination)이라 한다.

② 가격차별은 시장별 수요의 가격탄력도가 현저하게 다르고 시장 간 재판매가 불가능할 경우 가능하다.

③ 가격차별이 이루어지면 전체 시장거래량이 증가하여 생산자잉여(독점이윤)와 경제적잉여는 증가하고 소비자잉여는 감소한다.

④ 소비자잉여가 감소하므로 가격차별은 금지되는 것이 일반적이다.

2. 가격차별의 종류

(Ⅰ) 3차가격차별 ◀ 두 개의 시장으로 나누어 가격차별

① 수요의 가격탄력도가 작은 시장에 높은 가격을 매기면 수요량이 소폭 감소하므로 소비지출액(기업의 매출액, 이윤)이 증가한다.

② 반대로 가격탄력도가 큰 시장에 낮은 가격을 매기면 소비지출액이 증가한다.

③ 시장별 가격은 이윤극대화 조건과 아모로소 - 로빈슨공식에 따라 결정된다.

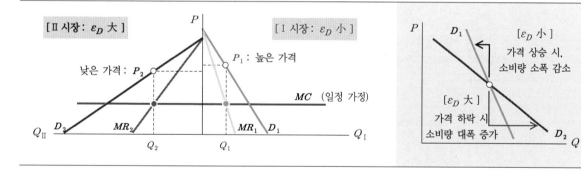

> ⊙ 3차가격차별
>
> $$MR_1 = MC = MR_2 \;\Rightarrow\; P_1\left(1 - \frac{1}{\varepsilon_{D_1}}\right) = MC = P_2\left(1 - \frac{1}{\varepsilon_{D_2}}\right) \quad \text{(단, 1, 2: 개별시장)}$$
>
> ▸ 가격탄력도가 큰 시장(완만한 수요곡선)에 낮은 가격 설정
> ▸ 가격탄력도가 작은(가파른 수요곡선) 시장에 높은 가격 설정
> ▸ 아모로소 - 로빈슨공식과 이윤극대화조건을 시장별로 적용

⑵ 2차가격차별 ◀ 몇 개의 시장으로 나누어 가격차별

① 소비수요량에 따라 몇 개의 수요군으로 나누어 서로 다른 가격을 설정한다.
② 많이 소비하고자 하는 소비자에게는 높은 가격, 적게 소비하고자 하는 소비자에게는 낮은 가격을 설정하여 판매하며, 공공요금 등에 적용하는 차별이다. 📧 소비수량별 전화·전기·수도 요금
③ 구매량에 따라 다른 가격을 설정하므로 소비자의 선호에 따른 가격차별이며, 수요의 가격탄력성에 따라 다른 가격을 설정하는 3차가격차별과는 그 성격이 다르다.
④ 3차가격차별에 비하여 시장거래량이 더 많이 증가하므로 생산자잉여(독점이윤)와 경제적잉여는 더 많이 증가하고 소비자잉여는 더욱 감소한다.

⑶ 1차가격차별(완전가격차별) ◀ 소비자 개인별(상품별)로 가격차별

① 소비자 개인별 선호의 크기에 따라 소비자에게 개별소비자에게 각각 서로 다른 가격을 설정한다.
② 이 경우 시장공급량과 최종 소비자에게 설정되는 가격은 완전경쟁의 경우와 동일하다.
③ 따라서 완전경쟁일 때와 동일한 경제적잉여가 발생한다.
④ 그러나 완전경쟁일 경우의 소비자잉여가 모두 독점이윤(생산자잉여)이 되고 소비자잉여는 전혀 존재하지 않게 된다.

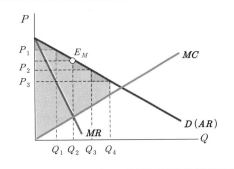

[2차차별] 📧 네 가지 가격 설정
• 차별하지 않거나(E_M) 3차차별일 때에 비해 거래량 증가
• 가격차별하지 않고 Q_4만큼 거래될 때에 비해 소비자잉여는 감소하지만 생산자잉여와 경제적잉여 증가

[1차차별 : 개별소비자별 가격 설정]
• 완전경쟁일 때와 동일한 거래량과 경제적잉여
• 그러나 경제적잉여 전체가 생산자잉여가 되고 소비자잉여는 없음

3. 다른 형태의 가격차별

현실에는 수요의 가격탄력성 차이를 이용하여 다양한 형태의 가격차별이 존재한다.

▶ 조조할인, 심야할인
  ‣ 학생 등 저소득자의 경우 요금이 소득에서 차지하는 비중이 크므로 수요가 탄력적   **예** 대학생 조조할인
  ‣ 따라서 요금을 할인(가격인하)하면 회사의 총수입 증가

▶ 심야 택시 및 버스요금 할증
  ‣ 심야에는 대체 교통수단이 없으므로 승객의 택시나 버스에 대한 수요가 비탄력적
  ‣ 따라서 요금을 할증(가격인상)하면 회사의 총수입 증가

▶ 백화점 바겐세일
  ‣ 일반적으로 백화점 상품은 사치적 성격을 가지므로 수요가 탄력적
  ‣ 따라서 가격을 할인(가격인하)하면 백화점 매출액(총수입) 증가

▶ 할인쿠폰 발행
  ‣ 가격이 등이 소득에서 차지하는 비중 큰 소비자의 경우는 수요가 탄력적
  ‣ 따라서 쿠폰제를 시행하면 회사의 총수입 증가

▶ 주민에 대한 관광입장료 할인
  ‣ 관광지에 대한 현지주민의 수요는 탄력적
  ‣ 따라서 관광지 입장료를 할인하면 회사의 총수입 증가

02 이부가격제

1. 이부가격제(two‑part tariff)

① 독점기업이 소비자에게 특정 상품을 소비할 수 있는 권리를 사게 한 후, 소비량에 따라 가격을 지불하게 하는 가격설정방식이다.

    예 골프장 회원권과 입장료, 놀이공원 입장료와 사용료, 프린터와 전용 잉크 카트리지[高價]

② 소비 권리를 사는 비용을 가입비(entry fee)라고 하고, 사용량에 따른 비용을 사용료(usage fee)라고 한다.

③ 이때 가입비는 소비자잉여의 크기 수준으로 징수하고, 사용료(가격)는 한계비용과 같은 수준으로 결정된다.

④ 이부가격제는 고정비용이 많이 들어가는 상품에 적용하는 것이 일반적이며, 자연독점기업을 규제하는 수단으로 사용될 수 있다.

2. 이부가격설정의 효과

① 이부가격이 시행되면 독점균형에 비하여 가격이 내리고 시장거래량은 완전경쟁시장의 거래량 수준으로 증가한다.

② 그러나 완전경쟁과 다른 점은 개별소비자의 잉여가 모두 생산자 몫이 되어 고정비용에 사용된다.

③ 따라서 독점균형일 때에 비하여 경제적잉여와 생산자잉여는 증가하고 소비자잉여는 감소하여 0이 된다.

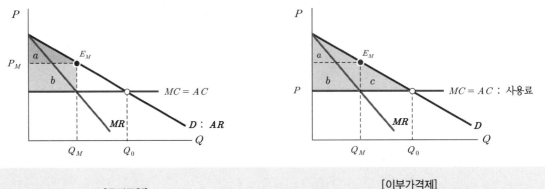

[독점균형]	[이부가격제]
• 소비자잉여: a • 생산자잉여: b • 경제적잉여: $a+b$	• 가입비: $a+b+c$, 사용료: P (가격 하락, 거래량 증가) • 소비자잉여: 0 (감소) • 생산자잉여＝경제적잉여: $a+b+c$ (생산자잉여 증가＝$a+c$, 경제적잉여 증가＝c)

03 다수공정 독점기업

① 여러 공정(또는 공장)을 통해 생산하는 독점기업을 다수공정 독점기업이라 한다.

② 이 경우 독점기업은 공정별 한계비용곡선을 수평합하여 기업전체의 한계비용곡선을 도출한 후 기업 전체의 이윤극대화 총생산량을 결정한다.

③ 이윤극대화 총생산량이 결정되면 공정별로 생산량을 할당하며 낮은 한계비용으로 생산할 수 있는 **효율적 공정**에 더 많은 생산량을 할당한다.

④ 이때 이윤극대화조건에 따르면 한계수입이 공정별로 동일하므로 공정별 한계비용은 서로 같아진다.

> ⊙ 다수공정 독점기업의 균형
>
> ‣ 공정별 이윤극대화 조건에 따라 공정별 생산
> ‣ 공정별 이윤극대화조건: $MC_A = MR = MC_B$ (단, A, B: 개별공정)

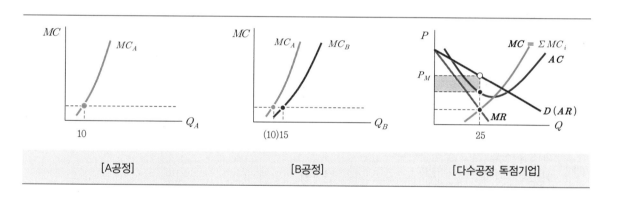

| [A공정] | [B공정] | [다수공정 독점기업] |

VII 독점도

1. 러너(A. P. Lerner)의 독점도 지수

① 가격과 한계비용의 차이를 이용하여 기업 독점도를 측정하며 지수가 클수록 독점력이 크다.
② 완전경쟁기업의 경우는 가격과 한계비용이 같으므로 독점도 지수가 0이다.
③ 불완전경쟁기업은 가격이 한계비용보다 높으므로 지수가 1보다 커서 독점력을 가진다.

> ⊙ 러너지수(I_L) : $I_L = \dfrac{P-MC}{P}$ (단, $0 < I_L < 1$)
>
> ⊙ 가격과 한계비용의 차이가 클수록 독점도 높음
>
> ‣ 완전경쟁기업($P=MC$) : $I_L = 0$
> ‣ 불완전경쟁기업($P>MC$) : $I_L > 0$
> ‣ 한계비용이 0인 독점기업 : $I_L = 1$

2. 힉스(J. R. Hicks)의 독점도 지수(I_H)

① 러너지수(I_H)에 이윤극대화 조건($MC=MR$)과 아모로소 - 로빈슨공식$\left(MR = P\left(1-\dfrac{1}{\varepsilon_{D_i}}\right)\right)$을 대입하여 독점도 지수를 산출한다.
② 힉스지수에 따르면 기업의 수요가 가격 변화에 비탄력적(급한 수요곡선)일수록 독점도가 크다.

> ⊙ 힉스지수 : $I_H = \dfrac{P-MC}{P} = \dfrac{P - P\left(1-\dfrac{1}{\varepsilon_{D_i}}\right)}{P} = \dfrac{1}{\varepsilon_{D_i}}$ (단, $0 < I_H < 1$)
>
> ⊙ 수요의 가격탄력도가 클수록 독점도 낮음
>
> ‣ 완전경쟁기업 ($\varepsilon_{Di} = \infty$)   : $I_H = 0$
> ‣ 불완전경쟁기업 ($1 < \varepsilon_{Di} < \infty$)   : $I_H > 0$
> ‣ 한계비용이 0인 독점기업 ($\varepsilon_{Di} = 1$) : $I_H = 1$

MEMO

독점적 경쟁시장

I | 독점적 경쟁시장의 특징

독점적 경쟁시장은 독점시장과 완전경쟁시장의 특징을 동시에 가지는 시장이며, 3차 서비스산업이 이에
해당되는 시장이다.

1. 다수의 공급자

완전경쟁시장보다는 적으나 공급자가 무수히 많다.

2. 상품의 이질성

① 완전경쟁시장과 달리 다수의 공급자가 공급하는 상품이 모두 이질적(異質的)이며 개별기업은 차별화
   된 상품(이질적 상품)으로 각자 독자적인 시장을 형성한다.   예 단골손님
② 따라서 개별공급자는 각각 자신의 소비자에게 약간의 독점력을 가지지만 독점기업에 비해서는 독점
   력이 약하다.
③ 개별기업이 독점력을 가지므로 독점적 경쟁기업의 수요곡선은 우하향한다.
④ 그러나 독점기업보다 독점력이 작으므로 독점기업 수요곡선에 비하여 개별기업의 수요곡선은 완만한
   기울기를 갖는다.

3. 자유로운 진입 · 퇴출

① 개별기업의 독점력이 크지 않으므로 완전경쟁시장과 마찬가지로 기업의 시장진입과 퇴출이 자유롭다.
② 가격경쟁이 불가능하므로 서비스 및 품질 개선, 제품 차별화, 광고 등 비가격경쟁이 나타난다.

II 독점적 경쟁시장의 단기균형

1. 개별기업 단기균형

① 독점기업의 단기균형과 동일하다.

② 다만 독점력이 약하므로 독점기업의 수요곡선에 비하여 완만한 형태를 가진다.

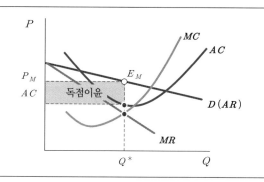

[독점적 경쟁기업의 단기균형]

- 독점적 경쟁기업은 독점력이 작으므로 독점기업에 비하여 수요곡선의 기울기 완만
- 독점적 경쟁기업의 단기균형의 성립과 그 특징은 독점기업과 모든 측면에서 동일한 성격을 가지게 됨

2. 단기균형의 특징

① 독점의 경우와 모두 같다.

② 독점적 경쟁기업의 독점력이 크면 독점기업의 경우와 같이 가격차별도 가능하다.

> **개념정리**
>
> **시장형태별 단기균형**

	완전경쟁기업	독점기업	독점적 경쟁기업
AR 곡선	(시장 형태와 관계없이 AR 곡선은 개별기업의 수요곡선)		
	시장가격 수준에서 수평	우하향(시장수요곡선과 동일)	우하향
MR 곡선	AR 곡선과 일치	AR 곡선 아래, 우하향 (단, 수요곡선이 우하향 직선일 때, AR 곡선 기울기의 두 배)	
균형 상태	$P\,(=AR) = MR = MC$ $(P = MC)$	$P\,(=AR) > MR = MC$ $(P > MC)$	$P\,(=AR) > MR = MC$ $(P > MC)$
이윤 여부 (동일)	이윤 존재	$AVC < AC < P\,(=AR)$	
	손익분기점(정상이윤만 존재)	$AVC < AC = P\,(=AR)$	
	손실보며 생산	$AVC < P\,(=AR) < AC$	
	조업중단점	$AVC = P\,(=AR) < AC$	
공급곡선	AVC 곡선 위 MC 곡선	존재하지 않음	

Ⅲ 독점적 경쟁시장의 장기균형

독점적 경쟁시장은 장기에 기업의 자유로운 진입과 퇴출이 이루어진다.

1. 장기균형 성립과정

① 기존기업에 단기이윤이 존재하면 신규기업이 진입하므로 기존기업의 수요가 감소(개별기업 수요곡선 좌측이동)하여 가격이 하락하고 이윤이 감소한다.

② 궁극적으로는 이윤이 0이 될 때까지 신규기업이 진입한다.

> ⊙ 단기에 개별기업의 수요(D_0)가 충분하여 단기이윤이 존재할 경우
>
> ⇒ 신규기업 진입
> ⇒ 기존기업 수요 감소(기존기업 수요곡선 좌측이동)
> ⇒ 이윤이 감소하여 0이 될 때 개별기업 장기균형

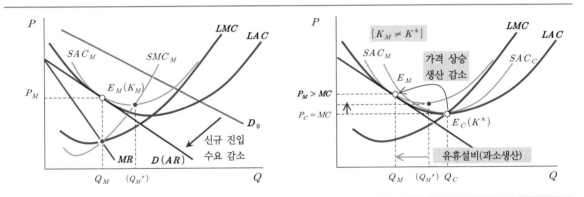

[독점적 경쟁기업 장기균형]　　　　[독점적 경쟁기업 장기균형과 완전경쟁기업 장기균형]

2. 장기균형의 특징

독점과 동일한 특징을 갖는다. 단, 장기에는 이윤이 존재하지 않는다.

> ⊙ 가격설정: $\underline{P(=AR)} = \underline{LAC(=SAC)} > \underline{MR=LMC(=SMC)}$
>
> ▸ $P=AC$ 장기에 독점이윤이 없으며 정상이윤만 존재. 소득분배 공평
> ▸ $P>MC$ 한계비용보다 높은 가격. 따라서 비효율적 가격 설정
>
> ⊙ 생산물 생산
> 완전경쟁 장기균형보다 높은 가격으로 적게 생산. 따라서 비효율적으로 생산
>
> ⊙ 자본의 사용
> ▸ 장기 적정자본설비규모($K_M{}^*$) 평균비용비용곡선 최저점 좌측에서 생산
> ▸ 따라서 과소생산, 유휴설비 존재. 자본설비를 비효율적으로 사용

시장형태별 장기균형

	장기균형상태	이윤 여부	유휴설비
완전경쟁기업	$P(=AR) = LAC(=SAC) = MR = LMC(=SMC)$ $(P=MC, \ P=AC)$	초과이윤 0	AC 최저점 생산
독점기업	$P(=AR) > LAC(=SAC) > MR = LMC(=SMC)$ $(P>MC, \ P>AC)$	독점이윤 존재	AC 최저점 좌측 생산 유휴설비 존재(大)
독점적 경쟁기업	$P(=AR) = LAC(=SAC) > MR = LMC(=SMC)$ $(P>MC, \ P=AC)$	독점이윤 0	AC 최저점 좌측 생산 유휴설비 존재(小)

- 조업중단점(세 기업 모두 동일)

  단기: $AVC = P(=AR) < AC$. 가격이 AVC 이하일 때 조업 중단

  장기: $AVC < P(=AR) = AC$. 가격이 AC 이하일 때 조업 중단

IV 독점적 경쟁시장의 후생평가

1. 자원배분의 비효율성

① 장·단기 모두 가격이 한계비용보다 높은 수준으로 결정되므로 가격설정이 비효율적이다.

② 생산물이 완전경쟁시장에 비하여 높은 가격으로 적게 생산되므로 생산이 비효율적이다.

③ 또한, 장기에 보유하는 자본설비의 평균비용이 최저가 되는 생산량보다 적게 생산하므로 자본설비의 사용도 비효율적(과다 자본설비; 유휴설비)이다.

④ 따라서 독점과 동일한 자원배분의 비효율성이 나타난다.

> ⊙ 단기균형: $P(=AR) \lessgtr AC > MR = MC$
>
> ⊙ 장기균형: $P(=AR) = LAC(=SAC) > MR = LMC(=SMC)$

2. 소득분배의 공평성

① 단기에는 정상이윤을 초과하는 독점이윤이 있을 수 있으나, 장기에는 가격이 평균비용보다 같아서 $(P=AC)$ 독점이윤이 존재하지 않는다.

② 따라서 생산요소에 대하여 기회비용 이상으로 보수를 지불할 수 없으므로 독점시장에 비해서는 소득분배가 공평하다.

과점시장과 게임이론

I | 과점시장의 특징과 과점시장이론

01 과점시장의 특징

1. 소수의 공급자와 상호의존성

① 공급자가 소수이며 기업 간 상호의존성이 크다. 기업이 두 개만 존재하는 경우를 복점(duopoly)이라고 한다.

② 거의 모든 공산품(2차 산업)시장이 과점시장(oligopoly market)이다.

2. 가격경직성과 비가격경쟁

① 일반적으로 한 기업이 가격을 인하하면 다른 기업들도 같이 인하하지만 인상할 때는 같이 인상하지 않는다. 따라서 가격은 현재 수준에서 경직적이다. 📖 p.211의 '굴절수요곡선이론' 참조

② 가격경쟁이 불가능하므로 기업들은 가격 이외의 수단으로 비가격경쟁한다.

③ 비가격경쟁은 상품차별화(기능, 디자인 등) 경쟁, 광고 경쟁 및 판매조건 경쟁(AS, 할부, 경품) 등 세 가지로 나뉜다.

3. 담합 또는 공동행위

① 기업이 소수이므로 담합(collusion)하거나 공동행위를 하고자 하는 유인이 크다.

② 담합은 기업들이 가격이나 생산량을 서로 합의하여 결정하는 것이다.

③ 공동행위는 카르텔(cartel, 기업연합)과 기업합동(trust)으로 나뉜다.

④ 카르텔은 각 기업의 독립성이 유지되며, 기업합동은 하나의 독점기업처럼 행동한다.

4. 상당한 진입장벽(전략적 진입장벽)

기존 기업들은 새로운 기업의 진입을 전략적으로 연합하여 저지한다.

02 과점시장의 평가

① 과점기업은 상대방의 행동에 따라 대응해야 하는 **전략적 상황**(strategic situation)에 직면한다.
② 과점기업의 장단기 균형의 특징은 일반적으로 독점기업과 같다.

Ⅱ | 과점시장이론

과점시장이론은 다른 시장에서와 같은 일반적인 장·단기 분석모형은 존재하지 않으며 기업 사이에
상호협조(담합)가 어느 정도로 이루어질 수 있는가에 따라 세 가지 유형으로 나뉜다.
첫째, 각 과점기업은 상대방의 반응에 대응하여 **독자적**(전략적)으로 **행동**한다고 상정하고 분석한다.
둘째, **카르텔**(cartel)모형은 과점기업들의 완전한 담합이 이루어지는 분석 모형이다.
셋째, 완전한 담합에 이르지 못하는 분석모형이며, 가격선도모형이 이에 해당한다.

01 독자적 행동

각 기업은 다른 기업의 반응에 대응하여 전략적으로 산출량과 가격을 결정한다.

1. 쿠르노모형   ◀ 쿠르노(A. A. Cournot, 1838)

(I) 모형의 가정과 특징

① 두 기업(복점)만 존재하며, 두 기업 모두 생산비는 0이다.
② 두 기업은 각각 상대방 기업은 현재 생산량을 변화시키지 않을 것이라는 추측하에서 자신을 독점기업
   으로 간주하고 이윤극대화 생산량을 결정한다.
③ 따라서 두 기업 모두 서로 **추종자**(follower)가 된다.

(2) 반응곡선의 도출

① 반응곡선은 다른 기업의 생산을 고려한 한 기업의 이윤극대화 생산을 보여주는 곡선이다.
② 한 기업이 시장수요량 전체를 생산하면 다른 기업은 생산하지 않고, 한 기업이 생산하지 않으면
   다른 기업은 시장수요 전체를 자신의 수요로 간주하여 이윤극대화 생산한다.
③ 한 기업이 시장수요량의 일부만 생산할 경우는 다른 기업은 전체 시장수요량에서 그 일부를 뺀 나머
   지를 자신의 수요로 간주하고 이윤극대화 생산한다.

(3) 쿠르노균형

① 위 과정을 통해 도출된 두 기업의 반응곡선에 따라 개별기업의 쿠르노균형(Cournot equilibrium) 생산
   량이 결정된다.
② 시장전체 생산량은 두 기업의 쿠르노균형 생산량을 더하여 도출하며 시장전체 생산량과 시장수요함
   수에 따라 시장가격이 결정된다.

⊙ 한계비용이 0일 때: 단, 시장수요함수는 $P = a - Q$

▸ 기업 생산량 : $Q_i = \dfrac{1}{3}a$ (단, i : 개별기업, a : 가격(한계비용) 0일 때 시장수요량)

▸ 시장 생산량 : $Q = 2 \cdot Q_i = \dfrac{2}{3}a$

▸ 시장가격   : 시장수요함수에 시장균형 생산량 $\dfrac{2}{3}a$ 를 대입하여 도출

⊙ 한계비용이 0이 아닐 때

▸ 기업 생산량 : $Q_i = \dfrac{1}{3}b$ (단, i : 개별기업, b : 일정 가격(한계비용)일 때 시장수요량)

▸ 시장 생산량 : $Q = 2 \cdot Q_i = \dfrac{1}{3}b$

▸ 시장가격   : 시장수요함수에 시장균형 생산량 $\dfrac{2}{3}b$ 를 대입하여 도출

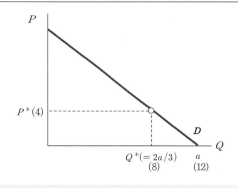

[쿠르노 시장균형 : $MC = 0$ 일 때]   [쿠르노 시장균형 : $MC \neq 0$ 일 때]

예제 시장수요가 $P = 12 - Q$이고 한계비용이 0일 때와 3일 때의 쿠르노 균형가격과 거래량은 각각 얼마인가?

▸ 한계비용이 0일 때, 시장수요량: $MC = 12 - Q = 0$ $\therefore Q = 12(= a)$

개별기업 공급량 $= \dfrac{1}{3} \cdot a = \dfrac{1}{3} \cdot 12 = 4,$

시장공급량 $= \dfrac{2}{3} \cdot a = \dfrac{2}{3} \cdot 12 = 8$ $\therefore$ 시장가격$(P) = 12 - Q = 12 - 8 = 4$

▸ 한계비용이 3일 때, 시장수요량: $MC = 12 - Q = 3$ $\therefore Q = 9(= b)$

개별기업 공급량 $= \dfrac{1}{3} \cdot b = \dfrac{1}{3} \cdot 9 = 3,$

시장공급량 $= \dfrac{2}{3} \cdot b = \dfrac{2}{3} \cdot 9 = 6$ $\therefore$ 시장가격$(P) = 12 - Q = 12 - 6 = 6$

2. 베르트랑모형
◀ 베르트랑(J. Bertrand, 1883)

(1) 가정

① 생산물 생산의 한계비용은 0이다.
② 두 기업은 서로 상대방 공급자가 현재의 가격을 변화시키지 않을 것이라는 가정하에서 자신의 이윤 극대화 가격을 결정하는 가격중심의 분석이다.

(2) 모형

① 한 기업(A)이 주어진 시장수요하에서 독점공급자로서 이윤극대화 가격을 결정하면 다른 기업은 이보다 약간 낮은 가격을 설정한다.
② 다시 기업 A는 기업 B보다 약간 낮은 가격을 설정하며 이러한 가격경쟁 과정을 반복하면 결국 시장 가격이 0이 될 때까지 내리게 된다.
③ 한계비용이 0이 아닐 경우는 가격이 한계비용 수준($P = MC$)까지 내린다.

⊙ 한계비용이 0일 때 시장가격　　　: $P = 0$

⊙ 한계비용이 0이 아닐 때 시장가격: $P = MC$

> **예제** 시장수요가 $P = 100 - 2Q$이고 한계비용이 0일 때 베르트랑 균형가격(P)과 균형생산량(Q)은 각각 얼마인가? 또한 한계비용이 10일 경우는?
>
> ▶ 한계비용이 0일 때: $P = 0$,　$Q = 50$
>
> ▶ 한계비용이 10일 때: $P = 10$,　$Q = 45$

---

3. 굴절수요곡선(kinked demand curve) 이론
◀ 스위지(P. Sweezy, 1939)

① 한 기업이 가격을 인하하면 다른 기업들도 같이 인하한다. 따라서 수요량은 소폭 증가하며 수요곡선이 가파른 기울기를 갖는다.
② 한 기업이 가격을 인상하면 다른 기업들은 인상하지 않으므로 수요량이 대폭 감소한다. 따라서 수요 곡선이 완만한 기울기를 갖는다.
③ 따라서 과점기업의 수요곡선(평균수입곡선)은 현재 가격수준에서 굴절된다.
④ 과점기업의 수요곡선이 굴절되면 한계수입곡선은 그 점에서 불연속적이 된다.
⑤ 한계수입곡선의 불연속구간에서는 한계비용이 상당한 폭으로 변화해도 이윤극대화 균형이 변화하지 않으므로 가격은 현재수준에서 경직적이다.

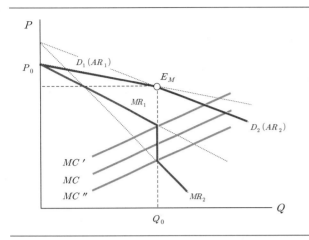

[굴절수요곡선]

* 현재 E_M 균형점에서 수요곡선 굴절. 수요곡선이 굴절되면 한계수입곡선은 불연속구간을 가지게 됨
  ▸ 가격 상승 시: D_1, MR_1
  ▸ 가격 하락 시: D_2, MR_2
* 따라서, 수요곡선 굴절점(한계수입곡선 불연속구간)에서는 한계비용이 상당한 정도로 변화해도 균형 불변. 따라서 과점기업의 가격은 경직성을 가짐

02 완전한 담합 : 카르텔(cartel) 모형 ◀OPEC(석유수출국기구)

① 담합은 과점기업들이 과도한 경쟁을 회피하고 이윤을 증대시키기 위한 자율적인 협의이며 과점기업은 소수이므로 담합의 유인이 크다.
② 카르텔은 담합에 의해 성립되는 기업연합이며 불법행위이다.
③ 카르텔이 성립되면 다수공정 독점기업의 경우와 같이 각 기업의 한계비용곡선을 수평합하여 카르텔 전체의 한계비용곡선을 유도한 후 이윤극대화균형을 도출한다.
④ 이 경우 카르텔에 가입한 모든 개별기업은 독점이윤을 추구할 수 있다.
⑤ 그러나 카르텔 균형이 결정된 이후 각 과점기업은 카르텔가격 또는 카르텔수량을 여건으로 간주하여 독자적인 이윤극대화를 추구하는 것이 일반적이다.
⑥ 따라서 카르텔균형은 불안정하며 와해 가능성이 높은 것이 일반적이다.
⑦ 그러나 카르텔을 유지할 때의 이익이 더 클 경우에는 유지될 가능성도 크다.

03 불완전한 담합 : 가격선도모형(price leadership model)

① 가장 유리한 비용조건을 가진 기업을 지배적기업이라고 하며 지배적기업이 선도기업이 된다.
② 지배적기업(leader)의 이윤극대화균형에 따라 가격이 결정되면 나머지 기업(follower)은 그 가격수준에 따라 생산량을 결정한다.
③ 따라서 지배적기업(선도기업)이 가격을 변화시키면 나머지 기업들은 그에 따라 자신의 균형 생산량을 조정한다.
④ 과점시장 가격이 꼭 경직적이지만은 않다는 것을 보여주는 이론이다.

04 기타 비가격경쟁

1. 광고

(I) 일반적 광고 효과

① 다른 기업의 상품을 소비하고 있는 소비자를 자신의 상품을 소비하도록 유인하고, 새로운 소비자에 의한 신규수요를 창출하여 수요확대(수요곡선 우측이동)가 이루어질 수 있다.

② 광고를 통해 소비자에게 상품의 인지도와 친밀도를 높여 자기 상품에 대한 소비자의 가격탄력도를 낮추어 독점력(시장지배력) 강화 효과가 나타날 수 있다.

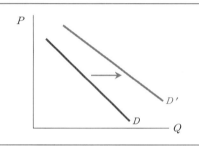 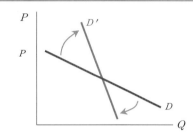

[일반적 광고효과]

• 왼쪽: 수요곡선 우측이동, 수요증대 효과

• 오른쪽: 수요곡선 가파르게 변화. 독점력 강화 효과

(2) 광고 형태별 효과

① 광고는 자신을 알리기 위한 **홍보적 광고**, 구매심리를 충동하는 **사실왜곡적 광고**(거짓 또는 과장광고) 및 경쟁기업의 광고에 대응하기 위한 **전투적 광고** 등으로 구분된다.

② **홍보적 광고**(informative advertisement)는 소비자에게 정확한 상품정보를 제공하므로 기존 소비자의 수요가 증가하고 새로운 소비자의 수요가 창출된다. 따라서 시장수요가 증가하고 생산량이 증가한다.

③ 이때 광고비 지출에 따라 평균생산비가 증가하지만 과점이나 독과점적인 경쟁기업은 규모보수가 증가(평균비용 감소)하는 상황에서 생산하므로 가격이 내리고 생산량(소비량)이 증가한다.

④ 따라서 홍보적 광고는 자원배분의 효율성을 높일 수 있다.

⑤ **사실왜곡적 광고**(fact - distorting advertisement) 또는 **전투적 광고**(combative advertisement)는 광고비(생산비)와 시장수요가 더 많이 증가한다.

⑥ 이 경우 평균비용 증가(평균비용곡선 상방이동)폭이 수요 증가(수요곡선 우측이동)폭보다 더 커서 홍보적 광고에 비하여 시장가격이 더 많이 상승한다.

⑦ 따라서 홍보적 광고에 비하여 자원배분의 효율성을 해치게 된다.

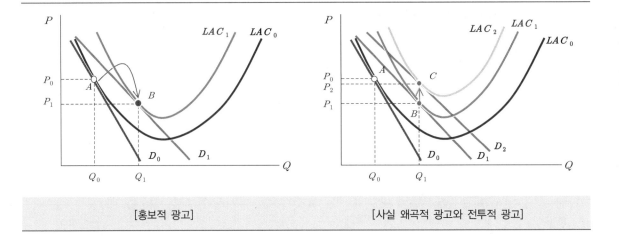

[홍보적 광고]　　　　　　　　　　　　[사실 왜곡적 광고와 전투적 광고]

2. 제품차별화 및 판매조건경쟁

① 디자인·제품의 새로운 기능 등으로 상품을 차별화한다.

② 애프터서비스(AS), 경품, 할부제도 등을 통해서 판매조건부 경쟁을 한다.

3. 경합시장이론　　　　　　　　◀ 보멀(W. Baumol), 윌릭(R. Willig)

① 기업의 숫자가 적더라도 시장의 진입과 탈퇴가 자유롭고 비용이 들지 않는 시장을 경합시장 (contestable market)이라고 하며, 완전경쟁시장과 유사한 균형이 가능하다.

② 독과점규제를 위해서 기업의 숫자보다는 진입장벽 해소가 중요하다는 점을 보여준다.

Ⅲ 과점시장의 후생평가

1. 자원배분의 효율성과 소득분배의 공평성

① 과점시장에는 독점시장의 비효율성에 더하여 비가격경쟁이 존재하므로 그에 따른 비효율이 추가로 발생하므로 독점시장보다 더욱 비효율적이다.

　　예 과대광고, 과대포장, 신제품 출시에 따른 제품사이클 단축 등

② 또한 독점의 경우와 마찬가지로 장기에 과점이윤이 존재하는 것이 일반적이므로 완전경쟁시장에 비하여 소득분배가 불공평하다.

2. 기술혁신 유인

장기에도 독과점이윤이 존재하며 독점시장과 달리 치열한 경쟁이 존재하므로 다른 시장에 비하여 기술 혁신이 가장 활발하게 일어난다.

IV 게임이론

《 폰 노이먼(J. von Neumann), 모겐스턴(O. Morgenstern) (1944)

게임이론(game theory)은 개별 경제주체들의 행위가 서로의 이해에 영향을 미치는 전략적 상황(strategic situation)에서 각 경제주체의 행동을 분석하는 이론이다.

01 기본개념

1. 기초개념

① 게임의 요소는 경기자(player), 전략(strategy) 및 게임의 보수(payoff)이다.
② 경기자는 게임에 참가하는 주체이며, 전략은 경기자가 사용하는 행동 계획이다.
③ 게임의 보수는 경기자가 받게 되는 효용 또는 화폐소득을 말한다.

2. 협조적 게임과 비협조적 게임

① 협조적 게임(cooperative game)은 경기자들 사이에 대화와 협상이 가능해서 미리 구속력 있는 협약을 체결하고 게임의 결과를 분배할 수 있는 경우에 이루어지는 게임이며, 현실의 모든 전략적 행동은 거의 모두 비협조적 게임이다.
② 비협조적 게임(non - cooperative game)이란 경기자 사이에 대화와 협상이 불가능해서 미리 구속력 있는 협약을 체결할 수 없는 경우에 이루어지는 게임이다.

3. 동시게임과 순차게임

① 경기자들이 동시에 전략을 결정하는 경우를 동시게임(simultaneous game)이라고 한다.
② 경기자들이 상대방 전략을 보고 전략을 결정하는 것을 순차게임(sequential game)이라고 한다.
③ 두 경우 모두 상대방이 어떤 전략을 선택하는지 알 수 없다는 점에서 본질적으로 동일하다.

02 게임의 균형

경기자들이 자신이 선택한 전략을 바꾸지 않는 상태를 게임의 균형이라고 한다.

1. 우월전략균형(지배적전략균형; dominant strategy equilibrium)

① 상대방이 사용할 수 있는 모든 전략에 대해 자신에게 유리한 전략을 우월(지배적)전략이라고 한다.
② 따라서 상대방이 전략을 바꾸더라도 우월전략은 변화하지 않는다.
③ 우월전략게임에 의한 전략균형을 우월전략균형이라고 하며, 현실적으로 우월전략균형이 성립할 가능성은 거의 없다.

⊙ 우월전략 : 상대방 모든 전략에 대한 최적전략으로 게임

	B_1	B_2
A_1	(7, 7)	(2, 9)
A_2	(9, 2)	(4, 3)

(단, A, B : 경기자(player)

1전략 : 신문광고, 2전략 : TV광고

괄호 안 앞의 수치는 A의 보수(payoff))

			B의 우월전략		전략 균형
A	1전략	←	1전략 시, B의 보수 7 2전략 시, B의 보수 9	2전략	2전략
	2전략	←	1전략 시, B의 보수 2 2전략 시, B의 보수 3		

			A의 전략		
B	1전략	←	1전략 시, A의 보수 7 2전략 시, A의 보수 9	2전략	
	2전략	←	1전략 시, A의 보수 2 2전략 시, A의 보수 4		

⊕ PLUS 용의자(죄수)의 딜레마

- 죄수의 딜레마는 우월전력 게임의 예　예 공유지 비극(tragedy of the commons). 가수요(假需要), 매점매석 등
- 이기심(self-interest)에 기초한 시장경제체제가 비효율적인 결과를 초래할 수도 있다는 것을 보여주는 예

　예 용의자들에게 다음 형량(刑量)을 제시. 용의자들은 이기심에 따라 의사결정함에 따라 모두 자백

		B	
		자백	부인
A	자백	(10년, 10년)	(0일, 30년)
	부인	(30년, 0일)	(3일, 3일)

			B의 지배적 전략		지배적전략 균형
A	자백	←	자백 시, 10년 부인 시, 30년	자백	
	부인	←	자백 시, 0 (즉시 석방) 부인 시, 3일간 조사		

			A의 지배적 전략		A, B 모두 자백
B	자백	←	자백 시, 10년 부인 시, 30년	자백	
	부인	←	자백 시, 0 (즉시 석방) 부인 시, 3일간 조사		

2. 내쉬전략균형(Nash strategy equilibrium)

(1) 내쉬전략균형

① 상대방 최적전략에 대한 최적전략을 내쉬전략이라고 한다.

② 즉, 내쉬전략은 상대방이 사용할 것으로 예상되는 전략(상대방 입장에서의 최적전략)을 미리 상정하고, 그에 대응하여 사용하는 자신의 최적전략이다.

③ 따라서 상대방의 전략이 변화하면 내쉬전략은 바뀔 수도 있다.

④ 내쉬균형은 우월전략균형에 비해서 현실적으로 완화된 균형 개념이며, 우월전략균형이 존재하지 않을 경우에도 내쉬전략균형은 성립할 수 있다.

⑤ 우월전략균형은 내쉬균형이 되지만 그 역(逆)은 성립하지 않는다.

▷ 내쉬전략 : 상대방 최적전략을 미리 예상한 후 그에 대한 최적전략으로 게임

[예]

	B_1	B_2
A_1	(9, 5)	(3, 3)
A_2	(3, 3)	(5, 9)

(단, A, B : 경기자(player)
1전략 : 신문광고, 2전략 : TV광고
괄호 안 앞은 A의 보수(payoff))

A의 전략	B의 내쉬전략
1	←	전략 1 (5) 전략 2 (3)
2	←	전략 1 (3) 전략 2 (9)

B의 전략	A의 내쉬전략
1	←	전략 1 (9) 전략 2 (3)
2	←	전략 1 (3) 전략 2 (5)

내쉬전략게임							내쉬균형
A_1	←	B_1	←	A_1	←	B_1	모두 전략 1 (또는) 모두 전략 2
A_2	←	B_2	←	A_2	←	B_2	
B_1	←	A_1	←	B_1	←	A_1	
B_2	←	A_2	←	B_2	←	A_2	

---

(2) 완전균형

① 내쉬균형이 '죄수의 딜레마'와 같은 바람직하지 않은 균형이거나, 여러 개의 내쉬균형이 존재할 수 있다.

② 이러한 문제를 해소시킬 수 있는 균형을 완전균형(perfect equilibriuma)이라고 하며, 이는 내쉬조건과 신뢰성조건(credibility condition)을 동시에 만족해야 한다.

③ 내쉬조건(Nash condition)이란 경기자가 내쉬전략으로 게임한다는 것이다.

④ 신뢰성조건이란 상대방에 대한 위협이나 약속이 신빙성을 갖는다는 것이다.

⑤ 신뢰성을 갖는 위협(credible threat)은 상대방의 전략선택에 영향을 미치지만, 신뢰성이 없는 위협(incredible threat)은 상대방 전략에 영향을 미칠 수 없다.

⑥ 신뢰성조건을 만족하지 못하는 내쉬균형은 완전균형이 아니다.

▷ 내쉬균형: (A 진입, B 허용) 또는 (A 포기, B 저지)

예 진입게임

		B	
		저지(생산 증대)	허용(생산 유지)
A	진입	$(-4, 7)$	$(8, 9)$
	포기	$(0, 15)$	$(0, 10)$

(단, B: 기존기업,
A: 진입기업.
괄호 앞 A의 보수)

A의 전략		B의 내쉬전략
진입	←	저지 (7) 허용 (9)
포기	←	저지 (15) 허용 (10)

B의 전략		A의 내쉬전략
저지	←	진입 (−4) 포기 (0)
허용	←	진입 (8) 포기 (0)

내쉬전략게임					내쉬균형
A 진입	←	B 허용	←	A진입	(A 진입, B 허용) 또는 (A 포기, B 저지)
A 포기	←	B 저지	←	A포기	

▷ 완전균형: (A 진입, B 허용)

‣ 위 내쉬게임에서 A가 진입할 때 B는 허용하는 것이 자신에게 유리. 따라서 A가 진입할 때 B가 저지하겠다는 것은 신뢰성이 없는 위협
‣ 따라서 위의 (A 포기, B 저지)는 신뢰성조건을 만족하지 못하는 균형
‣ 결국, (A 진입, B 허용) 하는 균형만이 내쉬조건과 신뢰성 조건 모두 만족

3. 반복게임(repeated game) 균형

① 지금까지는 게임이 단 한 번만 이루어지는 일회게임(one-shot game)을 상정하고 분석하였으나 게임은 여러 번 반복해서 이루어지는 것이 보통이다.

② 게임이 무한반복될 경우는 상대방이 동해(同害)보복전략(tit-for-tat strategy; '눈에는 눈, 이에는 이')을 사용할 것이 분명하므로 경기자들은 처음부터 협조적인 전략을 사용한다. 따라서 '용의자의 딜레마'와 같은 상황은 발생하지 않는다.

③ 그러나 게임이 유한반복될 경우는 마지막 게임에서 각 경기자는 우월전략을 사용하며 '용의자의 딜레마' 현상이 발생한다.

④ 길게 반복되는 게임일수록 게임의 결과는 협조적으로 나타날 가능성이 크다.

연습문제

Chapter 11 | 완전경쟁시장

01 완전경쟁시장에서 생산활동을 하고 있는 어떤 기업의 단기 평균비용곡선과 단기 평균가변비용곡선은 모두 U자 형태를 띠고 있고, 그 최저점의 값은 각각 30과 20이다. 아울러 이 기업의 고정비용은 15이다. 이 기업의 조업중단가격(혹은 생산 중단 가격, shutdown price)이 20일 때, 조업 중단 가격에서 손실이 얼마인지 쓰시오.

일반사회(A) 18

> **해설** 평균가변비용 최저점(20)에서 조업중단. 이때 총고정비용만큼 손실. 따라서 손실액은 15

02 한 완전경쟁시장에서 생산활동을 하고 있는 모든 기업의 장기평균비용곡선은 동일한 U자 형태를 띠고 있고, 그 최저점의 값은 20이다. 현재 이 시장에서 균형가격은 22이며, 생산기술, 생산요소의 가격과 수요곡선은 분석기간 동안에 변화가 없다 이 시장의 장기균형 상태에서, 대표적 기업의 한계비용의 크기가 얼마일지에 대해 쓰고, 참여 기업의 수는 가격이 22일 때의 상황과 비교하여 '동일'할지 '감소'할지 아니면 '증가'할지를 쓰시오.

일반사회(A) 17

> **정답** 한계비용 20. 참여 기업의 수 증가

> **해설** • 완전경쟁시장 장기균형
> ▶ 장기에는 기업의 진입과 퇴출이 자유로우므로 초과이윤이 없음. 따라서 장기평균비용곡선 최저점에서 균형
> ▶ 장기평균비용곡선 최저점에서, 시장가격＝평균비용＝한계비용. 따라서 모든 기업(대표적)의 한계비용은 20
> ▶ 문제의 경우, 시장 균형가격(22)이 평균비용곡선 최저점(20)보다 높으므로 초과이윤 존재. 초과이윤이 존재하면 새로운 기업이 진입하므로 기업의 숫자 증가
> ▶ 신규기업 진입에 따라 시장공급이 증가하여 시장가격 하락. 장기평균비용곡선 최저점에서 균형

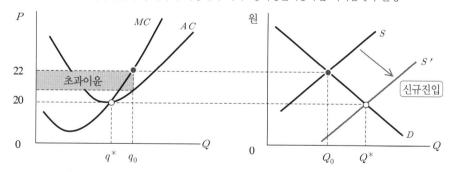

03 경수는 신문기사 ㈎를 읽고 ㈏와 같은 이론적 결과를 추론하였다. ㉠, ㉡에 들어갈 적합한 용어를 쓰고, ㉢에 적절한 내용을 쓰시오.

㈎	㈏
A제철은 준공 후 계속 놀리고 있는 강판 생산시설을 조만간 가동하기로 했다. 회사 측 관계자는, "이 시설을 놀리면 한 달에 10억 원의 손실이 발생하지만, 가동하면 손실을 3억 원으로 줄일 수 있다."라고 설명했다. A제철이 생산하는 강판은 국내외적으로 경쟁시장을 형성하고 있다.	현재 강판의 시장가격은 A제철의 강판 생산수준에서의 (㉠) 비용보다는 높지만, (㉡) 비용보다는 낮은 수준에 있는 것으로 추정할 수 있다. 또한, 단기적으로 A제철의 공급곡선은 (㉢)(으)로 나타난다.

▸**정답** ㉠ 평균가변비용
㉡ 평균비용
㉢ (평균가변비용 위의) 한계비용곡선

04 어떤 완전경쟁기업이 직면하는 시장가격은 9이고, 평균비용은 $AC(Q) = \dfrac{7}{Q} + 1 + Q \quad (Q > 0)$ 으로 주어져 있다. 이 기업의 이윤극대화 산출량을 쓰시오.

▸**해설** 총비용함수$(TC) = $평균비용$(AC) \times$ 산출량$(Q) = \left(\dfrac{7}{Q} + 1 + Q \right) \times Q = 7 + Q + Q^2$

한계비용$(MC) = \dfrac{dTC}{dQ} = 2Q + 1$

이윤극대화 조건 : $MR = MC \Rightarrow 9 = 2Q + 1$ 　　　　[단, 완전경쟁기업의 한계수입$(MR) =$ 시장가격(P)]

$\therefore Q = 4$

05 어느 완전경쟁기업의 제품 생산에 따른 비용이 다음 표와 같다. 이 기업의 조업(생산)중단가격을 쓰시오.

생산량	0	1	2	3	4	5
총비용	100	110	130	160	200	250

▸**해설** 생산량이 0일 때 총비용이 100이므로 총고정비용은 100

생산량	0	1	2	3	4	5
총비용	100	110	130	160	200	250
총가변비용	0	10	30	60	100	150
평균가변비용	0	10	15	20	25	30
한계비용	0	10	20	30	40	50

평균가변비용 최소점에서 조업중단. 이 점에서 평균가변비용과 한계비용이 같음
따라서 조업중단점은 생산량 1개일 때이며, 가격은 평균가변비용인 10

06 어떤 완전경쟁기업의 단기평균가변비용곡선은 상품 500개를 생산할 때 5,000원으로 최솟값을 갖고, 단기평균비용곡선은 600개를 생산할 때 7,000원으로 최솟값을 갖는다. 시장가격이 다음과 같을 경우 이 기업의 행태에 대하여 설명하시오. (단, 단기평균가변비용곡선과 단기평균비용곡선은 U자형이다.)

> 가. 상품의 시장가격이 8,000원이다.
> 나. 상품의 시장가격이 6,000원이다.
> 다. 상품의 시장가격이 4,000원이다.

정답 가. 가격이 평균비용보다 높으므로 초과이윤이 존재하는 상태에서 생산한다.
　　　나. 손실이 발생하지만 가격이 평균가변비용보다 높으므로 생산을 계속한다.
　　　다. 손실이 발생하며 가격이 평균가변비용보다 작으므로 생산을 중단한다.

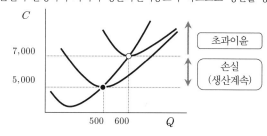

- AC 최저점 이상에서 초과이윤
- AC 최저점 이하 AVC 최저점 이상에서 손실. 조업 계속

- AC 최저점에서 초과이윤 0
- AVC 최저점에서 조업 중단

07 어느 완전경쟁시장의 수요함수는 $D(X) = 200 - 4P + M$ 이고 M 은 소비자들의 소득이다. 이 시장에 40개 기업이 존재하고 장기에 시장가격은 $P = 5$ 이고, 개별기업의 산출량은 $Q = 5$ 이다. 소비자들의 소득이 M 에서 $M + 40$ 으로 증가할 경우 이 시장에 새로 진입하는 기업의 수는 몇 개인지 쓰시오.

해설 • 최초,
- ▶ 시장가격 $P = 5$, 개별기업 산출량 $= 5$
- ▶ 시장수요량 $(D_X) = $ 개별기업 산출량 × 기업의 숫자 $(D_X) = 5 \times 40 = 200$
- ▶ 시장수요함수 $(D_X) = 200 - 4P + M$ ⇒ 시장수요량 $(D_X) = 200 - 4 \cdot 5 + M = 200$ 　∴) $M = 20$

• 소득 40 증가: $M = 60$
- ▶ 비용불변산업이므로 기업이 진입해도 시장가격은 변화하지 않으며, 장기균형 변화 시 개별기업 생산량도 불변
- ▶ 시장수요량 $(D_X) = 200 - 4 \cdot 5 + 60 = 240$
- ▶ 소득이 20에서 40 증가할 때 시장수요량이 40개 증가. 따라서 진입하는 기업의 숫자는 8개

Chapter 12	독점시장

08 다음은 독점기업 갑이 당면하는 시장수요 및 비용함수에 관한 자료이다. 〈작성방법〉에 따라 서술하시오.

일반사회 22

○ 시장수요: $Q = 170 - P$ ○ 한계수입(MR): $170 - 2Q$

○ 총비용(MR): $50Q + Q^2$ ○ 한계비용(MC): $50 + 2Q$

○ 평균비용(AC): (   )   (단, Q는 수량, P는 가격을 나타낸다.)

〈작성 방법〉

○ (   ) 안에 들어갈 수식을 쓸 것.

○ 독점기업 갑의 균형가격 및 균형거래량이 각각 얼마인지 쓰고, 이를 완전경쟁시장일 때의 균형가격 및 균형거래량 크기와 비교하여 서술할 것.

○ 독점으로 인한 자중손실(deadweight loss)이 얼마인지 쓸 것.

정답 • $AC = \dfrac{TC}{Q} = \dfrac{50Q + Q^2}{Q} = 50 + Q$

• 기업의 이윤극대화 균형

▶ 이윤극대화 조건: $MR = MC$

▶ 완전경쟁기업 : $P = MR = MC$ ⇒ $170 - Q = 50 + 2Q$ ∴) $Q = 40$, $P = 130$

▶ 독점기업 : $MR = MC$ ⇒ $170 - 2Q = 50 + 2Q$ ∴) $Q = 30$, $P = 140$

▶ 독점화에 따른 경제적잉여 감소(자중손실): 150 (삼각형 면적)

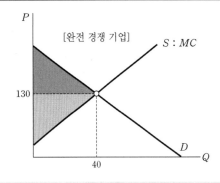

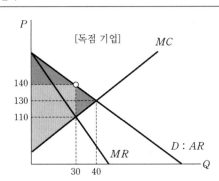

• 소비자잉여 : ◣	• 경제적잉여 : ◣ + ◥	• 소비자잉여 : ◣	• 경제적잉여 : ◣ + ◥
• 생산자잉여 : ◥		• 생산자잉여 : ◢	• 자중손실 : ▶ = 150

09 다음 ㈎의 ①~④를 모두 만족시킬 수 있는 시장의 형태를 1) 경제학의 용어로 정확하게 쓰고, 2) ㈏와 같은 사례가 성립하기 위한 조건 네 가지를 쓰시오.

일반사회 01

> ㈎ ① 공급곡선이 존재하지 않는다.
>   ② 약탈적 가격 설정, 과잉 설비 보유 등이 존재한다.
>   ③ 가격 변화에 의한 수요량 변화의 민감도에 달려 있다.
>   ④ 이윤극대화 공급량은 한계수입(MR)과 한계비용((MC)이 일치하는 곳에서 결정된다.
> ㈏ 우리나라가 자동차 회사에서 자동차를 해외시장에 수출할 때, 국내 판매가격보다 낮은 가격을 매기고 있다.
>   이것은 국내 자동차 수요자에게 경제적 부담을 주면서 해외수요자에게 혜택을 주는 격이 된다.

정답 1) 독점시장

2) 시장분리 가능, 시장별 수요의 가격탄력성 상이, 시장 간 재판매 불가능, 시장분리에 따른 비용 < 이윤

10 완전경쟁시장의 시장수요 및 공급곡선이 아래와 같다.

$$P = 200 - 0.5Q^D, \qquad P = -10 + Q^S$$

10-1 이 시장 개별기업의 평균수입(AR)과 한계수입(MR)을 쓰시오.

10-2 이 시장이 한 기업에 의해 독점화될 경우, 이 기업의 평균수입(AR)과 한계수입(MR)을 쓰시오.

해설 **10-1.** 완전경쟁기업은 가격수용자. 따라서 시장가격이 개별기업의 평균수입(AR)과 한계수입(AR)이 된다.

시장균형조건 : 수요가격=공급가격 ⇒ $200 - 0.5Q = -10 + Q.$ ∴) $Q = 140, P = 130$

따라서, 평균수입(AR) = 130, 한계수입(MR) = 130

10-2. 독점의 경우, 시장수요곡선이 독점기업의 수요곡선이며 기업의 수요곡선은 기업의 평균수입곡선이 된다.

시장수요곡선이 우하향하는 직선일 경우에 한계수입곡선은 시장수요곡선 기울기의 두 배가 된다.

따라서, 평균수입(AR) = $200 - 0.5Q$, 한계수입(MR) = $200 - Q$

11 어느 독점기업 제품에 대한 시장수요함수가 $p = 100 - 3q$ 이고 총비용함수는 $c = 10q$ 라고 하자. 이 기업의 이윤극대화 생산량과 수입극대화 생산량을 쓰시오.

해설 • 이윤극대화 조건 : $MR = MC$ (단, 독점기업의 MR 곡선은 수요곡선 기울기의 2배)

$MR = 100 - 6q, \quad MC = 10$ ∴) $q = 15$

• 수입극대화 조건 : $MR = 0$

$MR = 100 - 6q = 0$ ∴) $q = 16.7$

12 다음은 완전경쟁기업인 (주)남부의 가격과 수요량에 관한 자료이다. (주)남부가 독점기업으로 바뀔 경우 생산량과 경제적잉여의 변화를 쓰시오. (단, 이 제품 생산의 한계비용은 4,000원이다.)

가격(원)	수량(그릇)
9,000	5
8,000	6
7,000	7
6,000	8
5,000	9
4,000	10
3,000	11

• 해설
- 수요곡선: 자료에서 기울기 $-1,000$. 따라서 $P = C - 1,000Q$
  수요곡선식에 임의의 한 점(예를 들어, $Q = 5$, $P = 9,000$)을 대입하여 $C(=14,000)$도출
  ∴) $P = -1,000Q + 14,000$, $MR = -2,000Q + 14,000$(한계수입곡선은 시장수요곡선 기울기 두 배)

- 완전경쟁일 때: $P = MC$ ⇒ $-1,000Q + 14,000 = 4,000$ ∴) $Q = 10$
- 독점기업일 때: $MR = MC$ ⇒ $-2,000Q + 14,000 = 4,000$ ∴) $Q = 5$
- 자중손실: 12,500

13 독점시장에서는 장기적으로 볼 때 자원배분의 효율성과 소득분배의 공평성 측면에서 완전경쟁시장에 비하여 바람직하지 않은 상태가 된다고 한다.

13-1 자원배분의 효율성을 가격 설정, 생산물 생산, 자원 사용 등 세 가지 측면에서 평가하시오.

13-2 소득분배의 공평성 측면을 평가하시오.

• 정답
13-1. • 가격 설정 측면: 장기는 물론 단기에도 시장가격이 한계비용보다 높은 수준으로 결정
　　　　　　　　　이는 가격이 비효율적 수준으로 설정된 것을 의미
　　　• 생산물 생산 측면: 장기에 장기평균비용이 최저가 되는 수준보다 높은 가격으로 적게 생산
　　　　　　　　　이는 생산물이 비효율적으로 생산된다는 것을 의미
　　　• 자원 사용 측면: 장기에 보유하는 자본설비의 평균비용이 최저가 되는 생산량보다 적게 생산
　　　　　　　　　이는 보유 자본설비를 비효율적으로 사용하며, 유휴자본설비가 존재한다는 것을 의미
13-2. 독점기업의 경우는 일반적으로 장기에 독점이윤이 존재. 따라서 생산성을 초과하는 소득분배가 이루어지며, 완전경쟁시장에 비하여 불공평한 소득분배가 이루어진다는 것을 의미

14 어느 독점기업의 수요함수는 $Q = 130 - P$ 이고, 총비용함수는 $C = 10Q + Q^2$ 이다. 당국이 이 독점기업의 가격을 한계비용 수준으로 규제하려고 한다. 한계비용규제가격과 이에 따른 경제적잉여의 변화를 쓰시오.

◆해설 • 문제에서,

　　▶ 수요곡선: $P = 130 - Q$　　(수요함수의 역함수)

　　▶ 한계수입: $MR = 130 - 2Q$　(독점기업 수요곡선이 우하향 직선일 경우, 수요곡선 기울기의 두 배)

　　▶ 한계비용: $MC = 10 + 2Q$　(총비용함수를 미분한 값)

　• 한계비용가격: 가격과 한계비용이 같은 수준(수요곡선과 한계비용곡선의 교차점)에서 생산

$$P = MC \Rightarrow 130 - Q = 10 + 2Q \Rightarrow Q = 40 \quad \text{(한계비용가격설정 시 생산량)}$$
$$\Rightarrow P = 90 \quad \text{(생산량 40을 수요함수에 대입하여 도출)}$$

　• 경제적잉여 변화

　　▶ 독점가격: 이윤극대화조건($MR = MC$)에 따라 생산

$$MR = MC \Rightarrow 130 - 2Q = 10 + 2Q \Rightarrow Q = 30 \quad \text{(이윤극대화 생산량)}$$
$$\Rightarrow P = 100 \quad \text{(생산량 30을 수요함수에 대입하여 도출)}$$

　　▶ 경제적잉여: 그림에서 회색 면적만큼 증가(150)

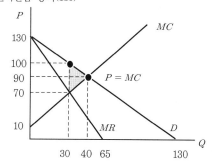

15 전기, 가스, 상수도 등 공공서비스 사업은 자연독점의 성격을 갖고 있다. 이 산업에서는 통상 평균비용 수준으로 가격을 설정한다고 한다. 그 이유를 설명하시오.

◆정답 자연독점기업의 경우, 가격을 한계비용 수준($P = MC$)으로 통제하면 손실 발생.
　　　따라서, 가격을 평균비용 수준($P = AC$)으로 통제

16 교사와 학생의 대화에서 괄호 안의 ㉠, ㉡에 들어갈 내용을 순서대로 서술하시오. 일반사회(A) 16

> 교사 : 정액세나 종량세 같은 세금이 기업에 부과되면 가격과 생산량에 영향을 미칩니다.
>
> 학생 : 선생님, 종량세가 무엇인가요?
>
> 교사 : 종량세는 판매하는 상품의 한 단위당 일정액을 부과하는 세금이지요.
>
> 학생 : 정액세나 종량세가 부과되면 비용은 어떻게 되나요?
>
> 교사 : 구체적으로 어떤 비용을 말하는 거지요?
>
> 학생 : 먼저 정액세가 부과되면 생산에서 한계비용(MC)과 평균비용(AC)이 각각 어떻게 되나요?
>
> 교사 : (㉠   ).
>
> 학생 : 그럼 종량세가 부과되면 생산에서 한계비용(MC)과 평균비용(AC)이 각각 어떻게 되나요?
>
> 교사 : (㉡   ).
>
> 학생 : 선생님, 감사합니다.

정답 ㉠ 한계비용 불변, 평균비용 증가   ㉡ 한계비용 증가, 평균비용 증가

해설 • 조세부과 효과   ■ 조세를 통한 독점규제

  ▶ 정액세 : 기업에 생산량과 무관하게 일정액의 세금 부과. 따라서 총고정비용 증가
      총고정비용이 증가하면 평균비용은 증가하지만 한계비용은 불변

  ▶ 종량세 : 기업 생산물 단위당 세금 부과. 따라서 총가변비용비용 증가
      총가변비용이 증가하면 평균비용과 한계비용 모두 증가

17 어느 독점기업의 수요함수는 $Q = 130 - P$ 이고, 총비용함수는 $C = 10Q + Q^2$ 이다. 이 기업이 완전가격차별을 시행할 때 다음 질문에 답하시오.

17-1 최종 소비자에게 적용되는 가격과 시장거래량은 얼마가 되는가?

17-2 이 경우의 경제적 효과를 설명하시오.

17-3 당국은 독점기업의 완전가격차별을 허용하지 않는다. 그 이유는 무엇인지 쓰시오.

17-4 현실적으로 가격차별이 허용되는 경우도 있을 수 있다. 그 예를 들어보라.

해설 • 가격차별을 하지 않을 때의 독점균형 : 이윤극대화조건($MR = MC$)에 따라 생산

$MR = MC \Rightarrow 130 - 2Q = 10 + 2Q \Rightarrow Q = 30$ (이윤극대화 생산량)

$\Rightarrow P = 100$ (생산량 30을 수요함수에 대입하여 도출)

정답 **17-1.** 완전가격차별 시, 독점기업은 가격과 한계비용이 같은 수준까지 생산량 증가

$P = MC \Rightarrow 130 - Q = 10 + 2Q \Rightarrow Q = 40$ (한계비용가격설정 시 생산량)

$\Rightarrow$ 최종 소비자의 가격 $P = 90$

17-2. 완전가격차별 시, 완전경쟁균형과 동일한 수준으로 생산. 따라서 경제적잉여 증가(그림에서 회색 면적 150)

17-3. 완전경쟁일 경우의 소비자잉여가 모두 독점기업의 몫이 됨

17-4. 각종 경매(미술품, 골동품 등), 자선바자회 등

18 통신시장에 하나의 기업만 존재하는 완전독점시장을 가정하자. 이 독점기업의 총비용(TC) 함수는 $TC = 20 + 2Q$이고 시장의 수요는 $P = 10 - 0.5Q$ 이다. 만약, 이 기업이 이부가격(two part tariff) 설정을 통해 이윤을 극대화하고자 한다면, 고정요금(가입비)은 얼마로 설정해야 하는지 쓰시오.

• 해설　• 이부가격제

    ▶ 균형 조건: 시장수요곡선과 한계비용곡선의 교차점에서 시장가격(사용료) 결정. 따라서, $P = MC$ 일 때 균형
    ▶ 균형에서의 소비자잉여를 고정요금(가입비)로 징수

  • 문제에서,

    ▶ 균형 조건: $P = MC$ ⟹ $10 - 0.5Q = 2$ ∴) $Q = 16$, $P = 2$
    ▶ 사용료는 2, 고정요금(가입비)은 소비자잉여 64로 징수

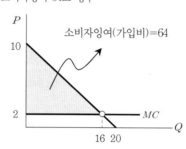

Chapter 13 ┃ **독점적 경쟁시장**

19 독점적 경쟁기업의 장기균형 상태를 완전경쟁기업 및 독점기업과 비교하여 공통점과 차이점을 각각 설명하시오.

• 정답　1. 완전경쟁시장과 비교

  • 차이점
    ▶ 가격 설정 측면: 장기는 물론 단기에도 시장가격이 한계비용보다 높은 수준으로 결정.
             이는 가격이 비효율적 수준으로 설정된 것을 의미함
    ▶ 생산물 생산 측면: 장기에 장기평균비용이 최저가 되는 수준보다 높은 가격으로 적게 생산.
             이는 생산물이 비효율적으로 생산된다는 것을 의미
    ▶ 자원 사용 측면: 장기에 보유하는 자본설비의 평균비용이 최저가 되는 생산량보다 적게 생산.
             이는 보유 자본설비를 비효율적으로 사용하며, 유휴자본설비가 존재한다는 것을 의미
  • 공통점: 장기에 독점이윤이 존재하지 않음

  2. 독점시장과 비교

  • 공통점
    ▶ 가격 설정 측면: 장기는 물론 단기에도 시장가격이 한계비용보다 높은 수준으로 결정.
             가격이 비효율적 수준으로 설정된 것을 의미함
    ▶ 생산물 생산 측면: 장기에 장기평균비용이 최저가 되는 수준보다 높은 가격으로 적게 생산.
             생산물이 비효율적으로 생산된다는 것을 의미
    ▶ 자원 사용 측면: 장기에 보유하는 자본설비의 평균비용이 최저가 되는 생산량보다 적게 생산.
             이는 보유 자본설비를 비효율적으로 사용하며, 유휴자본설비가 존재한다는 것을 의미
  • 차이점: 장기에 독점이윤이 존재하지 않음

Chapter **14** | 과점시장과 게임이론

20 어떤 과점시장에 동일한 재화를 생산하는 두 기업 A와 B만이 존재하고, 각 기업의 생산량을 Q_A와 Q_B라고 하자. 시장수요가 $P = 100 - Q_A - Q_B$이고, 두 기업의 총비용함수가 각각 $C_A = 40Q_A$, $C_B = 40Q_B$로 주어졌을 때, 쿠르노 - 내쉬(Cournot - Nash) 균형에서 두 기업의 생산량을 합한 총생산량(Q)과 균형가격(P)은 얼마인지 쓰시오.

> **해설** • 쿠르노균형: 개별기업은 한계비용에서의 시장수요량의 $1/3$씩 생산
>
> ▶ 문제에서, 가격이 0일 때의 시장수요량($Q_A + Q_B$)은 100개. 따라서, 시장수요곡선은 $P = 100 - Q$
>
> ▶ 한계비용이 0일 때 시장수요량은 100개. 개별기업은 $(100/3)$개씩 공급, 시장전체 생산량은 $(200/3)$개
>
> ▶ 두 기업의 한계비용$(MC) = \dfrac{dTC}{dQ} = 40$. 한계비용이 40일 때 시장수요량은 60개.
>
> 개별기업은 20개씩 공급, 시장전체 생산량은 40개
>
> ▶ 시장생산량이 40개이므로 시장가격은 60원

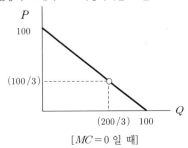

[$MC = 0$ 일 때]

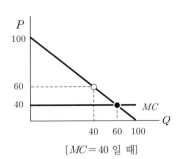

[$MC = 40$ 일 때]

21 한 나라의 담배 시장을 甲 회사와 乙 회사가 양분하고 있다. 각자의 이윤 극대화를 추구하는 두 회사는 가격 경쟁은 하지 않지만, 광고 경쟁은 하고 있다. 각 회사는 광고를 하거나 광고를 하지 않는 전략을 선택할 수 있다. 회사 간의 담합은 법으로 엄격하게 금지되어 있다. 각 회사의 광고 전략 선택에 따른 이윤 상태는 다음 보수표와 같다. 甲 회사의 우월전략은 무엇이며 왜 그것이 우월전략인지를 쓰고, 이 시장에서의 우월전략 균형은 상태 A, B, C, D 가운데 어느 것인지 쓰시오.

일반사회 06

		甲 회사의 선택	
		광고 안 함	광고함
乙 회사의 선택	광고 안 함	甲 회사 이윤 400억 원 (상태 A) 乙회사 이윤 400억 원	甲 회사 이윤 500억 원 (상태 B) 乙회사 이윤 200억 원
	광고함	甲 회사 이윤 200억 원 (상태 C) 乙회사 이윤 500억 원	甲 회사 이윤 300억 원 (상태 D) 乙회사 이윤 300억 원

정답
• 甲 회사의 우월전략 : 광고함
• 우월전략 균형 : D

		甲의 우월전략		우월균형
乙	광고 안 함	← 광고 안 함 400억 **광고함 500억**	**광고함**	
	광고함	← 광고 안 함 200억 **광고함 300억**		**광고함**

		乙의 우월전략	
甲	광고 안 함	← 광고 안 함 400억 **광고함 500억**	**광고함**
	광고함	← 광고 안 함 200억 **광고함 300억**	

22 다음은 두 기업이 경쟁하는 시장 상황에 관한 자료이다 〈작성 방법〉에 따라 서술하시오.　　일반사회(A) 20

두 기업 갑과 을이 동시에 '협력' 또는 '배신' 중 하나의 전략을 선택하여 경쟁한다. 만약 두 기업 모두 '협력'하면 각 기업은 4억 원의 이윤을 얻고, 두 기업 모두 '배신'하면 각 기업은 1억 원의 이윤을 얻는다. 만약 한 기업은 '협력'하지만 다른 기업이 '배신'하는 경우 협력한 기업은 0원의 이윤을, 배신한 기업은 5억 원의 이윤을 얻는다. 이 상황을 다음과 같이 나타낼 수 있다.

		을	
		협력	배신
갑	협력	(4, 4)	(0, 5)
	배신	(5, 0)	(1, 1)

〈작성 방법〉
- 이 상황에서 우월전략균형(dominant strategy equilibrium)을 찾아 쓰고, 그것이 내쉬균형(Nash equilibrium)인 이유를 서술할 것.
- 이 상황을 가리키는 게임의 명칭을 쓸 것.

예시
- 우월전략균형은 '배신'이다. 각 기업의 우월전략에 대한 각 기업의 내쉬전략은 모두 '배신'이다. 따라서 우월전략균형이 내쉬균형이 된다.
- 죄수의 딜레마

해설
- 문제에서,
  ▶ 우월전략균형: 갑과 을 모두 '**배신**'

		을의 선택		을의 우월전략		우월전략 균형
갑	협력	←	협력: 4 / **배신: 5**	**배신**		서로 배신하며 보수 (1, 1)
	배신	←	협력: 0 / **배신: 1**			

		갑의 선택		갑의 우월전략
을	협력	←	협력: 4 / **배신: 5**	**배신**
	배신	←	협력: 0 / **배신: 1**	

  ▶ 내쉬전략균형: 갑과 을 모두 '**배신**'

내쉬전략 게임						내쉬 균형
갑 협력	←	을 배신	←	갑 배신		서로 배신하며, 보수 (1, 1)
갑 배신	←	을 배신	←	갑 배신		
을 협력	←	갑 배신	←	을 배신	← 갑 배신	
을 배신	←	갑 배신	←	을 배신		

  ▶ 죄수의 딜레마: 우월전략게임에서 전략균형이 두 사람에게 모두 바람직하지 결과를 가져오는 상황을 말함
- 혼합묶어팔기(mixed bundling): 묶음판매 뿐만 아니라 개별판매도 함께 하는 것

23 두 기업 A, B가 시장에서 경쟁하고 있다. 불황 기간 중에 각 기업은 생산량 감소와 생산량 유지 중 하나의 전략을 선택해야 한다. 각 기업이 자신의 이윤을 극대화하고자 할 때 아래 서술을 평가하여 설명하시오.

기업 A의 전략 ＼ 기업 B의 전략	생산량 감소	생산량 유지
생산량 감소	(100, 100)	(50, 80)
생산량 유지	(80, 50)	(70, 70)

> ㄱ. 두 기업 모두 생산량을 유지하는 전략이 파레토 효율적(Pareto efficient)이다.
> ㄴ. 기업 B의 전략과 상관없이 기업 A는 생산량을 유지하는 것이 우월전략이다.
> ㄷ. 우월전략 균형과 내쉬 균형이 1개씩 존재한다.

해설 • 내쉬전략균형

기업 B의 전략	기업 A의 내쉬전략		기업 A의 전략	기업 B의 내쉬전략
생산량 감소	←	**감소(100)** 유지(80)	생산량 감소	← **감소(100)** 유지(80)
생산량 유지	←	감소(50) **유지(70)**	생산량 유지	← 감소(50) **유지(70)**

내쉬전략게임								내쉬균형
B 감소	←	A 감소	←	B 감소	←	A 감소		(A 감소, B 감소)
B 유지	←	A 유지	←	B 유지	←	A 유지		또는
A 감소	←	B 감소	←	A 감소	←	B 감소		(A 유지, B 유지)
A 유지	←	B 유지	←	A 유지	←	甲 전략 1		

• 우월균형

기업 B		기업 A의 우월전략		우월전략 균형
	감소	← **감소(100)** 유지(80)	존재하지 않음	
	유지	← 감소(50) **유지(70)**		

기업 A		기업 B의 우월전략		존재하지 않음
	감소	← **감소(100)** 유지(80)	존재하지 않음	
	유지	← 감소(50) **유지(70)**		

ㄱ. 두 기업 모두 생산량을 줄이는 경우 두 기업 이윤이 모두 많으므로 감소하는 것이 파레토 효율적(Pareto efficient)
ㄴ. 두 기업 모두 우월전략은 존재하지 않음
ㄷ. 내쉬균형은 두 개 존재

24 다음은 독점기업이 이윤극대화를 하는 상황에 대한 자료이다. 〈작성 방법〉에 따라 서술하시오. 일반사회 21

동네 유일의 놀이동산은 1인용 롤러코스터와 1인용 바이킹을 운행하고 있다. 이 놀이동산에는 갑, 을, 병 3명의 고객이 있는데, 이들 각각은 놀이동산에 가면 각 놀이 기구를 2회 이상 탑승하지 않는다. 놀이동산의 주인은 이들이 각 놀이 기구를 1회 탑승하는데 지불할 용의가 있는 최대 금액이 다음 표와 같음을 알아냈다.

구분	롤러코스터	바이킹
갑	3,000원	7,000원
을	5,000원	5,000원
병	7,000원	3,000원

각 놀이 기구를 1회 운행하는 데 드는 비용이 각각 4,000원일 때, 놀이동산의 주인은 이윤을 극대화하기 위해 다음 3가지요금 책정 안을 고려하고 있다.

- A안: 각 놀이 기구 탑승권의 요금을 개별로 책정
- B안: 두 놀이 기구를 1회씩 탑승하는 탑승권을 묶어서 요금을 책정
- C안: A안과 B안을 병행

(단, 갑~병이 각각 두 놀이기구를 1회씩 탑승하는데 지불할 용의가 있는 최대금액은 각 놀이기구를 1회 탑승하는데 지불할 용의가 있는 최대금액의 합과 같고, 놀이동산의 주인은 각 고객을 대상으로 다른 요금을 책정할 수 없으며, 요금은 편의상 100원 단위로 책정한다고 가정한다.)

〈작성 방법〉

○ A안을 채택할 때, 놀이동산의 주인이 책정하는 요금은 각각 얼마일지 쓸 것.
○ B안을 채택할 때, A안과 비교해서 놀이동산의 주인이 각 고객의 1회 방문으로 얻게 되는 이윤의 차이가 얼마일지 쓸 것.
○ C안을 채택할 때, 놀이동산의 주인이 책정하는 요금과 각 고객의 1회 방문으로 얻게 되는 이윤은 각각 얼마일지 쓸 것.

●해설 1. 롤러코스트 요금 700, 바이킹 요금 700

구분	롤러코스터	바이킹
갑	3,000원	7,000원
을	5,000원	5,000원
병	7,000원	3,000원
1	가격 3,000, 모두 소비. 총수입 9,000, 총비용 12,000, 이윤 −3,000	가격 3,000, 모두 소비. 총수입 9,000, 총비용 12,000, 이윤 − 3,000
1	총이윤 −6,000	
2	가격 5,000, 을,병 소비 총수입 10,000, 총비용 8,000, 이윤 2,000	가격 5,000, 갑,을 소비 총수입 10,000, 총비용 8,000, 이윤 2,000
2	총수입 20,000, 총이윤 4,000	
3	가격 7,000, 병 소비 총수입 7,000, 총비용 4,000, 이윤 3,000	가격 7,000, 갑 소비 총수입 7,000, 총비용 4,000, 이윤 3,000
3	총수입 14,000, 총이윤 6,000	

2. 총이윤 동일. 차이 없음

- 순수묶어팔기 (pure bundling) : 소비자의 수요가격이 음(−)의 상관관계일 때 따로 팔기에 비하여 총수입 증가
- 혼합묶어팔기(mixed bunding) : 묶음판매 뿐만 아니라 개별판매도 함께 하는 것

구분	롤러코스터	바이킹
갑	3,000원	7,000원
을	5,000원	5,000원
병	7,000원	3,000원
1	가격 8,000 모두 소비 총수입 24,000 총비용 24,000 총이윤 0	
2	가격 10,000 모두 소비 총수입 30,000 총비용 24,000 총이윤 6,000	

3. A안 : 롤러코스트 요금 700, 바이킹 요금 700, 총이윤 6,000
   B안 : 묶어팔기 요금 10,000, 총이윤 6,000

박지훈의
친절한 경제학

소득분배이론과
생산요소시장이론

CHAPTER

15 소득분배이론

Ⅰ 소득분배이론

소득분배이론은 기능적 분배이론과 계층별 분배이론으로 구성된다.

1. 기능적 소득분배이론(functional distribution of income)

① 기능적 분배이론은 자본주의 경제체제의 소득분배원리를 분석한다.
② 각 생산요소의 소득은 각 요소가 생산과정에서 수행한 기능(한계생산성)에 따라 분배되며 이를 한계생산력설이라고 한다.　　📖 Chapter 09. 생산함수 참조

2. 계층별 소득분배이론(size distribution of income)

① 계층별 분배이론에서는 소득분배의 균등도를 분석한다.
② 각종 지표를 이용하여 현재의 소득분배현황(소득분배균등도)을 파악한다.

Ⅱ 기능적 분배이론

① 자본주의에서는 생산요소를 제공함에 따라 소득(노동소득, 이자소득, 임대소득)이 창출되며, 요소소득은 요소시장의 요소가격과 고용량에 의해 결정된다.
② 따라서 기능적 소득분배는 요소시장 균형에 의해 결정된다.

> ⊙ 한계생산력설: $TP = L \cdot MP_L + K \cdot MP_K$　　(1차동차생산함수일 때)
>
> ▸ 총생산물(TP)의 시장가치는 총소득(I): $TP = I$
>
> ▸ 생산물과 요소시장이 완전경쟁일 때: $MP_L = \dfrac{W}{P}, \quad MP_K = \dfrac{r}{P}$
>
> $\therefore) \ TP = L \cdot MP_L + K \cdot MP_K \ \Rightarrow \quad I \ = \ L \cdot \dfrac{W}{P} \ + \ K \cdot \dfrac{r}{P}$
>
> [총소득 ＝ 노동소득 ＋ 자본소득]
>
> ⊙ 기능적 분배
>
> ▸ 노동소득 ＝ $L \cdot \dfrac{W}{P}$　　(단, L: 노동투입량, $\dfrac{W}{P}$: 실질임금,
>
> ▸ 자본소득 ＝ $K \cdot \dfrac{r}{P}$　　　　K: 자본투입량, $\dfrac{r}{P}$: 실질이자율)

Ⅲ 계층별 분배이론

01 소득분배균등도의 측정

1. 로렌츠(M. O. Lorenz)곡선

① 인구누적비율과 소득누적비율 간의 관계를 그림으로 나타낸 것이며, 로렌츠곡선의 곡률이 클수록 소득분배의 불균등정도가 크다.

② 단, 로렌츠곡선이 서로 교차할 경우에는 소득분배 상태를 비교할 수 없다.

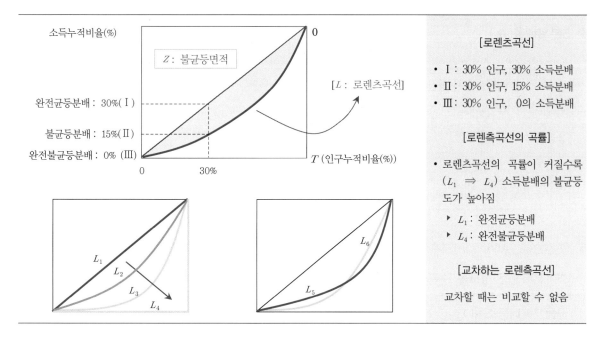

2. 지니(G. Gini)계수(G)

① 로렌츠곡선 그림에서 대각선과 로렌츠곡선이 이루는 면적(Z; 불균등면적)을 대각선 아래 삼각형 면적으로 나눈 것이다.

② 완전균등분배 시 Z면적은 0이므로 지니계수는 0이고 완전불균등분배 시 Z면적과 대각선 아래 면적이 같으므로 지니계수는 1이 된다.

③ 따라서 지니계수가 작을수록 소득분배가 균등하다.

④ 로렌츠곡선이 교차하는 경우에는 전체 소득분배균등도를 평가할 수 없다.

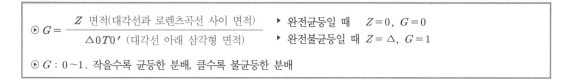

⊙ $G = \dfrac{Z\ \text{면적(대각선과 로렌츠곡선 사이 면적)}}{\triangle 0T0'\ \text{(대각선 아래 삼각형 면적)}}$

▸ 완전균등일 때 $Z = 0,\ G = 0$
▸ 완전불균등일 때 $Z = \triangle,\ G = 1$

⊙ G : $0 \sim 1$. 작을수록 균등한 분배, 클수록 불균등한 분배

www.pmg.co.kr

3. 10분위분배율(D_{10})

① 하위 40% 소득계층의 소득을 상위 20% 소득계층의 소득으로 나눈 것이다.
② 소득이 완전균등분배될 때 10분위분배율은 2이고 완전불균등일 때는 0이다.
③ 따라서 10분위분배율이 클수록 소득분배가 균등하다.

> ⊙ $D_{10} = \dfrac{\text{최하위 40\% 소득계층소득(점유율)}}{\text{최상위 20\% 소득계층소득(점유율)}}$ ▸ 완전균등일 때 $D_{10} = 2$
> ▸ 완전불균등일 때 $D_{10} = 0$
>
> ⊙ D_{10} : 0 ~ 2. 클수록 균등분배, 작을수록 불균등분배

4. 5분위배율(D_5)

① 상위 20% 소득계층의 소득을 하위 20% 소득계층의 소득으로 나눈 것이다.
② 소득이 완전균등분배될 때 5분위배율은 1이고 완전불균등일 때는 ∞ 이다.
③ 따라서 5분위배율이 작을수록 소득분배가 균등하다.

> ⊙ $D_5 = \dfrac{\text{최상위 20\% 소득계층소득(점유율)}}{\text{최하위 20\% 소득계층소득(점유율)}}$ ▸ 완전균등분배일 때 $D_5 = 1$
> ▸ 완전불균등분배일 때 $D_5 = \infty$
>
> ⊙ D_5 : 1 ~ ∞. 작을수록 균등분배, 클수록 불균등분배

5. 앳킨슨(A. Atkinson)지수

소득분배균등 정도를 주관적으로 평가하는 지수이다.

(1) 균등분배대등소득(Y_{EDE} : equally distributed equivalent income)

① 균등분배대등소득이란 현재 소득분배 상태(평균소득=μ)에서 느끼는 사회후생과 동일한 수준이 되도록 모든 국민들 사이에 균등하게 분배된 소득이다.
② 현재의 소득분배가 완전균등하다고 느끼는 사람의 경우는 균등분배대등소득과 현재 평균소득이 같고($Y_{EDE} = \mu$), 완전불균등하다고 느끼는 사람의 균등분배대등소득은 0 이다.
③ 따라서 소득분배가 불균등하다고 느낄수록 균등분배대등소득이 작아진다.

(2) 앳킨슨지수(A)

① 현재의 소득분배가 완전균등하다고 보는 경우 균등분배대등소득과 현재 평균소득이 같으므로 ($Y_{EDE} = \mu$) 앳킨슨지수는 0이다.
② 또한 현재의 소득분배가 완전불균등하다고 볼 경우는 균등분배대등소득이 0 이므로 앳킨슨지수는 1이 된다.
③ 따라서 현재의 소득분배 상태가 불균등하다고 볼수록 앳킨슨지수는 커진다.

⊙ 앳킨슨지수(A) : $A = 1 - \dfrac{Y_{EDE}}{\mu}$ (단, Y_{EDE} : 균등분배대등소득, μ : 1인당 평균소득)

▸ $Y_{EDE} = \mu$ ⇔ $A = 0$: 현재 소득분배를 완전균등 상태로 평가
▸ $Y_{EDE} = 0$ ⇔ $A = 1$: 현재 소득분배를 완전불균등 상태로 평가

⊙ A : $0 \sim 1$. 작을수록 균등하다고 평가, 클수록 불균등하다고 평가

예 $A = 0.6$ 이면 현재 평균소득의 40%를 균등분배할 때 현재와 동일한 사회후생
$A = 0.4$ 이면 현재 평균소득의 60%를 균등분배할 때 현재와 동일한 사회후생

개념정리 / **소득분배 균등도**

지수	지수의 범위	소득분배 균등도	
• 10분위분배율(D_{10})	$0 \sim 2$ (클수록 균등)	$D_{10} = 2$: 완전균등,	$D_{10} = 0$: 완전불균등
• 5분위배율(D_{10})	$1 \sim \infty$ (작을수록 균등)	$D_5 = 1$: 완전균등,	$D_5 = \infty$: 완전불균등
• 지니계수(G)	$0 \sim 1$ (작을수록 균등)	$G = 0$: 완전균등,	$G = 1$: 완전불균등
• 앳킨슨지수(A)	$0 \sim 1$ (작을수록 균등)	$A = 0$: 완전균등,	$A = 1$: 완전불균등

02 쿠즈네츠(S. Kuznets)의 U자 가설

① 쿠즈네츠의 실증분석에 따르면 경제발전 초기에는 분배의 불균등이 심화된다.
② 그러나 경제발전에 따라 경제가 성숙단계에 이르면 분배의 불균등이 완화된다.

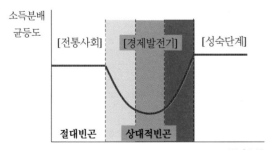

[쿠즈네츠의 U자 가설]

경제발전(국민소득 증가)에 따라 소득분배균등도가 악화되다가 개선되며 고소득 선진국이 되면 소득분배가 균형한 상태로 변함

• **전통사회(저소득)** : 높은 균등도. 절대적 빈곤
• **경제발전기(소득 증가)** : 낮은 균등도. 상대적 빈곤
• **경제성숙기(고소득)** : 높은 균등도

■ 수직축을 불균등도로 표시하면 '역 U자 가설'

Ⅳ 소득분배불균등과 소득재분배

01 소득분배불균등

① 소득분배는 다음과 같은 이유로 불균등한 것이 일반적이다.

② 그러나 개인 생산성의 반영(한계생산력설), 경쟁유발을 통한 효율성 증진 등을 위해 합리적인 소득분배 불균등은 불가피한 측면도 존재한다.

> ⊙ 개인별 능력과 노력의 차이   ⊙ 개인별 교육 등 기회의 차이
> ⊙ 상속과 증여에 따른 부의 세습   ⊙ 사회 · 경제 제도 및 경제정책
> ⊙ 우연적인 요소(행운과 불운)

02 임금격차

직종별 · 개인별 임금격차가 존재하며 소득분배 불균등의 근본 원인이 된다.

1. 합리적 임금격차

① 동일한 노동에 동일한 보수가 지급되어야 하는 것을 동등보수의 원칙(equal pay)이라고 하며, 이 원칙에 따른 임금격차는 합리적인 것으로 간주한다.

② 보상격차, 인적자본의 차이, 개별 근로자의 능력과 노력의 차이 등에 의한 임금격차가 이 원칙에 해당된다.

> ⊙ 보상격차(compensating differentials)   예 3D업종
> ▸ 작업조건의 차이에 따른 임금격차
> ▸ 고통스럽고 어렵고 지루하며, 위험이 높은 작업에 높은 임금 지급
>
> ⊙ 인적자본(human capital)의 차이   예 대졸자와 고졸자
> ▸ 인적자본이란 교육, 훈련 등에 의해 축적된 지식이나 기술
> ▸ 일반적으로 인적자본이 높을수록 생산성이 높으므로 높은 임금 지급
>
> ⊙ 능력과 노력 차이 : 개인의 능력과 노력에 따른 생산성 격차에 의한 임금차별

2. 비합리적 임금격차

① 작업조건이나 노동의 질에 관계없이 발생하는 임금격차이며 시장경제 원리에 위배된다.

② 노동시장의 불완전정보와 불완전성, 사회경제적 차별과 역학관계 등에 따른 임금격차가 이에 해당된다.

03 소득재분배에 관한 세 가지 견해

소득분배가 불균등하므로 정부는 소득재분배 정책을 통해 고소득층 소득을 저소득층에게 이전하고자 한다. 재분배정책의 정당성에 대하여 세 가지 견해가 존재한다.

1. 공리주의(utilitarianism) ◀ 벤담(J. Bentham), 밀(J. S. Mill)

① 소득분배과 관련된 총효용이 클수록 사회후생도 높으며(다다익선. 총량공리주의), 소득의 한계효용은 체감한다.

② 소득의 한계효용이 체감하는 경우에는 고소득자의 소득을 저소득자에게 재분배하면 사회 전체의 효용이 증가하며 모든 사람의 소득이 균등해질 때 사회후생이 극대화된다(평균공리주의).

③ 따라서 소득재분배 정책은 사회후생을 증대시킨다.

④ 그러나 소득재분배 정책은 고소득자와 저소득자의 근로의욕을 모두 감퇴시켜 사회총소득(사회후생)이 감소할 수 있다.

⑤ 따라서 소득재분배에 따른 사회후생증가분과 총소득감소로 인한 사회후생감소분이 동일하도록 재분배해야 한다.

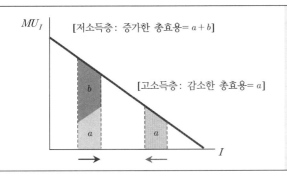

[공리주의와 소득재분배]

- 소득의 한계효용이 체감할 때 고소득층의 소득을 저소득층에 이전하면 사회후생 증가
  ▸ 고소득층 소득 감소 시 총효용 감소분은 a
  ▸ 저소득층 소득 증가 시 총효용 증가분은 $a+b$
  ▸ 따라서 사회후생 증가분은 b

2. 진보주의(liberalism) ◀ 롤즈(J. Rawls)

① 최저소득자의 소득이 증가해야만 사회후생이 증가할 수 있다(최소극대화 원칙).

② 따라서 고소득자 소득의 일부를 저소득자에게 재분배하면 사회후생이 증가한다.

③ 공리주의 경우와 마찬가지로 고소득자와 저소득자의 근로의욕을 모두 감퇴시켜 사회총소득(사회후생)이 감소할 수 있다.

④ 최저소득계층의 효용증대를 위하여 고소득자 소득의 일부를 이전할 것을 주장하므로 공리주의에 비하여 소득재분배를 더 강하게 지지하는 입장이라고 볼 수 있다.

3. 자유주의(libertarianism) ◀ 노직(R. Nozick)

① 앞의 두 견해는 국가가 특정 목적을 위하여 소득을 자유롭게 재분배해도 좋다는 입장이다.

② 그러나 자유주의는 소득은 사회구성원에 의해 창출되는 것이지 사회 그 자체가 아니다. 따라서 개인의 능력과 노력에 의해 정당하게 창출되고 이전된 소득은 재분배할 이유가 없다.

③ 따라서 소득획득 과정의 정당성 여부 및 소득을 획득할 수 있는 균등한 기회보장이 더 중요하다.

CHAPTER 16

생산요소시장이론

I | 기초개념

01 요소의 공급　　　📖 p.86의 '소비자균형이론' 참조

소비자는 자신이 보유하고 있는 생산요소(노동, 자본, 토지 등 부동산)를 공급하여 요소소득(임금, 이자, 지대)을 획득한다.

따라서 요소공급은 소비자의 효용극대화 선택에 의해 이루어진다.

1. 노동공급

① 근로자의 노동공급은 주어진 가용시간 제약하에서 소득과 여가에 대한 효용극대화 소비선택에 따라 결정된다.

② 일반적인 경우 부(−)의 대체효과가 정(+)의 소득효과보다 커서 임금이 상승할 때 개별 노동공급자(근로자)의 노동공급량이 증가하므로 개별 노동공급곡선은 우상향한다.

③ 시장노동공급곡선은 개별 노동공급곡선의 수평합으로 도출된다.

2. 자본공급(저축)

① 자본공급자(저축자)의 자본공급(저축)은 주어진 현재와 미래소득 제약하에서 현재소비와 미래소비에 대한 효용극대화 소비선택에 따라 결정된다.

② 일반적인 경우 부(−)의 대체효과가 정(+)의 소득효과보다 커서 이자율이 상승할 때 자본공급자(저축자)의 자본공급량(저축)이 증가하므로 개별 자본공급곡선은 우상향한다.

③ 시장자본공급곡선은 개별 자본공급곡선의 수평합으로 도출된다.

02 요소의 수요

1. 기업의 요소수요(고용)

① 기업은 생산물을 생산하기 위하여 생산요소(노동, 자본, 토지 등 부동산)를 고용(요소수요)한다.

② 기업의 목표는 이윤극대화이므로 생산물 공급의 경우와 마찬가지로 요소수요(고용)도 이윤극대화 원칙에 따라 결정된다.

③ 요소고용에 따른 한계비용(MFC ; 한계요소비용)과 한계수입(MRP ; 한계수입생산물)이 같아지는 수준으로 고용할 때 요소고용에 따른 이윤이 극대화된다.

⊙ 생산물 생산의 이윤극대화 조건

1단위 추가 생산 시,	한계비용(MC) (증가한 총비용($\triangle TC$)	=	한계수입(MR) 증가한 총수입($\triangle TR$)

⊙ 생산요소고용(수요)의 이윤극대화 조건

1단위 추가 고용 시,	한계요소비용(MFC) 증가한 총비용($\triangle TC$)	=	한계수입생산물(MRP) 증가한 총수입($\triangle TR$)

---

2. 요소수요(고용)에 따른 비용

(1) 평균요소비용(AFC : Average Factor Cost)

① 평균요소비용(AFC)은 요소단위당 비용이다.
② 평균요소비용은 총요소비용을 요소투입량으로 나눈 것이다.

(2) 한계요소비용(MFC : Marginal Factor Cost)

① 한계요소비용(MFC)은 요소를 1단위 추가 고용할 때 증가하는 총비용이다.
② 한계요소비용은 총비용함수를 요소투입량으로 미분하여 도출하며, 한계비용(MC)에 생산요소의 한계생산물(MP)을 곱한 값과 같다.
③ 평균요소비용과 한계요소비용은 요소시장 형태별로 달라진다.

⊙ 평균요소비용(AFC) : 요소투입 단위당 비용

$$AFC = \frac{TC}{F} \qquad (단,\ TC : 총요소비용,\ F : 요소투입량)$$

⊙ 한계요소비용(MFC) : 요소 1단위 투입 증가 시 증가하는 비용

$$MFC = \frac{dTC}{dF} = \frac{dTC}{dQ} \cdot \frac{dQ}{dF} = MC \cdot MP \qquad (단,\ \frac{dTC}{dQ} = MC,\ \frac{dQ}{dF} = MP)$$

▸ 노동의 한계요소비용 : $MFC_L = MC \cdot MP_L$
▸ 자본의 한계요소비용 : $MFC_K = MC \cdot MP_K$

---

3. 요소수요(고용)에 따른 수입

(1) 한계수입생산물(MRP : Marginal Revenue Product)

① 한계수입생산물(MRP)은 요소를 1단위 추가고용할 때 늘어나는 총수입이다.

② 총수입함수를 요소투입량으로 미분하여 도출하며, 한계수입(MR)에 생산요소의 한계생산성(MP)을 곱한 값이다.

③ 요소투입량이 증가하면 수확체감의 법칙에 따라 한계생산물(MP)은 감소한다.

④ 또한 요소투입량이 증가하면 생산량이 증가하는데 완전경쟁기업의 경우는 한계수입이 변하지 않으며, 독점 등 불완전경쟁기업의 한계수입은 감소한다.

⑤ 따라서 요소투입량이 증가하면 어느 경우에나 한계수입생산물(MRP)이 감소하며, 한계수입생산물곡선은 우하향한다.

⊙ 한계수입생산물(MRP)

$$MRP = \frac{dTR}{dF} = \frac{dTR}{dQ} \cdot \frac{dQ}{dF} = MR \cdot MP \quad (단, \ \frac{dTR}{dQ} = MR, \ \frac{dQ}{dF} = MP)$$

▸ 노동의 한계수입생산물 : $MRP_L = MR \cdot MP_L$

▸ 자본의 한계수입생산물 : $MRP_K = MR \cdot MP_K$

⊙ 요소투입량과 한계수입생산물의 변화

▸ 요소투입량 증가 시 수확체감 법칙에 따라 한계생산물(MP)은 항상 감소

▸ 요소투입량이 증가하여 생산량이 증가할 때 한계수입(MR)은 생산물시장의 형태에 따라 감소하거나 불변

▸ 따라서 요소투입 증가 시 한계수입생산물 항상 감소

▸ 완전경쟁기업 : 한계수입(MR) 불변. ∴) $\overline{MR \cdot MP} \downarrow = MRP \downarrow$

　　불완전경쟁기업 : 한계수입(MR) 감소. ∴) $MR \downarrow \cdot MP \downarrow = MRP \downarrow$

---

(2) 한계생산물가치(VMP : Value of Marginal Product)

한계생산물가치는 생산물의 가격(P)과 요소의 한계생산성(MP)을 곱한 것이다.

⊙ 한계생산물가치(VMP) : $VMP = P \cdot MP$

▸ 노동의 한계생산물가치 : $VMP_L = P \cdot MP_L$

▸ 자본의 한계생산물가치 : $VMP_K = P \cdot MP_K$

---

(3) 한계수입생산물(MRP)과 한계생산물가치(VMP)

① 생산물시장의 형태에 따라 기업의 한계수입생산물과 한계생산물가치의 관계가 달라진다.

② 생산물시장에서 완전경쟁기업의 경우는 한계수입과 생산물가격이 같으므로($MR = P$) 한계수입생산물($MRP = MR \cdot MP$)과 한계생산물가치($VMP = P \cdot MP$)가 같다.

③ 생산물시장에서 독점 등 불완전경쟁기업의 경우 한계수입보다 생산물가격이 높으므로($MR < P$) 한계수입생산물($MRP = MR \cdot MP$)보다 한계생산물가치($VMP = P \cdot MP$)가 더 크다.

> ▶ 한계수입생산물(MRP)과 한계생산물가치(VMP)
>
> ▸ 완전경쟁기업 : $MRP = \boldsymbol{MR} \cdot MP \;=\; \boldsymbol{P} \cdot MP = VMP$
>   ($MR = P$) (한계수입생산물곡선과 한계생산물가치곡선 동일)
>
> ▸ 불완전경쟁기업 : $MRP = \boldsymbol{MR} \cdot MP \;<\; \boldsymbol{P} \cdot MP = VMP$
>   ($MR < P$) (한계수입생산물곡선은 한계생산물가치곡선 아래 위치)

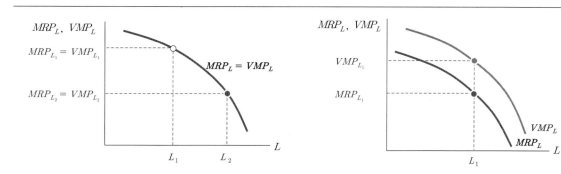

(요소투입 증가 시, 한계수입(MR)은 불변이거나 감소, 한계생산물(MP)은 감소. 따라서 $MRP_L (= MR \cdot MP)$ 감소)

[완전경쟁기업: $MR = P \;\Rightarrow\; MRP_L = VMP_L$]   [불완전경쟁기업: $MR < P \;\Rightarrow\; MRP_L < VMP_L$]

4. 요소수요(고용)의 이윤극대화 조건

① 개별기업은 한계요소비용(MFC)과 한계수입생산물(MRP)이 같아지는 요소투입량을 고용하면 요소고용에 따른 이윤이 극대화된다.

② 한계수입생산물(MRP)이 한계요소비용(MFC)보다 크면 그 차이만큼 추가고용에 따라 이윤(한계이윤)이 발생하므로 고용을 늘리면 이윤이 증가한다.

③ 한계수입생산물(MRP)이 한계요소비용(MFC)보다 작으면 그 차이만큼 추가고용에 따라 손실(한계손실)이 발생하므로 고용을 줄이면 과다고용에 따른 손실을 줄일 수 있다.

> ⊙ 요소고용 이윤극대화조건: 한계요소비용(MFC) = 한계수입생산물(MRP)
>   ▸ 노동고용 이윤극대화조건: $MFC_L = MRP_L$
>   ▸ 자본고용 이윤극대화조건: $MFC_K = MRP_K$
>
> ⊙ 이윤극대화조건의 증명
>   ▸ 한계요소비용(MFC) < 한계수입생산물(MRP): 한계이윤 발생. 고용 증가 시 이윤 증가
>   ▸ 한계요소비용(MFC) > 한계수입생산물(MRP): 한계손실 발생. 고용 축소 시 손실 감소

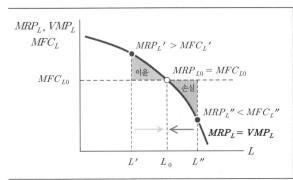

[이윤극대화 고용]

- L_0 고용: $MFC_L = MRP_{L0}$. 이윤극대
- L' 고용: $MFC_L < MRP_{L0}$. 한계이윤 발생
  고용 증가 시, 이윤 증가
- L'' 고용: $MFC_L > MRP_{L0}$. 한계손실 발생
  고용 축소 시, 손실 감소

03 요소시장의 형태

① 요소시장은 완전경쟁시장, 수요독점요소시장, 공급독점요소시장 및 쌍방독점요소시장 등 네 가지 형태로 구분된다.

② 각 요소시장은 생산물시장의 형태에 따라 각각 완전경쟁시장과 독점시장(불완전경쟁시장)으로 구분될 수 있으나, 불완전경쟁 요소시장의 경우 현실적으로 생산물시장이 완전경쟁일 수 없다.

⊙ 요소시장의 형태

	생산요소시장		생산물시장
	수요	공급	
▸ 완전경쟁요소시장	완전경쟁	완전경쟁	완전경쟁 독점
▸ 수요독점요소시장	독점	완전경쟁	(일반적으로) 독점
▸ 공급독점요소시장	완전경쟁	독점	
▸ 쌍방독점요소시장	독점	독점	

Ⅱ 완전경쟁요소시장

01 완전경쟁 요소시장의 특징

완전경쟁 생산물시장과 같이 네 가지 조건을 만족하는 요소시장이다.
요소수요자(기업)와 요소공급자(근로자, 저축자)는 모두 요소가격 수용자가 된다.
생산물시장의 형태에 따라 요소시장 균형이 달라진다.

1. 요소시장

① 시장요소수요와 시장요소공급의 균형에 의해 시장균형 요소가격(P_F)과 고용량이 결정된다.
② 개별요소공급곡선(F_i^s)은 개별 요소공급자의 효용극대화 선택에 따라 도출되며, 시장요소공급곡선은
   개별요소공급곡선의 수평합이다.
③ 개별기업의 요소수요곡선(F_i^D)은 개별기업의 이윤극대화 선택에 따라 도출되며, 시장요소수요곡선은
   개별기업 요소수요곡선의 수평합이다.

2. 개별기업

① 기업은 가격수용자이므로 고용량을 변화시켜도 요소가격이 변하지 않는다.
② 따라서 시장요소가격은 기업의 평균요소비용(AFC)과 한계요소비용(MFC)이 되며 평균요소비용곡선과
   한계요소비용곡선은 요소가격 수준에서 수평선이다.
③ 기업은 시장요소가격을 지불하면 얼마든지 요소를 공급받을 수 있으므로 수평의 평균요소비용곡선은
   기업의 요소공급곡선(F_i^s)을 의미한다.

> ▶ 기업의 평균요소비용(AFC)과 한계요소비용(MFC)
>
> ▸ 기업은 가격수용자: $P_F = AFC = MFC$, AFC와 MFC 곡선은 수평선
> ▸ 수평의 평균요소비용곡선(AFC)은 기업의 요소공급곡선(F_i^s)을 의미

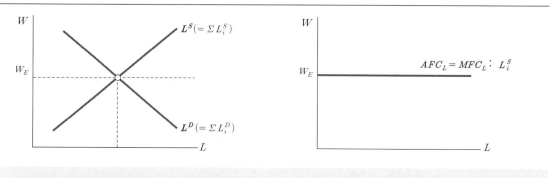

[완전경쟁 노동시장(자본시장의 경우도 동일)]　　　　　　　　　[개별기업]

02 완전경쟁 생산물시장(A)

1. 개별기업의 이윤극대화 고용

① 이윤극대화조건[한계요소비용(MFC) = 한계수입생산물(MRP)]에 따라 고용한다.

② 따라서 한계요소비용곡선(MFC)과 한계수입생산물곡선(MRP)의 교차점에서 고용한다.

③ 생산물시장이 완전경쟁일 경우 한계요소비용이 요소시장가격과 같으므로 한계수입생산물곡선(MRP)이 기업의 요소수요곡선이 된다.

④ 또한 생산물시장이 완전경쟁이므로 가격과 한계수입이 같으므로 한계수입생산물(MRP)과 한계생산물가치(VMP)가 같다.

> ⊙ 이윤극대화 조건: 한계요소비용(MFC) = 한계수입생산물(MRP)
> ▸ 가격수용자이므로 시장요소가격(P_F) = 한계요소비용(MFC)
> ▸ $P = MR$ 이므로 한계수입생산물(MRP) = 한계생산물가치(VMP)
> ▸ 기업(A)의 이윤극대화 조건
>
> | 한계요소비용(MFC) | = | 한계수입생산물($MRP = MR \cdot MP$) |
> |:---:|:---:|:---:|
> | $\parallel$ | | $\parallel$ |
> | 시장요소가격(P_F) | = | 한계생산물가치($VMP = P \cdot MP$) |
>
> ⊙ 균형상태: $P_F = AFC = MFC = MRP = VMP$
> ⊙ 요소가격과 한계생산성: $P_F = VMP(= P \cdot MP) \Rightarrow P_F = P \cdot MP$, 또는 $\dfrac{P_F}{P} = MP$
> ⊙ 기업요소수요곡선: 한계수입생산물곡선(MRP) = 한계생산물가치곡선(VMP)

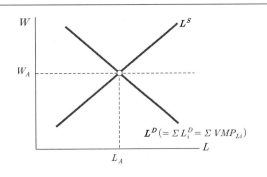
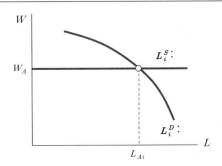

- 시장요소수요곡선(L^D): 기업 수요곡선(VMP_{Li}) 수평합
- 기업 요소수요곡선(L_i^D): 한계생산물가치곡선(VMP_{Li})
- 기업 요소공급곡선(L_i^S): 요소가격(W_A) 수준에서 수평

[요소시장, 생산물시장 모두 완전경쟁(A)]

2. 개별기업의 요소공급곡선과 요소수요곡선

① 요소시장이 완전경쟁일 경우 기업은 가격수용자이므로 시장요소가격이 기업의 평균요소비용과 한계요소비용($P_F = AFC = MFC$)이며 변하지 않는다.

② 따라서 요소가격 수준에서 수평인 평균요소비용곡선(AFC)이 기업의 요소공급곡선(F_i^S)이다.

③ 또한 개별기업은 시장요소가격($P_F = MFC$)과 한계수입생산물(MRP)이 같아지는 수준에서 요소를 고용하므로 한계수입생산물곡선(MRP)이 개별기업의 요소수요곡선(F_i^D)이 된다.

④ 단, 생산물시장이 완전경쟁일 경우에는 한계수입생산물(MRP)과 한계생산물가치(VMP)가 같으므로 한계생산물가치곡선(VMP)을 기업의 요소수요곡선이라고 표현한다.

> ⊙ 기업의 요소공급곡선(F_i^S)
>> ▸ 기업은 시장요소가격만 지불하면 요소를 얼마든지 공급받을 수 있음
>> ▸ 따라서 기업의 요소공급곡선은 시장요소가격 수준에서 수평선
>
> ⊙ 기업의 요소수요곡선(F_i^D)
>> ▸ 기업의 요소가격과 고용량이 한계수입생산물곡선상에서 결정되므로 한계수입생산물곡선(MRP)이 기업의 요소수요곡선
>> ▸ 생산물시장이 완전경쟁일 경우는 한계수입생산물과 한계생산물가치가 같으므로 한계생산물가치곡선(VMP)을 기업의 요소수요곡선이라고 함
>> ▸ 요소수요곡선이 우하향하는 것은 한계생산물체감(수확체감)의 법칙 때문

---

3. 요소수요의 변화

① 한계생산물가치가 변화하면 요소수요가 변화한다.

② 한계생산성(MP)이 증가하거나 가격($P = MR$)이 오르면 한계생산물가치($VMP = P \cdot MP$)가 증가하므로 기업의 요소수요가 증가(수요곡선 우측이동)한다.

③ 개별기업의 요소수요가 증가하면 시장의 요소수요도 증가(시장요소수요곡선 우측이동)하므로 시장균형 요소가격이 오르고 요소고용량이 증가한다.

> ⊙ 요소수요의 변화 : 한계생산성 및 가격(한계수입)이 상승하면,
>> ⇒ 한계생산물가치($VMP = P \cdot MP$) 증가
>> ⇒ 한계생산물가치곡선(VMP) 상방(우측) 이동
>> ⇒ 개별기업 요소수요 증가(개별기업 요소수요곡선 우측이동)
>> ⇒ 시장요소수요 증가(시장요소수요곡선 우측이동)
>> ⇒ 요소가격 상승, 시장 요소고용량 증가

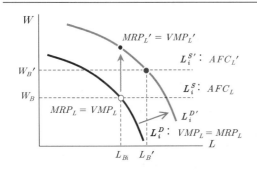 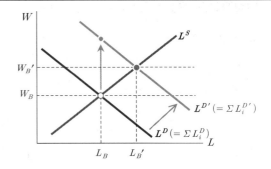

- 한계생산물, 한계수입 상승 시, 한계수입생산물 증가
  ⇒ 기업 요소수요 증가(요소수요곡선 우측이동)

- 기업 요소수요 증가 ⇒ 시장요소수요 증가
  ⇒ 요소가격 상승, 고용량 증가

4. 요소수요와 요소공급의 탄력도

① 기업의 요소수요의 요소가격탄력도(ε_{F^D})는 요소가격이 변화할 때 요소수요량의 변화를 측정한다.

② 요소의 대체탄력성과 생산물 수요의 가격탄력성이 클수록 요소수요가 탄력적이다.

③ 또한 요소가격이 생산비에서 차지하는 비중이 크고 요소가격 변화한 후 시간이 경과할수록(장기) 탄력적이다.

④ 요소공급자(소비자) 요소공급의 요소가격탄력도(ε_{F^S})는 요소가격이 변화할 때 요소공급량의 변화를 측정한다.

⑤ 생산요소의 이동(전용) 가능성이 크면 요소공급의 요소가격탄력도가 크다.

> ⊙ 요소수요의 가격탄력도 : $\varepsilon_{F^D} = \dfrac{\text{요소수요량 변화율}}{\text{요소가격 변화율}} = \dfrac{dF^D}{dP_F} \cdot \dfrac{P_F}{F^D}$
>
> ▸ 요소의 대체탄력성이 크고(요소대체 용이) 생산물 수요의 가격탄력성이 클수록 탄력적
> ▸ 요소가격이 생산비에서 차지하는 비중이 크고 장기일수록 탄력적
>
> ⊙ 요소공급의 가격탄력도 : $\varepsilon_{F^S} = \dfrac{\text{요소공급량 변화율}}{\text{요소가격 변화율}} = \dfrac{dF^S}{dP_F} \cdot \dfrac{P_F}{F^S}$
>
> 요소의 이동성(전용성)이 커서 요소를 다른 용도로 쉽게 바꾸어 투입할 수 있을 때 탄력적

03 불완전경쟁 생산물시장(B)

1. 개별기업의 이윤극대화 고용

① 생산물시장이 불완전경쟁일 때는 한계수입생산물(MRP)이 한계생산물가치(VMP)보다 작다.

② 따라서 한계수입생산물곡선(MRP)이 기업의 요소수요곡선이 되며 한계생산물가치곡선(VMP)의 하방에 위치한다.

③ 이 시장에서는 한계생산물가치(VMP)가 요소가격(P_F)보다 높으며 그 차이($VMP - P_F$)를 공급독점적 착취라고 한다. 이는 요소공급자에게 보수를 덜 지급했다는 것을 의미한다.

> ⊙ 이윤극대화 조건: 한계요소비용(MFC) = 한계수입생산물(MRP)
> - ▸ 가격수용자이므로 시장요소가격(P_F) = 한계요소비용(MFC)
> - ▸ $P > MR$ 이므로 한계수입생산물(MRP) < 한계생산물가치(VMP)
> - ▸ 기업(B)의 이윤극대화 조건
>
> $$\begin{matrix} 한계요소비용(MFC) \\ \| \\ 시장요소가격(P_F) \end{matrix} = \underset{(MRP = MR \cdot MP)}{한계수입생산물} < \underset{(VMP = P \cdot MP)}{한계생산물가치}$$
>
> ⊙ 균형상태: $P_F = AFC = MFC = MRP < VMP$
> ⊙ 요소가격과 한계생산성: $P_F < VMP(= P \cdot MP) \Rightarrow P_F < P \cdot MP,$ 또는 $\dfrac{P_F}{P} < MP$
> ⊙ 요소수요곡선: 한계수입생산물곡선(MRP)($\neq$ 한계생산물가치곡선(VMP))
> ⊙ 공급독점적 착취: 요소가격(P_F) $-$ 한계생산물가치(VMP)

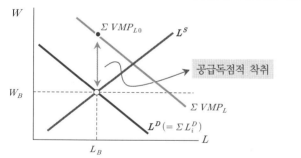
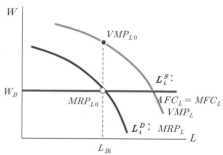

- 시장요소수요곡선(L^D): 기업요소수요곡선(MRP) 수평합
- 기업요소수요곡선(L_i^D): 한계수입생산물곡선(MRP)
- 기업요소공급곡선(L_i^S): 요소가격(W_B) 수준에서 수평

[요소시장: 완전경쟁, 생산물시장: 불완전경쟁(B)]

2. 생산물시장이 완전경쟁(A)일 경우와의 차이점

① 생산물시장이 완전경쟁이다가 불완전경쟁(독점)으로 변화하면 한계수입생산물(MRP)이 한계생산물
가치(VMP)보다 작아지므로 요소수요가 감소한다.

② 따라서 생산물시장이 완전경쟁일 때에 비하여 요소가격이 내리고 고용량이 감소한다.

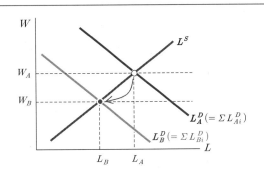

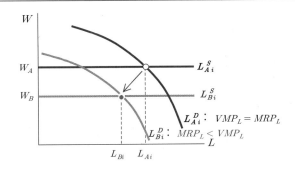

- 독점화: 시장 요소 수요 감소 [수요곡선(L_i^D) 좌측이동]   • 독점화: 요소 수요 감소 [수요곡선(L_i^D) 좌측이동]

Ⅲ   수요독점(monopsony)요소시장

01   수요독점요소시장의 특징

① 요소를 수요하는 기업이 유일(唯一)하다. 따라서 생산물도 불완전경쟁시장인 것이 일반적이다.

> **예** 프로 스포츠의 선발제도(draft system)

② 수요독점기업은 시장요소공급곡선상에서 요소가격을 지불해야 하므로 시장요소공급곡선이 수요독점
기업의 평균요소비용곡선(AFC)이 된다.

③ 시장요소공급곡선이 우상향할 때 고용량이 증가하면 평균요소비용이 증가하므로 한계요소비용은
평균요소비용보다 더 높고 더 많이 증가한다.

④ 따라서 한계요소비용곡선은 평균요소비용곡선의 상방에 위치하며 가파르다.

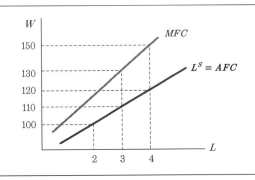

[수요독점기업의 AFC, MFC 곡선]

예	L	2	3	4
평균요소비용(AFC)		100	110	120
총요소비용		200	330	480
한계요소비용(MFC)		—	130	150

- 평균요소비용곡선(AFC): 시장요소공급곡선
- AFC 증가 시, MFC는 AFC보다 크며 더 많이 증가

02 수요독점시장의 균형

1. 수요독점기업의 균형

① 요소수요독점기업은 생산물시장에서도 불완전경쟁기업이 되므로 수요독점기업의 한계수입생산물(MRP)은 한계생산물가치(VMP)보다 작다.

② 수요독점기업도 이윤극대화조건($MFC = MRP$)에 따라 고용하며, 고용량이 결정되면 시장요소공급곡선상에서 시장요소가격이 결정된다.

③ 이때 완전경쟁요소시장에 비하여 요소가격이 낮고 고용량도 적다.

④ 요소의 시장가격과 고용량이 시장요소공급곡선상에서 결정되므로 수요독점기업의 요소수요곡선은 존재하지 않는다.

⑤ 이 시장에서는 한계수입생산물(MRP)이 요소가격(P_F)보다 높으며 그 차이($MRP - P_F$)를 수요독점적 착취라고 한다. 이는 요소공급자에게 보수를 덜 지급했다는 것을 의미한다.

⊙ 이윤극대화 조건: 한계요소비용(MFC) = 한계수입생산물(MRP)

  ▸ 시장요소가격(P_F) ≠ 한계요소비용(MFC)

  ▸ $P > MR$ 이므로 한계수입생산물(MRP) < 한계생산물가치(VMP)

  ▸ 기업(C)의 이윤극대화 조건

$$\underset{(MFC)}{\text{한계요소비용}} = \underset{(MRP)}{\text{한계수입생산물}} \quad (단, \ VMP > MFC = MRP > P_F)$$

⊙ 균형상태: $P_F = AFC < MFC = MRP < VMP$

⊙ 요소가격과 한계생산성: $P_F < VMP(= P \cdot MP) \ \Rightarrow \ P_F < P \cdot MP,$ 또는 $\dfrac{P_F}{P} < MP$

⊙ 기업의 요소수요곡선: 존재하지 않음

⊙ 수요독점적 착취: 한계수입생산물(MRP) − 요소가격(P_F)

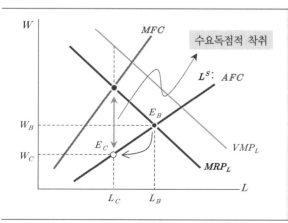

[수요독점요소시장]

• 요소시장균형: 이윤극대화조건($MFC = MRP$)에 따라 L_C 고용, 노동공급곡선상에서 임금 W_C 결정

• 요소시장이 완전경쟁(생산물시장 불완전경쟁)일 때의 균형은 E_B, 따라서 요소가격은 내리고 고용량도 감소

• 수요독점적 착취: 한계수입생산물 − 요소가격

2. 임금인상과 고용량

① 최저임금제나 노동조합의 요구에 따라 시장균형 임금보다 높은 수준으로 임금이 결정될 경우 수요
독점기업은 고용량에 관계없이 그 수준으로 임금을 지급해야 한다.

② 따라서 결정된 임금은 수요독점기업에게는 한계요소비용(MFC)이 되며 한계요소비용곡선은 수평
선이 된다.

③ 이 경우 이윤극대화조건($MFC = MRP$)에 따라 고용량이 결정되므로 원래 시장균형일 때에 비하여
고용량은 감소하지 않거나 오히려 증가할 수 있다.

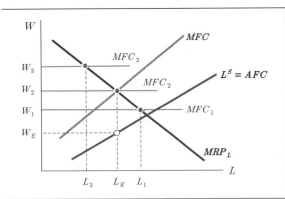

[노동조합(최저임금제)과 수요독점요소시장]

• 수요독점시장균형: L_E 고용, W_E 임금

• 인금 인상: 노조 요구, 최저임금제

▶ 결정된 임금이 W_1 일 때 고용(증가)
▶ 결정된 임금이 W_2 L_1일 때 L_E 고용(증가)
▶ 결정된 임금이 W_3 일 때 L_3 고용(감소)

생산성임금

• **생산성임금**: 노동의 한계생산성과 같은 수준으로 결정된 실질임금

• **생산물시장과 노동시장이 모두 완전경쟁일 때**

▶ 균형상태에서, 명목임금(W) = 한계생산물가치($VMP_L = P \cdot MP_L$)
실질임금$\left(\dfrac{W}{P}\right)$ = 노동의 한계생산물(MP_L)

▶ 실질임금과 노동의 한계생산성 동일. 따라서 실제임금이 생산성임금 수준으로 결정

• **생산물시장이 불완전경쟁이거나 노동시장이 수요독점일 때**

▶ 균형상태에서, 명목임금(W) < 한계생산물가치($VMP_L = P \cdot MP_L$)
실질임금$\left(\dfrac{W}{P}\right)$ < 노동의 한계생산물(MP_L)

▶ 실질임금이 노동한계생산성보다 작음. 따라서 실제임금이 생산성임금 수준 이하로 결정, 근로자에게 불리

Ⅳ | 지대 · 임금 · 이자

01 경제지대(economic rent)

토지뿐 아니라 공급이 고정되어 있는 생산요소의 보수를 경제지대라고 한다.
생산요소의 소득(요소가격×요소고용량)은 경제지대와 전용수입으로 구분된다.

1. 전용수입

① 전용수입(이전수입)은 요소공급곡선 아래의 면적으로 측정되며, 이는 각 요소공급량 수준에서의 공급
가격(받고자 하는 최저요소가격)을 모두 더한 것이다.
② 따라서 전용수입은 생산요소가 현재 용도에서 다른 용도로 옮겨가지 않도록 받고자 하는 최소한의
보수를 의미한다.

2. 경제지대

① 경제지대는 총 요소소득에서 전용수입을 뺀 것(총보수−전용수입)이며, 전용수입 이상으로 받은 불로
소득의 의미를 가진다.
② 요소공급의 요소가격탄력도가 작을수록(가파른 기울기의 요소공급곡선) 총 요소소득 중에서 경제지대가
증가하고 전용수입은 감소한다.
③ 요소공급을 비탄력적으로 만들어 경제지대를 얻으려고 하는 것을 지대추구행위(rent - seeking behavior)
라고 하며 경제적 비효율성의 원인이 된다. 예 각종 자격증 정원 규제, 의대정원 규제
④ 생산자잉여를 일종의 불로소득으로 보아 경제지대라고 하는 경우도 있다.

> ⊙ 경제지대와 전용수입(이전수입)
>
> ▸ 요소공급이 비탄력적일수록 경제지대는 크고 전용수입은 작음
> ▸ 요소공급의 요소가격탄력도가 0(수직의 요소공급곡선)일 때
>
>   총수입 전체=경제지대. 따라서 전용수입=0
>
> ▸ 요소공급의 요소가격탄력도가 무한대(수평의 요소공급곡선)일 때
>   총수입 전체=전용수입. 따라서 전용수입=0

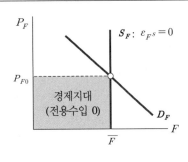

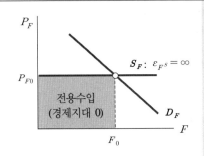

[경제지대와 전용수입]

- 왼쪽: 요소공급 가격탄력도 0
  ▸ 총보수＝경제지대(불로소득)
  ▸ 전용수입＝0
- 오른쪽: 요소공급 가격탄력도 ∞
  ▸ 총보수＝전용수입
  ▸ 경제지대(불로소득)＝0

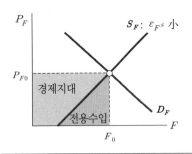

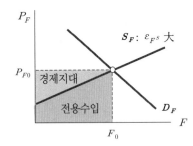

[경제지대와 전용수입]

- 왼쪽: 요소공급 가격탄력도 小
  경제지대 大, 전용수입 小
- 오른쪽: 요소공급 가격탄력도 大
  경제지대 小, 전용수입 大

3. 준지대(quasi‑rent) ◀ 마샬(A. Marshall)

① 준지대는 단기에 총수입에서 총가변비용을 제외한 것이다.
② 따라서 준지대는 총고정비용과 초과이윤을 더한 것이며 고정요소에 지불한 보수이다.
③ 준지대와 총고정비용의 관계에 따라 장기적으로 요소공급이 변화할 수 있다.

> ⊙ 준지대 : 총수입 − 총가변비용 ＝ 총고정비용 ＋ 초과이윤
>
> ▸ 준지대 > 총고정비용 : 초과이윤. 따라서 장기적으로 요소공급 증가
> ▸ 준지대 < 총고정비용 : 손실.   따라서 장기적으로 요소공급 감소

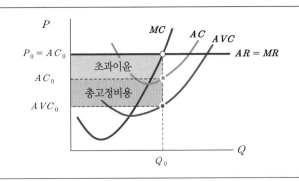

[준지대]

- 준지대 ＝ 총수입 − 총가변비용
  ＝ 초과이윤 ＋ 총고정비용

02 임금

1. 명목임금과 실질임금

① 명목임금(W)은 근로자의 화폐임금이며 노동시장에서 결정된다.

② 모든 시장이 완전경쟁일 때 노동의 한계생산물가치(VMP)와 같다.

③ 실질임금$\left(\dfrac{W}{P}\right)$은 명목임금을 물가로 나눈 것이며, 실질구매력을 나타낸다.

④ 모든 시장이 완전경쟁일 때 실질임금은 노동의 한계생산물(MP_L)과 같다.

> • 명목임금 : $W = P \cdot MP_L \, (= VMP_L)$
>
> • 실질임금 : $\dfrac{W}{P} = MP_L$
>
> ---
>
> **예제** 명목임금 : $W = 100,000$원, 옷값 : $P = 20,000$원일 때 실질임금은?
>
> 실질임금(실질구매력) : $\dfrac{W}{P} = 5$ (옷 5벌)

2. 노동조합과 임금

① 노동은 직종 간·산업 간 이동에 제약이 존재하며, 노동조합과 정부개입(최저임금제) 등에 의한 시장개입이 존재하므로 신축적 임금조정에는 제약이 있다.

② 노동조합의 요구나 최저임금제에 의하여 균형수준 이상으로 임금이 인상되면 실업(초과공급)이 발생하며, 노동수요가 탄력적일 경우에는 고용량이 대폭 감소하여 총임금소득이 감소한다.

③ 요소수요가 독점일 경우에는 노동조합의 요구에 따라 임금이 인상되어도 고용이 감소하지 않거나 오히려 증가할 수 있다. 📖 p.252의 '수요독점요소시장' 참조

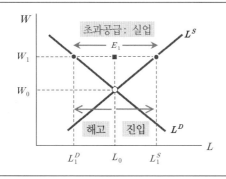

[노동시장균형과 노동조합]

• 노동조합의 요구에 따라 임금이 인상(W_1)될 때 기업의 노동수요량은 감소(L_1^D)하지만 노동조합은 원래의 고용수준(L_0)을 유지할 것을 요구

• 따라서 단기적으로는 E_1에서 균형. 장기적으로는 고용이 감소(L_1^D)하고 임금 상승에 따라 신규근로자가 진입하여 실업($L_1^S - L_1^D$) 발생

03 이자

이자는 자본재 사용의 대가이며 자본재에서 발생하는 수익이 그 원천이 된다.

이자율은 실물자본 1단위(1원어치) 사용에 대하여 지불하는 대가이며 자본시장에서 결정된다.

연습문제

Chapter 15 | 소득분배이론

01 다음 글을 읽고 〈작성 방법〉에 따라 서술하시오. (4점) 일반사회 23

㉠ 10분위분배율은 상이한 소득계층 간에 총소득이 어떻게 분배되어 있는가를 진단할 수 있는 대표적인 지표 중 하나이다. 한 나라의 전체 가계를 소득수준에 따라 최하위 가계에서 최상위 가계까지 배열하였다고 하자. 이렇게 정렬한 가계들을 10등분하고 등분된 계층별 소득분포자료로부터 분배의 불평등도를 측정한다. 10분위 분배율은 이러한 계층별 소득분포자료에서 (㉡)을/를 (㉢)(으)로 나눈 값을 말한다. 10분위분배율은 특정 소득계층의 소득분배 상태에 중점을 두기 때문에, 전 소득계층의 소득분배 상태를 진단할 때에는 로렌츠곡선과 ㉣ 지니계수를 사용한다. 로렌츠곡선은 계층별 소득분포자료에서 가계의 누적비율과 소득의 누적점유율 사이 의 대응관계를 그림으로 나타낸 것이며, 지니계수는 로렌츠곡선에서의 소득분배 상태를 숫자로 표시한 것이다.

〈작성 방법〉
○ 괄호 안의 ㉡, ㉢에 해당하는 내용을 순서대로 쓸 것.
○ 밑줄 친 ㉠이 작아진다면 소득분배 상태가 어떻게 변하는지를 서술할 것.
○ 밑줄 친 ㉣이 작아진다면 소득분배 상태가 어떻게 변하는지를 서술할 것.

해설 • 10분위분배율(1996) $= \dfrac{\text{최하위 40\% 소득계층소득}}{\text{최상위 20\% 소득계층소득}}$ (완전균등일 때 10분위분배율 = 2, 완전불균등일 때 10분위분배율 = 0) (클수록 균등)

• 지니계수가 작으면 균등한 소득분배

02 다음 표에서 1995년과 2001년의 10분위분배율을 소수 둘째자리까지 계산한 후, 상대적으로 소득분배가 더 불평등한 연도를 쓰고 그 판단 근거를 두 줄 이내로 쓰시오. (단, 계산식을 쓰고 소수 셋째자리는 버림)

일반사회 05

〈도시근로자 가구 소득 10분위별 소득 분포〉 (단위 : %)

분위 \ 연도	1995	2001
1분위	3.3	2.9
2분위	5.2	4.6
3분위	6.2	5.7
4분위	7.2	6.8
5분위	8.2	7.8
6분위	9.3	9.1
7분위	10.6	10.5
8분위	12.3	12.3
9분위	14.9	15.0
10분위	22.6	25.4

정답 • 10분위분배율(1996) = $\dfrac{\text{최하위 40\% 소득계층소득}}{\text{최상위 20\% 소득계층소득}}$ (완전균등일 때 10분위분배율 = 2, 완전불균등일 때 10분위분배율 = 0)   (클수록 균등)

① 1995년의 10분위분배율 = (3.3+5.2+6.2+7.2) / (14.9+22.6) = 0.58

② 2001년의 10분위분배율 = (2.9+4.6+5.7+6.8)/15.0+25.4) = 0.49

③ 소득분배불평등이 더 심한 연도와 더 심하다고 할 수 있는 근거 : 2001년. 10분위분배율이 1995년보다 작으므로 더 불균등

03 ( ) 안에 들어갈 내용을 쓰고, 그 내용을 근거로 '누진세율의 인상'이 사회정의에 부합할 수 있는 조건을 서술하시오.

일반사회(B) 16

> 롤스(J. Rawls)의 사회정의에 대한 두 원칙은 다음과 같다.
>
> 1원칙 : 모든 사람은 다른 사람들의 유사한 자유와 양립할 수 있는 가장 광범위한 기본적인 자유에 대해서 동등한 권리를 가져야 한다.
>
> 2원칙 : 사회·경제적 불평등은 다음과 같은 조건을 만족시키도록 배분되어야 한다.
>
> (a) ( )
>
> (b) 공정한 기회평등의 조건 아래서 직위와 공직들이 모든 사람들에게 개방되어야 한다.

정답 정의로운 저축의 원칙과 양립하며, 최소 수혜자에게 최대 이익이 되어야 한다.

해설 롤즈의 사회정의를 위한 두 원칙

- 제1원칙 : 모든 사람은 다른 사람들의 유사한 자유와 양립할 수 있는 가장 광범위한 기본적인 자유에 대해서 동등한 권리를 가져야 한다.
- 제2원칙 : 사회·경제적 불평등은 다음과 같은 조건을 만족시키도록 배분되어야 한다.

  (a) 정의로운 저축의 원칙과 양립하며, 최소 수혜자에게 최대 이익이 되어야 한다.

  (b) 공정한 기회평등의 조건 아래서 직위와 공직들이 모든 사람들에게 개방되어야 한다.

- 두 원칙의 의미

  ▶ 1원칙 : 자유주의 신념의 핵심을 보여주는 원칙으로, 평등한 시민의 기본적 자유를 희생할 수 없다는 의미
  ▶ 2원칙 : (a) 차등의 원칙(최소수혜자 최대이익의 원칙) : 사회적, 경제적 불평등을 정당화시켜주는 조건. 최소수혜자에게 최대 이익을 가져다주는 경우에만 불평등을 인정하고 그렇지 못할 경우에는 평등한 분배가 이루어져야 함. 이때 저축은 현재의 분배가 아니라 미래세대를 위한 이전이므로 적정 수준으로 이루어져야 함
   ■ 정의로운 저축의 원칙 : 정의로운 사회를 실현하고, 유지하기 위한 부담에 대한 세대 간의 합의

  (b) 공정한 기회균등의 원칙 : 모든 사람들에게 모든 직위와 공직을 가질 기회가 균등하게 주어져야 하며, 단순히 기회만을 보장하는 것만 아니라 삶의 기회까지도 평등하게 보장되어야 함

PLUS 누진세율의 인상이 사회정의에 부합할 수 있는 조건에 대한 이해

서울 거리에서 '공평'하고 외치면, 사람들이 얼마나 맞장구를 쳐줄까? 유산과 상속을 아무리 경제학적인 효율성 기준으로 논의해도 많은 사람들은 폐지에 동의하지 않는다. 아무래도 공평성 때문일 것이다.

상속세는 불공평한 세상을 교정해주는 묘약의 하나다. 규모에 따라 누진세가 부과되는 것도 사회적 공평성을 높이기 위한 방법이다. 여유 있는 사람으로부터 더 걷는 소득재분배 기능으로도 설명된다.

그러나 이런 세금은 경제적 효율성을 떨어뜨리는 경향이 있다. 이 갈등을 어떻게 해소해야 하는가? 세상을 '공평리'처럼 공평하게 만들면서, 효율성을 높이는 묘안은 없는 것일까?

사회과학에서 공평성은 롤스의 정의론에서 찾아 볼 수 있다. 정의롭기 위한 첫째 원리는 자유의 평등한 확대다. 모든 사람들에게 투표권, 표현, 양심과 사상 등 정치적 자유를 포함한 모든 분야에서의 자유가 평등하게 부여돼야 한다. 이것은 기본적인 자유의 평등한 확대에 해당된다. 그의 둘째 원리가 경제적 자원배분과 더 직접적인 관계가 있다. '불평등한 분배가 모든 사람에게 이득이 된다는 것을 증명할 수 없는 한, 평등하게 분배돼야 한다'는 것이다. 흔히 차등의 원리라 불린다. 또한 '공정하고 평등한 기회'가 모든 사람에게 부여돼야 한다는 조건도 포함하고 있다. 따라서 최소한의 불평등을 용인하면서 사회 전체가 이익이 될 수 있게 운용되는 세제가 가장 바람직한 것이다. 사회적 공평을 위해 필요한 상속세도, 세율이 지나치게 높으면 효율성을 저하시켜 오히려 사회 전체 이익을 감소시킬 수 있다. '공평리' 사람들에게도 풍요로운 삶이 중요하지 않겠는가. ■ 정갑영의 풀어쓰는 경제학(매경ECONOMY, 2002)

Chapter 16 | 생산요소시장이론

04 A 기업의 고용량에 따른 노동의 한계생산물이 다음 표와 같다. A 기업 제품의 가격이 20만 원이고 시장 균형 임금률이 월 300만 원일 때, A 기업의 이윤극대화 고용량은 얼마인지 쓰시오.

고용량	1	2	3	4	5	6
한계생산물	10	15	30	25	10	5

해설
- 이윤극대화 노동고용 : 노동시장과 생산물시장이 완전경쟁일 때
  - ▶ 이윤극대화 필요조건(1차 조건) : 한계생산물가치($VMP_L = P \cdot MP_L$) = 한계요소비용($MFC = W$)
  - ▶ 이윤극대화 충분조건(2차 조건) : 한계생산물가치(VMP_L)곡선 기울기 < 한계요소비용(MFC)곡선 기울기
- 문제에서,

고용량	1	2	3	4	5	6
한계생산물(MP_L)	10	15	30	25	10	5
한계생산물가치($VMP_L = P \cdot MP_L$)	200만	300만	600만	500만	200만	100만

- ▶ 고용량이 2일 때 한계생산물가치(VMP_L)와 한계요소비용($MFC = W$)이 일치하지만 충분조건을 위배하므로 손실극대화 고용량
- ▶ 고용량이 4일 때는 한계이윤($VMP_L > MFC_L$)이 존재하고 고용량이 5일 때는 한계손실($VMP_L < MFC_L$) 발생. 따라서 이윤극대화 고용량은 4

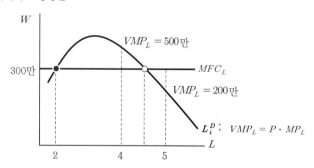

05 노동시장과 생산물시장이 완전경쟁일 때 1) 노동수요곡선이 우하향하는 이유와 2) 노동수요를 증대시켜 노동 투입량을 증가시킬 수 있는 요인은 무엇인지 각각 쓰시오.

해설
1) 노동시장이 완전경쟁일 때 기업의 노동수요곡선은 노동의 한계수입생산물곡선($MRP_L = MR \cdot MP_L$).
   노동투입량이 증가할 때 수확체감의 법칙에 따라 노동의 한계생산성(MP_L)이 체감하므로 한계수입생산물 감소
   따라서 노동수요곡선 우하향
   노동투입량이 증가할 때 한계수입(MR)은 생산물시장 형태에 따라 불변이거나 감소
2) 생산물시장 완전경쟁일 경우 한계수입생산물($MRP_L = MR \cdot MP_L$)과 한계생산물가치($VMP_L = P \cdot MP_L$) 동일.
   따라서 노동의 한계생산물가치 곡선이 노동수요곡선
   물가(P)가 오르거나 노동의 한계생산성(MP_L)이 증가하면 한계생산물가치가 증가하므로 노동수요 증가(노동수요곡선 우측이동)

06 그림은 X 재 시장 및 X 재 생산에 특화된 노동시장의 상황을 나타낸 것이다. X 재에 대한 수요가 증가할 때 노동시장의 임금과 고용량에 어떠한 변화가 발생하는지 자세히 설명하시오. (단, X 재 시장과 노동시장은 모두 완전경쟁시장이다.)

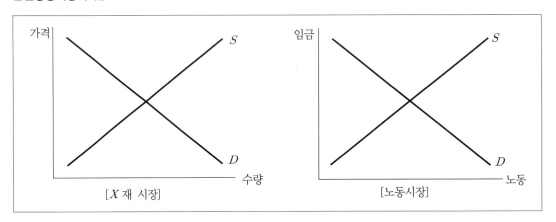

[X 재 시장]　　　　　[노동시장]

> **해설** X재에 대한 수요가 증가(수요곡선 우측이동)하면 X재 가격 상승.
>
> X재 가격이 상승하면 노동의 한계생산물가치($P \cdot MP_L$)가 증가하여 노동수요 증가(수요곡선 우측이동).
>
> 노동수요가 증가(수요곡선 우측이동)하면 임금이 오르고 고용량 증가

07 다음 그림에서 생산요소의 경제지대와 전용수입을 좌표점을 이용하여 면적으로 표시하고, 경제지대와 전용수입의 경제적 의미를 쓰시오. 또한 경제지대와 전용수입의 크기 결정 요인에 대하여 설명하시오.

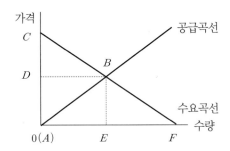

> **해설** • 경제지대
> > ▶ 요소공급곡선 위, 시장요소가격 아래의 면적(DBA)
> > ▶ 경제지대 = 총보수 − 전용수입. 경제지대는 총보수와 전용수입의 차이
> > ▶ 요소공급 제약에 따라 발생하는 불로소득
> > ▶ 요소공급이 비탄력적일수록 경제지대 증가. 요소공급이 비탄력적일수록 전문성이 높은 노동.
> > 　따라서 요소공급이 완전비탄력적일 때 요소소득 전체가 경제지대
>
> • 전용수입(이전수입)
> > ▶ 요소공급곡선 아래의 면적(ABE)
> > ▶ 어떤 생산요소가 현재의 용도에서 다른 용도로 옮겨가지 않도록 지불해야 하는 최소한의 보수
> > ▶ 요소공급의 탄력도가 작을수록(급한 요소공급곡선) 경제지대는 커지고 전용수입은 작음
> > ▶ 요소공급이 비탄력적일수록 전용수입의 크기 감소. 따라서 요소공급이 완전비탄력적일 때 전용수입은 영(0)

08 다음의 가상 시나리오에서 최저임금제 도입 이전과 이후에 유통업체 B사가 A국에서 고용한 노동량과 지불한 임금총액은 각각 얼마인지를 구하고, 이 분석의 결론을 간략히 쓰시오.

일반사회(A 서술) 15

유럽연합 내의 작은 농업국인 A국에 대형 다국적기업 유통업체 B사가 A국 국민만을 고용하는 조건으로 대형 마켓을 입점시켰다고 하자. B사는 경쟁이 치열한 유럽연합 내의 유통시장에서 유리한 입지를 점하기 위하여 유럽연합의 많은 나라와 국경을 맞대고 있는 A국을 선택하였는데, A국에는 다른 기업은 전혀 없으며, 외부로부터의 추가적인 노동인구 유입도 없다고 가정한다. 그래프의 곡선 ㈎, ㈏, ㈐는 각각 B사의 한계요소비용곡선, A국의 노동공급곡선, 노동의 한계생산물가치곡선(B사의 노동수요곡선)이다. ㈎와 ㈏의 식에서도 유추할 수 있듯이 A국의 노동공급곡선은 B사의 입장에서는 평균요소비용곡선과 같다 요소시장이 완전경쟁적이라면 고용량과 임금은 노동수요곡선과 노동공급곡선이 만나는 L_0, W_0에서 결정되겠지만, B사와 같이 요소시장에서 수요독점적인 기업은 한계생산물가치와 한계요소비용이 같아지는 수준인 L_1, W_1에서 고용량과 임금을 정한다.

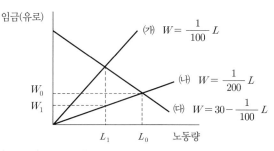

1년 후 다른 모든 조건은 변화가 없는 상황에서 A국 정부는 인근 유럽연합 국가들의 최저임금 수준과 유사한 10유로로 최저임금제를 도입하였다.

해설 • 요소수요독점시장 균형: 요소수요독점기업의 이윤극대화

이윤극대화조건: 한계요소비용(MFC) = 한계생산물가치(VMP)

$$\frac{1}{100}L = 30 - \frac{1}{100}L \Rightarrow \frac{1}{100}L = 30 - \frac{1}{100}L \qquad \therefore L = 1,500 , \ W = 7.5 .$$

임금총액 = $L \cdot W = 11,250$유로

• 최저임금제: 최저임금이 한계요소비용이 되므로 완전경쟁노동시장의 경우와 달리 고용량이 감소하지 않음

▶ 최저임금이 정해지면 기업에게는 최저임금이 한계요소비용(MFC)이 됨

▶ 이윤극대화조건: 한계요소비용(MFC) = 한계생산물가치(VMP)

$$10 = 30 - \frac{1}{100}L \Rightarrow \frac{1}{100}L = 20 \quad \therefore L = 2,000. \quad 임금총액 = L \cdot W = 20,000유로$$

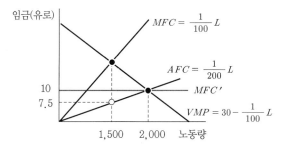

박지훈의
친절한 경제학

Unit

07

후생경제이론과
시장실패

CHAPTER 17

후생경제이론

후생경제학(Welfare Economics)에서는 일반균형을 전제로 자원배분의 효율성을 평가하기 위한 기준(파레토최적)을 제시하고 그 기준에 따라 경제적 효율성을 평가한다.
소득분배의 공평성 문제는 다루지 않는다.

I   파레토최적

01   기본개념

1. 부존(endowment)

① 특정 시점에서 경제 내에 존재하는 생산물과 생산요소의 수량이다.
② 부존은 한 경제의 제약조건(실현가능성)을 의미하므로 부존을 초과하는 배분은 불가능하다.

2. 파레토우위(Pareto superior)

① 어떤 배분상태가 구성원 누구의 후생(효용)도 감소시키지 않고 구성원 중 한 명의 효용만이라도 개선시킬 수 있을 때 그 상태를 다른 상태에 비해 파레토우위(개선)라고 한다.
② 반대로 구성원 누구의 후생도 증가시키지 않으면서 한 사람의 효용이라도 감소하는 경우는 파레토열위(Pareto inferior; 파레토악화)라고 한다.

02   파레토최적[Pareto optimal; 파레토효율(Pareto efficiency)]

① 다른 모든 가능한 배분상태보다 파레토우위인 배분상태를 파레토최적이라고 한다.
② 따라서 파레토최적 상태에서는 누구의 후생을 감소시키지 않고는 누구의 후생도 증가시킬 수 없다.

Ⅱ | 파레토최적조건

다음 세 가지의 최적성 조건을 동시에 만족할 경우 파레토최적 상태의 자원배분이 이루어진다.

01 교환의 최적성(교환의 파레토최적)

경제에 두 사람(A, B)과 두 재화(X, Y)만 존재하는 상황을 가정하여 분석한다(2인 2재 가정).
교환의 최적성이란 부존 생산물을 사회구성원 사이에 배분할 때 누군가의 후생을 감소시키지 않고는 다른 누구의 후생도 증대시킬 수 없도록 배분된 상태를 의미한다.

1. 총부존과 초기부존 및 계약곡선

① 총부존은 현재 재화 존재량이고, 초기부존(initial endowment)은 총부존의 최초 배분상태이다.
② 에지워드상자(Edgeworth box)를 이용하여 나타낸다.

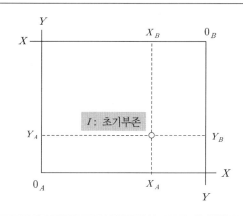
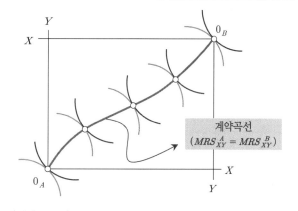

- ▸ X, Y축의 길이 : 총생산물 부존
- ▸ 0_A, 0_B : 두 사람 A, B의 원점
- ▸ 초기부존 ; 최초 배분 상태. X_A, X_B 및 Y_A, Y_B
- • 계약곡선 : 두 사람의 무차별곡선의 접점을 연결한 선
  - ▸ 계약곡선상에서 두 사람의 무차별곡선 기울기 동일
  - ▸ 따라서 두 사람의 한계대체율 동일($MRS_{XY}^{A} = MRS_{XY}^{B}$)

2. 계약곡선(contract curve)

① 계약곡선은 에지워드상자 안에서 두 사람의 무차별곡선의 접점을 연결한 선이다.
② 따라서 계약곡선상의 모든 점에서 두 사람의 소비의 한계대체율(MRS_{XY})이 같다.

3. 초기부존의 최적성 여부

① 초기부존점이 계약곡선상에 있지 않을 경우는 파레토최적 상태가 아니다.
② 이 경우 초기부존점을 지나는 두 사람의 무차별곡선을 그리면 렌즈 모양의 영역이 나타난다.
③ 만약 초기부존점이 계약곡선상에 있을 경우는 현재 상태가 파레토최적이며, 다른 상태로 배분이 바뀌면 현재보다 파레토열위(악화) 상태가 된다.

4. 교환의 최적성

① 현재 배분상태(I : 초기부존)가 파레토최적이 아닐 경우에는 자발적 교환을 통해 렌즈영역 안으로 배분점이 이동하면 파레토우위(개선)인 배분상태가 된다.

② 궁극적으로는 렌즈영역 안의 계약곡선상(b, c, d, e)에서 파레토최적의 배분이 이루어진다.

⊙ 볼록영역 안으로 배분점 이동 : 파레토우위(개선)

  ▸ $I \;\rightarrow\; b, h$: A효용 불변, B효용 증가
  ▸ $I \;\rightarrow\; c, d, k$: A효용 증가, B효용 증가
  ▸ $I \;\rightarrow\; e, m$: A효용 증가, B효용 불변
    (단, $I \rightarrow I'$: 두 사람 모두 효용 불변)

(단, (b, c, d, e)점으로 이동하면 파레토최적.
(h, k, m)점으로 이동하면 여전히 볼록 영역이
존재하므로 계속 이동하면 파레토개선)

⊙ 볼록영역 밖으로 배분점 이동 : 파레토열위(악화)

  ▸ $I \;\rightarrow\; p$: A효용 감소, B효용 감소
  ▸ $I \;\rightarrow\; a, g$: A효용 감소, B효용 증가
  ▸ $I \;\rightarrow\; n, f$: A효용 증가, B효용 감소

⊙ 계약곡선 상의 이동 : 한 사람 효용 증가, 다른 사람 효용 감소. 따라서 파레토개선이 아님

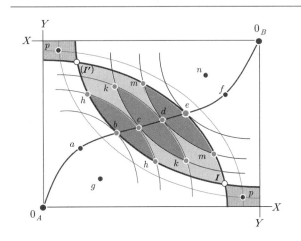

[교환의 파레토최적]

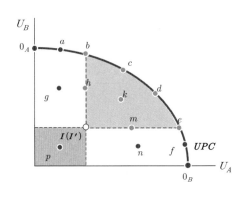

[효용가능성곡선(UPC)]

5. 교환의 최적성조건

① 부존생산물이 계약곡선상에서 배분되면 파레토최적 상태가 되며, 이 경우 두 재화에 대한 두 사람의 한계대체율이 서로 같다.

② 교환의 최적성이 이루어지면 모든 소비자의 모든 재화에 대한 선호도가 같아진다.

⊙ 교환의 파레토최적(Ⅰ) : 2인 2재화의 경우

▸ 파레토최적조건: $MRS_{XY}^{A} = MRS_{XY}^{B}$

▸ 의미: 두 사람의 한계대체율(선호도)이 같도록 배분될 때 파레토최적

▸ 증명: 최적조건을 만족하지 않을 경우, 서로 자신이 덜 선호하는 재화를 주고 더 선호하는 재화를 받는 교환을 하면 사회후생 증가

예 $MRS_{XY}^{A} = 4$, $MRS_{XY}^{B} = 2$일 때 (A는 X재 더 선호, B는 Y재 더 선호)

A :	$MRS_{XY}^{A} = 4$ $\left(MRS_{YX}^{A} = \dfrac{1}{4}\right)$	X재 1개 추가 소비, Y재 4개 포기 Y재 1개 추가 소비, X재 $\dfrac{1}{4}$개 포기	X재 1개와 Y재 4개 이하 교환하면 효용 증가
B :	$MRS_{XY}^{B} = 2$ $\left(MRS_{YX}^{B} = \dfrac{1}{2}\right)$	X재 1개 추가 소비, Y재 2개 포기, Y재 1개 추가 소비, X재 $\dfrac{1}{2}$개 포기	Y재 1개와 X재 $\dfrac{1}{2}$개 이하 교환하면 효용 증가

⊙ 교환의 파레토최적(Ⅱ) : 다수인 다수재의 경우

▸ 파레토최적조건: $MRS_{xy}^{a} = MRS_{xy}^{b}$ (단, x, y : 모든 생산물, a, b : 모든 소비자)

▸ 의미: 모든 사람의 모든 재화에 대한 한계대체율이 같도록 배분될 때 최적

---

6. 교환의 최적성과 분배의 공평성

① 한 사람이 두 재화를 모두 배분받는 완전불균등한 상태도(0_A, 0_B)도 계약곡선상에 존재하므로 파레토최적이다.

② 따라서 파레토최적 상태에서 자원배분의 효율성은 달성되지만 소득분배의 공평성은 보장되지는 않는다.

7. 효용가능성곡선(UPC : Utility Possibility Curve)

① 교환의 계약곡선상 각 점에서 두 사람이 얻고 있는 효용을 연결한 선이다.

② 부존생산물을 가장 효율적으로 배분할 때 달성 가능한 최대 후생수준을 보여준다.

③ 생산가능성곡선(PPC)과 마찬가지로 우하향하며 원점에 오목한 형태를 가진다.

02 생산의 최적성(생산의 파레토최적)

경제에 두 생산요소(L, K)와 두 재화(X, Y)만 존재하는 상황을 가정하여 분석한다(2요소 2재 가정).
생산의 최적성이란 부존 생산요소를 재화 생산에 투입할 때 한 재화의 생산량을 감소시키지 않고는
다른 재화의 생산량을 증대시킬 수 없도록 두 요소가 투입된 상태를 의미한다.

1. 총부존과 초기부존

① 총부존은 현재 요소 부존량이고 초기부존(initial endowment)은 총부존의 최초 배분상태이다.
② 에지워드상자(Edgeworth box)를 이용하여 나타낸다.

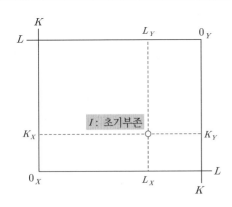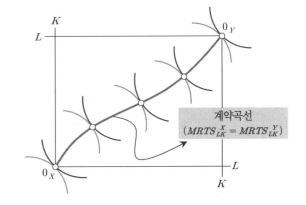

▶ L, K 축의 길이: 요소부존량
▶ 0_X, 0_Y: 두 요소 L, K의 원점
▶ 초기부존: 최초 요소투입. L_X, K_X 및 L_Y, K_Y

• 계약곡선: 두 재화 등량선의 접점을 연결한 선
  ▶ 계약곡선상에서 두 재화의 등량선 기울기 동일
  ▶ 따라서 두 요소 한계기술대체율 동일($MRTS_{LK}^{X} = MRTS_{LK}^{Y}$)

2. 계약곡선(contract curve)

① 에지워드상자 안에서 두 생산요소의 등량선의 접점을 연결한 선이다.
② 따라서 계약곡선상의 모든 점에서 두 재화 생산의 한계기술대체율($MRTS_{LK}$)이 같다.

3. 초기부존의 최적성 여부

① 초기부존점이 계약곡선상에 있지 않을 경우는 파레토최적 상태가 아니다.
② 이 경우 초기부존점을 지나는 두 재화의 등량선을 그리면 렌즈 모양의 영역이 나타난다.
③ 만약 초기부존점이 계약곡선상에 있을 경우는 현재 상태가 파레토최적이며, 다른 상태로 요소 투입이
   바뀌면 현재보다 파레토열위(악화) 상태가 된다.

4. 생산의 최적성

① 현재 배분상태(I: 초기부존)가 파레토최적이 아닐 때 렌즈영역 안으로 요소투입점이 이동하면 파레토우위(개선)인 요소투입 상태가 된다.

② 궁극적으로는 렌즈영역 안의 계약곡선상(b, c, d, e)에서 파레토최적이 된다.

⊙ 볼록영역 안으로 배분점 이동: 파레토우위(개선)

▸ $I \;\rightarrow\; b, h$: X생산 불변, Y생산 증가
▸ $I \;\rightarrow\; c, d, k$: X생산 증가, Y생산 증가
▸ $I \;\rightarrow\; e, m$: X생산 증가, Y생산 불변
  (단, $I \;\rightarrow\; I'$: 두 재화 모두 생산량 불변)

⊙ 볼록영역 밖으로 배분점 이동: 파레토열위(악화)

▸ $I \;\rightarrow\; p$: X생산 감소, Y생산 감소
▸ $I \;\rightarrow\; a, g$: X생산 감소, Y생산 증가
▸ $I \;\rightarrow\; n, f$: X생산 증가, Y생산 감소

⊙ 계약곡선 상의 이동: 한 재화 생산 증가, 다른 재화 생산 감소. 파레토개선 아님

(단, (b, c, d, e)점으로 이동하면 파레토최적.
(h, k, m)점으로 이동하면 여전히 볼록 영역이 존재하므로 계속 이동하면 파레토개선)

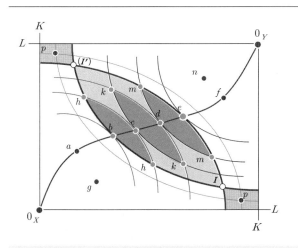

[생산의 파레토최적]

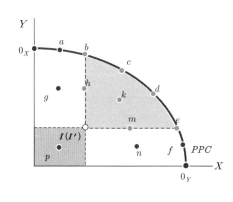

[생산가능성곡선(PPC)]

5. 생산의 최적성조건

① 부존 생산요소가 계약곡선상에서 투입될 때 파레토최적이 되며, 두 생산물 생산의 한계기술대체율이 서로 같다.

② 생산의 최적성이 이루어지면 모든 생산요소의 모든 생산물 생산에 대한 기여도가 같아진다.

> ⊙ 생산의 파레토최적(Ⅰ) : 2요소 2재화의 경우
>
> ▸ 파레토최적조건 : $MRTS_{LK}^{X} = MRTS_{LK}^{Y}$
> ▸ 의미 : 두 요소의 한계기술대체율이 같아지도록 투입될 때 최적
> ▸ 증명 : 최적조건을 만족하지 않을 경우, 한 재화 생산에서 생산성이 낮은 요소를 다른 재화 생산에 더 투입하면 생산량 증가
>
> ⊙ 생산의 파레토최적(Ⅱ) : 다수요소 다수재의 경우
>
> ▸ 최적조건 : $MRTS_{lk}^{x} = MRTS_{lk}^{y}$ (단, l, k : 모든 생산요소, x, y : 모든 생산물)
> ▸ 의미 : 모든 요소의 모든 재화에 대한 한계기술대체율이 같도록 투입

6. 생산의 최적성과 생산물 구성

① 한 재화 생산에 두 요소를 모두 투입하는 상태(0_X, 0_Y)도 계약곡선상에 존재하므로 파레토최적이다.

② 따라서 파레토최적 상태에서 요소투입의 효율성은 달성되지만 적절한 생산물 구성은 보장되지 않는다.

7. 생산가능곡선(PPC : Production Possibility Curve)

① 생산의 계약곡선상 각 점에서 두 재화의 생산량을 연결한 선이다.

② 부존 생산요소를 효율적으로 투입할 때 생산 가능한 최대 생산량을 보여준다.

③ 결합생산의 물리법칙[한계변환율(MRT_{XY}) 체증의 법칙]에 따라 우하향하며 원점에 오목하다.

03 생산물구성의 최적성(생산물구성의 파레토최적)

사회후생이 극대화되도록 생산하는 것을 생산물구성의 최적이라고 한다.
생산가능곡선과 사회적 무차별곡선을 이용하여 분석한다.

1. 사회적 무차별곡선(SIC : Social Indifference Curve)

① 사회전체의 효용함수(사회적 효용함수)를 그림으로 나타낸 것이며 모든 개별소비자의 무차별곡선(개별
효용함수)를 총합한 개념이다.
② 그러나 이론적으로 사회적 무차별곡선은 도출할 수 없다(불가능정리).

2. 생산물구성의 최적성조건

① 생산가능성곡선과 사회적 무차별곡선의 접점에서 생산물구성이 최적이 된다.
② 즉, 한계변환율(MRT_{XY})과 사회적 한계대체율($MRS_{XY}^{(S)}$)이 같을 때 최적이다.
③ 생산물구성이 파레토최적이면 생산제약하에서 사회후생이 극대화된다.

⊙ 생산물구성의 파레토최적(Ⅰ) : 2인 2재화의 경우

▸ 최적조건 : $\mathbf{MRT_{XY} = MRS_{XY}^{(S)}}$ (단, MRT_{XY} : 한계변환율, $MRS_{XY}^{(S)}$: 한계대체율)
▸ 의미 : 두 재화 생산의 사회적 기회비용(한계변환율)과 두 재화에 대한 사회구성원들의 선호도(사회적 한계대체율)
가 같을 때 사회후생 극대
▸ 증명 : 최적조건을 만족하지 않을 경우, 생산량을 조정하면 사회후생 증가

MRT_{XY}	$<$	$MRS_{XY}^{(S)}$	X재 생산량 늘리고 Y재 생산량 줄이면 사회후생 증가
(생산가능성곡선 기울기, Y재 수량으로 표시한 X재 생산의 사회적 기회비용)	$<$	(사회적 무차별곡선 기울기, Y재 수량으로 표시한 X재 소비의 사회적 선호도)	
MRT_{XY}	$>$	$MRS_{XY}^{(S)}$	Y재 생산량 늘리고 X재 생산량 줄이면 사회후생 증가
(생산가능성곡선 기울기, Y재 수량으로 표시한 X재 생산의 사회적 기회비용)	$>$	(사회적 무차별곡선 기울기, Y재 수량으로 표시한 X재 소비의 사회적 선호도)	

⊙ 생산물구성의 파레토최적(Ⅱ) : 다수인 다수재화의 경우

▸ 최적조건 : $\mathbf{MRT_{xy} = MRS_{xy}^{(S)}}$ (단, x, y : 모든 생산물)
▸ 의미 : 모든 재화 생산의 한계변환율(기회비용)과 모든 사회구성원들 사이의 사회적 한계대체율(선호도)이 같도록
생산할 때 최적(사회후생 극대)

Ⅲ 자본주의경제와 파레토최적

1. 후생경제학 제1정리

① 자본주의 시장경제체제에서 모든 생산물 및 요소시장이 완전경쟁이면 그때 성립하는 일반균형은 파레토최적이다.

② 시장이 불완전경쟁일 경우에는 교환과 생산의 최적성은 달성될 수도 있으나, 생산물구성의 파레토 최적은 달성될 수 없다.

⊙ 후생경제학 제1정리

> 외부효과나 공공재(시장실패)가 존재하지 않으며,
> 모든 생산물과 생산요소가 완전경쟁시장이면 파레토최적이다.

⊙ 후생경제학 제1정리의 증명

▸ 교환의 최적성: 소비자균형조건은 $MRS_{XY} = \dfrac{P_X}{P_Y}$,

　　　　　　　　생산물시장이 완전경쟁일 때 일물일가(一物一價)

$$\therefore) \ MRS_{XY}^A = \frac{P_X}{P_Y} = MRS_{XY}^B \qquad (단, \ A와 B 에게 \ \frac{P_X}{P_Y} \ 동일)$$

▸ 생산의 최적성: 생산자균형조건은 $MRTS_{LK} = \dfrac{W}{r}$,

　　　　　　　　요소시장이 완전경쟁일 때 일물일가(一物一價)

$$\therefore) \ MRTS_{LK}^X = \frac{W}{r} = MRTS_{LK}^Y \qquad (단, \ X재와 Y재 \ 생산에 \ \frac{W}{r} \ 동일)$$

▸ 생산물구성의 최적성: 생산물시장이 완전경쟁일 때($P = MC$),

　　　　　　　소비자균형조건은 $MRS_{XY}^{(S)} = \dfrac{P_X}{P_Y} = \dfrac{MC_X}{MC_Y}$,

　　　　　　　결합생산 균형조건은 $MRT_{XY} = \dfrac{MC_X}{MC_Y}$

$$\therefore) \ MRS_{XY}^{(S)} = \frac{MC_X}{MC_Y} = MRT_{XY}$$

⊙ 후생경제학 제1정리의 의미

▸ 시장에서 결정된 상대가격 체계를 교란시키는 변화(간접세, 현물 및 가격보조, 가격통제 등)는 자원배분 비효율성을 발생시키는 원인이 됨

▸ 가격체계를 교란시키지 않는 변화(정액세, 현금보조 등)는 비효율성 원인이 되지 않음

---

2. 후생경제학 제2정리

(1) 후생경제학 제2정리

① 모든 소비자의 선호가 볼록성을 가지며 자원배분이 파레토최적이면 완전경쟁하의 일반균형이 존재할 수 있다.

② 이는 완전경쟁 가격체계가 존재할 수 있다는 것이다.

> ⊳ 후생경제학 제2정리
>
> 모든 소비자의 선호가 볼록성을 가질 때,
> 현재 자원배분 상태가 파레토최적이면
> 완전경쟁하의 일반균형(완전경쟁 가격체계)이 존재한다.
>
> ▸ 선호가 볼록성을 가진다는 것은 무차별곡선이 원점에 볼록하다는 것이며, 이는 소비자들이 한계대체율(MRS)이 체감하는 일반적 선호를 갖는다는 것을 의미
> ▸ 완전경쟁 일반균형(완전경쟁 가격체계)이 존재한다는 것은 현재 불완전경쟁 상태일 경우에도 완전경쟁 상태로 될 수 있다는 것을 의미
> ▸ 제2정리는 제1정리의 역(逆)도 성립한다는 것을 의미
>
> ⊳ 정책적 시사점 : 자원배분의 효율성을 해치지 않는 재분배 정책 가능

(2) 후생경제학 제2정리와 소득재분배 정책

① 소득재분배 정책은 자원배분의 효율성을 저해하는 것이 일반적이지만 현금이전을 통한 재분배는 자원배분의 효율성을 해치지 않는다.

② 따라서 재분배정책은 현금이전에 국한하고 나머지는 시장의 가격기능에 맡겨야 한다.

③ 이중가격제, 가격보조, 현물보조 등 가격체계를 교란하는 재분배정책은 자원배분의 비효율성을 초래한다.

Ⅳ 파레토최적과 사회후생함수

01 파레토최적의 의의와 한계

① 교환, 생산 및 생산물구성의 파레토최적조건을 동시에 만족하도록 자원배분이 이루어지면 사회후생이 극대화된다.

② 파레토최적 상태에서는 사회후생이 극대화되도록 각 재화의 생산량이 결정되며(생산물구성의 파레토 최적), 생산된 생산물은 사회구성원 사이에 가장 효율적으로 배분된다(교환의 파레토최적). 이때 부존 생산요소는 가장 효율적으로 투입된다(생산의 파레토최적).

③ 파레토최적은 자본주의뿐 아니라 모든 경제체제의 효율성을 평가할 수 있는 개념(탈체제 개념)이다. 따라서 각 경제체제의 효율성을 비교·평가할 수 있다.

④ 자원배분의 효율성은 평가할 수 있으나 소득분배의 공평성은 평가할 수 없다.

⑤ 사회적 효용함수(사회적 무차별곡선)를 이론적으로 도출할 수 없다.

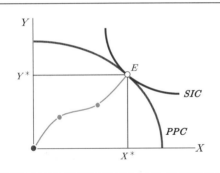

[파레토최적]

- 생산가능성곡선(PPC)과 사회적 무차별곡선(SIC)의 접점에서 생산하면 생산과 생산물구성이 파레토최적
- 이때 생산량(X^*, Y^*)을 교환의 계약곡선상에서 배분하면 교환이 파레토최적
- 이 경우, 교환의 계약곡선상 모든 배분점은 파레토최적 상태의 자원배분을 의미

02 사회후생함수(SW: social welfare function)

이론적으로 사회후생함수(사회적 무차별곡선)은 도출할 수 없다(불가능성정리).

따라서 가장 평균적인 선호를 가지는 소비자의 무차별곡선(대표소비자 무차별곡선)을 사회적 무차별곡선으로 간주하거나, 분배의 공평성에 대한 가치판단에 따라 그 형태가 결정된다.

1. 공리주의적(자유주의적) 사회후생함수

① 전체 사회후생은 개인효용의 총합이며 사회적 무차별곡선은 우하향하는 직선이다.

② 이 경우 개인효용의 총합이 크기만 하면 사회후생이 높으며(다다익선), 개인 간 효용 및 소득분배의 공평성 여부는 사회후생에 영향을 미치지 않는다.

③ 그러나 공리주의자들은 소득이 완전균등분배될 때 사회후생이 극대화되는 것으로 보았다.

⊙ 사회후생함수: $SW = U_A + U_B$, 또는 $SW = \alpha U_A + \beta U_B$
(단, U_A, U_B: 개인 A, B의 효용, α, β: 상수(가중치). $\alpha + \beta = 1$)

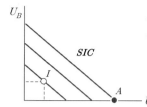

	[공리주의적 사회후생함수]

U_A : 고소득층 소득(효용)
U_B : 저소득층 소득(효용)
I : 최초의 소득분배 상태
A : 변화 후 소득분배 상태

[공리주의적 사회후생함수]

- 고소득층 소득만 증가($I \rightarrow A$)해도 사회후생 증가
- 따라서 소득이 불균등 분배되더라도 총소득이 증가하기만 하면 사회후생 증가

2. 진보적 사회후생함수 : 롤즈(J. Rawls)적 사회후생함수

① 사회구성원 중 최저 효용(소득)을 누리는 자에 의해 사회후생수준이 결정된다.

② 따라서 사회적 무차별곡선(SIC)은 L자형이 된다.

③ 이 견해에 따르면 최저효용자(최저소득자, 극빈자)의 효용이 증가하지 않는 한 사회후생이 증가할 수 없다. 이를 최소극대화원칙이라고 하며, 효용(소득)이 재분배될 때 사회후생이 증가한다.

> ▷ 사회후생함수 : $SW = Min\left[\alpha U_A, \beta U_B\right]$, 또는 $SW = Min\left[\dfrac{U_A}{a}, \dfrac{U_B}{b}\right]$
> (단, α, β 및 a, b : 상수)

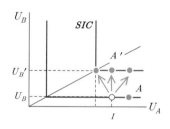

U_A : 고소득층 소득(효용)
U_B : 저소득층 소득(효용)
I : 최초의 소득분배 상태
A : 변화 후 소득분배 상태

[롤즈의(진보주의적) 사회후생함수]

- 최저소득층 소득 수준에 따라 사회후생 결정
- 고소득층 소득만 증가($I \rightarrow A$)할 때 사회후생 불변
- 최저소득층 소득이 증가($I \rightarrow A'$)해야 사회후생 증가

3. 평등주의적 사회후생함수

① 사회구성원 중 높은 효용(소득)을 누리는 자에게는 낮은 가중치를, 낮은 효용을 누리는 자에게는 높은 가중치를 적용하여 사회후생을 도출한다.

② 이 경우 사회적 무차별곡선(SIC)은 원점에 볼록하며 한계대체율(MRS)이 체감한다.

③ 소득재분배정책을 통해 사회후생을 증대시킬 수 있다.

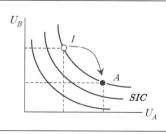

U_A : 고소득층 소득(효용)
U_B : 저소득층 소득(효용)
I : 최초의 소득분배 상태
A : 변화 후 소득분배 상태

[평등주의적 사회후행함수]

- 고소득층 소득 증가, 저소득층 감소할 때($I \rightarrow A$),
  ▶ 고소득층 소득의 중요도($MRS_{U_A U_B}$) 체감
  ▶ 따라서 소득이 균등분배되는 것이 바람직

CHAPTER

18 시장실패

I 시장실패

1. 시장실패(market failure)

경제활동을 자유시장기구에 맡길 때 효율적 자원배분 및 균등한 소득분배를 실현하지 못하는 일체의 상황을 시장실패라고 한다.

2. 시장실패의 원인과 유형

시장실패를 초래하는 원인 또는 유형은 크게 세 가지로 구분된다.

(1) 현실의 시장은 불완전경쟁시장

① 생산물시장이 불완전경쟁이면 자원배분의 비효율성이 나타난다.　예 독점의 비효율
② 생산물시장이 완전경쟁인 경우에도 평균비용이 계속 감소하는 규모의 경제(규모보수증가)가 나타날 경우에는 불완전경쟁시장(자연독점)으로 변한다.

(2) 시장의 불완전성과 불완비성

① 생산물시장이 완전경쟁이더라도 시장기능만으로 해결할 수 없는 문제가 존재한다.
② 외부효과, 공공재, 불확실성과 정보의 비대칭성 등에 따른 문제가 이에 해당한다.

(3) 불균등한 소득분배

① 자본주의경제에서는 모든 시장이 완전경쟁이더라도 균등한 소득분배는 이루어지지 않는다.
② 생산물시장과 요소시장이 불완전경쟁일 경우에는 소득분배가 더욱 불균등해진다.

3. 정부의 기능과 정부실패

자본주의경제에서 기본적으로 모든 경제문제는 시장기구에 의해 해결되지만 위와 같은 시장실패가 발생할 경우 정부가 개입하여 이를 교정해야 할 필요성이 발생한다.

(1) 정부의 기능

① 정부는 시장경제가 원활히 작동하도록 법과 제도를 운용한다.
② 정부는 각종 규제를 통하여 사회적으로 바람직한 자원배분이 이루어지도록 유도해야 한다.
③ 정부는 소득불균등을 해소하기 위하여 소득재분배 기능을 수행해야 한다.
④ 정부는 재정·금융정책을 통하여 거시경제의 안정화기능(물가안정, 실업해소)을 수행한다.

(2) 정부실패(government failure)

① 정부의 개입이 자원배분의 효율성을 해치는 상황을 정부실패라고 한다.
② 정부실패가 발생하는 원인은 정부의 불완전한 지식과 정보, 규제수단의 불완전성, 규제의 경직성, 근시안적인 규제, 규제자의 개인적 편견이나 권한 확보 욕구, 정치적 제약 등이다.

Ⅱ │ 외부효과

01 외부효과

1. 외부효과(외부성; external effect, externality)

① 어떤 행위가 의도하지 않게 다른 경제주체에게 이익이나 손해를 주면서도, 그 대가를 지불받지 못하거나 지불하지 않는 상태를 외부효과라고 한다.
② 이익을 주는 경우를 **외부경제**(external ecomomy), 손해를 끼치는 경우를 **외부비경제**(external diseconomy)라 한다.
③ 외부효과가 존재하면 완전경쟁시장에서도 자원배분의 비효율성이 나타난다.
④ 외부성을 **내부화**(시장화)하면 외부성에 따른 비효율성을 해소할 수 있다.
⑤ 외부성은 생산과정은 물론, 소비과정에서도 나타날 수 있다.

　예 생산의 외부성: 공해산업, 소비의 외부성: 실내 흡연

02 생산의 외부효과

① 생산에 외부효과가 존재하면 사회적한계비용과 사적한계비용이 같지 않으며, 사회적 한계피해나 한계이익을 포함하지 않은 사적한계비용으로 공급함에 따라 비효율성이 나타난다.

② 생산의 외부비경제가 존재할 경우 사회적 한계피해(SMD)가 발생하지만 공급자는 이 비용을 부담하지 않고 사적한계비용(PMC)으로 공급한다.

③ 따라서 시장균형에서 사회적한계비용이 사적한계비용보다 크며($SMC > PMC$), 사회적한계비용으로 공급할 때에 비하여 너무 낮은 가격으로 과다생산하게 된다.

④ 생산의 외부경제가 존재하는 경우는 사회적 한계이익(SMG)가 발생하지만 공급자는 그 대가를 받을 수 없으므로 사적한계비용(PMC)을 기준으로 공급한다.

⑤ 따라서 균형에서 사회적한계비용이 사적한계비용보다 작으며($SMC < PMC$), 사회적한계비용으로 공급할 때에 비하여 너무 높은 가격으로 과소생산하게 된다.

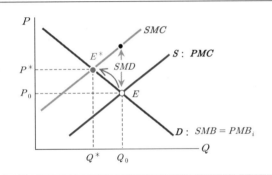
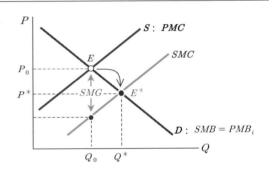

[외부성이 없을 경우의 균형(E)]: $PMB = SMB = P = PMC = SMC$

[생산의 외부비경제]	[생산의 외부경제]
• **시장균형(E)** : 사적한계비용(PMC)으로 공급	• **시장균형(E)** : 사적한계비용(PMC)으로 공급
▸ $PMB = SMB = P = PMC < \boldsymbol{SMC}$	▸ $PMB = SMB = P = PMC > \boldsymbol{SMC}$
▸ 너무 낮은 가격으로 너무 많이 생산	▸ 너무 높은 가격으로 너무 적게 생산
• **바람직한 균형(E^*)** : 사회적한계비용(SMC)으로 공급	• **바람직한 균형(E^*)** : 사회적한계비용(SMC)으로 공급

⊙ **외부비경제일 때**: $PMB = SMB = P = PMC < \boldsymbol{SMC}$. 낮은 가격, 과다 생산

　▸ 사회적 한계피해(SMD)를 보상하지 않고 사적한계비용(PMC)으로 공급
　▸ 사회적한계비용(SMC)을 기준으로 할 때에 비하여 너무 싸게, 많이 생산

⊙ **외부경제일 때**: $PMB = SMB = P = PMC > \boldsymbol{SMC}$. 높은 가격, 과소 생산

　▸ 사회적 한계이익(SMG)을 보상받지 못하고 사적한계비용(PMC)으로 공급
　▸ 사회적한계비용(SMC)을 기준으로 할 때에 비하여 너무 비싸게, 조금 생산

03 소비의 외부효과

① 소비에 외부효과가 존재하면 사회적 한계편익과 사적 한계편익이 같지 않으며, 다른 사람의 효용변동분을 고려하지 않은 사적 한계편익을 기준으로 수요함에 따라 비효율성이 나타난다.

② 소비의 외부비경제가 존재할 경우 다른 사람의 효용이 감소($-MB_{옆}$)하지만 이를 고려하지 않은 사적 한계편익(PMB)으로 수요한다.

③ 따라서 시장균형에서 사적 한계편익보다 사회적 한계편익이 작으며($PMB > SMB$), 사회적 한계편익으로 수요할 때에 비하여 너무 높은 가격으로 과다소비하게 된다.

④ 소비의 외부경제가 존재하는 경우는 다른 사람의 효용이 증가($+MB_{옆}$)하지만 이를 감안하지 않고 사적 한계편익(PMB)을 기준으로 수요한다.

⑤ 따라서 균형에서 사적 한계편익보다 사회적 한계편익이 크며($PMB < SMB$), 사회적 한계편익으로 수요할 때에 비하여 너무 낮은 가격으로 과소소비하게 된다.

> ⊙ 외부비경제일 때: $PMC = SMC = P = PMB > SMB$. 높은 가격, 과다 소비
> - 타인의 효용감소를 고려하지 않고 사적 한계편익(PMB)으로 수요
> - 사회적 한계편익(SMB)을 기준으로 할 때에 비하여 너무 비싸게, 많이 소비
>
> ⊙ 외부경제일 때: $PMC = SMC = P = PMB < SMB$. 낮은 가격, 과소 소비
> - 타인의 효용 증가를 감안하지 않고 사적 한계편익(PMB)을 기준으로 수요
> - 사회적 한계편익(SMB)을 기준으로 할 때에 비하여 너무 싸게, 조금 소비

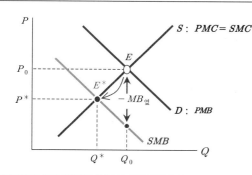 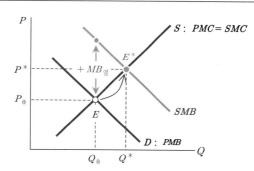

[외부성이 없을 경우의 균형(E)]: $PMC = SMC = P = PMB = SMB$

[소비의 외부비경제]
- 시장균형(E): 사적 한계편익(PMB)으로 수요
  - $PMC = SMC = P = PMB > SMB$
- 너무 높은 가격으로 너무 많이 소비
- 바람직한 균형(E^*): 사회적 한계편익(SMB)으로 수요

[소비의 외부경제]
- 시장균형(E): 사적 한계편익(PMB)으로 수요
  - $PMC = SMC = P = PMB < SMB$
- 너무 낮은 가격으로 너무 적게 소비
- 바람직한 균형(E^*): 사회적 한계편익(SMB)으로 수요

04 공해관리

공해유발 생산물과 공해물질은 생산의 외부비경제에 따라 비효율적으로 생산되고 방출된다. 경제학에서는 이를 적정수준으로 유도하는 방안을 모색한다.

1. 공해세(pollution tax)와 보조금

공해유발 생산물과 공해물질에 공해세를 부과하여 적정 생산량과 방출량 수준으로 유도한다.
공해세는 조세부과에 따른 자중손실이 발생하지 않으며 오히려 경제적잉여를 증대시킨다. 이처럼 경제적잉여를 증대시키는 조세를 교정(矯正)과세 또는 피구세(Pigouvian tax)라고 한다.

(1) 공해세(I) : 외부비경제(공해유발) 생산물에 대한 과세

① 공해유발 생산물은 생산의 외부비경제가 존재하므로 사회적한계비용(SMC)이 사적한계비용(PMC)보다 사회적 한계피해(SMD)만큼 더 큼에도 불구하고, 사적한계비용(PMC)에 의해 시장균형이 이루어진다.

② 따라서 사적한계비용곡선이 공급곡선이 되며, 너무 싸게, 많이 생산된다.

③ 이 경우, 사회적한계비용(SMC)을 기준으로 공급되게 하면 적정균형이 된다.

④ 이를 위해 적정생산량(Q^*)에서 발생하는 사회적 한계피해(SMD)만큼 종량세를 부과하면 사적한계비용곡선(PMC; 공급곡선)이 종량세액만큼 상방으로 이동(공급곡선 절편 증가)한다.

⑤ 새로운 균형에서는 시장가격이 오르고 생산량이 감소한다.

⑥ 이때 조세부과에 따라 자중손실이 발생하지만 생산량 감소에 따른 피해감소액이 더 커서 사회후생(경제적잉여)이 증가한다.

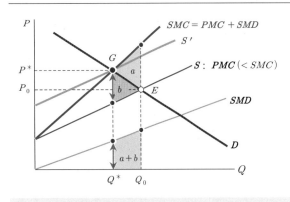

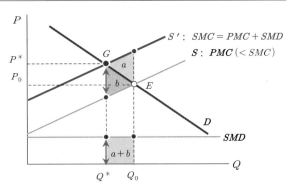

[사적한계비용과 사회적 한계피해가 증가할 때]
▸ 공해세 부과 전: E점에서 균형. 낮은 가격, 과다 생산
▸ 공해세 부과 후: G점에서 균형. 가격 상승, 생산 감소
  • 사회후생 증가분(a) =피해감소분($a+b$) −자중손실(b)

[사적한계비용 증가, 사회적 한계피해가 일정할 때]
▸ 공해세 부과 전: E점에서 균형. 낮은 가격, 과다 생산
▸ 공해세 부과 후: G점에서 균형. 가격 상승, 생산 감소
  • 사회후생 증가분(a) =피해감소분($a+b$) −자중손실(b)

생산의 외부경제와 보조금

- 생산의 외부경제가 존재할 경우는 사회적 이익(SMG)이 발생하므로 사회적한계비용(SMC)이 사적한계비용(PMC)보다 작음. 이 경우 보조금 지급
- 사회적한계비용에 따라 결정된 적정생산량 수준에서의 사회적 한계이익(SMG)만큼 보조금을 지급하면 사적한계비용이 보조금액만큼 감소(공급곡선 하방이동)하여 적정 시장균형 가능
- 보조금 지급에 따라 자중손실(b)이 발생하지만 생산량 증가에 따른 이익증가액($a+b$)이 더 커서 사회후생(경제적 잉여) 증가(a)

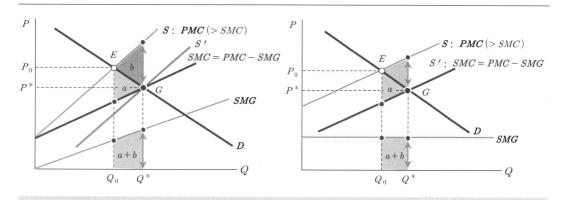

[사적한계비용과 사회적 한계피해 증가할 때]	[사적한계비용 증가, 사회적 한계피해 일정할 때]
▸ 보조금 지급 전: E점에서 균형. 높은 가격, 과소생산	▸ 보조금 지급 전: E점에서 균형. 높은 가격, 과소생산
▸ 보조금 지급 후: G점에서 균형. 가격 하락, 생산증가	▸ 보조금 지급 후: G점에서 균형. 가격 하락, 생산증가
• 사회후생 증가분(a) = 이익 증가($a+b$) − 자중손실(b)	• 사회후생 증가분(a) = 이익 증가($a+b$) − 자중손실(b)

(2) 공해세(Ⅱ) : 공해물질에 대한 과세 ◀ 공해정화에 대한 수요·공급이론

① 공해물질은 방출량이 감소할 때 사회적 한계편익(MB)이 체감하고, 방출량을 줄이기 위한 기업의 한계정화비용(MC)은 체증하는 것이 일반적이다.

② 공해방출량 감소에 따른 한계편익과 한계정화비용이 같은 수준의 방출량을 적정방출량이라고 한다.

③ 적정방출량에서의 한계비용(=한계편익)만큼 기업에게 공해물질 단위당 조세(T_0)를 부과하면 공해물질이 적정수준으로 방출된다.

④ 기업은 적정방출량(q^*)보다 많이 방출(q_1)하면 조세액보다 한계정화비용이 작으므로($T_0 > MC$) 방출량을 줄이고, 적정방출량(q^*)보다 적게 방출하면 한계정화비용이 높으므로($T_0 < MC$) 방출량을 늘린다.

⑤ 방출량 감소(공해성화)에 따른 한계편익을 환경정화에 대한 시장수요(D), 한계정화비용을 환경정화에 대한 시장공급(S)으로 볼 수 있다.

⑥ 단, 기업이 조세를 부담하기 어려울 경우에는 조세부과 대신 정화를 위한 보조금을 지급하면 조세를 부과할 때와 같은 수준으로 공해물질이 방출된다.

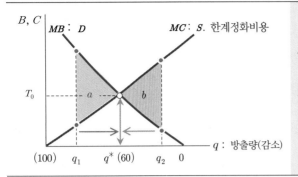

[공해물질의 적정방출]

- 과다 방출(q_1) : 한계비용(MC) < 조세(T_0)
  방출량 감소 시(한계비용<한계편익) 사회후생증가(a)
- 과소 방출(q_2) : 한계비용(MC) > 조세(T_0)
  방출량 증가 시(한계비용>한계편익) 사회후생증가(b)

  예 최대방출량 100, 적정방출량(q^*) 60,
  방출량 60, 정화량 40

2. 법적인 접근 방법 : 코우즈(D. Coase) 정리와 합병

① 코우즈는 공해 관련된 재산권(청구권)을 이해당사자 사이에 명확히 설정해주면 정부개입 없이도 자율적 협상에 의해 외부성이 해소될 수 있다고 하였다.

② 이때 협상액은 피해자의 (한계)피해와 가해자의 (한계)이익 사이에서 결정된다.

③ 그러나 이해 당사자가 많아서 협상비용이 많이 들거나, 당사자를 확정하기 곤란할 경우 등에는 자발적 협상을 기대하기 어렵다. 예 산성비, 도시매연 등

④ 또한 가해기업에 피해기업을 강제로 합병시키면 외부성이 내부화된다.

- **코우즈의 정리**
  - ▸ 공해 관련 재산권이 적절히 확정되면 당사자의 자율적 협상에 따라 해결
  - ▸ 재산권을 가해자에게 부여하는 경우에도 협상에 의한 해결 가능
  - ▸ 정부의 역할은 법적, 제도적 장치 마련과 관리에 국한
  - ▸ 단, 협상비용이 많이 들고 당사자를 확정하기 곤란한 경우가 일반적이므로 실제 적용에는 한계
    예 산성비, 도시매연
  - ▸ 소비의 외부효과에도 적용 가능

- **협상액의 범위**
  - ▸ 생산의 경우(피해자에 권리) : 피해자 한계피해액 < 협상액 < 가해자 한계정화비용
  - ▸ 생산의 경우(가해자에 권리) : 피해자 한계피해액 > 협상액 > 가해자 한계정화비용
  - ▸ 소비의 경우(피해자에 권리) : 피해자 한계효용가치(−) < 협상액 < 가해자 한계효용가치(+)
  - ▸ 소비의 경우(가해자에 권리) : 피해자 한계효용가치(−) > 협상액 > 가해자 한계효용가치(+)

- **합병**
  - ▸ 가해기업에 폐해기업을 강제로 합병
  - ▸ 가해기업은 스스로 적정 수준으로 공해 관리

예제 음대 학생이 피아노를 연습할 때 7,000원어치의 효용을 느끼고 옆집 수험생은 5,000원어치만큼 불편할 경우, 협상액의 범위는?

수험생 피해액(5,000원) < 협상액 < 음대생의 효용(7,000원)

3. 오염배출권제도 : 오염허가제

① 기업은 당국이 부여한 오염배출량에 따라 공해물질을 방출하며, 오염배출권은 시장에서 거래된다.
   예 이산화탄소시장

② 배출권 가격은 각 기업의 한계정화비용 사이에서 결정되며, 기업은 자신의 배출권 보유량만큼만 방출할 수 있고 나머지는 스스로 자체 정화해야 한다.

③ 배출권가격이 자신의 한계정화비용보다 높은 기업은 배출권을 매각하고 정화량을 늘린다. 이때 한계정화비용이 배출권가격보다 싸므로 이익이 발생한다.

④ 또한 배출권가격이 한계정화비용 보다 낮은 기업은 배출권을 매입하여 정화량을 줄인다. 한계정화비용이 배출권가격보다 높으므로 역시 이익을 본다.

⑤ 이때 배출권을 매각하는 기업은 낮은 비용으로 정화할 수 있어서 생산비가 감소한다. 따라서 각 기업은 정화기술을 개발하기 위해 스스로 노력한다.

⑥ 결국 오염배출권제도는 시장경쟁을 통하여 정화기술 개발을 촉진하고 정화비용을 전반적으로 낮추는 가장 효율적이 공해관리 수단이라고 볼 수 있다.

- **오염배출권제도(탄소시장)** : 오염배출권 시장에서 오염배출권 거래
  ▸ 오염배출권의 수요(매입)와 공급(매각)에 따라 배출권 시장가격 결정
  ▸ **배출권 시장가격** : 매각(공급)기업 한계정화비용 < 배출권 시장가격 < 매입기업 한계정화비용

- **경제적 효과**
  ▸ 배출권을 거래하는 모든 기업의 정화비용이 감소하여 이익 발생
  ▸ 배출권 매각기업은 매입기업에 비해 정화비용이 낮으므로 생산비도 낮음
  ▸ 따라서 기업은 생산비를 낮추기 위하여 스스로 정화기술을 개발하게 되므로 가장 효율적인 공해관리 수단

  배출권 매각기업 : 한계정화비용(MC_A) < 배출권 가격. 이익 발생
  배출권 매입기업 : 한계정화비용(MC_B) > 배출권 가격. 이익 발생

  ∴) 배출권 매각기업 생산비 < 배출권 매입기업 생산비

예제 A기업 이산화탄소 배출량 50톤(톤당 정화비용 10만 원), B기업 이산화탄소 배출량 80톤(톤당 정화비용 20만 원), 두 기업의 배출권은 각각 40톤이다. 배출권 가격의 범위와 가격이 15만 원일 때 각 기업의 배출량과 이익은?

- **배출권 가격** : 10만 원~20만 원 사이에서 결정
- **배출권 가격 15만 원일 경우**, A기업 : 배출권 40톤 매각, 자체 정화량 50톤. 이익 200(=40×5)만 원
  B기업 : 배출권 40톤 매입, 자체 정화량 0. 이익 200(=40×5)만 원

Ⅲ 공공재

01 공공재의 특징

소비에 비경합성과 비배제성이 존재하는 재화를 공공재(public goods)라고 한다.

1. 소비의 비경합성과 비배제성

① 소비의 비경합성(nonrivalry in consumption)이란 여러 소비자가 동시에 소비할 수 있는 것이다.

> 에 이산화탄소시장공원, 공중파 TV, 국도

② 비경합성을 갖는 재화의 경우 추가 생산에 따른 한계비용이 0이다. 따라서 한계비용가격설정 $(P = MC)$ 원칙에 따르면 가격이 0이 되어야 효율적이다.

③ 비경합성이 불완전할 경우에는 소비자가 증가하면 혼잡(정체)이 발생하므로 한계비용이 0은 아니며, 정체공공재 또는 클럽재(club goods)라고 한다.

④ 소비의 비배제성(nonexcludability in consumption)은 공짜 소비를 금지할 수 없는 것이다. 에 국도

⑤ 비배제성이 불완전하여 가격(사용요금)을 받을 수 있을 경우에는 비경합성을 갖는 경우에도 시장적 배분이 가능하다. 에 케이블 TV, 고속도로

2. 무임승차자(free rider)와 시장실패

① 소비자는 공공재가 비경합성과 비배제성을 가지므로 무임승차자가 되어 공짜로 소비하려고 한다.

② 따라서 생산비를 조달할 수 없으므로 생산이 불가능하게 된다.

재화의 성격과 공유지의 비극

- **비경합성과 비배제성의 정도에 따른 재화의 구분**

  ‣ (순수)공공재: 비경합성과 비배제성이 완전한 재화. 시장적 배분 불가능, 시장실패 발생
  ‣ 사적재: 비경합성과 비배제성이 불완전한 재화. 시장적 배분이 가능한 일반적 재화

		비경합성	
		불완전(경합성)	완전
비배제성	불완전 (배제성)	**사적재(private goods)** 에 일반적 재화	(대가 지불하지 않는 소비 금지 가능) 에 교육, 전철, 고속도로, 케이블 방송
	완전	공유자원(공유지) 에 고래 등 어족자원, 공공 낚시터	(순수)공공재(public goods) 에 치안, 국방, 국도, 공중파 방송

- **공유지의 비극**

  ‣ 공유지는 비배제성이 존재하여 소비를 규제할 수 없으나 경합성을 갖는 재화
  ‣ 경합성을 가지므로 소비자 수가 과도하게 증가하면 희소자원이 멸종, 고갈됨 에 남획에 따른 자원고갈

02 공공재 모형 : 사무엘슨(P. A. Samuelson)모형

사무엘슨모형은 공공재와 사적재를 동시에 고려하여 적정공급조건을 분석한다.

1. 공공재의 수요와 공급

① 공공재 공급곡선은 사적재와 마찬가지로 생산에 따른 한계비용곡선(MC)이다.

② 공공재 수요곡선은 사적재와 마찬가지로 한계편익($MB = MU$) 곡선이다.

③ 그런데 공공재는 공동으로 소비(비경합성)하므로 소비의 사회적 한계편익($SMB = \sum_{i=1}^{n} PMB_i$)은 개별소비자($i$) 사적 한계편익($PMB$)을 모두 더한 값이다.

④ 따라서 시장수요곡선은 개별소비자 수요곡선을 수직으로 더하여 도출한다.

⑤ 이때의 시장수요곡선은 소비자가 진장한 선호(사적 한계편익)를 표출한다는 가정하에서 도출된 것이 므로 가상시장수요곡선(pseudo - demand curve)이라고 한다.

⑥ 그러나 공공재는 그 특징(비경합성과 비배제성)에 따라 소비자들이 무임승차하려 하므로 겉으로 표현 하는 선호(표출된 사적 한계편익)가 자신의 진정한 선호(진정한 사적 한계편익)보다 작다.

⑦ 따라서 **표출시장수요곡선**은 자신의 진정한 선호에 따라 도출된 가상시장수요곡선의 아래에 위치하게 되며, 이에 따라 시장실패가 발생한다.

▶ 공공재 수요곡선(Ⅰ) : 가상수요곡선

　▸ 공공재는 개별소비자들이 동일 수량을 동시(공동)에 소비하므로 사회적 한계편익(SMB)은 개별소비자들의 진정한 사적 한계편익(PMB_i)의 합

$$\left[SMB = \sum_{i=1}^{n} PMB_i \right]_{진정} \qquad (단, \ PMB_i : 개별소비자(i)들의 사적 한계편익)$$

　▸ 개별소비자의 공공재 수요곡선은 개별소비자의 진정한 사적 편익곡선

　▸ 따라서 공공재 시장수요곡선은 개별소비자 수요곡선의 수직합으로 도출

　▸ 소비자들의 진정한 선호(사적 한계편익)에 따라 도출된 수요곡선을 가상수요곡선이라고 함

▶ 공공재 수요곡선(Ⅱ) : 표출수요곡선

　▸ 공공재 소비자는 무임승차하려 하므로 겉으로 표출된 선호(표출된 사적 한계편익)가 진정한 선호(진정한 사적 한계편익)보다 작음

　▸ 따라서 표출 선호에 따른 사회적 한계편익은 진정한 선호에 따른 사회적 한계편익보다 작음

$$\left[SMB = \sum_{i=1}^{n} PMB_i \right]_{표출} < \left[SMB = \sum_{i=1}^{n} PMB_i \right]_{진정}$$

　▸ 따라서 표출시장수요곡선은 진정한 선호에 따라 도출된 가상시장수요곡선의 아래에 위치하며, 이에 따라 시장실패 발생

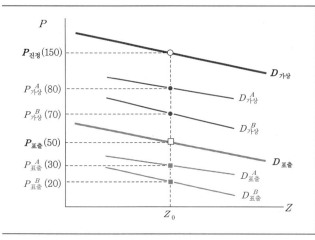

[가상수요곡선과 표출수요곡선]

• 가상수요곡선($D_{가상}$)

  ‣ 소비자의 진정한 선호에 따라 도출된 수요곡선
  ‣ 개별소비자 가상수요곡선의 수직합

• 표출수요곡선($D_{표출}$)

  ‣ 소비자의 표출된 선호에 따라 도출된 수요곡선
  ‣ 개별소비자 표출수요곡선의 수직합

 개념정리

공공재 시장수요곡선의 도출(개별소비자의 수요가 동일할 때)

• **시장수요곡선**: 개별수요곡선식에 소비자 숫자(n)를 곱하여 도출

  ‣ 개별수요곡선: $P_i = \alpha - \beta Q^D$

  ‣ 시장수요곡선: $P = n \cdot (\alpha - \beta Q^D) = n\alpha - n\beta Q^D$

• **시장수요함수**: 개별수요함수의 기울기를 소비자 숫자(n)로 나누어 도출

  ‣ 개별수요함수: $Q_i^D = a - bP$

  ‣ 시장수요함수: $Q^D = a - \dfrac{b}{n}P$

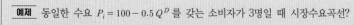

예제 동일한 수요 $P_i = 100 - 0.5Q^D$를 갖는 소비자가 3명일 때 시장수요곡선?

  ‣ 개별수요곡선: $P_i = 100 - 0.5Q^D$

  ‣ 시장수요곡선: $P = 3(100 - 0.5Q^D) = 300 - 1.5Q^D$

  ‣ 개별수요함수: $Q_i^D = 200 - 2P$ (개별수요곡선의 역함수)

  ‣ 시장수요함수: $Q^D = 200 - \dfrac{2}{3}P$ (시장수요곡선의 역함수)

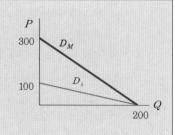

2. 공공재 시장균형과 시장실패

① 공공재 시장에서 개별소비자들의 진정한 선호에 따라 도출된 시장수요(가상시장수요)와 시장공급에 따라 균형이 이루어질 경우에는 적정한 수준으로 생산량과 시장가격이 결정된다.

② 이때 공공재는 개별소비자들이 공동으로 소비하므로 시장가격을 개별소비자들이 각각 자신의 진정한 사적 한계편익에 따라 서로 나누어 부담(분담)한다.

③ 그러나 공공재의 특징(비경합성, 비배제성)에 따라 소비자들이 무임승차하려 하므로 표출된 선호(표출된 사적 편익)가 진정한 선호(진정한 사적 편익)보다 작다.

④ 따라서 공공재의 표출시장수요곡선은 가상시장곡선의 아래에 위치하게 되며, 가상수요곡선에 의한 적정 생산량 수준에 비하여 생산량이 감소하거나 아예 생산될 수 없다.

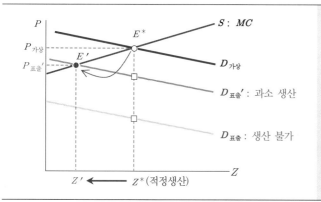

[공공재 생산의 비효율성]

- 공공재 소비자들이 무임승차하려 하므로 표출수요가 가상수요보다 적음.

- 따라서 과소생산 되거나 생산될 수 없음

 사무엘슨모형의 적정공급조건

공공재와 사적재를 동시에 고려하여 사회적인 적정공급조건 분석

- **사회적 한계편익과 사적 한계편익**

  ▸ 사적재의 경우: $SMB = PMB_i$　　　　📖 p.281의 '소비의 외부효과' 참조

  ▸ 개별소비자들이 서로 다른 소비량을 동일한 시장가격을 지불하여 소비. 따라서 시장 전체의 사회적 한계편익(SMB)과 개별소비자들의 사적 한계편익(PMB_i)이 모두 동일

  ▸ 공공재의 경우: $SMB = \sum_{i=1}^{n} PMB_i$

  ▸ 개별소비자들이 동일한 소비량을 서로 다른 가격을 지불하고 소비. 따라서 시장 전체의 사회적 한계편익(SMB)은 개별소비자들의 사적 한계편익(PMB_i)의 총합

- **적정공급조건**

  ▸ 공공재(Z)의 적정공급조건: $SMB_Z(= PMB_Z^A + PMB_Z^B) = MC_Z$ ···· ①

  ▸ 사적재(X)의 적정공급조건: $SMB_X(= PMB_X^A = PMB_X^B) = MC_X$ ···· ②

  ▸ 동시 생산 시 적정공급조건(① / ②)

  $$\frac{PMB_Z^A}{PMB_X} + \frac{PMB_Z^B}{PMB_X} = \frac{MC_Z}{MC_X} \Rightarrow MRS_{ZX}^A + MRS_{ZX}^B = MRT_{ZX} \quad \therefore) \sum_{i=1}^{n} MRS_{ZX} = MRT_{ZX}$$

  $$\left(\text{단, } MRS_{ZX} = \frac{PMB_Z}{PMB_X}, \quad MRT_{ZX} = \frac{MC_Z}{MC_X}\right)$$

  ▸ 적정공급조건의 의미

  모든 소비자들의 사적재와 공공재 사이의 한계대체율을 모두 더한 값과 사적재와 공공재 사이의 한계변환율이 같은 수준으로 공공재와 사적재를 생산할 때 적정공급.

  이는 모든 소비자들의 사적재(X) 수량으로 표시한 공공재(Z)에 대한 선호도$\left(\sum_{i=1}^{n} MRS_{ZX}\right)$와 사적재 수량으로 표시한 공공재 생산의 사회적 기회비용(MRT_{ZX})이 같아야 한다는 것을 의미

CHAPTER

19 정보경제이론

I 정보비대칭과 시장실패

01 정보비대칭

① 현실 경제에는 불확실성이 존재하며, 그에 따른 불완전정보에 따라 모든 경제주체들은 그에 따른 자원배분의 비효율성을 겪게 된다.

② 애로우(K. Arrow)는 불확실성이 존재하는 경우에도 불확실성을 거래할 수 있는 조건부거래시장(보험시장)이 존재할 경우에는 시장을 통한 효율적 자원배분이 가능하다고 하였다.

③ 그러나 도덕적 해이(moral hazard)나 역선택(adverse selection) 등 정보비대칭성이 존재할 경우에는 완벽한 조건부거래시장이 존재할 수 없다.

④ 정보비대칭성(asymmetric information)이란 이해 당사자 중 한쪽이 상대방에 대한 정보를 정확하게 알지 못하는 상황이다.

⑤ 정보비대칭하에서는 바람직하지 않은 상대방과 거래하게 되므로 시장실패에 따른 비효율이 크게 발생하며, 스티글리츠(Joseph Stiglitz)는 이러한 현상을 마비된 손(palsied hand)이라고 하였다.

02 역선택과 도덕적 해이

1. 도덕적 해이(moral hazard)

(I) 도덕적 해이

① 거래를 약속한 후 관련 의무를 소홀히 하는 상황을 도덕적 해이라고 한다. 이 경우 상대방은 거래 약속 후의 이러한 행동을 알 수 없으므로 피해를 보게 된다.

② 따라서 도덕적 해이는 사후적이고 고의성은 없는, 감추어진 행동(hidden action; 관찰할 수 없어서 통제 불가능한 행동)에 따라 발생하는 현상이다.

> **예** 부주의에 의한 불량품, 보험 가입 후 부주의한 사고 빈발, 근로자의 업무태만, 본인 – 대리인 문제 등

③ 어떤 시장에 도덕적 해이가 존재할 경우에도 시장실패가 발생한다.

④ 보험의 경우, 보험가입자가 보험 가입 후 주의 의무를 소홀히 하여 보험 가입 전에 비하여 사고발생률이 높아지는 현상이 나타날 수 있다. 이 경우도 보험금 지급액이 증가하여 보험회사의 이익이 감소한다.

⑤ 사원 채용의 경우, 근로자의 업무태만이나 전문경영인(CEO)이 경영 소홀 등 본인 - 대리인 문제가 발생할 수 있다.

(2) 도덕적 해이에 대한 대처방안

① 도덕적 해이를 범하지 않는 것이 유리하도록 하는 각종 유인(incentive)정책을 시행한다.

② 보험의 경우 사고피해액의 처음 일부를 보험가입자가 부담하는 **기초공제**(initial deduction)나 사고피해액의 일부만 보상하는 **공동보험**(co - insurance) 등의 제도를 도입한다.

③ 근로자의 도덕적 해이를 막기 위해서 시장임금보다 높은 임금을 지급하여 근로의욕을 높이는 **효율성임금**, 성과에 따라 임금을 지급하는 **실적급여제**(성과급. performance pay) 및 근로감독을 강화하는 **직업감독제** 등을 시행한다.

④ 전문경영인(CEO)의 경우는 경영성과에 따라 보수를 지급하는 제도(스톡옵션 등)를 마련한다.

⊙ **도덕적 해이** : 사후적이며 고의성은 없으며 감추어진 행동에 따른 현상

  ▸ 보험가입자가 보험 가입 후(사후적) 고의성 없는 행동으로 말미암아 보험회사에게 피해를 주는 현상
  ▸ 보험회사는 보험가입자의 이러한 감추어진 행동을 알 수 없음

⊙ **대처방안** : 각종 유인 정책

  ▸ 보험의 경우 기초공제(initial deduction), 공동보험(co - insurance) 등 시행
  ▸ 효율성임금, 실적급여제(성과급. performance pay) 및 근로감독제 등 시행
  ▸ 전문경영인(CEO)의 경우 경영성과에 따른 보수지급제(스톡옵션 등) 시행

⊙ **본인(주인) - 대리인 문제**(principal - agent problem)

  ▸ 계약에 의해 권한을 위임하는 쪽은 본인(주인; principal)이라고 하고 위임을 받은 쪽은 대리인(agent)이라고 함
  ▸ 본인이 대리인의 행동을 완벽하게 감독 · 감시할 수 없을 때 대리인이 최선의 노력을 하지 않아 본인에게 피해를 주는 현상
    예 주주와 전문경영인(CEO), 회사와 근로자, 국민과 정치인(공무원)

---

2. 역선택(adverse selection)

(1) 역선택

① 정확한 정보가 부족한(정보비대칭) 상태에서 바람직하지 않은 상대방과 거래하여 피해를 보는 상황을 역선택 또는 불리한 선택(adverse selection)이라고 한다.

② 따라서 역선택은 사전적이고 고의적이며, 감추어진 특성(hidden characteristic : 속이려는 의도)에 따라 발생하는 현상이다.

> **예** 중고자동차, 보험사기(詐欺), 고의적 불량품[레몬(lemon)], 학력 위조

③ 보험의 경우는 의도적으로 보험에 가입한 후, 고의적으로 상황을 만들어 보험금을 받는 것이다. 이 경우 보험회사의 이익이 감소한다.

④ 사원 채용의 경우 학력과 경력 및 능력을 위조한 자를 채용할 위험성이 있다.

(2) 역선택에 대한 대처방안

① 역선택을 방지하기 위해 각종 유인(incentive) 정책을 시행한다.

② 고의적인 불량품(레몬)을 방지하기 위해서 **제조물책임법**을 제정하거나 **조건부계약제도**[무상수리(AS) 기간 설정·일정 기간 이내 현금교환 등]를 시행한다.

③ 또한 생산자들에게 **평판**(reputation)의 중요성을 인식시켜서 좋은 상품을 생산하도록 유도한다. 이 경우 생산자는 좋은 평판에 따른 이익(평판지대 : reputation rent)을 얻게 된다.

④ 보험과 관련해서는 보험 가입을 희망하는 자에게 건강진단서 등을 요구한다.

⑤ 신입사원을 채용할 경우에는 학력(성적)증명서, 추천서 등을 제출하도록 한다.

⊙ **역선택** : 사전적이며 고의성이 있으며 감추어진 특성(의도)에 따른 현상
  ▸ 보험가입자가 보험금을 받을 목적으로 보험 가입 후 고의적으로 사고를 일으켜 보험금을 받아냄에 따라 보험회사가 손해를 보는 현상
  ▸ 보험회사는 보험가입자의 감추어진 특성(의도)을 알 수 없음

⊙ **대처방안** : 각종 유인정책
  ▸ 고의적 불량품을 막기 위한 제조물책임법, 조건부계약제도(무상수리(AS), 현금교환) 시행
  ▸ 보험 가입 전 건강진단서, 신입사원 채용 시 학력(성적)증명서 등 요구
  ▸ 생산자가 평판지대를 인식하게 함

⊙ **중고자동차시장모형**   ◀ 애컬로프(G. Akerlof)
  ▸ 중고자동차 수요자는 중고차의 정확한 품질을 알지 못하므로(정보비대칭) 평균적 품질의 가격(확률을 고려한 기대가격)으로 구매하고자 함
  ▸ 따라서 좋은 중고차는 시장에서 사라지고 나쁜 중고차만 시장거래됨
  ▸ 수요자가 품질을 정확히 알 수 있는 경우에는 품질별로 시장거래

중고자동차(레몬)시장 모형

• **정보가 비대칭적일 때**

▸ 수요자는 품질을 고려한 기대가격(평균적 품질의 중고차가격)으로 구매하고자 함.

▸ 이때, 중고차 수요가격(기대가격. 평균적 품질의 중고차 가격) < 좋은 중고차 공급가격

▸ 따라서 좋은 차는 시장에 공급되지 않음

▸ 수요자는 이러한 사실을 알고 있으므로 나쁜 중고차에 대한 수요가격만을 지불하고자 함

▸ 결국 시장에는 나쁜 중고차만 남아서 나쁜 차의 수요가격과 공급가격 사이에서 거래

• **정보가 대칭적일 때**

▸ 수요자가 품질을 정확히 알고 있으므로 중고차 품질별로 시장거래됨

▸ 따라서 시장실패는 발생하지 않음

예제 중고차 시장에 품질이 좋은 중고차(G)와 나쁜 중고차 (B)가 섞여 있으며 확률은 각각 50%

좋은 중고차: 수요자의 수요가격(P_G^D) 500만 원, 공급자의 공급가격(P_G^S) 450만 원

나쁜 중고차: 수요자의 수요가격(P_B^D) 300만 원, 공급자의 공급가격(P_B^S) 250만 원

• 정보가 비대칭적일 때: 나쁜 차만 시장거래

▸ 중고차 수요가격(P^D) : 확률에 따라 결정. 평균적 품질의 중고차 가격

$P^D = p \cdot P_G^D + (1-p) P_B^D = 0.5 \cdot 500 + 0.5 \cdot 300 = 400$ (단, P : 좋은 중고차일 확률)

▸ 중고차 수요가격($P^D = 400$만) < 좋은 차 공급가격($P_G^S = 450$만)

▸ 따라서 좋은 차는 공급되지 않고 나쁜 차만 거래

▸ 나쁜 차 시장의 시장가격(나쁜 차에 대한 수요가격과 공급가격 사이) : $P_B^S(250) < P_B < P_B^D(300)$

• 정보가 대칭적일 때 : 품질별로 시장거래

▸ 좋은 중고차 시장가격 : $P_G^S(450) < P_G < P_G^D(500)$

▸ 나쁜 중고차 시장가격 : $P_B^S(250) < P_B < P_B^D(300)$

Ⅱ 정보탐색

모든 경제주체는 불완전정보에 따른 비효율을 줄이기 위해 정보를 탐색한다.
정보탐색에는 편익과 비용이 발생한다.

01 정보탐색의 한계편익(MB)과 한계비용(MC)

① 정보탐색에 따른 한계편익은 추가 정보획득에 따라 발생하는 각종 이득이다.
② 정보량이 증가할 때 추가 정보에 따른 편익이 감소하여 정보탐색의 한계편익은 감소한다.
③ 상품의 경우 가격편차가 크고 구입량이 많으며 정보의 유효기간이 길수록 정보탐색에 따른 한계편익이 증가[한계편익곡선 상방(우측)이동]한다.
④ 정보탐색에 따른 한계비용은 추가 정보획득 과정에서 발생하는 각종 비용이다.
⑤ 정보량이 증가할 때 추가 정보에 따른 비용은 증가하여 정보탐색의 한계비용은 증가한다.
⑥ 탐색자의 임금률이 높을수록 정보탐색에 따른 한계비용이 증가[한계비용곡선 상방(좌측)이동]한다.

> ⊙ 정보탐색의 한계편익(MB)
>
> ▸ 정보량이 증가할 때 한계편익 감소
> ▸ 시장별 가격편차가 크고, 상품구입량(거래량)이 많고 정보유효기간이 길수록 한계편익 증가
>
> ⊙ 정보탐색의 한계비용(MC)
>
> ▸ 정보량이 증가할 때 한계비용 증가
> ▸ 정보탐색자의 임금률이 높을수록 한계비용 증가

02 적정정보탐색

① 정보탐색에 따른 한계편익과 한계비용이 같을 때 적정정보탐색 수준이 결정되며, 이 경우 정보탐색의 순편익이 정보탐색가격이 결정된다.
② 정보탐색에 따른 한계편익이 한계비용보다 크면 정보탐색 수준을 높이고 한계편익이 한계비용보다 작으면 정보탐색 수준을 낮춘다.
③ 정보탐색의 한계편익이 증가[한계편익곡선 상방(우측)이동]하거나 한계비용이 감소[한계비용곡선 하방(우측)이동]하면 적정탐색 수준이 증가한다.

03 신호발송과 선별이론

불완전정보(불확실성, 정보비대칭)하에서 거래 당사자들은 자신의 정확한 정보를 상대방에게 알리고(신호발송), 상대방은 이를 참고하여 확실한 정보를 얻기 위해 노력(선별)한다.

1. 신호발송(signalling)

① 자신의 정보를 신호발송 수단을 이용하여 상대방에게 알리는 것을 신호발송이라고 한다.
② 예를 들어 상품시장에서 공급자는 광고 등 신호발송 수단을 통해 자신의 생산물에 관한 정보(가격, 품질, 각종 서비스 내용 등)를 시장에 전달한다.
③ 노동시장에서는 자신이 우수한 근로자라는 정보를 학력, 성적, 각종 스펙 등 신호발송 수단을 이용하여 시장에 알린다.

2. 선별(골라내기; screening)

① 상대방에 대한 확실한 정보를 수집하는 것을 선별이라고 한다.
② 상품시장에서 소비자는 공급자의 광고 등을 선별수단으로 이용하여 상품을 선택한다.
③ 노동시장에서 고용주는 취업희망자의 학력, 성적 등 선별수단을 이용하여 고용을 결정한다.

⊙ 신호발송

▸ 상대방에게 정확한 정보를 알리고자 하는 행위
▸ 신호발송 수단: 기업의 상품 광고, 근로자의 학력·성적·경력·추천서 등

⊙ 선별

▸ 상대방에 대한 정확한 정보를 얻고자 하는 행위
▸ 선별 수단: 수요자 입장에서 상품 광고, 고용주 입장에서 근로자의 학력·성적·경력·추천서 등

III 지식(정보재)경제학과 인터넷경제학

01 지식(정보재)경제학

체계화된 정보를 지식(knowledge) 또는 정보재(information goods)라고 한다.
새로운 지식이 추가되는 것도 기술진보의 한 가지 형태이다.
지식산업은 공공재와 마찬가지로 비경합성과 비배제성을 갖지만 효율성을 가질 수 있다.

   예 각종 소프트웨어, 애플리케이션

1. 지식의 비경합성

① 새로운 지식의 개발과 축적에는 초기에 막대한 비용이 들어가지만 한 번 지식 축적이 이루어지면 그 지식의 소비량이 증가하더라도 추가 비용(한계비용)이 들지 않거나 아주 작으므로 지식 사용에 따른 평균비용이 감소한다.
② 따라서 새로운 지식 개발을 위한 연구·개발(R&D: research and development)에는 규모의 경제가 존재한다.
③ 따라서 지식산업은 규모의 경제에 따른 불완전경쟁과 그에 따른 초과이윤이 발생한다.

2. 지식의 비배제성

① 특허권, 저작권 등과 같이 지식의 독점적 사용권을 인정하는 경우는 배제성을 갖는다.
② 그러나 기초과학에 대한 지식이나 유효기간이 지난 지식(특허권 등)은 비배제성을 갖는다.

3. 지식산업의 특징

① 일반적으로 가격이 한계비용보다 높으면 자원배분의 비효율성이 나타난다고 본다.
② 그러나 막대한 연구·개발비를 들여 새로운 지식을 발명하고자 하는 것은 그에 따른 초과이윤을 얻기 위해서이며 이를 통해 자본주의경제가 발전하였다.   예 슘페터의 혁신
③ 따라서 동태적 효율성(시간경과에 따라 국민경제의 잠재GDP가 증가하는 현상)을 위해서는 새로운 지식의 발명과 발견이 이루어져야 한다.
④ 따라서 지식경제학에서는 새로운 지식의 발명과 발견에 대해서는 지적재산권(intellectual right) 등을 통해 일정 기간 동안 지식에 대한 가격이 한계비용보다 높은 것을 허용한다.

02 인터넷 산업

지식(정보재)은 주로 인터넷을 통하여 거래된다.
인터넷 산업은 정보통신산업의 발달, 전자상거래 확대 등을 특징으로 한다.

1. 인터넷산업(시장)의 특징

(1) 시간적 · 장소적 제약의 해소

① 인터넷산업은 시간과 장소에 제약을 받지 않으므로 거래비용이 매우 낮다.
② 따라서 공급자는 상품에 대한 정보를 직접 알리고 주문받을 수 있다.
③ 소비자는 자신의 수요를 직접 표출할 수 있으므로 소비자주권이 강화된다.
④ 이에 따라 인터넷시장은 완전경쟁시장에 가까운 시장형태가 된다.

(2) 규모의 경제

① 앞에서 본 바와 같이 지식산업에는 규모의 경제가 발생하는 것이 일반적이다.
② 따라서 자연독점시장의 경우와 마찬가지로 정보재의 가격책정이 쉽지 않다.

(3) 네트워크 외부효과

① 정보재의 사용자(소비자) 숫자가 증가할수록 그 정보재의 가치가 증가하는 현상을 네트워크 외부효과(network externality)라고 한다. **예** 팩스, 휴대전화, 다음 · 네이버 등 웹사이트
② 이에 따라 사용료가 감소하고 관련 보완재와 서비스가 다양하게 개발된다.
③ 따라서 규모의 경제와 함께 범위의 경제가 발생하여 다양한 상품을 싸게 소비할 수 있게 된다.

(4) 잠김효과

① 기존 정보재를 소비하던 소비자는 다른 정보재로 소비를 변경하기 어려우며, 이를 잠김효과(lock - in effect)라고 한다. **예** "흔글" 프로그램, 컴퓨터 운영체제
② 잠김효과가 클 경우 다른 정보재로 바꾸는 데 들어가는 이전비용(switching cost)이 크므로 기존에 소비하던 정보재를 계속 소비할 수밖에 없다.
③ 따라서 인터넷산업은 독과점시장이 될 가능성이 크다.

2. 인터넷산업의 전망

① 인터넷시장은 수요자와 공급자가 많고 진퇴가 자유로우므로 경쟁시장의 특징을 가진다.
② 따라서 새로운 상품과 기업이 등장함에 따라 대규모 혁신이 나타날 수 있다.
③ 그러나 규모의 경제, 네트워크 외부효과, 잠김효과 등에 따라 독과점화될 가능성도 크다.

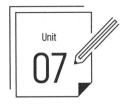

연습문제

Chapter 17 | 후생경제이론

01 파레토 효율성을 달성하기 하기 위한 세 가지 조건과 그 의미를 설명하시오.

> **해설** • 파레토최적조건
>
> > ▶ 교환의 파레토최적조건: $MRS_{XY}^{A} = MRS_{XY}^{B}$
> >
> > ▶ 생산의 파레토최적조건: $MTS_{LK}^{X} = MTS_{LK}^{Y}$
> >
> > ▶ 생산물 구성의 파레토최적조건: $MRT_{XY} = MRS_{XY}$
>
> • 교환의 파레토최적: 2인 2재화의 경우
>
> > ▶ 파레토최적조건: $MRS_{XY}^{A} = MRS_{XY}^{B}$. 교환의 계약곡선상의 모든 점
> >
> > ▶ 두 사람의 무차별곡선이 접하는 점(두 사람의 한계대체율 동일)에서 배분될 때 파레토최적. 효율적 배분
>
> • 생산의 파레토최적: 2재화 2요소의 경우
>
> > ▶ 파레토최적조건: $MRTS_{LK}^{X} = MRTS_{LK}^{Y}$. 생산의 계약곡선상의 모든 점
> >
> > ▶ 두 재화의 등량선이 접하는 점(두 재화의 한계기술대체율 동일)에서 배분될 때 파레토최적. 효율적 요소투입
>
> • 생산물구성의 파레토최적조건: $MRT_{XY} = MRS_{XY}^{(S)}$
>
> > ▶ 생산가능성곡선과 (사회적) 무차별곡선의 접점에서 파레토최적
> >
> > ▶ 한계변환율(MRT_{XY})과 (사회적)한계대율($MRS_{XY}^{(S)}$)이 같아지도록 생산하면 파레토최적. 사회후생 극대

02 현재, A에게는 X재 1단위가 추가(감소)된 경우와 Y재 2단위가 추가(감소)될 때 동일한 효용의 증가(감소)가 나타나고, B에게는 Y재 1단위가 추가(감소)된 경우와 X재 3단위가 추가(감소)된 경우에 동일한 효용의 증가(감소)가 나타난다고 한다. 자원배분의 최적성을 평가하고, 교환이 필요할 경우 그 내용을 설명하시오.

> **해설** • 교환의 파레토최적조건: $MRS_{XY}^{A} = MRS_{XY}^{B}$
>
> > ▶ 두 소비자의 한계대체율이 서로 동일하게 배분될 때 파레토최적
> >
> > ▶ 소비의 계약곡선 상에서 파레토최적. 따라서 한 소비자가 두 재화를 모두 소비하는 경우도 파레토최적
> >
> > ▶ 계약곡선 상에서의 이동은 파레토개선 아님
> >
> > ▶ 계약곡선 상이 아닌 점에서 배분되고 있을 때 계약곡선상으로 배분점이 이동하면 파레토개선
>
> • 문제에서,
>
> > ▶ A의 한계대체율(MRS_{XY}): $MRS_{XY}^{A} = -\dfrac{\Delta Y}{\Delta X} = -\dfrac{-2}{1} = 2$. X재 1개의 효용과 Y재 2개의 효용이 동일
> >
> > ▶ B의 한계대체율(MRS_{XY}): $MRS_{XY}^{B} = -\dfrac{\Delta Y}{\Delta X} = -\dfrac{-1}{3} = \dfrac{1}{3}$. X재 1개의 효용과 Y재 1/3개의 효용이 동일
> >
> > ▶ $MRS_{XY}^{A} > MRS_{XY}^{B}$ 이므로 비효율적 자원배분 상태이며. A가 B보다 X재를 상대적으로 더 선호
> >
> > (A는 B에게 Y재 2개를 주고 X재 1개를 받고, B는 A에게 X재 3개를 주고 Y재 1개를 주면 파레토개선)

298 Unit 07 후생경제이론과 시장실패

Chapter 18 | 시장실패

03 다음을 읽고 물음에 답하시오.   일반사회 00

> (가) 우리가 자동차를 이용하는 것은 편의를 위해서다. 하지만 뜻하지 않게 남에게 피해를 주는 경우도 있다. 배기가스 때문에 공기가 오염된다. 그렇다고 배기가스를 뿜어내는 자동차 운전자에게 일일이 피해 배상을 받기는 힘든 일이다.
>
> (나) 알루미늄을 생산하는 공단이 있다. 이 공단의 공장들은 알루미늄 한 단위당 일정한 분량의 오염 물질을 대기 중에 방출하고, 폐수를 인근의 하천으로 흘려보낸다. 결과적으로, 이러한 오염 물질과 폐수는 사람들의 건강에 나쁜 영향을 줄 수 있으나, 공장의 소유자들은 이에 대하여 어떠한 비용도 지불하지 않는다.

3-1 위와 같은 사례들을 일컫는 경제학의 용어를 구체적으로 쓰시오.

3-2 이 같은 환경오염으로 인한 피해를 줄이기 위하여, 정부가 사용할 수 있는 대응 수단을 두 가지 제시하시오.

정답 **3-1.** 외부불경제

3-2. 피구세, 오염배출권

04 다음 글을 읽고 물음에 답하시오.   공통사회 02

> 우리 사회에서 빵이 얼마나 생산되어야 하는가? 빵이 지나치게 적게 생산되면 소비자들이 얻을 수 있는 즐거움을 희생하게 된다. 반대로 빵이 적정수준 보다 지나치게 많이 생산되면, 다른 재화를 생산하는데 사용될 수 있는 자원이 줄어들어 다른 어떤 재화가 적정수준보다 적게 생산될 수밖에 없다. 따라서 재화의 (가) 과잉생산이나 (나) 과소생산은 사회적으로 바람직하지 않다. (다) 한 사회에서 어떤 재화 생산의 적정 수준 여부를 판단하기 위해서는 그 재화 생산에 들어가는 비용과 재화의 소비에서 얻는 효과(편익)를 비교해 보아야한다. 이때 개인이나 개별기업의 입장에서 평가하는 가치와 사회 전체의 입장에서 평가하는 가치가 같아질 수도 있고 달라질 수도 있다.

4-1 사회 전체의 입장에서 (다)의 기준인 아래 조건을 완성하시오.

> 재화 한 단위에 대해서 (㉠   )와(과) (㉡   )을(를) 비교해야 한다.

4-2 환경오염물질을 배출하는 기업은 생산과정에서 자신들이 직접 지불하는 비용만 생각하기 때문에 (가)와 같은 현상이 생긴다. 이런 현상을 막기 위해서는 추가적으로 어떤 비용을 고려해야 하는지 쓰시오.

4-3 (나)와 같은 결과는 기업이 생산량을 조절하여 가격을 높일 때 생길 수 있다. 기업이 이런 행동을 할 수 있는 힘을 무엇이라 하는지 쓰시오.

정답 **4-1.** ㉠ 사회적 한계 편익   ㉡ 사회적 한계비용

4-2. 사회적피해비용

4-3. 독점기업의 시장지배력(독점력)

05 다음 글을 읽고 〈작성 방법〉에 따라 서술하시오. 일반사회 23

> □□지역의 환경오염과 관련된 사회적 총비용은, 오염배출로 인해 지역 주민이 부담해야 하는 피해비용과 오염배출량을 줄이기 위해 기업이 부담해야 하는 저감비용으로 구성된다고 가정하자.
>
> □□지역에서 환경오염을 유발하는 ○○기업의 오염배출량(E)에 의해 지역 주민이 부담해야 하는 한계피해비용(Marginal Damage Cost, MDC) 함수는 $MDC = 3E$로 주어져 있다. 오염배출량이 적을 때는 MDC가 작지만 오염배출량이 증가할수록 피해를 입는 주민 수가 늘어나는 등의 이유로 MDC는 커지게 된다. ○○기업이 오염배출량을 줄이려면 저감비용을 부담해야 하며, 한계저감비용(Marginal Abatement Cost, MAC) 함수는 $MAC = 300 - E$로 주어져 있다. 오염배출량 수준이 높고 저감을 시작하는 단계에서 ○○기업은 손쉽고 저렴한 저감방법을 사용하므로 MAC가 작다. 하지만 오염배출량을 줄이고 저감량을 늘릴수록 새로운 저감설비를 설치하는 등의 이유로 MAC는 커지게 된다.
>
> 현재 ㉠ ○○기업은 아무런 제한 없이 오염물질을 저감하지 않은 채 배출하면서 생산활동을 하고 있다. 이에 대해 정부는 ㉡ 사회적 총비용을 최소화하는 수준으로 오염배출량을 제한하는 정책을 시행할 예정이다.

〈작성 방법〉

○ 밑줄 친 ㉠의 경우 ○○기업의 오염배출량이 얼마인지 쓸 것.

○ 밑줄 친 ㉠의 경우 □□지역의 피해비용이 얼마인지 쓸 것.

○ 밑줄 친 ㉡을 시행할 때 오염배출량이 얼마인지를 쓰고, 밑줄 친 ㉠의 상황과 비교하여 사회적 총비용의 크기에 어떤 변화가 있는지 서술할 것.

정답
- 오염물질을 저감하지 않고 생산할 때: $MAC = 300 - E = 0$이므로 오염배출량(E)은 300
- 총피해비용은 MDC곡선 아래 삼각형 면적. 따라서, 오염배출량이 300일 때 135,000
- 사회적 총피해비용을 최소화하는 적정배출량(E^*): $MDC = MAC$일 때 방출량

  ▶ $MDC = MAC \Rightarrow 3E = 300 - E$ ∴) $E^* = 75$
  ▶ ㉠의 경우 사회적 총비용 = 피해비용 = 135,000,
  ㉡의 경우 사회적 총비용 = 총피해비용 + 총저감비용 = $8,437.5 + 25,312.5 = 33,750$
  (단 총피해비용은 MDC곡선 아래 면적, 총저감비용은 MDC곡선 아래 면적)
  ∴) 사회적 총비용 101,250 감소 ($135,000 - 33,750 = 101,250$)

- 오염물질을 저감하지 않고 생산할 때: $MAC = 300 - E = 0$이므로 오염배출량(E)은 300
- 이때, 총피해비용은 MDC곡선 아래 삼각형 면적($a + b + c$). 총피해비용 = 135,000
- 사회적 총피해비용을 최소화하는 적정배출량(E^*): $MDC = MAC$일 때 적정방출량

  ▶ $MDC = MAC \Rightarrow 3E = 300 - E$ ∴) $E^* = 75$ (배출량 225 저감), 이때, $MDC = MAC = 225$
  ▶ ㉠의 경우 사회적 총비용 = 총피해비용 = 135,000
  ▶ ㉡의 경우 사회적 총비용 = 총피해비용(면적 a) + 총저감비용(면적 b) = $8,473.5 + 25,312.5 = 33,750$
  (단, 적정방출량 75일 때, 총피해비용은 MDC곡선 아래 면적 a,
  배출량을 75로 저감할 때, 총저감비용은 MAC곡선 아래 면적 b)
  ∴) 사회적 총비용 감소분(면적 c) = $135,000 - 33,750 = 101,250$

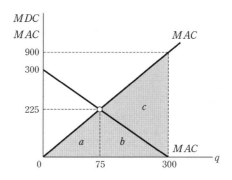

06 다음은 부정적 외부성이 발생하는 상황에 관한 자료이다. 〈작성 방법〉에 따라 서술하시오. 일반사회(B) 20

> 강 상류에 제철소가 있고 하류에는 어부의 어장이 있다. 제철소의 생산량(S)이 늘어나면 강의 수질이 나빠져 어부의 어획량은 감소한다. 다음 그래프는 생산량(S)에 따른 제철소의 한계이윤과 어부의 한계피해액을 나타낸다.
>
>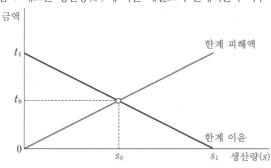
>
> 〈작성 방법〉
> • 정부의 개입이 없고 강물에 대한 소유권이 설정되어 있지 않다면, 제철소의 생산량은 얼마가 될지 쓸 것.
> • 강물에 대한 소유권이 설정되어 있지 않고 정부가 사회적 효율성을 달성하기 위해 제철소에 단위당 일정액의 피구세(Pigouvian tax)를 부과한다면, 그 크기는 얼마인지 쓸 것.
> • 강물에 대한 소유권이 제철소에게 있고 어부와 제철소 간 협상의 거래비용이 없다면, 제철소의 생산량은 얼마가 될 것인지 쓰고, 이런 결과를 사회적 효율성의 관점에서 언급한 정리(theorem)의 명칭을 제시할 것.

[예시] • 제철소의 한계 이윤이 0이 되는 수준에서 생산. 생산량 s_1

   • 단위당 피구세는 적정생산량에서의 한계피해액 t_0

   • 어부의 한계피해액과 제철소의 한계이윤이 같아지는 수준으로 협상액이 결정되고, 생산량은 s_0. 외부효과가 협상에 의해 효율적 수준으로 해결되는 방식을 코우즈정리(Coase theorem)라고 함.

[보충] • 제철소의 목표는 이윤극대화. 이윤극대화 조건은 한계 이윤=0. 따라서, 한계이윤이 0이 되는 s_1 생산

   • 일정액의 피구세를 부과하면 한계이윤은 피구세만큼 감소. 따라서, 과세후 한계이윤(한계이윤－단위당 종량세)이 0이 되는 생산량을 생산

   • 코우즈 정리(Coase theorem) : 외부효과 당사자가 자율적 협상에 의해 해결 가능
   문제에서, 어부가 제철소에 한계피해액 만큼 보상하고 제철소는 생산량 축소. 이때 협상액은 어부의 한계피해액과 제철소의 한계이윤이 같아지는 수준으로 결정. 따라서, s_0 생산

07 다음 자료에서 오염배출권 거래제도가 도입된 후 기업이 오염배출권을 얼마만큼 살 것인지 혹은 얼마만큼 팔 것인지 아니면 그대로 있을 것인지를 쓰고, 기업이 그런 행동을 했을 때 얻게 되는 이익의 크기를 서술하시오.

일반사회(A) 17

다음 그림에서 MC 곡선은 한 기업이 오염배출량 1톤을 줄이기 위해 부담해야 하는 한계비용을 나타내는 선이다. 이윤의 극대화를 추구하는 이 기업은 오염배출권 거래제도가 도입되기 전에는 오염물질을 Q_f 만큼 배출하고 있었다. 오염배출권의 거래가 도입되자, 1톤의 오염물질 배출권 1장의 매매가격이 P_d 에서 형성되었다.

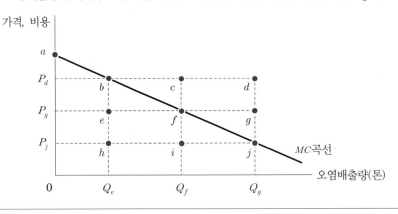

정답 배출권 $Q_f - Q_e$ 만큼 매각. 배출권 매각 이익 = 삼각형 fcb (면적)

해설 • 오염배출권제도(탄소시장) : 오염배출권 시장에서 오염배출권 거래

　▶ 오염배출권의 수요(매입)와 공급(매각)에 따라 배출권 시장가격 결정

　▶ 매각(공급)기업 한계정화비용 < 배출권 시장가격 < 매입기업 한계정화비용

　▶ 기업은 스스로의 한계정화비용과 배출권 시장가격의 차이만큼 이익

• 그림에서, 오염배출량을 줄일 때 오염배출을 줄이기 위한 한계비용(MC) 증가

　▶ 문제 기업의 경우, 오염배출량이 Q_f 일 때 한계비용(f) < 배출권가격 P_g

　　따라서 배출권을 팔고 스스로 정화하는 것이 이익

　▶ 배출량이 Q_e 일 때 한계비용과 배출권 가격 동일하므로 $Q_f - Q_e$ 만큼 오염배출권 매각. 이때 오염배출량은 Q_e

　▶ 이때, 이득 = 배출권 매각 총액(사각형 면적 $Q_f c b Q_e$) − 오염배출량 감소 총비용(진한 회색 면적 $Q_f f b Q_e$)

　　　 = 면적 fcb

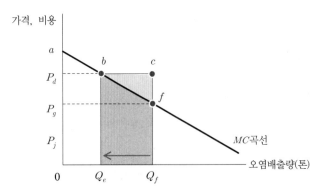

08 다음에서 ㉠의 사례를 수치를 포함하여 제시하고, 금연이 강제되었을 때보다 ㉠을 따를 때의 사회적 이득 증가분을 쓰시오.   일반사회 07

> 동수와 민성은 한 집에 살고 있으며, 동수는 흡연자이고 민성은 비흡연자이다. 동수가 흡연할 경우의 만족도(편익)를 돈으로 환산하면 하루 500원이고, 민성이가 담배연기로부터 받는 불쾌감(비용)을 돈으로 환산하면 하루 300원이라 하자. 이 경우 민성이가 동수에게 담배를 피우지 못하게 하는 것은 효율적인 자원배분의 상태가 아니다. 동수는 담배를 피우지 못하게 하는 방안보다, 담배를 피울 수 있으면서도 ㉠ <u>더 나은 상태에 도달할 수 있는 방안</u>을 민성에게 제안하였다.

정답 ㉠: 동수는 민성에게 300원 이상 ~ 500원 이하의 배상금을 지불하고 흡연. 사회적 이득 증가분은 200원

09 다음은 공공재인 소방(消防) 서비스의 생산·공급에 관한 내용이다. 甲과 乙 두 사람이 존재하고 이들의 소방 서비스에 대한 수요곡선은 각각 D_1과 D_2이다. 사회 전체 수요곡선은 D_S이다. 그림에서 최적(opimum) 공공재 생산량은 얼마이며, 그와 같이 결정되는 이유를 경제적 논리에 근거하여 쓰시오.   일반사회 05

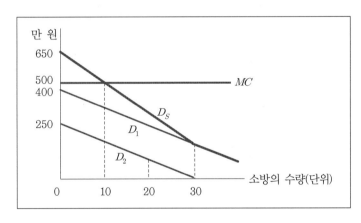

정답 생산량: 10 [공공재의 최적공급량은 시장수요곡선(사회적 한계편익)과 한계비용이 일치하는 점에서 결정]

10 다음 글에서 밑줄 친 두 가지의 본질적 특성을 쓰고, 그 의미를 각각 60자 이내로 설명하시오.   일반사회 04

> 국방, 치안, 도로 등과 같은 공공재의 생산을 시장메커니즘에 일임할 경우, 공공재에 내재된 <u>본질적인 특성 두 가지</u> 때문에 사회적으로 바람직한 수준의 공공재가 생산되지 못하는 시장 실패 문제가 발생한다. 그래서 정부는 조세 수단을 이용하여 공공재를 직접 공급하거나 공기업을 통해 공급한다.

정답 • 비경합성: 동시 소비 가능함
     • 비배재성: 대가를 지불하지 않는 소비를 금지할 수 없음

11 다음 ㈎, ㈏ 현상을 지칭하는 각각의 경제 개념(용어)과 이들 현상을 유발하는 공통적인 이유를 가리키는 경제 개념(용어)을 쓰시오.　　　　　　　　　　　　　　　　　　　　　　　　　　　　　　일반사회 06

㈎ 현상	㈏ 현상
• 안전 운행을 하는 운전자들보다 사고율이 높은 난폭운전자들이 자동차보험에 더 적극적으로 가입하려 한다. • 질이 좋은 중고차는 중고차시장에 잘 나오지 않는다.	• 도난보험에 가입하고 난 후, 외출 시에 문단속이 소홀해진다. • 의원으로 당선된 후, 자신의 지위를 이용하여 개인적 이익을 추구한다.

정답　• ㈎의 경제 개념(용어) : 역선택　　　　　• ㈏의 경제 개념(용어) : 도덕적 해이
　　　　• 공통적인 이유를 가리키는 경제 개념(용어) : 정보의 비대칭, 불완전 정보

보충　1. 역선택
　　　　• 사전적이며 고의성이 있으며 감추어진 특성(의도)에 따라 나타나는 현상
　　　　• 대처방안 : 각종 유인정책
　　　　　▶ 고의적 불량품을 막기 위한 제조물책임법, 조건부계약제도(무상수리(AS), 현금교환) 시행
　　　　　▶ 생산자가 평판지대를 인식하게 함
　　　　　▶ 보험 가입 전 건강진단서, 신입사원 채용 시 학력(성적)증명서 등 요구
　　　　• 대표적인 예 : 중고자동차(레몬)시장모형

　　　　2. 도덕적 해이
　　　　• 사후적이며 고의성은 없으며 감추어진 행동에 따라 나타나는 현상
　　　　• 대처방안 : 각종 유인 정책
　　　　　▶ 기초공제(initial deduction), 공동보험(co - insurance)을 시행하여 보험가입자도 일부 비용을 부담하게 함
　　　　　▶ 근로자의 경우 효율성임금, 실적급여제(성과급 ; performance pay) 및 근로감독제 등 시행
　　　　　▶ 전문경영인(CEO)의 경우 경영성과에 따른 보수지급제(스톡옵션 등) 시행
　　　　• 대표적인 예 : 본인(주인) − 대리인 문제

12 성능 좋은 중고차 100대와 성능 나쁜 중고차 100대를 팔려고 한다. 파는 사람은 좋은 차는 600만 원 이상, 나쁜 차는 400만 원 이상을 받으려고 한다. 중고차를 사려고 하는 사람 역시 200명인데, 좋은 차일 경우 650만 원 이하, 나쁜 차일 경우 450만 원 이하를 내려고 한다. 이때 팔려고 하는 사람은 차의 성능을 알지만, 사려고 하는 사람은 차의 성능을 모른다. 중고차 시장의 균형가격과 균형거래량을 쓰시오.

해설　• 중고자동차시장 모형
　　　　　▶ 수요자는 좋은 차(H)와 나쁜 차(L)가 1/2씩이라는 것은 알고 있으나 개별 중고차의 품질은 모름
　　　　　▶ 수요자의 지불용의 가격 = (좋은 차 지불용의 가격×0.5)+(나쁜 차 지불용의 가격×0.5)
　　　　　　　　　　　　　　　　 = (650만 원×0.5)+(450만 원×0.5)=550만 원
　　　　　▶ 좋은 차의 공급자 가격(600만 원) > 수요자의 지불용의 가격(550만 원). 따라서 좋은 차는 시장에서 회수
　　　　　▶ 수요자가 이 사실을 알고 있으므로 나쁜 중고차만 공급가격(400만 원)과 수요가격(450만 원) 사이에서 거래
　　　　　▶ 나쁜 차(100대)만 시장거래되므로 자원배분의 비효율 발생

MEMO

박지훈의
친절한 경제학

PART

02

거시경제학 원론

박지훈의
친절한 경제학

거시경제학의
기초 개념 및 이론

박지훈의
친절한 경제학

주요 거시경제변수

I 총생산, 총소득 및 국부

01 총생산과 총소득

① 기간 중 생산된 생산물은 교환(판매) 및 분배 과정을 통해서 기업의 수입이 되고 기업수입은 요소소득 (임금, 이자, 지대 및 이윤)으로 분배된다.

② 따라서 **총생산물의 시장가치**가 그 경제의 **총소득**이 된다.

③ 분배된 요소소득은 궁극적으로 가계소득이 되어 소비, 저축 및 조세납부에 사용된다.

④ 기간 중 판매되지 않은 재고는 기업의 소득으로 간주하며 그 성격은 재고투자이다.

> ▶ 총생산물 시장가치 = 생산물 판매액(가계소득) + 미판매액(재고, 기업소득)
>   = 총소득
>
> ▶ 재고 : 기간 중 미판매분. 기업의 미실현 소득이며 투자로 간주

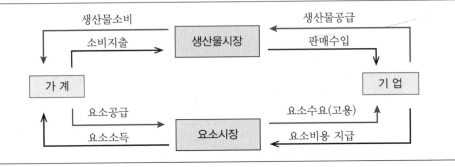

---

02 총소득과 국부

1. 총소득(gross national income) : 유량(flow); 총소득 = Σ개인소득

일정 기간 동안 생산한 총생산물의 시장가치이며 개인소득의 총합이다.

2. 국부(national wealth) : 저량(stock); 국부 ≠ Σ개인의 부

① 특정 시점에서 한 나라의 요소부존량(토지, 자본재)이다.
② 토지는 토지를 포함한 자연자원 및 천연자원을 말한다.
③ 자본은 각종 건설물, 시설물, 자본 설비 및 장비 등 생산된 생산요소이다.
④ 개인의 부(富) 중에서 예금, 채권 등 금융자산은 다른 경제주체(은행, 기업)의 부채가 되므로 개인 부의 총합이 국부가 되지는 않는다.

3. 총소득과 국부의 관계

① 생산요소를 투입하여 생산된 총생산물 시장가치만큼 총소득이 창출된다(총생산 ≡ 총소득).
② 생산물은 소비재와 투자재로 나뉘어 사용되고, 창출된 총소득은 소비와 저축으로 지출된다.
③ 이때 소비재 시장가치와 소비지출액이 같으므로 투자재 시장가치(투자지출액)와 저축액은 항상 같다 [투자(I) ≡ 저축(S)].
④ 투자는 감가상각(고정자본소모)을 충당하는 **대체투자**(재투자)와 자본스톡을 증대시키는 **신투자**(순투자) 및 기간 중 판매되지 않은 재고투자로 구분된다.
⑤ 대체투자는 자본스톡(국부)을 유지시키고 신투자는 국부를 증대시킨다.
⑥ 대체투자와 신투자의 합이 감가상각보다 많으면 국부가 증가하여 경제가 성장한다.

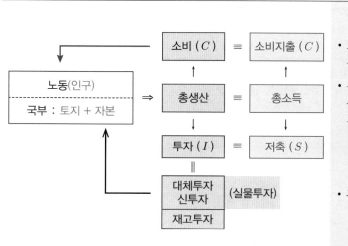

[총소득과 국부]

• 노동과 국부(토지, 자본재)가 투입되어 생산된 총생산물의 시장가치는 총소득이 됨

• 생산된 총생산물은 소비되거나 투자되고, 창출된 총소득은 소비지출하거나 저축됨. 따라서, 투자재 시장가치와 저축액은 반드시 일치
  ▸ 총생산물 시장가치 ≡ 총소득
  ▸ 소비재 시장가치(C) ≡ 소비지출액(C)
  ▸ 투자재 시장가치(I) ≡ 저축액(S)

• 투자 = 대체투자 + 신투자 + 재고투자
  ▸ 대체투자 : 국부(자본스톡) 유지
  ▸ 신투자 : 국부(자본스톡) 증대
  ▸ 재고투자 : 기간 중 판매되지 않은 생산물

Ⅱ 국민소득계정 : 국내총생산(GDP), 총지출(AD, AE) 및 국민총소득(GNI)

한 나라의 거시경제 활동은 UN에서 정한 국민계정체계(SNA)에 의해 분류·측정된다.
거시경제 활동은 생산, 지출 및 소득 측면으로 분류되며, 생산은 국내총생산(GDP), 지출은 국민총지출(GNE), 소득은 국민총소득(GNI)으로 측정한다.

01 국내총생산(GDP : Gross Domestic Products) ◀ 생산국민소득

국내총생산은 총생산을 측정하는 중심지표이며 생산물시장에서 측정된다.

1. 국내총생산(GDP)

국내총생산(GDP)은 일정 기간 중 국내에서 생산된 최종생산물의 시장가치이다.

(1) 일정 기간 중 생산된 생산물

① 해당 기간 중 생산된 생산물을 기준으로 계산한다. 따라서 유량(flow)이다.
② 과거에 생산된 생산물(재고품, 중고품, 골동품, 기존 주택 등)의 거래는 포함되지 않는다.

(2) 국내에서 생산된 생산물

① 국내에서 생산된 생산물만 계산한다. 따라서 외국 생산요소가 국내에서 생산한 생산물은 포함하고 자국 생산요소가 국외에서 생산한 생산물은 제외된다.
② 국민총생산(GNP)은 자국 생산요소가 국내외에서 생산한 최종생산물 시장가치이다.
③ 따라서 국내총생산(GDP)은 국민총생산(GNP)에서 자국 생산요소가 국외에서 생산한 최종생산물(국외수취요소소득)은 빼고, 외국 생산요소가 국내에서 생산한 최종생산물(국외지급요소소득)을 더하여 계산한다.

> ⊙ **국내총생산(GDP)** : 자국 및 외국요소가 국내에서 생산한 최종생산물
> ⊙ **국민총생산(GNP)** : 자국요소가 국내와 국외에서 생산한 최종생산물
> ⊙ **국내총생산(GDP)과 국민총생산(GNP)**
>
> ▸ GNP = GDP + (자국요소 국외생산물 − 외국요소 국내생산물)
>   = GDP + (국외수취요소소득 − 국외지급요소소득)
>   = GDP + 국외순수취요소소득 (단, 요소소득 : 급료·임금, 이자, 이윤)
>
>   (단, 국외수취요소소득 : 자국 생산요소 국외생산물 시장가치,
>   국외지급요소소득 : 외국 생산요소 국내생산물 시장가치,
>   국외순수취요소소득 = 국외수취요소소득 − 국외지급요소소득)
>
> ▸ GDP = GNP − (국외수취요소소득 − 국외지급요소소득)
>   = GNP − 국외순수취요소소득
>
> ▸ 국외수취요소소득 > 국외지급요소소득 ⇔ GDP < GNP
>   국외수취요소소득 < 국외지급요소소득 ⇔ GDP > GNP

(3) 최종생산물

① 국내에서 생산된 모든 생산물을 **총산출(Gross Output)**이라고 하며, 총산출은 최종생산물과 중간생산물로 구분된다.

② 최종생산물은 최종 용도에 사용된 생산물이며, 중간생산물은 다른 생산물 생산의 원자재로 사용된 생산물이다.

③ 국내총생산(GDP)은 생산물의 가치가 이중으로 계산되는 것을 막기 위하여 중간생산물을 뺀 **최종생산물**만을 총합하여 계산하며 **국민총지출(GNE)**과 같다.

④ 그런데 최종생산물 중심으로 계산하면 산업별 경제기여도를 파악할 수 없으므로 실제로는 **부가가치**(value - added)를 중심으로 추계한다.　　**예** 철강산업 제품

⑤ 부가가치는 생산활동에 의해 새롭게 창출된 가치이며, 임금·이자·지대·이윤에 기업이 납부한 순간접세(간접세 – 기업에 대한 정부보조금)를 더한 것이다.

⊙ GDP(Ⅰ) = Σ 최종생산물 = Σ (총산출 – 중간생산물) = 국내총생산(GDP)에 대한 지출

▸ 총산출 = 최종생산물 + 중간생산물
▸ **최종생산물**: 최종 용도에 사용된 생산물　　**예** 소비자에게 판 쌀
▸ **중간생산물**: 원자재, 반제품 등　　**예** 떡집, 양조장 등에 판 쌀

⊙ GDP(Ⅱ) = Σ 부가가치(임금, 이자, 지대, 이윤 및 순간접세) + 감가상각

---

(4) 시장에서 거래된 생산물

① 시장에서 거래된 최종생산물만 포함한다.　　**예** 주부의 가사노동 가치 불포함

② 따라서 자가생산물 소비와 이전소득(**예** 상속, 증여, 보조금, 복권 당첨금 등)은 포함되지 않는다.

③ 다만 농산물 자가소비와 자가주택 귀속임대료는 시장거래되지 않았으나 예외적으로 포함한다.

2. 명목GDP(Nominal GDP)와 실질GDP(Real GDP)

① 명목GDP(경상가격GDP)는 당해연도(계산연도, 비교연도) 가격으로 계산한다.

② 실질GDP(불변가격 GDP)는 기준연도(매 0년과 5년) 가격으로 계산한다.

③ 명목GDP는 물가변동이 포함되어 있으므로 실제 생산 변화를 파악할 수 없다.

④ 따라서 이후 모든 관련된 모든 분석은 실질가치를 중심으로 한다.

⊙ 명목GDP = Σ 당해연도(t) 가격 × 당해연도(t) 생산량 = $\Sigma P_{it} \cdot Q_{it}$　　(단, i : 최종생산물)

⊙ 실질GDP = Σ 기준연도(0) 가격 × 당해연도(t) 생산량 = $\Sigma P_{i0} \cdot Q_{it}$

---

3. 실제GDP와 잠재GDP

(1) 실제GDP(Actual GDP)

실제GDP는 해당 기간 중 실제로 생산한 국내총생산(GDP)이다.

(2) 잠재GDP(Potential GDP; 완전고용GDP)

① 잠재GDP는 모든 생산요소가 (정상적으로) 완전고용될 때 생산한 최종생산물 시장가치이며 한 나라의 최대생산능력을 나타낸다. 예 완전고용실업률 3.5%

② 이때 완전고용이란 모든 요소가 100% 고용된 상태를 의미하는 것은 아니다.

③ 따라서 실제실업률이 완전고용실업률보다 낮거나 법정근로시간보다 초과조업(휴일근무, 잔업 등)하는 경우에는 실제GDP가 잠재GDP보다 클 수도 있다.

④ 잠재GDP는 오쿤의 방정식 등 여러 가지 방법을 이용하여 측정할 수 있다.

(3) GDP Gap

① GDP Gap은 잠재GDP와 실제GDP의 차이이며 불완전고용(실업)에 따른 순손실을 의미한다.

② GDP Gap이 발생하는 것은 **총수요 부족** 때문이다.

⊙ GDP Gap = 잠재GDP − 실제GDP

▸ GDP gap은 잠재GDP 달성에 필요한 총생산(국민총소득) 부족분
▸ GDP gap 발생 원인은 총수요 부족이며, GDP gap이 존재하면 실업 발생

⊙ 오쿤(A. Okun)의 방정식 : 잠재GDP 측정   ■ 미국의 1947~1960년 자료 분석

▸ $P = A [1+0.032(u-4)]$ (단, P : 잠재GDP, A : 실제GDP, u : 실제실업률, 4 : 완전고용실업률)
▸ 실제실업률이 완전고용실업률(4)보다 1%씩 높아질 때 실제GDP가 잠재GDP보다 약 3.2%씩 감소

GDP 측정 - 최종생산물과 부가가치

1. 국내총생산(GDP)＝총산출－Σ 중간생산물＝Σ 최종생산물

① 최종생산물＝소비자 쌀 구입(8천만)＋소비자 떡 구입(2천만)＋떡볶이(2천만)＝1억 2천만

② 중간생산물＝떡집 쌀 구입(2천만)＋분식집 떡 구입(1천만)＝3천만

③ 총산출＝최종생산물＋중간생산물＝1억 5천만

예	쌀	떡	떡볶이
쌀 1억 원 생산 (총산출)	소비자 8천만 원 구입 (최종생산물)		
	떡집 쌀 2천만 원 구입 (중간생산물)	떡 3천만 원 생산 (총산출)	소비자 2천만 원 구입 (최종생산물)
			분식집 1천만 원 구입 (중간생산물)
			떡볶이 2천만 원 생산 소비자에 판매 (최종생산물)

2. 국내총생산(GDP)＝국민총소득(GNI)－국외순수취요소소득－교역조건 변화에 따른 실질무역손익

① 국민총소득(GNI)＝부가가치(임금＋이자＋지대＋이윤＋순간접세)＋고정자본소모

② 부가가치＝총산출액－중간소비(원자재비)－고정자본소모(감가상각)
　　　＝국민소득(NI : 임금＋이자＋지대＋이윤)＋순간접세(＝간접세－정부보조금)
　　　＝국민순소득(NNI)

예 총판매액	1,000,000
① 중간소비(원자재비)	500,000
② 고정자본소모(감가상각)	100,000
③ 순간접세	50,000
④ 요소비용(임금＋이자＋지대)	300,000
⑤ 이윤	50,000

[총산출(Gross Output) 1,000,000]

[중간생산물 500,000]

국민소득(NI) 350,000	국민순소득(NNI) [부가가치] 400,000	국민총소득(GNI) 500,000

02 국내총생산(GDP)에 대한 지출(AD, AE)　　◀ 지출국민소득

국내총생산에 대한 지출은 국내에서 생산된 최종생산물의 용도별 지출내용이다.
따라서 국내총생산(GDP)액과 같으며 국내생산물에 대한 총수요를 보여준다.
민간소비(C), 정부와 기업의 투자(I), 정부소비(G) 및 순수출($X-IM$)로 구성된다.

> ⊙ 국내총생산에 대한 지출(AD) = 국내총생산(GDP)
> ⊙ 국내총생산에 대한 지출(AD) = $C + I + G + (X-IM)$ = 총지출(AD, Y^D, AE)
> 　　　　　　(단, C: 민간소비, I: 정부와 기업의 투자, G: 정부소비, ($X-IM$): 순수출)

1. 민간소비지출(C)

가계와 민간비영리단체(노동조합, 종교단체 등)의 재화와 서비스에 대한 소비이다.

> ⊙ 재화소비
>
> 　▶ 내구소비　: 자동차·가전제품 등
> 　▶ 비내구소비: 의류, 식품 등
>
> ⊙ 서비스소비: 주택 전세(월세), 교통, 보건·의료, 교육, 오락 등

2. 국내총자본형성(I: 국내총투자)

① 기업과 정부의 고정자본투자와 재고투자이다.
② 고정자본투자는 자본스톡을 유지시키는 대체투자와 자본스톡을 증대시키는 신투자의 합이다.
③ 고정자본투자는 건설투자와 설비투자로 구성된다.
④ 재고투자는 해당 기간 동안 생산된 생산물 중 미판매분이다.
⑤ 부동산(토지, 기존 주택 및 건물 등)과 증권 매입은 자본스톡을 증대시키는 것이 아니므로 투자가 아니며 경제학에서는 투기(speculation)라고 표현한다.

> ⊙ 총고정자본투자(국내총고정자본형성): 신투자 및 대체투자
>
> 　▶ 건설투자: 주거용 및 비주거용건물, 각종 구조물, 시설물, 공작물
> 　▶ 설비투자: 각종 기계 및 운수장비(선박, 기차, 자동차 등)
>
> ⊙ 재고투자: 기간 중 판매되지 않은 생산물
>
> 　▶ 재고증감 = 기말재고 − 기초재고
> 　▶ 총판매액 = 기초재고 + 해당 기간 중 총생산액 − 기말재고
> 　▶ 총생산액 = 총판매액 + 재고증감(기말재고 − 기초재고)

3. 정부소비지출(G)

① 인건비 등 정부부문의 경상소비지출이다.

② 정부의 투자와 소비는 국민총지출(GNE)에 포함되지만 정부이전지출(저소득층과 기업에 대한 보조금, 국고채 이자 등)은 소득의 이전에 불과하므로 국민총지출(GNE)에 포함되지 않는다.

4. 순수출($NX : X - IM$)

① 순수출(NX: net export)은 수출(X)에서 민간과 정부의 소비와 투자에 포함되어 있는 수입(IM)을 뺀 것이다.

② 순수출이 0이면 수출액과 수입액이 같으므로 경상수지가 균형이 되며, 순수출이 정(+)이면 경상수지 흑자, 순수출이 부(−)이면 적자가 된다.

> ⊙ 순수출($NX : X - IM$) = 수출(X) − 수입(IM)
>
> ▶ 순수출($X - IM$) = 0 : 수출(X) = 수입(IM).   경상수지 균형
> ▶ 순수출($X - IM$) > 0 : 수출(X) > 수입(IM).   경상수지 흑자
> ▶ 순수출($X - IM$) < 0 : 수출(X) < 수입(IM).   경상수지 적자

03 국민총소득(GNI : Gross National Income)

국민총소득은 국민에게 분배된 요소소득의 내용을 보여주는 지표이다.
국민총생산(GNP)에 교역조건변화에 따른 실질무역손익을 더한 값이다.

1. 국민총소득(GNI)　　◀ 분배국민소득(요소시장에서 추계)

① 국민총소득은 국민에게 분배된 요소소득(국민소득(NI)=임금+이자+지대+이윤)이며, 국민소득(NI)에 순간접세와 고정자본소모(감가상각)를 더한 것이다. 단, 국고채 이자는 정부에 의한 이전소득이므로 포함되지 않는다.

② 또한 국민총소득은 국민총생산(GNP)에 교역조건변화에 따른 실질무역손익을 더한 것과 같다.

③ 교역조건(TT: terms of trade)이란 수입량을 수출량으로 나눈 값이며 수출품 가격을 수입품 가격으로 나눈 값과 같다. 따라서 수출 1단위당 수입량을 의미한다.

④ 따라서 교역조건이 악화(수출품가격 하락, 수입품가격 상승)되면 수출 1단위당 수입량이 감소하므로 무역측면에서 실질적으로 손실이 발생한다.

⑤ 이 경우 국민총소득(GNI)은 국민총생산(GNP)보다 작다. 또한 국외순수취요소소득이 0일 경우(GNP=GDP)에는 국내총생산보다도 작다.

⑥ 그러나 명목국민총생산의 경우는 당해연도 가격으로 계산하므로 교역조건에 따른 실질무역손익은 발생하지 않는다.

> ⊙ 국민총소득(GNI) = {(임금, 이자, 지대, 이윤) + 순간접세} + 감가상각
> = 국민순소득(NNI: 임금, 이자, 지대, 이윤, 순간접세) + 감가상각
> = 국민소득(NI: 임금, 이자, 지대, 이윤) + 순간접세 + 감가상각

> ⊙ 국민총소득(GNI) = <u>국민총생산(GNP)</u> + 교역조건변화에 따른 실질무역손익
> = <u>국내총생산(GDP)</u> + 국외순수취요소소득 + 실질무역손익
> ⊙ 교역조건 = $\dfrac{수입량}{수출량}$ = $\dfrac{수출품\ 가격}{수입품\ 가격}$ ■수출단위당 수입량
> 　　예 수출 10개, 수입 20개면, 교역조건 2 (의미: 수출품 1단위당 수입량 2개)
> ▸ 교역조건 개선(수출가격 상승, 수입가격 하락): 수출단위당 수입량 증가 ∴) 실질무역 이익
> ▸ 교역조건 악화(수출가격 하락, 수입가격 상승): 수출단위당 수입량 감소 ∴) 실질무역 손실
> ⊙ 국민총소득(GNI)과 국내총생산(GDP) 　　(단, GDP = GNP 가정)
> ▸ 교역조건 개선 ⇒ 실질무역이익 따라서, GNI > GDP
> ▸ 교역조건 악화 ⇒ 실질무역손실 따라서, GNI < GDP
> ⊙ 국민총소득증가율과 경제성장률(국내총생산증가율) 　　(단, GDP = GNP 가정)
> ▸ 교역조건 개선: 국민총소득(GNI) 증가율 > 경제성장률(GDP 증가율)
> ▸ 교역조건 악화: 국민총소득(GNI) 증가율 < 경제성장률(GDP 증가율)

2. 국민총처분가능소득(GNDI : Gross National Disposable Income)

① 국민총처분가능소득은 국민총소득에 국외순수취경상이전을 더한 것이다.
② 국외순수취경상이전은 대가 없이 외국으로부터 이전받은 소득(국외수취경상이전)에서 외국으로 대가 없이 이전된 소득(국외지급경상이전)을 뺀 것이다.
③ 따라서 국민총처분가능소득은 국민이 처분 가능한 총소득이며 국민총소비율과 국민저축률(국민투자율) 계산의 기준이 된다.

> ⊙ GNDI = GNI + 국외순수취경상이전(국외수취경상이전 − 국외지급경상이전)
> 　　(단, 국외수취경상이전: 국외로부터의 이전소득　　예 교포송금 등
> 　　　국외지급경상이전: 국외로 지급된 이전소득　　예 이민이주비 등
> ⊙ GNDI = 국민총소비(민간소비 + 정부소비) + 국민저축(민간저축 + 정부저축)

국민소득계정의 한계

각국의 거시경제활동을 체계적으로 파악할 수 있으나 다음과 같은 한계를 갖는다.

1. 국민소득계정의 한계

① 시장거래된 것만 계산하는 등 추계방법의 일관성 결여 　　　　**예** 주부의 가사노동 제외
② 불법적인 지하경제 활동도 포함시켜야 하나 자료 미비 등으로 누락됨 　**예** 탈세, 밀수 등
③ 여가의 가치가 반영되지 않으며, 공해관련비용 등 경제후생을 줄이는 외부비경제비용도 포함

2. 경제후생지표

① 경제후생지표(MEW : Measure of Economic Welfare) 　**◀** 토빈(J. Tobin), 노드하우스(W. Nordhaus)
　　MEW = GNI + 가정주부서비스 + 여가가치 − 외부비경제비용(공해, 자연파괴, 범죄비용 등)
② 순경제후생(net economic welfare) : 경제후생지표와 유사한 지표 　**◀** 사무엘슨(P. A. Samuelson)

3. 고통지수(misery index)

① 고통지수 = 물가상승률 + 실업률
② 국민의 경제적 고통을 수치로 나타낸 지수

국민소득계정

생산지표	소득지표 : 생산지표 + 실질무역손익
총산출 = 최종생산물 + 중간생산물	
GDP = 총산출 − 중간생산물 = AD	GDI = GDP + 실질무역손익
GNP = GDP + 국외순수취요소소득	GNI = GNP + 실질무역손익 = GDP + 국외순수취요소소득 + 실질무역손익 GNI = GDI + 국외순수취요소소득 GNDI = GNI + 국외순수취경상이전 = 국민총소비 + 국민저축
NNP = GNP − 고정자본소모 NNP = GDP + 국외순수취요소소득 　　　 − 고정자본소모	NNI = NNP + 실질무역손익 NNI = GNI − 고정자본소모 = 부가가치
	NI = NNI − 순간접세 = 임금 + 이자 + 지대 + 이윤 = 피용자보수 + 영업잉여 PPI = NI − 사회보장부담금 − 법인세 − 사내유보이윤 + 이전소득 PDI = PPI − 개인소득세 (= 개인의 소비와 저축)

• 소득지표 = 생산지표 + 교역조건변화에 따른 실질무역손익

　따라서 실질무역손익이 0일 때 생산지표와 소득지표 동일. 　GDP = GDI, 　GNP = GNI, 　NNP = NNI

• 국민소득(NI) = 임금 + 이자 + 지대 + 이윤 = 피용자보수(임금) + 영업잉여(이자, 지대 및 이윤)

　임금, 이자, 지대 및 이윤은 실세로는 구분하여 측정할 수 없음. 따라서 피용자보수와 영업잉여로 측정

　▶ **피용자보수** : 개인근로소득(급료와 임금)
　▶ **영업잉여** 　: 개인과 정부의 재산소득(지대, 이자, 배당)과 기업소득

Ⅲ 국민소득항등식

01 국민소득항등식

1. 국민소득항등식

① 국민경제가 균형일 경우 총수요($Y^D = GNE$. 국민총지출)에 따라 총공급(Y^S)이 같으며, 총공급량(총생산량)의 시장가치가 국민총소득($Y^D = Y^S = Y$)이 된다.

② 총수요는 민간소비(C), 기업과 정부 투자(I), 정부소비(G) 및 순수출($X - IM$)의 합이고, 국민총소득은 민간소비(C), 저축(S) 및 조세납부(T)로 사용된다. 이때, 민간소비수요와 민간소비지출은 서로 같다.

③ 이로부터 **국내총투자와 국내총저축의 관계**를 보여주는 국민소득항등식이 도출되며, 국내투자자금이 누구의 저축에 의해 조달되었는지를 보여준다.

④ **국내총투자**는 기업과 정부에 의해 이루어진 국내투자이며, **국내총저축**은 민간저축(S)과 정부저축($T - G$) 및 국외저축($IM - X$)에 의해 이루어진다.

⑤ 국내총저축 중에서 민간저축과 정부저축은 국민에 의해 이루어진 **국민저축**이고, 국외저축($IM - X$)은 외국의 저축(자본)이 국내로 유입된 것이다.

⑥ 따라서 국외저축은 국내총저축(≡국내총투자)에서 국민저축을 **뺀** 것이다.

▶**국민소득항등식 도출**: 총수요($Y^D = GDP$에 대한 지출) = 총공급($Y^S = Y =$국민총소득)

GDP에 대한 지출(= 총수요)		Y(GDP. 국민총소득 = 총공급)
$C + I + G + (X - IM)$	≡	$C + S + T$
$I + G + (X - IM)$	≡	$S + T$
I	≡	$S + (T - G) + (IM - X)$

▶**국민소득항등식**

I	≡	S	$+ (T - G) +$		$(IM - X)$
		민간저축 + 정부저축		+	국외저축(자본수지, $-$경상수지)
[국내총투자]	≡	국민저축		+	국외저축
			[국내총저축]		

(단, I: 국내총투자, $S + (T - G) + (IM - X)$: 국내총저축, S: 민간저축,
$(T - G)$: 정부저축, $(IM - X)$: 국외저축, $S + (T - G)$: 국민저축)

▸ 정부저축은 재정수지이며, 조세수입(T)에서 정부지출(G)을 뺀 값

▸ **국내총투자 > 국민저축**: 국외저축($IM - X$) > 0, 경상수지 적자
부족한 투자자금은 국외로부터 조달(자본유입), 자본수지 흑자

▸ **국내총투자 < 국민저축**: 국외저축($IM - X$) < 0, 경상수지 흑자
남는 국민저축은 국외로 투자(자본유출), 자본수지 적자

---

2. 국민소득항등식의 의미

① 국내총투자 자금은 국내총저축에 의해 조달되며, 국내총저축은 국민저축(민간저축과 정부저축의 합)과 국외저축(외국에서 이루어진 저축)을 더한 것이다.

② 저축은 투자되므로 국민저축은 국민투자와 같고 국민저축은 국내외로 투자된다(국민저축=국민투자= 국내투자+국외투자).

③ 국내총저축과 국민저축이 다를 경우는 국외저축에 의해 조정되며, 국외저축은 국외투자와 같다.

02 국민소득항등식과 경상수지

① 국내총투자가 국민저축보다 많을 경우는 국외저축($IM-X$)이 정(+)이 되어 경상수지는 적자가 된다.
② 부족한 국내투자자금이 외국에서 조달(자본유입)된 것을 의미하며 자본수지는 흑자가 된다.
③ 국내총투자가 국민저축보다 적을 경우는 국외저축($IM-X$)이 부(−)가 되어 경상수지가 흑자가 된다.
④ 국민저축 중 남은 투자자금이 외국으로 투자(자본유출)된 것을 의미하며 자본수지는 적자가 된다.

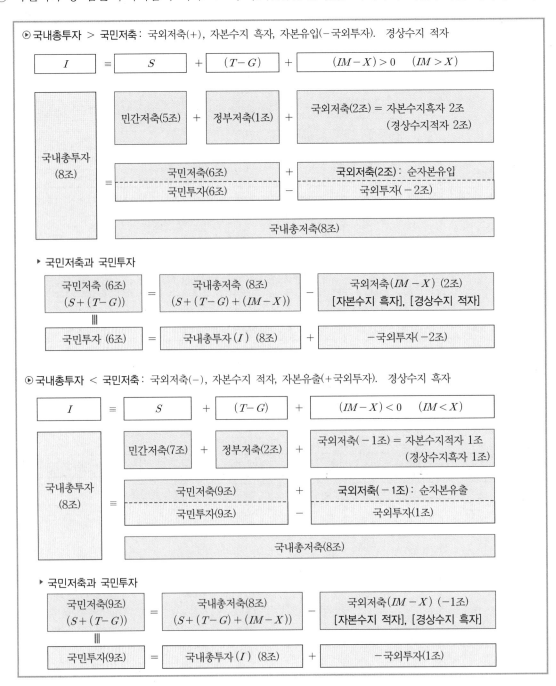

03 국내외 경제여건 변화

국민소득항등식을 이용하여 국내외 경제여건 변화를 분석할 수 있다.

⊙ 재정수지 악화(재정적자) : 정부저축 감소

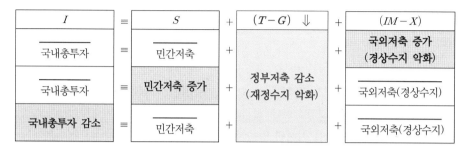

- ▶ 국내총투자, 민간저축 불변일 때   : 국외저축 증가, 경상수지 악화(쌍둥이 적자)
- ▶ 국내총투자, 국외저축(경상수지) 불변일 때 : 민간저축 증가
- ▶ 민간저축, 국외저축(경상수지) 불변일 때   : 국내총투자 감소

⊙ 경상수지 개선(경상수지 흑자) : 국외저축 감소

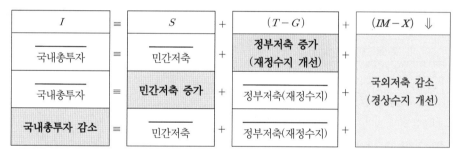

- ▶ 국내총투자, 민간저축 불변일 때   : 정부저축 증가, 재정수지 개선
- ▶ 국내총투자, 정부저축(재정수지) 불변일 때 : 민간저축 증가
- ▶ 민간저축, 정부저축(재정수지) 불변일 때   : 국내총투자 감소

⊙ 국내총투자 증가

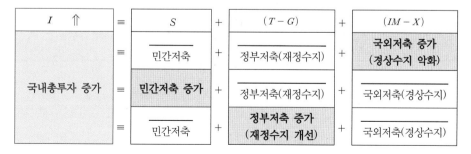

- ▶ 민간저축, 정부저축(재정수지) 불변일 때   : 국외저축 증가, 경상수지 악화
- ▶ 정부저축(재정수지), 국외저축(경상수지) 불변일 때 : 민간저축 증가
- ▶ 민간저축, 국외저축(경상수지) 불변일 때   : 정부저축 증가, 재정수지 개선

Ⅳ | 물가와 인플레이션

01 물가지수

1. GDP 디플레이터와 물가

(1) GDP 디플레이터와 물가(Price Level)

① GDP 디플레이터(deflator)는 계산연도(t) 명목GDP(명목국민소득)를 실질GDP(실질국민소득)로 나눈 값에 100을 곱한 값이다. 따라서 계산연도 품목과 수량으로 측정하는 파쉐(Paasche)지수이다.

② 물가는 계산연도(t) 명목GDP(명목국민소득)를 실질GDP(실질국민소득)로 나눈 값이다.

③ 따라서 실질국민소득(Y)에 물가(P)를 곱하면 명목국민소득(PY)이 되고, 명목국민소득(PY)을 물가(P)로 나누면 실질국민소득(Y)이 된다.

④ GDP 디플레이터와 물가는 기준연도(0)에 대한 계산연도(t)의 모든 최종생산물과 수출입 상품의 평균적인 가격상승률을 보여준다.

⑤ GDP 디플레이터와 물가는 GDP를 이용하여 측정하므로 모든 국내 최종생산물, 수출 및 수입 상품의 가격 변동을 모두 포함한 개념이다.

- GDP 디플레이터 = $\dfrac{\text{명목}GDP(\Sigma P_{it} \cdot Q_{it}) : \text{명목국민소득}}{\text{실질}GDP(\Sigma P_{i0} \cdot Q_{it}) : \text{실질국민소득}} \times 100$

- 물가(P) = $\dfrac{\text{명목}GDP(\Sigma P_{it} \cdot Q_{it}) : \text{명목국민소득}}{\text{실질}GDP(\Sigma P_{i0} \cdot Q_{it}) : \text{실질국민소득}}$

- 경제적 의미: 기준연도(0) 대비, 모든 최종생산물의 평균적 가격상승률

  예 2017년 GDP 디플레이터=125 (물가=1.25)
     의미: 2015년에 비해 모든 최종생산물 가격 평균 25% 상승

- 물가와 국민소득

  ▶ 명목국민소득(PY) = 물가(P) × 실질국민소득(Y)
  ▶ 실질국민소득(Y) = 명목국민소득(PY) / 물가(P)

예제 2017년 명목GDP 120조 원, GDP 디플레이터 150일 때, 2017년 실질GDP는?
(단, 2017년 GDP디플레이터 150(물가 1.5) : 2010년에 비하여 물가 50% 상승)
실질GDP = 명목GDP / 물가 = 120 / 1.5 = 80조 원

예제 2017년 실질GDP 800조 원, GDP 디플레이터 175일 때 2017년 명목GDP는?
명목GDP = 실질GDP × 물가 = 800 × 1.75 = 1,400조 원

⑵ 물가를 이용한 두 시점의 가치 환산

① 두 시점$(0, t)$의 물가(GDP 디플레이터)를 이용하여 두 시점의 가치를 서로 환산할 수 있다.

② 비교시점(t)에서 평가한 과거시점(0)의 물가는 비교시점(t)의 물가를 과거시점(0)의 물가로 나눈 값이며, 비교시점(t)에서 평가한 과거시점(0) 가치이다.

③ 과거시점(0)에서 평가한 비교시점(t)의 물가는 과거시점(0)의 물가를 비교시점(t)의 물가로 나눈 값이며, 과거시점(0)에서 평가한 비교시점(t) 가치이다.

• 시점 간 물가 환산

▸ $\dfrac{P_t}{P_0}$: 과거시점(0) 기준, 비교시점(t) 물가. 비교시점(t)에서 평가한 과거시점(0) 가치

▸ $\dfrac{P_0}{P_t}$: 비교시점(t) 기준, 과거시점(0) 물가. 과거시점(0)에서 평가한 비교시점(t) 가치

예제 2008년 물가가 0.5이고 2014년의 물가가 2.0일 때, 기준 시점별 물가와 가치는?

▸ 2008년 기준, 2014년 물가 $= \dfrac{P_t}{P_0} = \dfrac{2.0}{0.5} = 4$ (2008년에 비하여 물가 4배)

  2014년 평가, 2008년 가치 $= \dfrac{P_t}{P_0} = \dfrac{2.0}{0.5} = 4$ (2008년에 비하여 4배 가치)

▸ 2014년 기준, 2008년 물가 $= \dfrac{P_0}{P_t} = \dfrac{0.5}{2.0} = \dfrac{1}{4} = 0.25$ (2014년 대비, 물가 $\dfrac{1}{4}$)

  2008년 평가, 2014년 가치 $= \dfrac{P_0}{P_t} = \dfrac{0.5}{2.0} = \dfrac{1}{4} = 0.25$ (2014년 대비, $\dfrac{1}{4}$ 배)

예제 2008년 물가 0.5이고 2014년 물가 2.0일 때, 2008년 10,000원의 2014년 가치는?

  2014년 평가, 2008년 가치 $=$ 2008년 가치 $\times \dfrac{P_t}{P_0} = 10,000 \times 4 = 40,000$ 원

                     $=$ 2008년 가치 $\div \dfrac{P_0}{P_t} = 10,000 \div \dfrac{1}{4} = 40,000$ 원

예제 2008년 물가 0.5이고 2014년 물가 2.0일 때, 2014년 10,000원의 2008년 가치는?

  2008년 평가, 2014년 가치 $=$ 2014년 가치 $\times \dfrac{P_0}{P_t} = 10,000 \times \dfrac{1}{4} = 2,500$ 원

                     $=$ 2014년 가치 $\div \dfrac{P_t}{P_0} = 10,000 \div 4 = 2,500$ 원

2. 생산자물가지수(PPI : Producer Price Index) ◀한국은행 작성

① 생산자 사이 거래되는 중요 재화 및 서비스의 가중평균적 가격변동지수이다.

② 국내생산물의 가격변동을 파악하기 위해 수입품은 제외된다.

③ 기준연도(매 0년과 5년) 품목과 수량을 기준으로 측정(라스파이레스 방식)한다.

3. 소비자물가지수(CPI : Consumer Price Index) ◀통계청 작성

① 가계가 소비하는 중요 재화 및 서비스 품목의 가중평균적 가격변동지표이다.

② 측정방식은 생산자물가지수와 같이 라스파이레스 방식으로 계산한다.

4. 수출물가지수와 수입물가지수 ◀한국은행 작성

① 중요 수출과 수입 재화의 가중평균적 가격변동지표이다.

② 소비자물가지수 및 생산자물가지수와 같이 라스파이레스(Laspeyres) 방식으로 계산한다.

⊙ GDP 디플레이터 : 파쉐 지수

▸ 모든 최종생산물, 수출품 및 수입품 포함
▸ 따라서 가장 포괄적인 물가지수

⊙ 생산자물가지수(PPI) : 라스파이레스 지수

▸ 원자재 및 자본재, 소비재, 기업용 서비스(부동산 임대료, 운수 광고 등)
▸ 국내 생산활동을 중심으로 파악하기 위하여 수입품은 포함되지 않음

 ■ 상품은 전체 거래액의 1 / 10,000 이상, 서비스는 1 / 2,000 이상 품목
   860여 개 품목(재화 760여 개, 서비스 100여 개)

⊙ 소비자물가지수(CPI) : 라스파이레스지수

▸ 소비재, 개인용 서비스(집세, 보건·위생, 교육·문화·오락, 교통·통신 등)
▸ 소비활동을 파악하기 위하여 수입품 포함. 원자재와 자본재는 불포함

 ■ 전체 소비지출액의 1 / 10,000 이상 품목
   480여 개 품목(재화 320여 개, 서비스 150여 개)

⊙ 수출물가지수와 수입물가지수 : 라스파이레스 지수

▸ 수출입 총액에서 1 / 2,000 이상이 되는 재화를 선정한 후 수출품과 수입품으로 나누어 측정
▸ 서비스와 특수 품목(동물, 무기류 등)은 제외

 ■ 수출입총액의 1 / 2,000 이상 재화. 2010년 기준, 수출 200여 개, 수입 220여 개 품목

■ 부동산 관련 가격변동

 ▸ 토지, 기존 건설물 등 부동산 가격변동은 물가지수 계산에 포함되지 않음
 ▸ 단, 신축건설물은 GDP에 포함되므로 GDP 디플레이터 계산에 포함
 ▸ 부동산 임대료 변동(사무실 임대료, 전세·월세 등)은 해당 물가지수에 포함

---

02 물가지수의 측정

1. 라스파이레스 물가지수(LPI : Laspeyres Price Index)

① 기준연도 거래량을 기준으로 측정한다. 기준시점 가중산술평균지수이다.

② 소비자, 생산자 및 수출입물가지수는 라스파이레스 지수이다.

③ 기술개발 등에 따라 가격이 대폭 하락하면서 소비량은 대폭 증가하는 품목이 많을 경우에는 물가상 승률이 과대 계산될 가능성이 있다. **예** 휴대폰 등

> ⊙ 라스파이레스 지수 : $LPI = \dfrac{\Sigma\, P_{it} \cdot Q_{i0}}{\Sigma\, P_{i0} \cdot Q_{i0}}$
>
> ⊙ 파쉐 지수 : $PPI = \dfrac{\Sigma\, P_{it} \cdot Q_{it}}{\Sigma\, P_{i0} \cdot Q_{it}}$

2. 파쉐 물가지수(PPI : Paasche Price Index)

① 비교년도 거래량을 기준으로 측정한다. 비교시점 가중산술평균지수이다.

② GDP 디플레이터는 파쉐 지수이다.

03 인플레이션

① 각종 물가지수가 지속적으로 상승하는 현상이다. 다음과 같은 이유로 소비자가 느끼는 감각물가 (장바구니 물가)와 당국의 물가지수와 차이가 있을 수 있다.

② 이를 보완하기 위해 생활물가지수, 신선식품지수, 구입빈도별 물가지수 등이 작성된다.

> ⊙ 소득수준의 차이 등에 따라 개인 간 소비하는 품목이 상이
>
>   **예** 중산층 서민 : 농산물 등 가격변동이 큰 상품의 소비비중이 큼
>
> ⊙ 부동산가격변동은 물가지수계산에서 제외하고 임대료변동만 포함
>
> ⊙ 생산자물가지수, 소비자물가지수 및 수출입물가지수는 라스파이레스 지수이므로 측정연도가 기준연도에서 멀어질수록 지수 측정에 포함되지 않는 품목으로 바뀔 수 있음
>
> ⊙ 가격통제 시, 암가격이 형성되거나 억압형 인플레이션(품질 저하) 발생
>
> ⊙ 보완지수
>
>   ▶ 생활물가지수 : 기초 생활필수품 중심 측정(142여 개 품목)
>
>   ▶ 신선식품지수 : 채소, 과일 및 생선류 중심 측정(50여 개 품목)

거시경제 관련 용어

1. 총소비율, 저축률 및 투자율

① 총소비율(평균소비성향) $= \dfrac{C+G}{GNDI} = \dfrac{C}{GNDI} + \dfrac{G}{GNDI}$

(단, $\dfrac{C}{GNDI}$: 민간소비율, $\dfrac{G}{GNDI}$: 정부소비율)

② 국민저축률(평균저축성향) $= \dfrac{S+(T-G)}{GNDI} = \dfrac{S}{GNDI} + \dfrac{(T-G)}{GNDI}$

(단, S : 민간저축, $\dfrac{S}{GNDI}$: 민간저축률,

$(T-G)$: 정부저축, $\dfrac{(T-G)}{GNDI}$: 정부저축률)

③ 국민투자율($=$ 국민저축률) $= \dfrac{\text{국민투자(국민저축)}}{GNDI} = \dfrac{\text{국내투자}}{GNDI} + \dfrac{\text{국외투자}}{GNDI}$

- 국민저축 ≡ 국민투자이며, 국민투자는 국내투자와 국외투자로 이루어짐

2. 경제성장률(%) $= \dfrac{\text{금년도 실질} GDP - \text{전년도 실질} GDP}{\text{전년도 실질} GDP} \times 100$

3. 1인당 국민소득 $= \dfrac{\text{명목} GNI}{\text{인구}} \times 100$

4. 무역의존도(수출입의존도, 대외의존도) $= \dfrac{\text{수출(명목)} + \text{수입(명목)}}{\text{명목} GNI} \times 100$

5. 경제활동참가율(%) $= \dfrac{\text{경제활동인구}}{\text{15세 이상 인구}} \times 100$

6. 실업률(%) $= \dfrac{\text{실업자}}{\text{경제활동인구}} \times 100$

7. 고용률(%) $= \dfrac{\text{취업자}}{\text{15세 이상 인구}} \times 100$

8. 경제부양비율 $= \dfrac{\text{비경제활동인구}}{\text{경제활동인구}} \times 100$

9. 부양률 $= \dfrac{\text{0~14세 인구} + \text{65세 이상 인구}}{\text{생산가능연령인구(15~64세)}} \times 100$

- 인구고령화

  ▸ 고령화사회 : 65세 이상 인구 7% 이상
  ▸ 고령사회　 : 65세 이상 인구 14% 이상
  ▸ 초고령사회 : 65세 이상 인구 20% 이상

MEMO

실질국민소득의 결정 : 단순모형

⊙ 국민소득 결정이론 : 두 계열의 이론체계가 존재한다.

- ▸ 고전학파계열 : 　고전학파 ⇒ 통화주의학파 ⇒ 새고전학파
- ▸ 케인즈계열 : 케인즈단순모형 ⇒ 케인즈학파 ⇒ 새케인즈학파

⊙ 국민소득 결정이론의 관행

- ▸ 여기서 국민소득은 실질국민총소득(GNI) 또는 실질국내총생산(GDP)을 말한다.
- ▸ 명목국민총소득(GNI)과 명목국내총생산(GDP)에는 물가변동이 포함되어 있으므로 거시경제의 실질적 변화를 파악할 수 없다.
- ▸ 국민소득은 현실적으로 무수한 사회·경제변수들 간의 상호작용을 통해 결정된다. 따라서 현실 거시경제를 단순화한 모형(model)을 이용하여 국민소득 결정과정을 분석한다.

⊙ 국민소득 결정이론(Ⅰ) : 거시경제이론

거시경제분석에서는 국제수지에 미치는 환율의 영향을 고려하지 않고 분석한다. 따라서 거시경제학에서 국제수지는 환율과 무관한 외생변수이다.

- ▸ **단순모형**　　　 📖 Chapter 02. 실질국민소득의 결정, Chapter 03. 단순모형과 재정정책 참조

  두 계열의 국민소득 결정에 관한 기본논리를 분석하는 모형이다.

- ▸ IS-LM 모형　　 📖 Chapter 08. IS-LM 모형 참조

  케인즈학파와 통화주의학파의 일반적 국민소득 결정모형이다. 물가는 변화하지 않으며 총수요 측면만 분석한다.

- ▸ **총수요 - 총공급모형**(AD-AS 모형)　　 📖 Chapter 09. 총수요 - 총공급모형 참조

  케인즈학파(새케인즈학파)와 통화주의학파(새고전학파)의 국민소득 결정이론이다. 물가가 변화하며 총수요와 총공급 측면을 모두 고려하여 분석한다.

⊙ 국민소득 결정이론(Ⅱ) : 개방거시경제이론　📖 Chapter 15. 국제수지이론 참조

- ▸ 국제수지(수출과 수입, 자본의 유출입)에 환율의 영향을 고려하여 분석한다.
- ▸ 따라서 국제수지는 환율에 따라 변화하는 내생변수가 된다.

I 국민소득결정 기본 논리

01 고전학파모형

① 고전학파모형은 1930년대 대공황 발생 당시의 국민소득결정에 관한 기본논리이다.

② 국민소득(Y)은 공급측 요인에 따라 결정된다.

③ 즉 주어진 총생산함수하에서, 요소부존량(L, K)과 기술수준($Tech.$)에 따라 총생산량(Y^S)이 결정된다.

④ 이때 명목임금의 완전신축적 조정에 따라 항상 완전고용이 이루어져서 총생산량은 항상 완전고용 수준(Y_F^S; 잠재GDP)으로 결정된다.

⑤ 또한 세이의 법칙에 따라 완전고용 수준으로 생산된 생산물은 실물적 이자율의 완전신축적 조정에 의해 모두 수요(판매)된다

⑥ 따라서 자율적 조정을 통해 국민소득은 언제나 완전고용국민소득(Y_F) 수준으로 결정된다.

> ⊙ $Y = F(AS, Y^S) = F(L, K, Tech.) = Y_F^S = Y_F$
>
> (단, AS, Y^S : 총공급, K : 자본, L : 노동, $Tech.$: 기술수준,
>
> Y_F : 완전고용국민소득, Y_F^S : 완전고용산출량(잠재GDP))

02 케인즈(J. M. Keynes)모형

① 케인즈이론은 1930년대 대공황에 따라 등장한 이론이다.

② 따라서 공급능력은 충분하지만 총수요 부족 때문에 능력껏 생산할 수 없는 경기침체(불황) 상태를 전제로 하고 있다.

③ 경기침체하에서는 총생산과 실질국민소득은 총수요의 크기에 따라 결정되며, 총수요가 증가하면 공급 애로 없이 즉시 총생산과 실질국민소득이 증가할 수 있다.

④ 국내총생산(GDP)에 대한 지출이 총수요이며 민간소비수요, 기업과 정부의 투자수요, 정부의 소비수요 및 순수출 수요를 모두 더한 것이다.

> ⊙ $Y = F(AD, Y^D) = F(C + I^D + G + (X - IM))\ (< Y_F)$
>
> (단, AD, Y^D : 총수요, C : 민간소비수요, I^D : 기업과 정부의 투자수요,
>
> G : 정부소비수요, $(X - IM)$: 순수출수요,
>
> $Y\ (< Y_F)$: 실질국민소득, $Y^D < Y_F^S$: 총수요 부족)

Ⅱ 고전학파모형

01 고전학파

1. 고전학파

① 1930년대 대공황 당시의 경제이론(마샬 이후의 신고전학파 경제학; 미시경제학)의 관심사는 시장균형분석이었으며 국민소득 결정(거시경제학)에 관해서는 종합적인 이론체계가 없었다.

② 케인즈는 당시 경제이론이 대공황의 원인과 대책을 제시하지 못하고 있다는 점에서 고전적(classical)이라고 하였고, 그 이후 고전학파라 불리게 되었다.

③ 사무엘슨(P. A. Samuelson)은 케인즈의 경제이론을 신고전학파이론에 기초한 국민소득결정이론이라는 점에서 신고전학파종합(neo-classical synthesis)이라고 하였다.

2. 기본가정(기본사고)

(1) 모든 가격(P, r, W)의 완전신축성과 시장청산

① 생산물시장, 노동시장 등 모든 시장의 불균형은 완전신축적 가격조정에 의해 즉시 해소된다.

② 이를 시장청산(market clearing)이라고 한다.

(2) 세이의 법칙(Say's law)

① 세이의 법칙은 "공급은 스스로 수요를 창조한다."라는 것이다.

② 즉 생산된 생산물은 대부자금시장(실물자본시장, 생산물시장)에서 결정되는 실물적 이자율의 완전신축적 조정에 의해 모두 수요된다.

(3) 노동수요와 공급은 실질임금의 함수이며, 불균형은 명목임금 조정으로 해소

① 노동수요와 노동공급 모두 실질임금$\left(\dfrac{W}{P}\right)$에 따라 결정된다.

② 실업 등 노동시장의 불균형은 명목임금(W)의 완전신축적 조정에 의해 즉시 해소된다.

3. 국민소득 결정과정

① 노동시장 균형에 의해 고용량(노동투입량)이 결정되면 주어진 총생산함수에 의해 총생산량이 결정된다.

② 생산된 총생산물은 실물적이자율 조정에 의해 모두 수요(세이의 법칙)된다.

③ 따라서 노동시장과 세이법칙에 대한 분석이 국민소득결정이론의 핵심 내용이 된다.

02 노동시장

1. 노동수요

노동수요는 기업의 이윤극대화 조건에 따라 결정되며 학파별 견해 차이가 존재하지 않는다.

> ⊙ **개별기업의 노동수요**   (단, 생산물시장과 노동시장 모두 완전경쟁시장 가정)
>
> ▸ 이윤극대화조건: 한계요소비용(MFC_L)=한계생산물가치(VMP_L)   (단, $MFC_L = W$, $VMP_L = P \cdot MP_L$)
>
> $$\therefore) \text{ 명목임금 기준}: W = P \cdot MP_L, \quad \text{실질임금 기준}: \frac{W}{P} = MP_L$$
>
> ▸ 개별기업의 노동수요곡선
>
>   노동시장에서 결정되는 임금(한계요소비용)과 기업의 노동의 한계생산물가치가 같아지도록 노동을 고용해야 하므로 노동의 한계생산물가치곡선이 기업의 노동수요곡선.
>   노동의 한계생산물이 감소하므로 노동수요곡선은 우하향
>
> > • 명목임금 기준 노동수요곡선: 한계생산물가치곡선($VMP_L = P \cdot MP_L$)
> > • 실질임금 기준 노동수요곡선: 노동한계생산물곡선(MP_L)
>
> ⊙ **시장노동수요곡선**: 기업 노동수요곡선(VMP_L곡선 또는 MP_L곡선)의 수평합

2. 노동공급   📖 p.453의 '개념다지기(모형별 노동공급함수)' 참조

① 노동공급은 근로자의 효용극대화 시간소비선택(여가, 소득)에 따라 결정된다.
② 고전학파는 여가의 가격을 실질임금으로 보았으며, 학파별 견해 차이가 존재한다.

> ⊙ **개별근로자 노동공급**   (단, 후방굴절현상은 나타나지 않는 것으로 가정)
>
> ▸ 효용극대화조건: 여가와 소득의 한계대체율(MRS)=여가의 상대가격(W)
> ▸ 개별근로자의 노동공급곡선: 여가의 상대가격(임금)이 오를 때 부(−)의 대체효과가 정(+)의 소득효과보다 커서 노동공급량 증가. 따라서 노동공급곡선 우상향
>
> > • 여가의 가격에 대하여 학파별 견해 차이가 존재함
> > • 고전학파의 경우, 여가의 가격은 실질임금
>
> ⊙ **시장노동공급곡선**: 개별근로자 노동공급곡선의 수평합

3. 노동시장 균형과 불균형 조정

① 노동시장 균형에 따라 실질임금과 고용량이 결정된다.

② 일할 능력과 의사가 있는 자는 모두 고용되므로 완전고용이 이루어진다.

③ 노동시장에 불균형[초과수요(구인난), 초과공급(실업)]이 발생하면 명목임금의 완전신축적 조정에 따라 불균형이 해소되어 다시 완전고용이 이루어진다.

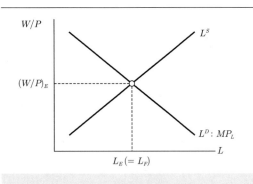

[노동시장균형]

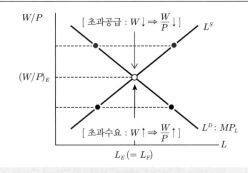

- 초과공급 시: $W\downarrow \;\Rightarrow\; \dfrac{W}{P}\downarrow \;\Rightarrow\;$ 초과공급(실업) 해소
- 초과수요 시: $W\uparrow \;\Rightarrow\; \dfrac{W}{P}\uparrow \;\Rightarrow\;$ 초과수요(구인난) 해소

03 단기총생산함수와 총생산

① 노동투입량이 증가하면 수확체감의 법칙에 따라 총생산물이 체감적으로 증가한다.

② 노동시장 균형에 따라 완전고용 수준의 노동이 투입되면, 주어진 단기총생산함수에 따라 완전고용 수준의 총생산량(잠재GDP, Y_F^S)이 생산된다.

③ 완전고용 수준으로 생산된 생산물은 세이의 법칙에 따라 모두 수요된다.

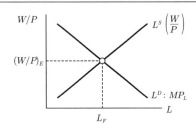

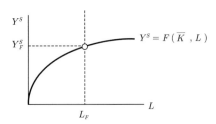

[노동시장 균형]

- 노동시장은 명목임금의 완전신축적 조정에 의해 항상 균형
- 따라서 언제나 완전고용(L_F)

[총생산함수]

- 노동투입량이 증가하면 수확체감의 법칙에 따라 총생산은 체감적 증가
- 노동이 항상 완전고용되므로 생산함수에 의해 언제나 완전고용생산(Y_F^S)

04 '세이의 법칙': 국민소득항등식과 대부자금설

고전학파에 따르면 대부자금시장에서 결정되는 실물적 이자율 조정에 의해 생산된 생산물은 모두 수요되며, 이를 세이의 법칙(Say's law)이라고 한다.

대부자금의 수요는 국내총투자로부터 발생하고 대부자금의 공급은 국내총저축에 의해 이루어진다.

📖 p.318의 '국민소득항등식' 참조

1. 대부자금시장과 실물적 이자율

① 국내총투자(I^D)로부터 대부자금수요가 발생하고, 국내총저축[민간저축(S) + 정부저축($T-G$) + 국외저축 ($IM-X$)]에 의해 대부자금이 공급된다.

② 국내총투자수요는 이자율의 감소함수이고, 국내총저축 중 민간저축(S)은 이자율의 증가함수이다. 따라서 국내총저축은 이자율의 증가함수가 된다.

③ 국내총투자가 증가하면 대부자금수요가 증가하여 이자율이 오르고, 국내총저축(민간저축, 정부저축 국외저축 등)이 증가하면 대부자금공급이 증가하여 이자율이 내린다.

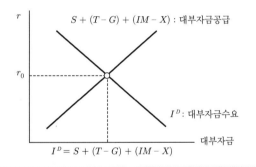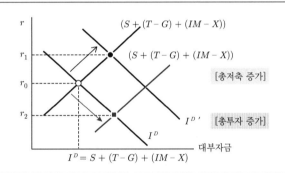

- 대부자금수요 증가(국내총투자 증가, 대부자금수요곡선 우측이동): 이자율 상승(r_1)
- 대부자금공급 증가(국내총저축 증가, 대부자금공급곡선 우측이동): 이자율 하락(r_2)

2. 유효수요와 대부자금시장

유효수요가 부족하면 대부자금시장이 초과공급 상태가 된다.

⊙ 유효수요 부족: 총수요(Y^D) < 총생산(Y^S_F)

총수요(총지출)	<	완전고용 총생산(Y^S_F)
$C+I+G+(X-IM)$	<	$C+S+T$
$I+G+(X-IM)$	<	$S+T$
I	<	$S+(T-G)+(IM-X)$
[국내총투자: 대부자금수요]	<	[국내총저축: 대부자금공급]

3. 세이의 법칙

① 총수요가 부족할 경우 대부자금시장에 초과공급이 발생하여 이자율이 내린다.
② 이자율이 내리면 민간 소비와 투자수요가 증가하여 총수요 부족이 해소된다.

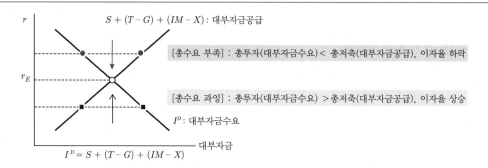

[총수요 부족: 총투자<총저축, 대부자금시장 초과공급]	[총수요 과잉: 총투자>총저축, 대부자금시장 초과수요]
총수요(Y^D) < 총공급(Y_F^S) I < $S+(T-G)+(IM-X)$	총수요(Y^D) > 총공급(Y_F^S) I > $S+(T-G)+(IM-X)$
⇒ 이자율 하락. 총투자 증가, 민간저축 감소(소비 증가) ⇒ 유효수요 증가	⇒ 이자율 상승. 총투자 감소, 민간저축 증가(소비 감소) ⇒ 유효수요 감소

Ⅲ 케인즈단순모형

01 케인즈의 경제이론: 유효수요이론

1. 케인즈 경제이론의 등장배경 ◀ 『일반이론(The General Theory of Employment, Interest and Money)』(1936)

1930년대 대공황의 원인과 대책을 제시하기 위한 문제의식으로부터 출발하였다.

2. 공황의 원인과 대책 예 1930년대 미국 '뉴딜' 정책

① 케인즈는 자본주의경제에 구조적인 장기적 정체성에 따른 유효수요 부족으로 말미암아 대공황이 발생한 것으로 보았다.
② 공급능력은 충분하므로 유효수요만 증가하면 생산과 국민소득이 즉시 증가할 수 있다.
③ 따라서 정부의 소비와 투자를 확대(확대재정정책)하여 유효수요를 증대시킨다.

3. 케인즈 경제이론의 의의

① 공황 당시의 전통적인 경제이론(고전학파)에 따르면 자율적 시장기능에 의해 안정적 경제성장이 가능하므로 정부는 시장에 개입할 필요가 없다.

② 그러나 1930년대 대공황은 자율적 시장 기능만으로는 해결이 불가능하였고, 대공황 이후 정부개입이 체계적으로 이루어지는 혼합경제체제(수정자본주의)로 변화하였다.

> ⊙ **공황의 원인**: 경제성장 과정에서 나타나는 장기적 정체성과 그에 따른 유효수요 부족
>
> ▸ 국민소득이 증가할 때 국민소득에서 차지하는 소비와 투자의 비중이 감소하여 만성적 수요부족 발생
> ▸ 총수요 감소(부족) ⇒ 재고증가에 따라 생산 및 고용 감소
>   ⇒ 국민소득 감소, 총수요 더욱 감소
>
> ⊙ **공황의 대책**: 정부개입에 의한 유효수요 증대

4. 케인즈의 유효수요이론과 케인즈단순모형

① 유효수요(effective demand)란 실질구매력이 뒷받침된 총수요(Y^D)이며 민간소비수요(C), 기업과 정부의 투자수요(I^D), 정부의 소비수요(G) 및 순수출수요($X-IM$)의 합이다.

② 따라서 유효수요는 국내총생산(GDP)에 대한 **국민총지출(GNE)**과 같다.

③ 유효수요가 부족한 경기침체기(불황기)에는 팔리는 만큼 생산할 수밖에 없으므로 총수요가 실제 총생산(Y^S)과 국민소득(Y)의 크기를 결정하며 이를 **유효수요이론**이라고 한다.

④ 이 경우 고전학파의 세이의 법칙("공급이 스스로 수요를 창출한다")은 전면적으로 부정되며, 유효수요에 대한 분석이 국민소득결정이론의 핵심이 된다.

⑤ 케인즈단순모형(케인즈모형)은 유효수요이론의 핵심을 이해하기 위하여 케인즈이론을 단순화한 모형이다.

> ⊙ **유효수요(Y^D)**
>
> ▸ 유효수요 = 국내총생산에 대한 지출($GDP \equiv C + I^D + G + (X-IM)$)
> ▸ 유효수요 = 민간소비(C) + 기업과 정부투자(I^D) + 정부소비(G) + 순수출수요($X-IM$)
>
> ⊙ **경기침체기(총수요 부족)**
>
> ▸ 잠재GDP(Y_F^S) > 총수요(Y^D) ≡ 실제 총공급(Y^S) ≡ 국민소득(Y)
> ▸ 완전고용국민소득(잠재GDP, 자연산출량) > 실제 국민소득(Y)

02 총수요(유효수요)

1. 민간소비수요(C)와 민간저축(S)

(1) 민간소비수요(C^D)와 민간소비지출(C)

① 소비수요(C^D)는 사전적(ex - ante)으로 계획된 소비이며, 소비지출(C)은 사후적(ex - post)으로 실현된 소비이다.

② 소비는 계획대로 이루어지는 안정적 경제변수이므로 소비수요와 소비지출이 같은 것으로($C^D = C$) 상정한다.

(2) 케인즈의 민간소비수요함수(C)와 저축함수(S)

① 민간소비수요는 가처분소득(Y_d), 이자율(r), 자산(W) 등에 의해 결정되며 케인즈는 이 중에서 가처분소득이 가장 큰 영향을 미치는 것으로 보았다. 따라서 민간소비수요의 이자율탄력도(민간소비수요 변화율 / 이자율 변화율)는 작다.

② 가처분소득(Y_d)과 자산(부, 재산)이 증가하면 민간소비수요가 증가하고, 이자율이 오르면 저축이 증가하므로 민간소비수요가 감소한다.

③ 가처분소득(Y_d)은 국민의 처분 가능한 소득이며 총소득(Y)에서 조세(T)를 빼고 정부의 이전지출 (소득보조금)을 더한 것이다.

④ 조세는 소득과 무관하게 일정액으로 부과되는 정액세(T_0)와 소득의 일정 비율(t : 비례소득세율)로 부과되는 비례소득세(tY)로 구성된다.

⑤ 이전지출(TR_0)은 정부나 기업 등이 저소득층에 지급하는 소득보조금이며 독립적(외생적)으로 결정된다.

⑥ 케인즈는 저축을 가처분소득에서 소비를 뺀 나머지($S = Y_d - C$)로 보았다.

▶ 민간소비수요함수 : $C = C(Y_d, r, W, \cdots)$

(단, Y_d : 가처분소득, $Y_d = Y - T + TR = Y - T_0 - tY + TR$.
Y : 총소득, T : 조세, T_0 : 정액세, tY : 비례소득세, TR : 이전지출,
r : 이자율, W : 자산(부, 재산))

▸ 가처분소득(Y_d) = 총소득(Y) − 조세($T = T_0 + tY$) + 이전지출(TR_0)
▸ 가처분소득과 자산(부, 재산)이 증가하면 민간소비수요 증가
▸ 이자율이 오르면 저축이 증가하여 소비수요 감소
▸ 단, 소비수요와 저축의 이자율탄력도는 작음

▶ 민간저축함수 : $S = Y_d - C$

▸ 저축은 가처분소득에서 소비를 뺀 나머지
▸ 따라서, 저축은 잉여

---

(3) 케인즈단순모형의 민간소비수요함수 : 절대소득가설

① 케인즈단순모형에서는 민간소비수요가 가처분소득(Y_d)에 의해서만 결정되는 것으로 단순화하여 분석하며 이를 절대소득가설이라고 한다. 따라서 소비수요의 이자율탄력도는 0이다.

② 민간소비는 소득과 무관하게 결정되는 기초소비(절대소비)와 가처분소득에 따라 결정되는 소비로 구성되며 가처분소득이 증가하면 소비수요가 증가한다.

③ 평균소비성향(APC: Average Propensity to Consume)은 총소득에서 차지하는 민간소비의 비율이다.

④ 한계소비성향(MPC: Marginal Propensity to Consume)은 총소득이 한 단위 증가할 때 증가하는 민간소비 증가비율이다.

⑤ 한계소비성향은 0과 1 사이의 값을 가진다. 이는 소득이 증가할 때 일부만 소비하고 나머지는 저축한다는 것을 의미하며, 이를 일반적 소비심리라고 한다.

⊙ 민간소비수요함수 : $C = C(Y_d)$ ■ 소비수요의 이자율탄력도($\varepsilon_{C.r}$) $= 0$

▸ 평균소비성향(APC) : $APC = \dfrac{C}{Y}$

▸ 한계소비성향(MPC) : $MPC = \dfrac{dC}{dY}$

---

(4) 케인즈단순모형의 저축함수

① 저축은 가처분소득에서 소비를 뺀 나머지이다.

② 한계소비성향이 1보다 작으므로 소득 증가 시 소비와 저축이 모두 증가한다.

③ 평균저축성향(APS : Average Propensity to Save)은 총소득에서 차지하는 저축의 비율이다.

④ 한계저축성향(MPS : Marginal Propensity to Save)은 총소득이 한 단위 증가할 때 증가하는 저축이다.

⊙ 민간저축함수 : $S = Y_d - C$ ■ 저축의 이자율탄력도($\varepsilon_{S.r}$) $= 0$

▸ 평균저축성향(APS) : $APS = \dfrac{S}{Y}$

▸ 한계저축성향(MPS) : $MPS = \dfrac{dS}{dY}$

---

2. 투자수요(I^D)

(1) 투자수요(I^D)와 투자지출(I) : $I^D \neq I$

① 정부와 기업의 투자수요(C^D)는 사전적(ex-ante)으로 계획된 투자이며, 투자지출(C)은 사후적(ex-post)으로 실현된 투자이다.

② 이때 민간기업의 투자는 경기변동(재고변동)에 따라 불안정하게 변화하는 경제변수이므로 투자수요(I^D)와 투자지출(I)은 같지 않은 것이 일반적이다.

(2) 케인즈의 투자수요함수(I^D)

① 투자수요는 정부투자수요와 민간기업의 투자수요를 더한 것이다.

② 정부투자수요는 예산안에 따라 독립적(외생적)으로 결정된다.

③ 민간투자수요는 기업의 주관적(독립적) 판단, 이자율(r), 국민소득(Y) 등에 의해 결정된다.

④ 이자율이 내리거나 국민소득이 증가하면 민간투자수요가 증가한다.

⑤ 케인즈는 민간투자수요가 국민소득이나 이자율보다는 주로 기업의 주관적 판단(동물적 직관; 내부수익률)에 따라 결정되며 이를 일반적 투자심리라고 하였다.

⑥ 따라서 투자수요의 이자율탄력도(투자수요 변화율／이자율 변화율)는 크지 않다.

⑦ 국민소득에 따라 결정되는 투자를 유발투자라고 하며, 국민소득이 증가할 때 증가한다.

> ⊙ 케인즈모형 : $I^D = I^D_{정부}(I_0) + I^D_{기업}(I_0, r, Y) = I_0 + I(r, Y, \cdots)$
>
> (단, I_0 : 정부와 기업의 독립투자수요(외생변수), r : 이자율, Y : 국민소득)
>
> ▸ 정부투자수요는 독립적으로 결정(I_0)
> ▸ 기업의 투자는 주로 기업의 직관적 판단(동물적 판단)에 의해 결정(I_0)
> ▸ 이자율이 내리고, 국민소득이 증가하면 민간투자가 증가하지만 영향은 크지 않음
> ▸ 따라서 투자수요의 이자율탄력도($\varepsilon_{I^D, r}$)가 작음

(3) 케인즈단순모형의 투자수요함수(I^D) : 독립투자수요함수

① 케인즈단순모형에서는 이자율이 투자수요에 영향을 미치지 않는 것으로 단순화하여 분석한다.

② 따라서 케인즈단순모형에서 투자수요의 이자율탄력도는 0이다.

> ⊙ 케인즈단순모형 : $I^D = I_0 + dY$ (단, d : 유발투자성향, 한계투자성향)
>
> ▸ 이자율은 민간기업의 투자에 전혀 영향을 미치지 않는 것으로 단순화
> ▸ 따라서, 투자수요의 이자율탄력도($\varepsilon_{I^D, r}$)는 0

3. 정부소비수요(G)

① 정부소비수요(G^D)는 사전적(ex-ante)으로 계획된 소비이며, 정부소비지출(G)은 사후적(ex-post)으로 실현된 소비이다.

② 정부소비는 예산안에 따라 계획한대로 지출하는 안정적 경제변수이므로 정부소비수요(G^D)와 정부소비지출(G)이 같다.

③ 따라서 정부소비수요는 예산안에 의해 결정되는 외생변수이다.

⊙ 정부소비수요함수: $G = G_0$

▸ 정부소비는 계획대로 집행. 정부소비수요(G^D)와 정부소비지출(G) 동일
▸ 정부소비는 예산안에 따라 결정되는 외생변수

---

4. 순수출수요($X - IM : NX$)

① 수출수요(X)은 국내생산물에 대한 해외수요이며 대외요인에 의해 결정되는 외생변수이다.

② 수입수요(IM)은 외국생산물에 대한 국내수요이다. 국민소득과 무관하게 결정되는 기초수입과 국민소득 수준에 따라 결정된다. 외생변수로 간주한다.

③ 순수출($NX = X - IM$)은 수출에서 수입을 뺀 것이며 국내생산물에 대한 해외순수요를 의미한다. 수출과 수입이 외생변수이므로 순수출수요도 외생변수이다.

④ 순수출이 정(+)이면 경상수지가 흑자, 부(−)이면 경상수지가 적자가 된다.

⑤ 개방모형에서는 수출과 수입이 환율, 물가 등에 따라 변화하는 내생변수가 된다.

📖 Chapter 15. 국제수지이론 참조

⊙ 순수출수요: $(X - IM) = X_0 - (IM_0 + IM(Y))$

▸ 수출: $X = X_0$
▸ 수입: $IM = IM_0 + IM(Y) = IM_0 + mY$ (단, IM_0: 기초수입, m: 한계수입성향)

---

03 3부문 정액세모형의 국민소득 결정

가계와 기업 및 정부만 존재하며 조세는 정액세만 고려하여 분석하는 모형이다.
균형 국민소득은 두 가지 모형(유효수요모형과 주입·누출모형)으로 도출한다.

1. 총수요(유효수요)

(1) 민간소비수요(C)와 민간저축(S)

① 3부문 정액세모형에는 조세가 정액세만 존재한다.

② 따라서 가처분소득은 총소득에서 정액세(T_0)를 뺀 것이다($Y_d = Y - T_0$).

⊙ 민간소비수요함수 : 절대소득가설

▸ $C = C(Y_d) = C_0 + c(Y - T_0) = (C_0 - cT_0) + cY$

(단, C_0 : 기초소비, $c = \dfrac{dC}{dY}$: 한계소비성향(MPC))

▸ 평균소비성향: $APC = \dfrac{C}{Y} = \dfrac{(C_0 - cT_0) + cY}{Y} = \dfrac{C_0 - cT_0}{Y} + c$

▸ 한계소비성향: $MPC = \dfrac{dC}{dY} = c$ (단, $0 < c < 1$. 상수. 일반적 소비심리)

⊙ 민간저축함수: $S = Y_d - C = (Y - T_0) - \{C_0 + c(Y - T_0)\} = -(C_0 - cT_0 + T_0) + (1-c)Y$

▸ 평균저축성향: $APS = \dfrac{S}{Y} = \dfrac{-(C_0 - cT_0 + T_0) + (1-c)Y}{Y} = -\dfrac{(C_0 - cT_0 + T_0)}{Y} + (1-c)$

▸ 한계저축성향: $MPS = \dfrac{dS}{dY} = 1 - c$

⊙ 소비성향과 저축성향

	소득 증가 시	소비성향과 저축성향
▸ 평균소비성향 $= \dfrac{C_0 - cT_0}{Y} + c$	감소	$APC > MPC,$ $APS < MPS$
▸ 한계소비성향 $= c$	불변	
▸ 평균저축성향 $= -\dfrac{(C_0 - cT_0 + T_0)}{Y} + (1-c)$	증가	$APC + APS = 1,$ $MPC + MPS = 1$
▸ 한계저축성향 $= 1 - c$	불변	(다음 그림에서 확인)

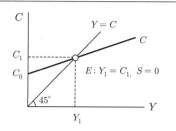
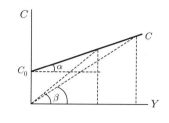

[소비곡선과 소비성향]

- 한계소비성향(MPC. $\tan \alpha$)
  소득 증가 시 불변
- 평균소비성향(APC. $\tan \beta$)
  소득 증가 시 감소
- E : 소득=소비. 저축=0

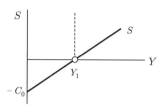
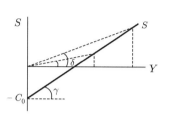

[저축곡선과 저축성향]

- 한계저축성향(MPS. $\tan \gamma$)
  소득 증가 시 불변
- 평균저축성향(APS. $\tan \delta$)
  소득 증가 시 증가

(2) 투자수요(I^D) : 독립투자수요함수

① 3부문모형에는 민간의 투자수요와 정부투자수요가 존재한다.

② 민간투자수요는 기업의 판단에 따라 이루어지는 독립투자수요(I_0)와 국민소득 수준에 따라 결정되는 유발투자수요(dY)가 존재한다. 3부문 정액세모형에서는 유발투자를 고려하지 않는다.

③ 정부투자수요는 예산안에 의해 결정되는 독립변수이다.

④ 따라서 전체 투자수요는 기업의 판단과 정부예산에 따라 결정되는 외생변수이다.

> ⊙ 3부문 정액세모형의 투자수요함수 : $I^D = I_0$
>
> ▸ 정부 투자수요 : $I^D_{정부} = I_0$ (예산안에 의해 결정)
> ▸ 민간 투자수요 : $I^D_{민간} = I_0$ (기업의 직관적 판단에 의해 결정)

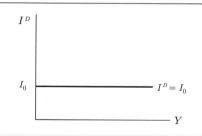
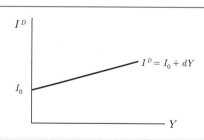

[독립투자만 상정할 때]   [유발투자도 고려할 때]

(3) 정부소비수요(G)와 정액세(T_0)

① 정부소비수요는 예산안에 의해 외생적(독립적)으로 결정되는 외생변수이다.

② 정액세는 소득이나 재산에 관계없이 일정액으로 부과되는 조세이다.

> ⊙ 정부소비수요: $G^D = G_0$ (예산안에 의해 외생적으로 결정)
>
> ⊙ 정액세   : $T = T_0$ (소득이나 재산과 무관하게 일정액 부과)

2. 국민소득 결정(Ⅰ): 유효수요모형

① 경기침체하에서는 총수요(유효수요)의 크기만큼 생산($Y^D = Y^S$)되며, 생산된 생산물의 시장가치가 국민소득($Y^S = Y$)이 된다.

② 따라서 총수요의 크기에 따라 균형 국민소득($Y^D = Y_E$)의 크기가 결정된다.

> ⊙ 균형조건(유효수요이론): $Y^D = Y^S (= Y)$ ∴) $Y^D = Y_E$
>
> ▸ 경기침체하에서는 총수요(Y^D)가 총공급량(Y^S) 결정
> ▸ 총공급량(Y^S)의 시장가치가 국민소득(Y)
> ▸ 따라서 총수요(Y^D)에 따라 균형 국민소득(Y) 결정
>
> ⊙ 총수요: $Y^D = C + I^D + G$
>
> ▸ 민간소비수요   : $C = C(Y_d) = (C_0 - cT_0) + cY$
> ▸ 기업과 정부의 투자수요: $I^D = I_0$
> ▸ 정부소비수요   : $G = G_0$
> ▸ 조세(정액세)   : $T = T_0$
>
> ▸ 총수요: $Y^D = C + I^D + G = \{C_0 + c(Y - T_0)\} + I_0 + G_0 = (C_0 - cT_0 + I_0 + G_0) + cY$
>
> ⊙ 균형 국민소득: 위 균형조건 식으로부터 균형 국민소득(Y) 도출
>
> $$Y^D = Y \Rightarrow \underline{(C_0 - cT_0 + I_0 + G_0) + cY} = Y$$
> $$\Rightarrow (C_0 - cT_0 + I_0 + G_0) = Y - cY$$
> $$\Rightarrow (C_0 - cT_0 + I_0 + G_0) = (1-c)Y$$
> $$\therefore) \; Y_E = \frac{1}{1-c}(C_0 - cT_0 + I_0 + G_0) \quad (단, \frac{1}{1-c} \, (>1): 승수)$$

> **예제** $C = 100 + 0.75Y$, $I^D = 100$, $G = 100$, $T_0 = 100$ 일 때 균형 국민소득은?
>
> ▸ 유효수요: $Y^D = C + I^D + G = C_0 + c(Y - T_0) + I_0 + G_0$
> $$= 100 + 0.75(Y - 100) + 100 + 100 = 225 + 0.75Y$$
>
> ▸ 균형조건: $Y^D = \underline{225 + 0.75Y = Y}$
>
> ▸ 국민소득: $Y = 225 + 0.75Y \Rightarrow Y(1 - 0.75) = 225$ $\therefore) \; Y_E = \frac{1}{1 - 0.75} \cdot 225 = 900$

3. 국민소득 결정(Ⅱ) : 주입·누출모형

(1) 주입·누출모형

① 3부문모형에서는 유효수요[민간소비수요(C)＋정부와 민간의 투자수요(I^D)＋정부소비수요(G)]의 크기에 따라 국민소득이 창출되고 창출된 국민소득은 민간소비(C)와 민간저축(S) 및 조세납부(T)로 지출된다.

② 따라서 균형에서는 유효수요($C+I^D+G$)와 소득지출액($C+S+T$)이 같다.

③ 이때 민간소비수요와 민간소비지출이 같으므로 맞줄임하면 민간과 정부의 투자수요와 정부소비수요를 더한 값(I^D+G)과 민간저축과 조세를 더한 값($S+T$)이 같다.

④ 민간과 정부의 투자수요와 정부소비수요는 유효수요를 늘려서 국민소득을 늘리므로 주입(injection. I^D+G), 민간저축과 조세는 유효수요(민간소비수요)를 줄여서 국민소득을 줄이므로 누출(leakage; $S+T$)이 된다.

⑤ 따라서 주입(I^D+G)과 누출($S+T$)이 같을 때 균형 국민소득이 도출된다.

⑥ 이때 민간저축(S)과 투자지출(I)은 반드시 같다($S \equiv I$).

◉ 주입·누출모형: $Y^D = \underline{C+I^D+G} = \underline{C+S+T} = Y = Y^S$

$\qquad\qquad\qquad$ [소득창출]$\qquad$[소득처분]

$\qquad\qquad \Rightarrow C+I^D+G = C+S+T \qquad\qquad$ (단, 소비수요 ≡ 소비지출)

$\qquad\qquad \Rightarrow \underline{I^D+G} = \underline{S(\equiv I)+T} \qquad\qquad$ (단, 저축(S) ≡ 투자지출(I))

$\qquad\qquad\qquad$ [주입]$\quad = \quad$[누출]

▸ 주입: $I^D + G = I_0 + G_0$

▸ 누출: $S+T = \{-(C_0 - cT_0 + T_0)+(1-c)Y\} + T_0 = -(C_0 - cT_0)+(1-c)Y$

◉ 균형조건: $I^D+G = S+T \Rightarrow I_0 + G_0 = -(C_0 - cT_0)+(1-c)Y$

$\qquad\qquad\qquad \Rightarrow C_0 - cT_0 + I_0 + G_0 = (1-c)Y$

$\qquad\qquad\qquad\qquad \therefore Y_E = \dfrac{1}{1-c}(C_0 - cT_0 + I_0 + G_0) \quad$ (단, $\dfrac{1}{1-c}\,(>1)$: 승수)

예제 $C = 100 + 0.75Y$, $I^D = 100$, $G = 100$, $T_0 = 100$ 일 때 균형 국민소득은?

▸ 저축함수: $S = (-C_0 + cT_0 - T_0)+(1-c)Y = -125 + (1-0.75)Y$

▸ 균형조건: $I^D + G = S + T \Rightarrow 200 = -25 + (1-0.75)Y$

▸ 국민소득: $Y_E = \dfrac{1}{1-c}(C_0 - cT_0 + I_0 + G_0) = \dfrac{1}{1-0.75} \cdot 225 = 900$

(2) 주입·누출모형의 의미

① 위 균형조건($I^D + G = S + T$)에서 균형재정($G = T$)을 상정하면 균형조건은 $I^D = S$ 가 된다.

② 여기서, 민간저축은 실현된 투자지출과 반드시 같다($I^D = S \equiv I$).

③ 따라서 균형조건($I^D = S$)은 계획된 투자와 실현된 투자가 같다는 것($I^D = I$)이다.

④ 투자(신투자, 대체투자, 재고투자) 중에서 신투자와 대체투자는 계획한 대로 실행되는 것이 일반적이다.

⑤ 따라서 계획한 재고(재고수요, 적정재고)와 실제 재고가 같을 때 균형이 된다.

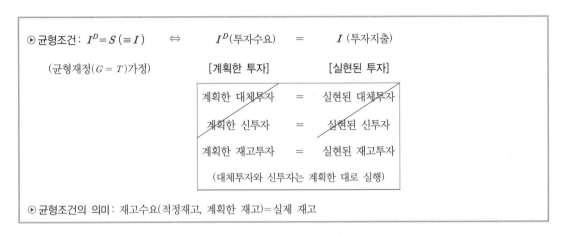

⊙ 균형조건 : $I^D = S\,(\equiv I)$ $\Leftrightarrow$ I^D(투자수요) = I (투자지출)

(균형재정($G = T$)가정) [계획한 투자] [실현된 투자]

계획한 대체투자 = 실현된 대체투자

계획한 신투자 = 실현된 신투자

계획한 재고투자 = 실현된 재고투자

(대체투자와 신투자는 계획한 대로 실행)

⊙ 균형조건의 의미 : 재고수요(적정재고, 계획한 재고) = 실제 재고

4. 케인즈단순모형의 균형과 불균형조정

① 실제 국민소득이 균형 국민소득과 다를 경우 재고변동과 그에 따른 실제 국민소득의 변화에 의해 불균형이 해소된다.

② 실제 국민소득이 균형 국민소득보다 많을(적을) 경우에는 생산물시장에 초과공급(초과수요)이 발생하여 재고가 증가(감소)한다.

③ 재고가 증가(감소)하면 재고를 줄이기(늘리기) 위해 생산을 줄이므로(늘리므로) 소득이 감소(증가)한다.

⊙ 실제 국민소득(Y_1) > 균형 국민소득(Y_E) 일 때 (균형재정 가정 : $G = T$)

▸ 총수요(Y^D) < 총공급(Y^S) : 생산물시장 초과공급. 과잉생산

▸ 주입(I^D) < 누출(S) $\Leftrightarrow$ 투자수요(I^D) < 투자지출(I)

$\Leftrightarrow$ 적정재고 < 실제재고 (재고 증가)

$\Rightarrow$ 재고를 적정수준으로 줄이기 위해 총생산 감소, 국민소득 감소

⊙ 실제 국민소득(Y_2) < 균형 국민소득(Y_E) 일 때

▸ 총수요(Y^D) > 총공급(Y^S) : 생산물시장 초과수요. 과소생산

▸ 주입(I^D) > 누출(S) $\Leftrightarrow$ 투자수요(I^D) > 투자지출(I)

$\Leftrightarrow$ 적정재고 > 실제재고 (재고 감소)

$\Rightarrow$ 재고를 적정수준으로 늘리기 위해 총생산 증대, 국민소득 증가

(1) 케인즈단순모형의 균형

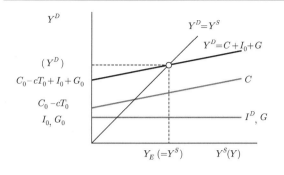

[유효수요모형]

- 균형조건 : 총수요(Y^D) = 총공급(Y^S = 국민소득(Y))
  - ▸ $Y^D = (C_0 - cT_0 + I_0 + G_0) + cY = Y^S(= Y)$
  - ▸ $(C_0 - cT_0 + I_0 + G_0) + cY = Y$

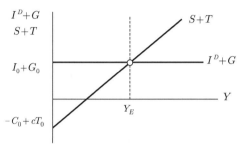

[주입·누출모형]

- 균형조건 : $I^D + G = S + T$
  $$I_0 + G_0 = -(C_0 - cT_0) + (1-c)Y$$

(2) 케인즈단순모형의 불균형 조정

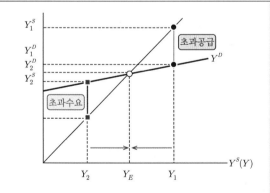

[불균형 조정]

- 위쪽 : $Y_E < Y_1$
  - ▸ 생산물시장 초과공급 ⇒ 생산 축소, 국민소득 감소
  - ▸ 주입(I^D) < 누출(S) ⇔ 적정재고 < 실제재고 재고 증가
    ⇒ 재고를 줄이기 위해 생산 축소
    ⇒ 국민소득 감소

- 아래쪽 : $Y_2 < Y_E$
  - ▸ 생산물시장 초과수요 ⇒ 생산 증대, 국민소득 증가
  - ▸ 주입(I^D) > 누출(S) ⇔ 적정재고 > 실제재고 재고 감소
    ⇒ 재고를 늘리기 위해 생산 증대
    ⇒ 국민소득 증가

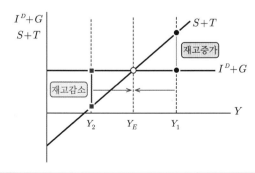

04 디플레이션 갭과 인플레이션 갭

1. 디플레이션 갭(경기침체 갭: deflationary gap)과 GDP 갭

① 완전고용 수준의 공급능력보다 유효수요가 적을 경우 GDP 갭(완전고용 국민소득 − 실제 국민소득)이 발생한다.

② 이 유효수요 부족분을 경기침체 갭(디플레이션 갭)이라고 한다.

③ 따라서 경기침체 갭만큼 유효수요가 증가하면 승수배만큼 국민소득이 증가하여 GDP 갭이 해소된다.

> ▶ 경기침체 갭(유효수요 부족분)과 GDP 갭의 관계
>
> ▸ 경기침체 갭(유효수요 부족분) $\times \dfrac{1}{1-c}$ = GDP 갭　　　(단, $\dfrac{1}{1-c}$: 승수)
>
> ▸ 경기침체 갭만큼 유효수요가 증가하면 승수배만큼 국민소득 증가

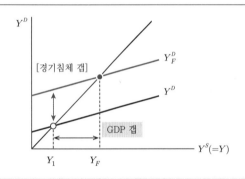

[경기침체 갭: 유효수요 부족분]

경기침체 갭×승수＝GDP Gap

[인플레이션 갭: 유효수요 과잉분]

균형 국민소득(Y_E) = 잠재GDP(Y_F)

2. 인플레이션 갭(inflationary gap)

① 유효수요가 완전고용산출량(잠재GDP, 자연산출량)보다 많을 경우 생산능력에 제약이 존재하므로 실제 총생산과 균형 국민소득(Y_E)은 완전고용(Y_F) 수준 이상으로 증가할 수 없다.

② 따라서 물가만 상승하고 경상수지 적자가 발생한다.　　📖 p.318의 '국민소득항등식' 참조

③ 이러한 유효수요 과잉분을 인플레이션 갭(거품; bubble)이라고 하며 인플레이션 갭만큼 총수요가 감소하면 물가 상승 압력과 경상수지 적자가 해소된다.

05 절약의 역설('소비가 미덕')

① 공급능력은 충분하지만 유효수요가 부족하여 경기침체를 겪고 있을 경우(선진국형 경제)에 저축이 증가 (저축성향 증가)하면 소비가 감소하여 국민소득이 감소한다.

② 이 경우 저축성향이 증가했지만 국민소득이 감소하므로 저축이 증가하지 않는다.

③ 유발투자를 고려할 경우는 저축이 증가하여 소득이 감소할 때 유발투자수요가 추가로 감소하므로 국민소득은 더욱 감소하며, 저축이 원래 수준보다 오히려 감소한다.

④ 그러나 우리나라와 같이 공급능력이 부족한 **후진국형 경제**의 경우에는 저축을 늘려 공급능력 확대에 필요한 신투자를 확대해야 한다. 따라서 '저축이 미덕'이 된다.

> ⊙ 소비절약(기초소비 감소 또는 한계저축성향 증가) : 독립투자만 존재할 경우
>
> ⇒ 저축(누출) 증가(저축곡선 상방이동), 총수요 감소
> ⇒ 국민소득 감소, 저축과 투자는 불변
>
> ⊙ 소비절약(기초소비 감소 또는 한계저축성향 증가) : 유발투자도 존재할 경우
>
> ⇒ 저축(누출) 증가(저축곡선 상방이동), 총수요 감소
> ⇒ 국민소득 감소
> ⇒ 유발투자 감소
> ⇒ 국민소득 더욱 감소. 따라서, 저축과 투자가 원래 수준보다 감소

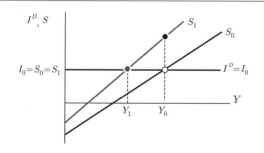

[독립투자(I_0)만 존재할 때]

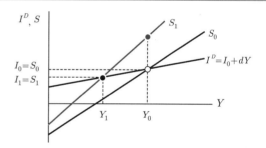

[유발투자(dY)도 존재할 때]

Ⅳ | 케인즈단순모형(Ⅱ) : 기타모형

01 확대모형

비례소득세, 유발투자, 이전지출 및 해외부문(수출입) 등이 모두 포함한 모형이다.

1. 유효수요모형

⊙ 균형조건(유효수요이론) : $Y^D = Y^S (=Y)$ ∴) $Y^D = Y_E$

▸ 경기침체하에서는 총수요(Y^D)가 총공급량(Y^S) 결정

▸ 총공급량(Y^S)의 시장가치가 국민소득(Y)

▸ 따라서 총수요(Y^D)에 따라 균형 국민소득(Y) 결정

⊙ 총수요 : $Y^D = C + I^D + G + (X - IM)$

▸ 민간소비수요 : $C = C_0 + c(Y_d) = C_0 + c(Y - T_0 - tY + TR_0) = (C_0 - cT_0 + cTR_0) + c(1-t)Y$

▸ 기업과 정부의 투자수요 : $I^D = I_0 + dY$

▸ 정부소비수요 : $G = G_0$

▸ 조세(정액세) : $T = T_0 + tY$

▸ 정부이전지출 : $TR = TR_0$

▸ 수출 : $X = X_0$

▸ 수입 : $IM = IM_0 + mY$

(단, $Y_d = Y - T_0 - tY + TR_0$: 가처분소득

tY : 비례소득세 t : 비례소득세율, 한계조세성향

dY : 유발투자 d : 유발투자성향, 한계투자성향

TR : 정부이전지출(예산안에 의해 결정되는 외생변수)

IM_0 : 기초수입 mY : 유발수입 m : 한계수입성향)

▸ 총수요(Y^D) : $Y^D = C + I^D + G + (X - IM)$
$$= \{C_0 + c(Y - T_0 - tY + TR_0)\} + (I_0 + dY) + G_0 + \{X_0 - (IM_0 + mY)\}$$
$$= (C_0 - cT_0 + cTR_0 + I_0 + G_0 + X_0 - IM_0) + c(1-t) + d - m)Y$$

⊙ 균형 국민소득 : 위 균형조건 식으로부터 균형 국민소득(Y) 도출

$$Y^D = Y \quad \Rightarrow \quad \underline{(C_0 - cT_0 + cTR_0 + I_0 + G_0 + X_0 - IM_0) + (c(1-t) + d - m)Y = Y}$$

$$\therefore) \ Y_E = \frac{1}{1 - c(1-t) - d + m}(C_0 - cT_0 + cTR_0 + I_0 + G_0 + X_0 - IM_0)$$

$$\left(단, \ \frac{1}{1 - c(1-t) - d + m} \ (>1) : 승수\right)$$

2. 주입·누출모형

① 총수요 크기만큼 소득이 창출되고 소득은 소비, 저축 및 조세납부에 지출된다.

② 따라서 확대모형에서는 투자수요(I^D), 정부소비수요(G) 및 수출(X)의 합이 저축(S), 조세(T) 및 수입(IM)의 합과 같을 때 균형 국민소득이 도출된다.

③ 이때 경상수지균형을 가정하면 수출과 수입이 같으므로 앞서 언급한 3부문 정액세모형의 주입·누출 균형조건과 같아지며 그 의미도 동일하다.

> ◉ 주입·누출모형: $Y^D = \underbrace{C+I^D+G+(X-IM)}_{[소득창출]} = \underbrace{C+S+T=Y}_{[소득처분]} = Y^S$
>
> $$\Rightarrow\ I^D+G+(X-IM) = S+T$$
> $$\Rightarrow\ I^D+G+X = S(\equiv I)+T+IM \quad [균형조건 : 주입 \equiv 누출]$$
>
> ■ 균형재정($G=T$), 경상수지균형($X=IM$) 가정 시, $I^D=S$
>
> ▸ 주입: $I^D+G+X = I_0+dY+G_0+X_0$
> ▸ 누출: $S+T+IM = -(C_0-cT_0+cTR_0-IM_0)+(1-c(1-t)+m)Y$
>
> $$(단,\ S=Y_d-C=(Y-T)-C,\quad T=T_0+tY,\quad IM=IM_0+mY\ )$$
> $$= Y-(T_0+tY)-(C_0+c(Y-T_0-tY+TR_0))$$
> $$= -(C_0+(1-c)T_0+cTR_0)+(1-c(1-t)-t)Y)$$
>
> ◉ 균형조건: $I^D+G+X = S+T+IM$
>
> $$\Rightarrow\ I_0+dY+G_0+X_0 = -(C_0-cT_0+cTR_0-IM_0)+(1-c(1-t)+m)Y$$
> $$\Rightarrow\ I_0+G_0+X_0 = -(C_0-cT_0+cTR_0-IM_0)+(1-c(1-t)-d+m)Y$$
>
> $$\therefore)\ Y_E = \frac{1}{1-c(1-t)-d+m}(C_0-cT_0+cTR_0+I_0+G_0+X_0-IM_0)$$
>
> $$(단,\ \frac{1}{1-c(1-t)-d+m}\ (>1) : 승수)$$

3. 불균형조정

경상수지와 재정수지 균형을 가정하면 균형조건은 앞의 3부문 정액세모형과 같으며 같은 조정과정을 통해 균형을 회복한다.

> ◉ 균형조건
>
> ▸ 총수요(Y^D) = 총공급(Y^S)
> ▸ 　주입　 = 누출
>
> $$I^D+G+X = S+T+IM$$
> $$I^D+G = S+T \qquad (단, 경상수지균형(X=IM) 가정)$$
> $$I^D = S(\equiv I) \qquad (단, 재정수지균형(G=T) 가정)$$

02 기타모형

1. 2부문모형

(1) 유효수요모형

2부문모형에서 총수요는 민간소비수요와 민간투자수요만 존재한다.

- 총수요: $Y^D = C + I^D$
  ▸ 민간소비수요: $C = C_0 + cY$
  ▸ 민간투자수요: $I^D = I_0$
  ▸ 총수요 : $Y^D = C + I^D = (C_0 + cY) + I_0 = (C_0 + I_0) + cY$
- 균형조건: $Y^D = Y \Rightarrow (C_0 + I_0) + cY = Y \Rightarrow C_0 + I_0 = Y(1-c) \quad \therefore Y_E = \frac{1}{1-c}(C_0 + I_0)$

예제 $C = 100 + 0.75Y$, $I^D = 100$ 일 때 균형 국민소득은?
  ▸ 유효수요: $Y^D = C + I^D = (C_0 + cY) + I_0 = (100 + 0.75Y) + 100 = 200 + 0.75Y$
  ▸ 국민소득: $Y^D = Y \Rightarrow 200 + 0.75Y = Y \Rightarrow 200 = Y(1-0.75)$
  $\therefore Y_E = \frac{1}{1-c}(C_0 + I_0) = \frac{1}{1-0.75} \cdot 200 = 4 \cdot 200 = 800$

(2) 주입·누출모형

① 2부문모형에서 주입·누출 균형조건은 $I^D = S$이 된다.
② 이때 민간저축(S)은 실현된(사후적) 투자지출(I)과 항상 같다($S \equiv I$).

- 주입·누출모형: $Y^D = \underline{C + I^D} = \underline{C + S} = Y = Y^S$
  　　　　　　　　　[소득창출]　[소득처분]
  　　　　　　　　$\Rightarrow C + I^D = C + S$ 　　(단, 소비수요= 소비지출)
  　　　　　　　　$\Rightarrow I^D = S$ 　　[균형조건: 주입≡누출]
  ▸ 주입: $I^D = I_0$
  ▸ 누출: $S = -C_0 + (1-c)Y$
- 균형 국민소득: $I^D = S \Rightarrow I_0 = -C_0 + (1-c)Y \Rightarrow C_0 + I_0 = Y(1-c) \quad \therefore Y_E = \frac{1}{1-c}(C_0 + I_0)$

예제 $C = 100 + 0.75Y$, $I^D = 100$ 일 때 균형 국민소득은?
  ▸ 누출(저축): $S = Y - C = Y - (C_0 + cY) = -C_0 + (1-c)Y = -100 + (1-0.75)Y$
  ▸ 균형조건: $I^D = S \Rightarrow 100 = -100 + (1-0.75)Y \Rightarrow 200 = (1-0.75)Y$
  ▸ 국민소득: $Y_E = \frac{1}{1-c}(C_0 + I_0) = \frac{1}{1-0.75}(100 + 100) = 800$

2. 3부문모형 : 정액세, 비례소득세

3부문 정액세모형에 비례소득세가 포함된 모형이다.
민간소비수요함수와 저축함수가 달라진다.

(1) 유효수요모형

> ⊙ 총수요 : $Y^D = C + I^D + G$
>
> ▸ 민간소비수요 : $C = C_0 + c Y_d = C_0 + c(Y - T_0 - tY) = (C_0 - cT_0) + c(1-t)Y$ (단, 한계소비성향 : $c(1-t)$)
> ▸ 기업과 정부의 투자수요 : $I^D = I_0$
> ▸ 정부소비수요 : $G = G_0$
> ▸ 조세(정액세) : $T = T_0 + tY$ (단, 비례소득세(tY))
> ▸ 총수요 : $Y^D = C + I^D + G = \{C_0 + c(Y - T_0 - tY)\} + I_0 + G_0$
> $\qquad\qquad = (C_0 - cT_0 + I_0 + G_0) + c(1-t)Y$
>
> ⊙ 균형조건($Y^D = Y$) : $\qquad Y^D = Y$
>
> $\qquad\qquad \Rightarrow \underline{(C_0 - cT_0 + I_0 + G_0) + c(1-t)Y} = Y$
> $\qquad\qquad \Rightarrow (C_0 - cT_0 + I_0 + G_0) = Y - c(1-t)Y$
> $\qquad\qquad \Rightarrow (C_0 - cT_0 + I_0 + G_0) = Y(1 - c(1-t))$
>
> $\qquad\qquad\qquad \therefore) \ Y_E = \dfrac{1}{1 - c(1-t)}(C_0 - cT_0 + I_0 + G_0)$

(2) 주입 · 누출모형

> ⊙ 주입 · 누출모형 : $Y^D = \underset{\text{[소득창출]}}{\underline{C + I^D + G}} = \underset{\text{[소득처분]}}{\underline{C + S + T}} = Y = Y^S$
>
> $\qquad\qquad \Rightarrow C + I^D + G = C + S + T$ (단, 소비수요 ≡ 소비지출)
> $\qquad\qquad \Rightarrow I^D + G = S(\equiv I) + T$ [균형조건 : 주입 ≡ 누출]
>
> ▸ 주입 : $I^D + G = I_0 + G_0$
> ▸ 누출 : $S + T = -(C_0 - cT_0) + \{1 - c(1-t)\}Y$
>
> $\qquad\qquad$ (단, $S = Y_d - C = (Y - T_0 - tY) - \{(C_0 - cT_0) + c(1-t)Y\}$
> $\qquad\qquad\quad T = T_0 + tY$)
>
> $\qquad\qquad = -(C_0 - cT_0 + T_0) + \{1 - t - c(1-t)\}Y$
>
> ⊙ 균형조건 : $I^D + G = S + T$ (균형조건으로부터 위와 동일한 국민소득식 도출)

3. 3부문모형 : 정액세, 유발투자

3부문 정액세모형에 유발투자가 포함된 모형이다.
투자수요함수만 달라진다.

(1) 유효수요모형

⊙ 총수요 : $Y^D = C + I^D + G$

▸ 민간소비수요 : $C = C_0 + cY_d = C_0 + c(Y - T_0) = (C_0 - cT_0) + cY$

▸ 기업과 정부의 투자수요 : $I^D = I_0 + dY$

▸ 정부소비수요 : $G = G_0$

▸ 조세(정액세) : $T = T_0$ 　　　(단, 비례소득세(tY))

▸ 총수요 : $Y^D = C + I^D + G = \{C_0 + c(Y - T_0)\} + (I_0 + dY) + G_0 = (C_0 - cT_0 + I_0 + G_0) + (c + d)Y$

⊙ 균형조건($Y^D = Y$) : $Y^D = Y \Rightarrow \underline{(C_0 - cT_0 + I_0 + G_0) + (c + d)Y} = Y$

$\Rightarrow (C_0 - cT_0 + I_0 + G_0) = Y - (c + d)Y$

$\Rightarrow (C_0 - cT_0 + I_0 + G_0) = Y(1 - c - d)$

$\therefore) \ Y_E = \dfrac{1}{1 - c - d}(C_0 - cT_0 + I_0 + G_0)$

(2) 주입·누출모형

⊙ 주입·누출모형 : $Y^D = \underline{C + I^D + G} = \underline{C + S + T} = Y = Y^S$

　　　　　　　　　　[소득창출]　　　　[소득처분]

$\Rightarrow C + I^D + G = C + S + T$　　　(단, 소비수요 ≡ 소비지출)

$\Rightarrow I^D + G = S + T$　　　　[균형조건 : 주입 ≡ 누출]

▸ 주입 : $I^D + G = (I_0 + dY) + G_0$

▸ 누출 : $S + T = -(C_0 - cT_0) + (1 - c)Y$

⊙ 균형조건 : $I^D + G = S + T$　　■ 균형조건으로부터 위와 동일한 균형 국민소득식 도출

4. 개방 정액세모형

3부문 정액세모형에 수출과 수입이 포함된 모형이다.

(1) 유효수요모형

⊙ 총수요: $Y^D = C + I^D + G + (X - IM)$

▸ 민간소비수요: $C = C_0 + c Y_d = C_0 + c(Y - T_0) = (C_0 - c T_0) + c Y$

▸ 기업과 정부의 투자수요: $I^D = I_0$

▸ 정부소비수요: $G = G_0$

▸ 조세(정액세): $T = T_0$

▸ 수출: $X = X_0$

▸ 수입: $IM = IM_0 + m Y$ (단, d: 한계수입성향)

▸ 총수요: $Y^D = C + I^D + G + (X - IM) = \{C_0 + c(Y - T_0)\} + I_0 + G_0 + (X_0 - IM_0 - m Y)$

$$= (C_0 - c T_0 + I_0 + G_0 + X_0 - IM_0) + (c - m) Y$$

⊙ 균형조건($Y^D = Y$): 균형조건으로부터 균형 국민소득(Y) 도출

$$Y^D = Y \implies \underline{(C_0 - c T_0 + I_0 + G_0 + X_0 - IM_0) + (c - m) Y} = Y$$

$$\implies (C_0 - c T_0 + I_0 + G_0 + X_0 - IM_0) + (c - m) Y = Y$$

$$\implies (C_0 - c T_0 + I_0 + G_0 + X_0 - IM_0) = (1 - c + m) Y$$

$$\therefore\ Y_E = \frac{1}{1 - c + m}(C_0 - c T_0 + I_0 + G_0 + X_0 - IM_0)$$

(2) 주입·누출모형

⊙ 주입·누출모형: $Y^D = \underline{C + I^D + G + X} = \underline{C + S + T + IM} = Y = Y^S$

                        [소득창출]   [소득처분]

$$\implies C + I^D + G + X = C + S + T + IM \quad \text{(단, 소비수요 ≡ 소비지출)}$$

$$\implies I^D + G + X = S + T + IM \quad \text{[균형조건: 주입 ≡ 누출]}$$

▸ 주입: $I^D + G + X = I_0 + G_0 + X_0$

▸ 누출: $S + T + IM = -(C_0 - c T_0 + IM_0) + (1 - c + m) Y$

⊙ 균형조건: $I^D + G + X = S + T + IM$ ■ 균형조건으로부터 위와 동일한 균형 국민소득식 도출

단순모형과 재정정책

I 재정과 재정정책

01 재정

① 정부의 세입(歲入), 세출(歲出)과 관련된 모든 경제활동을 재정이라고 한다.

② 세입은 정부의 수입이며 조세수입, 세외수입 및 자본수입으로 구성된다.

③ 세출은 정부의 지출이며 소비지출, 투자지출 및 이전지출로 구성된다.

④ 정부의 세입과 세출이 서로 같지 않을 때 재정수지 차가 발생한다.

> ◉ 균형재정: 세입＝세출
> ◉ 재정흑자: 세입＞세출
> ◉ 재정적자: 세입＜세출 (재정적자가 누적되면 정부채무 증가)

02 재정정책(fiscal policy)

① 세입(조세)과 세출(정부의 소비와 투자)을 조정하여 경제안정(물가안정, 고용확대 등)을 이루고자 하는 경제정책이다.

② 공급능력(잠재GDP)에 일치하도록 총수요를 관리하는 총수요관리정책이다.

③ 재정정책에 따른 재정수지차는 국민으로부터의 차입과 상환(국고채 매입·매각)을 통해서 보전(補塡)한다.

> ◉ 확대재정정책
>
> ▸ 정부지출확대, 조세감면을 통해 총수요 증대. 이때 재정적자 발생
> ▸ 재정적자는 민간에 국고채를 매각(국가채무 증가)하여 보전(국민에 차입)
>
>   ■ 중앙은행 차입으로 재원을 조달(통화증발)하는 것은 혼합정책
>
> ◉ 긴축재정정책
>
> ▸ 정부지출 축소, 조세증액을 통해 총수요 축소. 이때 재정흑자 발생
> ▸ 재정흑자는 기존의 정부채무 상환 등에 사용

Ⅱ | 케인즈단순모형과 재정정책

01 3부문 정액세모형

1. 균형 국민소득과 승수

> ⊙ 균형 국민소득: $Y_E = \dfrac{1}{1-c}(C_0 - cT_0 + I_0 + G_0)$
>
> ⊙ 유효수요승수 $= \dfrac{\text{국민소득 변동분}}{\text{최초 유효수요 변동분}} = \dfrac{dY}{dY^D} = \dfrac{1}{1-c}$
>
> ▸ 기초소비승수 $\dfrac{dY}{dC_0(dI_0, dG_0)} = \dfrac{1}{1-c} = \dfrac{1}{1-MPC} = \dfrac{1}{MPS}$
> ▸ 독립투자승수
> ▸ 정부지출승수   (단, MPC: 한계소비성향, MPS: 한계저축성향)
>
> ▸ 정액세승수 $\dfrac{dY}{dT_0} = \dfrac{-c}{1-c} = \dfrac{-c}{1-MPC} = \dfrac{-c}{MPS}$
>
>   ■ 정액세 감면 시, 총수요(소비) 증가분: $\triangle C = -c \cdot \triangledown T_0$ (단, $\triangledown T_0 = \triangle Y_d$)
>
> ▸ 균형재정승수(= 정부지출승수+정액세승수) $\dfrac{1}{1-c} + \dfrac{-c}{1-c} = 1$
>
>   ■ 한계소비성향(c)이 크고, 한계저축성향$(1-c)$은 작을수록 승수 大
>   ■ 균형재정승수: 정부지출과 정액세가 동시에 증가할 경우의 승수

2. 확대재정정책

① 경기침체 갭만큼 총수요를 늘리면 소득이 승수배 증가하여 GDP 갭이 해소된다.
② 확대재정정책에 따른 재정적자는 국고채를 발행하여 보전한다.

> ⊙ 국민소득증가분(GDP 갭)= 유효수요 증가분(경기침체 갭) × 유효수요승수
> ⊙ 정책수단: 정부지출 확대, 조세감면, 확대균형재정(조세증액= 정부지출증대)

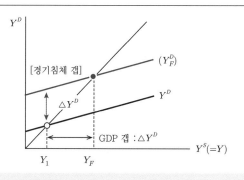

[확대재정정책: 경기침체 갭만큼 유효수요 확대]

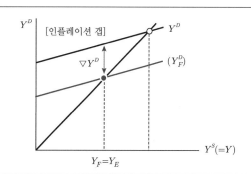

[긴축재정정책: 인플레이션 갭만큼 유효수요 축소]

(1) 정부지출 확대

① 정부지출을 확대하면 유효수요가 증가한다.

② 유효수요 증가분의 유효수요 승수배만큼 국민소득이 증가한다.

• 국민소득 증대효과: $\triangle Y = \triangle G \times \dfrac{1}{1-c}$

▸ 정부소비수요 증가분만큼 유효수요 증가

▸ 유효수요 증가분의 유효수요 승수배만큼 국민소득 증가

예제 $C = 100 + 0.75Y$ 이고 GDP 갭 $= 100$일 때 필요한 정부지출 규모는 얼마인가?

정부지출 승수 $= \dfrac{1}{1-c} = 4$, $\quad \triangle G \times 4 = 100 \quad \therefore) \ \triangle G = 25$

(2) 정액세 감면

① 정액세 감면액(∇T_0)의 정액세 승수배만큼 소득이 증가한다.

② 정액세를 감면하면 가처분소득이 증가($\nabla T_0 = \triangle Y_d$)하여 한계소비성향($c$)만큼 민간소비수요가 증가 ($\triangle C = c \triangle Y_d$)한다.

③ 따라서 민간소비수요 증가분의 유효수요 승수배만큼 국민소득이 증가하는 것이다.

• 국민소득 증대효과: $\triangle Y = \nabla T_0 \times \dfrac{-c}{1-c}$ $\quad$ (단, $\triangle Y = \triangle C \times \dfrac{1}{1-c}$)

▸ 정액세 감면 시, 가처분소득 증가: $\nabla T_0 = \triangle Y_d$

▸ 가처분소득이 증가하여 민간소비수요 증가: $\triangle C = c \triangle Y_d = c \nabla T_0$

▸ 소비증가분의 유효수요 승수만큼 국민소득 증가: $\triangle Y = \triangle C \times \dfrac{1}{1-c}$

예제 $C = 100 + 0.75Y$, GDP 갭 $= 100$일 때 필요한 정액세 감면액과 최초 증가한 총수요(민간소비수요)의 크기는 얼마인가?

• 정액세 승수 $= \dfrac{-c}{1-c} = \dfrac{-0.75}{1-0.75} = -3$, $\quad \nabla T_0 \times (-3) = 100 \quad \therefore) \ \nabla T_0 = 33.3$

• $\nabla T_0 = 33.3 = \triangle Y_d$, $\quad \triangle Y^D = \triangle C = c \triangle Y_d = 0.75 \times 33.3 = 25$

(3) 균형재정정책: 정액세 증액 = 정부지출 확대

① 정액세를 징수하여 정부지출을 확대하는 정책이며, 이 경우 재정적자는 발생하지 않는다.

② 균형재정정책을 시행하면 3부문 정액세모형의 균형재정 승수배(1)만큼 국민소득이 증가한다. 모형이 달라지면 균형재정승수는 달라진다.

③ 균형재정정책을 시행하지 않을 경우, 민간은 정액세만큼의 가처분소득으로 한계소비성향(c)만큼만 소비하고 나머지는 저축한다.

④ 따라서 균형재정정책을 시행하면 민간 저축분만큼 유효수요가 증가하며, 민간 저축분의 유효수요 승수배만큼 국민소득이 증가하게 되는 것이다.

• 국민소득 증대효과: $\triangle Y = (\triangle T_0 = \triangle G_0) \times 1$

▶ 정책을 시행하지 않을 경우 정액세만큼 가처분소득 증가: $\triangle T_0 = \triangle Y_d$

▶ 가처분소득 증가 시 민간저축 증가: $\triangle S = (1-c) \times \triangle Y_d$

▶ 정책을 시행할 경우 민간저축 증가분만큼 유효수요 증가: $\triangle Y^D = \triangle S$

▶ 저축 증가분의 유효수요 승수배만큼 국민소득 증가: $\triangle Y = \triangle S \times \dfrac{1}{1-c}$

예제 $C = 100 + 0.75Y$, GDP 갭=100일 때 필요한 균형재정정책 규모와 최초 증가한 총수요의 크기는 얼마인가?

• 균형재정승수 = 1, $[\triangle T_0 = \triangle G_0] \times 1 = \triangle Y = 100$ $\therefore) [\triangle T_0 = \triangle G_0] = 100$

• $\triangle Y^D = \triangle S = (1-c)\triangle Y_d = (1-c)\triangle T_0 = 0.25 \cdot 100 = 25$

---

3. 긴축재정정책

① 인플레이션 갭이 존재할 경우(총수요 과잉)에는 국민소득은 증가할 수 없으며 물가만 오른다.

② 이 경우는 긴축정책을 시행하여 인플레이션 갭만큼 총수요를 줄인다.

③ 긴축재정정책 수단은 정부지출 축소, 조세증액 및 긴축 균형재정정책(정액세와 정부지출 동시 축소)이다.

4. 승수효과(multiplier effect)

총수요가 증가하면 국민소득은 그 증가분의 몇 배로 증가하며 이를 승수효과라고 한다.

(1) 승수과정

① 경기침체하에서 총수요가 증가($\triangle Y^D$)하면 그 크기만큼 총생산과 국민소득이 증가($\triangle Y^D = \triangle Y^S = \triangle Y$)한다.

② 국민소득이 증가하면 민간소비가 한계소비성향(c)만큼 증가하여 총수요가 추가로 증가한다. ($\triangle\triangle Y^D = \triangle C = c \cdot \triangle Y$)

③ 총수요가 추가로 증가($\triangle\triangle Y^D$)하면 그 크기만큼 총생산과 국민소득이 추가로 증가($\triangle\triangle Y^D = \triangle\triangle Y^S = \triangle\triangle Y$)하게 된다.

④ 이러한 연쇄과정을 통해 최초 총수요 증가분의 승수배만큼 소득이 증가한다.

⊙ 승수과정　　　　　예 정부소비수요(G) 100 증가, 한계소비성향(c) 0.8

$$\triangle G = \triangle Y^D = 100 \qquad \Rightarrow \triangle Y^D = \triangle Y^S = \triangle Y\,(= \triangle G) = 100$$

$$\triangle C = c \cdot \triangle Y\,(= c \cdot \triangle G) = 80 \quad \Rightarrow \triangle\triangle Y^D = \triangle\triangle Y^S = \triangle\triangle Y\,(= c \cdot \triangle G) = 80$$

$$\triangle\triangle C = c \cdot \triangle\triangle Y\,(= c^2 \cdot \triangle G) \quad \Rightarrow \triangle\triangle\triangle Y^D = \triangle\triangle\triangle Y^S = \triangle\triangle\triangle Y = 64$$

(소득 증가분이 0이 될 때까지 과정 계속)

⊙ 전체 국민소득 증가분 $= \triangle G(100) + \triangle C\,(= c \cdot \triangle G = 80) + \triangle\triangle C\,(= c^2 \cdot \triangle G = 64) + \cdots \cdots$

$$= \triangle G \cdot (1 + c + c^2 + \cdots \cdots) \quad (단,\ 1 + c + c^2 + \cdots \cdots = \frac{1}{1-c} : 승수)$$

$$= \triangle G \cdot \frac{1}{1-c} = 100 \cdot \frac{1}{1-0.8} = 500$$

⊙ 전체 국민소득 증가분(전체 총수요 증가분) = 최초 총수요 증가분 × 승수 $= \triangle G \cdot \dfrac{1}{1-c} = 500$

---

(2) 승수과정의 한계　　　◀ 힉스(J. R. Hicks)

① 승수과정이 일어나고 있는 도중에 경제주체들의 한계소비성향(c)이 변화하는 경우에는 실제 승수를 정확히 측정할 수 없다.　　　　p.462의 '안정화정책과 기대교란' 참조

② 유효수요가 증가하더라도 공급애로(자본, 노동 및 원자재 부족 등)가 존재할 경우에는 생산이 증가할 수 없으므로 국민소득이 승수배 증가할 수 없다.

③ 총수요가 증가하더라도 불황이 극심할 경우에는 기업이 재고만 처분하고 생산을 늘리지 않을 수 있으며 이 경우에는 소득이 승수배만큼 증가할 수 없다.

02 기타모형

① 다음의 각 모형은 3부문 정액세모형에 여러 변수들이 추가된 모형이다.

② 재정정책과 관련된 모든 내용은 3부문 정액세모형과 같으며, 각 재정정책 승수의 크기만 달라진다.

③ 모형에 유발투자가 포함되면 각 재정정책의 승수가 커지고, 비례소득세와 수입이 포함되면 작아진다.

④ 모형에서 한계소비성향(c)과 한계투자성향(d)이 크고, 한계조세성향(t)과 한계수입성향(m)은 작을수록 각 재정정책 승수가 커진다.

⑤ 다음의 기타모형은 3부문 정액세모형에 모형별로 변수가 추가된 모형이며, 각 모형의 균형 국민소득식으로부터 각각의 승수가 도출된다.

1. 확대모형

⊙ 균형 국민소득: $Y_E = \dfrac{1}{1-c(1-t)-d+m}(C_0 - cT_0 + cTR_0 + I_0 + G_0 + X_0 - IM_0)$

⊙ 유효수요승수 $= \dfrac{\text{국민소득 변동분}}{\text{최초 유효수요 변동분}} = \dfrac{dY}{dY^D} = \dfrac{1}{1-c(1-t)-d+m}$

- ▸ 기초소비승수
- ▸ 독립투자승수
- ▸ 정부지출승수
- ▸ 　수출승수

$$\dfrac{dY}{dC_0\,(dI_0,\,dG_0,\,X_0)} = \dfrac{1}{1-c(1-t)-d+m}$$

- ▸ 기초수입승수 $\quad \dfrac{dY}{dIM_0} = \dfrac{-1}{1-c(1-t)-d+m}$

- ▸ 정액세승수 $\quad \dfrac{dY}{dT_0} = \dfrac{-c}{1-c(1-t)-d+m}$

  - ■ 정액세 감면 시, 가처분소득이 증가하여 총수요(소비) 증가

- ▸ 이전지출승수 $\quad \dfrac{dY}{dTR_0} = \dfrac{c}{1-c(1-t)-d+m}$

  - ■ 정부이전지출 증가 시, 가처분소득이 증가하여 총수요(소비) 증가

- ▸ 균형재정승수(= 정부지출승수 + 정액세승수) $\quad \dfrac{1-c}{1-c(1-t)-d+m}$

  - ■ 한계소비성향(c)과 한계투자성향(d)이 크고, 한계조세성향(t)과 한계수입성향(m)은 작을수록 승수 大
  - ■ 균형재정승수: 3부문 정액세모형과 달리 1이 아님

2. 3부문 정액세 및 비례소득세 모형

⊙ 균형 국민소득 : $Y_E = \dfrac{1}{1-c(1-t)}(C_0 - cT_0 + I_0 + G_0)$

⊙ 유효수요승수 = $\dfrac{\text{국민소득 변동분}}{\text{최초 유효수요 변동분}} = \dfrac{dY}{dY^D} = \dfrac{1}{1-c(1-t)}$

▸ 기초소비승수
▸ 독립투자승수 $\dfrac{dY}{dC_0(dI_0, dG_0)} = \dfrac{1}{1-c(1-t)}$
▸ 정부지출승수

▸ 정액세승수 $\dfrac{dY}{dT_0} = \dfrac{-c}{1-c(1-t)}$

■ 정액세 감면 시, 가처분소득이 증가하여 총수요(소비) 증가

▸ 균형재정승수(= 정부지출승수+정액세승수) $\dfrac{1-c}{1-c(1-t)}$

■ 한계소비성향(c)이 크고, 한계조세성향(t)은 작을수록 승수 大
■ 균형재정승수 : 3부문 정액세모형과 달리 1이 아님

3. 3부문 정액세 및 유발투자 모형

⊙ 균형 국민소득 : $Y_E = \dfrac{1}{1-c-d}(C_0 - cT_0 + I_0 + G_0)$

⊙ 유효수요승수 = $\dfrac{\text{국민소득 변동분}}{\text{최초 유효수요 변동분}} = \dfrac{dY}{dY^D} = \dfrac{1}{1-c-d}$

▸ 기초소비승수
▸ 독립투자승수 $\dfrac{dY}{dC_0(dI_0, dG_0)} = \dfrac{1}{1-c-d}$
▸ 정부지출승수

▸ 정액세승수 $\dfrac{dY}{dT_0} = \dfrac{-c}{1-c-d}$

■ 정액세 감면 시, 가처분소득이 증가하여 총수요(소비) 증가

▸ 균형재정승수(= 정부지출승수+정액세승수) $\dfrac{1-c}{1-c-d}$

■ 한계소비성향(c)과 한계투자성향(d)이 클수록 승수 大
■ 균형재정승수 : 3부문 정액세모형과 달리 1이 아님

4. 개방 정액세모형

⊙ 균형 국민소득 : $Y_E = \dfrac{1}{1-c+m}\left(C_0 - cT_0 + I_0 + G_0 + X_0 - IM_0\right)$

⊙ 유효수요승수 $= \dfrac{\text{국민소득 변동분}}{\text{최초 유효수요 변동분}} = \dfrac{dY}{dY^D} = \dfrac{1}{1-c+m}$

▸ 기초소비승수
▸ 독립투자승수　　　　　　　　　$\dfrac{dY}{dC_0\,(dI_0,\, dG_0,\, X_0)} = \dfrac{1}{1-c+m}$
▸ 정부지출승수
▸ 수출승수

▸ 기초수입승수　　　　　　　　　$\dfrac{dY}{dIM_0} = \dfrac{-1}{1-c+m}$

▸ 정액세승수　　　　　　　　　　$\dfrac{dY}{dT_0} = \dfrac{-c}{1-c+m}$

　■ 정액세 감면 시, 가처분소득이 증가하여 총수요(소비) 증가

▸ 균형재정승수(= 정부지출승수 + 정액세승수)　　　　$\dfrac{1-c}{1-c+m}$

　■ 한계소비성향(c)이 크고, 한계수입성향(m)은 작을수록 승수 大
　■ **균형재정승수** : 3부문 정액세모형과 달리 1이 아님

Ⅲ | 고전학파모형과 케인즈단순모형

01 재정정책에 대한 견해 차이

1. 구축효과(驅逐效果, crowding-out effect; 잠식효과)

① 재정정책을 시행하면 총수요가 변화하고 이자율이 변화한다.

② 이때 정부 재정정책에 의한 총수요 변화가 이자율 변화에 따른 민간부문의 총수요 변화에 의해 상쇄되는데 이를 구축효과라고 한다.

③ 이자율의 결정과 구축효과의 크기에 대해서는 학파별 견해 차이가 존재한다.

2. 고전학파모형 : 실물적이자율과 (완전)구축효과

① 고전학파모형에서는 이자율이 대부자금시장(투자자금시장, 생산물시장)에서 결정되며, 이를 실물적 이자율이라고 한다.　　　📖 p.318의 '국민소득항등식' 참조

② 대부자금수요는 국민소득항등식의 **국내총투자**(민간기업과 정부의 투자수요)로부터 발생한다. 민간기업의 투자수요가 이자율의 감소함수이므로 총투자는 이자율의 감소이다.

③ 대부자금공급은 국민소득항등식의 **국내총저축**[민간저축(S) + 정부저축($T-G$) + 국외저축($IM-X$)]에 의해 이루어진다. 민간저축이 이자율의 증가함수이므로 총저축은 이자율의 증가함수이다.

④ **확대재정정책**(정부지출 증가, 조세감면)을 시행하면 재정적자가 발생하여 정부저축($T-G$)이 감소하므로 총저축이 감소한다.

⑤ 총저축이 감소하면 대부자금공급이 감소(대부자금공급곡선 좌측이동)하여 이자율이 상승한다.

⑥ 이자율이 오르면 민간소비가 감소(민간저축 증가)하고, 민간투자가 감소하여 총수요가 감소한다.

⑦ 이때 확대재정정책에 의한 총수요 증가분과 이자율 상승에 따른 민간 총수요 감소분이 동일하다.

⑧ 따라서 확대재정정책에 의한 총수요 증가가 완전히 상쇄(완전구축효과)되어 총수요와 국민소득을 변화시킬 수 없다.

> ⊙ **확대재정정책** : 정부지출 확대 또는 조세감면에 의해 총수요 증가
>
> ⇒ 정부저축($T-G$)이 감소하여 총저축[$S+(T-G)+(IM-X)$] 감소
> ⇒ 실물적 이자율 상승
> ⇒ 민간저축 증가(민간소비 감소), 민간투자 감소
> ⇒ 총수요 다시 원래 수준으로 감소(**완전구축효과**)　　∴) 총수요 불변, 국민소득 불변

> ⊙ **긴축재정정책** : 정부지출 축소 또는 조세증액에 의해 총수요 감소
>
> ⇒ 정부저축($T-G$)이 증가하여 총저축[$S+(T-G)+(IM-X)$] 증가
> ⇒ 실물적 이자율 하락
> ⇒ 민간저축 감소(민간소비 증가), 민간투자 증가
> ⇒ 총수요 다시 원래 수준으로 증가(**완전구축효과**)　　∴) 총수요 불변, 국민소득 불변

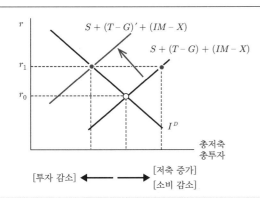
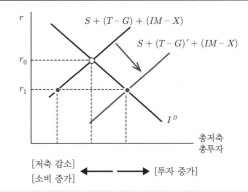

[확대재정정책: 총수요 증가]	[긴축재정정책: 총수요 감소]
[총저축 감소 ⇒ 이자율 상승 ⇒ 민간 투자 및 소비 감소]	[총저축 증가 ⇒ 이자율 하락 ⇒ 민간 투자 및 소비 증가]

3. 케인즈단순모형 : 채권시장과 승수효과   📖 Chapter 07. 통화수요함수와 이자율 결정 참조

① 케인즈모형에서 이자율은 채권시장의 채권가격에 의해 결정되는 채권수익률(3년 만기 국고채수익률)이며 채권가격과 채권수익률은 서로 부(−)의 관계이다.

② 채권가격은 금융시장(통화시장과 채권시장)의 상호작용을 통해 결정되므로 케인즈모형에서 이자율은 화폐적 이자율이다.   📖 Unit 03. 통화금융이론 참조

③ 확대재정정책(정부지출 증가, 조세감면)을 시행하면 재정적자가 발생하며, 재정적자는 국고채를 발행하여 충당한다.

④ 국고채를 발행하면 채권시장에서 채권의 공급이 증가(채권공급곡선 우측이동)하여 채권가격이 내려서 채권수익율(이자율)이 오른다.

⑤ 이자율이 오르면 민간소비가 감소(민간저축 증가)하고, 민간투자가 감소하여 총수요가 감소한다.

⑥ 이때 케인즈단순모형에서는 민간의 투자와 소비의 이자율탄력성이 0이므로 이자율이 올라도 민간의 소비와 투자가 전혀 변화하지 않는다.

⑦ 따라서 구축효과가 발생하지 않으므로 국민소득이 승수배 증가한다.

⑧ 앞으로 보게 될 케인즈학파모형에서는 민간의 투자와 소비의 이자율탄력성이 0이 아니며, 구축효과가 다소 나타나게 된다.

> ▶확대재정정책(정부지출 확대, 조세감면) : 국고채 매각하여 재정적자 보전
>
> ⇒ 국고채 매각. 국고채 공급 증가(국고채 공급곡선 우측이동)
> ⇒ 국고채가격 하락, 이자율(국고채 수익률) 상승
> ⇒ 민간투자와 민간저축 불변(민간소비 불변)   ∴) 구축효과가 발생하지 않으므로 국민소득 승수배 증가
>
> ▶긴축재정정책(정부지출 축소, 조세증액) : 국고채 매입하여 재정흑자 보전
>
> ⇒ 국고채 매입. 국고채 수요 증가(국고채 수요곡선 우측이동)
> ⇒ 국고채가격 상승, 이자율(국고채 수익률) 하락
> ⇒ 민간투자와 민간저축 불변(민간소비 불변)   ∴) 구축효과가 발생하지 않으므로 국민소득 승수배 감소

02 리카도의 상등성정리(RET : Ricardian Equivalence Theorem)

① 소비자가 미래전망적이며 합리적일 경우, 국채를 발행(국민차입)하여 정부지출을 늘리는 것(확대재정정책)은 조세를 징수하여 정부지출을 늘리는 것과 마찬가지로 민간소비를 줄이게 된다.

② 따라서 채권발행을 통한 확대재정정책은 국민소득을 증대시킬 수 없다.

⊙ 리카도 상등성(대등성)정리　　　　　◀ 리카도(D. Ricardo)

▸ 미래전망적인 소비자는 조세를 거두지 않고 국채를 발행하여 확대재정정책을 시행할 경우, 그 상환을 위해 미래에 조세가 부과될 것을 예상

▸ 이 경우 소비자는 소비를 줄이고 저축을 늘려 미래 조세부과에 대비

▸ 따라서 정부의 재원조달 방식(조세부과나 채권발행)은 소비자에게 동일한 효과(소비감소)를 미치게 되므로 민간 경제활동에는 변화가 없음

▸ 리카도 상등성 정리가 성립하면 채권 발행으로 재원을 조달하는 확대재정정액은 국민소득을 증대시킬 수 없음

⊙ 리카도 상등성정리가 성립하기 위한 조건

▸ 저축과 차입이 자유롭고 이자율이 서로 동일할 것(완전자본시장)

▸ 경제활동인구증가율이 0일 것

▸ 소비자가 근시안적 소비행태를 가지지 않고 합리적이고 미래전망적일 것

▸ 정부가 장기적으로 균형예산을 유지할 것. 즉 현재와 미래의 정부지출액을 더한 것과 현재와 미래의 조세수입을 더한 것과 같을 것

채권가격과 시장이자율

1. 국고채 가격과 국고채 수익률(시장이자율)

① 국고채는 만기에 지급할 이자가 확정되어 있는 확정이자부 증권이며, 국고채 시장에서 거래됨

② 시장에서 결정되는 국고채 가격에 따라 국고채 수익률이 결정되며, 국고채 수익률이 이자율

③ 이자가 확정되어 있는 상태에서 국고채 가격이 오르면 국고채 수익률(이자율) 하락

④ 따라서 확대재정정책 등에 따라 채권공급이 증가하면 채권가격이 하락하여 이자율 상승

2. 채권의 시장가격

① 채권가격은 발행가격과 상관없이 채권시장에서 채권수요와 채권공급에 따라 결정

② 매 기당 이자가 일정한 채권(이표채)의 경우, 채권가격은 매 기당 지급하는 이자흐름의 현재가치

③ 채권가격과 이자율(채권수익률)은 역의 관계

④ n기 후 상환 채권의 가격(P_B)

$$P_B = \text{이자흐름의 현재가치} = \frac{R}{(1+r)} + \frac{R}{(1+r)^2} + \cdots + \frac{R}{(1+r)^n} \qquad (\text{단, } R : \text{매 기당 이자})$$

⑤ 영구채(永久債)의 가격(P_B)

$$P_B = \text{이자흐름의 현재가치} = \frac{R}{r} \qquad (\text{단, 영구채 : 영구히 매 기당 이자 } R \text{ 지급})$$

3. 수익자산 가격과 수익률 : 매 기당 수익이 발생하는 자산의 가격은 채권의 경우와 마찬가지로 결정

① n기 후 수익자산의 가격(P)

$$P = \text{수익흐름의 현재가치} = \frac{R}{(1+r)} + \frac{R}{(1+r)^2} + \cdots + \frac{R}{(1+r)^n} \qquad (\text{단, } R : \text{매 기당 수익})$$

② 영구자산(永久資産)의 가격(P_B)

$$P = \text{수익흐름의 현재가치} = \frac{R}{r} \qquad (\text{단, 영구자산 : 영구히 매 기당 수익 } R \text{ 발생})$$

예제 확정이자부채권(consol) 발행 : 발행가격 1,000,000원, 1년 후 원리금 1,100,000원 지급

▸ 발행 시, 채권수익률(발행 이자율) 10%

  ▸ 채권가격이 1,050,000원으로 상승할 경우

  실제 이자 = 1,100,000 − 1,050,000 = 50,000,
  채권수익률(시장이자율) = 50,000/1,050,000 ≒ 4.8% (하락)

  ▸ 채권가격이 950,000원으로 하락할 경우

  실제 이자 = 1,100,000 − 950,000 = 150,000,
  채권수익률(시장이자율) = 150,000/950,000 ≒ 15.8% (상승)

03 재정의 자동안정화장치

1. 자동안정화장치(automatic stabilizer, built-in stabilizer) : 고전학파

① 국민소득이 완전고용 수준일 때 일시적인 경기변동(경기침체와 경기과열)은 재정부문에서 자동적으로 나타나는 안정화 기능에 의해 스스로 조정된다.

② 국민소득이 완전고용국민소득 이상으로 증가할 때는 조세수입이 증가하여 경기과열을 억제한다.

③ 국민소득이 완전고용국민소득 이하로 감소할 경우에는 조세수입이 감소하고 사회보장제도에 의한 정부이전지출이 증가하여 경기침체를 억제해 준다.

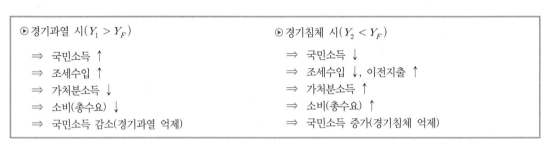

⊙ 경기과열 시($Y_1 > Y_F$)	⊙ 경기침체 시($Y_2 < Y_F$)
⇒ 국민소득 ↑	⇒ 국민소득 ↓
⇒ 조세수입 ↑	⇒ 조세수입 ↓, 이전지출 ↑
⇒ 가처분소득 ↓	⇒ 가처분소득 ↑
⇒ 소비(총수요) ↓	⇒ 소비(총수요) ↑
⇒ 국민소득 감소(경기과열 억제)	⇒ 국민소득 증가(경기침체 억제)

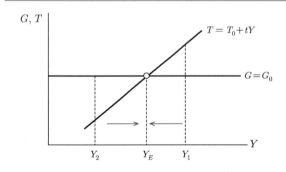

[재정의 자동안정화]

• 경기 과열(Y_1) 시 : 조세징수액 증가
  ⇒ 가처분소득 감소
  ⇒ 소비수요 감소, 경기과열 억제

• 경기침체(Y_2) 시 : 조세징수액 감소
  ⇒ 가처분소득 증가
  ⇒ 소비수요 증가, 경기침체 억제

2. 자동안정화기능의 정도 : 한계세율과 사회안전망

① 경기과열의 경우 각종 한계세율(한계소득세율, 법인세율 등)이 높을수록 조세징수액이 대폭 증가하므로 가처분소득과 민간소비도 대폭으로 감소하여 경기과열이 억제된다.

② 경기침체 시에는 누진적 소득세제에 따라 조세징수액이 감소하므로 민간가처분소득의 감소를 완화시킬 수 있다.

③ 또한 실업보험·기초생활보장제 등 사회안전망이 갖추어져 있을 경우에는 경기침체 시 실업보험금, 정부의 이전지출 지급이 확대되어 급격한 총수요 감소를 막을 수 있다.

3. 정책적 시사점

① 고전학파모형에서는 명목임금과 실물적 이자율의 완전신축적 조정에 따라 국민소득은 언제나 완전고용수준으로 결정된다.

② 일시적인 경기침체와 경기과열은 재정의 안정화기능에 따라 스스로 해소된다.

③ 따라서 경기조정을 위한 정부개입은 필요치 않다.

4. 케인즈학파의 반론 : 재정적 견인(fiscal drag)

① 재정의 자동안정화 기능은 국민소득이 완전고용 수준에 있을 때 성립할 수 있는 개념이다.

② 유효수요가 부족한 경기침체기에는 재정안정화기능이 경기회복을 오히려 방해한다.

③ 즉, 경기침체기에 국민소득이 증가할 경우 자동안정화기능이 작동하면 조세징수액을 증가시켜 국민소득의 증가를 방해하게 된다.

④ 케인즈학파는 이러한 현상을 재정적 견인이라고 하였다.

---

01 우리나라 수출품과 수입품의 국제시장가격이 변화하면 경제성장률과 실질국민소득변화율이 일치하지 않게 된다. 국제시장에서 수출품 가격이 오르고 수입품 가격이 내릴 경우 1) 실질무역손익의 변화와 2) 경제성장률과 실질국민소득변화율을 비교하시오.

> **해설** 1) 수출품 가격 상승, 수입품 가격 하락 ⇒ 교역조건 개선 ⇒ 실질무역이익. 따라서, GNI > GDP
> 2) 교역+조건 개선: 국민총소득(GNI) 증가율 > 경제성장률(GDP 증가율)
>
> - 교역조건 = $\dfrac{수입량}{수출량} = \dfrac{수출품 \ 가격}{수입품 \ 가격}$　　**예** 수출량 10개, 수입량 20개일 때 교역조건=2
>   의미: 수출품 1단위당 수입량 2개

02 ㈎를 참고하여, ㈏의 A국 2006년 실질 GNI 계산에 필요한 세 항목인 '교역조건의 변화를 반영한 명목무역손익', '환가지수', '교역조건이 불변일 때의 실질무역손익'을 계산과정과 함께 쓰시오.　　일반사회 08

> ㈎ 명목국민총소득(GNI)은 명목국민총생산(명목GNP)과 동일하다. 하지만 실질GNI와 실질GNP는 동일하지 않으며, 양자 간에는 다음과 같은 관계가 성립한다.
> 실질GNI=실질GNP+교역조건의 변화에 따른 실질무역손익
> 　　　　=실질GNP+교역조건의 변화를 반영한 실질무역손익
> 　　　　　　－교역조건이 불변일 때의 실질무역손익
> 　　　　=실질GNP+$\dfrac{명목수지}{환가지수}$ －교역조건이 불변일 때의 실질무역손익
> ■ 환가지수는 수출가격지수와 수입가격지수의 평균을 사용한다.
>
> ㈏ A국의 2005년 경상수지는 수출액과 수입액이 각각 100억 달러로 균형을 이루고 있었다. 2006년에는 2005년에 비해 수출입 상품의 가격만 변했을 뿐, 수출입 상품의 품목, 물량, 여타 수출입 여건 등에 아무런 변화가 없었다. 2006년에 수출품의 가격은 일률적으로 10% 하락한 반면, 수입품의 가격은 일률적으로 10% 상승했다.

> **해설** - 교역조건 변화에 따른 실질무역손익 = $\dfrac{명목무역수지}{환가지수}$ － 교역조건 불변 시 실질무역손익
>
> ▶ 명목무역수지(교역조건의 변화를 반영한 명목무역손익) = $100 \cdot 0.9 - 100 \cdot 1.1 = -20$
>
> 　(해당연도 가격 재화 및 서비스의 수출입차
>
> ▶ 환가지수: 수출입 가격지수의 평균 = $(0.9+1.1)/2 = 1$
>
> ▶ 교역조건 불변 시 실질무역손익: 기준연도 가격 재화 및 서비스의 수출입차 = $100 - 100 = 0$

03 다음 글을 읽고 밑줄 친 ㉠~㉤ 중에서 우리나라 GDP에 포함되는 항목을 골라 쓰시오. 일반사회 03

> 중소기업의 운영하는 홍길동 씨는 외국인 노동자를 고용하고 있다. 올해 초에 ㉠ 집값이 크게 오르고, ㉡ 보유 주식가격도 올랐다. 외국인 노동자의 생산성이 올라서 ㉢ 임금도 올려 주었다. 그러나 최근에는 불경기 때문에 생산한 물건이 잘 팔리지 않아 ㉣ 재고가 증가하고 있다. 해외에서 취업하고 있는 홍길동 씨의 아들은 매우 ㉤ 높은 연봉을 받고 있다.

정답 ㉢, ㉣

04 한 나라의 국민저축이 증가하고 있으나 국내총투자에 변화가 없을 경우 경상수지와 자본수지에 미치는 효과를 설명하시오.

해설 • 국민저축 증가 시, 국내투자 불변이면 국외저축 감소
   ▶ 국외저축이 감소하면 자본수지 악화(자본유출 증가)
   ▶ 국외저축이 감소하면 경상수지 개선 (순수출 증가)

I^D	≡	S	+	$(T-G)$	+	$(IM-X)$
국내총투자(불변)	≡	국민저축 ⇑ (증가)	+			국외저축 ⇓ [자본수지 악화] [경상수지 개선]

05 한 나라가 경기침체에서 벗어나기 위하여 확대재정정책을 시행할 경우 소위 '쌍둥이 적자'가 발생한 가능성이 크다고 한다. 국민소득항등식을 이용하여 그 내용을 설명하시오.

해설 • 확대재정정책 : 조세감면이나 정부지출 증가에 따라 재정수지 적자 발생

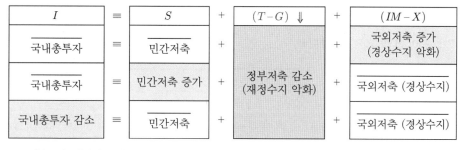

I	≡	S	+	$(T-G)$ ⇓	+	$(IM-X)$
국내총투자	≡	민간저축	+	정부저축 감소 (재정수지 악화)	+	국외저축 증가 (경상수지 악화)
국내총투자	≡	민간저축 증가	+		+	국외저축 (경상수지)
국내총투자 감소	≡	민간저축	+		+	국외저축 (경상수지)

   ▶ 국내총투자, 민간저축 불변일 때 : 국외저축 증가, 경상수지 악화(쌍둥이 적자)
   ▶ 국내총투자, 국외저축(경상수지) 불변일 때 : 민간저축 증가
   ▶ 민간저축, 국외저축(경상수지) 불변일 때 : 국내총투자 감소

06 어느 나라의 투자와 저축이 다음 표와 같다고 한다. 이 나라의 1) 경상수지, 2) 국내투자자금의 조달 내역 및 3) 국민저축의 국내외 투자 현황에 대하여 설명하시오.

• 국내총투자: 100	• 민간저축: 70	• 정부저축: 10

● 해설 국민소득항등식

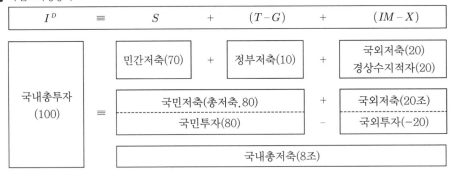

$$I^D \equiv S + (T-G) + (IM-X)$$

1. 경상수지 적자: 20
2. 국내투자자금 조달: 국민저축(80) + 국외저축(20)
3. 국민저축(80) ≡ 국민투자(80) ≡ 국내총투자(100) + 국외투자(−20)

07 쌀과 옷 두 재화만 생산하는 한 나라의 경제 데이터가 아래 표와 같다. 다음 질문에 답하시오.

구분	쌀		옷	
	가격(원)	생산량(가마)	가격(원)	생산량(벌)
2006년(기준연도)	10	150	12	50
2007년	12	200	15	100

7-1 2006년의 명목GDP

7-2 2007년의 실질GDP

7-3 2006년의 GDP 디플레이터

7-4 2007년의 라스파이레스 물가지수

7-5 2007년의 경제성장률

● 해설 **7-1.** 2006명목GDP=당해연도(t) 가격×당해연도(t) 생산량 $= \Sigma P_{it} \cdot Q_{it} = (10 \cdot 150) + (12 \cdot 50) = 2,100$
2006실질GDP=기준연도(0) 가격×당해연도(t) 생산량 $= \Sigma P_{it} \cdot Q_{it} = (10 \cdot 150) + (12 \cdot 50) = 2,100$
(기준연도 2006년 가격으로 계산) ■ 기준연도에는 명목GDP=실질GDP

7-2. 2007명목GDP=당해연도(t) 가격×당해연도(t) 생산량 $= \Sigma P_{it} \cdot Q_{it} = (12 \cdot 200) + (15 \cdot 100) = 3,900$
2007실질GDP=기준연도(0) 가격×당해연도(t) 생산량$= \Sigma P_{it} \cdot Q_{it} = (10 \cdot 200) + (12 \cdot 100) = 3,200$
(기준연도 2006년 가격으로 계산)

7-3. 2006년 GDP 디플레이터 $= \dfrac{\text{명목GDP(2,100)}}{\text{실질GDP(2,100)}} \times 100 = 100.00$ ■ 기준연도 : 명목GDP=실질GDP

$\quad$ 2007년 GDP 디플레이터 $= \dfrac{\text{명목GDP(3,900)}}{\text{실질GDP(3,200)}} \times 100 = 121.88$

7-4. 2007년 라스파이레스 물가지수 : 기준연도(2006년) 품목과 수량으로 계산

$$LPI = \frac{\Sigma P_{it} \cdot Q_{i0}}{\Sigma P_{i0} \cdot Q_{i0}} = \frac{(12 \cdot 150) + (15 \cdot 50)}{(10 \cdot 150) + (12 \cdot 50)} = \frac{2,550}{2,100} = 1.2143$$

$\quad$ 2007년 파쉐 물가지수 : 계산년도(2007년) 품목과 수량으로 계산

$$PPI = \frac{\Sigma P_{it} \cdot Q_{it}}{\Sigma P_{i0} \cdot Q_{it}} = \frac{(12 \cdot 200) + (15 \cdot 100)}{(10 \cdot 200) + (12 \cdot 100)} = \frac{3,900}{2,400} = 1.6250$$

7-5. 경제성장률 $= \dfrac{\text{2007년 실질GDP} - \text{2006년 실질GDP}}{\text{2006년 실질GDP}} = \dfrac{3,200 - 2,100}{2,100} = 0.5238$

Chapter 02 | 실질국민소득의 결정 : 단순모형

08 다음 ㉠과 같은 주장을 가리키는 경제학 용어를 쓰고, ㉡과 ㉢에 들어갈 말을 '증가, 감소, 불변' 중에서 골라 쓰시오.

일반사회 06

> 민간 부문만 있으며 투자의 크기가 외생적으로 주어지는 단순한 폐쇄경제를 생각하자. 가계 저축이 이자율의 영향을 받는가, 그렇지 않은가는 국민경제의 균형의 성격을 이해하는 데 매우 중요하다. 만약 저축이 이자율의 함수일 경우, 경제 내에서 이자율이 조정되며 저축과 투자 양자의 크기가 같아지게 된다. 그에 따라 ㉠총생산과 총수요는 언제나 일치하고 국민경제는 언제나 균형 상태에 있다.
> 그러나 저축이 이자율과 무관하고 단지 소득의 크기에 의해서만 영향을 받는다면, 저축과 투자의 크기는 각각 다른 힘에 의해 결정되고 따라서 경제의 총수요와 총공급의 일치는 보장되지 않는다. 이 경우에는 저축이 투자에 일치할 때까지 소득의 크기가 조정됨으로써 국민경제가 균형을 달성하게 된다. 이 경우, 저축이 투자에 미달하는 상태라면 국민소득의 크기는 (㉡)한다. 균형 상태에서 기업들이 생산을 늘리게 되면 균형 국민소득의 크기는 (㉢)한다.

정답 ㉠ 세이의 법칙   ㉡ 증가   ㉢ 불변

09 다음 그래프에서 Y_F는 완전고용국민소득이다. 총지출이 A와 B일 때 고용상태와 물가동향에 대해 각각 서술하시오.

일반사회 16

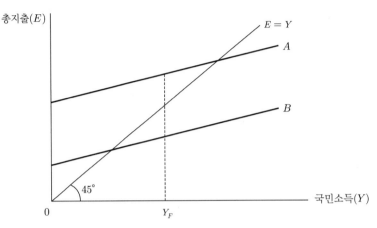

• **해설** • 디플레이션 갭(경기침체 갭: deflationary gap)과 GDP 갭

▶ 완전고용 수준의 공급능력보다 유효수요가 적을 경우 GDP 갭(완전고용 국민소득 − 실제 국민소득) 발생

▶ 완전고용 수준의 공급능력보다 유효수요가 적으므로 물가가 내리고 고용 감소

• 인플레이션 갭(inflationary gap)

▶ 완전고용 수준의 공급능력보다 유효수요가 많을 경우의 총수요 과잉분

▶ 완전고용 수준의 공급능력보다 유효수요가 많으므로 실제 균형 총생산은 증가할 수 없으므로 고용은 완전고용 수준에서 불변. 물가만 상승

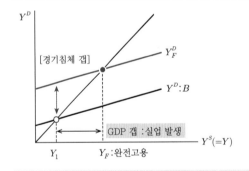

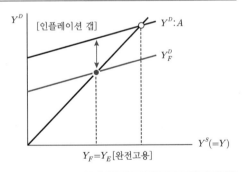

[경기침체 갭: 유효수요 부족분]	[인플레이션 갭: 유효수요 과잉분]
GDP Gap 발생: 물가 하락, 고용 감소	균형 국민소득(Y_E) = 잠재GDP(Y_F): 물가 상승, 고용 불변

10 다음 모형에서 균형국민소득은 얼마인지 쓰시오.

$Y = C + I + X - IM$	$C = 50 + 0.8\,Y$	$I = 50$
$IM = 0.2\,Y$	$X = 50$	

(단, Y : 국민소득, C : 소비지출, I : 투자지출, X : 수출, IM : 수입)

해설
- 확대모형의 균형국민소득식 : $Y_E = \dfrac{1}{1 - c\,(1 - t) - d + m}\,(C_0 - cT_0 + cTR_0 + I_0 + G_0 + X_0 - IM_0)$

  ▶ 확대모형의 승수 : $\dfrac{1}{1 - c\,(1 - t) - d + m}$

  ▶ 승수의 크기 : 한계소비성향(c), 유발투자성향(d)이 클수록 승수 大

  　　　　　　　비례소득세율(t), 한계수입성향(m)이 작을수록 승수 大

- 문제의 균형국민소득식(수출입모형) : $Y_E = \dfrac{1}{1 - c + m}\,(C_0 + I_0 + X_0)$

  ▶ $Y_E = \dfrac{1}{1 - c + m}\,(C_0 + I_0 + X_0) = \dfrac{1}{1 - 0.8 + 0.2}\,(50 + 50 + 50) = 375$

  ▶ 수입 : $IM = 0.2\,Y = 75$

11 다음의 거시경제모형에서 독립투자수요를 얼마나 증가시키면 완전고용국민소득을 달성할 수 있는지 쓰시오.
(단, Y : 국민소득, C : 소비지출, I : 투자지출, Y_f : 완전고용국민소득)

$Y = C + I$,	$C = 200 + 0.8\,Y$,	$I = 200$,	$Y_f = 3{,}000$

해설
- 문제(2부문 모형)에서

  ▶ 균형국민소득 : $Y_E = \dfrac{1}{1 - c}\,(C_0 + I_0) = \dfrac{1}{1 - 0.8}\,(200 + 200) = 5 \cdot 400 = 2{,}000$

  　　　　　　　(단, 독립지출승수 $= \dfrac{1}{1 - c} = 5$)

  ▶ GDP 갭 = 완전고용 GDP(Y_f) - 실제 GDP(Y_E) = 1,000

  ▶ GDP 갭과 경기침체 갭(총수요 부족분)의 관계

  경기침체 갭×독립지출승수 = GDP 갭　⇒　경기침체 갭 × 5 = 1,000

  ∴) 경기침체 갭 = 200이므로 독립투자를 200 늘려야 함

12 다음은 폐쇄경제인 갑국에 대한 자료이다. 〈작성방법〉에 따라 서술하시오.   일반사회 23

○ $Y = C + I + G$ ○ $C = \dfrac{3}{4}(Y - T)$

○ $T = tY$ ○ $t = 0.2$, $I = G = 80$

(단, Y는 국민소득, C는 소비, I는 투자, G는 정부지출, T는 조세, t는 소득세율을 나타낸다.)

〈작성 방법〉

○ 갑국의 균형국민소득이 얼마인지 쓸 것.

○ 국민소득이 균형일 때 T가 얼마인지 쓰고, 이때 갑국 정부의 재정상태가 어떠한지 서술할 것.

○ 갑국 정부가 목표 국민소득 수준을 600으로 설정한다면, 현재 상태에서 G를 어떻게 변화시켜야 하는지 서술할 것.

● 해설 ● 문제의 경우, 케인즈단순모형 중 3부분 비례소득세모형(단, 기초소비 없음)

▶ 균형국민소득: $Y = \dfrac{1}{1 - c(1-t)}(I_0 + G_0) = \dfrac{1}{1 - 0.75(1 - 0.2)}(80 + 80) = 2.5 \cdot 160 = 400$

(단, 승수 $= \dfrac{1}{1 - c(1-t)} = 2.5$)

▶ $T = tY \;\Rightarrow\; T = 0.2 \cdot 400 = 80$

▶ 목표국민소득이 600이면 증가해야 할 국민소득은 200

따라서, $\triangle G \times \dfrac{1}{1 - c(1-t)} = 200 \;\Rightarrow\; \triangle G \times 2.5 = 200 \quad \therefore) \triangle G = 80$

13 다음은 어느 나라의 거시경제모형이다. 정부는 국민소득을 증가시키기 위하여 조세를 줄이거나 정부지출을 늘리는 방안을 고민하고 있다. 이 모형에서 조세를 100만큼 줄일 경우 국민소득이 2배가 된다면 정부지출은 얼마를 늘려야 국민소득이 2배가 되는지 쓰시오.   일반사회 18

$$Y = C + I + G \qquad\qquad C = 5 + 0.8(Y - T)$$

(여기서, Y는 국민소득, C는 소비, I는 투자, G는 정부지출, T는 조세를 나타내며, I, G, T는 외생변수이다.)

● 해설 ● 3부문 정액세모형의 정액세 승수 $\dfrac{-c}{1 - c} = \dfrac{-0.8}{1 - 0.8} = -4$ 정부지출 승수 $\dfrac{1}{1 - c} = \dfrac{1}{1 - 0.8} = 5$

▶ 정액세 100 감면 시 국민소득 증가분 $= -100 \cdot \dfrac{-c}{1 - c} = -100 \cdot -4 = 400$

▶ 정액세 100 감면 시 국민소득이 두 배가 된다고 했으므로 원래 국민소득은 400

▶ 따라서 정부지출이 증가할 때 국민소득이 400 증가해야 함.

▶ 정부지출 X만큼 증가할 때 국민소득 증가분 $= 400 = X \cdot \dfrac{1}{1 - c} = X \cdot \dfrac{1}{1 - 0.8} = X \cdot 5 \quad \therefore) X = 80$

14 다음은 케인즈의 폐쇄경제모형이다. 다음 글을 읽고 물음에 답하시오.　　　　일반사회 04

$$Y^D = C + I^D + G, \qquad C = 0.5(Y - T) + 2,000, \qquad I^D = 2,000,$$
$$G = 1,000, \qquad\qquad T = 1,000,$$
$$Y^D = Y(\text{균형조건}), \qquad\qquad Y_F = 10,000$$

(단, Y^D 는 총수요, Y_F 는 완전고용국민소득, C 는 민간소비수요, I^D 는 투자수요,
　　G 는 정부소비지출, T 는 정액세를 의미하며, 모든 변수는 사전적 의미에서의 실질변수임)

14-1 이 경제모형에서 균형국민소득을 구하시오.

14-2 이 경제 모형에는 인플레이션 갭과 디플레이션 갭 중에 1) 어느 것이 존재하는지 2) 그 이유를 50자 이내로 쓰시오.

14-3 이 경제 모형에서 재정 정책을 사용한다면 정부 지출을 변화시키는 정책과 조세를 변화시키는 정책 중에서, 1) 총수요에 미치는 효과가 더 큰 쪽은 어느 것인가? 정부 지출과 조세의 크기가 100만큼 변한다는 전제 조건하에서 2) 그 구체적 근거를 120자 이내로 쓰시오.

⬥해설 **14**-1. 3부문 정액세모형 : $Y_E = \dfrac{1}{1-c}(C_0 - cT_0 + I_0 + G_0) = \dfrac{1}{1-0.5}(2,000 - 0.5 \cdot 1,000 + 2,000 + 1,000) = 900$

14-2. 실제 균형국민소득이 완전고용국민소득보다 적으므로 디플레이션 갭 존재

　　　 균형국민소득이 완전고용국민소득보다 낮아 실업 등이 존재한다.

14-3. 정부지출이 증가할 때 총수요(국민소득 대폭 증가)

　　　 정부지출승수 : $\dfrac{1}{1-c} = \dfrac{1}{1-0.5} = 2$. 정부지출이 100 증가하면 국민소득 200 증가

　　　 정액세승수 : $\dfrac{-c}{1-c} = \dfrac{0.5}{1-0.5} = 1$. 정액세를 100 감면하면 국민소득 100 증가

15 甲국과 乙국의 거시경제 상황에 대한 자료이다. 다음 물음에 답하시오.

> 甲국: 현재 국민소득 200, 완전고용국민소득은 450. 한계소비성향은 0.8
> 乙국: $C = 100 + 0.8Y_d$ $Y_d = Y - T$ $T = 0.25Y$ $I^D = 50$
> $G = 50$ $Y_F = 500$ (단, Y_F : 완전고용국민소득)

15-1 甲국이 GDP 갭을 해소시키기 위하여 확대재정정책을 통해 총수요를 증대시킬 경우에 1) 정부소비지출 조정액, 정액세 조정액, 및 균형재정정책에 의해 조세와 정부소비지출 조정액의 크기를 쓰고(계산과정 은 생략할 것), 2) 이러한 세 가지 조정이 이루어질 때 총수요가 증가하는 이유를 설명하시오.

15-2 乙국의 1) 균형국민소득과 경기침체 갭의 크기, 2) 완전고용국민소득 달성에 필요한 정부소비지출 증가액, 정액세 감면액 및 균형재정정책을 사용할 경우의 정액세액과 정부지출액은 각각 얼마인지 쓰시오

●해설 **15-1.** 1) 3부문 정액세 모형에 의한 균형국민소득식 $Y = \dfrac{1}{1-c}(C_0 - cT_0 + I_0 + G_0)$

정부지출승수$= \dfrac{1}{1-c} = 5$, 정액세승수$= \dfrac{-c}{1-c} = -4$, 균형재정승수$= \dfrac{1-c}{1-c} = 1$

△정부소비지출×정부소비지출승수(5)=GDP갭(250). 따라서, △정부소비지출=50

▽정액세 감면×정액세승수$\left(\dfrac{-c}{1-c} = 4\right)$=GDP갭(250). 따라서, ▽정액세 감면=62.5

[△정액세=△정부소비지출]×균형재정승수$\left(\dfrac{1-c}{1-c} = 1\right)$=GDP갭(250).

따라서, [△정액세=△정부소비지출]=250

2) 정부소비지출 증가 : 정부소비지출 증가액(50)만큼 총수요 증가

정액세 감면 : 가처분소득이 증가하여 민간소비수요 증가. $\triangle C = c \cdot \triangledown T_0 = 0.8 \cdot 62.5 = 50$
균형재정정책 : 이 정책을 시행하지 않았을 경우의 민간저축분만큼 총수요 증가
$$S = (1-c)Y = (1-0.8) \cdot 250 = 50$$

15-2. 1) 모형(3부문 비례세 모형)에 의한 균형국민소득식 $Y = \dfrac{1}{1 - c(1-t)}(C_0 + I_0 + G_0)$

$Y = \dfrac{1}{1 - c(1-t)}(C_0 - cT_0 + I_0 + G_0) = \dfrac{1}{1 - 0.8(1 - 0.25)}(100 + 50 + 50) = 2.5 \cdot 200 = 250$,

승수$\left(\dfrac{1}{1 - c(1-t)}\right) = 2.5$

GDP갭=완전고용국민소득(500)−균형국민소득(250)=250
경기침체갭(유효수요 부족분)×승수(2.5)=GDP갭(250). 따라서, 경기침체갭=100

2) △정부소비지출×정부소비지출승수(2.5)=GDP갭(250). 따라서, △정부소비지출=100

▽정액세 감면×정액세승수$\left(\dfrac{-c}{1 - c(1-t)} = 2\right)$=GDP갭(250). 따라서, ▽정액세 감면=125

[△정액세=△정부소비지출]×균형재정승수$\left(\dfrac{1-c}{1 - c(1-t)} = 0.5\right)$=GDP갭(250)

따라서, [△정액세=△정부소비지출]=500

16 한계소비성향은 0.75이고 한계조세성향은 0.2이며 투자는 독립투자뿐인 3부문경제를 생각해보자. 정부가 정액세를 100만큼 증가시키는 동시에 정부지출도 100만큼 증가시킬 경우 균형국민소득의 변화를 쓰시오.

> **해설**
> - 비례세가 포함된 3부문모형의 균형국민소득 : $Y = \dfrac{1}{1-c(1-t)}(C_0 - cT_0) + I_0 + G_0)$
>
> - 균형재정승수 $= \dfrac{1}{1-c(1-t)} + \dfrac{-c}{1-c(1-t)} = \dfrac{1-c}{1-c(1-t)} < 1$ 따라서, 100보다 적게 증가

17 만기일이 정해지지 않은 채권 A 의 가격이 10,000이고, 이 채권은 해마다 1,000원씩의 고정적인 이자가 지급된다고 한다. 만약 이 채권의 가격이 8,000원으로 변화할 때 이 채권의 연수익률은 어떻게 변화하는가?

> **해설**
> - 영구채(永久債) 가격(P_B) $P_B = \dfrac{R}{r}$ (단, R : 매 기당 이자, r : 수익률(이자율))
>
>   ▶ 최초 : $P_B = \dfrac{R}{r}$ $\Rightarrow$ $P_B = \dfrac{1,000}{r} = 10,000$ $\therefore$) $r = 0.1$ (10%)
>
>   ▶ 변화 후 : $P_B = \dfrac{R}{r}$ $\Rightarrow$ $P_B = \dfrac{1,000}{r} = 8,000$ $\therefore$) $r = 0.125$ (12.5%)   따라서 2.5%p 증가

18 재정정책을 시행할 경우 승수효과에 따라 국민소득이 크게 할 수도 있으나 국민소득이 전혀 증가하지 않는 경우도 있을 수 있다. 1) 만약 후자의 경우가 사실이라면 그 이유는 무엇인지 두 가지 방식으로 설명해보라. 2) 또한, 전자의 경우는 1)의 경우와 어떻게 다른지 설명하시오.

> **해설** 1) 고전학파 : 구축효과
> - 대부자금시장에 의한 구축효과 : 확대재정정책 시, 정부저축 감소
>
> $\Rightarrow$ 국내총저축 감소, 실물적 이자율 상승
> $\Rightarrow$ 민간의 소비와 투자 감소(총수요 감소)
>
> - 채권시장에 의한 구축효과 : 확대재정정책 시, 재정적자 발생. 국고채를 발생하여 재원조달(국고채 공급 증가)
>
> $\Rightarrow$ 국고채가격 하락, 이자율 상승
> $\Rightarrow$ 민간의 소비와 투자 감소(총수요 감소)
>
> 2) 케인즈단순모형 : 승수효과
>
>   ▶ 확대재정정책 시, 이자율 상승
>   ▶ 이 모형에서는 민간의 소비와 투자의 이자율 탄력성 0. 따라서 이자율이 상승해도 민간의 소비와 투자 불변

19 다음 주장에 대하여 그 내용을 설명하시오.

> 당국이 정부지출을 늘릴 때 정부지출의 재원조달 방법의 변화는 민간부문의 경제활동에 아무런 영향을 주지 않는다. 즉, 세금 대신 국채를 발행하여 정부지출의 재원을 마련해도 민간소비는 감소할 것이다.

해설
- 리카도 상등성(대등성) 정리
  - ▶ 소비자는 정부가 정부지출 재원을 마련하기 위하여 조세를 징수하는 대신 국채를 발행할 경우, 국채상환을 위해 미래의 조세징수가 증가할 것으로 예상하므로 소비를 줄이고 저축을 늘리게 됨
  - ▶ 따라서 정부의 정부지출을 위한 재원조달 방식(조세징수 또는 국채발행)은 민간 소비에 동일한 효과를 가짐
- 리카도 상등성정리가 성립하기 위한 조건
  - ▶ 저축과 차입이 자유롭고 이자율이 서로 동일할 것(완전자본시장). 이런 상태를 유동성제약이 없다고 표현함
  - ▶ 경제활동인구증가율이 0일 것
  - ▶ 소비자가 근시안적 소비행태를 가지지 않고 합리적이고 미래전망적일 것
  - ▶ 정부는 장기적으로 균형예산(현재와 미래의 정부지출액＝현재와 미래의 조세수입)을 유지할 것

개별함수이론

박지훈의
친절한 경제학

소비수요함수

I 절대소득가설과 소비함수논쟁

01 케인즈(J. M. Keynes)의 절대소득가설(absolute income hypothesis)

① 현재 시점의 소비수요(C_t)는 현재 가처분소득(Y_{dt})에 따라 결정된다.

② 따라서 조세조정에 의한 재정정책은 민간소비수요를 변화시켜서 국민소득을 변화시킬 수 있다.

> ⊙ 절대소득가설: $C_t = C(Y_{dt}) = C_0 + c Y_{dt}$ (단, t : 현재 시점)
>
> ▸ 소비수요선은 소비축에서 절편을 가지고 우상향하는 직선
> ▸ 평균소비성향($APC = \tan \alpha$) > 한계소비성향($MPC = \tan \beta$)
> ▸ 소득 증가 시, 한계소비성향(MPC)은 일정, 평균소비성향(APC)은 감소
> ▸ 한계소비성향(MPC), 평균소비성향(APC) < 1 (일반적 소비심리)

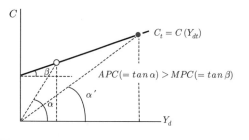

[케인즈의 절대소득가설]

• 평균소비성향(APC) : $APC = \dfrac{C}{Y} = \tan \alpha \ \ (<1)$

• 한계소비성향(MPC) : $MPC = \dfrac{dC}{dY} = \tan \beta \ \ (<1)$

• 평균소비성향(APC) > 한계소비성향(MPC)

• 가처분소득이 증가할 때, 평균소비성향(APC) 감소, 한계소비성향(MPC)은 일정

02 소비함수논쟁

① 통계적 실증분석에 따르면 케인즈의 절대소득가설은 실제 소비에서 나타나는 일부 현상(장기소비수요함수)을 설명할 수 없는 것으로 드러났다.

② 이에 따라 실제 소비행태를 설명할 수 있는 여러 소비함수가 제시되었다.

(1) 횡단면자료(cross - section data) 분석

일정 시점에서 계층별 소득과 소비의 관계에 대한 실증분석 결과이다.

> ⊙ 횡단면 분석결과 : $APC > MPC$
>
> 평균소비성향이 한계소비성향보다 크므로 소비수요곡선은 소비축에서 우상향하는 직선. 케인즈 절대소득가설과 일치
>
> ⊙ 경제적 의미
>
> ▸ 고소득층은 저소득층에 비하여 평균소비성향$\left(APC = \dfrac{C}{Y} \right)$이 낮음
>
> ▸ 이는 고소득층이 저소득층에 비해 소득 중 소비비중이 낮다는 것을 의미

(2) 쿠즈네츠(S. Kuznets)의 시계열자료(time - series data) 분석

연도별(美, 1869~1929) 국민소득과 소비의 관계에 대한 실증분석 결과이다.

> ⊙ 장기소비함수(LRC : long - run consumption) : $APC = MPC$
>
> ▸ 장기적으로는 평균소비성향과 한계소비성향이 동일($APC = MPC$)
>
> ▸ 장기소비곡선은 원점에서 우상향하는 직선. 절대소득가설로 설명 불가
>
> ⊙ 단기소비함수(SRC : short - run consumption) : $APC > MPC$
>
> ▸ 단기적으로는 평균소비성향이 한계소비성향보다 큼($APC > MPC$)
>
> ▸ 단기소비수요곡선은 소비축에서 우상향하는 직선. 절대소득가설과 일치
>
> ⊙ 경제적 의미
>
> ▸ 호황기(Y_1) : 소득이 많으므로 평균소비성향$\left(APC = \dfrac{C}{Y} \right)$ 작음. 따라서 단기$APC <$ 장기APC
>
> ▸ 불황기(Y_2) : 소득이 작으므로 평균소비성향$\left(APC = \dfrac{C}{Y} \right)$ 큼. 따라서 단기$APC >$ 장기APC

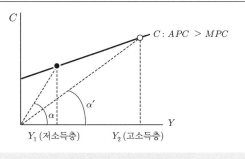

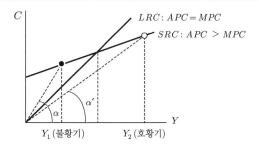

[횡단면분석: 소득계층별 소비]   [시계열분석: 장기와 단기]

• $APC > MPC$ • 단기: $APC > MPC$ • 장기: $APC = MPC$

Ⅱ 프리드먼(M. Friedman)의 항상소득가설

현재의 소비수요는 현재 시점에서 예상되는 미래 예상소득에 따라 결정된다.

01 소득

① 미래 예상소득(Y)은 항상소득(Y_P)과 임시소득(Y_T)의 합이다.
② 항상소득(permanent income)은 평생 벌 수 있을 것으로 예상되는 평균소득이다.
③ 임시소득(transitory income)은 예상치 못한 일시적 소득이다.
④ 임시소득은 정(+)이 될 수도 있고 부(−)가 될 수도 있으나, 평균적으로 예상되는 임시소득의 기대치($E(Y_T)$)는 0이 되는 것으로 보는 것이 합리적이다.

> ⊙ 예상소득(Y) : $Y = Y_P + Y_T$ (단, Y_P : 항상소득, Y_T : 임시소득, $E(Y_T) = 0$)

02 소비

① 소비는 항상소득과 임시소득을 더한 미래 예상소득(Y)에 따라 결정된다.
② 임시소득(Y_T)의 기대치가 0이므로 소비는 항상소득(Y_P)에 따라 결정된다.
③ 이는 임시소득(Y_T)은 소비하지 않고 모두 저축한다는 것을 의미한다.

> ⊙ 항상소득가설
> - 소비수요함수 : $C = C(Y_P) = c \cdot Y_P = c \cdot (Y - Y_T)$ (단, $0 < c < 1$: 상수, $Y = Y_P + Y_T$)
> - 평균소비성향(APC) : $\boldsymbol{APC} = \dfrac{C}{Y} = \dfrac{c \cdot (Y - Y_T)}{Y} = \boldsymbol{c \cdot \left(1 - \dfrac{Y_T}{Y}\right)}$

03 항상소득가설의 특징

① 항상소득가설에 따르면 장·단기소비와 계층별 소비를 모두 설명할 수 있다.
② 케인즈모형에서는 조세를 조정하면 가처분소득이 변화하여 민간소비수요가 변화한다.
③ 그러나 항상상소득가설에 따르면 조세조정에 의한 가처분소득의 변화는 임시소득의 변화이므로 민간소비가 변화하지 않는다. 따라서 조세조정에 의한 재정정책은 효과가 없다.

III 안도(A. Ando), 모딜리아니(F. Modigliani)의 생애주기가설

소비수요는 현재 시점에서 예상되는 생애소득(life cycle income)에 따라 결정된다.

01 소득

① 생애소득($T \cdot Y$)은 남은 생애(life - cycle)의 예상 총소득이다. 매 기당 예상소득(Y)에 잔존 수명(T년)을 곱한 값이며, 예상 자산소득과 근로소득으로 구성된다.
② 예상자산소득은 현재 보유자산(W; 주식, 채권 등 금융자산과 주택, 부동산 등 실물자산)으로부터 예상되는 자산소득이며, 현재 보유자산(W)과 동일하다.
③ 예상근로소득($R \cdot Y_L$)은 은퇴할 때까지 재직 기간(R년) 중 예상되는 근로소득이며, 매 기당 예상근로소득에 재직 기간을 곱한 값이다.

> ⊙ 생애소득($T \cdot Y$) : $T \cdot Y = W + (R \cdot Y_L)$
>
> (단, $T \cdot Y$: 예상소득, T : 잔존 수명, Y : 매 기당 예상소득,
> W : 현재 자산가치= 예상자산소득, $R \cdot Y_L$: 예상근로소득,
> R : 재직 기간, Y_L : 매 기당 예상근로소득)
>
> ▸ 예상 자산소득(W) : 미래 예상 자산소득. 현재 보유 자산가치(W)와 동일
> ▸ 예상 근로소득 ($R \cdot Y_L$) : 은퇴 시까지 예상되는 근로소득

02 소비

소비자는 미리 예상한 생애소득을 나머지 생애에 모두 소비하며, 매 기당 일정하게 소비(C)하고자 한다.

03 생애주기가설의 특징

① 생애주기가설에 따르면 장·단기소비와 계층별 소비를 모두 설명할 수 있다.
② 또한 생애주기가설에 따르면 조세조정은 미래 예상소득에는 영향을 미칠 수 없다.
③ 따라서 조세조정에 의한 재정정책은 조세조정은 소비수요, 총수요 및 국민소득을 변화시킬 수 없다.

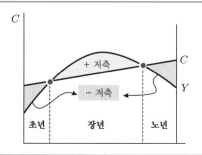

[횡단면 분석]
• 소비자는 생애소득을 매 기당 일정하게 소비하고자 함
• 미취업기(초년)와 노년기에는 평균소비성향이 크고, 장년기(재직기)에는 평균소비선향이 작다.

Ⅳ | 듀젠베리(J. Duesenberry)의 상대소득가설

01 상대소득가설

소비는 현재소득뿐 아니라 자신의 과거소득 및 타인의 소득수준에 의해서도 영향을 받는다.

02 톱니효과와 전시효과

(1) 톱니효과(ratchet effect)와 소비의 비가역성

① 소비는 자신의 과거 최고소득수준에 의해 영향을 받는다.
② 자신의 평균소득 수준이 감소할 때 소비는 시차를 가지고 감소하며, 소비경로가 톱니바퀴 모양이 된다.
③ 평균소득 수준이 증가할 때는 소비가 직접 증가한다.
④ 이와 같이 소득이 감소할 때는 소비가 시차를 가지고 조정되고 소득이 증가할 때는 직접 증가하는 현상을 소비의 비가역성이라고 한다.

(2) 전시효과(demonstration effect)와 횡단면소비

① 소비자는 자신이 속한 사회계층(소득집단)의 소비행태에 영향을 받으며 이를 전시효과라고 한다.
② 저소득층은 자신보다 평균소득이 높은 계층의 소비행태를 따라 소비한다.

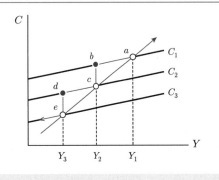

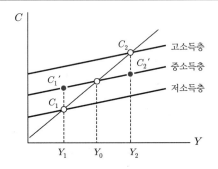

[톱니효과]	[전시효과와 횡단면분석]
• 소득 감소 시: $a \Rightarrow b \Rightarrow c \Rightarrow d \Rightarrow e$ (시차 조정)	• 저소득층: 중산층의 소비행태에 따라 소비 C_1'
• 소득 증가 시: $e \Rightarrow c \Rightarrow a$ (비가역성. 즉시 증가)	• 고소득층: 중산층의 소비행태에 따라 소비 C_2'

MEMO

CHAPTER

05 투자수요함수

Ⅰ 기대수익에 의한 투자이론

기업은 투자비용 이자율과 기대(예상) 투자수익률에 따라 투자 여부를 결정한다.
고전학파는 이자율, 케인즈는 기대수익률(예상수익률)을 중시한다.

01 고전학파의 현재가치법(I. Fisher)

1. 기대수익흐름의 현재가치(PV : present value)

(1) 미래가치와 현재가치 : 미래가치를 현재 시점에서 평가한 가치

① 현재가치(R_0)의 n 기 후 미래가치(R_n)는 이자율을 곱한 형태로 도출된다.
② n 기 후 미래가치(R_n)의 현재가치(PV_n)는 이자율로 할인하여 도출한다.

[미래가치]		[현재가치]
$R_1 = R_0(1+r)$	$\Rightarrow$	$PV_1 = \dfrac{R_1}{(1+r)} \ (=R_0)$
$R_2 = R_1(1+r) = R_0(1+r)(1+r) = R_0(1+r)^2$	$\Rightarrow$	$PV_2 = \dfrac{R_2}{(1+r)^2} \ (=R_0)$
$\vdots$		$\vdots$
$R_n = R_0(1+r)^n$	$\Rightarrow$	$PV_n = \dfrac{R_n}{(1+r)^n} \ (=R_0)$

(단, R_0 : 현재가치(원금), R_1 : R_0의 1기 후 원리금, R_n : n기 후 원리금,
    PV_1 : R_1 의 현재가치, PV_n : R_n 의 현재가치)

이자율 상승 시, 미래가치(R_n) 증가, 현재가치(PV) 감소

⑵ 기대수익흐름의 현재가치(PV)

미래에 연속적으로 발생할 기대수익의 총액을 현재 시점에서 평가한 가치이다.

> ⊙ 기대수익흐름의 현재가치(PV) : $PV = \dfrac{R_1}{(1+r)} + \dfrac{R_2}{(1+r)^2} + \cdots + \dfrac{R_n}{(1+r)^n}$
>
> (단, R_1 , R_2 , $\cdots$, R_n : 기(期)별 기대수익)
>
> ⊙ 기대수익흐름의 순현재가치(NPV : net present value) : $NPV = PV - I$　　　(단, I : 투자액)

2. 투자수요함수

① 투자지출액(I)보다 투자에 따른 기대수익흐름의 현재가치(PV)가 더 크면 투자할 때 순이익이 예상되므로 투자한다.

② 이자율이 하락하면 기대수익흐름의 현재가치(PV)가 증가한다.

③ 따라서 이자율이 하락하면 투자가 증가한다.

> ⊙ 투자수요함수 : $I^D = I(r)$　　　(단, $I' < 0$. 투자수요는 이자율의 감소함수)
>
> ▸ 　┌ 기대수익흐름의 현재가치 > 투자액 : 투자 실행
> 　　└ 기대수익흐름의 현재가치 < 투자액 : 투자 미실행
>
> ▸ 　┌ 이자율 하락 : 기대수익흐름의 현재가치 증가 ⇒ 투자 증가
> 　　└ 이자율 상승 : 기대수익흐름의 현재가치 감소 ⇒ 투자 감소

02 케인즈(J. M. Keynes)의 내부수익률법

1. 투자의 한계효율(MEI : marginal efficiency of investment)

① 투자의 한계효율은 투자에 따른 기대수익흐름의 현재가치(PV)와 투자액(I)을 일치시키는 할인율이다.

② 따라서 투자순익(純益)이 0이 될 것으로 예상되는 수익률이며, 내부수익률이라고도 한다.

> ⊙ **투자의 한계효율**: 내부수익률, 예상수익률
>
> ▸ 기대수익흐름 현재가치(PV)와 투자액(I)을 일치시키는 할인율
>
> $$PV = \frac{R_1}{(1+m)} + \frac{R_2}{(1+m)^2} + \cdots + \frac{R_n}{(1+m)^n} = I \quad \text{(단, } m \text{ : 내부수익률)}$$
>
> ▸ 경제적 의미: 투자에 따른 기대수익과 투자액이 주어져 있을 때,
>   순수익률이 0이 될 것으로 예상되는 수익률

2. 내부수익률법(한계효율법)

(1) 투자의 결정

① 투자의 한계효율(MEI; 내부수익률)과 이자율을 비교하여 투자를 결정한다.

② 기업은 내부수익률(예상수익률)이 이자율보다 높으면 투자하고, 낮으면 투자하지 않는다.

> ⊙ **투자균형**: $PV = \dfrac{R_1}{(1+m)} + \dfrac{R_2}{(1+m)^2} + \cdots + \dfrac{R_n}{(1+m)^n} = I$
>
> ⊙ **경제적 의미**: 기대수익흐름 현재가치(PV)와 투자액(I)이 같을 때 투자순수익 0
>
> ▸ $r_0 > m \iff PV < I$: 투자 시 손실 발생. 투자 미실행
> $r_0 < m \iff PV > I$: 투자 시 이익 발생. 투자 실행
>
> ▸ 내부수익률 감소 또는 이자율 상승 $\Rightarrow r > m$: 투자 감소
>   내부수익률 증가 또는 이자율 하락 $\Rightarrow r > m$: 투자 증가
>
> ⊙ 기대수익흐름의 순현재가치(NPV : net present value)와 투자
>
> ▸ $NPV > 0 \ (r < m)$: 투자 실행   (단, $NPV = PV - I$)
> ▸ $NPV < 0 \ (r > m)$: 투자 미실행

⑵ 투자수요함수

① 투자는 내부수익률의 증가함수이며 이자율의 감소함수이다.

② 이자율(r)보다는 투자의 한계효율(m)이 투자결정에 더욱 중요한 역할을 한다.

③ 즉, 이자율이 아무리 높더라도 투자의 한계효율(예상수익률)이 더 높다면 투자순익(純益)이 예상되므로 투자가 실행된다.

④ 따라서 투자는 이자율 수준보다는 기업의 주관적 판단인 예상수익률에 따라 결정된다.

⑤ 케인즈단순모형에서 **독립투자수요함수**는 투자가 예상수익률에 따라 결정된다는 것을 의미한 것이다.

⊙ 케인즈 투자수요함수: $I^D = I(m, r)$ (단, $I_m > 0$: 투자는 내부수익률의 증가함수,

$I_r < 0$: 투자는 이자율의 감소함수, 투자수요의 이자율 탄력도 작음)

⊙ 독립투자수요함수: $I^D = I(m) = I_0$ (단, 투자수요의 이자율 탄력도 0)

---

3. 내부수익율법의 문제점

① 투자수익이 n기에 걸쳐 발생할 때 내부수익률은 n차 방정식의 해이므로 유일한 내부수익률을 도출할 수 없다.

② 또한 3기 이상에 걸친 투자계획이나 투자규모가 서로 다른 투자계획의 우선순위를 평가할 때 오류의 가능성이 있다.

③ 따라서 실제 투자결정은 현재가치법에 의해 결정되지만, 내부수익률법은 기업의 심리적 요인(투자 마인드, 동물적 직관)이 투자 결정에 보다 중요한 역할을 한다는 것을 강조한다.

Ⅱ 가속도이론

기업의 투자는 국민소득수준에 따라 영향을 받으며 이를 유발투자라고 한다.

1. 소비와 투자

① 소비가 증가하면 판매가 증가하므로 기업은 자본설비를 늘린다.
② 따라서 당기 유발투자수요는 당기 소비증가분에 따라 결정된다.
③ 이때 유발투자는 투자의 불가분성(不可分性)에 따라 소비증가분 이상으로 증가한다.

> **예** 판매 증가분 = 5천 개, 생산 라인당 기본생산량 = 7천 개

2. 가속도이론 　　　　　　　　　◀ 사무엘슨(P. A. Samuelson)

① 위의 관계에서 소비는 소득수준에 따라 결정되므로 결국 유발투자는 소득에 따라 결정된다. 즉 소득이 증가하면 소비가 증가하여 유발투자가 증가한다.
② 이때, 당기 유발투자는 전기와 전전기 소득격차의 일정비율($b \cdot \beta$)로 결정되며 한계소비성향(c)과 소비의 가속도계수(β)가 클수록 유발투자가 증가한다.
③ 따라서 유발투자는 소득수준이 높을 때(호황기)가 아니라, 소득 증가분의 크기가 클 때(경기회복기) 크게 증가한다.

> ⊙ 소비와 유발투자: $I_t = \beta \triangle C_t = \beta(C_t - C_{t-1})$ 　　　　(단, $\beta > 1$)
>
> ⊙ 유발투자수요함수: $I_t = \beta \triangle C_t = \beta(C_t - C_{t-1}) = \beta(c \cdot Y_{t-1} - c \cdot Y_{t-2}) = c \cdot \beta(Y_{t-1} - Y_{t-2})$
>
> 　　　　　　(단, $C_t = c \cdot Y_{t-1}$, $C_{t-1} = c \cdot Y_{t-2}$, $c = MPC$, $c \cdot \beta(>1)$: 가속도계수)

3. 가속도이론의 한계

① 가속도계수는 경제상황에 따라 변화하므로 정확한 측정이 곤란하다.
② 또한 모형에 따르면 유발투자는 자본의 완전고용상태에서 나타난다.
③ 그러나 실제 유발투자는 유휴설비가 존재하는 경기침체하에서 경기회복이 기대될 때 활발하게 이루어지는 것이 일반적이다.

Ⅲ | 자본스톡조정모형

명목이자율, 물가변동률, 감가상각률, 국민소득수준 등 투자수요에 영향을 미치는 모든 변수를 고려한 투자수요이론이며 신고전학파 투자이론이라고도 한다.

1. 기본개념

(1) 자본고용 이윤극대화조건　　　📖 Part 01 - Chapter 17. 후생경제이론 참조

> ⊙ 자본고용 이윤극대화 조건(생산물시장과 자본시장이 모두 완전경쟁시장일 때)
>
> 　　한계요소비용($MFC_K = r$) = 한계생산물가치($VMP_K = P \cdot MP_K$)
>
> ▸ 이윤극대화 조건(명목이자율 기준): $r = P \cdot MP_K$　　(단, r : 명목이자율)
>
> ▸ 이윤극대화 조건(실질이자율 기준): $\dfrac{r}{P} = MP_K$　　(단, $\dfrac{r}{P}$: 실질이자율)
>
> ▸ 이윤극대화 조건(감가상각률 포함): $\dfrac{r}{P} + \delta = MP_K$　　(단, δ : 감가상각률)

(2) 적정자본스톡과 투자

① 매 기당 투자(I_t)는 이윤극대화조건($r = P \cdot MP_K$)을 충족시키는 적정자본스톡(K^*)과 실제자본스톡(K_{t-1})과의 차이($K^* - K_{t-1}$)에 따라 결정된다.

② 따라서 적정자본스톡과 실제자본스톡의 차이가 커지면 투자가 증가한다.

> ⊙ 투자수요함수: $I_t = \lambda \left(K^* - K_{t-1} \right)$　　(단, λ (lambda): 신축적 가속도계수. $0 < \lambda < 1$)

2. 적정자본스톡의 결정

(1) 자본의 실질임대료와 적정자본스톡

① 자본의 실질임대료$\left(\dfrac{r}{P} + \delta = r - \pi + \delta \right)$는 감가상각을 고려한 자본의 실질이자율이다.

② 이윤극대화 조건에 따르면 실질임대료가 감소하면 자본의 한계생산성이 감소해야 한다.

③ 그런데 한계생산물체감의 법칙(수확체감의 법칙)하에서 자본의 한계생산성이 감소하려면 자본투입량을 증가해야 한다.

④ 따라서 자본의 실질임대료가 감소하면 적정자본스톡(K^*)이 증가한다.

> ⊙ 자본의 실질임대료 = 실질이자율(r / P) + 감가상각률(δ)
>
> 　　　　　　　　　 = 명목이자율(r) − 인플레이션율(π) + 감가상각률(δ)
>
> ⊙ 적정자본스톡의 변화: 자본의 실질임대료 하락($r \downarrow$, $\pi \uparrow$, $\delta \downarrow$) $\Rightarrow$ $MP_K \downarrow$ $\Rightarrow$ $K^* \uparrow$

⑵ **목표생산량과 적정자본스톡**

① 실질국민소득(Y)이 증가하면 소비가 증가하여 기업의 매출이 증가하므로 기업의 목표생산량이
증가한다.   📖 p.374의 '가속도이론' 참조

② 따라서 적정자본스톡이 증가한다.

> ▶ 국민소득 증가(소비 및 판매량 증가) ⇒ 기업의 목표생산량 증가
>   ⇒ 기업의 적정자본스톡(K^*) 증가

3. 자본스톡조정모형

① 위와 같이 자본의 실질임대료가 하락하거나 국민소득이 증가하여 목표생산량이 증가하면 적정자본
스톡이 증가한다.

② 적정자본스톡이 증가하면 투자수요가 증가한다.

> ▶ 투자수요함수: $I^D = I\left[\,(r - \pi + \delta),\ Y\,\right]$
> ───────────────
> ┌ 명목이자율(r) 하락
> ▶ ├ 예상인플레이션율(π) 상승   ⇒ 적정자본스톡(K^*) 증가
> └ 감가상각률(δ) 감소   ⇒ 투자 증가
>
> ▶ 국민소득(Y) 증가(목표생산량 증가)

Ⅳ 토빈(J. Tobin)의 q이론

1. 기본개념

① 투자에 따른 자본의 실질순(純)한계생산성$[MP_K - (r - \pi + \delta)]$이 증가하면 투자수요가 증가한다.

② 실질순한계생산성은 자본의 한계생산성(MP_K)에서 자본의 실질임대료($r - \pi + \delta$)를 뺀 것이며, 투자에 따른 실질순수익을 의미한다.

③ 따라서 자본의 한계생산성이 증가하거나 자본의 실질임대료가 감소하면 자본의 실질순한계생산성(실질순수익)이 증가하므로 투자가 증가한다.

> ⊙ 투자수요함수: $I^D = I\,[\,MP_K - (r - \pi + \delta)\,]$ (단, r: 명목이자율, π: 인플레이션율, δ: 감가상각률,
> $r - \pi$: 실질이자율, $r - \pi + \delta$: 실질임대료(실질비용),
> $MP_K - (r - \pi + \delta)$: 실질순한계생산성)
>
> ⊙ 투자 변화
>
> ▸ $MP_K \uparrow$
> ▸ $r \downarrow$, $\pi \uparrow$, $\delta \downarrow$ $\Rightarrow$ $(r - \pi + \delta) \downarrow$ $\Rightarrow$ 투자 증가

2. 토빈의 q와 투자수요

① 토빈 q는 자본의 순한계생산성($MP_K - \delta$)을 실질이자율($r - \pi$)로 나눈 것이다.

② 따라서 토빈의 q가 1보다 크면 투자수익, 1보다 작으면 손실이 발생한다.

③ 토빈의 q가 1보다 큰 값을 가지며 증가할 때 투자가 증가한다.

④ 이때 토빈의 q는 증권시장에서 평가되고 있는 기업의 가치(주가총액)를 기업이 보유하고 있는 자본의 시장가치로 나눈 값을 의미한다.

> ⊙ 투자수요함수: $I^D = I\,(q)$
>
> ▸ 토빈의 q: $q = \dfrac{MP_K - (r - \pi + \delta)}{r - \pi} + 1 = \dfrac{MP_K - \delta}{r - \pi}$
>
>   (단, $MP_K - \delta$: 감가상각을 고려한 자본의 순한계생산성,
> $r - \pi$: 물가 상승을 고려한 자본의 실질이자율)
>
> ▸ $q > 1$: 자본 순한계생산성 > 실질이자율. 투자할 경우 순수익. 투자함
> ▸ $q < 1$: 자본 순한계생산성 < 실질이자율. 투자할 경우 순손실. 투자 안 함
>
> ⊙ 토빈 q의 경제적 의미: $q = \dfrac{증권시장평가\ 기업가치}{기업보유자본의\ 시장가치}$

Chapter 04 | 소비수요함수

01 다음 글을 읽고 〈작성 방법〉에 따라 서술하시오.   일반사회 22

> 소비이론의 하나인 A이론의 ㉠ <u>소비함수</u>에 의하면 이자율은 사람들의 소비에 영향을 미치지 못하며, 사람들은 소득이 증가하더라도 소득의 증가분 전부를 소비하지 않고 그 중 일부만을 소비를 증가시키는 데 사용한다. 또한 소득이 증가할수록 (㉡)이/가 감소한다. 그런데 장기시계열자료를 이용하여 분석한 실증연구에서 소득이 증가하더라도 (㉡)이/가 일정하게 유지된다는 사실이 발견됨에 따라 다양한 소비이론이 등장하였다.
> 그 중 하나인 생애주기이론(life - cycle theory)에 의하면 사람들이 소비를 결정할 때에는 현재의 소득뿐 아니라 평생 동안의 소득을 계산하여 각 기간의 소비에 배분한다. 예를 들어 소득이 작은 유년기에는 청장년기에 소득이 커질 것을 예상하여 소득보다 높은 소비수준을 유지한다. 또한, 이 이론은 장기적으로는 소득이 증가하더라도 (㉡)이/가 감소하지 않고 유지된다는 사실을 설명하는 데에 이용된다.

> 〈작성 방법〉
> ○ A이론의 명칭을 쓸 것.
> ○ 밑줄 친 ㉠에 해당하는 수식을 쓰고, 수식에서 상수와 계수가 무엇을 의미하는지 순서대로 서술할 것.
> ○ 괄호 안의 ㉡에 해당하는 용어를 쓸 것.

해설 • 케인즈의 절대소득가설   • $C = C_0 + cY$ (단, C_0: 기초소비 또는 절대소비. c: 한계소비성향(MPC))

• 평균소비성향(APC)

02 어떤 나라의 장기소비함수와 단기소비함수가 그림과 같다고 한다. 이 나라 소비함수의 특징을 평균소비성향과 한계소비성향의 개념을 이용하여 설명하시오.

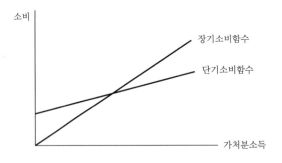

해설 • 단기소비곡선: 절편점을 가지며 우상향하는 직선
 ▶ 소득일 증가할 때, 평균소비성향 감소, 한계소비성향 불변
 ▶ 단기 평균소비성향>단기 한계소비성향 동일
• 장기소비곡선: 원점에서 우상향하는 직선
 ▶ 소득이 증가할 때, 평균소비성향, 한계소비성향 모두 불변
 ▶ 장기 평균소비성향=장기 한계소비성향

03 다음의 소비자의 행태에 관한 이론에 대한 설명이다. 옳지 않은 것을 골라 그 내용을 설명하시오.

> ㄱ. 항상소득이론에 따르면 사람들은 복권 당첨으로 얻은 소득의 평균소비성향이 안정된 직장에서 발생하는
>   소득의 평균소비성향에 비하여 높다.
> ㄴ. 생애주기이론에 따르면 일생에 걸쳐 일정한 수준의 소비를 유지하고 싶어 한다.
> ㄷ. 항상소득이론과 생애주기이론에 따르면 조세조정을 통한 재정정책 효과는 나타나지 않을 가능성이 크다.
> ㄹ. 생애주기이론에 따르면 개인저축은 나이에 따라 U자형으로 나타날 가능성이 크다.

해설 ㄱ. 항상소득이론 : 복권 당첨 소득은 임시소득이므로 소비하지 않고 저축하므로 소비성향이 낮음
   　　　　　　　　　안정된 직장에서 발생하는 소득은 항상소득이므로 소비성향이 높음

　　　 ㄴ. 생애주기이론 : 사람들은 일생동안 일정한 수준에서 소비를 유지하고 싶어함

　　　 ㄷ. 생애주기이론, 항상소득이론 : 미래 예상소득에 따라 소비하므로 조세조정 재정정책은 효과를 가질 수 없음

　　　 ㄹ. 생애주기이론에 따르면 청소년기에는 저축이 적고 장년기에는 저축이 많다가 노년기에는 저축 감소.
   　　　 따라서, 나이에 따른 저축곡선은 역 U자 형태가 됨

04 항상소득이론에 근거하여 다음 기술의 정당성을 평가하여 설명하시오.

> ㄱ. 직장에서 승진하여 소득이 증가하였으나 이로 인한 소비는 증가하지 않는다.
> ㄴ. 경기 호황기에는 일시소득이 증가하여 저축률이 상승한다.
> ㄷ. 항상소득에 대한 한계소비성향이 일시소득에 대한 한계소비성향보다 더 크다.

해설 ㄱ. 승진에 따른 소득증가는 항상소득의 증가이므로 소비가 증가

　　　 ㄴ. 경기호황기의 일시적 소득증가분은 임시소득. 임시소득은 소비하지 않고 저축하므로 저축률 상승

　　　 ㄷ. 항상소득으로 소비하고, 임시소득은 소비하지 않음. 따라서 항상소득의 한계소비성향은 크고, 임시소비
   　　　 성향은 작음

05 생애주기(life‐cycle) 가설에 따르면 소비자는 일생에 걸쳐 일정한 수준으로 소비하고자 한다. 일생 동안 연령별 평균소비성향의 변화를 설명하시오.

해설 소비는 미래예상소득에 따라 결정되며 일정한 수준으로 유지하고자 함
   　　 청소년기와 노년기에는 소득보다 소비가 많으므로 평균소비성향이 높음
   　　 장년기(재직, 취업)에는 저축을 많이하므로 평균소비성향(APC) 이 낮음

06 듀젠베리의 상대소득가설에 따르면 민간소비수요에는 전시효과(demonstration effect)와 톱니효과(ratchet effect)가 존재한다. 그 내용을 설명하시오.

해설 • 상대소득가설 : 소비는 자신의 과거소득 또는 다른 사람의 소득에 따라 결정
   　　　 ▶ 톱니효과 : 현재 소비는 과거 최고소득 수준에 따라 결정. 소비의 비가역성
   　　　 ▶ 전시효과 : 다른 사람의 소득 수준이 자신의 소비 결정에 영향

Chapter 05 | 투자수요함수

07 다음 글에서 괄호 안의 ㉠에 들어갈 숫자와 ㉡에 들어갈 단어를 순서대로 쓰시오.   일반사회 19

> 갑 기업은 현재 140억 원을 투자하면, 2년 동안 1차 연도 말에 605억 원, 2차 연도 말에 -484억 원의 수익이 기대되는 투자안을 가지고 있다. 갑 기업은 이 투자안의 채택 여부를 현재가치법에 의해 결정하고자 한다. 이 자율이 연 10%이고 2차 연도까지 이자율 변동이 없을 경우 이 투자안의 예상수익에 대한 현재가치는 (㉠)억 원이다. 따라서 갑 기업은 이 투자안을 (㉡)한다.

• 해설 ㉠ $PV = \dfrac{605}{(1+0.1)} + \dfrac{-484}{(1+0.1)^2} = 150$

㉡ $PV = \dfrac{605}{(1+0.1)} + \dfrac{-484}{(1+0.1)^2} = 150 > 140.$ 투자수익 현재가치(150)>투자액.   따라서 투자안을 '채택(시행)'

08 어떤 기계의 가격이 200,000원이라고 하자. 이 기계를 구입하면 1년에 50,000원의 수입을 벌어들일 수 있다. 이 기계를 구입하여 1년 동안 사용한 후에 170,000원에 팔 수 있다. 이 기계를 구입하기 위해 은행에서 돈을 빌리는 경우 이자율을 최대 얼마까지 지급할 용의가 있는가?

• 해설 • 문제에서, 1년 후 기계를 170,000원에 팔 수 있으므로 수입$(R) = 50,000 - (200,000 - 170,000) = 20,000$

• 자산가격(P) : $P = \dfrac{R}{r}$ $\Rightarrow$ $200,000 = \dfrac{20,000}{r}$ $\Rightarrow$ $r = \dfrac{20,000}{200,000}$ $\therefore) \ r = 0.1$

09 수명 1년인 자본재 가격이 5,000만 원이고 예상수익이 6,000만 원일 때 투자의 한계효율(MEI)은 얼마인지 쓰시오.

• 해설 • 투자의 한계효율(내부수익률, 예상수익률)

▶ 자본재 수명이 n 기일 때: $PV = \dfrac{R_1}{(1+m)} + \dfrac{R_2}{(1+m)^2} + \cdots + \dfrac{R_n}{(1+m)^n} = I$

(단, I : 자본재 가격)

▶ 자본재 수명이 1 기일 때: $PV = \dfrac{R}{1+m} = I$ $\Rightarrow$ $1 + m = \dfrac{R}{I}$ $\Rightarrow$ $m = \dfrac{R}{I} - 1$

▶ 문제에서, $m = \dfrac{R}{I} - 1 = \dfrac{60,000,000}{50,000,000} - 1 = 0.2$

10 다음은 여러 종류의 경제적 의사결정에 대한 설명이다. 합리적인 선택에 해당하는 것을 고른 것은?

일반사회(선택형) 09

> (가) 영화를 보다가 너무 재미없다고 생각하게 된 수진 씨, 이미 치른 관람료는 잊어버리고 남은 시간 동안 영화를 계속 보는 것과 나가서 산책을 하는 것 중 어느 것이 더 좋은지를 따져본 후 산책을 하기로 했다.
>
> (나) CEO이 경호 씨는 다음과 같은 조사 자료를 바탕으로 새로운 기계를 금년 말에 도입하기로 했다. 시중 이자율이 연 5%인 상황에서 사용 연한이 5년인 이 기계의 도입 비용은 1억 원이고, 기계 도입에 따른 예상 수익은 내년부터 매년 2,100만 원으로 예상된다. (단, 시중 이자율은 향후 5년간 변동이 없는 것으로 가정한다.)
>
> (다) 원래 커피를 좋아했던 주현 씨, 원두커피 전문점이 장사가 잘된다는 소식을 듣고 월 200만 원의 수입이 보장되는 지금의 직장을 그만두고 커피 전문점을 내어 볼 요량으로 관련 자료를 수집했다. 그 결과 1년간의 판매 예상 수입은 1억 원이고, 커피 원두 값과 종업원 인건비, 임대료, 전기료 및 수도료 등이 7천만 원으로 예상되고 있다. 주현 씨는 커피 전문점을 개업하기로 결정했다.
>
> (라) 조그마한 중소기업을 운영하는 철수 씨, 지난달 말에 수입과 비용을 계산해 본 결과 고정비용은 3,000만 원이고 변동(가변)비용은 4,000만 원인데 총수입은 6,000만 원이었다. 총비용이 총수입보다 높아 손실을 보게 된 철수 씨는 생산을 중단했다.

정답 (가), (다)

해설 (가) 매몰비용

(나) 투자 기대수익흐름의 현재가치(PV)

$$PV = \frac{21,000,000}{(1+0.05)} + \frac{21,000,000}{(1+0.05)^2} + \cdots + \frac{21,000,000}{(1+0.05)^5} = 20,000,000 + 19,047,619 + \cdots + 16,454,049$$

투자결정: $PV < I\,(100,000,000)$.   따라서 투자하지 말아야 함

(다) 총비용 = 명시적 비용(7천만)+ 잠재적 비용(귀속임금 2천4백만 원) = 9천4백만 원

투자결정: 총비용(9천4백만 원)< 예상 총수입(1억 원).   따라서 개업함

(라) 총가변비용($TVC = 40,000,000$)< 총수입($TR = 60,000,000$)< 총비용($TR = 70,000,000$). 따라서 생산 계속

박지훈의
친절한 경제학

통화금융이론

박지훈의
친절한 경제학

CHAPTER 06 | 통화공급과 통화정책

Ⅰ | 통화와 금융

01 통화의 기능과 정의

1. 통화의 네 가지 기능

다음과 같은 네 가지 기능을 동시에 지속적으로 수행하는 것을 통화라고 한다.

> ⊙ 교환의 매개수단(medium of exchange) : 일상 거래에 사용
> ⊙ 회계의 단위(unit of account) : 가치의 척도
> ⊙ 장래지불표준(standard of differed payment) : 외상매입금, 차입금 등의 변제수단
> ⊙ 가치의 저장수단(means of store of value) : 금융자산(부)의 기능

2. 통화의 정의

① 위 기능 중 교환의 매개수단과 회계단위의 기능은 화폐만이 수행한다.
② 다른 물품을 구입할 때까지 보유하는 가치저장수단의 기능은 화폐뿐 아니라 주식·채권·부동산 등도 수행할 수 있다.
③ 따라서 화폐의 본원적 기능은 상품을 매매하거나 채권·채무를 청산하는 일상거래에 사용되는 일반적 지불수단이다.
④ 고전학파(화폐수량설)는 주로 교환의 매개수단 기능을 중시하고 프리드먼(통화주의학파; 신화폐수량설)과 케인즈(유동성선호설)는 가치저장수단의 기능도 고려하여 분석한다.

02 통화의 종류(역사)

1. 물품화폐

① 물물교환경제 이후 나타난 최초의 화폐형태이다. **예** 소금

② 운반, 저장, 분할, 내구성 등의 조건을 갖춘 물품이 화폐로 사용되었다.

2. 금속화폐

운반하기 쉽고 동질성과 내구성을 갖춘 금속(금, 은)이 화폐로 사용되었다.

(1) 칭량화폐

금속화폐의 초기 형태이며 사용할 때마다 중량을 측정하였다.

(2) 주조화폐

① 칭량화폐의 불편을 해소하기 위해 중앙은행에서 일정 중량으로 주조(鑄造)하여 발행된 금속화폐이다.
   예 금화(金貨), 은화(銀貨)

② 보관 및 운반에 위험과 불편이 따르고 그레샴의 법칙에 따라 표시중량과 실제중량이 다를 수도 있는 문제점이 있다.

③ 그레샴의 법칙은 악화(惡貨 : 표시중량 > 실제중량)가 양화(良貨 : 표시중량 = 실제중량)를 구축한다는 것이다.

3. 지폐

주조화폐는 중앙은행이 보관하고 그 대신 지폐를 발행하여 사용하기 시작하였다.

(1) 태환(兌換)지폐

① 중앙은행이 지폐 발행액에 상당하는 금·은을 보유하는 지폐이다.

② 지폐 소유자는 지폐를 금·은으로 바꾸어 줄 것(태환)을 요구할 수 있다.

(2) 불태환(不兌換)지폐

① 중앙은행이 금·은을 보관하지 않고 발행한 지폐이며 태환을 요구할 수 없다.

② 이 경우 지폐의 가치는 금·은이 아니라 법에 의해 보장되므로 법화(法貨; legal tender) 또는 정부선언 화폐(fiat money)라고 한다.

4. 예금화폐, 신용화폐 및 전자화폐

경제규모가 커지고 금융산업이 발전함에 따라 예금화폐(수표), 신용화폐(어음 등), 전자화폐 등 화폐를 대신할 수 있는 각종 금융수단이 등장하였다.

국제통화제도

1. 제1차 세계대전 이전(1870~1914) : 조정불가능 고정환율제

① 주요국의 화폐는 금(은)의 보유량과 연계하여 발행(금본위제도)
② 따라서 각국 통화 간 환율은 고정환율

2. 브레튼우드 체제(1944~1971, IMF 브레튼우드 체제) : 조정가능 고정환율제

① 미 달러만 금 태환(금 1온스당 35달러)하고 나머지 통화는 달러화와 고정환율
② 필요할 경우 IMF 승인하에 환율조정 가능

3. 스미소니언 체제

① 미국 달러화 불태환 선언(1971)
② 달러화가 금태환되지는 않으나 계속 기축통화로 사용하고자 했던 과도기 체제

4. 킹스턴 체제(1976년 이후 현재까지) : 관리변동환율제

① 미국 달러화 불태환 선언 이후, 모든 국가의 화폐는 모두 불태환지폐
② 따라서 통화 간 환율은 각국의 외환시장에서 결정될 수밖에 없음(자유변동환율제)
③ 그러나 급격한 환율변동에 따른 국제경제 불안을 방지하기 위해 과도기적으로 당국이 환율을 관리하는 관리변동환율제 채택
④ 90년대 이후 현재는 모든 나라가 자유변동환율제적 환율제 운용

5. 플라자 협정(1985)

① 제2차 세계대전 이후, 일본은 대규모 경상수지 흑자 지속
② 이에 따라 미국 등의 국제 압력에 의해 일본의 엔화가치 급격히 절상(달러당 엔화환율 인하)
③ 이후 일본은 소위 '잃어버린 20년'을 경험하게 됨

---

03 통화지표

2002년부터 통화를 M_1(협의통화)과 M_2(광의통화) 두 가지로 분류하고 M_2를 중심지표로 사용하고 있다. 또한 2006년부터는 유동성지표(L_f 와 L)를 새로이 편제하여 공표하고 있다.

1. 협의통화(M_1 ; narrow money)

① 지급결제수단으로서의 기능을 중시한 지표로서 민간이 보유하고 있는 현금과 예금취급기관의 결제성 예금을 더한 것으로 정의된다.
② 현금은 가장 유동성이 높은 금융자산으로서 교환의 매개수단으로 직접 사용되는 지폐와 동전으로 구성된다.
③ 결제성예금은 예금취급기관의 당좌예금, 보통예금 등 요구불예금과 수시입출식 저축성예금(은행의 저축예금, 시장금리부 수시입출식예금(MMDA : money market deposit account), 투신사 MMF(money market fund ; 수시입출금식 초단기 채권형 펀드) 등으로 구성된다.

④ 요구불예금은 수표발행 등을 통해 지급결제수단으로 사용되거나 즉각적으로 현금과 교환될 수 있고, 수시입출식 저축성예금은 각종 자동이체서비스(ATS: automatic transfer service) 및 결제기능 등을 갖추고 있어서 요구불예금과 마찬가지로 입출금이 자유로운 금융상품이기 때문에 결제성예금에 포함된다.

⑤ 따라서 협의통화는 유동성이 매우 높은 결제성 단기금융상품으로 구성되며, 단기금융시장의 유동성 수준을 파악하는 데 적합하다.

2. 광의통화(M_2 ; broad money)

① 광의통화는 협의통화보다 넓은 의미의 통화지표로서 협의통화(현금과 결제성예금)뿐만 아니라 예금취급기관의 저축성예금(기간물 정기예금, 정기적금 및 부금), 거주자 외화예금 그리고 시장형 금융상품(양도성예금증서(CD), 환매조건부채권(RP), 표지어음 등)이며, 여기에 금전신탁, 수익증권 등 실적배당형 금융상품, 금융채, 발행어음, 신탁형 증권저축 등이 포함된다.

② 광의통화는 금융상품의 유동성을 기준으로 편제되기 때문에 시중의 통화량을 정확히 파악할 수 있는 지표이다.

⊙ **통화지표**

▸ M_1 (협의통화)= 현금통화+ <u>요구불예금+ 수시입출식 저축성예금</u>

(결제성예금)

(단, 현금통화 : 금융기관 이외의 경제주체가 보유하고 있는 돈
금융기관이 보유하고 있는 돈은 지급준비금
결제성예금=금융기관 및 비통화금융기관의 요구불예금
+ 금융기관 수시입출식 저축성예금
수시입출식예금 : $MMDA$, 투신사의 MMF)

▸ M_2 (광의통화)= M_1 + 금융기관 및 비통화금융기관의 저축성예금(정기예금, 적금 등 2년 이하 저축성예금)

+ 거주자 외화예금

+ <u>양도성예금증서(CD), 환매조건부채권(RP)</u> (시장형 금융상품)

+ 실적배당형 금융상품(금전신탁, 수익증권)

+ 금융채, 발행어음, 신탁형 증권저축 등

M_1 (협의통화)	M_2 (광의통화)
	중심통화지표 : 현금(C) + 예금(D)
	저축성예금(2년 이하 정기예금 · 적금), 거주자 외화예금, 시장형금융상품 : CD, RP, 기타
현금통화, 요구불예금, 수시입출식저축성예금 ($MMDA$, MMF)	M_1 (협의통화)

---

04 금융과 금융시장

1. 금융(finance)

① 자금의 융통, 즉 재화나 용역이 매개되지 않는 화폐만의 독립적 유통을 말한다.
② 자금의 수요·공급자가 직접 거래하는 직접금융(주식, 회사채 등)과 금융기관을 통해서 거래하는 간접금융(예금과 대출)으로 나뉜다.

2. 금융시장

⊙ 단기금융시장: 상환기간 1년 이하 자금을 거래

  ‣ 콜시장(call market): 금융기관 간 거래. 최단기 금융시장(1일~2주)
  ‣ 할인시장(discount market): 상업 및 융통어음 할인시장

⊙ 장기금융시장: 상환기간 1년 이상 자금을 거래

  ‣ 장기대부시장: 산업은행, 중소기업은행, 장기신용은행 등의 설비자금
  ‣ 증권시장: 증권 발행 및 유통

05 금융기관(금융회사)

1. 통화금융기관: 통화창출기관(중앙은행과 예금은행)

(1) 중앙은행: 현금통화창출기관

중앙은행은 발권(發券), 통화·금융정책 집행, 금융기관 감독, 국고금 출납, 대정부 여신 및 국채발행, 금융기관 여신(최종대부자 기능), 국제수지조절 및 환율안정을 위한 외환관리 등의 업무를 수행한다.

(2) 예금은행(예금취급기관): 예금통화창출기관

① 일반은행과 특수은행으로 구분되며 예금통화를 창출하는 금융기관이다.
② 일반은행은 예금·대출을 중심으로 영업하는 상업금융기관이다.
③ 특수은행은 정책자금을 공급하는 정부출자은행이다. 예 중소기업은행, 농협의 신용사업부

2. 비통화금융기관

① 통화금융기관이 아닌 금융기관(제2금융권)이며 통화창출기능이 없다.

  예 투자기관(산업은행과 수출입은행), 증권금융회사, 생명보험회사 등

② 요구불예금을 취급하지 않고 출자금·기금·보험료·부금 등으로 자금을 조달한다.

Ⅱ | 통화의 공급

통화(M_2)는 현금통화(C)와 예금통화(D)로 구성된다.

현금통화는 중앙은행이 공급하는 본원통화에 따라 결정되고 예금통화는 일반은행의 신용창조 과정을 통해 창출된다.

통화량(통화공급량)은 특정시점에서 측정되는 저량(stock)이며 기간 중 평균잔액(평잔) 또는 기간 말 잔액(말잔)으로 측정한다. **예** 5월 평잔 500억 원, 5월 말잔 550억 원

01 중앙은행의 본원통화공급

1. 본원통화(H; high powered money, reserve base)

① 중앙은행을 통해 시중에 공급된 통화이며, 현금과 예금의 원천이 되므로 고성능화폐라고 한다.

② 시중에 공급된 본원통화는 금융기관이 보유하는 지불준비금(은행시재금 + 중앙은행 지불준비예치금)과 금융기관 이외의 경제주체가 보유하는 현금통화로 존재하게 된다.

2. 본원통화 공급경로

(1) 정부부문에 대한 순대출

① 중앙은행은 국고은행이며, 재정적자가 발생하면 정부에 대출한다.

② 중앙은행이 정부부문에 대출할 때 본원통화가 공급된다.

(2) 금융부문에 대한 대출

① 중앙은행은 금융기관에 대하여 대출할 수 있으며, 이를 최종대부자 기능이라고 한다.

② 중앙은행은 금융기관에 대한 대출인 어음재할인을 통하여 본원통화를 공급할 수 있다.

(3) 중앙은행 기타자산 순증가(순매입)

① 중앙은행이 기타자산(부동산, 국고채 등)을 매입하면 본원통화가 공급된다.

② 중앙은행은 증권시장(공개시장)에서 본원통화를 조정하기 위하여 정책적으로 국고채(우리나라의 경우 통화안정증권)를 매입 또는 매각하며 이를 공개시장조작정책이라고 한다.

(4) 국제수지 개선(흑자)

① 국제수지가 개선(흑자)되면 외환이 국내로 유입된다.

② 유입된 외환은 중앙은행이 매입하며 그 과정에서 본원통화가 공급되고 중앙은행의 외환보유고(준비자산)가 증가한다.

> ⊙ 본원통화 공급경로
>
> > ‣ 정부 대출 증가 　　■ 재정적자 시
> > ‣ 은행 대출 증가 　　■ 어음재할인율 인하
> > ‣ 기타 자산 매입 　　■ 공개시장 국고채 매입
> > ‣ 국제수지개선(흑자)
>
> ⊙ 국제수지개선(흑자) 요인
>
> > ‣ 경상수지개선(흑자) : 재화와 용역의 수출액 > 재화와 용역의 수입액
> > ‣ 자본수지개선(흑자) : 자본유입액 > 자본유출액
> >
> > > ■ 자본수지 : 다음 세 가지 자본투자에 의한 자본의 유출입
> > >
> > > 직접투자 : 국내외 직접투자를 위한 자본유출입
> > > 증권투자 : 국내외 증권투자(portfolio 투자)를 위한 자본유출입
> > > 기타투자 : 외국과의 차입과 상환

3. 본원통화의 존재(보유) 형태

중앙은행으로부터 시중에 공급된 본원통화는 두 가지 형태로 존재(보유)한다.

(1) 현금통화(C ; currency)

현금통화는 금융기관 이외의 경제주체(가계, 기업, 정부)가 보유하고 있는 통화이다.

(2) 지불준비금(R ; reserves)

① 지불준비금은 예금인출에 대비하여 금융기관이 보유하는 통화이다.
② 지불준비금은 법이 정한 비율에 따라 반드시 보유해야 하는 법정지불준비금과 이를 초과하여 보유하는 초과지불준비금으로 나뉜다.
③ 총예금액 중 전체 지불준비금의 비율을 지불준비율(z)이라고 하며 법정지불준비율(1%~5%; 평균 2.8% 정도)과 초과지불준비율을 더한 것이다.
④ 이때 법정지불준비금의 일부(약 65%)는 중앙은행에 예치해야 한다.

> ⊙ 본원통화(H)　 : 현금통화(C) + 지불준비금(R)
>
> ⊙ 지불준비금(R) : 법정지불준비금+ 초과지불준비금
>
> > ‣ 법정지준금= 은행보유 법정지준금+ 중앙은행예치금
> > ‣ 은행시재금= 총지불준비금− 중앙은행예치금
> > ‣ 화폐발행액= 본원통화− 중앙은행예치금
>
> ⊙ 지불준비율(z) : 지불준비율 = 지불준비금/ 예금
> > 　　　　　　　　　　= (법정지준금/ 예금)+ (초과지준금/ 예금)
> > 　　　　　　　　　　= 법정지불준비율+ 초과지불준비율

개념 정리 | 본원통화의 공급과 보유 형태

본원통화 공급경로		존재(보유) 형태
정부대출 증가	• 재정적자	
은행대출 증가	• 어음재할인율 인하	• 민간보유 현금통화(C) 증가
기타자산 매입	• 공개시장조작 : 국고채 매입	⇒ • 은행보유 지불준비금(R) 증가
국제수지 개선	• 경상수지 개선(흑자) : 수출 > 수입 • 자본수지 개선(흑자) : 자본유입 > 자본유출 　　　　　　　　　　(직접, 증권, 기타 투자)	■ 지준금＝은행시재금＋중앙은행예치금

02 예금통화 : 신용창조

① 민간이 예금은행에 예금[본원예금(S; primary deposits)]을 하면 은행은 이 중 일부(지불준비금)만 남기고 나머지는 대출하며 이를 부분지불준비제도라고 한다.

② 대출받은 민간은 다시 은행에 예금(순예금, 파생예금)한다.

③ 이 과정에서 최초 본원예금보다 훨씬 많은 예금(순예금)이 창출되며 이를 신용창조라고 한다.

◉ 총예금(D^G) : $D^G = \dfrac{1}{z} \cdot S$　　(단, D^G : 총예금액,　z : 지준율,　$\dfrac{1}{z}$: 신용승수,　S : 본원예금)

◉ 순예금(D^N) : $D^N = D^G - S = \dfrac{1-z}{z} \cdot S$　　(단, $\dfrac{1-z}{z}$: 순신용승수)

예제 최초, 개인 甲이 A은행에 예금　100,000원　(본원예금)　　(법정지준율 20%)

▸ A은행, 개인 乙에 대출　　　80,000원

▸ 개인 乙, B은행에 예금　　　80,000원　(파생예금)

▸ B은행, 개인 丙에 대출　　　64,000원

▸ 개인 丙, C은행에 예금　　　64,000원　(파생예금)

　　· · · · (과정 계속)

• 총예금창조액＝100,000＋80,000＋64,000＋ · · · ＝100,000(1＋0.8＋0.64＋ · · ·)

$$D^G = \frac{1}{z_l} \cdot S = \frac{1}{0.2} \cdot 100,000 = 500,000$$

• 순예금창조액＝총예금－본원예금

$$D^N = D^G - S = \frac{1-z_l}{z_l} \cdot S = \frac{1-0.2}{0.2} \cdot 100,000 = 400,000$$

03 통화공급함수

1. 통화공급량: 두 가지 방식으로 측정

본원통화, 현금통화 및 신용창조의 관계로부터 두 가지 방식으로 통화량 결정식이 도출된다.

> ⊙ **통화량 결정식(I):** 현금통화비율(c)과 지불준비율(z)을 이용하여 도출
>
> $H = C + R$ (단, H: 본원통화, C: 현금통화, R: 지준금)
>
> $\quad = c \cdot M + z \cdot D$ (단, c: 현금통화비율(C/M), M: 통화량, z: 지급준비율(R/D),
>
> D: 예금통화, $D = (1-c) \cdot M$)
>
> $\quad = c \cdot M + z \cdot (1-c) \cdot M$
>
> $\quad = (c + z \cdot (1-c)) \cdot M$ $\therefore \ M = \dfrac{1}{c + z(1-c)} \cdot H$
>
> ⊙ **통화량 결정식(II):** 현금예금비율(k)과 지불준비율(z)을 이용하여 도출
>
> $M = C + D$ (단, 통화(M) = 현금(C) + 예금(D))   · · · · · · · ①
>
> $H = C + R$ (단, 본원통화(H) = 현금(C) + 지급준비금(R)) · · · · ②
>
> ①식을 ②식으로 나눈 후, 오른쪽 항의 분모와 분자를 예금통화(D)로 나눔
>
> $$\frac{M}{H} = \frac{C+D}{C+R} = \frac{\dfrac{(C+D)}{D}}{\dfrac{(C+R)}{D}} = \frac{\dfrac{C}{D}+1}{\dfrac{C}{D}+\dfrac{R}{D}} = \frac{k+1}{k+z} \quad \therefore \ M = \frac{k+1}{k+z} \cdot H \quad \text{(단, } k \text{: 현금예금비율}(C/D))$$

2. 통화공급함수

① 통화공급은 저량(stock)이므로 위 통화량 결정식이 **명목통화공급함수**가 된다.

② 통화공급량(통화량)은 정책당국과 대외요인(국제수지)에 따라 결정되므로 통화량은 외생변수($M^s = M_0$)이다. 이를 통화공급의 외생성이라고 한다.

③ 본원통화(H)와 통화승수$\left(\dfrac{1}{c + z(1-c)} \text{ 또는 } \dfrac{k+1}{k+z} \right)$가 증가하면 통화공급(통화량)이 증가한다.

④ 명목통화공급량을 물가로 나누면 실질통화공급량이 된다.

⊙ 통화공급함수

▸ 명목통화공급함수: $M^S = \dfrac{1}{c+z(1-c)} \cdot H = M_0$ (단, $\dfrac{1}{c+z(1-c)}$: 통화승수)

$M^S = \dfrac{k+1}{k+z} \cdot H = M_0$ (단, $\dfrac{k+1}{k+z}$: 통화승수)

▸ 실질통화공급함수: $\dfrac{M^S}{P} = \dfrac{M_0}{P}$

⊙ 통화공급의 변화

▸ 정부대출 증가
▸ 은행대출 증가 ▪어음재할인율 인하 ⇒ 본원통화 증가
▸ 기타자산 매입 ▪공개시장 국고채 매입

▸ 지급준비율(z) 인하
▸ 현금통화비율(c) 감소 ⇒ 통화승수 증가 ⇒ 통화공급 증가
▸ 현금예금비율(k) 감소

▸ 국제수지개선(흑자) ⇒ 본원통화 증가

▸ 물가변동 ⇒ 명목통화공급(M_0) 불변, 실질통화공급(M_0/P) 변화

▪(확대) 통화정책 수단: 통화공급 증가

▸ 어음재할인율 인하 : 본원통화 증가 (금융기관대출 증가)
▸ 공개시장 국고채 매입: 본원통화 증가 (통화안정증권 매입)
▸ 법정지불준비율 인하 : 통화승수 증가

▪국제수지개선(흑자) 요인: 통화공급 증가

▸ 경상수지 개선(흑자): 수출 > 수입
▸ 자본수지 개선(흑자): 자본유입 > 자본유출
(단, 자본수지(투자수지): 직접투자, 증권투자, 기타투자(차입·상환))

▪물가 변동: 명목통화공급 불변, 실질통화공급 변화

▸ 물가 하락: 명목통화량 불변, 실질통화량 증가
▸ 물가 상승: 명목통화량 불변, 실질통화량 감소

Ⅲ 통화정책

01 통화정책

① 통화정책은 일반적 정책수단을 통해 **중간목표**인 통화량, 이자율 및 환율을 조정하여 **최종목표**인 경제
안정을 도모하고자 하는 단기안정화정책(총수요관리정책)이며 금융정책이라고도 한다.

② 이러한 통화정책 체계를 **중간목표관리제**라고 한다.

> ⊙ **통화정책 파급경로** : 중간목표관리제
> ▸ **정책수단** : 통화량, 이자율 및 환율을 간접으로 조정하는 수단
> ■ 어음재할인율 조정, 공개시장조작(국고채 매입, 매각), 지급준비율 조정
> ▸ **중간목표** : 통화량(양적 지표), 이자율(질적 지표) 및 환율
> ▸ **최종목표** : 경제성장, 물가안정, 완전고용 및 국제수지균형

02 통화정책수단

1. 일반적 정책수단

다음 세 가지 통화정책 수단을 통하여 통화량과 이자율을 간접적으로 조정한다.

(1) 공개시장조작정책

중앙은행이 증권시장(공개시장)에서 국고채를 매입하거나 매각하여 시중의 통화량을 조절한다.

> ⊙ **국고채 매입** : 통화공급 증가. 국고채 수요증가. 국고채 가격 상승, 이자율 하락
> ⊙ **국고채 매각** : 통화공급 감소. 국고채 공급증가. 국고채 가격 하락, 이자율 상승
> ■ 중앙은행이 국고채를 매입하기 위한 자금조달을 위해 발행하는 채권
> ▸ **통화안정증권** : 중앙은행이 통화량조절을 목적으로 발행
> ▸ **외국환평형기금채권** : 환율의 급격한 변동을 막기 위해 발행

(2) 지급준비율정책

중앙은행이 법정지불준비율을 조정하여 시중의 통화량을 조절한다.

> ⊙ **법정지준율 인하**(통화승수 증가) : 통화공급 증가, 이자율 하락
> ⊙ **법정지준율 인상**(통화승수 감소) : 통화공급 감소, 이자율 상승

⑶ 재할인율정책

중앙은행이 시중은행에 상업어음(진성어음)을 할인(은행대출)할 때 재할인율을 조정하여 통화량과 이자율을 조정한다.

> ⊙ 재할인율 인하 : 이자율 하락, 통화량 증가
>
> ⊙ 재할인율 인상 : 이자율 상승, 통화량 감소

2. 선별적 정책수단

통화정책 당국이 대출한도제나 이자율 규제 등을 통하여 통화량과 이자율을 직접 조정할 수도 있으며 이를 창구지도라고 한다.

03 물가안정목표제   📖 Chapter 10. 거시경제이론의 두 흐름 참조

① 1990년대에 들어서 새로이 사용되고 있는 통화정책 개념이다.
② 통화량과 이자율을 중간목표로 하는 기존의 통화정책(중간목표관리제)과 달리 중기적 인플레이션 목표를 설정하고 이를 달성하고자 하는 통화정책이다.
③ 목표가 되는 인플레이션 지표를 근원인플레이션(Underlying Inflation, Core Inflation)이라고 하며, 일시적 비통화적요인(국제 원자재 가격파동, 이상 기후, 제도변화 등)에 의한 물가변동을 제거한 기조적 장기물가 상승률을 의미한다.
④ 우리나라는 소비자물가지수에서 농산물(곡물 제외)과 석유류 가격변동분을 제외한 것을 근원인플레이션으로 삼고 있으며 소비자물가지수보다 안정적이다.
⑤ 물가안정목표제에서는 중간목표로 사용되던 통화량과 이자율은 환율, 기대인플레이션율, 자산가격, 상품가격 등과 함께 물가안정목표를 달성하기 위한 정보변수(Information Variables)로만 사용된다.

> ⊙ 통화정책 운용체계

	정책수단	중간목표(운용목표)	최종목표
▶ 중간목표관리제	공개시장조작 지불준비율정책 재할인율정책	통화량(본원통화량), 단기이자율, 환율	물가안정 경제성장 국제수지균형

	정책수단	(정보변수)	최종목표
▶ 물가안정목표제	공개시장조작 지불준비율정책 재할인율정책	통화량, 단기이자율, 환율, 자산가격, 상품가격 등	물가안정 (근원물가)

CHAPTER 07 통화수요함수와 이자율 결정

I 통화수요함수

통화수요는 일정 시점에 경제주체가 보유하고 있는 통화보유량(보유잔고)이다. 따라서 통화수요는 저량(stock)이다. **예** 5월 통화수요량 5만 원은 하루 평균보유량을 의미

통화수요이론은 학파별로 상이하며, 국민소득결정에 대한 견해차의 원인이 된다.

01 고전학파의 통화수요함수 : 화폐수량설

1. 교환방정식(equation of exchange)   ◀ 피셔(I. Fisher)

(1) 거래개념의 교환방정식

① 시장경제에서 실물거래가 발생하면 반드시 반대 방향으로 화폐가 지불된다.

② 따라서 모든 생산물(총산출: 최종생산물+ 중간생산물)의 실물거래액(PT)과 화폐유통액(MV^T)은 일치하며, 이는 경제학파에 관계없이 성립하는 항등식이다.

> ⊙ 거래개념 교환방정식 : $MV^T \equiv PT$
>
> （단, MV^T : 총산출 기준 화폐유통액, M : 통화량, V^T : 거래유통속도(상수),
> PT : 총산출 기준 실물거래액, P : 물가, T : 총산출량(최종 + 중간생산물)）

(2) 소득개념의 교환방정식

① 총거래액에서 중간생산물을 빼면 **최종생산물 거래액**(명목국민소득; PY)이 된다.

② 따라서 명목국민소득(PY)과 화폐유통액(MV) 사이에도 항등관계가 성립한다.

> ⊙ 소득개념 교환방정식 : $MV \equiv PY$
>
> （단, MV : 최종생산물 기준 화폐유통액. M : 통화량, V : 소득유통속도(상수),
> PY : 최종생산물 기준 실물거래액, P : 물가, Y : 실질국민소득）
>
> ⊙ 소득유통속도(V)
>
> ▸ 일정 기간, 최종생산물 거래에 사용된 화폐 1단위의 평균사용 횟수
> ▸ 금융시장 발달 정도, 소득지불방법, 화폐사용 관습 등에 따라 결정
> ▸ 금융산업 발전에 따른 다양한 금융상품 등장, 금융거래 확대 및 금융자산 보유를 위한 통화수요 증가에 따라 유통속도는 감소하는 것이 일반적

PART 02 거시경제학

(3) 통화수요함수

① 교환방정식에서 통화량(M)은 통화공급량을 의미한다.

② 따라서 통화시장이 균형일 때 통화공급량과 통화수요량이 일치할 것이므로 교환방정식은 명목통화
수요함수를 의미한다.

③ 실질통화수요함수는 명목통화수요함수를 물가로 나눈 것이다.

> ⊙ 명목통화수요: $MV \equiv PY \Rightarrow M = \dfrac{1}{V} PY \Rightarrow M^D = \dfrac{1}{V} PY$
>
> ⊙ 실질통화수요: $\dfrac{M^D}{P} = \dfrac{1}{V} Y$

(4) 통화공급목표의 설정

① 항등식인 교환방정식을 이용하여 통화공급 목표를 설정한다.

② 통화공급 목표증가율은 물가상승률에 실질국민소득증가율(경제성장률)을 더하고 유통속도변화율을 뺀
수준으로 결정된다.

> • 피셔의 교환방정식: $MV = PY \Rightarrow \dot{M} + \dot{V} = \dot{P} + \dot{Y}$ (단, $\cdot$: 변화율)
>
> • 통화공급목표 설정: $\dot{M} = \dot{P} + \dot{Y} - \dot{V}$, 통화량 변화율 = 인플레이션율 + 경제성장률 − 유통속도 변화율
>
> ---
>
> **예제** 예상인플레이션율이 5~6%, 예상경제성장률이 4~6%,
>   유통속도변화율이 −2~−3%일 때 통화공급목표 변동률은?
>
>   통화공급 목표변동률 = (5~6%) + (4~6%) − (−2~−3%) = 11~15%

2. 현금잔고방정식(cash balance equation)

◀ 마샬(A. Marshall)

① 고전학파의 명시적인 통화수요함수이다.

② 경제주체들은 수입과 지출시점이 다르고 금융 및 실물자산의 처분에는 비용(시간 등)이 필요하므로 명목소득(PY)의 일정 비율(k)을 현금으로 보유하고자 한다. 이 비율을 마샬의 k라고 한다.

③ 따라서 마샬의 k (통화보유성향)와 명목국민소득(물가×실질국민소득)이 증가하면 명목통화수요가 증가한다.

④ 마샬의 k 가 상수이므로 명목통화수요의 물가탄력도와 소득탄력도는 1이다.

⑤ 고전학파모형에서 이자율은 대부자금시장에 결정되며(실물적 이자율) 통화수요에 아무런 영향을 미치지 않으므로 통화수요의 이자율탄력도는 0이다.

⑥ 명목통화수요함수를 물가로 나누면 실질통화수요가 된다.

⊙ 통화수요함수

▸ 명목통화수요함수: $M^D = kPY$ (단, k: 마샬의 k. 통화보유성향. 상수)

▸ 실질통화수요함수: $\dfrac{M^D}{P} = kY$

⊙ 마샬의 k : 통화보유성향

▸ 마샬의 k 는 명목국민소득(PY) 중 통화로 보유하고자 하는 비율
따라서 마샬의 k 가 증가하면 통화수요 증가

▸ 교환방정식에 따르면 마샬의 k 는 유통속도(V)의 역수 $\left(k = \dfrac{1}{V} \right)$

▸ 따라서 유통속도(V)가 감소하면 마샬의 k 가 증가하므로 통화수요 증가

　　예 1개월간 $V = 4$일 때, $k = \dfrac{1}{4}$: 통화 1단위를 평균 1/4개월(7.5일) 동안 보유

⊙ 통화수요의 변화

▸ 마샬의 k (통화보유성향, 유통속도의 역수)와 실질국민소득이 증가하면 통화수요 증가

▸ 물가가 오르면 명목통화수요 증가

▸ 물가가 오를 때 명목통화수요가 같이 증가하므로 실질통화수요는 불변

⊙ 통화수요의 탄력도

▸ 통화수요의 물가탄력도 $= \dfrac{dM^D}{dP} \cdot \dfrac{P}{M^D} = kY \cdot \dfrac{P}{kPY} = 1$

▸ 통화수요의 소득탄력도 $= \dfrac{dM^D}{dY} \cdot \dfrac{Y}{M^D} = kP \cdot \dfrac{Y}{kPY} = 1$

▸ 통화수요의 이자율탄력도 $= \dfrac{dM^D}{dr} \cdot \dfrac{r}{M^D} = 0 \cdot \dfrac{r}{kPY} = 0$

---

3. 고전학파 화폐수량설과 통화시장

(1) 화폐수량설

① 단기에 유통속도(V)는 일정한 상수이다.

② 따라서 유통속도의 역수인 마샬의 k 도 상수 값을 갖는다.

③ 이를 고전학파의 화폐수량설이라고 한다.

(2) 통화시장과 고전학파의 화폐중립성[고전학파의 2분법, 화폐베일(veil)관]

① 고전학파에 따르면 국민소득은 통화시장과 관계없이 노동시장과 세이의 법칙에 따라 항상 완전고용 국민소득(Y_F) 수준으로 결정된다.

② 화폐수량설에 따르면 마샬의 k 가 상수이고 통화공급은 외생변수이다.

③ 따라서 통화시장에서는 통화량(M_0)에 따라 물가만 결정된다.

④ 또한 통화시장의 변화는 물가만 변화시키고 고용, 국민소득 등 실물부문에 전혀 영향을 미치지 않는다.

⑤ 이를 고전학파의 화폐중립성(고전학파의 2분법)이라고 한다.

▶ 통화시장 모형

▸ 통화공급함수 : $M^S = M_0$

▸ 통화수요함수 : $M^D = kPY$　　(단, k : 상수, $Y = Y_F$ (완전고용국민소득)
　　　　　　　　　　　　　　　　　　　국민소득은 통화시장과 무관하게 결정)

▸ 균형조건　　 : $M^S = M^D \Rightarrow M_0 = kPY \Rightarrow M_0 = \overline{k}\,P\,\overline{Y_F}$

▶ 화폐중립성(고전학파의 2분법, 화폐베일(veil)관)

▸ 위 균형조건에 따르면 통화시장에서는 통화량(M_0)에 따라 물가만 결정

▸ 통화공급(M_0)이 증가하면 물가만 정비례 상승하고 완전고용수준의 실질국민소득(Y) 불변

▸ 물가가 오르므로 명목국민소득(PY)은 증가

▸ 통화량이 고정되어 있을 때, 마샬의 k 와 완전고용국민소득이 변화하면 물가 변동

▸ 따라서, 통화시장의 변화는 물가만 변화시키며 고용, 국민소득 등 실물부문에 영향을 미치지 않음

---

02 케인즈의 통화수요함수 : 유동성선호설

케인즈는 금융자산이 **통화**(M; 현금과 예금)와 **채권** 두 가지만 존재하는 것으로 상정하고 통화수요(통화보유) 를 분석하였다.

채권은 수익이 발생할 수 있으나 가격이 내리면 손해를 볼 수 있는 위험한 금융자산이고, 통화는 수익은 없으나 안전한 자산이다.

케인즈는 수익이 있는 채권 대신에 수익이 없는 통화를 보유하려는 것은 경제주체가 유동성을 선호하기 때문으로 보았으며 이를 유동성선호설이라고 한다.

1. 유동성선호

① 유동성(liquidity)이란 어떤 자산이 가치손실 없이 교환의 매개수단으로 사용될 수 있는 정도를 의미하며, 자산의 **환금성**(현금화될 수 있는 정도)을 나타낸다.
② 통화(현금, 예금)는 거래에 즉시 사용할 수 있으므로 유동성이 1인 자산이다.
③ 증권(주식, 채권)은 현금화하는데 시간이 필요하므로 유동성이 작은 자산이다.
④ 따라서 유동성선호란 각종 거래에 사용하기 위하여 보유하는 통화수요를 의미한다.

2. 유동성선호 동기

경제주체는 거래적 동기, 예비적 동기 및 투기적 동기에 따라 통화를 보유한다.

(1) 거래적 · 예비적 동기 통화수요(L_T)

① 거래적 동기(transaction motive) 통화수요는 일상 거래를 위한 통화수요이다.
② 예비적 동기(precautionary motive) 통화수요는 일상 거래의 불확실성에 대비하여 보유(비상금)하고자 하는 통화수요이다. 예비적 통화수요는 거래적 통화수요와 같은 요인에 의해 결정되므로 거래적 통화수요에 포함하여 분석한다.
③ 거래적 통화수요는 주로 일상 거래에 사용하기 위한 목적으로 통화를 보유하는 것이므로 통화의 기능 중 교환의 매개수단의 기능을 나타낸다.
④ 거래적 통화수요는 거래적 동기 화폐보유성향(k)과 명목국민소득(PY)에 따라 결정되며, 이들이 증가하면 거래적 통화수요가 증가한다.
⑤ 이때 거래적 화폐보유성향(k)은 고전학파 교환방정식에서 마샬의 k와 같다.

> ⊙ 거래적 통화수요함수
> ▸ 거래적 명목통화수요 : $L_T = L(P, k, Y) = P \cdot L(k, Y) = P \cdot (\alpha + kY)$
> (단, k : 통화보유성향. 통화수요의 소득탄력도($\varepsilon_{M^D : Y}$)
> ▸ 거래적 실질통화수요 : $\dfrac{L_T}{P} = \alpha + kY$

> ⊙ 거래적 통화수요의 변화

> ‣ 국민소득 증가   ⇒ 거래적 통화수요 증가
> ‣ 통화수요 소득탄력도($\varepsilon_{M^D : Y}$) 증가   (명목 및 실질)
>   (거래적 통화보유성향(k) 증가)

> ‣ 물가 상승   ⇒ 거래적 명목통화수요 증가
>   ⇒ 거래적 실질통화수요 불변

> ■ 거래적 통화보유성향(k)의 의미 : 통화수요의 소득탄력도
>   소득탄력도가 통화보유성향(k)에 따라 결정되므로 거래적 통화보유 성향을
>   통화수요의 소득탄력도($\varepsilon_{M^D : Y}$)라고 표현
>
>   **통화수요의 소득탄력도**: $\varepsilon_{M^D : Y} = \dfrac{dM^D}{dY} \cdot \dfrac{Y}{M^D} = k \cdot \dfrac{Y}{M^D}$
>
> ■ 물가가 오르면 명목 거래적 통화수요도 증가하므로 실질 통화수요는 불변

(2) 투기적 동기 통화수요(L_S)

① 투기적 동기(speculative motive) 통화수요는 채권투기를 통하여 자본이득(capital gain; 매매차익)을 얻기 위해 통화를 보유하는 것이다.

② 채권가격이 쌀 때(높은 이자율) 매입하고, 채권가격이 비쌀 때(낮은 이자율) 매각하면 자본이득이 발생한다.

③ 이자율이 상승(채권가격 하락)하면 채권을 매입하므로 투기목적의 통화보유량은 감소하고, 이자율이 하락(채권가격 상승)하면 채권을 매각하므로 투기목적의 통화보유량이 증가한다. 따라서 투기적 통화수요곡선은 우하향한다.

> ⊙ 투기적 통화수요함수
>
> ‣ 명목 투기적 통화수요 : $L_S = L(r) = -Phr$ (단, $L' < 0$)
>
> ‣ 실질 투기적 통화수요 : $\dfrac{L_S}{P} = -hr$
>
> ‣ 이자율(채권수익률) 상승 : 채권가격 하락 ⇒ 채권매입
>   ⇒ 투기적 통화수요량 감소
>
> ‣ 이자율(채권수익률) 하락 : 채권가격 상승 ⇒ 채권매각
>   ⇒ 투기적 통화수요량 증가

3. 통화수요함수 : 유동성선호설

① 통화수요(M^D)는 거래적 통화수요(L_T)와 투기적 통화수요(L_S)를 더한 것이다.

② 거래적 통화수요는 이자율과 관계없으므로 거래적 통화수요곡선은 수직선이고, 투기적 통화수요와 이자율은 부($-$)의 관계이므로 투기적 통화수요곡선은 우하향한다.

③ 따라서 두 가지 통화수요를 더한 전체 통화수요곡선은 우하향한다.

④ 케인즈(케인즈학파)는 통화수요의 이자율탄력도($\varepsilon_{M^D:\,r}$)가 큰 것으로 본다. 따라서 통화수요곡선의 기울기가 완만하다.

⑤ 거래적 통화보유성향(k; 통화수요의 소득탄력도) 및 실질국민소득(Y)이 증가하면 거래적 명목 및 실질 통화수요가 증가하므로 전체 통화수요가 증가(통화수요곡선 우측이동)한다.

⑥ 물가가 오를 경우 명목통화수요(M^D)가 증가(명목통화수요곡선 우측이동)한다.

⑦ 물가가 오를 때 명목통화수요가 증가하므로 실질통화수요$\left(\dfrac{M^D}{P}\right)$는 변하지 않는다(실질통화수요곡선 불변).

⊙ 통화수요함수

▸ 명목통화수요 : $M^D = L_T + L_S = P \cdot L(k,\,Y,\,r) = P \cdot (\alpha + kY - hr)$

▸ 실질통화수요 : $\dfrac{M^D}{P} = L(k,\,Y,\,r) = \alpha + kY - hr$

⊙ 통화수요곡선의 도출

▸ 이자율이 하락(채권가격 상승)할 때 채권은 매각하므로 통화수요량(통화보유량) 증가

▸ 이자율이 내릴 때 통화수요량이 증가하므로 통화수요곡선 우하향

▸ 케인즈(케인즈학파) 모형에서는 통화수요의 이자율탄력도가 큼. 따라서 통화수요곡선이 완만한 기울기를 가짐

▸ 프리드먼(통화주의학파) 모형에서는 통화수요의 이자율탄력도가 작음. 따라서 가파른(급한) 통화수요곡선

⊙ **통화수요의 변화** : 아래 변화 시, 통화수요 증가(통화수요곡선 우측이동)

▸ 국민소득 증가 ▸ 통화수요 소득탄력도($\varepsilon_{M^D:\,Y}$) 증가 　(거래적 통화보유성향(k) 증가)	⇒ 거래적 통화수요 증가 ⇒ 전체 통화수요 증가
▸ 물가 상승	⇒ 거래적 명목통화수요 증가 ⇒ 　전체　명목통화수요 증가
	⇒ 거래적 실질통화수요 불변 ⇒ 　전체　실질통화수요 불변

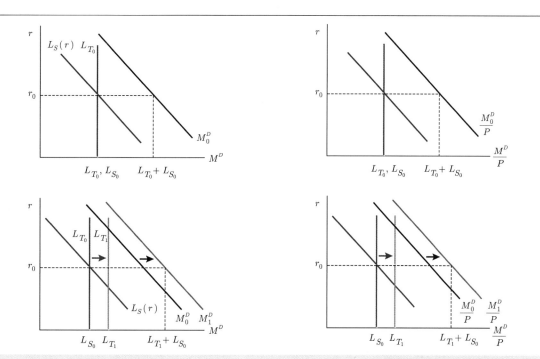

| [명목통화수요곡선] | [실질통화수요곡선] |

- 국민소득, 통화수요 소득탄력도(통화보유성향) 증가 ⇒ 거래적 통화수요 증가 ⇒ 명목 및 실질 통화수요 증가
  (통화수요곡선 우측이동)
- 물가 상승 ⇒ 명목 거래적 통화수요 증가 ⇒ 명목 통화수요 증가(명목 통화수요곡선 우측이동)
- 물가 상승 ⇒ 실질 거래적 통화수요 불변 ⇒ 실질 통화수요 불변

4. 유동성함정(liquidity trap)

① 현재의 채권가격이 최고수준(최저이자율)이어서 모든 채권투기자들이 채권가격이 내릴 것(이자율 상승)
   으로 예상하고 있는 상태를 유동성함정이라고 한다.

② 유동성함정 상태에서는 채권을 전혀 사지 않고 모든 금융자산(투기자금)을 모두 통화로 보유하려고
   한다.

③ 이때 통화수요곡선은 최저이자율 수준에서 수평이며, 통화수요이자율탄력도는 무한대이다.

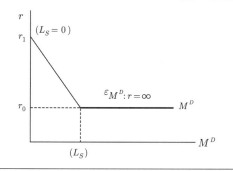

[유동성함정]

- r_1 : 최고 이자율(최저 채권가격). 전액 채권구입
  따라서 투기적 화폐보유량은 0

- r_0 : 최저 이자율(최고 채권가격). 보유채권 모두 매각
  따라서 금융자산 전액을 투기적 통화로 보유

03 프리드먼(M. Friedman)의 통화수요함수 : 신화폐수량설

1. 신화폐수량설

① 고전학파의 화폐수량설을 현실적으로 수정한 모형이다.

② 고전학파와 달리 이자율이 변화할 때 마샬의 k(통화보유성향, 케인즈모형에서 거래적 통화보유성향, 통화수요의 소득탄력도)가 변화하여 통화수요량이 변화한다.

③ 따라서 프리드먼(통화주의학파)과 케인즈(케인즈학파)의 통화수요함수는 같은 형태가 된다.

2. 통화수요함수

① 이자율(채권수익률)이 오르면 통화보유의 기회비용이 증가하므로 통화보다 채권을 보유하려 하므로 마샬의 k(통화보유성향)가 감소(유통속도 증가)하여 통화수요량이 감소한다.

② 단, 프리드먼은 그 크기가 크지는 않다고 본다. 따라서 통화수요 이자율탄력도($\varepsilon_{M^D \, : \, r}$)가 작다.

③ 이자율이 오를 때 통화수요량이 감소하므로 통화수요곡선은 우하향하며, 통화수요 이자율탄력도가 작으므로 통화수요곡선은 가파른 기울기를 갖는다.

④ 통화수요의 변화는 케인즈의 경우와 동일하다.

▶ 통화수요함수

▸ 명목통화수요함수 : $M^D = \tilde{k}(r) \, PY$ (단, k : 마샬의 k(통화보유성향), 유통속도(V)의 역수)

▸ 실질통화수요함수 : $\dfrac{M^D}{P} = \tilde{k}(r) \, Y$

▶ 통화수요곡선의 도출

▸ 이자율이 하락할 때 통화보유성향(마샬의 k)이 증가(유통속도 감소)하므로 통화수요량(통화보유량) 증가

▸ 이자율이 내릴 때 통화수요량이 증가하므로 케인즈의 경우와 마찬가지로 통화수요곡선 우하향

▸ 프리드먼(통화주의학파) 모형에서는 통화수요의 이자율탄력도가 작으므로 가파른 기울기를 갖는 통화수요곡선

▸ 케인즈(케인즈학파) 모형에서는 통화수요의 이자율탄력도가 크므로 완만한 기울기를 갖는 통화수요곡선

▶ 통화수요의 변화 : 케인즈모형의 경우와 동일

---

3. 통화수요의 안정성

① 이자율이 변화하면 통화보유성향(k)이 변화하여 통화수요량이 변한다.

② 이자율이 변화할 때 통화보유성향(k)이 크게 변화하지 않아서 통화수요량이 조금 변화할 경우 통화수요가 안정적이라고 표현한다.

③ 고전학파나 프리드먼(통화주의학파)의 경우는 통화수요가 안정적이고, 케인즈(케인즈학파)의 경우는 통화수요가 불안정적이다.

▶	고전학파 (화폐수량설)	: $M^D = \overline{k}\,PY$	통화수요(유통속도)의 이자율탄력도 0. 안정적 통화수요
▶	프리드먼(통화주의학파) (신화폐수량설)	: $M^D = \widetilde{k}\,(r)\,PY$	통화수요(유통속도)의 이자율탄력도 小. 안정적 통화수요
▶	케인즈(케인즈학파) (유동성선호설)	: $M^D = P \cdot L\,(k,\,Y,\,r)$	통화수요(유통속도)의 이자율탄력도 大. 불안정적 통화수요

PART 02 거시경제학

Ⅱ 이자율 결정

01 고전학파의 실물적 이자율

① 고전학파모형에서는 이자율이 대부자금시장에서 국내총투자(대부자금수요)와 국내총저축(대부자금공급)에 의해 결정된다.
② 총저축(민간저축, 정부저축 및 국외저축)이 증가하거나 총투자가 감소하면 이자율이 하락한다.
③ 통화시장에서는 통화량에 따라 물가만 결정한다(고전학파의 통화중립성).

02 케인즈(케인즈학파)와 프리드먼(통화주의학파)의 화폐적 이자율

케인즈와 프리드먼의 통화수요함수는 그 내용이 서로 같으며, 두 모형 모두 금융시장(통화시장과 채권시장)의 동시균형에 의하여 이자율이 결정된다.
이자율은 채권수익률이며 통화시장을 중심으로 분석한다.

1. 통화시장과 이자율 결정

명목이자율은 통화시장 균형(통화수요량=통화공급량)에 따라 결정된다.

▶ 통화시장 균형조건

	명목변수모형: $M^S = M^D$	실질변수모형: $\dfrac{M^S}{P} = \dfrac{M^D}{P}$
[케인즈학파(케인즈)]	$M_0 = P \cdot L(k, Y, r)$	$\dfrac{M_0}{P} = L(k, Y, r)$
[통화주의학파(프리드먼)]	$M_0 = \widetilde{k}(r) PY$	$\dfrac{M_0}{P} = \widetilde{k}(r) Y$
	(케인즈학파와 동일. 단, 통화수요이자율탄력도만 작음)	

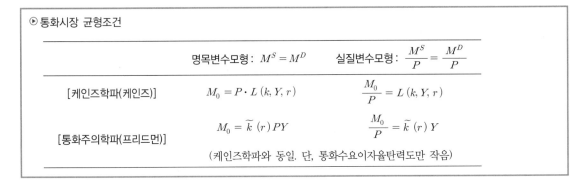

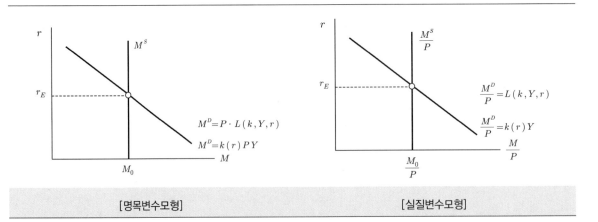

| [명목변수모형] | [실질변수모형] |

2. 통화시장과 채권시장의 동시 균형

① 통화시장과 채권시장은 상호 영향을 주고받으며 동시균형을 이룬다.

② 채권시장 균형에 의해 채권가격과 채권수익률이 결정된다.

③ 채권시장이 균형이면 통화시장도 균형이 되어 균형이자율이 결정되며, 균형이자율은 채권시장에서 결정된 채권수익률과 같다.

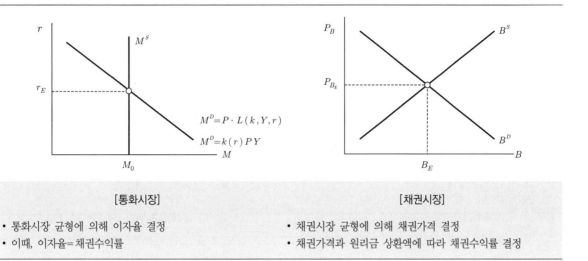

[통화시장]	[채권시장]
• 통화시장 균형에 의해 이자율 결정	• 채권시장 균형에 의해 채권가격 결정
• 이때, 이자율=채권수익률	• 채권가격과 원리금 상환액에 따라 채권수익률 결정

3. 이자율 변동

통화시장과 채권시장의 여건이 변화하면 이자율도 변화한다.

(1) 통화공급의 변화

① 확대통화정책 등에 따라 통화공급이 증가(수직의 명목 및 실질 통화공급곡선 우측이동)하면 민간이 거래적 목적으로 보유하고자 하는 통화수요량보다 실제 통화보유량이 증가하여 **통화시장에 초과공급**이 발생한다.

② 이때 민간은 증가한 통화보유량(초과공급량)으로 채권을 매입하고자 하므로 채권수요가 증가(채권수요곡선 우측이동)하여 **채권시장에 초과수요**가 발생한다.

③ 따라서 채권가격이 상승하여 채권수익률(이자율)이 내린다.

④ 통화공급이 감소할 경우는 민간 경제주체가 거래목적으로 보유하고자 하는 통화수요량보다 실제 통화보유량이 감소하여 통화시장에 초과수요가 발생한다.

⑤ 이 경우 민간은 보유하고 있는 채권을 매각하여 통화보유량을 늘리려고 하므로 채권공급이 증가(채권공급곡선 우측이동)하여 채권시장에 초과공급이 발생한다.

⑥ 이에 따라 채권가격이 내리고 채권수익률(이자율)은 상승한다.

⊙ 통화공급 증가

▸ 정부대출 증가
▸ 은행대출 증가　　■ 어음재할인율 인하　　⇒　　본원통화 증가
▸ 기타자산 매입　　■ 공개시장 국고채 매입

▸ 지급준비율(z) 인하
▸ 현금통화비율(c) 감소　　　　　　⇒　　통화승수 증가　　⇒　통화공급 증가
▸ 현금예금비율(k) 감소

▸ 국제수지개선(흑자)　　　　　　　⇒　　본원통화 증가

　■ 확대 통화정책 : 어음재할인율 인하, 공개시장 국고채 매입, 법정지불준비율 인하

　■ 국제수지개선 : 경상수지 개선(흑자), 자본수지 개선(흑자)

⊙ 통화공급 변화와 채권시장

▸ **통화공급 증가** : 통화시장 초과공급 ⇒ 채권수요 증가 (채권시장 초과수요) ⇒ 채권가격 상승, 채권수익률 하락

▸ **통화공급 감소** : 통화시장 초과수요 ⇒ 채권공급 증가 (채권시장 초과공급) ⇒ 채권가격 하락, 채권수익률 상승

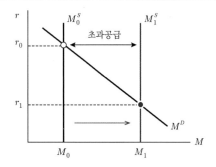

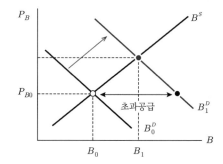

[통화시장]	[채권시장]
통화공급 증가 ⇒ 이자율 하락	채권수요 증가 ⇒ 채권가격 상승, 채권수익률 하락

(2) 통화수요의 변화

① (거래적) 통화수요가 증가(명목 및 실질 통화수요곡선 우측이동)하면 **통화시장에 초과수요**가 발생한다.

② 이 경우 민간경제주체는 채권을 매각(채권공급 증가)하여 증가한 통화수요를 충당한다.

③ 채권공급이 증가(채권공급곡선 우측이동)하면 채권가격이 하락하여 채권수익률(이자율)이 상승한다.

④ 통화수요가 감소(통화수요곡선 우측이동)할 경우는 **통화시장에 초과공급**이 발생한다.

⑤ 이때 민간은 남는 통화보유량(초과공급량)으로 채권을 매입하고자 하므로 채권수요가 증가(채권수요곡선 우측이동)하여 **채권시장에 초과수요**가 발생한다.

⑥ 따라서 채권가격이 상승하여 채권수익률(이자율)이 내린다.

⊙ 통화수요 변화

▸ 국민소득 증가 ▸ 통화수요 소득탄력도 증가 (통화보유성향(k) 증가)	⇒	(명목 및 실질) 통화수요 증가	⇒	이자율 상승
▸ 물가 상승	⇒	명목통화수요 증가 실질통화수요 불변	⇒	이자율 상승

⊙ 통화수요변화와 채권시장

▸ 통화수요 증가 : 통화시장 초과수요	⇒	채권공급 증가 (채권시장 초과공급)	⇒	채권가격 하락, 채권수익률 상승
▸ 통화수요감소 : 통화시장 초과공급	⇒	채권수요 증가 (채권시장 초과수요)	⇒	채권가격 상승, 채권수익률 하락

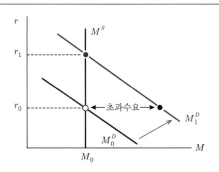

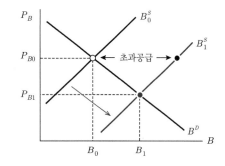

[통화시장]	[채권시장]
통화수요 증가 ⇒ 이자율 상승	채권공급 증가 ⇒ 채권가격 하락, 채권수익률 상승

(3) 물가 변화

① 물가가 변화하면 통화시장 균형이 변화하여 이자율이 변화한다. 통화시장을 명목변수모형과 실질변수모형으로 나누어 설명할 수 있으며, 이자율에 미치는 영향은 동일하다.

② 통화시장을 명목변수모형으로 분석할 경우, 물가가 오르면 명목화폐수요가 증가(명목통화공급은 불변)하여 이자율이 상승한다.

③ 통화시장을 실질변수모형으로 분석할 경우, 물가가 오르면 실질통화공급이 감소(실질통화수요는 불변)하여 이자율이 상승한다.

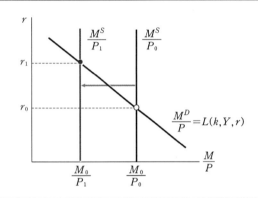

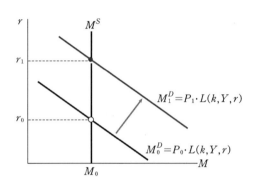

[실질통화시장 모형]	[명목통화시장 모형]
물가 상승 ⇒ 실질통화공급 감소 ⇒ 이자율 상승	물가 상승 ⇒ 명목통화수요 증가 ⇒ 이자율 상승
■ 물가 상승 시, 명목통화수요 증가. 따라서 실질통화수요 불변	■ 물가 상승 시, 명목통화공급 불변

3. 유동성함정(liquidity trap)과 이자율

(1) 이자율 결정

① 유동성함정하에서는 채권투기자가 채권가격이 최고수준(이자율 최저수준)이라고 판단하여 채권을 전혀 매입하지 않고 투기자금을 전액 통화로 보유한다.

② 따라서 통화수요곡선이 최저이자율 수준에서 수평이다.

③ 통화수요와 통화공급이 변화해도 이자율은 현재 수준에서 변화하지 않는다.

(2) 통화공급 변화

① 통화공급이 증가하면 투기목적에 사용할 수 있는 통화량이 증가하지만 채권을 매입하지 않는다.

② 따라서 통화공급이 증가(통화공급곡선 우측이동)하더라도 투기목적 화폐보유량만 증가하고 이자율은 현재의 최저수준에서 변화하지 않는다.

(3) 통화수요 변화

① (거래적) 통화수요가 증가하면 투기목적으로 보유하고 있던 통화를 사용한다.

② 따라서 (거래적) 통화수요가 증가하더라도 이자율은 현재 수준에서 변하지 않으며 투기적 동기 통화 보유량만 감소한다.

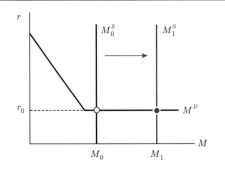
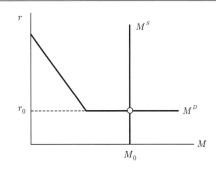

[통화공급 증가 ⇒ 이자율 불변]   [통화수요 증가 ⇒ 이자율 불변]

연습문제

---

01 다음 글을 읽고 물음에 답하시오. 일반사회 01

> (가) 요구불예금만 존재하고, 법정지급준비금만 보유하며, 대출의 형태로만 자금을 운영하고, 예금은행 밖으로 예금누출이 없다는 가정하에 예금은행의 신용창조가 아래 〈표 1〉과 같이 이루어졌다.
>
> <표 1> 예금은행 조직의 신용창조 (단위 : 원)
>
> | 은행명 | 요구불 예금 | 법정지급준비금 | 대출액 |
> |---|---|---|---|
> | 가 | 200,000 | 40,000 | 160,000 |
> | 나 | 160,000 | 32,000 | 128,000 |
> | 다 | 128,000 | 25,600 | 102,400 |
>
> (나) 위와 같은 예금은행의 신용창조액은 법정지급준비율의 변화에 따라 달라진다. 법정지급준비율의 조정은 통화정책 수단의 일종으로서 그 외 공개시장조작과 재할인율 정책과 함께 통화정책의 일반적 정책수단이다. A국의 경우 정부 주도의 경제성장 정책을 추진하는 과정에서 통화량이 팽창되어 소비자 물가가 연 15%로 상승하였다.

1-1 (가)의 〈표 1〉에서 법정지급준비율과 신용승수 그리고 순예금 창조액은 얼마인지 쓰시오.

1-2 (나)의 내용을 바탕으로, 통화량이 팽창되어 소비자 물가가 급격히 상승하고 있다면, 중앙은행에서 통화정책의 일반적 정책 수단을 어떻게 운용해야 하는지 설명하시오.

해설 1-1. 법정지급준비율 : 20%, 신용승수 : 5, 순예금창조액 : 1,925,000원

은행명	요구불 예금	법정지급준비금	대출액	법정지불준비율(z) (법정지급준비금 / 요구불예금)
가	200,000	40,000	160,000	모두 20%
나	160,000	32,000	128,000	
다	128,000	25,600	102,400	

▶ 신용승수 $= \dfrac{1}{z} = 5$

▶ 총예금창조액 : $D^G = \dfrac{1}{z} \cdot S = 5 \cdot 488,000 = 2,440,000,000$,

▶ 순예금창조액 : $D^N = D^G - S = 2,440,000 - 488,000 = 1,952,000$

1-2. 법정지급준비율 인상, 재할인율 인상, 국공채 매각

02 어떤 사람이 저축성예금에서 1,000만 원을 원화로 인출하여 500만 원은 현금으로 보유하고 나머지 500만 원은 외환으로 바꾼 후 예금했다. 이 경우에 협의통화(M_1)와 광의통화(M_2)의 변화에 대해 설명하시오.

• 해설 통화지표

$M_1 =$ 현금통화+금융기관과 비통화금융기관의 요구불예금+금융기관 수시입출식 저축성예금

$M_2 = M_1 +$ 금융기관 및 비통화금융기관의 저축성예금+거주자외화예금+양도성예금증서(CD)+환매채(RP)
  $=$ 현금통화(C)+예금통화(D)

- 양도성예금증서(CD) : 만기 91일 이상, 270일 이내의 무기명 정기예금
- 환매채(RP) : 은행, 증권사, 우체국 등이 보유한 채권을 판매한 후 고객이 원할 때 다시 매입하는 채권

▶ 저축성예금(M_2) 인출 : 광의의 통화(M_2) 감소
  현금(M_1) 보유 증가 : 협의통화(M_2) 증가, 광의통화(M_2) 증가
  거주자외화예금(M_2) 증가 : 광의통화(M_2) 증가
▶ 따라서 협의통화(M_1)는 500만 원 증가하고, 광의통화(M_2)는 불변

03 요구불예금(D)에 대한 현금 보유비율이 0.4(40%)이고 민간 경제주체들은 현금 외에는 모두 요구불예금에 예금하고 있다. 또한 법정 지급준비율(z)이 0.2(20%)이며 은행은 법정 지급준비금 이외에는 모두 대출한다고 하자. 지급준비금(R)이 100억 원이라고 할 때 본원통화와 M_1 은 얼마인지 쓰시오.

• 해설 • 문제에서,

▶ 지급준비금(R) : $R = z \cdot D \Rightarrow 100 = 0.2 \times D \qquad \therefore) \ D = \dfrac{100}{0.2} = 500$억 원

▶ 현금예금비율(k) : $c = \dfrac{C}{D} \Rightarrow 0.4 = \dfrac{C}{500} \qquad \therefore) \ C = 0.4 \times 500 = 200$억 원 (단, C : 현금통화)

▶ 통화(M_1) : $M_1 = C + D \Rightarrow M_1 = 200 + 500 = 700$억 원

▶ 본원통화(H) : $H = C + R \Rightarrow H = 200 + 100 = 300$억 원

04 다음 각 보기의 변화에 따른 통화량 변화를 판단해보라.

> ㄱ. 금융위기로 인하여 은행의 안전성이 의심되면서 현금인출이 증가하였다.
> ㄴ. 명절을 앞두고 기업과 개인들은 명절준비를 위해 현금 보유량을 늘린다.
> ㄷ. 한국은행이 자금난을 겪고 있는 지방은행들로부터 국채를 매입하였다.
> ㄹ. 은행 건전성 강화를 위해 국제결제은행(BIS) 기준 자기자본비율을 높인다.
> ㅁ. 중앙은행이 통화안정증권을 발행하였다.
> ㅂ. 민간 경제주체들의 현금/예금 비율이 감소했다.
> ㅅ. 은행들의 초과 지급준비율이 하락했다.
> ㅇ. 외환시장에서 중앙은행이 달러를 매입하였다.

해설 • 통화공급함수: $M^S = \dfrac{1}{c+z(1-c)} \cdot H$, 또는 $M^S = \dfrac{k+1}{k+z} \cdot H$

(단, $\dfrac{1}{c+z(1-c)}$, $\dfrac{k+1}{k+z}$: 통화승수, c: 현금통화비율, z: 지급준비율, k: 현금예금비율)

• 통화공급량 변화

▶ 현금통화비율(c) · 현금예금비율(k) · 지급준비율(z) 인하 ⇒ 통화승수 증가

▶ 정부대출 증가
▶ 은행대출 증가: 어음재할인율 인하
▶ 기타자산 매입: 국고채(통화안정증권) 매입 ⇒ 본원통화 증가 ⇒ 통화량 증가
▶ 국제수지 흑자: 경상수지 개선, 자본수지 개선

■ 확대금융정책: 지급준비율 인하, 어음재할인율 인하, 공개시장 국고채(통화안정증권) 매입

• 문제에서,

ㄱ. 현금인출이 증가할 경우 현금−통화비율 증가에 따라 통화승수가 감소하므로 통화공급량 감소
ㄴ. 기업과 개인이 현금보유량을 늘리면 현금−통화비율이 증가하여 통화승수가 감소하므로 통화공급량 감소
ㄷ. 한국은행 국채를 매입하면 본원통화가 증가하여 통화공급량 증가
ㄹ. 자기자본비율을 높이기 위해서는 대출을 줄여야 함. 대출이 감소하면 신용창조가 감소하여 통화공급량 감소
ㅁ. 중앙은행 통화안정증권 발행(공개시장조작정책): 본원통화 감소, 통화량 감소
ㅂ. 민간경제주체 현금 / 예금 비율(k) 감소: 통화승수 증가, 통화량 증가
ㅅ. 은행의 지급준비율 하락: 통화승수 증가, 통화량 증가
ㅇ. 중앙은행의 달러 매입: 본원통화 증가, 통화량 증가

05 다음은 甲국과 乙국의 통화시장에 대한 자료이다. 다음 물음에 답하시오.

> (가) 甲국은 민간의 예금 대비 현금비율이 0.2이고 금융기관의 지불준비율이 0.1이다.
> (나) 乙국은 모든 은행이 초과지급준비금은 보유하지 않고 민간은 현금을 모두 요구불예금으로 예금하며 요구불예금의 법정지급준비율이 20%이다.

5-1 (가)에서 甲국의 통화승수는 얼마인지 쓰시오.

5-2 (나)에서 乙국의 중앙은행이 국채 100억 원어치를 사들일 경우에 통화량 변동분은 얼마인지 쓰시오.

해설 **5-1.** 통화공급함수 : $M^S = \dfrac{k+1}{k+z} \cdot H$ (단, H : 본원통화, $\dfrac{k+1}{k+z}$: 통화승수, k : 현금예금비율, z : 지급준비율)

통화승수 : $\dfrac{k+1}{k+z} = \dfrac{0.2+1}{0.2+0.1} = \dfrac{1.2}{0.3} = 4$

5-2. 통화공급함수 : $M^S = \dfrac{1}{c+z(1-c)} \cdot H$ (단, H : 본원통화, c : 현금통화비율, z : 지급준비율)

문제의 통화공급함수 : $M^S = \dfrac{1}{z} \cdot H$ 따라서, $\triangle M^S = \dfrac{1}{0.2} \cdot 100 = 500$(억) (단, 현금통화비율 불고려)

06 다음은 중앙은행 통화정책의 세 가지 수단에 대한 설명이다. 괄호 안에 해당하는 정책이 무엇인지 쓰시오.

> • (㉠) 정책을 시행하면 중앙은행의 기타자산의 규모가 변화한다.
> • (㉡) 정책은 중앙은행의 최종대부자 기능에 따른 정책이다.
> • (㉢) 정책은 시중은행의 수익을 변화시킬 수 있다.
> • (㉠) 정책과 (㉡) 정책은 본원통화를 변화시킨다.

정답 ㉠ 공개시장조작 ㉡ 어음재할인율 조정 ㉢ 지급준비율

| Chapter 07 | 통화수요함수와 이자율 결정 |

07 지표가 다음과 같을 때 2006년 통화승수, 인플레이션율 및 소득유통속도와 2007년 경제성장률을 쓰시오.

연도	경상GDP	통화량	본원통화	GDP디플레이터 (2005년 기준)
2006	800조	1,200조	40조	105
2007	880조	1,320조	44조	110

해설 • 통화승수$(m) = \dfrac{통화량}{본원통화} = \dfrac{M}{H} = \dfrac{1,200}{40} = 30$

• 인플레이션율의 측정 : $\pi_t = \dfrac{P_t - P_{t-1}}{P_{t-1}} \times 100(\%)$ (단, P_t : t기의 물가지수)

$$\pi_t = \dfrac{P_t - P_{t-1}}{P_{t-1}} \times 100(\%) = \dfrac{105 - 100}{100} \times 100(\%) = 5(\%)$$

• 화폐의 소득유통속도 $V = \dfrac{PY}{M} = \dfrac{800}{1,200} = 0.67$ [PY는 명목(경상)GDP]

• 경제성장률은 실질GDP증가율

$$2006년도\ 실질GDP = \dfrac{명목(경상)GDP}{GDP디플레이터} = \dfrac{800}{1.05} = 762$$

$$2007년도\ 실질GDP = \dfrac{명목(경상)GDP}{GDP디플레이터} = \dfrac{880}{1.1} = 800 \qquad \therefore)\ 경제성장률 = \dfrac{800 - 762}{762} \times 100(\%) = 5(\%)$$

08 전통적인 경제이론에 따르면 통화는 거시경제의 실물적 현상에 전혀 영향을 미치지 않는다고 하며 이를 고전학파의 이분법(classical dichotomy)이라고 한다. 그 내용을 설명하시오.

해설 • 고전학파 화폐시장모형 : 균형조건 : $M^S = M^D \Rightarrow M_0 = kPY \Rightarrow M_0 = \overline{k}\ P\ \overline{Y_F}$

▶ 위 균형조건에 따르면 통화시장에서는 통화량(M_0)에 따라 물가만 결정

▶ 통화공급(M_0)이 증가하면 물가만 정비례 상승

▶ 통화량이 고정되어 있을 때 마샬의 k와 완전고용국민소득이 감소하면 물가 상승

▶ 통화시장 변화는 물가만 변화시키며 고용, 국민소득 등 실물부문에 영향을 미치지 않음

09 A국의 명목GDP는 20,000달러, 통화량은 8,000달러이다. 이 나라의 물가가 20% 상승하고, 통화량과 실질GDP가 10%씩 증가할 경우 이 나라의 통화유통속도(velocity of money)는 얼마인지 쓰시오. 또한 통화당국이 통화량을 10% 늘릴 경우 어떤 현상이 나타날 것인지 쓰시오.

해설 교환방정식 : $MV = PY \Rightarrow \dot{M} + \dot{V} = \dot{P} + \dot{Y}$ (단, • : 변화율)

• $MV = PY \Rightarrow 8,000 \cdot V = 20,000$ $\qquad \therefore)\ V = 2.5$

$$\dot{M}(10\%) + \dot{V}(0) = \dot{P}(20\%) + \dot{Y}(10\%) \qquad \therefore)\ \dot{V} = 20\%$$

처음, 유통속도가 2.5이며, 20% 증가했으므로 변화 후 유통속도는 3

• 고전학파모형(통화수량설과 세이의 법칙 성립)에서 통화량이 증가할 경우, 통화량 증가율만큼 물가만 상승

$IS - LM$ 모형

> ⊙ $IS - LM$ 모형

$IS - LM$ 모형은 원래 케인즈이론(유효수요이론)의 핵심을 보여주기 위해 힉스(J. R. Hicks)와 한센(Hansen)에 의해 고안된 모형(1937)이다.

- ▸ IS : $[\,I^D = S\,]$ 생산물시장 균형조건 (주입＝누출)
- ▸ LM : $[\,L(M^D) = M^S\,]$ 통화시장 균형조건 (통화수요＝통화공급)

> ⊙ $IS - LM$ 모형 : 케인즈학파와 통화주의학파 이론

$IS - LM$ 모형을 이용하면 앞의 두 단순모형을 현실적으로 수정한 케인즈학파와 통화주의학파의 국민소득결정이론을 설명할 수 있다. 따라서 $IS - LM$ 모형은 케인즈학파와 통화주의학파의 이론을 분석하는 모형이다.

- ▸ **케인즈학파(Kynesian)모형** : 케인즈(단순)모형의 현실화
  화폐적 이자율이 생산물시장의 유효수요(투자 및 소비수요)에 영향을 미쳐 국민소득을 변화시킨다.

- ▸ **통화주의학파(Monetarist)모형** : 고전학파모형의 현실화
  현실적으로 경기침체 및 실업이 존재할 수 있으며, 이 경우에는 유효수요에 따라 국민소득이 결정된다.
  통화주의학파(프리드먼)의 신화폐수량설에서는 고전학파(화폐수량설)와 달리 이자율이 통화수요에 영향을 미친다.

> ⊙ $IS - LM$ 모형의 한계

$IS - LM$ 모형은 케인즈단순모형과 같이 유효수요에 따라 국민소득이 결정되는 유효수요모형(물가고정 불황모형)이다. 따라서 총수요가 증가하면 공급애로 없이 생산과 국민소득이 증가한다.
그러나 실제로 국민소득은 총수요와 총공급의 상호작용에 의해 결정되며 물가도 변화한다.
이는 Chapter 09에서 총수요 - 총공급모형을 통해 분석하겠다.

I 생산물시장과 IS곡선

01 IS곡선의 도출

IS곡선은 생산물시장이 균형이 되는 이자율과 국민소득의 관계를 보여주는 곡선이다.

1. IS곡선의 도출(I): 유효수요모형

① 이자율이 하락하면 생산물시장에서 유효수요(민간 투자 및 소비수요)가 증가하여 국민소득이 증가한다.

② 따라서 IS곡선은 우하향한다.

> ⊙ IS곡선의 도출: 이자율 하락 ⇒ 총수요 증가 (민간 투자 및 소비수요 증가)
> ⇒ 국민소득 증가. 따라서 IS곡선 우하향

2. IS곡선 도출(II): 주입·누출모형

① 이자율이 하락하면 민간투자수요(주입)가 증가하고 민간저축(누출)이 감소(민간소비수요 증가)하여 유효수요가 증가하므로 국민소득이 증가한다.

② 따라서 우하향의 IS곡선이 도출된다.

> ⊙ IS곡선 도출: 이자율 하락 ⇒ 투자수요(주입) 증가. 저축(누출) 감소, 소비수요 증가
> ⇒ 총수요 증가
> ⇒ 국민소득 증가 따라서 IS곡선 우하향

3. 생산물시장 불균형

① 일정 국민소득 수준(Y_E)에서 생산물시장이 균형일 때 이자율이 오르면 민간 투자수요와 소비수요가 감소하므로 초과공급이 발생한다.

② 이자율이 내리면 민간의 투자와 소비수요가 증가하므로 초과수요 상태가 된다.

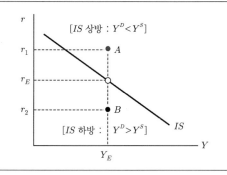

[생산물시장 불균형]

• 국민소득 Y_E, 이자율 r_E일 때 생산물시장 균형($Y^D = Y^S$)
  ▸ A : IS곡선 상방: 균형이자율(r_E) 수준에서 r_1으로 이자율 상승
    ⇒ 민간 소비 및 투자 감소. 따라서 생산물시장 초과공급
  ▸ B : IS곡선 하방: 균형이자율(r_E) 수준에서 r_2로 이자율 하락
    ⇒ 민간 소비 및 투자 증가. 따라서 생산물시장 초과수요

02 IS곡선의 변화

1. IS곡선 기울기 변화

투자수요의 이자율탄력도와 한계소비성향·유발투자계수·비례소득세율 및 한계수입성향이 변화하면 IS곡선의 기울기가 변화한다.

(1) 투자수요의 이자율탄력도($\varepsilon_{I^D:r}$)

> ⊙투자수요의 이자율탄력도($\varepsilon_{I^D:r}$) 증가 ⇒ 전반적으로 완만화 　■ IS곡선 기울기 감소, 절편 감소

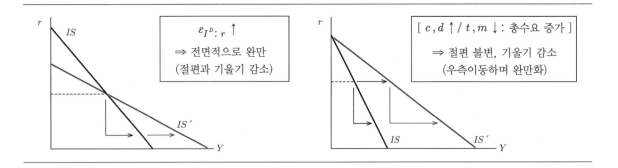

(2) 한계소비성향(c), 유발투자성향(d) 및 비례소득세율(t), 한계수입성향(m)

> ⊙한계소비성향(c), 유발투자성향(d) ↑　⇒　우측이동하며 완만하게 변화
> ⊙비례소득세율(t), 한계수입성향(m) ↓　　　　(절편 불변, 기울기 감소)

2. IS곡선의 평행이동

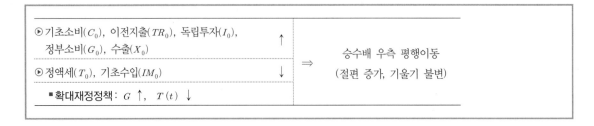

Ⅱ | 통화시장과 LM 곡선

01 LM 곡선의 도출

LM곡선은 통화시장이 균형을 이루는 국민소득과 이자율을 연결한 곡선이다.

1. LM곡선 도출

① 국민소득이 증가하면 거래적 통화수요가 증가하여 이자율이 상승한다.

② 따라서 LM곡선은 우상향한다.

> ⊙ LM곡선의 도출: 국민소득 증가 ⇒ (거래적) 통화수요 증가
> ⇒ 이자율 상승. 따라서 LM곡선 우상향

2. 통화시장 불균형

① 일정 이자율 수준(r_E)에서 통화시장이 균형일 때 국민소득이 감소하면 (거래적) 통화수요가 감소하므로 통화시장에 초과공급이 발생한다. 소득이 증가할 경우는 통화수요가 증가하여 초과수요가 된다.

② 따라서 LM곡선 상방에서는 초과공급, 하방영역에서는 초과수요 상태가 된다.

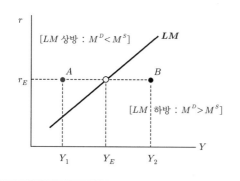

[통화시장 불균형]

• 국민소득 Y_E 이자율 r_E 일 때 통화시장 균형$(M^D < M^S)$

‣ A : LM 곡선 상방

균형 국민소득(Y_E) 수준에서 Y_1으로 국민소득 감소
⇒ 통화수요 감소. 따라서 통화시장 초과공급

‣ B : LM 곡선 하방

균형 국민소득(Y_E) 수준에서 국민소득 증가(Y_2)
⇒ 통화수요 증가. 따라서 통화시장 초과수요

02 *LM*곡선의 변화

1. *LM*곡선의 기울기 변화

(1) 통화수요의 이자율탄력도($\varepsilon_{M^D \, : \, r}$)

> ⊙ 통화수요 이자율탄력도($\varepsilon_{M^D \, : \, r}$) 증가 ⇒ 전면적으로 완만하게 변화

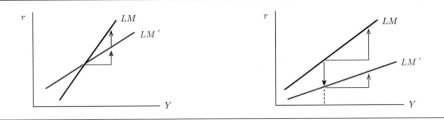

(2) 통화수요의 소득탄력도(통화보유성향)

> ⊙ 통화수요 소득탄력도($\varepsilon_{M^D \, : \, Y}$) 감소 : 통화보유성향($k$) 감소 ⇒ 통화수요($M^D$) 감소
> ⇒ 이자율 하락, 소득 증가 시 이자율 소폭 상승. *LM*곡선 하방(우측)이동, 기울기도 완만화

2. *LM*곡선의 평행이동

① 주어진 국민소득 수준에서 통화정책 등에 따라 실질통화공급이 증가(명목통화공급 증가 또는 물가하락) 하면 이자율이 내린다.
② 따라서 *LM*곡선이 하방(우측)으로 평행이동한다.

> ⊙ 실질통화공급 증가요인
>
> ▸ 정부대출 증가
> ▸ 은행대출 증가　■ 어음재할인율 인하
> ▸ 기타자산 매입　■ 공개시장 국고채 매입　⇒　본원통화 증가
> ▸ 국제수지개선(흑자)　　　　　　　　　　　　　　　　　　　　⇒　(명목 및 실질)
> 　■ 경상수지개선(흑자) : 수출 > 수입　　　　　　　　　　　　　통화공급 증가
> 　■ 자본수지개선(흑자) : 유입 > 유출
> ▸ 지급준비율(z) 인하
> ▸ 현금통화비율(c) 감소　　　　　⇒　통화승수 증가
> ▸ 현금예금비율(k) 감소
> ▸ 물가 하락　⇒　실질통화공급 증가(명목통화공급 불변)
>
> 　■ 확대통화정책 : 어음재할인율 인하, 공개시장 국고채 매입, 법정지불준비율 인하

Ⅲ │ *IS-LM* 균형과 재정·통화정책

01 *IS-LM* 균형

1. *IS-LM* 균형

① *IS*곡선과 *LM*곡선의 교차점에서 생산물시장과 통화시장이 동시에 균형을 이루며, 두 시장의 상호 작용을 통해 균형 국민소득과 균형이자율이 결정된다.

② 생산물시장에서는 통화시장균형에 의해 결정되는 균형이자율에 따라 유효수요의 크기가 결정되며, 공급애로 없이 생산이 이루어져 균형 국민소득이 결정된다.

③ 통화시장에서는 통화공급이 주어져 있을 때 균형 국민소득 수준에 따라 결정되는 통화수요에 의해 균형이자율이 결정된다.

④ *IS-LM*모형은 경기침체 상태를 전제로 한 물가고정 유효수요모형이다.

⑤ 즉, *IS-LM*모형에서의 국민소득은 실제로는 유효수요의 크기를 나타낸다.

⑥ 실제 국민소득은 총수요와 총공급의 상호 작용(총수요 - 총공급모형)에 의해 결정된다.

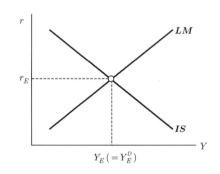

[*IS-LM* 균형]

- 통화시장과 생산물시장의 상호작용에 따른 동시균형에 의해 균형 국민소득과 이자율 결정
  - ▶ 생산물시장 : 통화시장에서 결정되는 이자율에 따라 총수요(민간 소비수요와 투자수요)가 결정되어 국민소득 결정
  - ▶ 통화시장 : 생산물시장 유효수요에 따라 결정되는 국민소득 수준에 따라 통화수요가 결정되면, 주어진 통화공급 하에서 이자율 결정

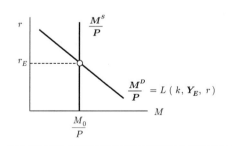

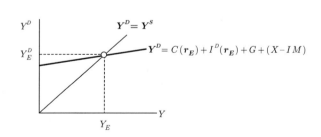

[통화시장 균형]	[생산물시장 균형]
균형 국민소득에 따라 이자율 결정	균형 이자율에 따라 총수요(국민소득) 결정

2. 불균형조정

① 두 시장 모두 또는 한 시장이 불균형일 때 자율적 조정을 통해 균형으로 수렴한다.

② 생산물시장이 초과수요이면 총생산이 증가하여 국민소득이 증가하고, 초과공급이면 총생산이 감소하여 국민소득이 감소한다.

③ 통화시장이 초과수요이면 이자율이 오르고, 초과공급이면 이자율이 내린다.

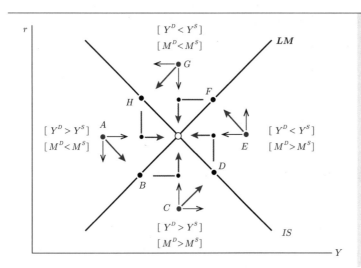

[불균형 조정]

- 생산물시장
  ▸ IS곡선 상방 영역: 초과공급 ⇒ $Y\downarrow$
  ▸ IS곡선 하방 영역: 초과수요 ⇒ $Y\uparrow$
- 통화시장
  ▸ LM곡선 상방 영역: 초과공급 ⇒ $r\downarrow$
  ▸ LM곡선 하방 영역: 초과수요 ⇒ $r\uparrow$

- A : 생산물시장 초과수요 ⇒ $Y\uparrow$ / 통화시장 초과공급 ⇒ $r\downarrow$

- E : 생산물시장 초과공급 ⇒ $Y\downarrow$ / 통화시장 초과수요 ⇒ $r\uparrow$

- B : 통화시장 균형 / 생산물시장 초과수요 ⇒ $Y\uparrow$ / 통화시장 초과수요 ⇒ $r\uparrow$

- F : 통화시장 균형 / 생산물시장 초과공급 ⇒ $Y\downarrow$ / 통화시장 초과공급 ⇒ $r\downarrow$

- C: 생산물시장 초과수요 ⇒ $Y\uparrow$ / 통화시장 초과수요 ⇒ $r\uparrow$

- G: 생산물시장 초과공급 ⇒ $Y\downarrow$ / 통화시장 초과공급 ⇒ $r\downarrow$

- D : 생산물시장 균형 / 통화시장 초과수요 ⇒ $r\uparrow$ / 생산물시장 초과공급 ⇒ $Y\downarrow$

- H : 생산물시장균형 / 통화시장 초과공급 ⇒ $r\downarrow$ / 생산물시장 초과수요 ⇒ $Y\uparrow$

$IS-LM$모형 : 균형 국민소득과 이자율 도출

1. **IS곡선식** : 생산물시장 균형으로부터 IS곡선 도출. $Y^D = Y^S (\equiv Y)$

$$r = \frac{(C_0 - cT_0 + cTR_0 + I_0 + G_0 + X_0 - IM_0)}{b} - \frac{1 - c(1-t) - d + m}{b} \cdot Y$$

2. **LM곡선식** : 통화시장 균형으로부터 LM곡선 도출. $\dfrac{M^S}{P} = \dfrac{M_0}{P}$

$$r = \frac{1}{h}\left(\alpha - \frac{M_0}{P}\right) + \frac{k}{h} \cdot Y$$

3. **$IS-LM$균형** : 생산물시장과 통화시장 동시 균형일 때 위 두 식의 이자율 동일

$$\frac{(C_0 - cT_0 + cTR_0 + I_0 + G_0 + X_0 - IM_0)}{b} - \frac{1 - c(1-t) - d + m}{b} \cdot Y = \frac{1}{h}\left(\alpha - \frac{M_0}{P}\right) + \frac{k}{h} \cdot Y$$

① 이 균형식으로부터 균형 국민소득 도출(도출된 국민소득을 IS 또는 LM곡선에 대입하여 이자율 결정)

$$Y = \frac{1}{(1 - c(1-t) - d + m) + b\left(\dfrac{k}{h}\right)}\left\{(C_0 - cT_0 + cTR_0 + I_0 + G_0 + X_0 - IM_0) + \left(\frac{b}{h}\right)\left(\frac{M_0}{P} - \alpha\right)\right\}$$

② **재정승수(정부지출승수 ; $\dfrac{dY}{dG}$)** : $\dfrac{1}{(1 - c(1-t) - d + m) + b\left(\dfrac{k}{h}\right)}$

• $b(\varepsilon_{I^D : r})$:	투자수요 이자율탄력도 小,	IS곡선 기울기 급	
• $h(\varepsilon_{M^D : r})$:	통화수요 이자율탄력도 大,	LM곡선 기울기 완만	$IS-LM$모형 재정승수 大
• $[c, \ d]$ 大, $[t, \ m]$ 小 : (단순모형) 유효수요 승수 大			[재정정책효과 大]
• $k(\varepsilon_{M^D : Y})$:	통화수요 소득탄력도 小		

③ **통화승수(통화공급승수 ; $\dfrac{dY}{dM_0}$)** : $\dfrac{\left(\dfrac{b}{h}\right)}{1 - c(1-t) - d + m + b\left(\dfrac{k}{h}\right)} = \dfrac{b}{h(1 - c(1-t) - d + m) + bk}$

• $b(\varepsilon_{I^D : r})$:	투자수요 이자율탄력도 大,	IS곡선 기울기 완만	
• $h(\varepsilon_{M^D : r})$:	통화수요 이자율탄력도 小,	LM곡선 기울기 급	$IS-LM$모형 통화승수 大
• $[c, \ d]$ 大, $[t, \ m]$ 小 : (단순모형) 유효수요 승수 大			[통화정책효과 大]
• $k(\varepsilon_{M^D : Y})$:	통화수요 소득탄력도 小		

예제 다음 식들로 구성된 경제에서, 생산물시장과 통화시장을 고려한 균형 국민소득과 이자율은?

$$C = 100 + 0.5\,(Y - T) \qquad I = 70 - 50\,r \qquad G = T = 60$$

$$M^S = 700 \qquad\qquad P = 2 \qquad\qquad \frac{M^D}{P} = Y - 150\,r$$

- **IS 곡선 도출**

  ▸ 생산물시장 균형조건: $Y^D = C + I^D = Y^S(Y) \;\Rightarrow\; (100 + 0.5\,(Y - 60)) + (70 - 50\,r) + 60 = Y$

  $\qquad\qquad\qquad\qquad\qquad\qquad\quad \Rightarrow\; 200 - 50\,r = 0.5\,Y$

  $\qquad\qquad\qquad\qquad\qquad\qquad\quad \Rightarrow\; Y = 400 - 100\,r \quad\cdots\cdots$ ①

  ▸ IS 곡선: ①식(생산물시장 소득식)을 r로 정리. $\quad r = 4 - \dfrac{1}{100}Y \qquad\cdots\cdots$ ②

- **LM 곡선 도출**

  ▸ 통화시장 균형조건: $\dfrac{M^S}{P} = \dfrac{M^D}{P} \;\Rightarrow\; \dfrac{700}{2} = Y - 150\,r$

  $\qquad\qquad\qquad\qquad\qquad\quad \Rightarrow\; Y = 350 + 150\,r \qquad\qquad\cdots\cdots$ ③

  ▸ LM 곡선: ③식(통화시장 소득식)을 r로 정리. $\quad r = -\dfrac{350}{150} + \dfrac{1}{150}Y \;\cdots\cdots$ ④

- **균형 국민소득과 이자율: IS − LM 균형을 통하여 결정**

  ▸ IS − LM 균형조건(Ⅰ): 생산물시장 소득(①)=통화시장 소득(③)

  $\qquad\qquad\qquad\quad 400 - 100\,r = 350 + 150\,r$

  $\qquad\qquad\qquad\quad \Rightarrow\quad 250\,r = 50 \qquad\quad \therefore)\; r = 0.2,\; Y = 380$

  $\qquad\qquad\qquad\qquad\qquad\qquad$ (도출된 이자율을 ① 또는 ③식에 대입하여 국민소득 도출)

  ▸ IS − LM 균형조건(Ⅱ): 생산물시장 이자율(②)=통화시장 소득(④)

  $\qquad\qquad\qquad\quad 4 - \dfrac{1}{100}Y = -\dfrac{350}{150} + \dfrac{1}{150}Y$

  $\qquad\qquad\qquad\quad \Rightarrow\; \dfrac{5}{300}Y = \dfrac{950}{150} \qquad \therefore)\; Y = 380,\; r = 0.2$

  $\qquad\qquad\qquad\qquad\qquad\qquad$ (도출된 국민소득을 ② 또는 ④식에 대입하여 이자율 도출)

02 *IS* - *LM* 균형 변화(Ⅰ) : 재정정책

1. 재정정책

① 확대재정정책 등에 의해 생산물시장에서 유효수요가 증가하면 케인즈단순모형에서의 승수배만큼 국민소득이 증가($Y_0{}'$)한다(*IS*곡선 승수배 우측이동).

② 국민소득이 증가하면 통화수요가 증가하여 이자율이 오른다.

③ 이자율이 오르면 소비와 투자수요가 감소하여[(일부) **구축효과**] 국민소득이 다시 감소($Y_0{}' \to Y_1$)한다.

④ 따라서 국민소득은 단순모형에서의 승수배 이하로 증가(Y_1)한다.

⊙ 확대재정정책 : $G_0 \uparrow$, $T_0(t) \downarrow$ ■$[C_0 , TR_0 , I_0(d) , X_0] \uparrow$, $[IM_0(m)] \downarrow$

▸ 생산물시장 ⇒ 유효수요 증가. 국민소득 승수배 증가($Y_0{}'$)

▸ 통화시장 ⇒ 통화수요 증가, 이자율 상승(r_1)

▸ 다시, 생산물시장 ⇒ 민간 투자 및 소비수요 감소 ■(일부) 구축효과
⇒ 국민소득 다시 감소(Y_1)

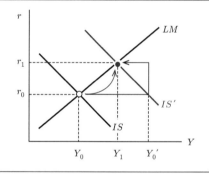

- **확대재정정책** : 유효수요 증가(*IS*곡선 승수배 우측이동)

⇒ 국민소득 승수배 증가($Y_0 \Rightarrow Y_0{}'$)
⇒ 이자율 상승(r_1)
⇒ 소비, 투자수요 감소 : 구축효과 발생
⇒ 국민소득 다시 감소($Y_0{}' \Rightarrow Y_1$)

∴) 단순모형에 비하여 국민소득 증가폭 감소

2. 재정정책 효과

투자수요의 이자율탄력도가 작고(IS곡선 기울기 급), 통화수요의 이자율탄력도가 클수록(LM곡선 기울기 완만) 재정정책의 효과가 크다(케인즈학파).
또한 통화수요의 소득탄력도가 작고, 케인즈단순모형 유효수요 승수가 클수록 재정정책의 효과가 크다.

⊙ 확대재정정책 효과 : 유효수요가 증가할 때,			
‣ 통화수요 이자율탄력도 大(LM 기울기 小) ‣ 통화수요 소득탄력도 小	이자율 소폭 상승	(구축 효과 小)	국민소득 대폭 증가
‣ 투자수요 이자율탄력도 小(IS 기울기 大)	이자율 상승 시, 투자 소폭 감소		
‣ 유효수요승수 大	(IS곡선 대폭 우측이동)		

3. 케인즈학파와 통화주의학파

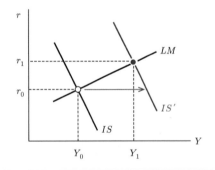 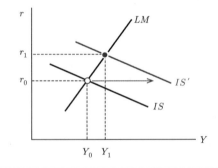

[케인즈학파 : 구축효과 작음, 국민소득 대폭 증가]

• 통화수요 이자율탄력도 大, LM곡선 기울기 小 (완만)
• 투자수요 이자율탄력도 小, IS곡선 기울기 大 (급)

[통화주의학파 : 구축효과 큼, 국민소득 소폭 증가]

• 통화수요 이자율탄력도 小, LM곡선 기울기 大 (급)
• 투자수요 이자율탄력도 大, IS곡선 기울기 小 (완만)

03 *IS-LM* 균형 변화(Ⅱ): 통화정책

1. 통화정책

① 통화정책 등에 의해 통화공급이 증가하면 이자율이 내려서 민간의 소비와 투자가 증가하므로 국민소득이 증가한다(케인즈의 이자율효과).

② 그런데 국민소득이 증가하면 통화수요가 증가하여 이자율이 다시 오르는 파급효과가 나타난다.

③ 이자율이 오르면 소비와 투자가 다시 감소하여 국민소득이 다소 감소한다.

④ 이때 통화수요의 이자율탄력도($\varepsilon_{M^D, Y}$)가 작으면 이러한 파급효과가 작아지므로 이자율 하락폭이 커지고 국민소득이 대폭 증가한다.

⊙ **확대통화정책**: 어음재할인율 인하, 공개시장 국고채 매입, 지급준비율 인하 ⇒ $M^S \uparrow$: 통화공급 증가

　▸ **통화시장** : 통화공급 증가에 따라 이자율 하락

　▸ **생산물시장**: 이자율 하락에 따라 민간 투자 및 소비수요 증가(유효수요 증가) ⇒ 국민소득 증가

⊙ **파급 효과 전 과정**: 통화공급 증가 ⇒ 이자율 하락, 유효수요 증가
　　　　　　　　　　　　⇒ 국민소득 증가
　　　　　　　　　　　　⇒ 통화수요 증가, 이자율 상승
　　　　　　　　　　　　⇒ 민간 투자·소비수요 감소, 국민소득 다시 감소

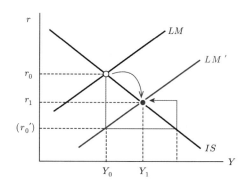

확대통화정책: 통화공급 증가

[*LM*곡선 하방(우측)이동]

⇒ 이자율 하락
⇒ 소비, 투자수요 증가: 유효수요 증가
⇒ 국민소득 증가

• **전체 파급경로**: 이자율이 내려서 국민소득이 증가하면 통화수요가 증가하여 이자율 상승. 이자율이 다시 오르면 민간 투자와 소비수요가 다시 감소하여 국민소득 다시 감소

2. 통화정책 효과

통화수요의 이자율탄력도가 작고(LM곡선 기울기 급), 투자수요의 이자율탄력도가 클수록(IS곡선 기울기 완만) 통화정책의 효과가 크다(통화주의학파).
또한 통화수요의 소득탄력도가 작고, 케인즈단순모형 유효수요 승수가 클수록 통화정책의 효과가 크다.

▶확대통화정책 효과: 통화공급이 증가할 때,		
▸ 통화수요 이자율탄력도 小(LM 기울기 大)	이자율 대폭 하락	총수요 대폭 증가, 국민소득 대폭 증가
▸ 통화수요 소득탄력도 小		
▸ 투자수요 이자율탄력도 大(IS 기울기 小)	이자율 하락 시, 투자 대폭 증가	
▸ 유효수요승수 大	유효수요 증가시 국민소득 대폭 증가	

3. 통화주의학파와 케인즈학파

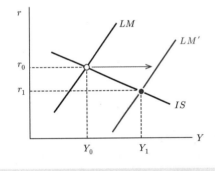

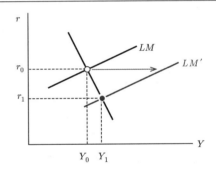

[통화주의학파: 국민소득 대폭 증가]

• 통화수요 이자율탄력도 小, LM곡선 기울기 大 (급)
• 투자수요 이자율탄력도 大, IS곡선 기울기 小 (완만)

[케인즈학파: 국민소득 소폭 증가]

• 통화수요 이자율탄력도 大, LM곡선 기울기 小 (완만)
• 투자수요 이자율탄력도 小, IS곡선 기울기 大 (급)

Ⅳ 기타 : 유동성함정모형

유동성함정 상태에서는 통화수요 이자율탄력도가 무한대이다.
따라서 통화수요곡선과 LM곡선이 최저 이자율 수준에서 수평선이다.

1. 재정정책 효과

① 유동성함정 상태에서는 확대재정정책을 시행해도 이자율이 오르지 않는다.
② 따라서 구축효과가 나타나지 않으므로 국민소득이 승수배 증가한다.

> ⊙ 확대재정정책: $G_0 \uparrow$, $T_0(t) \uparrow$　　■ [C_0, TR_0, $I_0(d)$, X_0] $\uparrow$, [$IM_0(m)$] $\downarrow$
>
> ▸ 생산물시장: 국민소득 승수배 증가
> ▸ 통화시장 : 국민소득이 증가하여 통화수요가 증가해도 이자율 불변
> ▸ 이자율이 오르지 않으므로 투자 및 소비수요 불변(구축효과 0). 따라서 국민소득 승수배 증가

2. 통화정책 효과

① 유동성함정 상태에서는 확대통화정책을 시행해도 이자율이 내리지 않는다.
② 따라서 총수요가 증가하지 않으므로 국민소득이 증가하지 않는다.
③ 자산효과를 고려할 경우에는 국민소득이 증가할 수 있다. 　📖 p.439의 '$IS-LM$균형과 재정·통화정책' 참조

> ⊙ 확대통화정책: $M^S \uparrow$
>
> ▸ 통화시장 : 통화공급이 증가해도 이자율 불변
> ▸ 생산물시장: 이자율이 내리지 않으므로 총수요 불변. 국민소득 불변

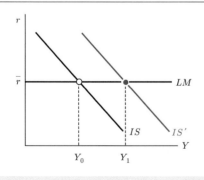

[확대재정정책]

⇒ 국민소득 승수배 증가($Y_0 \Rightarrow Y_0{}'$)
⇒ 이자율 불변. 구축효과 0. 국민소득 승수배 증가

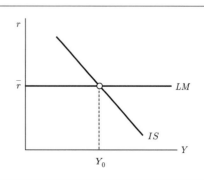

[확대통화정책]

⇒ 이자율 불변
⇒ 민간 소비와 투자수요 불변. 국민소득 불변

CHAPTER 09 총수요 – 총공급모형

⊙ **총수요 - 총공급모형(AD -AS 모형)**

　총수요와 총공급의 상호작용을 통해서 균형 국민소득과 물가가 결정된다.

⊙ **총수요(AD, Y^D : aggregate demand)**

▸ 생산물시장과 통화시장의 동시균형(IS -LM 균형)에 의해 총수요량이 결정된다.

▸ 물가가 변화하면 통화시장에서 이자율이 변화하여 생산물시장의 총수요량(민간의 소비와 투자)이 변화하며 이로부터 총수요곡선이 도출된다.

▸ 통화수요와 투자수요의 이자율탄력도에 대한 모형별 견해 차이에 따라 상이한 형태의 총수요곡선이 도출된다.

⊙ **총공급(AS, Y^S : aggregate supply)**

▸ 주어진 단기총생산함수하에서, 노동시장 균형에 의해 결정되는 노동고용량(투입량)에 따라 총공급량이 결정된다.

▸ 물가가 변화하면 노동시장 균형이 변화하여 노동고용량(투입량)이 변화하여 총공급량이 변화한다. 이로부터 총공급곡선이 도출된다.

▸ 단기 총생산함수와 노동수요에 대해서는 모형별 견해 차이가 없다.

▸ 노동공급함수에 대한 견해 차이, 물가와 임금의 신축성 여부, 정부와 기업의 행태, 장기와 단기 등에 따라 상이한 형태의 총공급곡선이 도출되며, 이러한 총공급곡선의 차이가 각 학파별(모형별) 거시경제이론의 핵심적인 차이가 된다.

▸ 케인즈학파와 통화주의학파의 단기모형이 가장 현실적인 거시경제 분석모형이다.

⊙ **총수요 - 총공급모형의 의의와 한계**

▸ 생산물시장, 통화시장 및 노동시장의 일반균형하에서 국민소득, 물가, 고용, 임금 및 이자율의 결정과 변화를 동시에 종합적으로 분석할 수 있다.

▸ 그러나 총수요 - 총공급모형에서는 외환시장(국제수지)에서 결정되는 환율이 수출과 수입에 미치는 영향을 고려하지 않는다.

▸ 이는 Chapter 15에서 국제수지모형을 통하여 분석한다.

I 총수요 - 총공급모형(Ⅰ): 케인즈학파와 통화주의학파 단기모형

케인즈학파와 통화주의학파의 단기모형이며, 가장 현실에 가까운 모형이다.

01 총수요(AD)

총수요(AD : aggregate demand)는 물가와 유효수요(총수요)의 관계이며, 총수요곡선을 이용하여 분석한다.

1. 총수요곡선의 도출

물가가 상승하면 다음 세 가지 효과에 따라 총수요량이 감소(총수요곡선 우하향)한다.

(1) 케인즈의 이자율효과

① 물가가 상승하면 실질통화공급이 감소(또는 거래적 명목통화수요 증가)하여 이자율이 상승한다.
② 이자율이 오르면 투자 및 소비수요량이 감소하여 총수요량이 감소한다.
③ 세 가지 효과 중 이자율 효과가 거시경제 전반에 걸쳐 가장 중요한 효과를 가지므로 총수요곡선은 이자율 효과를 중심으로 도출된다.

(2) 피구의 실질잔고효과 : 피구효과, 부(富)의 효과

① 물가가 상승하면 경제주체들이 보유하고 있는 금융자산(주식, 채권, 현금 등)의 실질가치[실질잔고, 부(富)]가 감소한다.
② 실질잔고(실질 부, 실질 금융자산)가 감소하면 소비수요량이 감소하여 총수요량이 감소한다.

(3) 경상수지효과

① 물가가 상승하면 수출이 감소하고 수입이 증가하여 순수출이 감소한다.
② 순수출이 감소하면 총수요량이 감소한다.

> ⊙ 총수요곡선의 도출 : 물가 상승 시, 총수요량 감소. 우하향하는 총수요곡선
> ▸ 이자율 효과 : 물가 상승 ⇒ 실질통화공급 감소(또는 명목통화수요 증가)
> ⇒ 이자율 상승
> ⇒ 민간 소비와 투자수요량 감소
> ▸ 실질잔고 효과 : 물가 상승 ⇒ 실질통화[실질잔고, 실질 금융자산(부)] 감소
> ⇒ 민간 소비수요량 감소
> ▸ 경상수지 효과 : 물가 상승 ⇒ 수출 감소, 수입 증가 : 순수출량 감소

2. 총수요의 변화

생산물시장과 통화시장의 여건이 변화하면 총수요가 변화한다.

(1) 생산물시장의 여건 변화

① 물가가 고정된 상태에서, 민간부문에서 총수요가 증가하거나 확대재정정책이 시행(IS곡선 우측이동)되면 총수요가 증가한다.

② 총수요가 증가하면 총수요곡선이 우측으로 이동한다.

(2) 통화시장의 여건 변화

① 물가가 고정된 상태에서, 확대통화정책 등에 의해 통화공급이 증가하거나 통화수요의 소득탄력도(마샬의 k)가 감소하여 통화수요가 감소(LM곡선 우측이동)하면 이자율이 하락한다.

② 이자율이 내리면 투자와 소비가 증가하므로 총수요가 증가한다.

③ 총수요가 증가하면 총수요곡선이 우측으로 이동한다.

▶ **총수요 변화**

- ▸ 생산물시장 여건 변화 : 확대재정정책 등 총수요 증가

  $$C_0, \quad TR_0, \quad I_0(d), \quad G_0, \quad X_0 \quad \uparrow$$
  $$T_0(t), \quad IM_0(m) \qquad\qquad\qquad \downarrow$$

  - 확대재정정책 : $G \uparrow, T(t) \downarrow$

  ⇒ 유효수요 증가(IS곡선 및 총수요곡선 우측이동)

- ▸ 통화시장 여건 변화 : 통화공급 증가, 통화수요 감소

  - 명목통화공급 증가   ■ 확대통화정책
  - 통화수요 감소 : 통화수요 소득탄력도(마샬의 k, 통화보유성향) 감소

  ⇒ 이자율 하락 (LM곡선 하방(우측)이동)
  ⇒ 투자 및 소비수요 증가 : 총수요 증가(총수요곡선 우측이동)

- ■ **명목통화공급 증대요인**

  - ▸ 정부대출 증가
  - ▸ 은행대출 증가   ■ 어음재할인율 인하
  - ▸ 기타자산 매입   ■ 공개시장 국고채 매입
  - ▸ 국제수지 개선(흑자)   ⇒ 본원통화(H) 증가
    - ■ 경상수지 개선 :   수출 > 수입
    - ■ 자본수지 개선 : 자본유입 > 자본유출
  - ▸ 지급준비율(z) 감소
  - ▸ 현금통화비율(c) 감소   ⇒ 통화승수 $\left(\dfrac{1}{c + z(1-c)}\right)$ 증가
  - ▸ 현금예금비율(k) 감소

---

02 총공급(AS)

총공급(AS : aggregate supply)은 물가와 총생산의 관계이며, 총공급곡선을 이용하여 분석한다.
이때 생산물시장과 노동시장은 모두 완전경쟁시장이다.

1. 총공급곡선의 도출

(1) 노동수요

① 노동의 한계생산물가치($VMP_L = P \cdot MP_L$) 곡선이 노동수요곡선이 된다.
② 한계생산물체감의 법칙에 따라 노동투입량이 증가할 때 노동의 한계생산물(MP_L)이 체감하므로 노동수요곡선이 우하향한다.
③ 물가(P)가 오르거나 노동의 한계생산성(MP_L)이 증가하면 한계생산물가치($VMP_L = P \cdot MP_L$)가 증가하므로 노동수요가 증가(노동수요곡선 우측이동)한다.
④ 노동수요함수에 대해서는 모형별 견해 차이가 없다.

(2) 노동공급

① 근로자의 효용극대화 시간소비(여가, 소득)에 따라 노동공급곡선이 도출되며, 학파별 견해 차이가 존재한다.
② 정상적인 경우[부($-$)의 대체효과 > 정($+$)의 소득효과] 명목임금이 오르면 노동공급량이 증가한다.
③ 예상물가 하락, 근로의욕 및 인구가 증가하면 노동공급이 증가(노동공급곡선 우측이동)한다.

(3) 총공급곡선 도출

① 물가가 상승하면 노동의 한계생산물가치($VMP_L = P \cdot MP_L$)가 증가하므로 전체 기업의 노동수요곡선이 물가상승률만큼 상방이동한다(노동수요 증가).
② 근로자는 임금협상 시점에서, 예상물가상승률만큼 명목임금 인상을 요구하므로 노동공급곡선이 예상물가상승률만큼 상방이동한다.
③ 이때 단기모형에서는 적응적기대에 따른 체계적 오류에 따라 실제물가상승률이 예상물가상승률보다 높으므로 노동수요곡선의 상방이동폭이 더 크다.
④ 따라서 명목임금이 상승하고 고용량이 증가하므로 총공급량이 증가한다.
⑤ 이때, 물가와 명목임금의 신축성에 따라 총공급곡선의 형태가 달라진다.
⑥ 즉, 물가와 명목임금이 신축적일수록 고용량이 적게 증가하고 총공급량이 적게 증가하므로 총공급곡선이 가파른 기울기를 갖게 된다.
⑦ 물가가 변화할 때 명목임금이 완전신축적으로 변화하면 수직선, 완전비신축적이면 수평선이 된다.

⊙ 물가 상승 ⟹ ⎡ 예상물가상승률만큼 노동공급곡선 상방이동(노동공급 감소)
⎣ 실제물가상승률만큼 노동수요곡선 상방이동(노동수요 증가)

　　　　이때, 예상물가상승률 < 실제물가상승률　　∴) 공급곡선 상방이동폭 < 수요곡선 상방이동폭

⟹ 명목임금 상승, 노동투입량 증가
⟹ 총공급량 증가. 따라서 총공급곡선 우상향

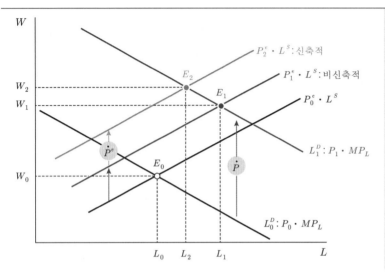

[총공급곡선(AS) 도출]

- 물가 상승(P_1) 시,
  ▸ 노동수요곡선은 실제물가상승률 $\left(\dot{P}\right)$만큼 상방이동
  ▸ 노동공급곡선은 예상물가상승률 $\left(\dot{P^e}\right)$만큼 상방이동

- 물가가 변할 때, 명목임금이 신축적으로 조정될수록(실제물가상승률과 예상물가상승률이 같아짐) 고용량과 총생산량 소폭 증가

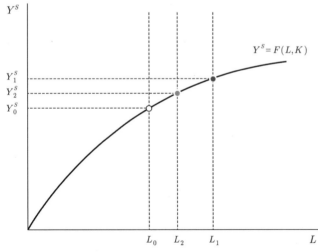

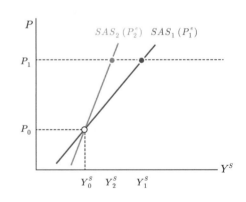

[단기 총공급곡선 도출]

- 케인즈학파와 통화주의학파 단기모형, 새케인즈학파(단기)모형: 부분적 화폐환상(SAS_1 또는 SAS_2)

- 실제물가상승률 > 예상물가상승률$\left(\dot{P} > \dot{P^e} = \dot{W}\right)$. 노동공급곡선 소폭 이동: 명목임금 비신축적 조정$\left(\dot{P} > \dot{W}\right)$

　　　　고용량 증가, 총공급량 증가. 총공급곡선 우상향
　　　　비신축적일수록 완만한 총공급곡선(SAS_1)

모형별 노동공급함수

1. **고전학파모형**: 완전예견모형

   물가가 상승하면 근로자는 즉시 물가상승률만큼 명목임금 인상을 요구(조정)

2. **케인즈모형**: 화폐환상모형.

   명목임금은 1년에 한 번 협상에 의해 결정. 이후 물가가 상승해도 임금 조정 불가

3. **케인즈학파와 통화주의학파 단기모형**: 적응적기대(adaptive expectation) 모형

   ‣ 근로자가 협상 시점에서 물가변동을 예상(기대)하여 명목임금 인상 요구
   ‣ 적응적기대(과거 물가 정보만 이용하여 예상)하므로 체계적 오류(실제물가상승률 > 예상물가상승률)

4. **통화주의 장기모형**: 오류수정모형

   장기에는 단기 체계적 오류 수정. 따라서 실제물가상승률 정확히 예상

5. **새고전학파모형**: 합리적기대(rational expectation) 모형

   ① 합리적기대(미래 모든 정보까지 고려하여 예상. 특히 미래 정부정책)하므로 단기에도 정확하게 물가 예상
   ② 예측오차가 발생할 수 있으나 체계적이지 않음

6. **새케인즈학파모형**: 합리적기대, 물가·임금 비신축성모형

   새고전학파모형과 같이 합리적기대 개념을 수용하지만, 현실적으로 물가와 명목임금은 비신축적 조정

	물가기대방식	실제물가와 예상물가	물가변화와 명목임금	AS곡선
고전학파	완전예견 (물가 변화 시, 명목임금 즉시 조정)	—		
통화주의학파 장기모형	장기 오류 수정 (단기 체계적 오류 수정)	$\dot{P} = \dot{P^e}$ (오류 수정)	$\dot{P} = \dot{W}$ (신축적 조정)	수직선
새고전학파모형	합리적기대 (미래 정부정책 등 고려 예상)	$\dot{P} = \dot{P^e}$ (체계적 오류 없음)		
케인즈 (물가변동·임금고정)	화폐환상 (물가 변화 시, 명목임금 불변)	—	$P\updownarrow, \overline{W}$ (완전비신축)	우상향
케인즈학파, 통화주의학파 단기모형	적응적기대 (과거 물가만 고려 예상)	$\dot{P} > \dot{P^e}$ (체계적 오류)	$\dot{P} > \dot{W}$ (비신축적 조정)	우상향
새케인즈학파모형	합리적기대. 단, 물가, 임금이 신축적 조정되지 않음			

- **고전학파 계열**: 고전학파. 통화주의학파 장기, 새고전학파 모형. 물가 변화 시 명목임금 완전신축적 조정.
  물가 상승 시 총공급량 불변. 따라서 총공급곡선 수직선

- **케인즈 계열**: 케인즈, 케인즈학파 단기, 새케인즈학파 모형. 물가 변화 시 명목임금 비신축적 조정.
  물가 상승 시 총공급량 증가. 따라서 총공급곡선 우상향

모형별 총공급곡선 도출

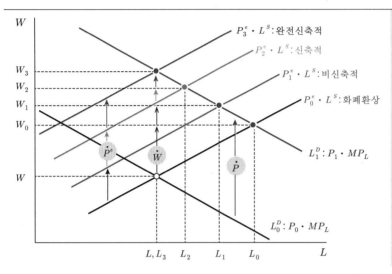

[총공급곡선(AS) 도출]

- 물가 상승(P_1) 시,
  ▸ 노동수요곡선 실제물가 상승률($\dot{P}$)만큼 상방이동
  ▸ 노동공급곡선은 예상물가 상승률($\dot{P^e}$)만큼 상방이동

- 실제물가상승률과 예상물가 상승률이 같아질수록 명목임금이 신축적으로 조정되고 고용량과 총생산량 소폭 증가

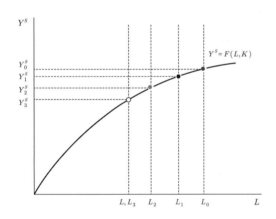

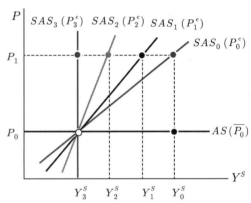

- 고전학파, 통화주의학파 장기모형, 새고전학파(단기)모형 : (화폐환상 없음) 자연산출량 수준에서 총공급곡선 수직

  실제물가상승률=예상물가상승률$\left(\dot{P} = \dot{P^e} = \dot{W}\right)$. 명목임금 완전신축적 조정$\left(\dot{P} = \dot{W}\right)$. 상방이동폭 동일. 고용 및 총생산량 불변. 총공급곡선 총공급곡선 수직선(SAS_3)

- 케인즈학파와 통화주의학파 단기모형, 새케인즈학파모형 : (부분적 화폐환상) 총공급곡선 우상향(SAS_1, SAS_2)

  실제물가상승률>예상물가상승률$\left(\dot{P} > \dot{P^e} = \dot{W}\right)$. 노동공급곡선 소폭 이동 : 명목임금 비신축적 조정$\left(\dot{P} > \dot{W}\right)$. 고용 및 총공급량 증가. 신축적일수록 급한 총공급곡선(SAS_2)

- 케인즈모형 : 화폐환상, 물가변동 – 명목임금 변동 모형. 총공급곡선 우상향(SAS_0)

  실제물가 상승 시, 예상물가상승률=0. 노동공급곡선 불변 : 명목임금 비신축적 조정$\left(\dot{P} > \dot{W}\right)$. 고용량 및 총공급량 대폭 증가. 총공급곡선 우상향(완만한 기울기)

  ■ 극단적 케인즈모형 : 화폐환상. 물가고정 – 명목임금 고정 모형. 현재 물가수준에서 총공급곡선 수평선

모형별 물가·임금 신축성과 총공급곡선

1. 총공급곡선(AS)의 기울기 결정요인

① 근로자의 물가예상 착오(오인)와 그에 따른 물가·임금 신축성에 따라 총공급곡선의 형태가 결정되며 학파별 견해 차이가 존재함

② 근로자의 물가예상 착오(오인)는 노동공급함수의 차이로 나타남

③ 근로자의 물가예상 착오가 클수록 물가·임금이 비신축으로 조정되고 총공급곡선이 급한 기울기를 갖게 됨

2. 학파별 총공급곡선

① 고전학파모형: 완전예견

통화주의학파 장기모형: 장기 오류수정

새고전학파(단기)모형: 합리적기대와 체계적 안정화정책

근로자가 예상착오 없이 물가변동을 정확히 예상하여 물가·임금이 완전신축적으로 조정. 총공급곡선 잠재 GDP(자연산출량) 수준에서 수직선

② (극단적) 케인즈모형: 물가고정, 화폐환상 및 명목임금 하방경직성

물가가 고정되어 있고, 근로자가 화폐환상(예상착오)을 가지고 임금이 (하방)경직적(물가·임금 완전비신축). 총공급곡선은 수평선

③ 케인즈학파와 통화주의학파 단기모형: 적응적기대에 따른 체계적 오류

루카스 물가예상착오모형: 기업의 물가예상 착오

새케인즈학파(단기)모형: 예상착오는 없으나 현실적으로는 물가·임금 비신축적

케인즈모형: 물가변동, 화폐환상. 근로자의 예상착오가 존재하여 물가·임금이 비신축적으로 조정

이 모형들의 단기총공급곡선(SAS)은 우상향하며 비신축적일수록 완만한 기울기가 됨

	예상착오 없을 때: 수직선	예상착오 있을 때: 우상향
	물가·임금 완전신축적: AS수직선 (고전학파: 완전예견)	물가·임금고정: AS수평선 (극단적 케인즈모형)
단기	물가·임금 완전신축적: SAS수직선 (새고전학파: 합리적기대)	**물가·임금 비신축적: SAS우상향** (케인즈학파·통화주의학파 단기모형) ■ 가장 현실적인 모형
		물가·임금 비신축적: SAS우상향 (새케인즈학파: 합리적기대) ■ 예상착오 없으나 현실적으로 물가·임금 비신축적
		물가예상착오: SAS우상향 (루카스 물가예상착오모형)
		물가변동·임금고정: AS우상향 (케인즈모형)
장기	물가·임금 완전신축적: LAS수직선 (통화주의학파 장기모형: 오류수정)	

2. 총공급 변화

① 노동공급이나 노동수요가 변화하여 고용량이 증가하면 총공급이 증가(총공급곡선 우측이동)한다.

② 기술이 진보하거나 자본노동비율(K/L)이 증가하면 노동의 한계생산성이 증가하여 노동수요가 증가하고, 총생산함수가 상방이동하므로 고용량과 총공급이 증가(총공급곡선 우측이동)한다.

③ 불리한 공급충격(천재지변, 노사분규 및 예상물가 상승에 따른 임금상승 등)이 발생하면 총공급은 감소한다.

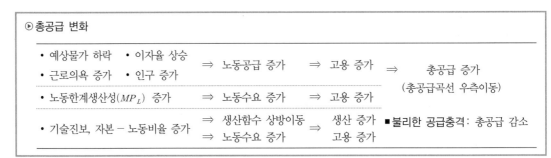

▷ 총공급 변화

- 예상물가 하락 · 이자율 상승
- 근로의욕 증가 · 인구 증가
⇒ 노동공급 증가 ⇒ 고용 증가 ⇒ 총공급 증가
(총공급곡선 우측이동)

- 노동한계생산성(MP_L) 증가 ⇒ 노동수요 증가 ⇒ 고용 증가

- 기술진보, 자본 − 노동비율 증가 ⇒ 생산함수 상방이동 생산 증가 ■불리한 공급충격: 총공급 감소
⇒ 노동수요 증가 고용 증가

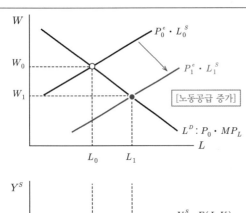

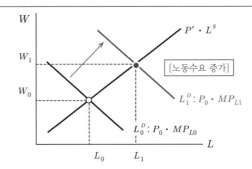

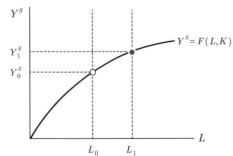

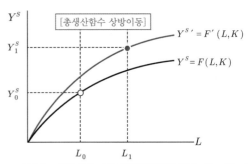

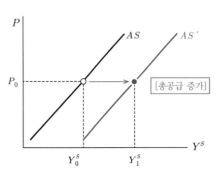

[총공급 변화]

- 예상물가 하락, 근로의욕 증가, 인구 증가, 이자율 상승,
⇒ 노동공급 증가, 고용 증가
⇒ 총공급 증가(총공급곡선 우측이동)

- 자본 - 노동비율 증가, 기술진보: 총생산함수 상방이동
⇒ 노동한계생산성 증가, 노동수요 증가, 고용 증가
⇒ 총공급 증가(총공급곡선 우측이동)

■불리한 공급충격: 총공급 감소

03 총수요 – 총공급 균형

① 통화시장과 생산물시장의 동시균형(IS-LM 균형)을 통해 총수요량(Y_E^D)이 결정되고, 노동시장균형과 단기총생산함수에 의해 총공급량(Y_E^S)이 결정된다.

② 이 과정에서 생산물시장, 통화시장 및 노동시장이 모두 균형을 이루며 물가, 이자율, 명목임금, 고용 및 실질국민소득이 동시에 결정된다.

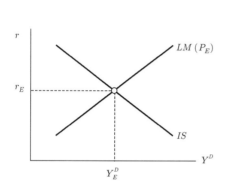

[IS−LM 균형]

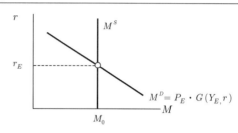

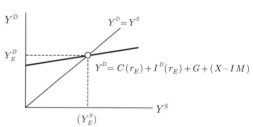

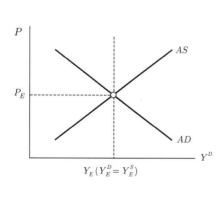

[AD−AS 균형]

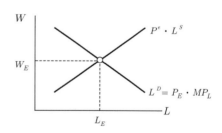

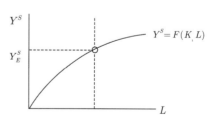

04 총수요 - 총공급 균형의 변화

1. 총수요 변화 ◀ 변화요인 : 생산물시장과 통화시장의 여건 변화

생산물시장과 통화시장 여건이 변화하면 총수요가 변화하여 물가와 국민소득이 변화한다.

(1) 생산물시장 여건 변화 : 재정정책

① 확대재정정책 등에 따라 수요가 증가(총수요곡선 우측이동)하면 물가가 오른다.
② 물가가 오르면 노동수요가 증가하여 노동투입량이 증가하고 임금이 오른다.
③ 노동투입량이 증가하면 총공급량이 증가하여 국민소득이 증가한다.
④ 통화시장에서는 물가 상승에 따라 실질통화공급이 감소하여 이자율이 오른다.

▷ 확대 재정정책	■ 기타 요인에 의한 생산물시장 유효수요 증가	
총수요 증가(IS곡선 및 AD곡선 우측이동) : 물가 상승		
노동시장	⇒ 물가 상승에 따라 노동수요 증가 (노동수요곡선 우측이동) ⇒ 고용 증가, 명목임금 상승	통화시장 ⇒ 물가 상승에 따라 실질통화공급 감소 (또는, 명목통화수요 증가) ⇒ 이자율 상승
	⇒ 고용증가에 따라 총공급량 증가, 국민소득 증가	

(2) 통화시장 여건 변화 : 통화정책

① 통화공급이 증가하거나 통화수요가 감소하면 이자율이 내린다.
② 이자율이 내리면 총수요(소비, 투자)가 증가하여 물가가 오른다.
③ 물가가 오르면 노동수요가 증가하여 노동투입량이 증가하고 임금이 오른다.
④ 노동투입량이 증가하면 총공급량이 증가하여 국민소득이 증가한다.

▷ 확대 통화정책	■ 기타 요인에 의한 통화량 증가. 통화수요 감소의 경우도 마찬가지 효과
이자율 하락[LM곡선 하방(우측)이동]	
생산물시장	⇒ 이자율 하락에 따라 총수요 증가(AD곡선 우측이동), 물가 상승
노동시장	⇒ 물가 상승에 따라 노동수요 증가(노동수요곡선 우측이동) ⇒ 명목임금 상승, 고용 증가
총생산함수	⇒ 고용 증가에 따라 총공급량 증가, 국민소득 증가

2. 총공급 변화

(1) 노동공급 변화

① 노동공급이 증가(노동공급곡선 우측이동)하면 임금이 내리고 고용이 증가한다.

② 고용이 증가하면 총공급이 증가(총공급곡선 우측이동)하여 물가가 내리고 국민소득이 증가한다.

③ 이때, 물가가 내리므로 실질통화공급이 증가하여 이자율이 내려서 총수요량(소비와 투자)이 증가한다.

⊙노동공급 증가	■ 예상물가 하락, 근로의욕 증진, 인구 증가, 이자율 상승
	노동공급 증가(노동공급곡선 우측이동). 명목임금 하락, 고용 증가
	⇒ 고용 증가에 따라 총공급 증가(AS곡선 우측이동), 물가 하락
통화시장	⇒ 물가 하락에 따라 실질통화공급 증가, 이자율 하락
생산물시장	⇒ 이자율 하락에 따라 총수요량(투자 및 소비) 증가 ⇒ 국민소득 증가

(2) 노동수요 및 총생산함수 변화

① 노동수요가 증가(노동수요곡선 우측이동)하면 명목임금이 오르고 고용이 증가한다.

② 고용이 증가하면 총공급이 증가(총공급곡선 우측이동)하여 물가가 내리고 국민소득이 증가한다.

③ 또한 총생산함수가 상방이동하는 경우에도 총공급이 증가한다.

⊙노동수요 증가	■ 기술진보, 자본노동(K/L) 증가 증에 따라 노동한계생산성(MP_L) 증가
	노동수요 증가(노동수요곡선 우측이동). 생산함수 상방이동 ⇒ 명목임금 상승, 고용 증가
	⇒ 고용 증가에 따라 총공급 증가(AS곡선 우측이동), 물가 하락
통화시장	⇒ 물가 하락에 따라 실질통화공급 증가, 이자율 하락
생산물시장	⇒ 이자율 하락에 따라 총수요량(투자 및 소비) 증가 ⇒ 국민소득 증가

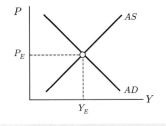

[총수요 - 총공급 균형]

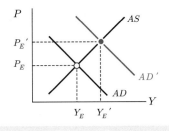

[총수요 증가] 확대 재정·통화정책

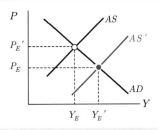

[총공급 증가] 노동수요 증가 노동공급 증가

Ⅱ 총수요 - 총공급모형(Ⅱ) : 통화주의학파 장기모형

통화주의학파 장기모형의 총수요 측면은 단기모형과 모두 동일하다.

단, 노동공급함수(오류수정. $\dot{P} = \dot{P^e} = \dot{W}$)의 특징에 따라 장기총공급곡선($LAS$)이 자연산출량($Y_N^S$) 수준에서 수직선이 된다.

01 총수요

총수요와 관련된 모든 내용(총수요곡선 도출, 총수요 변화 등)은 단기모형과 같다.

02 총공급

1. 노동시장

① 노동수요는 단기모형과 모두 동일하다.
② 단, 노동공급함수에 있어서 근로자가 장기에는 실제 물가를 정확히 예상한다.

2. 총공급곡선의 도출과 변화

① 물가가 상승하면 노동수요곡선이 물가상승률만큼 상방이동한다.
② 노동공급곡선은 임금협상 시점에서 예상물가상승률만큼 상방으로 이동한다.
③ 단, 장기에는 오류수정에 따라 물가상승률을 정확하게 예상하므로 실제 물가상승률과 예상 물가상승률이 같고, 노동수요곡선과 노동공급곡선의 상방이동폭이 동일하다.
④ 따라서 물가변화 시 명목임금이 완전신축적 조정되고 고용은 변하지 않는다.
⑤ 따라서 총생산량도 변화하지 않으므로 장기총공급곡선(LAS)은 수직선으로 도출된다. 이때의 실업률과 총생산량을 자연실업률 및 자연산출량이라고 한다.
⑥ 총공급 변화요인은 단기모형과 모두 같다. 단, 장기에는 실제물가변동율과 예상물가변동율이 같으므로 예상물가 변동은 총공급 변화요인이 되지 않는다.

◉ 물가 상승 ⇒ ┌ 예상물가상승률만큼 노동공급곡선 상방이동(노동공급 감소)
　　　　　　　 └ 실제물가상승률만큼 노동수요곡선 상방이동(노동수요 증가)

　　　　　　 이때, 예상물가상승률＝실제물가상승률　∴) 공급곡선 상방이동폭＝수요곡선 상방이동폭

　　　⇒ 물가상승률만큼 명목임금만 상승, 노동투입량 불변
　　　⇒ 총공급량 불변. 따라서 자연산출량 수준에서 총공급곡선 수직선

◉ 총공급 변화 : 단기 모형과 동일. 단, 예상물가 변동은 변화 요인이 되지 않음

---

03 총수요 - 총공급모형의 균형변화

1. 총수요 변화 : 재정 · 통화정책

확대 재정 · 통화정책 등 생산물시장과 통화시장의 여건 변화에 따라 총수요가 증가(총수요곡선 우측이동)할 경우, 장기총공급곡선이 수직이므로 국민소득은 자연산출량 수준 이상으로 증가할 수 없으며 물가만 오른다.

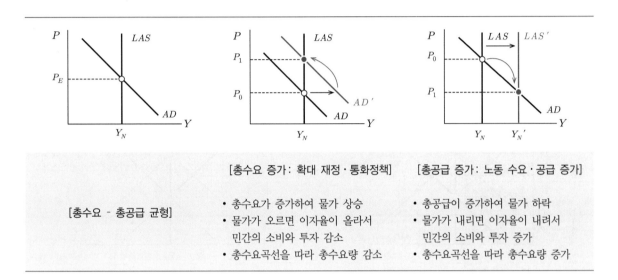

[총수요 - 총공급 균형]	[총수요 증가 : 확대 재정 · 통화정책]	[총공급 증가 : 노동 수요 · 공급 증가]
	• 총수요가 증가하여 물가 상승 • 물가가 오르면 이자율이 올라서 민간의 소비와 투자 감소 • 총수요곡선을 따라 총수요량 감소	• 총공급이 증가하여 물가 하락 • 물가가 내리면 이자율이 내려서 민간의 소비와 투자 증가 • 총수요곡선을 따라 총수요량 증가

2. 총공급 변화

① 노동공급이 증가하거나 노동수요가 증가하면 노동투입량이 증가하여 총공급이 증가(총공급곡선 우측이동)한다.

② 총공급이 증가하면 물가가 내리고 자연산출량 수준의 국민소득이 증가한다.

③ 이때 물가가 내리면 실질통화공급이 증가하여 이자율이 내린다.

④ 이자율이 내리면 총수요곡선을 따라 총수요량이 증가한다.

www.pmg.co.kr

04 총수요 변화와 장기 조정

① 장기균형 상태에서 확대 재정·통화정책 등에 의하여 총수요가 증가(총수요곡선 우측이동)하면 단기적으로는 물가가 오르고 국민소득이 증가한다.
② 물가가 오르면 근로자의 예상물가가 상승하여 노동공급이 감소(노동공급곡선 좌측이동)하고 단기총공급이 감소(단기총공급곡선 좌측이동)한다.
③ 따라서 장기적으로는 물가만 상승하고 고용량과 국민소득은 증가하지 않는다.
④ 총수요가 감소(경기침체)할 경우에 단기적으로 물가가 내리고 국민소득이 감소하지만, 예상물가가 내려서 노동공급이 증가하여 단기총공급이 증가한다.
⑤ 따라서 장기적으로는 물가와 명목임금만 내리고 국민소득은 감소하지 않는다.

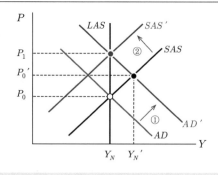

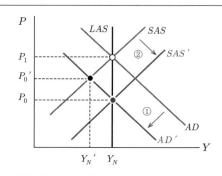

[총수요 증가(①)] 확대 재정·통화정책	[총수요 감소(①)] 경기침체
• 단기: 국민소득 증가, 물가 상승 • 장기: 물가 상승에 따라 근로자의 예상물가 상승 　⇒ 노동공급 감소 　⇒ 총공급 감소(②) 　⇒ 물가 더욱 상승 　⇒ 국민소득 다시 감소(물가 대폭 상승, 소득 불변)	• 단기: 국민소득 감소, 물가 하락 • 장기: 물가 하락에 따라 근로자의 예상물가 하락 　⇒ 노동공급 증가 　⇒ 총공급 증가(②) 　⇒ 물가 더욱 하락 　⇒ 국민소득 다시 증가(물가 대폭 하락, 소득 불변)

05 총공급 변화와 장기 조정

① 장기균형 상태에서 유리한 공급충격에 의하여 총공급이 증가(총공급곡선 우측이동)하면 단기적으로는 물가가 내리고 국민소득이 증가한다.

② 국민소득(총생산)이 증가하면 노동 등 각종 생산요소의 수요가 증가(노동 및 생산요소수요곡선 우측이동)하여 요소가격이 상승한다. 요소가격이 상승하면 총생산비가 증가하므로 단기총공급이 다시 감소(단기총공급곡선 좌측이동)한다.

③ 따라서 장기적으로는 국민소득은 원래 수준으로 다시 회귀하고 물가만 하락한다.

④ 불리한 공급충격에 의해 총공급이 감소(총공급곡선 좌측이동)할 경우에는 노동 등 각종 생산요소수요가 감소하여 요소가격이 하락하여 총생산비가 감소한다.

⑤ 총생산비가 감소하면 단기총공급이 다시 증가(단기총공급곡선 우측이동)한다.

⑥ 따라서 국민소득은 다시 원래 수준으로 회귀하고 물가는 하락한다.

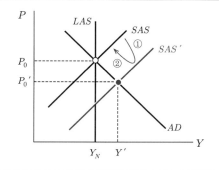 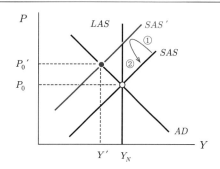

[총공급 증가(①)]	[총공급 감소(①)]
• 유리한 공급충격(원자재가격 하락, 풍작, 예상물가 하락에 따른 임금 하락 등)	• 불리한 공급충격(원자재가격 상승, 천재지변, 흉작, 예상물가 상승에 따른 임금 상승 등)
• 단기: 국민소득 증가, 물가 하락	• 단기: 국민소득 감소, 물가 상승
• 장기: 국민소득(총생산) 증가에 따라 ⇒ 노동수요(및 생산요소수요) 증가 ⇒ 비용 증가 ⇒ 총공급 다시 감소(②) ⇒ 물가 다시 상승 ⇒ 국민소득 다시 감소 (원래 수준으로 회귀)	• 장기: 국민소득(총생산) 감소에 따라 ⇒ 노동수요(등 생산요소수요) 감소 ⇒ 비용 감소 ⇒ 총공급 다시 증가(②) ⇒ 물가 다시 하락 ⇒ 국민소득 다시 증가 (원래 수준으로 회귀)

Ⅲ 총수요 - 총공급모형(Ⅲ) : 새고전학파모형

새고전학파모형의 총수요 측면은 단기모형과 모두 동일하다.
새고전학파모형의 총공급 측면은 장기모형과 모두 동일하다.
단, 단기에도 근로자가 실제 물가를 정확하게 예상할 수 있다.

01 총수요

새고전학파모형은 총수요와 관련된 모든 내용이 단기모형과 같다.

02 총공급

1. 노동시장

① 노동수요는 단기모형과 모두 동일하다.
② 노동공급함수에 있어서, 근로자는 단기에도 합리적기대에 의해 실제 물가상승률을 정확하게 예상할 수 있다.

2. 총공급곡선의 도출과 변화

① 근로자가 단기에도 실제 물가를 정확히 예상할 수 있으므로 장기모형과 같은 도출 과정을 통하여 단기총공급곡선이 수직선으로 도출된다.
② 변화요인도 모두 장기모형과 같다.

03 총수요 - 총공급모형의 균형변화

① 모든 면에서 통화주의 장기모형과 같다.
② 확대 재정·통화정책 등을 시행하여 총수요가 증가하면, 물가만 오르고 국민소득의 증가하지 않는다. 증가한 총수요는 물가 상승에 따른 이자율 상승에 의해 다시 감소한다.
③ 총공급이 증가하면 물가가 내리고 자연산출량 수준의 국민소득이 증가한다.

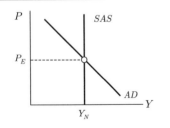

[$AD-AS$ 균형]

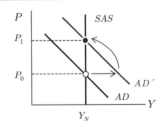

[총수요 증가: 물가만 상승]

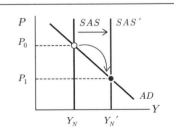

[총공급 증가: 소득 증가, 물가 하락]

Ⅳ 총수요 – 총공급모형(Ⅳ) : 새케인즈학파모형

새케인즈학파모형의 총수요 측면은 단기모형과 모두 동일하다.
새케인즈학파모형의 총공급 측면은 단기모형과 모두 동일하다.
단, 새고전학파와 마찬가지로 단기에 근로자가 합리적으로 기대하여 실제 물가를 정확하게 예상할 수 있다.
그러나 현실적으로 물가와 임금은 신축적으로 조정되지 않으므로 총공급 측면의 모든 내용이 단기모형과 같다.　　📖 Chapter 10. 거시경제이론의 두 흐름 참조

01 총수요

새케인즈학파모형의 총수요와 관련된 모든 내용은 단기모형과 같다.

02 총공급

1. 노동시장

① 노동수요는 단기모형과 모두 동일하다.
② 노동공급함수에 있어서, 근로자는 단기에도 합리적기대에 의해 실제 물가상승률을 정확하게 예상할 수 있다.
③ 그러나 현실적으로 물가와 임금은 신축적으로 조정되지 않는다.

2. 총공급곡선의 도출과 변화

① 근로자가 단기에 실제 물가를 정확히 예상할 수 있으나, 실제로 물가와 임금이 신축적으로 조정될 수 없다.
② 따라서 단기모형과 같이 단기총공급곡선은 우상향하는 형태로 도출되면, 변화요인도 단기모형과 모두 같다.

03 총수요 – 총공급모형의 균형과 변화

① 모든 면에서 단기모형과 같다.
② 확대 재정·통화정책 등을 시행하여 총수요가 증가하면, 물가가 오르고 국민소득이 증가한다.
③ 노동수요와 노동공급이 증가하여 총공급이 증가하면 물가가 내리고 국민소득이 증가한다.

거시경제이론의 두 흐름

Ⅰ | 케인즈학파와 통화주의학파 단기모형

01 단기모형의 특징

1. 시장별 균형

(1) 생산물시장   ◀ 이자율변화 시, 투자 및 수요 변화

통화시장 이자율에 의해 유효수요(민간 투자수요와 소비수요)의 크기가 결정된다.

(2) 통화시장   ◀ 유동성선호설, 신화폐수량설

외생적(정책적)으로 결정되는 통화공급과 통화수요에 따라 이자율이 결정된다.

(3) 노동시장   ◀ 근로자: 적응적기대. 체계적 오류$\left(\dot{P} > \dot{P}^e = \dot{W} \right)$

예상물가 수준, 근로의욕 및 인구 등에 따라 결정되는 노동공급과 물가, 노동의 한계생산성 등에 따라 결정되는 노동수요에 따라 고용량이 결정된다.

2. 모형의 특징

① 총수요와 총공급의 상호작용에 따라 가격(물가, 임금, 이자율)과 균형소득이 결정된다.
② 총수요는 생산물시장과 통화시장의 동시작용에 의해 결정된다.
③ 물가가 상승할 때 통화시장의 이자율이 상승하여 민간의 투자수요량과 소비수요량이 감소하므로 총수요곡선은 우하향한다.
④ 총공급은 노동시장 균형 고용량과 총생산함수에 의해 결정된다.
⑤ 물가가 변화할 때 단기에는 근로자의 적응적기대에 의한 예상물가상승률이 실제물가상승률보다 낮다 $\left(\dot{P} > \dot{P}^e = \dot{W} \right)$.
⑥ 따라서 물가가 오를 때 임금이 신축적으로 조정되지 않으므로$\left(\dot{P} > \dot{W} \right)$ 단기총공급은 우상향한다.

3. 정책적 시사점

① 확대 재정·통화정책 등에 의해 총수요가 증가하면 국민소득이 증가한다.
② 총공급이 증가하면 국민소득을 증가한다.

02 두 학파 단기모형의 차이

두 학파의 단기모형은 기본적으로 동일하다.

단, 통화수요·투자수요의 이자율탄력도와 재정·통화정책 효과. 통화정책 관련 문제, 정부개입의 타당성 여부 등에 대하여 견해 차이가 존재한다.

1. 케인즈학파　　　　　　◀ 힉스(J. R. Hicks), 사무엘슨(P. A. Samuelson), 토빈(J. Tobin)

⊙ **재정정책 효과 크고, 통화정책 효과 작음**

- ▸ 투자수요와 소비수요의 이자율탄력도 작음. 가파른 IS곡선
- ▸ 통화수요의 이자율탄력도 큼. 완만한 LM곡선

⊙ **통화정책의 효과 전달경로와 효과 크기**

- ▸ 통화량 증가 ⇒ 이자율 하락 ⇒ 총수요(민간 투자와 소비) 소폭 증가 ⇒ 국민소득 소폭 증가
　　　　　　　　　　　　　　　　　　　　　　(민간 투자와 소비의 이자율탄력도 小)
- ▸ 따라서, 통화정책 효과는 간접적이고 미약함

⊙ **통화정책 지표 선택 : 이자율 중심**

통화부문 불안정(통화수요 불안정)하며, 이 경우 통화량 변화 시 이자율 변화 불분명.
따라서 통화정책 지표는 이자율 중심

⊙ **정부정책에 대한 견해 : 재량, 적극적 개입주의, 수용적 정책**

2. 통화주의학파　　　　　　◀ 프리드먼(M. Friedman)

⊙ **재정정책 효과 작고, 통화정책 효과 큼**

- ▸ 투자수요와 소비수요의 이자율탄력도 큼. 완만한 IS곡선
- ▸ 통화수요의 이자율탄력도 작음. 가파른 LM곡선

⊙ **통화정책의 효과 전달경로와 효과 크기**

- ▸ 통화량 증가 ⇒ 유효수요 직접(대폭) 증가 ⇒ 국민소득 대폭 증가
- ▸ 따라서 확대통화정책 효과는 직접적이고 강력함

⊙ **통화정책 지표 선택 : 통화량 중심**

실물부문이 불안정하며, 이 경우 이자율 변화 시 민간 투자 및 소비에 미치는 효과 불분명.
따라서 통화정책 지표는 통화량 중심

⊙ **정부정책에 대한 견해 : 준칙, 비개입주의, 비수용적 정책**

03 통화정책효과 전달경로(transmission mechanism)

1. 케인즈 : 이자율효과(이자율 경로) ❮ "Money does not matters."

① 통화량이 증가하면 이자율이 내려서 소비·투자가 증가하여 소득이 증가한다.

② 케인즈학파의 경우, 통화수요의 이자율탄력도는 크고 투자수요의 이자율탄력도가 작으므로 통화공급이 증가할 때 이자율이 소폭 하락하며, 이자율이 하락할 때 민간 투자와 소비가 소폭 증가하므로 국민소득의 증가폭은 크지 않다.

> ⊙ 케인즈학파의 통화정책의 효과 전달경로와 효과 크기: 간접적이고 미약
>
> $$M^S \uparrow \ \Rightarrow \ r \downarrow (소폭) \ \Rightarrow \ 투자, 소비 증가: Y^D \uparrow (소폭) \ \Rightarrow \ Y \uparrow (소폭)$$
>
> [통화수요 이자율탄력도 大]　　　[투자수요 이자율탄력도 小]

2. 통화주의학파 ❮ "Money does matters."

① 통화시장이 균형($M_0 = k(r)PY$)일 때 마샬의 k (유통속도 V의 역수)가 거의 상수이므로, 통화공급이 증가하면 총수요(민간 투자와 소비수요)가 직접 증가한다.

② 이때 경기침체기에는 물가가 오르고 실질국민소득(Y)도 대폭 증가한다.

③ 이자율 효과를 기준으로 보더라도, 탄력도 특징에 따라 소득이 대폭 증가한다.

> ⊙ 통화주의학파의 통화정책의 효과 전달경로와 효과 크기: 직접적이고 강력
>
> $$M_0 = \tilde{k}(r)PY \ : M^S \uparrow \ \Rightarrow 직접 유효수요 증가 \Rightarrow \ PY \uparrow (Y \uparrow, P \uparrow)$$
>
> [통화시장 균형조건]　　(경기침체 시, 국민소득 대폭 증가. 완전고용 시, 물가만 상승)
>
> ■ 마샬의 k (유통속도 V의 역수)가 안정적일 경우, 통화량이 증가하면 유효수요(소비 및 투자) 대폭 증가. 그러나 마샬의 k 가 불안정하여 k 가 증가(유통속도 V 감소)할 경우에는 통화보유만 증가하므로 유효수요(소비 및 투자)는 증가하지 않음
>
> ⊙ 케인즈 이자율 효과에 의한 통화주의학파의 통화정책 효과
>
> $$M^S \uparrow \ \Rightarrow \ r \downarrow (대폭) \ \Rightarrow \ 투자, 소비 증가: Y^D \uparrow (대폭) \ \Rightarrow \ Y \uparrow (대폭)$$
>
> [통화수요 이자율탄력도 小]　　　[투자수요 이자율탄력도 大]

3. 피구(A. C. Pigou)효과 : 실질잔고효과(富효과), 자산효과(자산가격경로)

① 실질잔고란 통화, 주식 등 민간이 보유하는 자산의 실질가치이다.

② 확대통화정책에 따라 통화량이 증가하면 민간보유 실질잔고(M/P ; 부)가 증가하므로 소비수요가 직접 증가(IS곡선 우측이동)하여 국민소득이 증가한다.

③ 피구효과가 존재하면 통화량 증가 시 유동성함정에서도 소득이 증가한다.

▶ 피구효과 : 실질잔고효과, 부(富)의 효과

$$M^S \uparrow \ \Rightarrow \ M^S/P \uparrow \ (\text{실질잔고 ; 부}\uparrow) \ \Rightarrow \ \text{소비수요 증가:} \ Y^D \uparrow \ \Rightarrow \ Y \uparrow$$

 PLUS **통화정책의 파급경로**

1. 통화정책의 파급경로 ◀ 『한국의 통화정책』, 한국은행, 2012.12.

통화정책 파급경로(기준금리 인하)				
금리경로	자산가격경로	환율경로	신용경로	기대경로
• 단기 → 장기금리↓ • 은행 여수신 금리↓	• 주가↑ • 부동산 가격↑	• 금리↓ → 환율↑	• 은행 예금↑ • 대출↑	• 금리 인하(동결)기대 • 경기전망(호황) • 인플레이션기대
⇒ 소비·투자↑	⇒ 소비·투자↑	⇒ 순수출↑	⇒ 소비·투자↑	⇒ 소비·투자↑
⇒ 총수요 증가(소비·투자·순수출), 물가 상승, 국민소득 증가				

2. 금리경로(interest rate channel) : 케인즈의 이자율효과

① 기준금리를 인하하면 단기 금리(양도성예금증서 금리, 기업어음 금리 등) 하락
② 단기금리가 내리면 차례로 장기금리(은행여수신금리)가 하락하여 가계 소비와 기업의 투자 증가

3. 자산가격경로(asset price channel) : 피구의 자산효과[wealth effect; 부(富)의 효과], 토빈의 q이론

① 기준금리를 인하(채권수익률 하락)하면 주식과 부동산에 대한 수요가 증가하여 가격 상승. 주식과 부동산 가격이 증가하면 가계의 부(富)가 증가하여 민간소비 증가
② 기준금리를 인하하면 토빈의 q가 증가하여 증권시장에서 평가되는 기업가치 증가. 이에 따라 기업은 높은 가격으로 주식 발행이 가능할 수 있으며, 적은 비용으로 투자할 수 있으므로 투자 증가

4. 환율경로(exchange rate channel)

① 금리를 인하하면 증권투자 자본이 유출(외환수요 증가)되어 환율 상승
② 이에 따라 수출이 증가하고 수입이 감소하여 순수출 증가

5. 신용경로(credit channel)

① 위의 세 가지 경로는 이자율 변동을 통해 경제에 영향
② 신용경로는 이자율 변동이 아니라 양적인 변화(은행대출 규모 등)를 통해 민간부문에 영향
③ 통화량을 늘리면 금융기관 대출 여력이 증가하여 가계와 기업에 대출 증가. 따라서 투자와 소비 증가
④ 금융시장이 불완전하거나 신용규제가 이루어지고 있는 경우에 큰 효과

6. 기대경로(expectation channel)

① 중앙은행이 민간의 전망(통화정책, 경기전망 및 인플레이션 기대 등)을 변화시켜 소비와 투자에 영향
② 금리를 낮게 유지할 것으로 신호를 보낼 경우 장기시장금리가 하락하여 민간의 투자와 소비 증가
③ 경제주체들의 중앙은행에 대한 신뢰가 높을 경우 통화정책의 파급시차가 줄고 정책효과도 커질 수 있음

04 정부개입에 대한 견해 차이

1. 통화주의학파 ◀ 준칙(비개입), 비활동주의자 정책(nonactivist policies), 작은 정부

① 일시적인 경기침체나 경기과열은 시장의 자기보정적 기능, 즉 물가, 임금, 이자율 등 각종 가격의 신축적 조정에 의해 자율적으로 해소(시장청산)된다.

② 당국은 재량적으로 경제에 개입하지 말고 일정한 준칙(k% 준칙, 테일러 준칙)을 지켜야 하며 시장의 자율적 조정기능에 맡겨야 한다. 이러한 입장을 비수용적 정책(nonaccommodative policy)이라고 한다.

③ 재량적 경제정책은 정치논리에 의한 정책결정, 당국의 불완전한 정보 및 정책시차 등에 의해 시장을 교란시키는 정부실패가 발행할 수 있다.

⊙ k% 준칙 ■ 프리드먼(M. Friedman)

▸ $MV = PY \Rightarrow \dot{M} + \dot{V} = \dot{P} + \dot{Y} \Rightarrow \dot{M} = \dot{P} + \dot{Y} - \dot{V}$

▸ 교환방정식에 따르면 실질국민소득 증가율에서 유통속도 변화율을 뺀 비율(k%)만큼만 통화량을 늘려야 함

▸ 그 이상 수준으로 통화량을 늘리면 물가 상승(인플레이션)

통화량 증가율(k%) = 실질국민소득 증가율 − 유통속도 변화율

---

2. 케인즈학파 ◀ 재량(개입), 활동주의자 정책(activist policies), 큰 정부

① 외부충격이 발생할 때 시장의 자율적 조정기능은 충분하지 않을 수 있으며, 지나친 준칙의 고수는 경기침체(실업) 또는 경기과열(인플레이션)을 장기화시킬 수 있다.

② 따라서 정책당국은 경기상황에 따라 **재량적인 총수요관리정책**(재정·통화정책)을 통해 거시경제문제 해결에 적극적으로 개입하여야 한다.

③ 이러한 견해를 수용적 정책(accommodative policy)이라고 한다.

II 통화주의학파 장기모형

1. 시장별 균형

(1) 생산물시장과 통화시장

① 생산물시장과 통화시장은 단기모형과 동일하다.
② 따라서 총수요 측면은 단기모형과 모두 동일하다.

(2) 노동시장 ◀ 근로자 : 적응적기대, 장기 오류수정 $\left(\dot{P} = \dot{P^e} = \dot{W} \right)$

① 예상물가수준, 근로의욕 및 인구 등에 따라 결정되는 노동공급과 물가, 노동의 한계생산성 등에 따라 결정되는 노동수요에 따라 고용량이 결정된다.
② 단, 장기에는 근로자가 오류수정을 통해 미래물가를 정확히 예상할 수 있다.

2. 모형의 특징

① 총수요 측면은 단기모형과 같으며 총수요곡선은 우하향한다.
② 총공급은 노동시장 균형 고용량과 총생산함수에 의해 결정된다.
③ 물가가 변화할 때 장기에는 근로자의 적응적기대와 장기 오류수정에 의한 예상물가상승률이 실제물가상승률과 같다 $\left(\dot{P} = \dot{P^e} = \dot{W} \right)$.
④ 따라서 명목임금이 완전신축적으로 조정되므로 $\left(\dot{P} = \dot{W} \right)$ 장기총공급곡선(LAS : long-run aggregate supply curve)은 자연산출량(Y_N^S) 수준에서 수직이 된다.

3. 정책적 시사점

① 확대 재정·통화정책 등에 의해 총수요가 증가해도 소득은 증가하지 않는다.
② 총공급이 증가해야만 자연산출량 수준의 국민소득이 증가한다.

> ▶ 총수요 변화 : 확대 재정·통화정책
>
> ▸ 총수요가 증가하지만 총공급이 증가할 수 없으며 물가만 상승
> ▸ 물가가 오르면 이자율이 상승하여 총수요량이 원래 수준으로 다시 감소
>
> ▶ 총공급 변화 : 총공급 증가 시, 자연산출량 수준의 국민소득 증가

4. 케인즈학파의 견해 ◀ 케인즈 : "장기에 우리 모두는 죽는다."

① 통화주의학파의 장기개념을 수용한다. 즉 명목임금이 완전신축적으로 조정될 수 있는 장기에는 총공급곡선이 수직이며 총수요관리정책은 효과가 없다.
② 그러나 현실적으로 명목임금은 비신축적이므로 단기총공급곡선(SAS)은 우상향하며 필요할 경우 총수요관리정책은 국민소득을 증대시킬 수 있다.

Ⅲ 새고전학파모형

01 새고전학파(new classics) ◀ 루카스(R. Lucas), 사전트(T. Sargent), 바로(R. Barro)

새고전학파는 프리드먼(M. Freidman)의 장기모형을 계승한 이론이다.
합리적기대와 노동시장청산 개념을 기초로 단기에 있어서도 총수요관리정책의 무력성을 이론적으로 증명하였다.

1. 합리적기대(rational expectation) : 실제물가상승률＝예상물가상승률

① 임금협상 시점에서 과거물가뿐 아니라 현재 경기상태, 미래 정부정책 등 모든 정보를 고려하여 합리적기대하면 단기에도 미래물가를 평균적으로 정확히 예측할 수 있다.
② 따라서 합리적기대하에서는 실제물가상승률＝예상물가상승률이 된다.
③ 이때 가장 중요한 미래정보는 정부의 경제정책이다.
④ 정부정책이 투명성과 일관성을 가지며 사전에 예고된 대로 시행(체계적 안정화정책)되는 경우에는 근로자가 합리적기대를 통해 미래물가를 정확히 예상할 수 있게 된다.

2. 노동시장의 완전청산 : 실제물가상승률＝명목임금상승률

① 협상시점에서 근로자가 합리적기대하고 정부정책이 일관성을 가지는 경우에는 실제물가상승률과 예상물가상승률이 같아지며 명목임금은 예상물가상승률만큼 상승한다.
② 따라서 실제물가상승률 ＝ 예상물가상승률 ＝ 명목임금상승률이 된다.
③ 이 경우, 물가가 변화할 때 단기에도 명목임금이 완전신축적으로 변화(노동시장 완전청산)하므로 실질임금과 고용량은 변화하지 않는다.
④ 따라서 고전학파모형이나 통화주의학파 장기모형에서와 같이 물가가 변화해도 고용량과 총생산량이 변화하지 않는다.

3. 정책무력성정리

① 경제주체가 합리적기대를 하고 노동시장청산이 이루어지면 단기총공급곡선(SAS : short-run aggregate supply curve)도 자연산출량 수준에서 수직이다.
② 단기총공급곡선이 수직이므로 재정·통화정책 등 단기 총수요관리정책은 실질국민소득을 변화시킬 수 없고 물가만 교란시킨다.

02 새고전학파의 안정화정책 효과

체계적 안정화정책은 국민소득을 변화시킬 수 없으며, 비체계적 안정화정책은 국민소득을 자연산출량으로 증가시킬 수 있다.

1. 체계적 안정화정책 : 예고된 대로 시행된 재정·통화정책

① 예고된 대로 안정화정책(체계적 안정화정책)이 시행되면 근로자가 합리적기대에 의해 미래물가를 정확히 예상할 수 있으므로 단기총공급곡선이 수직이다.

② 따라서 체계적 안정화정책은 국민소득을 변화시킬 수 없다.

③ 당국이 체계적 안정화정책을 시행하더라도 근로자가 적응적기대하는 경우에는 국민소득이 자연산출량 수준 이상으로 증가하고 실제실업률은 자연실업률 이하로 감소할 수 있다.

2. 비체계적 안정화정책 : 예고된 것보다 대규모로 시행된 재정·통화정책

① 예고한 수준 이상으로 확대재정·통화정책(비체계적 안정화정책)을 시행하면 총수요가 대폭 증가(대폭 우측이동)하므로 예상물가보다 실제물가가 더 많이 상승한다.

② 실제물가가 대폭 상승하면 노동수요곡선이 대폭 상방이동하게 된다.

③ 따라서 고용과 총공급량이 증가하므로 총공급곡선은 우상향하며, 국민소득이 자연산출량 수준 이상으로 증가하고 실업률은 자연실업률 이하로 감소한다.

▶ 체계적 안정화정책 : 예고된 확대정책

  [실제물가상승률 = 예상물가상승률]

▸ 총수요곡선과 총공급곡선 및 노동수요곡선과 노동공급곡선이 모두 실제 물가상승률만큼 상방이동
▸ 따라서 고용 불변, 총공급량(국민소득) 불변

▶ 비체계적 안정화정책 : 예고된 수준 이상으로 확대정책 시행

  [실제물가상승률 > 예상물가상승률]

▸ 총수요곡선이 대폭 이동하여 예상물가수준 이상으로 실제물가 상승
▸ 이에 따라 노동수요곡선도 대폭 상방이동하여 노동투입량 증가
▸ 따라서 자연산출량 이상으로 총공급량(국민소득) 증가

▶ 루카스 공급함수와 안정화정책 : 경제주체의 물가예상을 고려한 총공급함수

▸ 루카스 공급함수: $Y^S = Y_N + \gamma(P - P^e)$ (단, Y^S: 총공급량, Y^S_F: 완전고용 산출량

        P : 실제 물가, P^e : 합리적기대 예상물가)

▸ 체계적 정책 : $P^e = P$ 따라서 $Y^S = Y_N$, 실제실업률=자연실업률
▸ 비체계적 정책: $P^e < P$ 따라서 $Y^S > Y_N$, 실제실업률 < 자연실업률

---

3. 비체계적 안정화정책의 문제점

① 비체계적 정책의 결과 당국이 신뢰를 잃게 되면 이후의 정책이 체계적으로 시행되는 경우에도 근로 자는 예고된 수준보다 확대될 것으로 예상하게 된다.

② 따라서 예상물가상승률이 실제물가 상승률 이상으로 높아지게 된다.

③ 이 경우 노동공급곡선과 총공급곡선이 노동수요곡선과 총수요곡선보다 대폭 상방이동하여 고용과 국민소득이 감소하여 스태그플레이션이 발생한다.

> ⊙ 비체계적 안정화정책의 문제점 : 다음 기 예상물가 대폭 상승. 따라서, 실제물가상승률 < 예상물가상승률
> ▸ 실제물가상승률만큼 노동수요곡선과 총수요곡선 상방이동
> ▸ 예상물가상승률만큼 노동공급곡선과 총공급곡선 상방이동
> ▸ 노동공급곡선과 총공급곡선의 상방이동폭이 더 크므로 물가가 대폭 상승하고 고용 감소.
>   따라서 총공급량(국민소득) 감소

03 루카스 공급함수와 물가예상착오

1. 루카스 공급함수

① 개별기업은 자기 상품과 다른 기업 상품의 상대가격에 따라 이윤극대화 생산량을 결정하며, 기업은 물가를 합리적으로 예상한다.

② 이때 기업의 물가예상에 착오가 존재하면 물가가 변화할 때 총생산량이 변화하며, 이를 루카스 공급 함수라고 한다.

2. 물가예상착오가 존재할 때

① 실제 물가를 정확히 예상할 경우에는 총생산량이 완전고용 산출량과 같다.

② 그러나 예상치 못하게 일반물가가 상승할 때 기업이 자기 제품 가격만 오른 것(상대가격 상승)으로 착각(price misperception)할 경우 생산량을 늘릴 수 있다.

③ 이러한 물가예상착각은 기업이 합리적기대를 하더라도 정보가 불완전한 경우에 발생할 수 있으며, 화폐환상이나 가격경직성을 가정하지 않고도 우상향하는 총공급곡선이 도출된다.

3. 물가예상착오가 존재하지 않을 때

물가예상착오가 존재하지 않으면 물가가 변화해도 실제 총생산량과 자연산출량(완전고용 생산량)과 같으며, 총공급곡선은 자연산출량 수준에서 수직이 된다.

Ⅳ 새케인즈학파모형

01 새케인즈학파(New Keynesian) ◀ 피셔(S. Fisher), 스티글리츠(J. Stiglitz)

① 새케인즈학파는 새고전학파의 합리적기대 개념은 수용하지만 물가와 명목임금의 신축적 조정을 통한 노동시장 청산에 대해서는 견해를 달리한다.

② 즉, 근로자가 합리적기대에 의해 물가상승률을 정확히 예상하지만 현실적으로 명목임금은 여러 가지 요인에 의해 신축적으로 조정될 수 없다.

③ 따라서 실제물가상승률 = 예상물가상승률 > 명목임금상승률이 된다.

④ 이 경우, 합리적기대하에서도 명목임금이 물가변화에 대하여 완전신축적으로 조정될 수 없으므로 단기총공급곡선과 마찬가지로 우상향한다.　　　　📖 Chapter 09. 총수요 - 총공급모형 참조

⑤ 또한 물가가 비신축적일 경우에도 총공급곡선이 우상향하며 단기총수요관리정책은 효과를 가진다.

02 임금 경직성

임금이 (하방)경직성을 띠면 총공급곡선이 우상향한다.

1. 명목임금경직성 가설

(1) 임금계약이론

① 근로자가 합리적기대를 한다 하더라도 명목임금은 노사협상을 통하여 결정되므로 예상물가상승률 (= 실제물가상승률)만큼 인상될 수 없다.

② 따라서 물가가 변화할 때 명목임금은 완전신축적으로 조정될 수 없다.

(2) 장기임금계약이론

① 근로자와 기업이 새 직장을 구하고 새로 채용하기 위해서는 비용이 발생한다.

② 따라서 장기임금계약을 통해 서로 안정적인 고용 관계를 유지하고자 한다.

(3) 중첩임금계약이론

기업의 임금협상은 각각 다른 시점에서 이루어지므로 모든 기업의 명목임금이 동시에 조정될 수 없다.

2. 실질임금경직성 가설

(1) 내부자 - 외부자이론

① 임금협상 시 노조가입자(내부자)는 높은 수준으로 실질임금 인상을 요구한다.

② 기업은 임금인상 요구를 수용하는 대신 노조 비가입자(외부자)를 해고한다.

③ 따라서 실질임금은 시장임금보다 높은 수준에서 경직성을 가지게 되며, 외부자(비정규직 근로자)가 피해를 보게 된다.

(2) 효율성임금가설(efficiency wage hypothesis)

① 노동고용의 이윤극대화조건($W = P \cdot MP_L$)에 따르면 실질임금(W/P)이 노동의 한계생산성(MP_L)보다 높으면 손실이 발생한다.

② 그러나 일부 기업은 한계생산성보다 높은 실질임금(효율성임금)을 지급한다.

③ 이 경우 기업은 우수한 근로자를 유치하거나 기존 근로자의 근로의욕을 높여서 노동생산성이 증가되므로 반드시 손실이 발생하는 것은 아니다.

④ 기업이 효율성임금을 지급하면 실질임금은 경직적이 되며, 노동시장에는 초과공급(비자발적 실업)이 발생한다.

(3) 묵시적 계약이론(암묵적 계약이론)

① 근로자는 위험기피자이므로 안정적 수준의 실질임금을 보장받고자 한다.

② 기업은 신입 근로자를 고용하면 교육·훈련비용이 발생하므로 기존 근로자를 해고하지 않으려고 한다.

③ 따라서 근로자와 기업은 암묵적 합의에 의해 경기에 관계없이 일정한 수준의 실질임금을 유지하게 되므로 실질임금은 경직적이다.

03 물가경직성과 총공급곡선

물가경직성이 존재하면 총공급곡선이 우상향한다.

1. 메뉴비용(menu cost)가설

① 메뉴비용이란 현재의 가격을 변화시킬 때 들어가는 각종 비용이다.

> 예 가격변동을 알리기 위한 비용, 과점시장 가격경쟁비용 등

② 메뉴비용이 클 경우에는 기업은 현재 가격을 유지하려고 하므로 물가는 경직적이다.

③ 실제로 과점시장 개별기업의 경우, 생산 및 고용조정을 통해 가격상승 요인을 흡수하는 것이 일반적이다.

2. 엇갈리는 가격설정모형(중첩가격설정모형)

① 동일한 가격상승 요인이 발생하더라도 독과점기업들은 동시에 가격을 조정하지 않는다.

② 먼저 가격을 올리는 기업은 나중에 올리는 기업에 비하여 상대적으로 비싸지게 된다.

③ 따라서 모든 기업이 동시에 가격을 올리는 경우에 비하여 가격상승폭이 작고 가격은 비신축적으로 조정된다.

3. 조정실패모형

① 기업은 담합 등의 방법을 통하여 가격을 조정하면 서로 이윤을 증대시킬 수 있다.

② 조정에 실패하는 경우 가격은 각자 전략적으로 결정한 수준에서 경직적이 된다.

V 안정화정책과 불확실성

현실 경제에 시차(時差), 기대교란 등 불확실성 요인이 존재할 경우에 시행되는 안정화정책은 그 자체가 불안정요인이 될 수 있다.

01 안정화정책과 시차

1. 안정화정책과 시차

안정화정책의 효과는 시차(時差)를 가지고 나타나므로 정책효과를 사전에 정확히 예상하는 것은 현실적으로 불가능하다. 따라서 정책효과는 불확실성을 가진다.

> ⊙ 내부시차 : 정책 필요성을 인식하고 정책수단을 마련할 때까지의 시차
>
>   ‣ 인식시차 : 정책의 필요성을 인식할 때까지의 시차
>   ‣ 실행시차 : 구체적 정책수단을 마련할 때까지의 시차
>
> ⊙ 외부시차 : 정책 시행 후, 실제로 효과가 발생할 때까지의 시차

2. 재정·통화정책의 시차

재정정책과 통화정책은 내부시차와 외부시차가 서로 다르게 나타난다.

> ⊙ 재정정책
>
>   ‣ 외부시차 : 짧다. 총수요에 직접적으로 영향
>   ‣ 내부시차 : 길다. 의회 동의, 추경 편성, 세제 개편 등 행정절차 필요
>
> ⊙ 통화정책
>
>   ‣ 외부시차 : 길다. 효과전달과정(케인즈 이자율효과 등)에 시간 필요
>   ‣ 내부시차 : 짧다. 통화당국에 의해 신속한 결정이 가능

02 안정화정책과 기대교란

경제주체의 기대방식에 따라 총공급곡선의 형태가 달라지고 그에 따라 안정화정책의 효과가 달라지는 현상을 기대교란이라고 한다.

1. 루카스(R. Lucas)의 거시계량경제학 정책평가관행 비판

① 케인즈적 안정화정책은 관행적으로 거시계량경제학을 이용하여 모형의 각종 계수를 추정한 다음 이를 기초로 정책을 시행한다.

② 그러나 정책을 시행한 이후에 경제주체의 행태가 변화하여 계수가 변화할 수 있다. 따라서 케인즈적인 정책평가관행은 오류를 범할 수 있다.

> **예** 케인즈단순모형에서 한계소비성향 등을 추정한 다음 승수 계산
> 재정정책 시행 후, 한계소비성향이 바뀐다면 승수가 변화하게 됨

2. 최적정책의 동태적 비일관성　　　◀ 키드랜드(F. Kydland), 프레스콧(E. Prescott)

① 정책 당국이 마련하는 최적정책은 **동태적 비일관성**(time inconsistency of optimal policy)을 갖는다.

② 즉, 정책 대상 기간이 현재부터 미래 여러 시점에 걸쳐있을 때, 현재 시점에서 수립된 최선의 미래정책이 미래 시점에 도달해서도 최선의 정책이라면 이러한 정책은 동태적 일관성을 갖는다.

③ 그러나 현재 시점에서 수립된 최선의 미래정책이 미래 시점에 도달해서 볼 때 최선의 정책이 아닌 경우가 일반적이며 이러한 정책은 동태적 일관성이 없다.

④ 합리적인 민간 경제주체들이 정책의 동태적 비일관성을 예상하고 있는 상황에서는 정책 당국이 최적정책을 변경해도 당국이 원하는 효과를 얻을 수 없으며, 사회후생은 오히려 감소한다.

⑤ 따라서 단기와 마찬가지로 동태적으로도 재량적 정책보다는 준칙에 따른 정책이 바람직하다.

⑥ 예를 들어, 당국이 특정 시점에서 인플레이션 억제정책을 시행한 뒤 실제로 물가가 안정되면, 당국은 미래 어떤 시점에서 확대통화·재정정책을 시행하여 고용을 늘리고자 하는 유인을 갖게 된다.

⑦ 만약 당국이 실제로 정책을 수정한다면 이는 동태적 비일관성을 갖게 되는 것이며 예상물가 상승에 따라 이러한 확대통화·재정정책의 효과는 나타나지 않는다.

VI | 공급중시경제학(Supply‑side Economics)

01 조세유인

① 전통적 견해에 따르면 조세감면은 가처분소득을 증가시켜 총수요가 증가(총수요곡선 우측이동)하므로 물가가 상승하고 국민소득을 증가시킨다.

② 공급중시경제학에서는 이에 더하여, 조세를 감면하면 **조세유인** 효과에 의해 공급능력이 증진되어 총공급이 증가(총공급곡선 우측이동)할 수 있다고 본다.

③ 따라서 조세를 감면하면 총수요뿐 아니라 총공급도 증가하므로 물가 상승 없이 국민소득이 대폭 증가하며 장기적으로는 공급능력이 향상되어 경제성장이 촉진된다.

④ 이는 스미스(A. Smith) 등 고전학파 경제학자들이 지적한 조세감면 효과와 같다.

⊙ 조세유인

‣ 이자소득세 감면 ⇒ 저축(투자) 증가 ⇒ 자본스톡 증가
‣ 법인세 감면 ⇒ 투자 증가   ⇒ 총공급 증가(총공급곡선 우측이동)

‣ 근로소득세 감면 ⇒ 근로의욕 증대 ⇒ 노동공급 증가

---

02 래퍼(A. Laffer)곡선

① 소득세율(t)과 조세수입(T)의 관계를 보여주는 곡선이다.

② 세율이 아주 낮을 때 인상되면 조세수입이 증가하지만, 일정 수준 이상으로 인상되면 총수요와 총공급이 감소하여 국민소득이 감소하므로 조세수입은 오히려 감소한다.

③ 따라서 세율이 너무 높을 경우에는 세율을 인하하면 조세유인 효과에 의해 국민소득이 증가하여 조세수입이 증가할 수 있다.

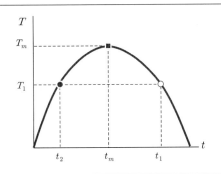

[래퍼곡선]

• 현재 세율= t_1, 조세수입= T_1
• 세율 인하(t_2) 시, 조세수입 동일

인플레이션과 실업

I 인플레이션

인플레이션과 실업 및 국제수지 균형은 거시경제가 해결해야 하는 당면 문제이며, 서로 **상충관계**(trade - off)를 가지는 경우가 많아서 동시에 해결하기 어렵다.
따라서 이 문제들을 '두 마리 토끼' 또는 '세 마리 토끼'라고 표현하기도 한다.

⊙ 인플레이션(inflation)

    인플레이션은 물가가 일반적으로 상승하여 각종 물가지수가 지속적으로 상승하는 현상. 인플레이션이 발생하면 화폐의 실질구매력이 감소

⊙ 인플레이션의 종류

  ▸ 수요견인 인플레이션(demand - pull inflation)

    총수요 증가(총수요곡선 우측이동)에 따른 인플레이션

  ▸ 비용인상 인플레이션(cost - push inflation), 스태그플레이션(stagflation)

    총공급 감소(총공급곡선 좌측이동)에 따른 인플레이션

  ▸ 혼합형 인플레이션

    총수요 증가와 총공급 감소가 동시 발생할 때의 인플레이션

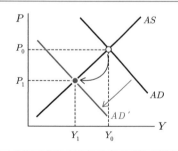

[디플레이션 : 총수요 감소]

• 물가 하락, 소득 감소(실업 증가)
  (제1차 세계대전 이전)

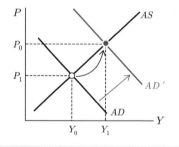

[수요견인 인플레이션 : 총수요 증가]

• 물가 상승, 소득 증가(실업 감소)
  (제2차 세계대전 이후~1970년대 초)

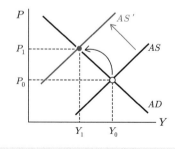

[비용인상 인플레이션 : 총공급 감소]

• 물가 상승, 소득 감소(실업 증가)
  (1970년대 초 이후)

01 수요견인 인플레이션

1. 수요견인 인플레이션

① 총수요가 증가(총수요곡선 우측이동)하여 물가가 상승하는 현상이다.

② 수요견인 인플레이션이 발생하면 실질국민소득이 증가하고, 실업은 감소한다.

③ 수요견인 인플레이션은 제2차 세계대전 이후 자본주의경제에 나타난 현상이었다.

④ 제1차 세계대전 이전에는 총수요가 감소(총수요곡선 좌측이동)하여 물가가 하락하고 실질국민소득이 감소(실업 증가)하는 디플레이션[deflation; 스태그네이션(stagnation)]이 일반적이었다.

2. 발생원인과 대책

수요견인 인플레이션은 근본적으로 **수요충격**(demand shock), 즉 정부와 민간부문의 과소비와 과잉투자, 정부의 유효수요확대정책 등 때문에 발생한다.

(1) 통화주의학파

① 이 시기에 발생한 수요견인 인플레이션은 제2차 세계대전 이후 계속된 케인즈적 확대재량정책, 특히 지나친 확대통화정책에 따른 통화공급확대가 주요 원인이다.

② 따라서 수요견인 인플레이션을 막기 위해서는 재량적 확대정책을 억제하여야 하며, 특히 안정적 통화공급(k% 준칙)을 유지해야 한다.

③ 프리드먼(M. Friedman)은 인플레이션은 기본적으로 화폐현상이며 통화공급 확대에 의해 지속된다고 지적하였다.

(2) 케인즈학파

① 이 시기의 수요견인 인플레이션의 주요 원인이 정부의 확대정책인 것은 사실이다.

② 그러나 이는 전후 경기침체를 극복(국민소득 증대, 취업 확대)하기 위한 것이었다.

02 비용인상 인플레이션

1. 비용인상 인플레이션 : 스태그플레이션

① 총공급이 감소(총공급곡선 좌측이동)하여 물가가 상승하는 현상이다.

② 수요견인 인플레이션과 달리 실질국민소득과 고용은 감소하고 실업이 증가하는 경기침체까지 발생한다.

③ 경기침체(스태그네이션; stagnation)와 물가 상승(인플레이션; inflation)을 동시에 발생시킨다는 점에서 스태그플레이션(stagflation)이라고도 한다.

2. 비용인상 인플레이션의 발생원인과 대책

천재지변에 의한 생산 감소, 원자재 가격 및 임금 폭등 등 불리한 공급충격(supply shock)에 의해 총공급곡선이 좌측으로 이동함에 따라 발생한다.

(1) 통화주의학파 : 인플레이션기대

① 제2차 세계대전 이후 계속된 확대정책에 따른 수요견인 인플레이션에 의해 형성된 근로자의 인플레이션기대심리가 주요 원인이다.

② 즉, 지속적인 인플레이션으로 말미암아 근로자의 예상물가수준이 상승하고 임금인상을 요구하게 되어 총공급이 감소(총공급곡선 좌측이동)하였다.

③ 따라서 스태그플레이션을 해소하기 위해서는 물가안정을 통해 근로자의 인플레이션 기대심리를 진정시켜야 한다.

(2) 케인즈학파

① 케인즈는 이 시기 스태그플레이션의 원인을 노조에 의한 급격한 임금 상승과 석유파동을 근본 원인으로 보았다.

② 즉 1970년대 초반, 명목임금이 생산성임금을 초과하여 상승함에 따라 물가가 상승하였다.

③ 또한 제1~2차 석유파동(1973~1974, 1979~1980)에 따라 원유 및 국제원자재 가격이 폭등하였다.

④ 비용인상 인플레이션은 케인즈적인 유효수요관리정책으로는 해결할 수 없으며 이를 정책의 딜레마라고 한다.

⑤ 즉, 국민소득 감소에 대응하여 확대정책을 실시하면 인플레이션이 심화되고 인플레이션에 대응하여 긴축정책을 실시하면 실질국민소득이 더욱 감소한다.

⑥ 따라서, 국민소득 증대를 위해서 확대정책을 실시하고, 그에 따른 물가와 명목임금의 상승은 노조설득 등의 방법을 통해 억제(통제)한다. 이를 소득정책(income policy)이라고 한다.

   예 임금가이드라인, 공공요금통제 등

⑦ 그러나 이는 근본대책이 될 수 없으며 소득분배 왜곡과 억압형 인플레이션의 원인이 된다.

3. 비용인상 인플레이션의 근본 대책

① 스태그플레이션을 근본적으로 해결하기 위해서는 총공급이 증가(총공급곡선 우측이동)해야만 한다.

② 따라서 물가안정을 통한 인플레이션 기대심리 완화, 투자확대를 통한 자본스톡 증가, 인적자본 투자를 통한 노동생산성 증대 등을 통해 공급능력이 확대되어야 한다.

03 인플레이션의 영향

1. 인플레이션의 영향

① 인플레이션은 다음 같은 경제적 문제를 일으켜 사회적 비용이 발생한다.

② 첫째, 인플레이션은 사회구성원 사이에 소득과 부를 재분배한다.

③ 우선 물가가 오르면 요소공급자(근로자와 저축자)의 실질 요소소득(실질임금과 실질이자율)이 감소하여 요소공급자의 생활수준이 악화된다.

④ 피셔가설(실질이자율＝명목이자율 − 인플레이션율)에 따르면 인플레이션이 발생하면 실질이자율이 내려서 채권자(저축자)의 실질이자소득은 감소하고 채무자(차입자)의 실질이자부담이 감소하므로 **채권자 소득이 채무자에게 재분배된다.**

⑤ 또한 물가가 오르면 금융자산의 실질가치가 감소하고 실물자산의 명목가치가 증가하여 실물자산(토지, 건물, 주택 등 부동산) 보유자가 유리해진다.

⑥ 이처럼 인플레이션이 발생하면 금융자산(통화, 국고채) 실질가치가 감소하고 이를 보유자가 부담하게 되는데 이를 인플레이션 조세(inflation tax)라고 한다.

⑦ 둘째, 인플레이션은 **생산과 고용을 변화**시킬 수 있다. 특히 예상치 못한 인플레이션은 생산과 고용을 증가시킬 수 있다.　　　　　📖 p.474의 '루카스 공급함수' 참조

⑧ 셋째, 인플레이션은 **경제적 효율성을 낮춘다.** 예상치 못한 인플레이션이 지속될 경우 경제의 불확실성이 높아져 안정된 투자와 생산이 이루어질 수 없다.

▶ 인플레이션의 영향 : 사회경제적 비용 발생

　▸ 소득의 재분배 : 요소공급자 실질소득 감소

　　• 물가 상승 시, 실질임금$\left(\dfrac{W}{P}\right)$ 감소,　근로자 실질소득 감소

　　• 물가 상승 시, 실질이자율$\left(\dfrac{r}{P}\right)$ 감소, 채권자(저축자) 실질소득 감소(불리)

　　　　　　　　　　　　　　　　채무자(차입자) 실질부담 감소(유리)

　　■ 피셔(I. Fisher) 가설

　　　사후적 피셔가설 : 실질이자율＝명목이자율 − 실제인플레이션율
　　　사전적 피셔가설 : 실질이자율＝명목이자율 − 예상인플레이션율

　▸ 부의 재분배 : 금융자산과 실물자산의 가치변화, 실물자본 보유자 유리

	명목가치	실질가치
금융자산(통화, 증권 등)	불변	감소
실물자산(부동산 등)	증가	불변

　▸ **생산(고용)의 변화**와 경제적 효율성 감소

　　• 예상치 못한 인플레이션 발생 시, 생산(고용) 감소
　　• 예상치 못한 인플레이션이 지속될 경우 안정적 투자 및 생산 불가능

---

2. 예상된 인플레이션

① 경제주체가 인플레이션을 정확히 예상할 수 있으며, 이에 대처할 수 있는 경제제도·법률 및 규정 등이 완비되어 있을 경우에는 경제주체가 대응 가능하므로 인플레이션의 폐해는 크게 나타나지 않는다.

② 그러나 경제주체들이 인플레이션을 예상하고 가격을 조정하는 과정에서 **메뉴비용(차림표비용)**이 발생하며, 금융자산의 보유비율은 낮추고 실물자산의 보유비중은 늘리려고 하는 과정에서 **구두창비용**이 발생할 수 있다.

③ 또한 피셔가설에 따르면 인플레이션이 예상될 경우 명목이자율이 예상물가변동률만큼 변화하여 실질이자율이 변화하지 않으므로 채권자와 채무자 사이에 소득재분배는 나타나지 않는다.

> ⊙ 피셔가설 : 예상인플레이션율만큼 명목이자율 상승, 실질이자율 불변
>
> ▸ 명목이자율 = 실질이자율 + 예상인플레이션율
> ▸ 실질이자율 = 명목이자율 − 예상인플레이션율

3. 예상치 못한 인플레이션

경제주체들의 사전적 대응이 불가능하므로 다음과 같은 폐해가 발생한다.

(1) 소득과 부의 재분배

① 소득과 부가 채권자로부터 채무자에게로 재분배된다.

② 먼저, 금융자산 보유자에 비하여 실물자산 보유자가 유리하게 된다.

> **예** 물가 상승(α%) : 실물자산 명목가치 α% 증가, 금융자산 실질가치 α% 감소, 채무자의 실질이자율 α% 감소

③ 또한 실질이자가 감소하여 채권자는 불리해지고 채무자는 유리하게 된다.

> **예** 물가 상승(α%) : 채무자 실질이자 부담 α% 감소, 채권자 실질 이자소득 α% 감소

④ 이러한 현상은 국민과 정부 사이에서도 나타날 수 있다. 예상치 못한 인플레이션이 발생하면 국고채(정부채무)의 실질가치와 실질이자 부담이 인플레이션율만큼 감소하게 되므로 채권자(국민) 입장에서는 일종의 조세가 되며 이를 인플레이션 세(inflation tax)라고 한다.

(2) 생산과 고용의 변화

① 안정적 투자 및 소비계획이 불가능하게 되어 생산과 고용이 위축된다.

② 실물투자에 쓰일 재원이 투기자금화 한다.　　　　**예** 부동산, 외환, 귀금속 등 구입

③ 높은 인플레이션 부문(3차 서비스부문)으로 생산요소가 이동하여 부가가치를 창출하는 2차 산업이 약화되는 산업공동화(産業空洞化) 현상이 나타난다.

Ⅱ 실업

01 실업의 정의와 측정

1. 실업의 정의

현재 임금수준에서 일할 의사와 능력을 가진 자가 스스로 일자리를 갖지 않거나(자발적 실업) 갖지 못한 상태(비자발적 실업)이다.

2. 실업의 측정

(1) 경제활동인구

① 15세 이상 인구(생산가능인구) 중에서, 일할 의사와 능력이 있는 인구이다.

② 일할 의사가 없는 자는 구직활동포기자, 학생, 주부, 군인 등이며 경제활동인구에서 제외된다. 구직활동포기자는 최근 1주일 이상 구직활동이 없었던 사람이다.

> ▶ 경제활동인구 = 취업자 + 실업자
>
> ▶ 경제활동참가율 $= \dfrac{경제활동인구}{15세\ 이상\ 인구(생산가능인구)} \times 100$

(2) 취업자

① 자신의 수입을 목적으로 주(週) 1시간 이상 근로한 자를 취업자라고 한다.

② 가구 단위의 농장, 사업체에서 주 18시간 이상 근로하여 수입에 도움을 준 가족종사자도 취업자이다.

(3) 실업률과 고용률 측정 및 문제점

> ▶ 실업률 $= \dfrac{실업자\ (경제활동인구 - 취업자)}{경제활동인구} \times 100$
>
> ▶ 고용률 $= \dfrac{취업자\ (경제활동인구 - 실업자)}{15세\ 이상\ 인구(생산가능인구)} \times 100$ ▶ 취업률 $= \dfrac{취업자}{경제활동인구} \times 100$

① 실업률은 실업자 수를 경제활동인구로 나누어 측정하고, 고용률은 실업자 수를 15세 이상 인구(생산가능인구)로 나누어 측정한다.

② 임시고용(고용계약 1년 미만)과 일용(고용계약 1개월 미만) 근로자 등 생계소득에 미치지 못하는 소득을 얻고 있는 비정규직 근로자도 취업자로 분류된다.

③ 또한, 취업이 불가능하여 구직활동을 포기한 실망노동자(discouraged worker)는 경제활동인구 및 실업자에서 제외되며, 실업률이 감소한다.

PART 02 거시경제학

02 실업의 형태

1. 케인즈(J. M. Keynes)

(1) 자발적 실업자

① 현재 임금수준에서 일할 의사가 없어서 취업하지 않고 있는 사람이다.
② 마찰적 실업자가 이에 속하며, 탐색적 실업자라고도 한다.
③ 자발적 실업은 사회경제적으로 문제가 되지 않으며 인위적으로 줄일 수 없다.

> ⊙ 마찰적 실업: 직업 전환을 위한 일시적 실업상태
>
> ⊙ 탐색적 실업: 보다 나은 직장을 모색 중인 일시적 실업상태

(2) 비자발적 실업자

① 현재 임금수준에서 일할 의사와 능력이 있으나 일자리가 없어서 취업하지 못하고 있는 자이며, 사회경제적 문제가 된다.
② 경기적 실업자와 구조적 실업자가 이에 속한다.
③ 구조적 실업은 실제 임금이 노동시장 균형임금 수준보다 높을 때 발생한다.

> ⊙ 경기적 실업: 경기침체로 인한 노동수요부족에 따른 실업
>
> ⊙ 구조적 실업
>   ▸ 기술경쟁력 상실, 산업 재편(사양산업) 등에 의한 실업. 장기화될 가능성 큼
>   ▸ 최저임금, 노동조합 요구, 효율성임금 등 임금이 균형임금보다 높을 때 발생

2. 고전학파계열

① 임금의 신축적 조정에 의해 노동시장은 언제나 균형(완전고용)이 이루어진다.
② 따라서 비자발적 실업은 존재할 수 없다.

03 실업의 원인과 대책

1. 케인즈와 케인즈학파

① 경기침체(총수요 감소)가 발생하면 총생산이 감소하므로 노동수요가 감소한다.
② 이때 노조 반대 등에 따라 명목임금이 하락할 수 없으므로(명목임금의 하방경직성) 비자발적 실업이 발생한다.
③ 따라서, 확대 재정·통화정책 등을 통해 유효수요를 늘리면 실업이 해소된다.

2. 고전학파 ◀ 피구(A. C. Pigou)의 실업이론

① 위와 같이 노동조합 반대 등에 따라 노동시장 신축성(**노동시장 유연성**)이 저해되어 명목임금이 하락할 수 없을 경우에는 일시적으로 실업이 발생할 수 있다.

② 이 경우 노조설득 등의 방법을 통해 명목임금이 하락할 수 있게 되면(노동시장 유연성 회복) 비자발적 실업은 해소된다.

3. 통화주의학파 장기모형 : 자연실업률가설

(1) 자연실업률 ◀ 프리드먼(M. Friedman)과 펠프스(E. S. Phelps) (1968)

① 각 개별 노동시장에서 [구직자 수＝구인자 수]일 때의 실업률이며 완전고용실업률을 의미한다. 자연실업률하에서는 실제물가와 근로자의 예상물가가 같다.

② 따라서 현재 인플레이션율을 가속 또는 감속시키지 않는 실업률이다.

③ 또한 일반적으로는 경기변동과 관계없이 발생하는 마찰적 실업과 취업가능성이 높지 않은 구조적 실업만 존재할 경우를 완전고용이라고 정의하며, 이 때의 실업률을 자연실업률이라고 한다.

④ 자연실업률은 경제주체들이 물가변동 등 경제 충격을 정확히 기대하여 근로계약 등 장기계약에 반영할 수 있는 장기 개념이다(적어도 5년에서 10년 필요).

> ⊙ 실제실업률＜자연실업률 ⇔ 구인자수＞구직자수
> $\Rightarrow$ $W\uparrow$, $P\uparrow$ ∴) 인플레이션율 가속
>
> ⊙ 실제실업률＞자연실업률 ⇔ 구인자수＜구직자수
> $\Rightarrow$ $W\downarrow$, $P\downarrow$ ∴) 인플레이션율 감속

(2) 자연실업률의 측정

① 경제활동인구가 주어져 있을 때는 취업자 숫자와 실업자 숫자가 같다.

② 따라서 자연실업률하에서 노동시장이 균형일 때, (실업자 중) **구직자 수**와 (취업자 중) **실직자 수**가 같으므로 다음과 같이 자연실업률(u_N)을 측정한다.

> ⊙ **자연실업률 측정**: 경제활동인구가 주어져 있고, 노동시장이 완전고용 균형일 때의 실업률
>
> ▸ 자연실업률 하에서, 구직자＝실직자 (단, 구직자＝구직률(f)×실업자(U). 구직자는 실업자(U) 중 취업자,
> 실직자＝실직률(s)×취업자(E). 실직자는 취업자(E) 중 해고자,
> 취업자(E)＝구직자(fU) ÷ 실직률(s)＝$\dfrac{f}{s}U$)
>
> ▸ 자연실업률(u_N) ＝ $\dfrac{\text{실업자}}{\text{실업자}+\text{취업자}}$ ＝ $\dfrac{U}{U+E}$ (단, U: 실업자, E: 취업자. $E=\dfrac{f}{s}U$)
>
> $\qquad\qquad\qquad ＝\dfrac{U}{U+E}＝\dfrac{U}{U+\dfrac{f}{s}U}＝\dfrac{s}{s+f}$ (단, s: 실직률, f: 구직률)

(3) 자연실업률 수준의 결정

① 시장경쟁 정도, 직업탐색 비용, 노동의 이동 가능성, 최저임금제 실시 여부 등에 따라 결정된다.

② 소득수준이 높아지면 탐색적 실업 인구가 증가하여 자연실업률이 상승하는 경향을 가진다.

③ 경제침체가 장기화되어 경기적 실업자가 재취업 기회를 갖지 못하고, 신규 근로자(졸업생 등)가 취업할 수 없는 상황이 지속되면 자연실업률이 상승한다. **예** 우리나라 1997년 외환위기 이후

4. 통화주의학파와 새고전학파 : 탐색적실업 이론

(1) 탐색적실업

① 모든 실업은 기본적으로 보다 나은 일자리를 찾기 위한 탐색적(자발적)실업이다.

② 따라서 실업은 실업자 스스로의 주관적 선택의 결과이므로 실업률을 낮추기 위한 인위적 정부정책은 불필요하다.

③ 탐색적 실업자는 직업탐색에 따른 비용과 편익을 고려하여 탐색시간을 결정한다.

④ 따라서 탐색의 한계비용을 높이고 한계편익을 낮추면 탐색적 실업률이 감소한다.

> ▶ 탐색수준의 결정: 탐색의 한계비용 < 탐색의 한계편익 : 탐색 계속(실업)
> 　　　　　　　　　　　 탐색의 한계비용 > 탐색의 한계편익 : 탐색 중지(취업)
>
> ▶ 탐색적 실업률 감소 대책: 실업보험 축소(탐색비용 증가), 취업정보 제공(탐색편익 감소)

(2) 새케인즈학파의 비판 : 이력현상(hysteresis)

① 자연실업률은 고정되어 있는 것이 아니라 실제실업률 수준에 의해 영향을 받으며, 한번 높아진 자연실업률은 낮아지기 어렵다.

② 이를 이력(履歷)현상이라고 한다.

③ 확대정책을 통해 실제실업률을 감소시키면 자연실업률 수준을 감소시킬 수 있다.

Ⅲ 필립스곡선과 스태그플레이션

01 필립스곡선

1. (단기) 필립스곡선
◀ 필립스(A. W. Phillips, 英, 1861~1957년 자료 분석)

① 필립스곡선은 인플레이션율과 실업률 사이의 관계를 보여주는 곡선이다.

② 단기에는 필립스곡선이 안정적이며 우하향한다.

③ 필립스곡선이 안정적이라는 것은 필립스곡선이 이동하지 않는다는 것이다.

④ 우하향한다는 것은 인플레이션율과 실업률이 역(−)관계(상충)라는 것이다.

⑤ 1970년대 초반(석유파동 이전)까지는 대체적으로 안정적이며 우하향하였다.

⑥ 단기필립스곡선하에서는 인플레이션율을 낮추기 위해서는 실업률이 높아지며, 실업률이 높아지면 실질GDP가 감소한다.

⑦ 이때, 인플레이션율을 1%포인트 낮출 때 실질GDP 감소율을 희생률(sacrifice ratio)이라고 하며, 이때 필립스곡선 기울기가 가파를수록 희생률이 낮다.

⊙ 필립스곡선 : $\pi = -\alpha(u - u_N)$, $\pi = \alpha u_N - \alpha u$

        (단, π : 실제인플레인션율(%), α : 반응계수, u : 실제실업률(%), u_N : 자연실업률,

        αu_N : 필립스곡선의 수직축 절편, α : 필립스곡선의 기울기)

▸ **실제실업률 < 자연실업률** : 인플레이션율 > 0

▸ **실제실업률 > 자연실업률** : 인플레이션율 < 0

⊙ 희생률 : 인플레이션율을 1%포인트 낮출 때 실질GDP 감소율.   희생률 $= \dfrac{\text{실질GDP 감소율}}{\text{인플레이션 하락률}}$

예제 $u_N = 5$ 이고 $\alpha = 1$ 일 때 : $u = 4$ 이면 $\pi = 1$, $u = 3$ 이면 $\pi = 2$

희생률 2일 때, 인플레이션율을 1.5% 낮추려면 실질GDP가 3% 감소해야 함

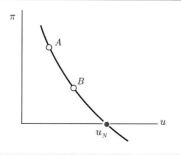 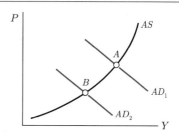

- 실업률이 낮아질수록($B \rightarrow A$) 필립스곡선 기울기 급(총공급곡선의 기울기 급)
 이는 실업률을 낮추기 위해서는 물가가 대폭 상승해야 하며, 반대로 인플레이션율을 낮추기
 위해서는 실업률(실질GDP)이 조금만 감소해도 된다는 것을 의미(희생률 낮음)

2. (단기) 필립스곡선의 경제적 의미

① 필립스곡선이 안정적으로 우하향한다는 것은 총공급곡선이 안정적이며 우상향한다는 것을 의미한다.
② 즉 주어진 총공급하에서 총수요에 따라 국민소득과 실업 및 물가수준이 결정된다.
③ 이는 수요견인 인플레이션하에서 나타나는 필립스곡선의 형태이다.

3. (단기) 필립스곡선과 정책적 시사점

① 필립스곡선이 안정적으로 우하향(총공급곡선 안정적 우상향)하는 경우 정책당국은 케인즈적인 총수요
관리정책(재정·통화정책)을 통해 실업률과 인플레이션율을 선택할 수 있다.
② 이를 케인즈학파의 미조정(fine - tuning)이라고 하며 1970년대까지 이러한 미조정이 가능하였다.

02 새로운 필립스곡선

1. 스태그플레이션(stagflation)과 새로운 필립스곡선

① 스태그플레이션(비용인상인플레이션)이 발생하면 총공급곡선이 상방(좌측)이동하여 물가는 상승하고
국민소득이 감소하여 실업이 증가한다.
② 이 경우 단기 필립스곡선은 물가상승률만큼 상방이동한다.
③ 이처럼 총공급 변화에 따른 물가변동에 따라 상·하방으로 이동하는 불안정한 필립스곡선을 새로운
필립스곡선이라고 한다.

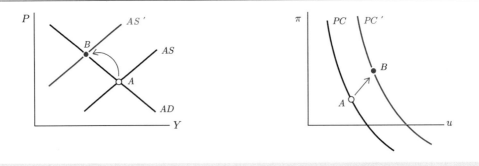

[스태그플레이션 발생]	[단기필립스곡선]
• 총공급 감소(AS곡선 좌측이동) • 물가 상승, 국민소득 감소	• 단기필립스곡선 우상방이동 • 스태그플레이션이 발생하면 단기필립스곡선 불안정

2. **통화주의학파** : 기대부가필립스곡선(expectation‐augmented Phillips curve)

① 통화주의학파는 1970년대 초반에 발생한 비용인상 인플레이션의 근본 원인을 인플레이션 기대심리에 따른 예상물가 상승으로 보았다.

② 이 경우 단기필립스곡선(SPC)이 예상물가상승률만큼 상방으로 이동하게 되며 이를 기대부가필립스곡선이라 한다.

③ 또한 통화주의학파 자연실업률가설에 따르면 장기에는 경제주체가 미래물가를 정확히 예상하여 실제실업률과 자연실업률이 같아진다.

④ 따라서 장기필립스곡선(LPC)은 자연실업률수준에서 수직이다.

> ▷ 기대부가필립스곡선 : $\pi - \pi^e = -\alpha(u - u_N) \quad \Leftrightarrow \quad \pi = -\alpha(u - u_N) + \pi^e, \quad \pi = (\alpha u_N + \pi^e) - \alpha u$
>
> (단, π : 실제물가상승률, π^e : 예상물가상승률, $\pi - \pi^e$: 예상치 못한 인플레이션율
>
> $\alpha u_N + \pi^e$: 필립스곡선의 수직축 절편, α : 필립스곡선의 기울기,
>
> 예상물가상승률이 변화(상승)할 때 필립스곡선 수직축 절편 변화(증가))
>
> ▸ **예상인플레이션율이 변화할 때** : 예상물가가 상승하면 그 변화율만큼 단기 필립스곡선 상방이동
> **예** 예상인플레이션율(π^e) 0일 때, $\pi = -\alpha(u - u_N) + \pi^e(0)$
> 예상인플레이션율(π^e) 2%일 때, $\pi = -\alpha(u - u_N) + \pi^e(2\%)$
> 예상인플레이션율(π^e) 4%일 때, $\pi = -\alpha(u - u_N) + \pi^e(4\%)$
>
> ▸ **예상된 인플레이션** : $\pi - \pi^e = -\alpha(u - u_N)$에서, $\pi = \pi^e$ 이면 $u = u_N$
> 실제물가변동율과 예상물가변동률 같을 때($\pi = \pi^e$), 실제실업률과 자연실업률 동일($u = u_N$)
> 따라서 기대부가필립스곡선 자연실업률에서 수직
>
> ▸ **예상치 못한 인플레이션**($\pi > \pi^e$) : $\pi - \pi^e > 0$ 이므로 $u < u_N$
> 예상치 못한 인플레이션이 발생하면($\pi > \pi^e$) 실제실업률이 자연실업률보다 낮음($u < u_N$)
> 따라서 예상물가상승률이 주어져 있을 때 기대부가필립스곡선은 단기 필립스곡선과 마찬가지로 우하향

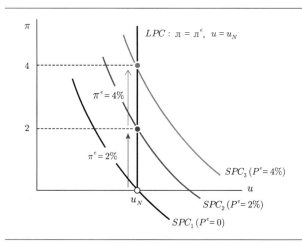

[기대부가필립스곡선]

• **단기필립스곡선**(SPC) : 예상인플레이션율(π^e) 변동률만큼 상하방이동

• **장기필립스곡선**(SPC) : 실제물가와 예상물가가 동일하므로 실제실업률과 자연실업률 동일. 따라서 자연실업률 수준에서 수직

• **예상치 못한 인플레이션** : 예상물가상승률이 주어져 있을 때 예상치 못한 인플레이션이 발생할 경우, 실제실업률이 자연실업률보다 낮아지며, 필립스곡선 우하향

03 총수요 변화와 장단기 조정 : 장단기필립스곡선

1. 총수요 변화와 장단기 조정   📖 Chapter 09. 총수요 - 총공급모형 참조

① 단기에 재정·통화정책 또는 경기 침체와 호황 등에 의하여 총수요가 변화(총수요곡선 이동)하면 물가와 국민소득이 변화한다.

② 그러나 장기에는 물가변동율만큼 예상물가가 변화하여 물가와 임금이 완전신축적 조정되므로 고용과 국민소득은 자연산출량 수준에서 변하지 않는다.

2. 단기 총수요 변화와 장단기 필립스곡선

① 총수요가 변화하면 단기필립스곡선상에서 인플레이션율과 실업률이 변화한다.

② 장기에는 예상물가변동율만큼 단기필립스곡선이 상하방으로 이동한다.

③ 장기에는 물가만 변화하고 국민소득과 실업률이 변화하지 않으므로 장기총공급곡선과 장기필립스곡선은 자연산출량(자연실업률) 수준에서 수직선이 된다.

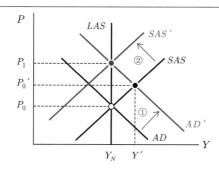

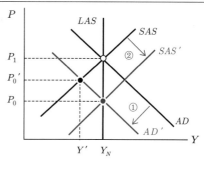

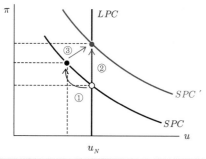

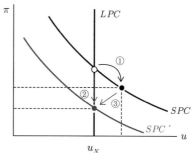

[총수요 증가 : 확대 재정·통화정책 또는 경기호황]	[총수요 감소 : 긴축 재정·통화정책 또는 경기침체]
[총수요-총공급모형]	[총수요-총공급모형]

- 단기: 총수요 증가(①). 국민소득 증가, 물가 상승
- 장기: 물가 상승에 따라, 예상물가 상승
  ⇒ 총공급 감소(②). 물가 상승, 국민소득 감소

[장단기 필립스곡선]

- 단기: 단기필립스곡선상에서 좌상방이동(①)
- 장기: 예상물가 상승에 따라 단기필립스곡선 상방이동(②)
  인플레이션율 더욱 증가, 실업률 다시 증가(③)

- 단기: 총수요 감소(①). 국민소득 감소, 물가 하락
- 장기: 물가 하락에 따라, 예상물가 하락
  ⇒ 총공급 증가(②). 물가 하락, 국민소득 증가

[장단기 필립스곡선]

- 단기: 단기필립스곡선상에서 우하방이동(①)
- 장기: 예상물가 하락으로 단기필립스곡선 하방이동(②)
  인플레이션율 더욱 감소, 실업률 다시 감소(③)

04 총공급 변화와 장단기 조정 : 장단기필립스곡선

1. 총공급 변화와 장단기 조정

① 단기에 공급충격에 의해 총공급이 변화(총공급곡선 이동)하면 물가와 국민소득 및 실업률이 변화한다.

② 장기에는 완전신축적 조정에 의해 물가와 국민소득 및 실업률이 원래 자연실업률 수준으로 회귀한다.

2. 단기 총공급 변화와 장단기 필립스곡선

① 단기에 총공급이 변화하면 단기필립스곡선이 상하방으로 이동하여 물가와 국민소득 및 실업률이 변화한다.

② 장기에는 단기총공급곡선과 단기필립스곡선이 다시 원래 상태로 이동한다.

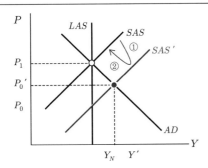

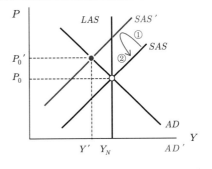

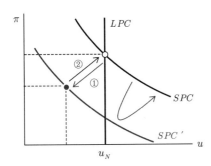

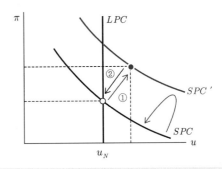

[총공급 증가: 유리한 공급충격, 원자재가격 하락, 풍작 등]	[총공급 증가: 불리한 공급충격, 원자재가격 폭등, 흉작 등]
[총수요 – 총공급모형]	[총수요 – 총공급모형]
• 단기: 총공급 증가(①). 국민소득 증가, 물가 하락	• 단기: 총공급 감소(①). 국민소득 감소, 물가 상승
• 장기: 국민소득(총생산) 증가에 따라 노동수요가 증가하여 임금 상승, 생산비 증가 ⇒ 총공급 다시 감소(②). 물가상승, 국민소득 감소	• 장기: 국민소득(총생산) 감소에 따라 노동수요가 감소하여 임금 하락, 생산비 감소 ⇒ 총공급 다시 증가(②). 물가하락, 국민소득 증가
[장단기 필립스곡선]	[장단기 필립스곡선]
• 단기: 단기필립스곡선 좌하방이동(①)	• 단기: 단기필립스곡선 우상방이동(①)
• 장기: 총공급이 감소하여 단기필립스곡선 우상방이동(②) 물가, 국민소득, 실업률 모두 원래 수준으로 회귀	• 장기: 총공급이 증가하여 단기필립스곡선 좌하방이동(②) 물가, 국민소득, 실업률 모두 원래 수준으로 회귀

연습문제

01 다음 대화를 읽고 〈작성 방법〉에 따라 서술하시오. (단, 폐쇄경제라고 가정한다.)　　　일반사회 19

> 갑 : 최근 경기침체가 더욱 악화되며 실업자가 급증하고 있는 상황입니다. ㉠ 국채 발행을 통해 정부지출을 증가
> 시켜 경기침체를 극복해야 합니다.
> 을 : 저는 국채 발행을 통한 정부지출 증가는 경기를 활성화시키기에 한계가 있다고 생각합니다. 왜냐하면
> 저는 화폐수요의 이자율탄력성은(㉡), 투자수요의 이자율탄력성은 (㉢)(이)라고 생각하기 때문입니다.
> 오히려 화폐시장을 통해 총수요를 증가시키는 정책을 추진해야 합니다.

> 〈작성 방법〉
> ○ 화폐수요의 이자율탄력성과 투자수요의 이자율탄력성의 크기에 대해 갑이 어떻게 생각하고 있는지 제시하고,
> 이를 근거로 밑줄 친 ㉠처럼 갑이 주장한 이유를 서술할 것
> ○ 괄호 안의 ㉡과 ㉢에 들어갈 단어를 순서대로 제시할 것

해설 1. 통화수요의 이자율탄력도가 크고(완만한 *LM* 곡선), 투자수요의 이자율탄력도는 작을 때(가파른*IS* 곡선) 재정정책
효과가 크다.

[효과 전달 경로]

1) 정부지출 증가 ⇒ 국민소득 (승수배) 증가, 이자율 상승
　　이때, 통화수요 이자율 탄력도가 크면(완만한 통화수요곡선) 이자율 소폭 상승
2) 이자율 상승 ⇒ 투자수요 감소(구축효과), 국민소득 다시 감소
　　이때, 투자수요 이자율 탄력도가 작으면 투자수요 소폭 감소(구축효과 小)

2. ㉡ 작고　　㉢ 크다

02 다음의 사례에서 재래식 통화정책의 한계가 무엇인지, 야당이 우려한 부작용이 무엇인지 설명하고, 이러한
우려를 일축한 정부의 확신은 어떤 이론적 근거를 가지고 있는지 설명하시오.　　　　　일반사회 15

한 경제의 명목이자율이 0의 수준에 도달해 있음에도 불구하고 그래프에서와 같이 경기침체 갭을 겪고 있다
재래식 통화정책이 한계에 봉착한 상황에서, 정부는 이 갭을 제거하기 위해 대량의 회사채와 주택담보채권을
매입하는 등 비재래식(unconventional) 통화정책인 양적 완화(Quantitative Easing)를 시행하면서 동시에 확장적
재정정책도 함께 시행할 것을 고려하고 있다 확장적 재정정책에 비판적인 야당이 그 정책의 전형적인 부작용
에 대해 우려를 표명하자 정부는 이 경우에는 그런 부작용이 발생하지 않을 것이라고 확신한다고 주장했다

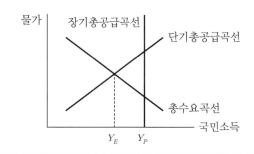

[해설]
- 재래식 통화정책의 한계 : 명목이자율이 0이므로 이 경제는 유동성함정 상태
  유동성함정하에서 확대통화정책을 시행해도 이자율이 내리지 않으므로 소득증대 효과 없음
- 확대재정정책에 대한 야당의 우려 : 확대재정정책을 시행할 경우 이자율이 상승
  이자율이 상승하면 민간의 소비가 투자가 감소하는 구축효과 발생
  따라서 확대재정정책은 국민소득을 증대시킬 수 없음
- 야당의 우려에 대한 정부의 확신 : 유동성함정하에서는 확대재정정책을 시행해도 이자율이 오르지 않음
  따라서 이자율 상승에 따른 구축효과가 나타나지 않으므로 국민소득 증가

03 한 나라의 거시경제와 관련된 다음의 내용을 읽고 물음에 답하시오. 일반사회 09

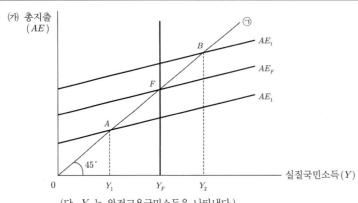

(단, Y_F는 완전고용국민소득을 나타낸다.)

〈기본 가정〉
폐쇄경제를 가정하고, 물가는 일정한 수준에서 고정된다. 소비지출은 처분가능소득(disposable income)의 함수이며 투자지출, 정부지출 및 조세수입은 외생적으로 결정된다.

(나) 우리의 이론은 대략 다음과 같이 말할 수 있다. 고용이 증가하면 총실질소득이 증가한다. 공동체의 심리는 ⓛ 총실질소득이 증가하면 총소비도 증가하지만 소득만큼 증가하지는 않는 방식으로 작용한다. …(중략)… 이 분석으로 '풍요 속의 빈곤'이라는 역설을 설명할 수 있다. 왜냐하면 유효수요가 부족하다는 사실만으로도 완전고용의 수준에 도달하기 전에 고용의 증가가 멈출 수 있고, 또 실제로 그런 경우가 흔하기 때문이다. 노동의 한계생산의 가치가 여전히 고용의 한계비효율을 초과함에도 불구하고, ⓒ 유효수요의 부족이 생산 과정을 저해하는 것이다. ■ 존 메이너드 케인스, 『고용, 이자 및 화폐의 일반이론』

(다) 국민경제는 언제나 순탄하게만 움직여 나가는 것은 아니다. 즉, 호황이 있으면 그 뒤를 따라 불황이 오게 마련이다. 불황이 닥치면 국민생활이 어려워지지만, 지나친 과열도 좋은 현상은 못 된다. 산이 높으면 골이 깊듯이 경기과열도 가파른 경기침체를 몰고 올 수 있기 때문이다. 그래서 현대국가에서는 정부가 적극적으로 나서서 경기의 과열과 침체를 막기 위해 노력하고 있다. ■ ○○출판사, 『고등학교 경제』

3-1 그래프에서 ㉠의 45°선의 의미를 설명하고, ⓛ의 의미를 (가)의 총지출(AE) 곡선의 기울기와 관련지어 설명하시오. 그리고 ⓒ 상황은 (가)의 A, F, B 가운데 어느 점에 해당할 가능성이 큰지를 쓰고, 그 이유를 설명하시오.

3-2 (다)의 내용을 토대로, ⓒ 상황에서 중앙은행과 정부가 실시할 수 있는 각 경제정책의 정의와 전달경로를 밝히고, (나)와 같은 생각을 가진 사람의 관점에서 ⓒ 상황에서의 두 정책의 효과를 평가하시오. (단, 구축 효과는 없다고 가정한다.)

정답 **3-1.** ㉠의 45° 선의 의미: 총수요=총공급. 균형국민소득 균형조건이며 유효수요이론
ⓛ 한계소비성향<1. 문제의 모형에 따르면 한계소비성향이 총지출곡선(총수요곡선)의 기울기
ⓒ 상황은 A점

3-2. 1) 확대재정정책: 정부지출 증대, 조세 감면 ⇒ 총수요 증가 ⇒ 국민소득 증가
확대통화정책: 통화공급 증대 ⇒ 이자율 하락 ⇒ 소비, 투자: 총수요 증가 ⇒ 국민소득 증가
2) (나)는 케인즈학파. 이 경우 재정정책 효과>통화정책 효과

04 다음과 같은 세 가지 가정하에서 한국 경제가 안정적 성장을 도모하기 위해서는 1) 재할인율의 인상과 인하 중 어느 것이 더 바람직한가? 2) 현재의 경기(景氣) 상태에 대한 진단, 통화량, 총수요와 연관 지어 그 근거를 120자 이내로 쓰시오.

일반사회 04

가정 A : 한국은행에 대한 예금은행의 자금 의존도가 높다.

가정 B : 한국 경제가 다음과 같은 경제 상황에 직면해 있다.

　　① 실업률이 10%대를 웃돌고 있다.

　　② 부도로 도산하는 기업들이 속출하고 있다.

　　③ 기업들의 체불 임금 규모가 점점 늘어나고 있다.

　　④ 재고가 쌓이고, 기업들의 매출액 규모는 감소하고 있다.

　　⑤ 주식가격은 하락하고, 기업들의 재무구조도 악화되고 있다.

가정 C : 정부 당국이 사용할 수 있는 정책 수단은 '재할인율 정책'뿐이다.

해설 1) 경기침체 상태이므로 재할인율을 인하하여 본원통화를 늘려 통화공급량을 늘려야 함

2) 재고가 증가하고 매출액이 감소하며 높은 실업률 상태이므로 현재는 경기침체

　　경기침체이며, 예금은행의 한국은행에 대한 자금 의존도가 높다고 했으므로 통화량 부족

　　재고가 쌓이고, 매출액 규모가 감소하고 있으므로 총수요 부족

05 다음은 투기적 화폐수요와 이자율과의 관계를 나타낸 그림이다. r은 이자율이고, L은 투기적 화폐수요를 나타낸다. 그림을 보고 물음에 답하시오.

일반사회 05

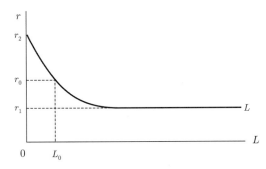

5-1 이자율이 최저 수준인 r_1으로 떨어져서 투기적 화폐수요는 최대가 되고, 화폐수요곡선이 수평이 되어 무한탄력성을 가지는 국면을 무엇이라고 하는지 쓰시오.

5-2 화폐수요곡선이 수평이 되어 무한탄력성을 가지는 국면을 타개할 경제 정책을 쓰시오.

정답 **5**-1. 유동성함정　　　　**5**-2. 재정정책

Chapter 09	총수요 - 총공급모형

06 다음 자료를 읽고 〈작성 방법〉에 따라 서술하시오. 일반사회 20

화폐공급 증가가 어느 국민경제에 가져다주는 단기적인 영향을 다음 화폐시장과 상품시장 그래프를 이용하여
분석하고자한다. 화폐공급이 MS_0 에서 MS_1 으로 증가할 경우 화폐시장 균형이 변화하고, ㉠ 일정 조건을
만족하면 이에 따라 상품시장 균형이 변화한다. 화폐시장에서이자율이 i_2 이면 ㉡ 화폐수요가 이자율에 무한
히 탄력적인데, 이 상황에서 화폐공급 증가는 국민소득을 변화시키는 데 어려움이 있으며 이를 (㉢)(이)라
고 한다.

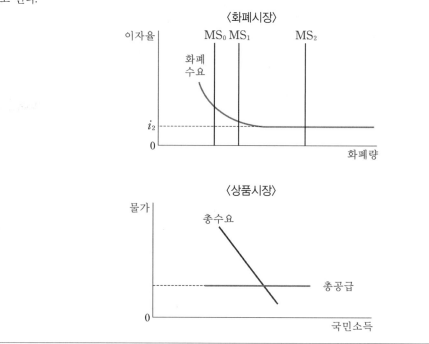

〈화폐시장〉

〈상품시장〉

〈작성 방법〉

○ 밑줄 친 ㉠이 무엇인지 서술할 것
○ 밑줄 친 ㉡인 경우 정부지출 증가에 따른 국민소득 변화의 크기를 승수효과, 구축효과를 이용하여 서술하고,
괄호 안의 ㉢에 들어갈 용어를 제시할 것

예시 • 일정 조건 : 통화량이 증가하여 총수요가 변화해도 물가가 변화하지 않을 경우

• 정부지출이 증가하여 국민소득이 증가할 때 이자율이 상승하지 않음. 따라서 구축효과는 나타나지 않으며 국민소득
은 승수배 증가. ㉢에 들어갈 용어는 유동성함정

해설 • (문제의 그림에서) 총공급곡선이 수평선이므로 총수요가 증가해도 물가 불변. 이 경우 통화수요곡선이 우하향할 때
통화공급이 증가하면 이자율 하락. 이자율이 하락하면 총수요 증가. 총수요가 증가할 때 물가가 불변이므로 국민소득
증가

• 유동성함정일 때 정부지출이 증가하면 이자율이 상승하지 않으므로 구축효과는 나타나지 않으며 국민소득 승수배
증가

07 다음 자료의 ㈎의 그림을 이용하여 단기총공급곡선의 기울기의 부호를 도출하고, 역시 ㈎의 그림을 이용하여 명목임금 수준의 변동이 있을 때 그로 인해 단기총공급곡선이 이동하는 방향에 대해 설명하시오. 그리고 국민경제가 ㈏에 제시된 조건을 가지고 있을 때, 수요충격으로 국민경제의 균형이 E_1을 거쳐 E_L로 이동해 가는 조정과정을 총수요 – 총공급 그래프와 GDP 갭 개념을 이용하여 분석하고, E_L의 상태를 E_0와 비교하여 평가하시오.

일반사회 12

> ㈎ 그림은 대표적인 기업의 한계비용곡선을 보여주고 있다. 단기에서 완전경쟁시장 안의 기업은 주어진 시장가격 p와 한계비용이 같아지는 수준인 q^*만큼 제품을 생산해 이윤을 극대화한다. 시장가격이 변하게 되면 기업은 그에 맞추어 최적생산량을 바꾼다. 또한 일정하게 주어져 있는 명목임금 수준이 바뀌게 되면 그에 따라 한계비용곡선(MC)이 이동하게 되고 기업의 최적생산량도 바뀌게 된다.
>
>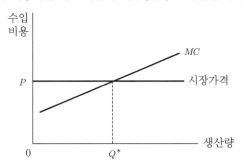
>
> ㈏ 모든 생산물과 생산요소가 완전경쟁시장에서 거래되는 어떤 폐쇄 국민경제가 있다. 이 경제에서 단기적으로 물가 P는 신축적이나 명목임금 수준 W는 경직적이다. 단기를 벗어나면 명목임금 수준의 조정이 가능하다. 즉, 단기란 명목임금 수준이 고정되어 있는 기간으로 정의된다. 현재 이 국민경제는 완전고용국민소득 Y_F 수준에서 최초의 균형 E_0를 이루고 있다. 이제 미래 경제상태에 대한 기업들의 전망이 악화되어 투자지출이 감소하는 수요충격이 발생한다면, 이 충격으로 국민경제는 새로운 단기균형 상태 E_1으로 옮겨 간다. 그러나 경제는 E_1에 머무르지 못하고 시간이 지나면서 장기균형점 E_L을 향해 움직여 나간다. 분석의 편의를 위하여, 이때 국민경제 내에서 생산기술의 진보나 기업들의 자본스톡의 변화는 없다고 가정한다.
>
> * 완전고용국민소득은 한 나라 경제의 산출량이 장기적으로 수렴하는 수준으로 실업률이 완전고용실업률에 있을 때의 산출량 수준이다. 실제 국민소득과 완전고용국민소득 수준과의 차이를 'GDP 갭'이라 한다. 실제 국민소득이 완전고용 국민소득 수준보다 클 때 그 차이를 '인플레이션 갭', 작을 때 그 차이를 '경기침체 갭'이라 한다.

해설 1) 그림에서 물가(가격)이 오르면 개별기업의 이윤극대화 생산량이 증가하므로 총공급량 증가.
따라서 총공급곡선 우상향. 총공급곡선의 기울기는 정(+)

2) 명목임금 상승(하락) 시 비용이 증가(감소)하여 총공급 감소(증가). 따라서 총공급곡선 좌측이동(우측이동)

3) 총수요 감소(총수요곡선 좌측이동): 새로운 균형점 E_1으로 이동

⇒ 물가 하락, 국민소득 감소. GDP 갭(완전고용소득 – 실제 국민소득) 발생

⇒ 근로자의 예상물가 하락(노동공급 증가), 노동투입량 증가

⇒ 총공급 증가(총공급곡선 우측이동): 장기균형점 E_L으로 이동

∴) 물가 하락, 완전고용국민소득 수준으로 다시 증가. GDP 갭 해소

08 일반적인 경우 총수요곡선이 우하향하는 이유에 대하여 설명하시오.

> **• 해설** 물가와 총수요
> - 케인즈의 이자율효과 : 물가 하락 ⇒ 실질통화량 증가(또는 명목화폐수요 감소)
>   ⇒ 이자율 하락
>   ⇒ 총수요(소비 및 투자수요) 증가
> - 피구의 실질잔고효과 : 물가 하락 ⇒ 실질잔고(부) 증가 ⇒ 소비수요량 증가
> - 경상수지효과   : 물가 하락 ⇒ 수출 증가, 수입 감소 ⇒ 순수출수요량 증가

09 다음을 읽고 물음에 답하시오.   일반사회 00

> (가) 1929년부터 1930년대 초까지 세계를 휩쓸었던 세계 대공황은 자본주의 경제 체제에 대한 반성을 가져다주는 계기가 되었다. 이에, 자본주의 국가들은 공황을 극복하기 위해 여러 가지 정책 수단을 강구하였다. 그러나 독점 자본에 의해 생산물이 과잉 공급되고 소비자들의 낮은 소득으로 구매력이 뒷받침되지 않는 '풍요 속의 빈곤'이라는 모순을 해결하기 위해 새로운 경제적 발상이 필요하게 되었다.
> (나) 장기분석은 현재 벌어지고 있는 상황을 이해하는 데 도움이 되지 않는다. 장기적으로 우리 모두가 죽는다. 경제학자들의 역할이 고작 태풍이 닥치는 계절에 ① "태풍이 지나가고 한참 있으면 바다가 잠잠해질 것이다."라고 말하는 정도에 그친다면 그 역할은 너무 쉽고 쓸모없는 것이다.

9-1 ①과 같이 주장하는 사람들의 이론적 근거 중 하나는 '화폐수량설'이다. 그 내용을 '통화량', '인플레이션' 등 거시경제 개념들을 사용하여 100자 이내 또는 답안지 3줄 이내로 설명하시오.

9-2 (가)와 같은 경제 상황을 해결하기 위하여 (나)와 같은 생각을 가진 사람들은 정부 지출을 늘려 총수요를 증가시키려고 한다. 이때 총수요의 증가폭은 정부 지출의 증가폭과 같지 않을 수 있다. 그 이유를 두 가지로 설명하시오. (단, 소득, 소비지출, 이자율, 투자 등의 용어를 사용할 것)

> **• 해설** **9-1.** 화폐수량설에 따르면 통화공급이 증가하면 물가만 상승. 고전학파의 '통화중립성'(고전학파의 2분법)
>
> **9-2.** 정부지출이 증가하여 국민소득이 증가할 때 물가 오르고 이자율 상승
>   이때, 이자율이 상승하면 민간 소비와 투자 감소(구축효과)
>   또한, 물가 상승하면 이자율이 상승하여 민간 소비와 투자 감소

10 정부가 경기안정화 정책을 수행할 때 물가안정보다 국민소득 안정화에만 정책목표를 두고 있고, 중앙은행은 국민소득 안정화보다는 물가안정에만 정책목표를 두고 있다고 가정하자. 경기를 침체시키는 부(−)의 공급충격 (negative supply shock)이 발생하였을 경우 정부와 중앙은행의 정책 내용을 설명하시오.

해설 • 비용인상 인플레이션(스태그플레이션)
  ▶ 부(−)의 공급충격(negative supply shock)이 발생하면 총공급 감소(총공급곡선 좌측이동)
  ▶ 총공급이 감소하면 물가가 오르고 국민소득이 감소하는 비용인플레이션(스태그플레이션) 발생
• 비용인상 인플레이션하의 총수요관리정책: "정책의 딜레마"
  ▶ 물가 상승을 억제하기 위해 긴축 재정·통화정책(총수요 감소. 총수요곡선 좌측이동)을 시행할 경우,
    물가 상승은 막을 수 있으나 국민소득 대폭 감소(실업 대폭 증가)
  ▶ 경기침체를 막기 위해서 확대 재정·통화정책(총수요 증가. 총수요곡선 우측이동) 시행할 경우,
    경기침체를 막을 수 있으나 물가 대폭 상승
  ▶ 따라서, 비용인상 인플레이션은 총수요관리정책으로 해결할 수 없음
• 문제에서, 중앙은행의 목표는 물가안정(물가안정목표제)이므로, 긴축 통화정책 시행
    정부의 목표는 국민소득 안정화이므로 확대재정정책 시행

11 현재 어떤 경제가 B 상태에 있다고 한다. 정책당국이 확대 안정화정책을 사용할 경우 균형점의 이동을 지적하고 그 이유를 설명하시오.

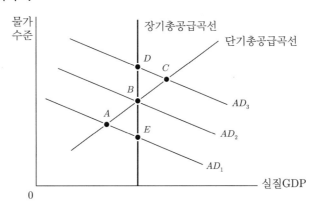

해설 • 단기: 확대정책에 따라 총수요가 증가(총수요곡선 우측이동)하여 물가 상승, 국민소득 증가
• 장기: 물가 상승에 따라 예상물가가 상승하여 총공급 감소(단기총공급곡선 좌측이동)

    따라서 물가가 다시 상승하고 국민소득은 원래 수준으로 감소

| Chapter 10 | 거시경제이론의 두 흐름 |

12 다음 그래프는 한 폐쇄 국민경제의 상황을 보여주고 있다. 이에 대해 〈작성 방법〉에 따라 서술하시오.

일반사회 17

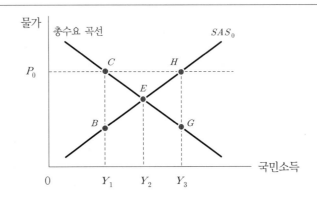

- 명목임금은 단기에서 경직이며, 단기를 벗어나면 조정이 이루어질 수 있다. SAS_0는 단기균형 E에 도달할 때까지의 명목임금 수준에 대응되는 단기 총공급곡선이다. 국민경제의 완전고용산출량 수준은 Y_1이다.

〈작성 방법〉

○ 한 해 동안 물가 수준 P_0에서 경제 활동이 이루어졌을 때, 그해의 비자발적 재고 투자의 크기가 얼마인지 쓰고, 사후적 총지출의 크기가 총생산의 크기와 같음을 비자발적 재고투자 개념을 이용하여 설명할 것
○ 그래프에서 장기 균형점이 무엇인지 밝히고, 단기 균형점 E에서의 GDP 갭의 명칭을 쓰고, 국민 경제가 장기균형점을 향해 스스로 움직여 나가는 과정을 GDP 갭, 명목임금, 단기총공급 곡선의 이동이라는 개념을 모두 사용하여 서술할 것

해설 1. 현재 국민경제의 상황 : 완전고용산출량 수준 이상에서 초과공급 상태

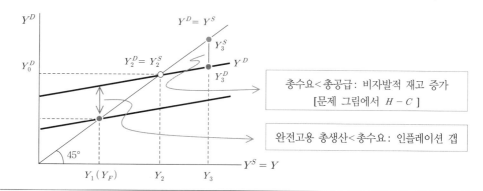

총수요<총공급 : 비자발적 재고 증가
[문제 그림에서 $H - C$]

완전고용 총생산<총수요 : 인플레이션 갭

현재 : 완전고용 국민소득(Y_1)<균형국민소득(Y_2)<실제 국민소득(Y_3). 총수요(Y_3^D) < 총공급(Y_3^S)

주입 < 누출 투자수요(I^D) < 저축($S \equiv I$. 투자지출) 계획한 재고<실제재고 : 비자발적 재고($H - C$)	⇒ 재고조정을 통해, 총생산(국민소득) 감소 ⇒ (사후적) 총지출(Y_2) =총생산(Y_2)

2. 장기 조정 : 단기에 실제 국민소득이 완전고용 GDP보다 많을 때 인플레이션 갭

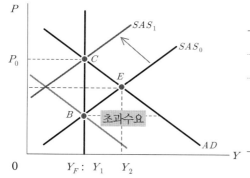

완전고용국민소득(Y_F : Y_1)<균형국민소득(Y_2)

[완전고용 수준에 비하여 초과수요 : 인플레이션 갭]

⇒ 물가 상승
⇒ 명목임금 상승(생산비 증가)
⇒ 단기총공급 감소(SAS_1). 총공급곡선 좌측이동
⇒ 총생산(국민소득) 완전고용(Y_F) 수준으로 감소

13 ㈎ ~ ㈐에서 도출되거나 제시된 통화정책의 효과에 대한 주장을 관련되는 개념과 이론을 활용하여 각각 설명하시오. 그리고 화폐수요의 동기와 결정요인, 화폐유통속도의 안정성을 기준으로 이들을 비교하시오. 일반사회 11

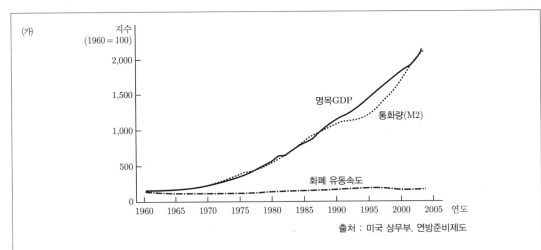

㈎

지수
(1960 = 100)

명목GDP

통화량(M2)

화폐 유동속도

출처 : 미국 상무부. 연방준비제도

㈏ 중앙은행이 가속기를 밟는 경우부터 생각해보자. 공개시장조작을 통해 통화량을 늘리려는 중앙은행은 민간으로부터 채권을 매입할 것이고, 채권을 매각한 가계나 기업은 중앙은행으로부터 돈을 받을 것이다. 그러나 사람들은 언제나 그날그날의 생활에 필요한 일정 액수의 돈만을 주머니에 지니려 한다. 따라서 채권을 매각한 사람들은 새로 생긴 돈을 주머니에 보관하는 대신, 각종 소비재나 투자재 등의 구입에 지출할 것이다. 그 결과 국민소득은 증가한다. 반대로 중앙은행이 감속기를 밟는 경우를 생각해보자. 중앙은행은 통화량을 줄이기 위해 개인들에게 채권을 매각한다. 채권을 매입한 사람들은 중앙은행에게 돈을 지불할 것이다. 이제 채권매입자들의 수중에는 돈이 줄었으나 그들은 예전과 같은 액수의 돈을 주머니에 지니려 한다. 채권을 매입한 사람들은 소비를 줄일 것이다. 그 결과 국민소득은 감소한다.

㈐ 중앙은행이 통화량을 증가시킨다고 효과가 있을까? 사람들은 새로 생긴 돈을 소비하기보다는 이불 밑에 숨겨버릴지도 모른다. 만약 그렇게 된다면 돈의 유통속도는 뚝 떨어질 것이다. 돈의 유통속도가 떨어지면 통화량이 아무리 증가해도 민간의 소비와 투자는 변하지 않을 수도 있을 것이다. 특히 불황이 닥칠 경우 이런 현상이 발생할 가능성이 높다. 어떤 사람들은 통화량을 증가시킴으로써 생산량과 소득을 증가시킬 수 있다고 추론하는 것 같지만 이것은 마치 헐거운 벨트를 차면 살이 찌게 되리라 믿는 것과 같다. 이런 점은 극심한 불경기에서 더욱 그러하다.

해설 • 유통속도의 안정성과 통화정책 효과

▶ 교환방정식: $MV = PY$ ⇒ $\dot{M} + \dot{V} = \dot{P} + \dot{Y}$ (단, • : 변화율)

⇒ $\dot{M} = \dot{P} + \dot{Y} - \dot{V}$

통화량이 증가할 때, 유동속도가 안정적(불변)이면 명목국민소득 정비례 증가
유동속도가 감소하면 명목국민소득 소폭 증가
유동속도가 통화량 증가율만큼 감소하면 명목국민소득 불변

▶ 현금잔고방정식: $M = k\left(= \dfrac{1}{V}\right)PY$

통화량이 증가할 때, 유동속도가 안정적이면(k 불변) 명목국민소득 정비례 증가
유동속도가 감소(k 증가)하면 명목국민소득 소폭 증가
유동속도가 통화량 증가율만큼 감소(k 증가)하면 명목국민소득 불변

㈎ 1990년 이전: 명목국민소득(명목GDP. PY) 증가율 =통화량(M) 증가율. 유통속도(V) 변화율 = 0
1990년~2000년: 명목국민소득(명목GDP. PY) 증가율 >통화량(M) 증가율. 유통속도(V) 변화율 >0

㈏ 생활에 필요한 돈만을 지니려 한다는 것은 통화보유 동기가 교환의 매개수단이며, 통화보유성향(k)이 안정적(유통속도 안정적)이라는 것을 의미. 이 경우 통화공급이 증가하면 통화량 증가율만큼 명목국민소득 증가

㈐ 통화공급이 증가할 때 소비하지 않고 돈을 숨겨버린다는 것은 통화보유 동기가 가치저장수단이며, 통화보유성향(k)이 증가(유통속도 감소)한다는 것을 의미. 이 경우 통화공급이 증가해도 명목국민소득은 증가할 수 없음

14 ㈎에서 ㉠이 어떤 정책인지 적고, ㈏의 ㉡, ㉢에 들어갈 숫자를 쓰시오. 일반사회 07

㈎ 통화주의(Monetarism)는 '화폐가 가장 중요하다'라고 주장한다. 이는 통화정책이 재정정책보다 거시 경제에 미치는 영향이 훨씬 더 강력하다는 주장이다. 하지만 그렇다고 해서 통화주의가 재량적(discretionary) 통화정책을 권하지는 않으며, 오히려 ㉠ 일정한 통화 증가율을 정하여 민간에 공포한 후 그대로 시행하는 것이 좋다고 주장한다.

㈏ 통화주의는 신화폐수량설을 따른다. 이에 따르면 통화량이 400조 원이며, 명목 GDP가 800조 원인 경제에서 화폐의 유통속도는 (㉡)이(가) 된다. 또한 A국의 화폐 유통속도가 안정적이라고 할 때, 실질소득 증가율이 5%인 상황에서 물가 상승률을 2%로 유지하려면 통화량의 증가율은 (㉢)%로 유지하여야 한다.

정답 ㉠ $k\%$ 준칙

㉡ $MV = PY$ ⇒ $M(400)V = PY(800)$ ∴) $V = 2$

㉢ $\dot{M} + \dot{V} = \dot{P} + \dot{Y}$ ⇒ $\dot{M} + 0 = 2\% + 5\%$ ∴) $\dot{M} = 7\%$

15 다음은 경제 정책에 대한 경제학파들 간의 견해를 나타내는 글이다. 물음에 답하시오. 일반사회 03

> 케인즈학파 사람들은 물가가 하락하면서 실업이 발생하는 불경기가 왜 발생하는지 잘 알고 있으며, 이런 불경기를 끝내기 위해서 어떤 일을 해야 하는지도 잘 알고 있다. 그러나 케인즈학파와 생각을 달리하는 사람들은 적극적인 경제 정책에 반대하고 있다. 시장의 자율적 조정 능력을 믿는 사람들의 입장에서 보면, 정부의 시장 개입은 불필요하며 오히려 더 큰 문제를 야기한다. 이들은 정부가 경제 정책에 필요한 정보를 갖고 있지도 않으며, 더구나 선한 정부(benevolent government)로 행동한다는 보장도 없다고 생각한다.

15-1 불경기를 끝내기 위해서 사용되는 경제 정책을 두 가지만 쓰시오.

15-2 위의 불경기를 끝내기 위한 두 가지 경제 정책 중에서, 대공황과 같이 심각한 불경기에는 상대적으로 효과가 약한 정책을 쓰고, 그 이유를 제시하시오.

15-3 위에서 지적한 문제점 외에, 정부의 적극적인 경제 정책 시행을 반대하는 근거에는 어떤 것이 있는지 쓰시오.

> **정답** **15**-1. 확대재정, 확대금융정책
>
> **15**-2. 1) 정책 : 확대통화정책. 통화공급을 늘려도 이자율 불변
> 　　　　2) 이유 : 이자율이 내리지 않으므로 총수요와 국민소득 불변
>
> **15**-3. 시차, 루카스의 거시경제학 정책평가관행 비판, 최적정책의 비일관성

16 다음은 일본은행(BOJ)의 통화정책과 관련한 신문기사이다. 일본은행의 이러한 정책이 일본의 경상수지와 물가에 미치는 효과에 대하여 설명하시오. (단, 일본은 현재 유동성함정 상태에 있다고 한다.)

> 일본은행은 14일 금융정책결정회의를 열고 국채 등을 사들이는 채권매입기금 규모를 55조 엔에서 65조 엔으로 10조 엔 늘리기로 결정했다. 작년 10월 기금 총액을 50조 엔에서 55조 엔으로 확대한 이후 4개월 만에 추가적인 양적완화 카드를 꺼내든 것이다. 이번에 증액된 10조 엔은 모두 일본 장기 국채를 사들이는 데 사용할 방침이다.

> **해설** 양적 완화정책 : 중앙은행 장기국채를 매입하여 통화공급을 늘리는 정책이다.
>
> • 일반적인 경우, 통화정책이 실시되면, 이자율은 하락해 소비·투자가 늘어나는 효과가 있으나, 유동성함정의 경우 이자율이 더 이상 내릴 수 없으므로 이자율 하락에 따른 총수요 증대 효과는 나타나지 않는다.
> • 증가한 통화가 해외증권 투자를 위해 유출(외환수요 증가)되므로 환율이 상승하고 환율 상승에 따라 경상수지가 개선된다.
> • 통화공급이 증가할 경우 피구의 실질잔고효과에 따라 국내 소비가 증가하고 경상수지 개선(순수출 수요 증가)되므로 국내 총수요가 증가하여 물가가 상승한다.

Chapter 11 | 인플레이션과 실업

17 다음은 단기필립스곡선에 대한 강의 장면의 일부이다 괄호 안의 ㉠, ㉡에 들어갈 내용을 순서대로 쓰고, 밑줄 친 ㉢을 기대(예상)인플레이션율의 변화와 단기필립스곡선의 움직임으로 설명하시오. 일반사회 18

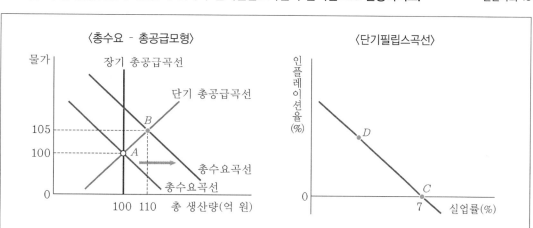

교수: 〈총수요 - 총공급모형〉에서의 A점은 t기의 장단기균형점, B점은 $t+1$기의 단기균형점이며, A점과 B점은 각각 〈단기필립스곡선〉의 C점과 D점에 대응합니다. 총생산갭이 $1\%p$ 상승할 때, 실업률이 $0.5\%p$ 하락한다고 하면, D점의 실업률은 얼마가 될까요? 그리고 t기 대비 $t+1$기의 물가상승률을 의미하는 D점의 인플레이션율은 얼마가 될까요?

학생: 총생산 갭을 어떻게 계산하나요?

교수: 총생산 갭은 총생산량에서 잠재생산량을 뺀 값을 잠재생산량으로 나누어주면 됩니다. 그리고 잠재생산량은 일정하다고 가정하고 계산하세요.

학생: 그렇다면, D점의 실업률은 (㉠)%이고, D점의 인플레이션율은 (㉡)%입니다.

교수: 정확히 맞추었습니다.

학생: 단기필립스곡선이란 결국 인플레이션율과 실업률 사이의 음(−)의 관계를 나타내는 곡선이군요 그렇다면 정부가 인플레이션율을 낮추는 정책을 펼치면, 반드시 실업률이 증가하는 고통을 수반하겠군요?

교수: 기대의 형성방식이 합리적이고, 정부의 정책을 경제주체가 신뢰하는 상황에서 정부가 인플레이션율을 낮추겠다는 정책을 발표할 경우, ㉢ 실업률 증가라는 고통을 수반하지 않고 인플레이션율을 낮출 수 있습니다.

해설
- 총생산 갭 $= \dfrac{\text{총생산} - \text{잠재생산}}{\text{총생산}} = \dfrac{110-100}{100} = 0.1$ (10%)

  잠재생산량 수준에서 실제생산량 10% 상승.
  총생산 갭이 $1\%p$ 상승할 때 실업률이 $0.5\%p$ 하락한다고 했으므로 실업률 (㉠ $5\%p$) 하락
- $A \rightarrow B$ 일 때 물가가 100에서 105로 상승했으므로 인플레이션율은 (㉡ 5%) 상승
- 기대형성방식이 합리적이고 정부정책을 경제주체가 신뢰할 경우(새고전학파), 정부가 인플레이션율을 낮추는 정책 (긴축 재정·통화정책)을 시행하겠다고 예고하고 그대로 시행할 경우

  ▶ 정책예고 시점에서 경제주체는 물가하락을 예상하므로 명목임금 인상 요구폭이 하락하므로 단기총공급곡선 증가 [총공급곡선 우측(하방)이동]
  ▶ 예고된 시점에서 긴축정책을 시행할 경우 총수요 감소[총수요곡선 좌측(하방)이동]
  ▶ 따라서 총생산량은 변화하지 않고 물가만 하락. 총생산량이 변화하지 않으므로 실업률 불변

18 다음에 제시된 그림 자료에 근거하여 물음에 답하시오.

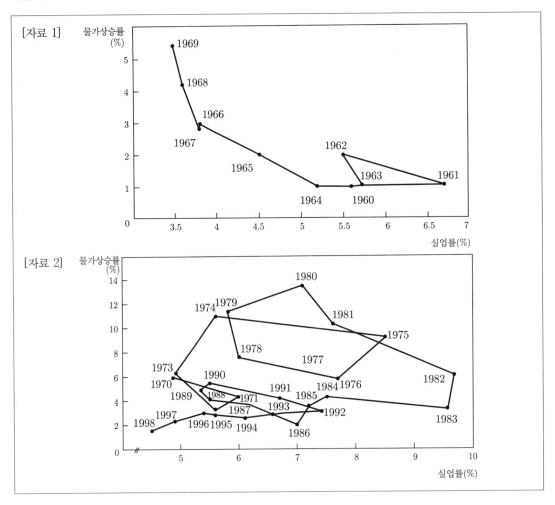

18-1 1960년대는 PCI에서 보는 바와 같은 두 경제변수의 안정적인 관계에 힘입어 정부의 어떤 경제정책들이 매우 주효하였다. 이 경제정책들을 통칭하는 용어를 쓰고, 경기침체를 극복하기 위한 정책을 두 가지로 제시하시오.

18-2 1970년대의 점선 그래프가 나타내는 경제상황을 지칭하는 개념을 쓰시오.

18-3 위 자료에서 다루어진 경제변수들은 보다 일반적인 수준에서 거시경제정책에서의 '두 마리 토끼'로 비유되기도 한다. 논쟁적 경제수업의 주제로 이용할 수 있는 두 가지 거시경제정책의 목표를 쓰시오.

정답 **18-1.** 경기 안정화 정책 : 확대재정정책, 확대금융정책

18-2. 스태그플레이션

18-3. 물가 상승률을 낮추거나, 실업률을 낮춤

19 다음 〈표〉는 어떤 나라의 최근 물가와 실업에 대한 통계이다. 〈표〉를 보고 물음에 답하시오. 　일반사회 02

〈표〉 연도별 실업률과 물가상승률 추이

구분＼연도	1996	1997	1998	1999
실업률(%)	2.0	2.6	6.8	6.3
물가상승률(%)	4.9	4.5	7.5	0.8

19-1 1997년과 1998년을 비교해 보면 물가와 실업률이 크게 상승하였다. 이와 같이 물가와 실업이 동시에 상승하는 현상을 무엇이라고 부르는가? 또 이런 현상이 발생할 수 있는 요인을 한 가지만 쓰시오.

19-2 인구가 불변이라고 할 때 1998년의 실질국민소득은 1997년에 비하여 어떤 변화를 보였을지 추론하여 30자 이내로 쓰시오.

> **정답** **19**-1. 현상 : 스태그플레이션　　　　　요인 : 원자재 가격의 상승, 임금상승률
>
> **19**-2. 실업률과 물가상승률이 증가. 실질국민소득 감소

20 다음 중 채권자에게 가장 불리한 상황을 쓰시오. (판단 과정을 제시할 것)

> ㄱ. 실질이자율 3%,　인플레이션율 3%
> ㄴ. 명목이자율 2%,　인플레이션율 0%
> ㄷ. 실질이자율 1%,　인플레이션율 2%
> ㄹ. 명목이자율 20%, 인플레이션율 25%

> **해설** • 피셔가설 : 실질이자율 = 명목이자율 − 인플레이션율,
>　　　　　　　명목이자율 = 실질이자율 + 인플레이션율
> • 채권자와 채무자의 실질수익과 채무자의 실질부담은 실질이자율에 따라 결정
>　　▶ 실질이자율이 낮을수록 채무자의 실질부담(채권자의 실질수익) 감소
>　　▶ 실질이자율이 높을수록 채무자의 실질부담(채권자의 실질수익) 증가
>　ㄱ. 실질이자율 = 3%
>　ㄴ. 실질이자율 = 명목이자율(2%) − 인플레이션율(0%) = 2%
>　ㄷ. 실질이자율 = 1%
>　ㄹ. 실질이자율 = 명목이자율(20%) − 인플레이션율(25%) = −5%

21 인플레이션이 발생할 때 통화 등 금융자산과 실물자산의 가치 변화를 명목가치와 실질가치로 나누어 설명하시오.

> **해설** 인플레이션의 자산분배효과
>
> ▶ 실물자산 : 인플레이션율만큼 명목가치 상승, 실질가치 불변   **예** 토지, 아파트
>
> ▶ 화폐자산 : 인플레이션율만큼 실질가치 하락, 명목가치 불변   **예** 화폐, 채권, 주식

22 다음은 우리나라의 노동시장에 대한 자료이다. 질문에 답하시오.

> 1. 우리나라 15세 이상 인구는 4,000만 명, 비경제활동인구는 1,500만 명, 실업률은 4%라고 한다.
> 2. 우리나라에서 취업자들은 매 기 5%의 확률로 일자리를 잃어 실업자가 되며, 실업자들은 매 기 45%의 확률로 새로운 일자리를 얻어 취업자가 된다.

22-1 우리나라가 달성할 수 있는 최대 고용률은 얼마인지 쓰시오.

22-2 우리나라의 자연실업률은 얼마인지 쓰시오.

> **해설** **22**-1. 문제에서,
>
> ▶ 경제활동인구＝생산가능인구(15세 이상 인구 ; 4,000만 명)－비경제활동인구(1,500만 명)＝2,500만
>
> ▶ 경제활동참가율 ＝ $\dfrac{경제활동인구(2,500만)-비경제활동인구(1,500만)}{경제활동인구(2,500만)} = 0.4$
>
> ▶ 실업자＝ 경제활동인구(2,500만)× 실업률(0.04)＝ 100만
>
> ▶ 취업자＝ 경제활동인구(2,500만)－ 실업자(100만)＝ 2,400만
>
> ▶ 현재, 고용률 ＝ $\dfrac{취업자}{15세 이상 인구} = \dfrac{2,400만}{4,000만} = 0.600$
>
> ▶ 완전고용 시, 고용률 ＝ $\dfrac{완전고용\ 취업자}{15세 이상 인구} = \dfrac{2,500만}{4,000만} = 0.625$
>
> **22**-2. 자연실업률(u_N)의 계산
>
> $u_N = \dfrac{s}{s+f} = \dfrac{5}{5+45} = 0.1$ (단, s : 실직률(취업자의 실직 비율), f : 구직률(실업자의 구직 비율))

23 다음 중에서 구조적 실업의 원인을 고르고 그들이 구조적 실업의 원인이 되는 이유를 설명하시오.

> A. 노동조합(union) B. 최저임금(minimum wage)
> C. 효율임금(efficiency wage) D. 실망실업

정답 • A, B, C
       • 구조적 실업의 원인 중 하나는 임금의 하방경직성(균형임금보다 높은 임금)이며, A, B, C는 모두 임금경직성의 원인

24 어떤 나라의 기대를 반영한 필립스곡선이 다음과 같다. 다음 질문에 답하시오.

$$\pi = \pi^e - 0.4(u-4)$$
(π : 실제인플레이션율, π^e : 기대인플레이션율, u : 실제실업률)

24-1 실제인플레이션율과 기대인플레이션율이 같을 때 실제실업률은 얼마인지 쓰시오.

24-2 실제인플레이션율과 기대인플레이션율이 같을 때 실제인플레이션율이 2%p 감소하기 위해서는 실제실업률이 얼마가 되어야 하는가?

24-3 실제실업률이 4%보다 높을 경우 실제인플레이션율과 기대인플레이션율의 크기를 비교하시오.

24-4 기대인플레이션율이 2%p 상승할 경우 단기필립스곡선의 변화를 쓰시오.

정답 **24-1.** $\pi = \pi^e - 0.4(u-4) \;\Rightarrow\; \pi - \pi^e = -0.4(u-4)$

          실제인플레이션율과 기대인플레이션율이 같을 경우, $\pi - \pi^e = 0$이므로 $u = 4\%$

     24-2. 실제인플레이션율과 기대인플레이션율이 같을 경우, 실제실업률이 2% 감소할 경우,
          $\pi - \pi^e = -2 = -0.4(u-4)$이므로 $u = 9\%$

     24-3. 실제실업률이 4%보다 높을 경우, $\pi - \pi^e = -0.4(u-4)$에서 $-0.4(u-4) < 0$
          따라서 실제인플레이션율은 기대인플레이션율보다 낮음

     24-4. 기대인플레이션율이 2%p 상승할 경우 단기필립스곡선은 2%p 상방이동

25 어느 나라의 단기필립스곡선은 $\pi = n - u + \pi^e$ 이다. 5%의 물가 상승을 예상하여 실업률을 3%로 낮추었더니 7.5%의 물가 상승이 일어났다. 이 나라의 자연실업률은 얼마인지 쓰시오. (단, π: 실제물가상승률, n: 正의 상수, u: 실업률, π^e: 예상물가상승률)

> **해설** • 기대부가필립스곡선
>
> ▶ $\pi - \pi^e = -\alpha(u - u_N)$ 또는, $\pi = -\alpha(u - u_N) + \pi^e = \alpha(u_N - u) + \pi^e$
>
> (단, π: 인플레인션율(%), α: 반응계수, u: 실제실업률(%), u_N: 자연실업률, π^e: 예상물가상승률, $\pi - \pi^e$: 예상치 못한 인플레이션율)
>
> ▶ 문제에서, n 은 자연실업률이고 반응계수(α)는 1
>
> $\pi = (u_N - u) + \pi^e = (u_N - 3) + 5 = 7.5$ ∴) 자연실업률 = 5.5

26 다음은 오쿤의 방정식 및 희생률에 대한 설명이다. 다음 질문에 답하시오.

> • 오쿤의 방정식은 $P = A[1 + \lambda(u - 3)]$이다.
> • 희생률은 인플레이션율이 1% 감소할 때 실질GDP 감소율이다.

26-1 甲국의 실제실업률이 5%일 경우 잠재GDP와 실제GDP의 크기를 비교하시오.

26-2 甲국의 희생률을 쓰시오.

> **해설** **26**-1. 오쿤의 방정식
>
> ▶ $P = A[1 + \lambda(U - 3)]$에서 실업률이 1% 상승할 때 실제GDP가 3% 정도 감소할 경우 $\lambda = 3$
> ▶ 실제실업률이 5%일 경우 실제GDP가 잠재GDP에 비하여 약 6% 작음
>
> **26**-2. 甲국의 기대부가필립스곡선: $\pi = (u_N - u) + \pi^e = (5.5 - u) + \pi^e$
> 甲국의 오쿤의 방정식: $P = A[1 + 0.03(U - 3)]$
> 甲국의 희생률: 기대부가필립스곡선식에서 실제 인플레이션율이 1% 감소할 때 실업률 1% 증가
> 오쿤의 방정식에서 실업률이 1% 증가할 때 실질GDP 약 3% 감소. 따라서 희생률은 3%

CHAPTER

12 경기변동이론

Ⅰ 경기변동

01 경기변동의 의의

1. 경기변동(경기순환)

경제가 주기적인 규칙성(주기와 진폭)을 보이며 변동(침체와 호황)하는 현상이다.

2. 경기변동의 특징

① 경기변동은 반복적이며 비주기적이다. 즉 경기확장(호황)과 수축(불황)이 번갈아 나타나지만 주기와 진폭이 동일한 형태로 되풀이되지는 않는다.
② 경기변동은 지속적이며 비대칭적이다. 즉 경기확장과 수축이 상당기간 지속되며 대개 확장국면이 수축국면보다 길다(우리나라 경우, 확장 33개월, 수축 17개월).
③ 경기변동은 특정 부문이나 경제변수에 국한되는 것이 아니라 경제 전반이 같이 변화(공행, 동행. comovement)한다.

02 경기변동의 종류와 예측

1. 경기변동의 종류

① 슘페터(J. Schumpeter)는 경기변동의 주기에 따라 단기, 중기 및 장기파동으로 구분했다.
② 그에 따르면 세 개의 키친파동(단기)이 하나의 쥬글라파동(중기)을 구성하고, 다시 여섯 개의 쥬글라파동이 하나의 콘트라티에프파동(장기)을 형성한다.
③ 단기파동[Kitchin wave; 재고순환(inventory cycle)]은 40개월을 주기로 하는 단기적 순환이며, 주로 기업의 재고 변동에 의해 일어나는 파동이다.
④ 중기파동(Juglar wave)은 평균 9.5년을 주기로 하는 순환이며, 기계발명과 같은 개별적 기술혁신 등에 의해 나타나는 파동이다.
⑤ 장기파동(Kondratiev wave)은 약 50년을 주기로 하는 장기순환이며, 철도·전기 등과 같은 대발명에 따라 발생하는 파동이다.

2. 우리나라의 경기변동의 예측

경기종합지수(CI) 및 소비자와 기업에 대한 설문조사를 통해 경기를 전망한다.

> ⊙경기선행종합지수: 실제 생산활동의 전환보다 3~6개월 먼저 변화
> 경기동행종합지수: 생산활동과 같이 변화하는 경제변수
> 경기후행종합지수: 실제 생산활동의 전환보다 3~6개월 나중에 변화
>
> | | 선행종합지수(8) | 동행종합지수(7) | 후행종합지수(5) |
> |---|---|---|---|
> | 고용 | 구인구직비율 | 비농림어업취업자수 | 상용근로자수 |
> | 생산 | 재고순환지표 | 광공업생산지수
서비스업생산지수 | 생산자제품재고지수 |
> | 소비 | 소비자기대지수 | 소매업 판매액지수
내수출하지수 | 도시가계 소비지출
소비재 수입액 |
> | 투자 | 기계류내수출하지수
건설수주액 | 건설기성액 | ─ |
> | 금융 | 코스피지수
(종합주가지수)
장단기금리차 | ─ | 회사채 유통수익률 |
> | 대외 | 수출입물가비율
(순상품교역조건) | 수입액 | ─ |
>
> ⊙소비자동향지수(CSI)
> ▸ $CSI = \dfrac{(\text{매우 긍정} \times 1.0) + (\text{다소 긍정} \times 0.5) + (\text{비슷} \times 0.0) - (\text{다소 부정} \times 0.5) - (\text{매우 부정} \times 1.0)}{\text{전체 응답 가구 수}} \times 100 + 100$
> ▸ 0과 200 사이의 값을 가지며, 0이면 경기가 나아질 것으로 생각하는 사람이 없고, 200이면 경기가 나빠질 것으로 보는 사람이 없다는 것을 의미
> ▸ 100보다 큰 경우 긍정적으로 응답한 가구 수가 부정적으로 응답한 가구 수보다 많고, 100보다 작은 경우는 그 반대임
>
> ⊙기업경기전망(실사)지수(BSI : Business Survey Index)
> ▸ $BSI = \{(\text{긍정적 응답 수} - \text{부정적 응답 수}) / \text{전체응답 업체 수}\} \times 100 + 100$
> ▸ 0과 200 사이의 값을 가지며, 100 이상이면 긍정응답 업체 수가 부정응답 업체 수보다 많으며, 100 이하인 경우에는 그 반대
>
> ⊙경제심리지수(ESI : Economic Sentiment Index)
> ▸ 민간의 심리를 종합적 파악하기 위해 CSI와 BSI 지수를 합성한 지수
> ▸ ESI가 100을 상회(하회)하면 기업과 소비자 모두를 포함한 민간의 경제심리가 과거 평균보다 나은(못한) 수준인 것으로 전망하고 있다는 의미

03 경기변동의 4국면

1. 경기의 4국면

① 경기는 네 국면을 가지고 변동한다.

② 경기가 평균 수준보다 좋은 상황을 호황, 정상 수준에서 평균 수준으로 후퇴하는 상황을 경기후퇴라고 한다.

③ 경기가 평균 수준보다 나쁜 상황을 불황, 계곡(바닥) 수준에서 평균 수준으로 좋아지는 상황을 경기회복이라고 한다.

④ 경기변동은 모든 경제변수가 전반적으로 같이 변화(공행, 동행; comovement)하는 것이 일반적이다.

⑤ 다만, 재고는 후퇴기에는 증가하지만 불황기에는 재고조정에 따라 감소한다.

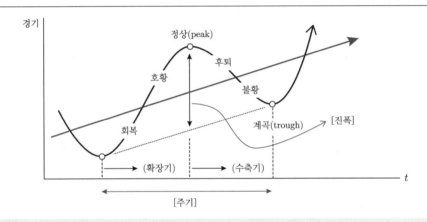

- **경기회복**: 평균 수준으로 증가
  ▸ 생산, 소비, 투자, 소득 및 고용 증가
  ▸ 실업 및 재고 감소
  ▸ 기업이윤 증가
  ▸ 물가, 주가, 임금, 이자율 상승

- **호황(prosperity)**: 평균 수준 이상 계속 증가
  ▸ 생산, 소비, 투자, 소득 및 고용 증가
  ▸ 실업 및 재고 감소
  ▸ 기업이윤 증가
  ▸ 물가, 주가, 임금, 이자율 상승

- **경기후퇴(recession)**: 평균 수준으로 감소
  ▸ 생산, 소비, 투자, 소득 및 고용 감소
  ▸ 실업 및 재고 증가
  ▸ 기업이윤 감소
  ▸ 물가, 주가, 임금, 이자율 하락

- **불황(depression)**: 평균 수준 이하 계속 감소
  ▸ 생산, 소비, 투자, 소득 및 고용 감소
  ▸ 실업 증가, 재고 감소(재고조정)
  ▸ 기업이윤 감소, 기업도산 증가
  ▸ 물가, 주가, 임금, 이자율 하락

2. 경기변동의 양태

① 경기순환의 진폭, 국면지속시간 등은 매 순환(주기)마다 상이하다.

② 제2차 세계대전 이후 1970년대 초까지는 경기변동의 진폭과 주기가 축소되어 안정적 고도성장[경기고원(景氣高原), 압축성장]이 이루어졌다.

③ 그러나 1970년대 이후에는 다시 전형적인 4국면이 재현되고 있다.

Ⅱ | 경기변동이론

01 경기변동에 관한 고전학파와 케인즈 계열의 기본인식

1. 고전학파 계열 : 균형경기변동이론

① 경기변동은 자본주의 모든 기간, 모든 나라에서 나타나는 시장경제의 자연적 흐름이므로 시장의 동태적인 자율기능에 맡겨야 한다.

② 인위적 정부개입은 경기변동을 확대시킬 위험성이 있다.

③ 경기변동의 원인과 형태에 대한 이론적 규명에 관심을 가진다.

2. 케인즈 계열 : 불균형경기변동이론

① 경기변동은 민간경제의 불안정성, 특히 민간투자의 불안정성에 따라 나타나는 동태적 시장실패 현상이다.

② 따라서 정부개입을 통해 가능한 한 경기변동의 진폭과 주기를 축소시켜야 한다.

③ 경기변동에 대응할 수 있는 안정화정책에 관심을 가진다.

02 경기변동에 대한 학파별 견해

1. 새고전학파 경기변동이론

(1) 실물적 경기변동이론　　　　　◀프레스콧(E. Prescott), 킹(R. King), 프로셔(C. Plosser)

① 기술진보·노동생산성 증가·이자율 상승 등 유리한 공급충격(총공급 증가)이나, 국제 원자재 가격 파동·노사분규에 따른 임금 상승·천재지변 등 불리한 공급충격(총공급 감소) 등 총공급 측면의 변화가 경기변동의 원인이다.

② 이 중에서 가장 중요한 요인은 기술혁신 등에 따른 노동의 한계생산성 증가이다.

③ 노동의 한계생산성이 증가하면 노동수요가 증가(노동수요곡선 우측이동)하여 고용이 증가하므로 총공급이 증가(총공급곡선 우측이동)한다.

④ 이에 따라 국민소득이 증가하여 소비·저축·투자가 증가하는 경기순응적 변화가 일어난다.

⑤ 이때 노동공급곡선의 기울기가 완만할수록 고용증가 효과가 커서 경기변동의 크기가 더욱 크게 나타난다.

⑥ 또한 노동의 기간 대체에 따르면 이자율이 상승하면 노동공급이 증가하여 고용이 증가하므로 총공급이 증가한다.

⑦ 새고전학파모형에서는 총공급곡선이 수직이므로 총수요측면의 변화는 경기변동의 원인이 될 수 없다.

(2) 화폐적 경기변동이론　　　　　◀루카스(R. Lucas)

① 전통적인 통화주의이론에서도 통화량 변동은 경기변동의 중요한 요인이다.

② 루카스는 통화주의이론을 발전시켜 불완전정보와 합리적기대하에서도 예상치 못한 통화정책이 시행되면 물가예상착오가 발생하여 총생산과 소득이 변화할 수 있다고 보았다.

③ 즉, 예상치 못한 통화정책이 시행되면 예상치 못한 인플레이션이 발생하고 근로자의 물가예상착오에 따라 고용이 증가하여 총공급과 소득이 감소한다.

④ 요약해보면 예상치 못한 통화량 증가는 불완전한 정보하에서 근로자의 착각에 의해 총생산, 총소득, 고용 및 소비와 투자에 영향을 미치게 된다.

> ⊙ 실물적 경기변동이론(RBC : real business cycles theory)
>
> - ▸ **노동생산성 증가**: 급격한 기본진보 등에 의해 노동생산성 증가
>   노동생산성이 증가하면 총생산함수(총생산함수 그림 상방이동)와 노동수요가 증가하여 고용 증가
>   고용이 증가함에 따라 총공급 증가. 이때 노동공급곡선의 기울기가 완만할수록 고용이 대폭 증가하므로 국민소득 대폭 증가(경기변동효과 大)
> - ▸ **이자율 상승**: 기간 대체에 따라 노동공급이 증가하여 고용 증가
>   고용이 증가하면 총공급 증가. 이때 노동공급곡선의 기울기가 완만할수록 고용이 대폭이 증가하여 국민소득 대폭 증가(경기변동효과 大)
> - ▸ **불리한 공급충격**: 원자재 가격 파동·노사분규 임금 상승·천재지변 등
>   총공급을 감소시켜 국민소득 감소(경기침체)
>
> ⊙ 화폐적 경기변동이론(monetary business cycle theory)
>
> - ▸ 기존의 이론에서 통화정책 등 통화부문의 변화는 이자율이나 자산가치의 변화를 통하여 총수요에 영향을 주는 것으로 분석
> - ▸ 그러나 예상치 못한 확대통화정책이 시행되면 실제물가가 상승하여 근로자의 물가예상 착오가 발생
>   (실제물가상승률 > 예상물가상승률)
> - ▸ 이 경우 고용량이 증가하여 총공급이 증가하므로 총공급이 증가(총공급곡선 좌측이동)하여 국민소득 증가

2. 새케인즈학파의 경기변동이론

① 소비와 투자, 순수출, 화폐수요 등 **총수요 측면의 변화가 경기변동의 원인**이다.

② 소비과열, 과잉투자 등이 발생하면 총수요가 증가(총수요곡선 우측이동)하여 생산과 고용 및 소득 증가, 소비·저축·투자 증가 등 순응적 변화가 일어난다.

③ 총공급 측면의 변화도 경기변동의 원인이 될 수 있다.

경제성장이론

I 경제성장과 정형화된 사실

01 경제성장

① 경제성장이란 시간이 경과함에 따라 한 나라의 경제활동규모(실질GDP)가 커지는 현상이다.

② 따라서 경제성장률은 실질GDP 증가율이며 1인당 GDP 증가율에 인구증가율을 더한 것이다.

③ 이때 진정한 의미의 경제성장은 1인당 소득이 증가하는 것이며, 솔로우모형에서는 1인당 소득을 중심으로 분석한다.

④ 자본스톡, 인적자원, 천연자원 등 요소부존량이 증가하거나 기술진보가 일어나면 경제성장이 이루어진다.

> ⊙ **경제성장률** : 실질GDP증가율 = 1인당 GDP증가율 + 인구증가율
>
> ⊙ **경제성장의 표현**
>
> ▸ 생산가능곡선(PPC)의 우측이동
> ▸ 총공급곡선의 우측이동
> ▸ 총생산함수의 상향이동

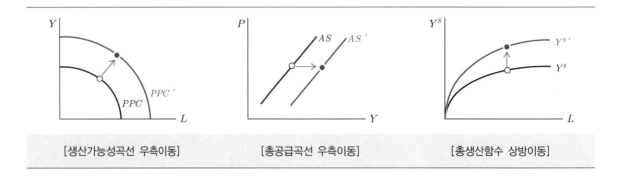

[생산가능성곡선 우측이동]   [총공급곡선 우측이동]   [총생산함수 상방이동]

02 경제성장요인과 성장회계

① 요소부존량(노동, 자본)이 증가와 기술진보에 따라 경제성장이 이루어진다.

② 콥‑더글러스 생산함수를 이용하여 각 요인의 경제성장 기여도를 평가하는 것을 성장회계(growth accounting)라고 한다.

③ 기술진보율은 실제 측정이 곤란하므로 총생산증가율(경제성장률)로부터 노동과 자본투입 증가에 따른 성장률을 뺀 잔여항으로 측정하며 솔로우 잔차(Solow residual)라고 한다.

▶ 성장회계

▸ $Y = AL^\alpha K^\beta \implies \log Y = \log A + \alpha \log L + \beta \log K$ (단, $\alpha + \beta = 1$)

$\implies \dot{Y} = \dot{A} + \alpha \dot{L} + \beta \dot{K}$ (단, A : 총요소생산성, $\dot{A}$: 기술진보율)

▸ 경제성장률 = 기술진보율 + ($\alpha \times$ 노동 증가율) + ($\beta \times$ 자본스톡 증가율)

▸ 기술진보율(솔로우 잔차) : $\dot{A} = \dot{Y} - \alpha \dot{L} - \beta \dot{K}$

예제   자본과 노동의 증가율이 각각 6%와 3%이고, 노동소득 분배율이 3분의 2이며, 총요소생산성 증가율이 1%이다. 경제성장률은?

• $Y = AL^\alpha K^\beta \implies \dot{Y} = \dot{A} + \alpha \dot{L} + \beta \dot{K}$

(단, $\dot{Y}$: 경제성장률(실질GDP 증가율), $\dot{L}$: 노동투입증가율,

$\dot{K}$: 자본 투입증가율, $\dot{A}$: 총요소생산성증가율(기술진보율),

α : 노동소득분배율, β : 자본소득분배율)

• $\dot{Y} = \dot{A} + \alpha \dot{L} + \beta \dot{K} = 1\% + 2/3 \cdot 3\% + 1/3 \cdot 6\% = 5\%$

II 경제성장이론

01 고전학파모형

① 경제가 성장(국민소득 증가)하면 인구가 증가한다.

② 인구가 증가하면 총생산이 증가하지만 수확체감의 법칙(노동 한계생산성 감소)에 의해 궁극적으로는 국민소득이 더 이상 증가할 수 없는 정체상태가 된다.

③ 그러나 실제로는 기술진보에 따른 노동생산성 증가에 따라 자본주의경제는 고도성장하였다.

02 해로드 – 도마모형

현대적 성장이론이며 균형성장 조건을 분석한다.

균형성장이란 증가하는 노동과 자본이 모두 완전고용되는 경제성장(실질GDP 증가)을 말한다.

1. 기본가정

다음과 같은 가정과 레온티에프 생산함수를 이용하여 균형경제성장을 분석한다.

> ⊙ 해로드 – 도마모형의 가정
> ▸ 노동(인구) 증가율(n) : 일정
> ▸ 저축은 소득에 따라 결정 : $S = sY$ (단, s : 저축률(한계저축성향). 일정)
> ▸ 저축과 투자는 항상 일치 : $S = I$
>
> ⊙ 총생산함수 : 레온티에프 생산함수
> ▸ $Y(=Y^S) = Min\left[\dfrac{K}{v}, \dfrac{L}{\alpha}\right]$ (단, $v = \dfrac{K}{Y}$: 자본계수(상수). 생산물 단위당 자본투입량.
>
> $\alpha = \dfrac{L}{Y}$: 노동계수(상수). 생산물 단위당 노동투입량)
>
> ▸ 요소대체가 불가능한 1차동차 생산함수(규모보수불변)
> ▸ 한 가지 종류의 생산물만 생산하는 경제(1財 경제) 상정

2. 균형성장조건

(1) **자연성장률**($G_N = n$: natural rate of growth)

증가하는 노동이 완전고용되기 위해 필요한 경제성장률(실질GDP 증가율)이다.

> ⊙ 자연성장률 : 증가하는 노동이 완전고용될 수 있는 경제성장률
> ▸ 레온티에프 생산함수에서 자본제약이 없을 경우 : $Y = \dfrac{L}{\alpha}$, $\triangle Y = \dfrac{\triangle L}{\alpha}$
>
> ▸ 경제성장률 : $\dfrac{\triangle Y}{Y} = \dfrac{\dfrac{\triangle L}{\alpha}}{\dfrac{L}{\alpha}} = \dfrac{\triangle L}{L} = n$ (단, $\dfrac{\triangle Y}{Y}$: 경제성장률, $\dfrac{\triangle L}{L} = n$: 노동증가율)
>
> ▸ 자연성장률 : $\dfrac{\triangle Y}{Y} = n$
> ▸ 의미 : 노동증가율(n)만큼 실질GDP(Y)가 증가할 때 노동이 완전고용됨

(2) 적정성장률(warranted rate of growth)

적정성장률은 증가하는 자본이 완전고용되기 위해 필요한 경제성장률(실질GDP 증가율)이다.

> ▷ 적정성장률 : 증가하는 자본이 완전고용될 수 있는 경제성장률
>
> ▸ 레온티에프 생산함수에서 노동제약이 없을 경우 : $Y = \dfrac{K}{v}$, $\triangle Y = \dfrac{\triangle K}{v}$
>
> ▸ 경제성장률 : $\dfrac{\triangle Y}{Y} = \dfrac{\dfrac{\triangle K}{v}}{\dfrac{K}{v}} = \dfrac{\triangle K}{K} = \dfrac{I}{K} = \dfrac{S}{K} = \dfrac{s \cdot Y}{K} = \dfrac{s}{\dfrac{K}{Y}} = \dfrac{s}{v}$
>
>   (단, $\triangle K = I = S = s \cdot Y$: 신투자, $\dfrac{\triangle K}{K} = \dfrac{s}{v}$: 자본스톡 증가율)
>
> ▸ 적정성장률 : $\dfrac{\triangle Y}{Y} = \dfrac{s}{v}$
>
> ▸ 의미 : 자본스톡 증가율$\left(\dfrac{s}{v}\right)$만큼 실질GDP($Y$)가 증가할 때, 증가하는 자본이 완전고용됨

(3) 균형성장조건

① 레온티에프 생산함수는 1차동차(규모보수불변) 생산함수이다.

② 따라서 노동과 자본이 같은 비율로 증가할 때 두 요소가 모두 완전고용되기 위해서는 두 요소의 증가율과 경제성장률(실질GDP 증가율)이 같아야 한다[경제성장률 = 자연성장률(= 노동증가율)과 적정성장률(= 자본스톡증가율)].

③ 두 요소의 증가율이 서로 다를 경우, 레온티에프 생산함수의 특징에 따라 실제 경제성장률은 작은 쪽으로 결정된다.

④ 기술진보는 노동생산성의 증대로 나타나며 기술진보를 포함한 노동을 유효노동(실효노동; effective labor)이라고 한다.

⑤ 따라서 기술진보율은 노동생산성 증가율이며, 기술진보를 고려한 유효노동증가율은 단순 노동증가율에 기술진보율(노동생산성 증가율)을 더한 값이 된다.

⑥ 감가상각은 자본스톡을 줄인다. 따라서 감가상각을 고려할 경우의 실제 자본스톡증가율은 단순 자본스톡증가율에서 감가상각률을 뺀 것이 된다.

3. 해로드 - 도마모형의 특징 : 칼날 위의 균형

① 저축성향(s), 자본계수(v) 및 노동증가율(n) 등은 모두 상수이다.

② 따라서 불균형 발생 시 자율적 조정에 의해 균형성장 상태를 회복할 수 없다.

03 솔로우모형

1. 모형의 특징

① 해로드 – 도마모형과 같은 가정하에서 균형성장 조건을 분석한다.

② 단, 해로드 – 도마모형에서는 요소대체가 불가능한 레온티에프 생산함수를 상정했으나 솔로우모형에서는 요소대체가 가능한 콥 – 더글러스 생산함수를 이용하여 분석한다.

③ 또한 솔로우모형에서는 총생산함수가 아니라 1인당 생산함수로 분석한다.

④ 따라서 1인당 국민소득(y)은 1인당 자본스톡$\left(k = \dfrac{K}{L}\right)$에 따라 결정되며, 1인당 자본스톡이 증가하면 1인당 소득이 증가한다.

⑤ 이때, 수확체감의 법칙에 따라 자본의 한계생산성이 체감하므로 1인당 자본스톡(k)이 증가할 때 1인당 국민소득(y)은 체감적으로 증가한다.

⑥ 따라서 1인당 자본스톡(k)이 증가할 때 경제성장률(1인당 국민소득 증가율)은 감소한다.

▷ **솔로우모형의 가정**: 해로드 – 도마모형의 가정과 동일. 단, 생산함수에 차이

- ▸ 노동인구 증가율(n) 일정
- ▸ 저축은 소득에 따라 결정: $S = sY$ (단, s : 저축률, 한계저축성향. 일정)
- ▸ 저축과 투자는 항상 일치: $S = I$
- ▸ 해로드 – 도마모형과 달리 콥 – 더글러스 생산함수를 이용하여 분석

▷ **총생산함수**: 콥 – 더글러스 생산함수

- ▸ $Y(= Y^S) = F(K,\ L) = AL^\alpha K^\beta$ (단, $\alpha + \beta = 1$)
- ▸ 요소대체가 가능한 1차동차 생산생산함수(규모보수불변)
- ▸ 한 가지 종류의 생산물만 생산하는 경제(1財 경제) 상정

▷ **1인당 생산함수**: 총생산함수를 노동투입량으로 나누어 도출

- ▸ $\dfrac{Y}{L} = F\left(\dfrac{K}{L},\ \dfrac{L}{L}\right) \Rightarrow y = f(k)$ (단, $y = \dfrac{Y}{L}$: 1인당 국민소득, $k = \dfrac{K}{L}$: 1인당 자본)
- ▸ 수확체감의 법칙에 따라, 1인당 자본량(k)이 증가할 때 1인당 국민소득(y)은 체감적 증가
- ▸ 따라서 자본량(k)이 증가할 때 경제성장률(1인당 국민소득 증가율)은 체감

---

2. 솔로우모형의 균형성장조건

(1) 노동증가율과 자본스톡증가율

① 노동(인구)증가율(n)은 일정하다.

② 1인당 자본(k) 증가율은 1인당 저축(1인당 자본증가분)을 1인당 자본으로 나눈 값이다.

> ⊙ 노동증가율 : $\dfrac{\triangle L}{L} = n$ (단, 노동(인구)증가율은 일정)
>
> ⊙ 자본증가율 : $\dfrac{\triangle K}{K} = \dfrac{s f(k) L}{K} = \dfrac{s f(k) L}{\frac{K}{L} L} = \dfrac{s f(k)}{k}$
>
> (단, $\triangle K$: 신투자, $\triangle K = I = S = s Y = s y L = s f(k) L$, L : 총인구(노동),
>
> $y = f(k)$: 1인당 국민소득, $Y = L y = L f(k)$,
>
> $s f(k)$: 1인당 저축(1인당 자본스톡증가분), $\dfrac{s f(k)}{k}$: 1인당 자본증가율)

(2) 균형성장조건

① 콥 – 더글러스 생산함수는 1차동차(규모보수불변) 생산함수이다.

② 따라서 노동과 자본이 증가할 때, 두 요소가 완전고용되기 위해서는 두 요소의 증가율과 실질GDP 증가율이 모두 같아야 한다(경제성장률 = 노동증가율 = 자본증가율).

③ 균형성장 조건을 만족하는 상태를 균제상태(정상상태; steady state)라고 한다.

> ⊙ 균형성장조건
>
> ▸ $\dfrac{\triangle y}{y} = n = \dfrac{s f(k)}{k}$ ⇔ $\dfrac{\triangle y}{y} = n k = s f(k)$
>
> (단, $n k$: 노동 증가 시, 1인당 자본(k) 유지에 필요한 1인당 자본 증가분
>
> ▸ 경제적 의미 : 경제성장률$\left(\dfrac{\triangle y}{y}\right) = n$(노동증가율) $= \dfrac{s f(k)}{k}$ (1인당 자본스톡증가율)
>
> $\underline{\quad n k \quad} \qquad\qquad\qquad = \underline{\quad s f(k) \quad}$
>
> 노동 증가 시, 1인당 자본(k) 유지에 필요한 자본증가분 = 1인당 저축
>
> ⊙ 기술진보를 고려한 균형성장조건
>
> $\dfrac{\triangle y}{y} = (n+g) = \dfrac{s f(k)}{k}$ ⇔ $\dfrac{\triangle y}{y} = (n+g) k = s f(k)$ (단, g : 기술진보율)
>
> ⊙ 감가상각을 고려한 균형성장조건
>
> $\dfrac{\triangle y}{y} = n = \dfrac{sf(k)}{k} - \delta$ ⇒ $n + \delta = \dfrac{s f(k)}{k}$ ⇔ $\dfrac{\triangle y}{y} = (n+\delta) k = s f(k)$ (단, δ : 감가상각률)
>
> ⊙ 감가상각과 기술진보를 모두 고려한 균형성장조건
>
> $\dfrac{\triangle y}{y} = (n+g) = \dfrac{sf(k)}{k} - \delta$ ⇒ $\dfrac{\triangle y}{y} = (n+g+\delta) = \dfrac{s f(k)}{k}$ ⇔ $\dfrac{\triangle y}{y} = (n+g+\delta) k = s f(k)$

(3) 경제성장의 안정성

① 두 요소의 증가율이 서로 달라서 불균형이 발생할 경우에는 요소대체를 통한 1인당 자본스톡(k. 자본
－노동비율)의 조정을 통해 다시 균제상태(균형성장)를 회복한다.

② 균제상태의 1인당 자본스톡(k^*)과 1인당 국민소득(y^*)이 결정되면 여건이 변화하지 않는 한 이
상태는 변하지 않는다.

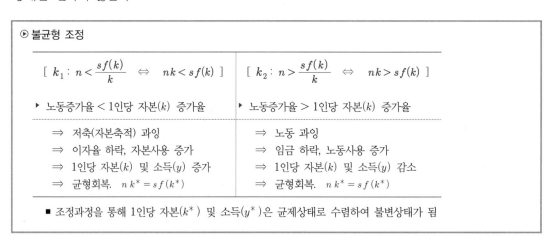

▶ 불균형 조정

$[\ k_1 : \ n < \dfrac{sf(k)}{k} \ \ \Leftrightarrow \ \ nk < sf(k)\ ]$	$[\ k_2 : \ n > \dfrac{sf(k)}{k} \ \ \Leftrightarrow \ \ nk > sf(k)\ ]$
▸ 노동증가율 < 1인당 자본(k) 증가율	▸ 노동증가율 > 1인당 자본(k) 증가율
⇒ 저축(자본축적) 과잉 ⇒ 이자율 하락, 자본사용 증가 ⇒ 1인당 자본(k) 및 소득(y) 증가 ⇒ 균형회복. $nk^* = sf(k^*)$	⇒ 노동 과잉 ⇒ 임금 하락, 노동사용 증가 ⇒ 1인당 자본(k) 및 소득(y) 감소 ⇒ 균형회복. $nk^* = sf(k^*)$

■ 조정과정을 통해 1인당 자본(k^*) 및 소득(y^*)은 균제상태로 수렴하여 불변상태가 됨

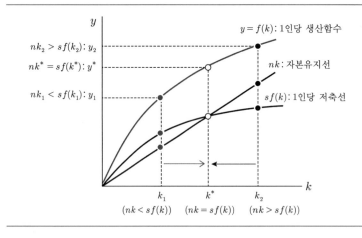

[균제상태 회복과정 : 불균형 조정]

- $k_1 : nk < sf(k)$, 자본축적 과잉

　⇒ 이자율 하락
　⇒ 노동을 자본으로 대체
　⇒ $k\uparrow,\ y\uparrow$

- $k_2 : nk > sf(k)$, 노동 과잉

　⇒ 임금 하락
　⇒ 자본을 노동으로 대체
　⇒ $k\downarrow,\ y\downarrow$

(4) 해로드 － 도마모형과 솔로우모형

① 두 모형의 균형성장 조건은 동일한 의미를 갖는다.

② 단, 해로드 － 도마모형에서는 레온티에프 생산함수를 가정하므로 요소대체가 불가능하여 균형성장이
불가능하지만, 솔로우모형에서는 콥 － 더글러스 생산함수를 가정하여 요소대체에 의한 자율적 조정
에 의해 균형성장이 가능하다.

3. 경제성장요인

(1) 일시적(단기적) 경제성장

① 균제상태에서 저축률(s)이 증가하거나 노동증가율(n)이 감소하면 생산함수[$y = f(k)$]에 따라 1인당 자본스톡(k)이 증가(자본심화)하여 1인당 국민소득(y)이 증가한다.

② 그러나 이러한 1인당 자본스톡과 국민소득의 증가는 일시적인 것이며, 새로운 균제상태에 도달하면 더 이상 증가하지 않는다.

③ 1인당 자본(k)이 증가할 때 자본의 수확체감 현상(자본의 한계생산성 체감)이 나타나기 때문이다.

④ 이때 인구증가율(n)이 1인당 소득(y)과 총소득(Y)에 미치는 영향은 서로 다르다.

⑤ 즉, 인구증가율이 감소하는 경우, 1인당 자본$\left(k = \dfrac{K}{L}\right)$이 증가하므로 1인당 소득은 증가하지만 총소득(1인당소득×노동인구)은 감소하며, 인구증가율이 증가하는 경우는 1인당 자본이 감소하여 1인당 국민소득은 감소하고 총소득은 증가한다.

⑥ 또한, 기술진보가 발생하면 생산함수가 상방이동하여 1인당 소득이 증가한다.

⑦ 이 경우 1인당 소득이 증가함에 따라 1인당 저축이 증가(1인당 저축선 상방이동)하므로 1인당 자본이 증가하여 1인당 소득은 대폭 증가하게 된다.

⑧ 기술진보의 경우도 균제상태에 도달하면 소득은 더 이상 증가하지 않는다.

(2) 지속적(장기적) 경제성장

① 현실적으로 저축률 증가와 노동증가율 감소가 지속적으로 이루어지기 어렵다.

② 따라서 지속적인 경제성장을 위해서는 기술진보가 지속적으로 일어나야 한다.

⊙ 일시적 경제성장요인: 저축률 증가, 노동증가율 감소, 기술진보

▸ 저축률(s)이 증가하고 노동증가율(n)이 감소하여 1인당 자본스톡(k)이 증가하거나 기술진보가 발생하면 1인당 국민소득 증가

▸ 그러나 이러한 변화는 불균형 조정과정에서 일시적으로만 발생

▸ 조정이 끝나고 새로운 균제상태에 도달하면 1인당 자본과 1인당 국민소득은 더 이상 증가하지 않고 고정됨

저축률(s) 증가, 노동증가율(n) 감소 ⇒ 1인당 자본스톡(k) (일시적) 증가	⇒ 1인당 국민소득(y) (일시적) 증가
(일시적) 기술진보 ⇒ 1인당 생산함수($y = f(k)$)와 1인당 저축선($sf(k)$) 상방이동	

⊙ 지속적 경제성장요인: 지속적 기술진보

---

4. 최적성장모형 : 자본축적의 황금률

◀ 펠프스(E. S. Phelp)

경제성장의 진정한 의의는 1인당 소득증대보다 1인당 소비증대에 있다. 최적성장모형(optimum growth model)에서는 솔로우모형으로부터 1인당 소비를 극대화할 수 있는 조건을 규명한다.

(1) 자본축적의 황금률(신고전파정리)

① 소비가 극대화되는 조건을 **자본축적의 황금률**(golden rule)이라고 하며, 황금률을 만족하는 균제상태에서 1인당 소비가 극대화된다.

② 감가상각(고정자본소모)을 고려할 경우, 1인당 자본이 자본의 한계생산성(MP_K)이 인구증가율(n)과 감가상각률(δ)의 합과 같은 수준($MP_K = n+\delta$)으로 결정될 때 1인당 소비가 극대화된다.

③ 이를 자본축적의 황금률이라고 하며, 이 조건을 만족할 경우 노동소득은 모두 소비하고, 자본소득은 모두 저축한다.

④ 이때의 저축률을 황금률 저축률, 1인당 자본을 황금률 자본량(k^*)이라고 한다.

⑤ 1인당 자본이 황금률 자본량보다 작을 경우($k < k^*$)에 저축이 증가하면 1인당 자본, 1인당 소득 및 1인당 소비가 모두 증가한다.

⑥ 그러나 1인당 자본이 황금률 자본량보다 클 경우($k > k^*$)에 저축이 증가하면 1인당 자본과 1인당 소득은 증가하지만 1인당 소비는 오히려 감소한다.

▶ **최적성장모형**

- 감가상각과 기술진보를 포함한 균형성장조건 : $(n+g+\delta)k = sf(k)$
- 이 균제상태에서의 1인당 소비(c) : $c = f(k) - (n+g+\delta)k$

  (단, $f(k)$: 1인당 소득(생산), $(n+g+\delta)k$: 1인당 저축)

- 1인당 소비함수를 1인당 자본(k)로 미분한 값이 0일 때 소비 극대

$$\frac{dc}{dk} = f'(k) - (n+g+\delta) = 0 \quad \therefore f'(k) = (n+g+\delta) \Rightarrow MP_k = n+g+\delta$$

  (단, $f'(k)$: 1인당 자본의 한계생산성(MP_k).

  n : 노동증가율, g : 기술진보율, δ : 감가상각률)

▶ **자본축적의 황금률** : 자본한계생산성(MP_K) = 노동증가율(n) + 기술진보율(g) + 감가상각률(δ)

▶ **불균형 조정**

- 1인당 자본(k) < 황금률 자본량(k^*) : 저축 증가 시, 1인당 자본, 1인당 소득 및 1인당 소비 모두 증가
- 1인당 자본(k) > 황금률 자본량(k^*) : 저축 증가 시, 1인당 자본과 1인당 소득 증가, 1인당 소비 감소

---

(2) 시사점

① 소득증대를 위해 저축을 늘려 투자를 확대할 경우 과잉 자본축적에 의해 소비가 감소할 수 있다.
② 이 경우 자본축적(저축) 과잉분을 소비하게 하면 황금률을 만족하여 소비자후생이 증가한다.

5. 솔로우모형의 한계

솔로우모형은 대표적인 성장이론(신고전학파 성장이론)이지만 다음과 같은 한계를 가진다.

(1) 경제성장의 외생성

① 솔로우모형에 따르면 지속적인 1인당 자본축적과 소득 증가는 지속적인 기술진보에 의해서만 가능한데, 지속적 기술진보의 결정요인에 대한 구체적인 설명이 없다.

② 따라서 지속적 기술진보와 그에 따른 지속적 경제성장이 외생적 요인에 따라 결정되므로 솔로우의 경제성장이론을 외생적(자유방임형, 시장방임형) 성장이론이라고 한다.

③ 그러나 경제성장은 정부의 정책에 따라 크게 영향을 받는다. 따라서 경제성장을 외생적으로만 보는 것은 경제성장에 대한 정부의 역할을 고려하지 않고 있다는 문제점을 가진다.

(2) 수렴가설

① 솔로우모형에 따르면 다른 조건(저축률, 노동증가율, 기술수준 등)은 동일하고 1인당 자본량만 다른 나라들의 경우 균제상태에 이르면 1인당 자본스톡과 1인당 소득이 같아진다. 이를 **절대적 수렴**(absolute convergence) 가설이라고 한다.

② 이러한 수렴가설(convergence hypothesis)이 성립할 수 있는 것은 기본적으로 **한계생산성체감의 법칙** (수확체감의 법칙) 때문이다.

③ 즉 자본축적이 적은 나라(후진국)는 많은 나라(선진국)에 비하여 자본의 한계생산성이 더 높다.

④ 따라서 자본축적이 적은 후진국은 자본축적 유인(자본투자의 수익성)이 더 크므로 자본축적이 빠르게 이루어지므로 결국 1인당 자본과 1인당 소득이 같아지며 이를 **따라잡기 효과**(catch - up effect)라고 한다.

⑤ 그러나 솔로우모형의 수렴가설은 선후진국 간 소득격차가 확대되고 있는 현실을 설명할 수 없다.

⑥ 또한, 나라별로 경제구조(저축률, 인구증가율, 생산함수 등)에 차이가 있을 경우에는 수렴현상이 나타나지 않을 수 있으며 이를 **조건부 수렴**(conditional convergence) 가설이라고 한다.

⑦ 이에 따르면 경제구조가 비슷한 부유한 나라들의 1인당 소득은 장기적으로 수렴하지만, 가난한 나라들의 1인당 소득이 부유한 나라들 수준으로 수렴하지는 않는다.

⊙ 솔로우모형의 특징(I): 경제성장의 외생성

▸ 지속적인 경제성장(1인당 자본축적과 1인당 소득 증가)은 지속적인 기술진보에 의해서만 가능
▸ 그러나 지속적 기술진보 요인에 대한 구체적 설명이 없음. 따라서 외생적(시장방임형) 성장이론

⊙ 솔로우모형의 특징(II): 수렴론(convergence hyphothesis)

후진국이 다른 조건은 동일하고 1인당 자본량만 다를 경우, 균제상태로의 조정과정을 통하여 1인당 자본스톡과 1인당 소득이 선진국 수준으로 수렴 가능

⊙ 솔로우모형의 특징(III): 따라잡기 효과(catch - up effect)

▸ 자본의 한계생산물은 체감(수확체감 법칙)하고 후진국은 자본축적이 적음
▸ 따라서 후진국의 자본축적 유인(자본의 한계생산성)이 크므로 자본축적이 빠르게 일어나 선진국을 따라잡을 수 있음

---

www.pmg.co.kr

04 내생적 성장이론(신성장이론)

솔로우모형의 한계를 보완하기 위하여 1980년대부터 다양한 성장이론이 제시되고 있으며, 이를 통틀어 내생적 성장이론(endogenous growth theory) 또는 신성장이론(new growth theory)이라고 한다.

1. 내생적 성장이론의 의의

(1) 문제의식

① 현실적으로는 국별 소득격차와 경제성장률은 큰 차이를 보이고 있으며, 내생적 성장이론에서는 지속적 경제성장과 국별 소득격차의 원인을 분석한다.
② 내생적 성장이론은 크게 두 가지 유형으로 나누어 볼 수 있다.
③ 첫 번째 유형은 자본축적에 따른 수확체감 현상이 나타나지 않는 성장이론들이며, AK모형이 이에 해당한다.
④ 두 번째 유형은 수확체감 현상이 존재하는 경우에도 내생적이며 지속적인 성장이 가능한 이론들이며, $R\&D$(research and development)모형이 이에 해당한다.

(2) 내생적 성장이론의 특징

① 요소부존량과 기술수준뿐 아니라 국제무역 및 외국인 직접투자를 통한 기술모방 및 기술이전과 학습효과, 금융시장 발전에 따른 저축률 제고, 정부의 SOC 및 인적자본 축적을 위한 투자, 사회하부구조(social infrastructure; 관료제도, 사법제도, 특허제도, 회계투명성 등)의 효율적 운용 등도 경제성장에 큰 영향을 미친다.
② 특히, 이러한 성장요인들과 관련된 정부역할(개입)의 중요성을 강조한다.

2. Ak 모형 ◀ 레베로(Rebero)

① 노동과 자본으로 구분하지 않고 광의의 자본으로 통합하여 분석한다.
② 노동은 인적자본(human capital)이며 광의의 자본에 포함시켜 분석하며, 교육·훈련·건강 등에 따라 결정되는 노동생산성, 근로자의 지식 등을 의미한다.
③ 인적자본의 축적에는 비용이 들어가므로 배제성과 경합성을 갖는다.
④ 광의의 자본이 축적(물적자본과 인적자본의 동시 축적)되면 수확체감 현상이 나타나지 않으며(수확불변) 지속적 성장이 가능하다.
⑤ 솔로우모형에서는 저축률이 증가하면 일시적으로 1인당 자본과 국민소득이 증가(수준효과; level effect)하지만, 장기균형성장률 수준을 높일 수는 없다.
⑥ 그러나 AK모형에서는 지속적으로 1인당 자본과 국민소득이 증가하여 장기균형성장률 수준이 높아진다. 이를 성장효과(growth effect)라고 한다.
⑦ 따라서 저축률을 증가시키는 정부정책은 장기적 경제성장률을 높일 수 있다.

▶ 1인당 생산함수 : $y = Ak$ (단, $y = \dfrac{Y}{L}$: 1인당 소득, $k = \dfrac{K}{L}$: 1인당 자본,

A : 상수. 1인당 자본의 한계생산성)

- ▸ 1인당 저축$(sy) = \boldsymbol{sAk}$ (단, s : 저축률)
- ▸ 1인당 자본증가분$(\triangle k) = $ 1인당 저축$(sAk) - $ 1인당 자본 유지를 위한 자본증가분$(nk) = \boldsymbol{(sA-n)k}$
- ▸ 1인당 자본증가율 : $\dfrac{\triangle k}{k} = \dfrac{(sA-n)k}{k} = \boldsymbol{(sA-n)}$

▶ 균형성장조건과 경제성장요인

- ▸ 균형성장조건 : $\dfrac{\triangle y}{y} = \dfrac{\triangle k}{k} = sA - n$ $\therefore$ $\dfrac{\triangle y}{y} = \boldsymbol{sA - n}$
- ▸ 1인당 자본증가율$(sA-n) > 0$, 또는 $sA > n$ 일 때 지속적 경제성장
- ▸ 따라서 저축율(s) 증가, 노동증가율(n) 감소, 기술진보$(A$증가$)$ 시 성장

▶ AK 모형의 특징

- ▸ 1인당 자본(k) 증가할 때 A가 상수이므로 수확체감현상이 나타나지 않음
- ▸ 따라서 일정률(A)로 지속적 경제성장 가능

3. 루카스의 인적자본모형

① 루카스의 인적자본모형에서는 투자를 통해 인적자본이 축적되면 1인당 소득이 영구적으로 증가하며, 인적자본 축적률이 1인당 소득증가율과 같아진다.
② 즉, 인적자본 축적은 외부경제 효과를 가지므로 경제 전체에 규모보수증가 현상이 나타나게 되고, 이에 따라 지속적 경제성장이 가능하다.
③ 인적자본모형은 Ak모형의 한 예가 된다.

4. 학습효과 모형   ◀ 로머(P. Romer)

① 경제규모가 증가하면(자본과 노동이 동시 증가) 생산에 참가하는 근로자들이 증가하게 되고 그 과정에서 학습효과(learning - by - doing)가 발생하여 지식이 축적된다.
② 인적자본 축적에는 교육, 훈련, 연수 등 투자에 따른 비용이 필요하지만, 학습효과는 생산에 참여하는 과정에서 스스로 나타난다.
③ 학습효과에 따른 지식 축적은 외부경제 효과(긍정적 외부효과)를 가지므로 경제 전체에 규모보수증가 (규모에 대한 수확체증) 현상이 나타나고, 이에 따라 지속적 경제성장이 이루어지게 된다.

5. R&D 모형 ◀ 로머(P. Romer), 애기온(P. Aghion), 하윗(P. Howitt)

R&D 모형에서는 기술진보는 외생적으로 주어진 것이 아니라 자본과 노동의 투입에 의해 변화할 수 있는 내생변수이다.

(1) 기술진보의 내생성

① 한 경제는 재화를 생산하는 부문과 기술을 개발하는 연구 및 개발(research and development)부문으로 나뉜다.

② 연구 및 개발부문에 투입되는 노동과 자본이 지속적으로 증가하면 지속적인 기술진보와 경제성장이 가능하다.

③ 이때 연구 및 개발부문에 투입되는 노동과 자본투입량은 경제주체들의 최적화 행동에 따라 결정되는 내생변수이다.

④ 따라서 솔로우모형과 달리 기술진보가 내생변수가 된다.

(2) 기술진보의 특성과 지속적 경제성장

① 기술진보는 지식(knowledge)의 축적이며 비경합성과 배제성을 갖는 준공공재이다.

② 지식이 공개되면 그 지식을 사용하는데 따른 추가비용은 발생하지 않으므로 비경합성을 가진다. 따라서 경제 전체로는 규모에 대한 보수가 증가하여 1인당 생산이 증가한다.

③ 또한 지식은 재산권이나 특허권에 의해 보호되므로 배제성을 갖는다. 따라서 지식의 법적 권리에 따른 이익을 보고자 하는 지대추구 행위에 의해 지식축적이 촉진된다.

④ 이 경우 1인당 생산함수가 지속적으로 상방이동하여 1인당 자본량과 1인당 소득이 지속적으로 증가한다.

연습문제

---

01 기업경기실사지수(BSI : Business Survey Index)와 소비자동향지수(CSI : Consumer Survey Index)는 앞으로의 경기를 예측하고자 하는 지수이다. 이 지수의 성격과 경기전망의 판단 기준에 대하여 설명하시오.

> **해설**
> • BSI는 기업활동의 실적, 계획, 경기동향 등에 대한 기업의 의견을 직접 조사하여 지수화 한 지표
> • CSI는 소비자의 경기전망에 대한 의견을 직접 조사하여 지수화 한 지표
> • 따라서, 두 지수는 다른 경기지표와는 달리 기업과 소비자의 주관적이고 심리적인 요인까지 조사 가능하며, 정부정책에 대한 경제주체의 전망을 분석하는 데 유용
> • 두 지수 모두 100을 기준치로 하며, 100을 초과할 경우는 앞으로 경기가 좋아질 것이라고 응답한 기업과 소비자가 더 많다는 것을 의미함

02 실물적 경기변동론(Real Business Cycle Model)에서 경기변동의 요인과 과정을 설명하시오.

> **해설**
> • 실물적 경기변동론: 경기변동은 총공급 측면의 변화에 의해 발생. 그중에서 가장 중요한 것은 노동생산성의 변화
> • 노동생산성(MP_L) 증가 $\Rightarrow$ 노동의 한계생산물가치(VMPL＝P・MPL) 증가
> $\Rightarrow$ 노동수요곡선 상방이동
> $\Rightarrow$ 고용 증가, 총생산량 증가(총공급곡선 우측이동)

03 甲국의 생산함수가 $Y = AK^{1/3}L^{2/3}$ 이고, 노동자 1인당 생산량 증가율이 5%, 노동인구 증가율은 1%, 기술수준 증가율이 3%일 때, 자본량의 증가율은 얼마인지 쓰시오. (단, Y, A, K, L 은 시간의 함수이며, Y 는 생산량, A 는 기술수준, K 는 자본량, L 은 노동인구를 나타낸다.)

해설 • 1인당 국민소득(1인당 생산량) 기준, 콥 - 더글러스 생산함수

▶ 1인당 생산함수 : 총생산함수 ($Y = AL^\alpha K^\beta$)를 인구(L)로 나누어 도출 (단, $\dfrac{Y}{L} = y$: 1인당 국민소득)

$$\frac{Y = AL^\alpha K^\beta}{L} \Rightarrow \frac{Y}{L} = \frac{AL^\alpha K^\beta}{L} \Rightarrow y = A\left(\frac{L^\alpha}{L}\right)K^\beta = AL^{\alpha-1}K^\beta$$

▶ 변화율 : $y = AL^{\alpha-1}K^\beta \Rightarrow \dot{y} = \dot{A} + (\alpha-1)\dot{L} + \beta\dot{K}$

• 문제에서,

▶ 1인당 생산함수 : $y = AL^{\alpha-1}K^\beta = AL^{-1/3}K^{1/3}$ (단, $\alpha = 2/3$, $\alpha-1 = -1/3$, $\beta = 1/3$)

▶ 변화율 : $\dot{y} = \dot{A} + (\alpha-1)\dot{L} + \beta\dot{K} = \dot{A} + (-1/3)\dot{L} + 1/3\dot{K}$

$\dot{y} = \dot{A} + (-1/3)\dot{L} + 1/3\dot{K} \Rightarrow 5 = 3 + (-1/3)\cdot 1 + 1/3\dot{K}$

$\Rightarrow 1/3\dot{K} = 5 - 3 - (-1/3)$

$\Rightarrow 1/3\dot{K} = 2 + 1/3$

$\Rightarrow 1/3\dot{K} = 6/3 + 1/3$

$\Rightarrow 1/3\dot{K} = 7/3 \quad \therefore)\ \dot{K} = 7\%$

04 솔로우의 모형에서 경제성장 요인을 단기와 장기로 나누어 설명하고, 또한 솔로우의 이론을 자유방임형 성장이론이라고 하는 이유를 설명하시오.

해설 • 감가상각과 기술진보를 포함한 솔로우모형의 균형성장조건

$$\frac{\triangle y}{y} = (n+g) = \frac{s \cdot f(k)}{k} - \delta \Rightarrow \frac{\triangle y}{y} = (n+g+\delta) = \frac{s \cdot f(k)}{k}$$

(단, n : 인구증가율, k : 1인당 자본스톡, s : 저축률, g : 기술진보율, δ : 감가상각률)

• 단기 : 일시적 경제성장(1인당 국민소득 증가)

▶ 인구증가율(n) 감소
▶ 저축률(s) 증가 　　　[1인당 자본스톡(k) 증가]
▶ 일시적 기술진보율(g) 증가 　　　⇒ 일시적 경제성장
▶ 감가상각률(δ) 감소

• 장기 : 지속적 경제성장. 지속적 기술진보율(g) 증가

• 자유방임형 성장이론, 외생적 성장이론 : 지속적 기술진보 요인에 대한 구체적 설명이 없음

05 다음은 甲국의 현재 경제상황과 신고전학파 성장모델을 설명하고 있는 그래프이다. 주어진 그래프와 경제상황을 고려하여 각각의 물음에 답하시오.

- 甲국의 인구증가율이 3%이고, 한계저축성향은 10%이며, 기술진보율은 4%이다.
- 甲국은 저축률과 인구증가율이 변화하고 기술진보가 발생하고 있다.

5-1 甲국의 현재 경제성장률은 얼마인지 쓰시오.

5-2 甲국의 인구증가율이 감소하고 한계저축성향이 증가할 경우에 경제성장에 미치는 효과를 1인당 소득을 중심으로 설명하시오.

5-3 甲국이 〈5 - 2〉와 같은 특징을 갖는 이유와 이를 극복하기 위해서 필요한 요인은 무엇인지 쓰시오.

•해설 **5**-1. 솔로우 경제성장모형(신고전학파 성장이론)의 균형성장조건

$$경제성장률 = n + g + \delta = \frac{s \cdot f(k)}{k}$$

(단, 경제성장률=1인당 실질GDP(1인당 실질소득) 증가율,

n : 노동(인구)증가율, g : 기술진보율, δ : 감가상각률,

s : 한계저축성향, $f(k) = y$: 1인당 실질GDP,

$k = \dfrac{K}{L}$: 1인당 자본스톡(자본 - 노동비율))

문제에서, 경제성장률 $= n + g = 3\% + 4\% = 7\%$

5-2. 1인당 자본스톡이 증가하여 1인당 국민소득 증가. 단, 새로운 균제상태에 도달하면 1인당 자본스톡과 1인당 국민소득은 더 이상 증가하지 않음. 지속적 성장 불가능

5-3. 1인당 자본스톡과 1인당 국민소득은 지속적으로 증가하지 않는 것은 자본의 수확체감 현상 때문. 지속적 경제성장은 지속적 기술진보에 의해 달성 가능

06 다음 질문에 답하시오.

6-1 내생적 경제성장이론(endogenous growth theory)에서 지속적 성장이 가능한 요인을 세 가지 투자에 초점을 맞추어 설명하시오.

6-2 내생적 경제성장이론과 솔로우 경제성장이론의 차이를 정부정책과 관련하여 비교하시오.

> **해설** **6**-1. 내생적 성장이론 : 지속적 경제성장은 지속적 기술진보에 따라 이루어지며, 지속적 기술진보는 물적자본축적(학습효과), 인적자본에 대한 투자(인적자본투자), 연구 · 개발(R&D)투자 등 내생적 요인에 의해 결정
>
> ▶ 물적자본투자 : 사회간접자본(SOC) 등의 축적과정에서 학습효과(learning by doing), 기계설비 개발 등을 통해 자본의 한계생산물체감이 완화
> ▶ 인적자본투자 : 교육, 훈련 등 인적자본투자를 통해 자본의 한계생산물체감이 완화
> ▶ 연구 · 개발투자 : 새로운 기계설비 개발 등에 따라 전반적 생산성 증가
>
> **6**-2. 내생적 성장이론 : 정부정책에 따라 성장 촉진 가능
>
> 솔로우 성장이론 : 외생적(자유방임형, 시장형) 성장이론

07 다음은 신성장이론이라고 불리는 내생적 성장에 대한 질문이다. 그 내용을 자세히 설명하시오.

7-1 Ak모형과 $R\&D$모형 등 내생적 경제성장이론(endogenous growth theory)에서 지속적 경제성장 요인을 투자에 초점을 맞추어 설명하시오.

7-2 솔로우 경제성장이론에서는 경제성장이 외생적 또는 시장적 자유방임적이고 내생적 경제성장이론에서는 경제성장이 내생변수이다. 그 내용을 설명하시오.

> **해설** **7**-1. (위 6-1 해설 참조)
>
> **7**-2. (위 6-2 해설 참조)

박지훈의
친절한 경제학

국제무역이론

Ⅰ 국제무역의 이익

01 중상주의 시대와 자본주의 시대

① 중상주의 시대에는 한 나라의 국부를 그 나라가 보유하고 있는 금, 은 등으로 보았다.

② 중상주의 시대에 무역의 목적은 국부 증대에 있었다.

③ 따라서 국부를 증대시키기 위해서는 수출을 장려하고 수입은 억제해야 하므로 강력한 보호무역정책을 시행하였다.

> ⊙ 중상주의 시대의 무역에 대한 견해
>
> ▸ 재화와 용역의 수출 : 금이 유입(금수입)되어 국부 증가
> ▸ 재화와 용역의 수입 : 금이 유출(금수출)되어 국부 감소

02 절대생산비설(절대우위이론) ◂ 스미스(A. Smith)

산업자본주의 시대에는 무역이 당사국의 이익을 모두 증대시키는 것으로 보았다.
따라서 자유무역을 옹호하며 중상주의적 보호무역주의에 반대한다.

1. 가정

① 고전학파의 노동가치설에 따라 상품의 가치(가격)는 생산에 투입된 노동투입량(노동비용)에 따라 결정되며 노동과 자본 사이의 요소대체는 고려하지 않는다.

② 또한 노동투입량이 증가할 때 수확체감 현상은 나타나지 않으며 노동의 한계생산성(MP_L)이 일정한 것으로 가정한다.

③ 이 경우 생산가능성곡선(PPC)이 우하향하는 직선이 되며, 한계변환율(MRT)이 일정하다.

2. 절대우위이론

① 한 나라가 어떤 상품을 다른 나라에 비하여 적은 양의 노동(비용)을 투입하여 낮은 가격으로 생산할 수 있을 때 그 상품에 절대우위를 갖는다.

② 절대우위 상품을 수출하고 절대열위 상품을 수입하면 모두 이익을 얻는다.

③ 절대우위이론에 따르면 한 나라가 모든 상품에 절대우위 또는 절대열위일 경우에는 무역이 이루어질 수 없으나, 현실적으로는 이 경우에도 무역이 이루어질 수 있다는 한계를 가진다.

⊙ 절대우위

	옷(X)	쌀(Y)
한국	100	120
미국	120	50
	[한국 : 옷에 절대우위]	[미국 : 쌀에 절대우위]

03 비교생산비설(비교우위이론) ◀ 리카도(D. Ricardo)

1. 비교우위이론

① 다른 나라에 비하여 어떤 상품을 상대적으로 적은 노동(낮은 생산비 또는 낮은 가격)으로 생산할 수 있을 때 그 상품에 비교우위를 갖는다.

② 비교우위 상품을 수출하고 비교열위 상품을 수입하면 서로 이익을 얻는다.

2. 비교우위의 판별

(I) 비교우위 판별(Ⅰ) : 노동투입량(생산비) 비교

① 생산에 투입되는 노동투입량(생산비, 가격)을 비교하여 비교우위를 판별한다.

② 상대적으로 적은 노동량을 투입하여 생산하는 상품에 비교우위를 갖는다.

⊙ 비교우위의 판별(Ⅰ)

	옷(X)	쌀(Y)	노동투입량(생산비)	절대우위	비교우위
한국(K)	120	120	옷(X) : 미국의 1.2배 쌀(Y) : 미국의 2.4배	모두 절대열위	옷(X) (덜 절대열위)
미국(A)	100	50	옷(X) : 한국의 0.83배 쌀(Y) : 한국의 0.42배	모두 절대우위	쌀(Y) (더 절대우위)

(2) **비교우위 판별**(Ⅱ) : 상대가격 · 교역조건 비교

① 상품 생산의 노동투입량 비율$\left(\dfrac{L_X}{L_Y}\right)$을 이용하여 비교우위를 판별할 수도 있다.

② 노동투입량 비율$\left(\dfrac{L_X}{L_Y}\right)$은 생산비 비율$\left(\dfrac{C_X}{C_Y}\right)$ 또는 가격비율(교역조건)$\left(\dfrac{P_X}{P_Y}\right)$과 같으며, Y재 수량으로 표시한 X재 생산의 기회비용을 의미한다.

③ 상대적으로 노동투입량(생산비, 가격)이 적은 상품에 비교우위를 가진다.

⊙비교우위의 판별(Ⅱ)

	옷(X)	쌀(Y)	노동투입량 비율(생산비 비율)=상대가격(교역조건)
한국(K)	120	120	$\left(\dfrac{L_X}{L_Y}=\dfrac{C_X}{C_Y}\right)_K=\left(\dfrac{P_X}{P_Y}\right)_K=\dfrac{120}{120}=1$
미국(A)	100	50	$\left(\dfrac{L_X}{L_Y}=\dfrac{C_X}{C_Y}\right)_A=\left(\dfrac{P_X}{P_Y}\right)_A=\dfrac{100}{50}=2$

- 무역 전 교역조건 : $\left(\dfrac{L_X}{L_Y}=\dfrac{C_X}{C_Y}=\dfrac{P_X}{P_Y}\right)_K < \left(\dfrac{L_X}{L_Y}=\dfrac{C_X}{C_Y}=\dfrac{P_X}{P_Y}\right)_A$

- 한국(K) : 옷(X)의 상대가격(상대적 노동투입량, 상대적 생산비)이 낮음
  따라서 옷(X)에 비교우위, 쌀(Y)에 비교열위

- 미국(A) : 쌀(Y)의 상대가격(상대적 노동투입량, 상대적 생산비)이 낮음
  따라서 쌀(Y)에 비교우위, 옷(X)에 비교열위

(3) **비교우위 판별**(Ⅲ) : 생산가능곡선 기울기(MRT_{XY}) 비교

① 교역 전 두 나라의 생산가능곡선의 기울기(한계변환율)를 이용하여 비교우위를 판별할 수 있다.

② 한계변환율(MRT_{XY})은 Y재 수량으로 표시한 X재 생산의 기회비용을 의미한다.

③ 따라서 어떤 나라의 생산가능성곡선 기울기(절대치)가 다른 나라에 비하여 작을 때 수평축(X) 재화에 비교우위를 갖는다.

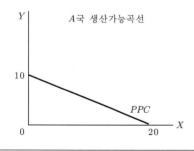

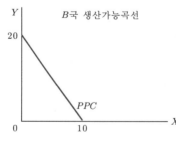

[생산가능성곡선과 비교우위]
- A국 : PPC 기울기(MRT_{XY}^A) = 0.5
- B국 : PPC 기울기(MRT_{XY}^B) = 2
- 비교우위 판별 : $MRT_{XY}^A < MRT_{XY}^B$
  ▸ A국 PPC 기울기(MRT_{XY}) 작으므로 X재 생산 기회비용 작음
  ▸ 따라서 A국은 X재에 비교우위

3. 자유무역의 이익

① 자유무역이 이루어지면 비교우위 상품만을 생산(완전특화)하고, 그중 일부를 수출하여 비교열위 상품을 수입한다.

② 이때 교역 후 소비점은 생산가능곡선 밖에 위치하게 되며 그만큼 무역이익이 발생한다.

▷ 자유무역의 이익

	옷(X)	쌀(Y)	무역 전 교역조건 $\left(\dfrac{P_X}{P_Y}\right)$	노동부존량
한국(K)	120	120	$\left(\dfrac{P_X}{P_Y}\right)_K = 1$	12,000
미국(A)	100	50	$\left(\dfrac{P_X}{P_Y}\right)_A = 2$	15,000

	교역 전	교역 후 ■ 교역조건 $\left(\dfrac{P_X}{P_Y}\right) = 1.5$ 가정
한국(K)	교역조건 $\left(\dfrac{P_X}{P_Y}\right)_K = 1$	• 옷(X)에 비교우위를 가지므로 옷만 100 생산 (무역 후, 옷 국내 소비 40, 수출 60 가정) • 교역 후 교역조건 1.5이므로 쌀(Y) 90 수입 • 따라서 무역이익은 쌀(Y) 30 단위
미국(A)	교역조건 $\left(\dfrac{P_X}{P_Y}\right)_A = 2$	• 쌀(Y)에 비교우위를 가지므로 쌀만 300 생산 • 교역 후 쌀 90 수출, 210 국내소비. 옷 60 수입 • 따라서 무역이익은 옷(X) 15
$\left(\dfrac{P_X}{P_Y}\right)_K = 1 < 2 = \left(\dfrac{P_X}{P_Y}\right)_A$		한국: 옷 비교우위. 무역 전 옷 40, 쌀 60 생산·소비 미국: 쌀 비교우위. 무역 전 옷 45, 쌀 210 생산·소비

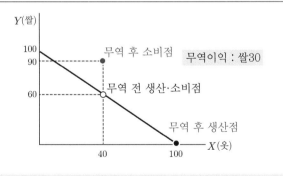

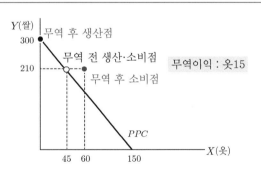

$$[\text{한국}: MRT_{XY} = -\frac{dY}{dX} = 1]$$

$$[\text{미국}: MRT_{XY} = -\frac{dY}{dX} = 2]$$

• **자유무역 결과**: 양국 완전특화. 한국은 옷만 100 생산, 미국은 쌀만 300 생산
• **자유무역 이익**: 생산가능성곡선 밖에서 소비 가능(위 예에서, 한국은 쌀 소비 증가, 미국은 옷 소비 증가

4. 교역조건(TT; 상대가격, $\frac{P_X}{P_Y}$)의 결정

① 교역이 시작되면 비교우위상품(수출품)의 가격은 상승하고 비교열위상품(수입품)의 가격은 하락한다.

② 따라서 무역 후 균형 상태에서 교역조건(TT^*)은 무역 전 두 나라 교역조건(TT) 사이 값

$$\left(\left(\frac{P_X}{P_Y}\right)^A < TT^* < \left(\frac{P_X}{P_Y}\right)^B\right)$$ 으로 결정된다.

5. 비교우위이론의 의의와 한계

① 자유무역의 이론적 근거를 확립하여 모든 무역이론의 기본개념이 되고 있다.

② 그러나 노동만을 투입요소로 분석하여 노동과 자본의 요소대체를 고려하지 않았고, 노동의 한계생산성(MP_L)이 일정한 것으로 상정한 한계를 가진다.

③ 이 가정에 따르면 생산가능성곡선(PPC)이 우하향하는 직선이 되며, 한계변환율(MRT; 생산가능곡선 기울기)이 일정하다.

④ 이 경우 두 나라 모두 비교우위품만 생산하고 비교열위품은 전혀 생산하지 않게 된다. 이를 완전특화라고 한다.

⑤ 그러나 비교열위품도 일부 생산(부분특화)되는 것이 현실적이다.

04 비교우위 발생원인

1. 헥셔 – 오린 정리와 레온티에프 역설

(1) 문제의식과 가정

헥셔(E. Heckscher)와 오린(B. Ohlin)은 다음 가정 하에서 비교우위 발생 원인을 분석하였다.

> ▶ 2국 – 2요소 – 2재화 모형
>
> ▶ 무역당사국의 생산기술(생산함수)과 수요구조(선호) 동일
>
> ▶ 생산함수가 단기에는 수확체감, 장기에는 규모보수불변
>
> ▶ 무역당사국 모두 불완전특화(부분특화)
>
> ▶ 생산물시장 및 요소시장 모두 완전경쟁
>
> ▶ 무역당사국의 상대적 요소부존도(요소집약도)가 서로 상이
>
> > ■ 상대적 요소부존도(요소집약도) 측정 방식 (단, 헥셔와 오린은 요소의 상대가격을 기준으로 요소집약도 판단)
> >
> > > ▸ 요소부존량의 비율로 측정: K/L 大 : 자본풍부국
> > >
> > > ▸ 요소의 상대가격으로 측정: r/W 低 : 자본풍부국
>
> ▶ 생산요소의 이동은 불가능하나 상품이동에는 제약이 없음. 즉 무역장벽과 거래비용이 없음

(2) 헥셔 – 오린 정리

① 상대적 요소부존량과 요소의 상대가격 차이에 따라 비교우위가 결정된다.
② 상대적으로 풍부한(싼) 생산요소를 많이 사용하는 상품에 비교우위를 갖는다.
③ 비교우위에 따라 자유무역이 이루어지면 두 나라의 상품가격이 같아진다.

> ⊙ 헥셔 – 오린 정리(Ⅰ): 상대적 요소부존도(요소가격) 차이에 따라 비교우위 결정
>
> ▸ K국: A국보다 상대적으로 노동이 풍부(K/L 小)할 경우, 노동의 상대가격(W/r)이 낮음
> K국은 노동풍부국. 노동집약재에 비교우위
>
> ▸ A국: K국보다 상대적으로 자본이 풍부(K/L 大)할 경우, 자본의 상대가격(r/W)이 낮음
> A국은 자본풍부국. 자본집약재에 비교우위
>
> ▸ 비교우위: $\left(\dfrac{K}{L}\right)_K < \left(\dfrac{K}{L}\right)_A \iff \left(\dfrac{W}{r}\right)_K < \left(\dfrac{W}{r}\right)_A$
>
> ⊙ 헥셔 – 오린 정리(Ⅱ): 자유무역 시 두 나라 상품가격 균등화

(3) 헥셔 – 오린 – 사무엘슨 정리: 요소가격균등화 정리

① 무역이 이루어지면 궁극적으로 교역당사국의 생산요소 가격도 같아진다.
② 사무엘슨(P. A. Samuelson)에 의해 헥셔 – 오린 정리로부터 유도되었으며, 헥셔 – 오린 정리가 성립할 때만 성립하는 것으로 증명되었다.

스톨퍼 – 사무엘슨 정리와 립진스키 정리

1. **스톨퍼 – 사무엘슨 정리**: 무역에 따른 가격변동이 상대적 소득분배를 변화시킬 수 있음

   ① 상대적으로 풍부한 요소를 많이 사용하는 생산물 수출. 그 생산물 가격 상승

   ▥ 상대적 노동풍부국: 노동집약재 수출, 노동집약재 가격 상승

   ② 생산물 가격이 상승함에 따라 상대적으로 풍부한 요소의 가격이 무역전에 비하여 상승하고, 상대적으로 빈약한 요소의 가격은 절대적으로 하락

   ▥ 상대적 노동풍부국: 임금 상승, 이자율 하락

   ③ 따라서, 상대적으로 풍부한 요소소득자의 실질소득 증가, 빈약한 요소소득자의 실질소득 감소

   ▥ 상대적 노동풍부국: 근로자 실질소득 증가, 자본가 실질소득 감소

2. **립진스키 정리(Rybczynski theorem)**

   한 요소의 부존량이 증가할 때, 그 요소를 집약적으로 사용하는 생산물의 생산량은 증가하고 다른 요소를 집약적으로 사용하는 생산물의 생산량은 감소

2. 레온티에프(Leontief)의 역설

(1) 레온티에프의 역설

① 레온티에프가 미국의 1947년 투입 - 산출표를 이용하여 분석한 결과이다.

② 당시 미국은 다른 나라에 비하여 상대적으로 **자본풍부국**임에도 불구하고 **자본집약재를 수입**하고 **노동집약재를 수출**하는 것으로 나타났다.

③ 이는 헥셔 - 오린 정리와 다른 결과였다.

(2) 레온티에프역설에 대한 스스로의 해명

① 레온티에프 스스로 이 결과는 역설이 아니라 오히려 헥셔 - 오린 정리의 정당성을 입증하는 것이라고 하였다.

② 즉, 양적으로만 보면 당시 미국은 자본집약국이나 미국 근로자의 생산성이 다른 나라에 비하여 높았기 때문에 생산성을 기준(유효노동)으로 평가하면 미국은 오히려 **노동풍부국**이었다.

산업간 무역과 산업내 무역

1. **산업내 무역**: 동일 산업의 생산물 수출입. 규모의 경제에 따라 발생   예 쌀과 밀(농산물과 농산물)
2. **산업간 무역**: 다른 산업의 생산물 수출입. 비교우위에 따라 발생   예 반도체와 쇠고기(공산품과 농산물)

산업내 무역	산업간 무역
동일 산업의 생산물 수출입	서로 다른 산업의 생산물 수출입
규모경제 및 제품차별화 정도에 따라 무역	비교우위에 따라 무역
경제발전 정도가 유사한 선진국 간 무역	경제발전 정도가 상이한 선진국과 후진국 간 무역
모든 요소의 소득 증가 (무역에 따른 소득재분배 효과 작음)	상대적으로 풍부한 요소의 소득 증가 상대적으로 빈약한 요소의 소득 감소 (무역에 따른 소득재분배 효과 큼)
무역분쟁 가능성 작음	무역분쟁 가능성 큼

Ⅱ 교역조건의 결정 : 상호수요이론

01 교역조건(TT : terms of trade)

① 경상수지가 균형(수출액=수입액)일 때 수출품(X) 수량으로 수입품(Y) 수량을 나눈 값이다. 따라서 수출상품 1단위당 수입상품 수량을 나타내며, 교역조건이 개선되면 무역이익이 증가한다.

   예 $TT = 2$. 상품 1단위를 수출하여 상품 2단위 수입

② 수입상품가격(수입단가지수)에 대한 수출상품가격(수출단가지수)의 비율이다.

③ 무역 후 교역조건(TT^*)은 무역 전 두 나라 교역조건 사이 값으로 결정된다.

> ⊙ 교역조건(TT) : 수출상품 1단위당 수입량
>
> $$TT = \frac{수입량(Y)}{수출량(X)} = \frac{수출상품가격(P_X)}{수입상품가격(P_Y)} = \frac{수출단가(물가)지수}{수입단가(물가)지수}$$
>
> ⊙ 균형 교역조건(TT^*) : $\left(\dfrac{P_X}{P_Y}\right)^A < TT^* < \left(\dfrac{P_X}{P_Y}\right)^B$

02 교역조건의 변화   ◀ 변화요인 : 국내외 물가, 수출입물가지수 및 환율

국내외 물가, 수출입물가지수 및 환율이 변화하면 교역조건이 변화한다.

> ⊙ 환율 상승(평가절하) : 교역조건 악화
>
> ▸ 원화 기준 : 수출품가격 불변, 수입품가격 상승   ⇒ 교역조건 악화
> ▸ 외화 기준 : 수출품가격 하락, 수입품가격 불변
>
> ■ (일반적으로) 환율이 오르면 국제수지는 개선   📖 p.542의 'Plus(J - curve 효과)' 참조
>
> ⊙ 국내물가 상승 : 교역조건 개선
>
> ⊙ 외국물가 하락 : 교역조건 개선
>
> ■ 수출단가(수출물가)지수 상승률 > 수입단가(수입물가)지수 상승률 : 교역조건 개선
>
> ---
>
> **예제** 수출품가격 2,000원, 수입품가격 2달러일 때 환율이 800원에서 1,000원으로 상승할 경우 교역조건의 변화는?
>
> • 환율 1,000원 : 교역조건 $= \dfrac{수출품가격}{수입품가격} = \dfrac{2,000원}{2,000원} = \dfrac{2달러}{2달러} = 1$
>
> • 환율 2,000원 : 교역조건 $= \dfrac{수출품가격}{수입품가격} = \dfrac{2,000원}{4,000원} = \dfrac{1달러}{2달러} = 0.5$

PART 02 거시경제학

Ⅲ | 무역정책 : 보호무역

각국은 무역장벽(trade barriers)을 이용하여 보호무역을 하고 있으며, 관세장벽과 비관세장벽으로 나뉜다.

01 폐쇄경제와 자유무역

1. 수입국

① 비교열위 상품이 수입되면 국내공급에 해외공급이 추가되어 시장공급이 증가하므로 비교열위품의 시장가격은 국제가격(세계가격) 수준까지 하락한다.

② 따라서 국내 생산은 감소하고 소비량이 증가하므로 생산자잉여는 감소하고 소비자잉여는 증가한다.

③ 이때 소비자잉여의 증가분이 더 커서 전체 경제적잉여가 증가한다.

2. 수출국

① 비교우위 상품이 수출되면 국내수요에 해외수요가 추가되어 시장수요가 증가하므로 비교우위품의 시장가격은 국제가격(세계가격) 수준까지 상승한다.

② 따라서 국내 생산량은 증가하고 소비량이 감소하므로 생산자잉여는 증가, 소비자잉여는 감소한다.

③ 이때 생산자잉여의 증가분이 더 커서 전체 경제적잉여가 증가한다.

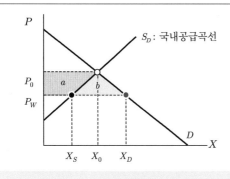
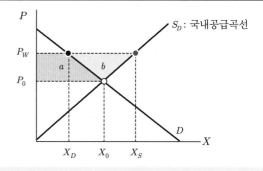

[수입품]
- 무역 시 균형: ● (수입량= $X_D - X_S$)
- 소비자잉여 증가: ($a+b$), 생산자잉여 감소: (a)
- 경제적잉여 증가: (b)

[수출품]
- 무역 시 균형: ● (수출량= $X_S - X_D$)
- 소비자잉여 감소: (a), 생산자잉여 증가: ($a+b$)
- 경제적잉여 증가: (b)

3. 자유무역의 이득과 손실

① 자유무역이 이루어지면 수출입국 모두 경제적잉여(사회후생)가 증가한다.

② 그러나 수입국의 경우는 생산자에게 손해가 발생하여 생산자잉여가 감소하고, 수출국의 경우에는 소비자에게 피해가 발생하여 소비자잉여가 감소한다.

③ 따라서 자유무역은 전체 사회후생을 증대시키지만 손실을 보는 계층이 발생하므로 파레토개선은 아니다. 　예 쌀시장 개방 시 국내 쌀 생산 농가 피해

02 관세(tariff)

1. 관세부과(관세율 인상)

관세를 부과하면 관세율만큼 수입품 가격이 오른다. 가격이 오르면 국내 생산량이 증가하고 소비량이 감소하며 다음과 같은 변화가 발생한다.

⊙ **산출 증대**($S_1 \rightarrow S_2$) : 국내생산량 증가. 고용 증대 및 국내산업 보호 효과

⊙ **소비 억제**($D_1 \rightarrow D_2$) : 국내소비량 감소

⊙ **경상수지 개선** : 수입량이 감소하여 경상수지(국제수지) 개선

⊙ **교역조건 개선**

  ▸ 수입국의 수입량이 감소하면 수출국에 초과공급이 발생하여 수출국 국내가격 하락
  ▸ 따라서 수입국의 수입가격이 하락하므로 수입국 교역조건(수출가격/ 수입가격) 개선

⊙ **재정수입 증가** : 관세수입(단위당 관세 × 수입량)만큼 재정수입 증가(c)

⊙ **후생 변화** : 경제적잉여 감소

  ▸ 소비자잉여 감소 : $a+b+c+d$
  ▸ 생산자잉여 증가 : a
  ▸ 정부 관세수입 : c
  ▸ 경제적잉여 감소(자중손실) = 소비자잉여 감소분($a+b+c+d$) − 생산자잉여 증가분(a) − 관세수입(c)

⊙ **소득재분배** : 소비지출액 증가. 국내 생산자와 정부 관세수입으로 이전

  ▸ 관세부과 시 소비량 기준, 소비지출액 증가(소비자 소득 감소) ($a+b+c$)
  ▸ 소비자소득 감소분이 국내생산자($a+b$)와 정부의 관세수입(c)으로 이전

⊙ **경쟁효과와 반(反)경쟁효과** : 반경쟁효과가 경쟁효과보다 큰 것이 일반적

  ▸ **경쟁효과** : 가격 인상 및 국내생산 증가에 따른 국내경쟁력 증대
  ▸ **반경쟁효과** : 세계시장에서 자유경쟁침해에 따라 발생하는 후생손실

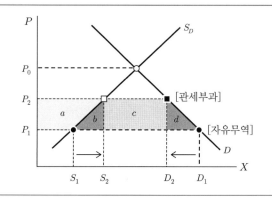

[관세부과 : 가격 상승]

• 생산량 증가 : $S_1 \rightarrow S_2$
• 소비량 감소 : $D_1 \rightarrow D_2$
• 수입 감소, 경상수지 개선
• 정부 관세수입 : c
• 소비자잉여 감소 : $a+b+c+d$
• 생산자잉여 증가 : a
• 경제적잉여 감소 : $b+d$

03 비관세장벽

관세만으로는 한계가 있거나, 관세부과 시 대외마찰이 있을 것으로 예상될 경우 관세 이외의 수단으로 자유무역을 제한할 수 있다.

1. 수량할당(quota)

① 수입상품수량을 국가별·업자별로 제한하여 수입을 억제한다.
② 관세를 부과할 때와 마찬가지로 수입국의 수입량이 감소하고 수출국의 수출량이 감소하므로 모든 면에서 관세부과와 동일한 효과가 나타난다.
③ 단, 정부의 관세수입이 수량할당을 받은 개별 수입업자의 몫이 된다. 그러나 정부가 직접 무역하거나 수입권을 경매하는 경우에는 정부수입이 될 수 있다.
④ 또한, 당국에 의해 수입업자가 지정되므로 관세부과의 경우에 비하여 더욱 반경쟁적이다.
⑤ 수입권을 경매에 의하지 않고 배분할 경우에는 수입권을 얻기 위한 지대추구행위(각종 로비, 뇌물 등)가 발생할 수 있다.

> ▶ 수입할당과 수출자율규제
>
> ▸ 두 규제 모두 관세부과와 같은 효과. 단, 관세수입의 귀속에 차이
> ▸ 수입할당제 : 정부 관세수입이 쿼터를 배정받은 수입업자에게 귀속
> ▸ 수출자율규제: 수입국의 시장가격이 오르므로 상대방 수출업자에 귀속

2. 수출자율규제(VER : Voluntary Export Restraint)

① 수출국이 수입국의 국내시장 교란을 방지하기 위하여 자율적으로 수출량을 제한하는 조치이다.
② 명분상으로는 수출국이 자율규제하는 것이지만, 실제로는 강대국이 수입품 산업을 보호하기 위하여 암묵적으로 수출국을 위협하여 이루어지는 것이 일반적이다.
③ 수입국의 수입량이 감소하므로 수량할당제와 동일한 효과를 가진다.
④ 단, 수입량이 감소하면 수입국의 수입품 가격이 상승하므로 수출국 입장에서는 수출품 가격이 상승한다.
⑤ 따라서, 수량할당제하에서는 규제에 따른 이익이 수입국에 귀속되지만 수출자율규제의 경우는 그 이익이 수출국에 귀속된다.
⑥ 따라서, 관세나 수량할당의 경우에 비하여 수입국의 경제후생이 가장 많이 감소한다.

04 차별적 무역정책 : 경제블록

여러 국가가 모여 경제블록(bloc)을 형성하는 것이다.
경제블록이 형성되면 회원국은 비회원국을 차별 대우하게 되며, 이를 **차별적 무역장벽**(discriminatory trade barriers)이라고 한다.

1. 자유무역지대(free trade area)   예 유럽자유무역지대(EFTA, 1960)

① 회원국 사이의 모든 무역장벽은 철폐된다.
② 회원국은 비회원국과 개별적(독자적)으로 관세 및 기타 무역장벽을 유지한다.

2. 관세동맹(customs union)   예 유럽경제공동체(EEC, 1957)

① 회원국 사이의 모든 무역장벽은 철폐된다.
② 회원국은 비회원국에 대해서 공동으로 무역정책(공동관세정책 등)을 시행한다.

3. 공동시장(common market)   예 유럽공동체(EC, 1970), ASEAN(1976)

① 관세동맹에서 더 나아간 형태의 경제블록이다.
② 회원국 사이에 상품뿐 아니라 생산요소까지도 자유로운 이동을 허용한다.

4. 경제동맹(economic union)   예 유럽연합(EU, 2000)

① 공동시장에서 더 나아간 형태의 경제블록이다.
② 회원국 사이에 재정·통화정책, 사회복지정책 등 경제정책까지 상호 조정한다.
③ 경제동맹이 완벽하게 이루어지는 경우를 **경제통합**(economic integration)이라고 한다.
　예 유럽 단일시장 통합

 PLUS 관세동맹의 효과 : 무역전환 효과와 무역창출 효과 발생

1. 무역전환(trade diversion) 효과

① 효율적으로 생산하는 비동맹국으로부터 비효율적으로 생산하는 동맹국으로 수입 대체
② 따라서 경제적잉여 감소

2. 무역창출(trade creation) 효과

① 관세 인하 또는 폐지에 따라 두 나라 사이의 무역 확대
② 따라서 경제적잉여 증가

3. 관세동맹과 경제후생

① 무역전환 효과 < 무역창출 효과 : 경제적잉여 증가
② 무역전환 효과 > 무역창출 효과 : 경제적잉여 감소

국제수지이론

I 국제수지와 국제수지표 ◀ IMF의 편제기준에 따라 작성

국제수지(BP : balance of payment)는 일정 기간, 한 나라 주민과 다른 나라 주민 사이의 거래에 따른 수입과 지출이며, 경상수지, 자본수지, 오차 및 누락을 더한 것이다.

국제수지표는 국제거래에 따른 외환의 유출입을 복식부기로 작성한 통계표이다.

▶ 국제수지표

I. 경상수지 : (1)+(2)+(3)	
(1) 상품 및 서비스수지 : ①+②	재화와 서비스의 수출입
① 상품수지	일반상품, 가공용 재화
② 서비스수지	운수, 여행(순수여행, 유학 및 연수), 통신, 보험, 특허권 등 사용료 등
(2) 소득수지	급료와 임금, 투자수지에 따른 투자소득(배당금, 이자)
(3) 경상이전수지	정부 및 기타 부문의 경상이전, 교포송금, 자선단체 기부, 정부 간 무상원조

II. 자본수지 : (4)+(5)	
(4) 투자수지 : ③+④+⑤	
③ 직접투자	영속적인 이익을 위한 대외 자본투자
④ 증권투자(포트폴리오)	주식, 채권 및 파생금융상품 거래
⑤ 기타투자	대출과 차입, 무역관련 신용, 현금 및 예금 등 기타 금융거래
(5) 기타자본수지(자본이전)	해외이주비, 특허권 등 기타자산거래

III. 오차 및 누락 : (I+II)−IV	통계상 불일치

IV. 준비자산증감 : −(I+II+III)	외환보유고 변동

- 국제수지(BP) = I+II+III
- 준비자산증감 = − 국제수지. 부(−)일 때 외환보유고 증가

---

1. 경상수지 : 상품 및 서비스 수비 + 소득수지 + 경상이전수지

(1) 상품 및 서비스수지

① 상품수지는 재화 수출입의 수지차이다.
② 서비스수지는 서비스(용역) 수출입의 수지차이다.

(2) 소득수지

① 임금소득(급료와 임금)과 투자소득(이자소득과 배당소득)의 대외수지차이다.
② 국민소득계정의 국외순수취요소소득이 된다.

(3) 경상이전수지

① 각종 재화와 서비스(용역) 무상 이전거래의 대외수지차이다.
② 국민소득계정의 국외순수취경상이전이 된다.

2. 자본수지 : 투자수지 + 자본이전수지

민간, 공공부문 및 금융기관의 대외자본거래에 따른 수지이다.

(1) 투자수지 : 직접투자 + 증권투자 + 기타 투자

① 직접투자는 해외생산 및 해외기업 투자를 통해 이윤을 얻기 위한 자본투자이다.
② 증권투자(간접투자)는 해외증권(주식, 채권)에 투자하여 배당 또는 이자소득을 얻기 위한 자본투자이다.
③ 기타투자는 대출 및 차입, 무역관련 신용 등이다.

(2) 기타자본수지(자본이전)

해외이주비 등 각종 자본이전거래와 특허권 및 상품권 거래 등 기타 자산의 대외거래이다.

3. 오차 및 누락

거래포착시점의 차이, 외환불법유출입(밀수 등) 등에 따라 실제 국제수지와 한국은행에 의해 계산된 국제수지는 일치하지 않는 것이 일반적이며, 이러한 불일치를 조정하는 항목이다.

4. 준비자산증감

① 경상수지, 자본수지, 오차와 누락을 더한 것을 **국제수지**라고 하며, 국제수지가 흑자이면 중앙은행 외환보유고가 증가하고 적자이면 감소한다.
② 준비자산증감은 계산된 국제수지에 부(−)의 부호를 붙인 것이며 중앙은행보유 대외자산(외환보유고)의 증감을 보여준다. 국제수지가 흑자(+)이면 준비자산증감은 부(−)로 표시된다.

Ⅱ 환율

1. 명목환율(nominal exchange rate)

① 명목환율(e)은 외환[foreign exchange; 외화와 외화표시 청구권(환어음 등)] 1단위와 교환되는 자국통화수량이며 외환의 가격이다.

② 변동환율제에서 명목환율(e)은 외환시장에서 외환의 수요와 공급에 따라 결정되며, 외환시장에서 명목환율이 상승하는 것을 자국통화가치 절하(depreciation), 하락하는 것을 자국통화가치 절상(appreciation)이라고 표현한다.

③ 고정환율제하에서는 명목환율(e)이 당국에 의해 결정되며, 당국이 명목환율을 인상할 때 평가절하(devaluation), 인하할 때 평가절상(revaluation)이라고 한다.

2. 실질환율(real exchange rate)

① 실질환율(ε)은 자국통화(₩)로 표시한 외국상품가격[P_f(₩)]을 자국통화로 표시한 자국상품의 가격(P)으로 나눈 것이며, 자국상품 수량으로 표시한 외국상품의 가격을 의미한다.

② 명목환율(e)과 외화표시 외국상품가격(P_f)이 오르거나 자국통화표시 자국상품가격(P)이 내리면 실질환율이 상승(자국통화가치 절하)하여 순수출이 증가한다.

> ▶ 실질환율(ε)
>
> - $\varepsilon = \dfrac{\text{명목환율}(e) \times \text{외화표시 외국상품가격}(P_f)}{\text{자국통화표시 자국상품가격}(P)}$
>
> $= \dfrac{\text{자국통화표시 외국상품가격}(P_f(₩))}{\text{자국통화표시 자국상품가격}}$
>
> - 실질환율 변동률 = (명목환율 변동률 + 외국상품 가격변동률) − 자국상품 가격변동률
>
> $\varepsilon = \dfrac{e \times P_f}{P} \implies \dot{\varepsilon} = \left(\dot{e} + \dot{P_f} \right) - \dot{P}$
>
> - 실질환율의 의미 : 자국상품 수량으로 표시한 외국상품의 가격
>
>   예 환율 1,000원. 1가마당 미국 쌀 150달러, 한국 쌀 10만 원
>
>   실질환율 $= \dfrac{1,000원 \times 150달러}{100,000원} = 1.5$ (미국 쌀 1가마 = 한국 쌀 1.5)
>
> ▶ 실질환율과 경상수지
>
> - 명목환율(e) 상승
> - 외국상품가격(P_f) 상승 $\implies$ 실질환율(ε) 상승 $\implies$ 수출 증가, 수입 감소. 경상수지 개선
> - 자국상품가격(P) 하락

Ⅲ | 자유변동환율제와 환율

자유변동환율제하에서는 외환의 수요와 공급에 따라 명목환율이 결정된다.

01 외환의 수요

1. 외환수요

① 국내거주자가 대외거래에 사용(유출)하기 위해 국내통화로 외환을 매입하는 것이다.
② 따라서 경상수지 측면에서 재화와 용역을 수입하거나, 자본수지 측면에서 국내로부터 외국으로 자본이 유출될 때 외환수요가 발생한다.

2. 외환수요곡선 도출

① 환율이 오르면 **자국통화표시(원화 표시) 수입품 가격이 상승**하여 수입품의 수요량이 감소하므로 외환수요량이 감소한다.
② 따라서 외환수요곡선은 우하향한다.

3. 외환수요 변화

① 경상수지 측면에서 재화와 서비스의 수입이 증가(경상수지 악화)하거나, 자본수지 측면에서 국내로부터의 자본유출이 증가(자본수지 악화)하면 외환수요가 증가한다.
② 따라서 국제수지가 악화(경상수지 및 자본수지 악화)되면 외환수요가 증가(외환수요곡선 우측이동)한다.

> ⊙ **외환수요**: 재화와 용역을 수입하거나, 자본이 유출될 때 외환수요 발생
>
> ⊙ **외환수요곡선 도출** ■ 환율 변동시 자본수지 불변 가정
>
> ▸ **자국통화표시 수입상품가격**(P): $P = e \times P_f$ (단, e: 환율, P_f: 외화표시 수입상품가격)
> ▸ **환율상승**: 자국통화표시(원화표시) 수입가격 상승
>
> ⇒ 수입수요량 감소
> ⇒ 외환수요량 감소. 따라서 외환수요곡선 우하향
>
> ⊙ **외환수요 변화**
>
> ▸ **수입 증가(경상수지 악화), 자본유출 증가(자본수지 악화)**: 외환수요 증가(외환수요곡선 우측이동)
> ▸ **수입 증가, 자본유출 증가**: 국제수지 악화, 외환수요 증가(외환수요곡선 우측이동)

02 외환의 공급

1. 외환공급

① 국내거주자가 대외거래를 통해 유입된 외환을 매각하고 국내통화를 매입하는 것이다.

② 따라서 경상수지 측면에서 재화와 용역을 수출하거나, 자본수지 측면에서 외국으로부터 국내로 자본이 유입될 때 외환공급이 발생한다.

2. 외환공급곡선 도출

① 환율이 오르면 외화 표시(달러 표시) 수출상품가격이 하락하여 수출량이 증가(외국에서 자국상품 수입량 증가)하므로 외환공급량이 증가한다.

② 따라서 외환공급곡선은 우상향한다.

3. 외환공급 변화

① 경상수지 측면에서 재화와 서비스의 수출이 증가(경상수지 개선)하거나, 자본수지 측면에서 외국으로부터 자본유입이 증가(자본수지 개선)하면 외환공급이 증가한다.

② 따라서 국제수지가 개선(경상수지 및 자본수지 개선)되면 외환공급이 증가(외환공급곡선 우측이동)한다.

⊙ 외환공급 : 재화와 용역을 수출하거나, 자본이 유입될 때 외환공급 발생

⊙ 외환공급곡선 도출　■ 환율 변동시 자본수지 불변 가정

▸ 외국통화표시 수출상품가격(P_f) : $P_f = \dfrac{P}{e}$ 　(단, e : 환율, P : 자국통화표시 수출상품가격)

▸ 환율 상승 : 외국통화표시(달러 표시) 수출가격 하락 (외국의 수입수요량 감소)

　　　⇒ 수출수요량(수출량) 증가
　　　⇒ 외환공급량 증가. 따라서 외환공급곡선 우상향

⊙ 외환공급 변화

▸ 수출 증가(경상수지 개선), 자본유입 증가(자본수지 개선) : 외환공급 증가(외환공급곡선 우측이동)
▸ 수출 증가, 자본유입 증가 : 국제수지 개선, 외환공급 증가(외환공급곡선 우측이동)

---

03 외환시장 균형과 명목환율의 결정

1. 외환시장 균형

① 외환시장의 균형에 의해 명목환율이 결정된다.
② 외환시장이 균형일 경우에는 외환수요량(외환유출량; 수입＋자본유출)과 외환공급량(외환유입량; 수출＋자본유입)이 같으므로 국제수지가 균형이 된다.

2. 외환시장 불균형 조정 : 국제수지 조정

① 외환시장 불균형(국제수지불균형)은 명목환율의 신축적 조정에 의해 해소된다.
② 초과공급(국제수지흑자)일 경우에는 환율이 하락하여 경상수지가 악화(수출 감소, 수입 증가)되므로 초과공급이 해소되어 균형(국제수지균형)을 회복한다.
③ 초과수요(국제수지적자)일 경우에는 환율이 상승하여 경상수지가 개선(수출 증가, 수입 감소)되므로 초과수요가 해소되어 균형(국제수지균형)을 회복한다.

▶ 외환시장 초과공급($E^D < E^S$) : 국제수지흑자

| 환율 하락 | : 외화표시 수출가격 상승 ⇒ 수출 감소, 외환공급량 감소
: 원화표시 수입가격 하락 ⇒ 수입 증가, 외환수요량 증가 | ⇒ 외환시장 초과공급 해소,
경상수지 악화,
국제수지균형 회복 |

▶ 외환시장 초과수요($E^D > E^S$) : 국제수지적자

| 환율 상승 | : 외화표시 수출가격 하락 ⇒ 수출 증가, 외환공급량 증가
: 원화표시 수입가격 상승 ⇒ 수입 감소, 외환수요량 감소 | ⇒ 외환시장 초과수요 해소,
경상수지 개선,
국제수지균형 회복 |

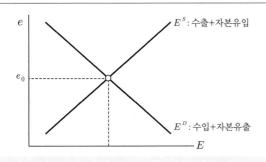

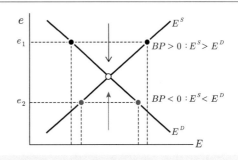

- 외환초과공급
  (국제수지흑자) $e\downarrow \Rightarrow$ [원화표시 수입상품가격 하락, 수입 증가: 외환수요량 증가] : 초과공급 해소
  [외화표시 수출상품가격 상승, 수출 감소: 외환공급량 감소] (흑자 감소)

- 외환초과수요
  (국제수지적자) $e\uparrow \Rightarrow$ [원화표시 수입상품가격 상승, 수입 감소: 외환수요량 감소] : 초과수요 해소
  [외화표시 수출상품가격 하락, 수출 증가: 외환공급량 증가] (적자 감소)

04 명목환율의 변화

외환의 수요와 공급이 변화하거나 환율변동이 예상되면 환율이 변화한다.

1. 외환수요와 외환공급의 변화

① 수입이 증가(경상수지 악화)하거나 자본유출이 증가(자본수지 악화)하면 국제수지가 악화된다. 국제수지가 악화되면 외환수요가 증가하여 환율이 오른다.

② 수출이 증가(경상수지 개선)하거나 자본유입이 증가(자본수지 개선)하면 국제수지가 개선된다. 국제수지가 개선되면 외환공급이 증가하여 환율이 내린다.

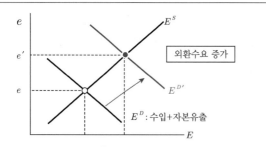
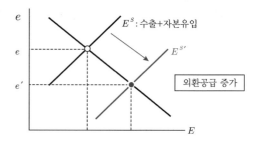

[수입 증가, 자본유출 증가 : 국제수지 악화]   [수출 증가, 자본유입 증가 : 국제수지 악화]

⇒ 외환수요 증가, 환율 상승   ⇒ 외환공급 증가, 환율 하락

▶ 국민소득(국내경기) : 국민소득 증가(호황)

         ⇒ 수입수요 증가, 경상수지 악화
         ⇒ 외환수요 증가(외환수요곡선 우측이동)
         ⇒ 환율 상승

▶ 국내 이자율 : 이자율 상승, 국내증권가격 하락(증권수익률 하락)

         ⇒ 해외자본 국내유입 : 자본수지 개선
         ⇒ 외환공급 증가(외환공급곡선 우측이동), 환율 하락

▶ 국내 물가 : 국내물가 상승

   ▸ 수입 : 국내물가 상승 시, 수입품에 비해 국산품 상대가격 상승

         ⇒ 수입수요 증가, 경상수지 악화
         ⇒ 외환수요 증가(외환수요곡선 우측이동)
         ⇒ 환율 상승

   ▸ 수출 : 국내물가 상승 시, 외화표시수출품가격 상승

         ⇒ 수출 감소, 경상수지 악화
         ⇒ 외환공급 감소(외환공급곡선 좌측이동)
         ⇒ 환율 상승

⊙ 해외경기(외국 국민소득): 해외경기 호황

        ⇒ 외국의 국민소득이 증가하여 외국의 수입수요 증가
        ⇒ 수출 증가, 경상수지 개선
        ⇒ 외환공급 증가(외환공급곡선 우측이동)
        ⇒ 환율 하락

⊙ 해외 이자율: 국외이자율 상승

        ⇒ 자본유출, 자본수지 악화
        ⇒ 외환수요 증가(외환수요곡선 우측이동)
        ⇒ 환율 상승

⊙ 해외 물가: 해외물가 상승

  ▸ 수입: 외국물가 상승 시, 원화표시 수입상품 가격 상승

        ⇒ 수입수요 감소, 경상수지 개선
        ⇒ 외환수요 감소(외환수요곡선 좌측이동), 환율 하락

  ▸ 수출: 외국물가 상승 시, 해외시장에서 우리나라 수출품 상대가격 하락

        ⇒ 수출 증가, 경상수지 개선
        ⇒ 외환공급 증가(외환공급곡선 우측이동), 환율 하락

---

2. 환율변동 예상

① 환율이 상승하면 외화표시 수출품가격이 하락하여 수출이 증가하고, 자국통화표시 수입가격이 상승하여 수입이 감소한다.

② 또한 해외차입이 있는 경제주체의 경우 환율이 상승하면 자국통화 표시 원리금 상환액(환율 × 외화표시 원리금 상환액)이 증가한다.

③ 따라서 환율 상승이 예상될 경우에는 수출을 미루고자 하므로(수출 감소) 외환공급이 감소(외환공급곡선 좌측이동)하고, 수입은 앞당기려고 하므로(수입 증가) 외환수요가 증가(외환수요곡선 우측이동)하여 환율이 오른다.

④ 또한 환율 상승이 예상될 경우에는 자국통화 표시 원리금 상환액이 증가하므로 미리 상환(자본유출)하고자 한다. 따라서 외환수요가 증가한다.

⑤ 환율 하락이 예상될 경우에는 반대가 된다.

⊙ 환율 상승 예상

  ▸ 외화표시 수출가격 하락 예상   ⇒ 수출을 미룸에 따라 수출 감소(경상수지 악화) ⇒ 외환공급 감소
  ▸ 원화표시 수입가격 상승 예상   ⇒ 수입을 앞당김에 따라 수입 증가(경상수지 악화)⇒ 외환수요 증가
  ▸ 원화표시 원리금 상환액 증가 예상 ⇒ 차입 해외자본 상환을 앞당김(자본수지 악화) ⇒ 외환수요 증가

  따라서 환율 상승 예상시, 국제수지 악화, 환율 상승

---

05 명목환율 변동 효과

① 환율이 오르면 외화표시 수출상품 가격이 하락하므로 수출이 증가(외환공급 증가)한다.

② 환율이 오르면 자국통화 표시 수입상품 가격이 상승하므로 수입이 감소(외환수요 감소)한다.

③ 따라서 환율이 오르면 경상수지가 개선된다.

④ 환율이 오르면 해외차입 자본에 대한 자국통화 표시(₩) 원리금 상환액이 증가하므로 자국통화 표시(₩) 자본수지가 악화된다.

> ⊙ 환율 변동 효과: 환율이 상승할 때,
>
> ▸ 외화표시 수출가격 하락 ⇒ 수출 증가, 외환공급 증가
> ▸ 원화표시 수입가격 상승 ⇒ 수입 감소, 외환수요 감소
> ▸ 자국통화 표시 원리금 상환액 증가 ⇒ 자국통화 표시 자본수지 악화
>
> ■ 환율 상승 시, 경상수지 개선, 자국통화 표시 자본수지 악화

J‐curve 효과와 마샬‐러너 조건

환율이 변동할 때 경상수지는 시차를 가지고 조정

1. J‐curve 효과: 환율이 오를 때 국제수지(경상수지)는 시차를 가지고 개선

① 환율이 변화할 때 수출입 가격은 즉시 변화하지만 수출입량은 시차를 가지고 조정된다.

② 환율이 상승하면 자국통화 표시 수입가격은 즉시 오르지만 수입량은 감소하지 않는다.

③ 따라서 환율 상승 초기에는 자급통화 표시 수입액이 증가하여 경상수지가 악화되고, 일정 시간이 경과된 후 수출량이 증가하고 수입량이 감소하여야 경상수지가 개선된다.

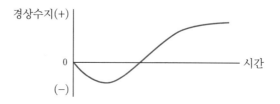

2. 마샬(Marshall)‐러너(Lerner) 조건: 환율 상승 시 경상수지 개선 조건

① 환율이 상승할 때 수출입량이 충분히 조정되어야 경상수지가 개선된다.

② |수입수요의 가격탄력성 + 수출의 가격탄력성| > 1

06 기타 환율결정이론

1. 구매력평가(PPP : purchasing power parity)

경상수지를 중심으로 한 환율 결정이론이다.

(1) 절대적 구매력평가설
◀Big Mac 지수

환율은 구매력(통화 1단위로 구매할 수 있는 수량. 상품가격의 역수)에 따라 결정된다.

◉ 절대적 구매력평가: 환율은 두 나라 통화의 구매력 비율

▸ 자국통화 구매력: $\dfrac{1}{P}$ (단, P : 자국통화표시 상품가격)

▸ 외국통화 구매력: $\dfrac{1}{P_f}$ (단, P_f : 외국통화표시 상품가격)

▸ 절대적 구매력평가: $e = \dfrac{\dfrac{1}{P_f}}{\dfrac{1}{P}} = \dfrac{\text{외국통화 구매력}}{\text{자국통화 구매력}} \Rightarrow e = \dfrac{P}{P_f}$

---

(2) 상대적 구매력평가

① 환율변동률은 두 나라 물가변동률 차이에 따라 결정된다.
② 자유무역하에서 두 나라 통화 간에는 구매력평가(PPP)가 성립한다.
③ 보호무역하에서도 장기적으로는 구매력평가에 따라 환율이 조정된다.

◉ 상대적 구매력평가: $e = \dfrac{P}{P_f} \Rightarrow \overset{\cdot}{e} = \overset{\cdot}{P} - \overset{\cdot}{P_f}$ 명목환율변동률 = 국내물가변동률 − 외국물가상승률

▸ 국내 인플레이션율 > 외국 인플레이션율 $\Rightarrow$ 환율 상승
▸ 국내 인플레이션율 < 외국 인플레이션율 $\Rightarrow$ 환율 하락

빅맥(big mac)지수

영국 이코노미스트지(The Economist)에서 각국 맥도널드 빅맥 햄버거 가격으로 구매력을 평가하여 환율 도출

예제 한국에서 빅맥의 가격은 2,000원이고 미국에서 빅맥의 가격은 2달러일 때 한국의 빅맥 지수는?

• 빅맥으로 표시한 달러화의 구매력 $\left(\dfrac{1}{P_f} \right) = \dfrac{1}{\$\,2}$, 빅맥으로 표시한 원화의 구매력 $\left(\dfrac{1}{P} \right) = \dfrac{1}{₩\,2,000}$

• 빅맥지수: $e = \dfrac{\dfrac{1}{P_f}}{\dfrac{1}{P}} = \dfrac{P}{P_f} = \dfrac{₩2,000}{\$2} = \dfrac{₩1,000}{\$1}$

---

(3) 구매력평가와 실질환율

① 절대적 구매력평가가 성립할 경우, 실질환율은 1이다.

② 상대적 구매력평가가 성립할 경우, 실질환율은 변화하지 않는다.

> ⊙ 절대적 구매력평가와 실질환율 : 절대적 구매력평가를 실질환율에 대입
>
> $$\varepsilon = \frac{\dfrac{P}{P_f} \times P_f}{P} \quad \Rightarrow \quad \varepsilon = \frac{P}{P} = 1$$
>
> ⊙ 상대적 구매력평가와 실질환율 : 상대적구매력평가를 실질환율 변동률에 대입
>
> 실질환율 변동률 = (명목환율변동률 + 외국물가변동률) − 국내물가변동률
> = [(국내물가변동률 − 외국물가변동률) + 외국물가변동률]) − 국내물가변동률 = 0

2. 이자율평가

(1) (유위험) 이자율평가(interest parity) ◀ 자본수지를 중심으로 한 환율 분석

① 국별 채권투자 선택은 두 나라 채권투자 수익률(이자율)에 따라 결정된다.

② 환율이 변화하면 채권투자 순수익률이 변화하며, 두 나라 채권투자 순수익률이 같아지는 환율변동률을 이자율평가라고 한다.

> ⊙ 두 나라 사이의 채권투자 결정
>
> ▸ B국 채권 순수익률 $= r_B - e_B$ (단, r_B, e_B : 수익률과 환율변동률)
>
> ㉙ 환율 1,000원, 한국 채권가격 1,000원, 외국인이 1달러로 한국채권 매입
> 1년 후, 채권가격 1,100원으로 상승. 채권수익률 10%
>
> | 1년 후 환율 | 환율변동률 | 달러로 환전 | 순수익률(수익률−환율변동률) |
> |---|---|---|---|
> | 900원 | −10% | 1.2달러 | 20% {= 10% − (−10%)} |
> | 1,000원 | 0 | 1.1달러 | 10% (= 10% − 0) |
> | 1,100원 | 10% | 1.0달러 | 0 (= 10% − 10%) |
> | 1,200원 | 20% | 0.9달러 | −10% (= 10% − 20%) |
>
> ▸ 국별 채권 수익률과 환율 변동율
>
> $r_A = r_B - e_B \quad \Leftrightarrow \quad e_B = r_B - r_A$: A국 수익률 = B국 순수익률
>
> $r_A > r_B - e_B \quad \Leftrightarrow \quad e_B > r_B - r_A$: A국 수익률 > B국 순수익률
>
> $r_A < r_B - e_B \quad \Leftrightarrow \quad e_B < r_B - r_A$: A국 수익률 < B국 순수익률
>
> ⊙ 이자율평가 : 두 나라 채권수익률이 같아지는 환율변동률. $e_B = r_B - r_A$

(2) **무위험이자율평가**(covered interest parity) : 선물환율과 현물환율

① 위 (1)은 환율변동 위험이 존재하는 유위험이자율평가(uncovered interest rate parity)이다.

② 무위험이자율평가는 선물환을 이용하여 환율변동 위험을 제거할 수 있는 평가이론이다.

⊙ 무위험채권(만기수익률 확정)의 원리금과 투자수익률(이자율)

▸ 미국인이 1원을 한국(K)에 투자할 때 : 1기 후 원화표시 원리금 $= 1 + r_K$ (단, r_K : 한국의 채권수익률)

▸ 한국인이 1원을 미국(A)에 투자할 때

• 달러표시 투자액 $= \dfrac{1}{e_{K_t}}$ (달러)   (단, e_{K_t} : t시점 한국의 달러환율)

• 1기 후 달러표시 원리금 $= \dfrac{1}{e_t}(1 + r_A)$ (단, r_A : 미국의 채권수익률)

• 1기 후 원화표시 원리금 $= \dfrac{1}{e_t}(1 + r_A) \cdot e_{t+1} = (1 + r_A) \cdot \dfrac{e_{t+1}}{e_t} = (1 + r_A) + \overset{\cdot}{e}$ (원)

$$\text{(단, } e_{t+1} : t+1 \text{ 시점 한국의 달러환율,}$$

$$(1 + r_A) \cdot \dfrac{e_{t+1}}{e_t} = (1 + r_A) \cdot \dfrac{e_t + \Delta e}{e_t} = (1 + r_A) \cdot \left(1 + \dfrac{\Delta e}{e_t}\right)$$

$$= 1 + r_A + \dfrac{\Delta e}{e_t} + \dfrac{\Delta e}{e_t} \cdot r_A \quad \text{(단, } \dfrac{\Delta e}{e_t} \cdot r_A = 0 \text{ 가정)}$$

$$= (1 + r_A) + \dfrac{\Delta e}{e_t}$$

$$= (1 + r_A) + \overset{\cdot}{e} \quad \text{(단, } \dfrac{\Delta e}{e} = \overset{\cdot}{e} : \text{변동률)}$$

⊙ 이자율평가 : 투자 원리금이 동일할 조건. $(1 + r_K) = (1 + r_A) \cdot \dfrac{e_{t+1}}{e_t}$

$$\Rightarrow (1 + r_K) = (1 + r_A) \cdot \dfrac{F}{S}, \quad \text{또는} \quad \dfrac{1 + r_K}{1 + r_A} = \dfrac{F}{S}$$

$$\text{(단, } F : \text{선물환율}(e_{t+1}), \quad S : \text{현물환율}(e_t))$$

⊙ 투자결정 : 투자수익이 더 높은 채권에 투자(채권 매입)

▸ 한국채권 원리금$(1 + r_K)$ > 미국채권 원리금$\left((1 + r_A) \cdot \dfrac{F}{S}\right)$

∴) $(1 + r_K) > (1 + r_A) \cdot \dfrac{F}{S}$,   또는 $\dfrac{1 + r_K}{1 + r_A} > \dfrac{F}{S}$: 한국채권 매입

▸ 한국채권 원리금$(1 + r_K)$ < 미국채권 원리금$\left((1 + r_A) \cdot \dfrac{F}{S}\right)$

∴) $(1 + r_K) < (1 + r_A) \cdot \dfrac{F}{S}$,   또는 $\dfrac{1 + r_K}{1 + r_A} > \dfrac{F}{S}$: 미국채권 매입

개념정리　구매력평가와 이자율평가모형별 재정 · 통화정책 효과

1. 구매력평가(Ⅰ): 절대적 구매력평가. $e = \dfrac{\frac{1}{P_f}}{\frac{1}{P}} = \dfrac{외국통화\ 구매력}{자국통화\ 구매력} \;\Rightarrow\; e = \dfrac{P}{P_f}$

> **예제** 커피가 동일한 품질과 양으로 우리나라에서는 3,000원에 미국에서는 1.5달러에 판매되고 있을 경우, 구매력평가설(purchasing - power parity)에 기초한 1달러당 원화의 환율은?
>
> • 환율 $= \dfrac{달러화\ 구매력}{원화\ 구매력} = \dfrac{1/1.5}{1/3,000} = \dfrac{3,000}{1.5} = 2,000$

2. 구매력평가(Ⅱ): 상대적 구매력평가. $e = \dfrac{P}{P_f} \;\Rightarrow\; \dot{e} = \dot{P} - \dot{P_f}$

명목환율변동률＝국내물가변동률－외국물가상승률

> **예제** 우리나라(K)의 인플레이션율은 15%, 미국(A)의 인플레이션율은 5%일 때 원화의 대미달러환율의 변동은?
>
> $\dot{e_K} = \dot{P_K} - \dot{P_A} \;\Rightarrow\; \dot{e_K} = 15\% - 5\% = 10\%$
> (단, e_k : 원화의 달러 환율, P_K : 한국물가, P_A : 미국 물가)

3. 이자율평가(Ⅰ): 유위험 이자율평가. $\dot{e_B} = r_B - r_A$

> **예제** H국 이자율은 10%이고, F국의 이자율은 5%일 때 H국의 환율 예상은?
>
> • $r_F = r_H - \dot{e_H} \;\Rightarrow\; r_F(5\%) = r_H(10\%) - \dot{e_H} \quad \therefore) \; \dot{e_H} = 5\%$

4. 이자율평가(Ⅱ): 무위험 이자율평가

$(1+r_K) = (1+r_A) \cdot \dfrac{F}{S} \;\Leftrightarrow\; \dfrac{1+r_K}{1+r_A} = \dfrac{F}{S}$　(단, F : 선물환율(e_{t+1}), S : 현물환율(e_t))

$(1+r_K) > (1+r_A) \cdot \dfrac{F}{S} \;\Leftrightarrow\; \dfrac{1+r_K}{1+r_A} = \dfrac{F}{S}$: K국 수익률 더 높음. K국 채권 매입

$(1+r_K) < (1+r_A) \cdot \dfrac{F}{S} \;\Leftrightarrow\; \dfrac{1+r_K}{1+r_A} = \dfrac{F}{S}$: A국 수익률 더 높음. A국 채권 매입

> **예제** 두 나라가 $(1+ i_A) < \dfrac{F}{S} \cdot (1 + i_B)$ 인 상태에 있을 경우, 채권투자자의 바람직한 선택은?
>
> (단, i_A 는 A국의 이자율, i_B 는 B국의 이자율, S 는 현물환율, F 는 선물환율)
>
> • $(1+r_A) < (1+r_B) \cdot \dfrac{F}{S}$ 일 경우, B국 채권수익률이 더 높음. 따라서 B국 채권 구입

IV 개방거시경제모형 ◀ 먼델 · 플레밍 모형

01 개방거시경제모형의 특징

1. 개방경제하의 총공급(AS)

① 총공급은 노동시장과 총생산함수에 의해 결정된다.
② 개방경제모형에서 노동시장의 외국근로자 국내취업을 고려할 수 있으나 전체 노동시장규모에 비하면 극히 일부분에 불과하다.
③ 따라서 총공급은 폐쇄모형과 차이가 없는 것으로 간주한다.

2. 개방경제하의 총수요(AD)

① 앞의 거시경제이론에서는 총수요를 구성하는 수출과 수입을 외생변수로 간주하였다.
② 그러나 수출과 수입은 환율과 물가에 따라 변화하는 내생변수이며, 환율은 외환시장에서 결정된다.
③ 따라서 개방모형에서 총수요는 생산물시장과 통화시장 균형(대내균형)뿐 아니라 외환시장 균형(대외균형)까지 고려한 대내외 동시균형을 통해 분석한다.
④ 이때 대내균형은 IS곡선과 LM곡선, 대외균형은 BP곡선으로 분석한다.
⑤ 따라서 대내외 동시균형에 의한 총수요는 IS - LM - BP 모형으로 분석한다.

> ▶ 총수요
>
> | | | |
> |---|---|---|
> | ▶ IS - LM 균형 : 대내균형 | 생산물시장 · 통화시장 동시균형
⇒ AD곡선(거시경제모형) | |
> | ▶ BP곡선 : 대외균형 | 외환시장균형(국제수지균형) | |
> | ▶ IS - LM - BP 균형 : 대내외 동시균형 | 생산물시장 · 통화시장 · 외환시장 동시균형
⇒ 개방 AD곡선(개방거시경제모형) | |
>
> ▶ 총공급
>
> | | |
> |---|---|
> | ▶ 노동시장 균형
▶ 총생산함수 | ⇒ AS곡선(개방모형과 폐쇄모형이 동일한 것으로 상정) |

3. 개방경제의 유형

① 소국개방경제(small open economy)와 대국개방경제(large open economy)로 구분된다.
② 소국개방경제는 자본시장이 완전개방되어 있으며 규모가 작은 경제이다.
③ 따라서 금융거래에 있어 가격수용자이며 국내이자율이 국제이자율과 같다.
④ 대국개방경제는 규모가 커서 국제이자율 수준을 변화시킬 수 있는 경제이다.

02 개방거시경제하의 총수요

1. 개방거시경제의 대내균형

(1) 개방 IS 곡선

① 개방경제하에서 생산물시장을 균형시키는 국민소득과 이자율의 관계를 나타내는 곡선이며 폐쇄모형과 같이 우하향하는 형태로 도출된다.
② 단, 이자율이 상승할 때 자본유입에 따라 환율이 하락하여 순수출이 감소하므로 국민소득이 더 많이 감소한다. 따라서 폐쇄모형에 비하여 기울기가 완만하게 된다.
③ 환율이 오르고 물가가 내리면 순수출이 증가하여 국민소득이 증가하므로 IS 곡선이 우측으로 이동한다.

(2) 개방 LM 곡선

① 개방경제하에서 통화시장을 균형시키는 이자율과 국민소득과의 관계를 나타내는 곡선이다. 폐쇄경제모형과 같이 우상향하는 형태로 도출된다.
② 환율이 오르고 물가가 내리면 순수출이 증가하므로 경상수지가 개선되어 통화공급이 증가한다.
③ 통화공급 증가에 따라 이자율이 하락하므로 LM 곡선이 하방(우측)으로 이동한다.

2. 개방거시경제의 대외균형(국제수지균형) : BP 곡선

① BP 곡선은 국제수지(외환시장)를 균형시키는 국민소득과 이자율의 관계를 보여주는 곡선이다.
② 국제수지균형(외환시장균형)하에서 국민소득이 증가하면 수입이 증가하므로 경상수지가 악화되어 국제수지적자(외환시장 초과수요)가 발생한다.
③ 국제수지가 다시 균형이 되기 위해서는 이자율이 상승하여 해외자본이 유입되어야 한다.
④ 해외자본이 유입되기 위해서는 이자율이 상승해야 하므로 BP 곡선은 우상향한다.
⑤ 자본시장이 완전히 개방된 소국개방경제의 경우는 위의 경우 이자율이 조금만 올라도 해외자본이 충분히 유입되므로 BP 곡선은 현재 이자율 수준에서 수평선이 된다.
⑥ 주어진 국민소득 수준에서 환율이 오르거나 물가가 내리면 경상수지가 개선된다.
⑦ 이때 국제수지가 다시 균형을 회복하기 위해서는 이자율이 내려 자본수지가 악화되어야 하므로, BP 곡선이 하방(우측)으로 이동한다.

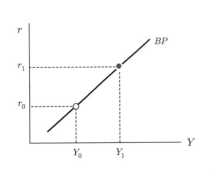

[BP 곡선]

• 국제수지균형하에서, 국민소득 증가
  ⇒ 수입 증가, 경상수지 악화, 국제수지 적자

• 국제수지가 다시 균형이 되려면, 이자율 상승
  ⇒ 자본 유입, 자본수지 개선, 국제수지균형 회복

• 따라서 BP 곡선은 우상향
• 환율이 오르거나 물가가 내리면 경상수지 개선
• 국제수지가 다시 균형이 되기 위해서는 이자율이 하락해야 하므로 BP 곡선 하방(우측) 이동

3. 개방거시경제의 대내외 동시균형

① 개방경제하에서 대내외 동시균형은 IS곡선, LM곡선 및 BP곡선의 교차점에서 이루어진다.

② 단, 대국개방경제의 경우는 BP곡선이 우상향하고 소국개방경제의 BP곡선은 국제이자율 수준에서 수평선이 된다.

③ 재정·통화정책 등 국내외 경제여건이 변화하면 균형조정 과정을 통해 새로운 균형으로 변화한다.

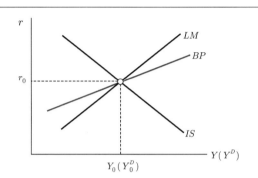

[IS-LM-BP 균형 : 대국개방경제]

• IS곡선, LM곡선 및 BP곡선 교차점에서 동시균형

• 균형점에서,
  ▶ 생산물시장 균형 : $Y^D = Y^S$
  ▶ 통화시장균형   : $M^D = M^S$
  ▶ 국제수지균형   : $E^D = E^S$ (외환시장균형)

• 이자율 : 이 경제의 대내외 균형에 따라 이자율 결정

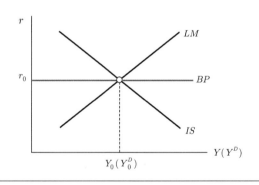

[IS-LM-BP균형 : 소국개방경제]

• IS곡선, LM곡선 및 BP곡선 교차점에서 동시균형

• 균형점에서,
  ▶ 생산물시장 균형 : $Y^D = Y^S$
  ▶ 통화시장균형   : $M^D = M^S$
  ▶ 국제수지균형   : $E^D = E^S$ (외환시장균형)

• 이자율 : 가격수용자이므로 국제 이자율 수준에서 불변

V | 개방거시경제모형의 재정 · 통화정책　　◀ 먼델 - 플레밍 모형

01 재정정책

확대재정정책을 시행하면 대내적으로 국민소득이 증가하고 이자율이 오른다.
이자율이 오르면 국내증권투자를 위해 해외로부터 자본이 유입되므로 자본수지가 개선되어 국제수지는 흑자(외환시장 초과공급) 상태가 된다.
한편 자본유입에 따라 국내채권수요가 증가하여 채권가격이 오르고 이자율은 다시 내리게 된다.

1. 변동환율제

(1) 대국개방모형

① 국제수지가 흑자(외환시장 초과공급)가 되면 환율이 내려서 수출이 감소하고 수입이 증가(순수출 감소)하므로 경상수지가 악화된다. 따라서 국제수지는 균형을 회복한다.
② 이때 순수출이 감소하므로 유효수요가 감소하여 국민소득이 다시 감소한다.
③ 따라서 폐쇄모형에 비하여 국민소득 증가폭이 작아진다.

(2) 소국개방모형

① 소국개방경제에서는 이자율이 원래 수준까지 내릴 때까지 이러한 조정이 지속된다.
② 따라서 최종 균형은 원래 균형과 같아지며 국민소득은 전혀 증가하지 않는다.

2. 고정환율제

(1) 대국개방모형

① 국제수지가 흑자(외환시장 초과공급)가 되면 당국은 외환을 매입한다.
② 외환을 매입하면 본원통화가 증가하여 통화공급이 증가하므로 이자율이 내린다.
③ 이자율이 내리면 소비와 투자가 증가하여 총수요가 증가하므로 국민소득이 더욱 증가한다.
④ 따라서 폐쇄모형에 비하여 국민소득 증가폭이 커진다.

(2) 소국개방모형

① 소국개방경제에서는 이자율이 원래 수준까지 내릴 때까지 이러한 조정이 지속되어 국민소득은 더욱 증가하게 된다.
② 따라서 최종 균형에서 국민소득은 승수배 증가한다.

[폐쇄모형] 정부지출 증가 · 조세감면(IS곡선 우측이동 ①: IS'): 국민소득 증가, 이자율 상승

[개방모형] 이자율 상승에 따라 간접투자 자본유입. 자본수지개선, 국제수지흑자

■ 자본유입에 따라 이자율은 다시 하락. 소국개방경제의 경우는 원래 수준까지 하락

[고정환율제도]	[변동환율제도]
국제수지흑자에 따라 당국 외환매입	국제수지흑자에 따라 환율 하락
⇒ 본원통화 증가, 통화량 증가	⇒ 수출 감소, 수입 증가. 경상수지악화
(LM 곡선 우측이동 ②: LM')	(IS 및 BP곡선 좌측이동 ②: IS', BP')
⇒ 이자율 하락	⇒ 순수출(총수요) 감소
⇒ 총수요 증가, 국민소득 추가로 증가	⇒ 국민소득 다시 감소

[대국개방모형]	
이자율 소폭 상승, 국민소득 대폭 증가	이자율 소폭 상승, 국민소득 소폭 증가
자본수지 개선, 경상수지 악화	자본수지 개선, 경상수지 악화

[소국개방모형]	
(이자율이 원래 수준으로 하락. 이 과정에서 위 효과 증폭)	
이자율 불변, 국민소득 승수배 증가	이자율과 국민소득 원래 수준으로 복귀

▶ 고정환율제

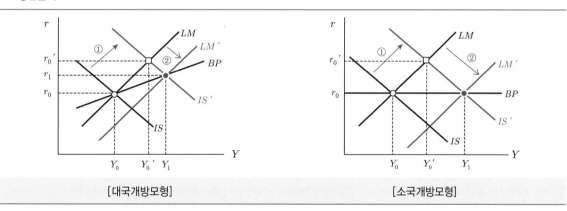

[대국개방모형] [소국개방모형]

▶ 변동환율제

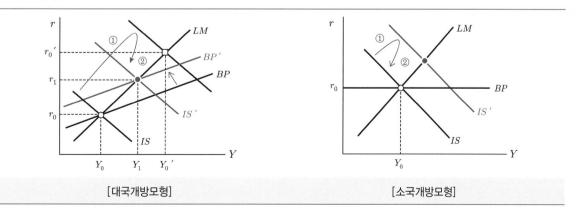

[대국개방모형] [소국개방모형]

02 통화정책

확대통화정책을 시행하면 대내적으로 이자율이 내려서 국민소득이 증가한다.
이자율이 내리면 국내증권을 매각하고 국외로 자본이 유출(외환수요 증가)되므로 자본수지가 악화되고
국제수지는 적자(외환시장 초과수요) 상태가 된다.
한편 자본유출에 따라 국내채권공급이 증가하여 채권가격이 내리고 이자율은 다시 오르게 된다.

1. 변동환율제

(1) 대국개방모형

① 국제수지가 적자(외환시장 초과수요)가 되면 환율이 올라서 수출이 증가하고 수입이 감소(순수출 증가)
  하므로 경상수지가 개선된다. 따라서 국제수지는 균형을 회복한다.
② 이때 순수출이 증가하므로 폐쇄모형에 비하여 국민소득은 더욱 증가한다.

(2) 소국개방모형

① 소국개방경제에서는 이자율이 원래 수준으로 오를 때까지 이러한 조정이 지속된다.
② 따라서 국민소득은 대국개방모형에 비하여 더욱 증가한다.

2. 고정환율제

(1) 대국개방모형

① 국제수지가 적자(외환시장 초과수요)가 되면 당국은 외환을 매각한다.
② 외환을 매각하면 본원통화가 감소하여 통화공급이 다시 감소하므로 이자율이 다시 오른다.
③ 이자율이 오르면 소비와 투자가 감소하여 총수요가 감소하므로 국민소득이 다시 감소한다.
④ 국제수지적자가 존재하는 한 이러한 조정이 계속되므로 결국 최종 균형은 원래 균형과 같아진다.
⑤ 따라서 자본이동이 자유로운 고정환율제하에서 통화정책은 국민소득을 늘리지 못한다.

(2) 소국개방모형

① 소국개방경제에서도 마찬가지 조정이 일어나며 이자율이 원래 수준까지 다시 오른다.
② 따라서 대국개방모형의 경우와 같이 최종 균형은 원래 균형과 같아지며 국민소득은 증가할 수 없다.

> [폐쇄모형]　통화량 증가(LM곡선 우측이동 ①: LM'): 이자율 하락, 국민소득 증가
>
> [개방모형]　이자율 하락에 따라 간접투자 자본유출.
> 　　　　　　자본수지 악화(순해외투자 증가), 국제수지적자(외환시장 초과수요) 발생
> 　　　　　　■ 자본유출에 따라 이자율은 다시 상승. 소국개방경제의 경우는 원래 수준까지 상승

[고정환율제도]	[변동환율제도]
국제수지적자에 따라 당국 외환매각	국제수지적자에 따라 환율 상승
⇒ 본원통화 감소, 통화량 감소	⇒ 수출 증가, 수입 감소. 경상수지 개선
(LM곡선 다시 좌측이동 ②: LM)	(IS 및 BP곡선 우측이동 ②: IS', BP')
⇒ 이자율 다시 원래 수준으로 상승(다시, 자본유입)	⇒ 순수출(총수요) 증가
⇒ 총수요, 국민소득 다시 원래 수준으로 감소	⇒ 국민소득 더욱 증가
[대국개방모형]	
이자율 불변, 국민소득 불변	이자율 소폭 하락, 국민소득 대폭 증가
자본수지 및 경상수지 불변	자본수지 악화, 경상수지 개선
[소국개방모형]	
(이자율이 원래 수준으로 상승. 이 과정에서 위 효과 증폭)	
이자율 불변, 국민소득 불변	이자율 불변, 국민소득 더욱 대폭 증가

▶ 고정환율제

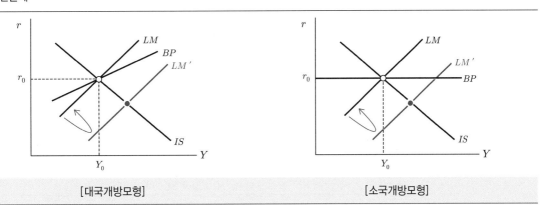

[대국개방모형]　　　　　　　　　　　　　　　　[소국개방모형]

▶ 변동환율제

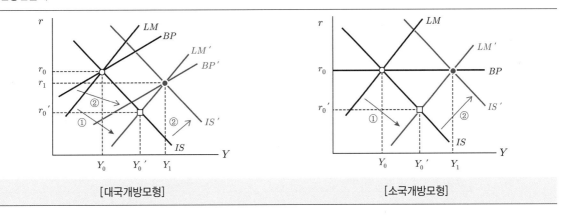

[대국개방모형]　　　　　　　　　　　　　　　　[소국개방모형]

Chapter 15 | 국제무역이론

01 다음 자료에서 자유무역 후 을국이 소비하는 A재와 B재는 각각 몇 단위인지 순서대로 쓰시오.

일반사회 20

> 갑국과 을국에서 A재, B재 각 1단위를 생산하는 데 필요한 노동 투입 시간은 아래 표와 같다. 양국은 노동시간만을 투입하여 생산하며 가용 노동시간은 1,000시간으로 동일하다. 무역은 양국 사이에서만 자유롭게 이루어지며 거래 비용은 없다. 자유무역 후 A재와 B재는 1대 1로 교환되고 갑국이 소비하는 A재와 B재의 양은 동일하다.
>
> <갑국과 을국의 노동 투입 시간>
>
> | 국가 \ 재화 | A재 | B재 |
> |---|---|---|
> | 갑 | 100시간 | 50시간 |
> | 을 | 20시간 | 40시간 |

[예시] A재 40개, B재 10개

[해설] • 문제에서,

연도	A재	B재	$\dfrac{P_A}{P_B}$ (B재로 표시한 A재 생산의 기회비용)	균형 교역조건 $\left(\dfrac{P_X}{P_Y}\right)$
갑	100시간	50시간	2	$0.5 < \dfrac{P_A}{P_B} < 2$
을	20시간	40시간	0.5	

• 갑: B재에 비교우위. 생산가능곡선 B축 절편 20, A축 절편 10. 기울기 2.
• 을: A재에 비교우위. 생산가능곡선 B축 절편 25, A축 절편 50. 기울기 0.5

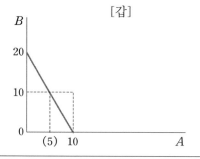

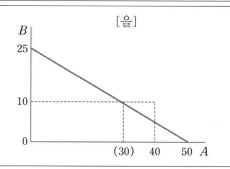

• 무역 후: B재만 20개 생산. 무역 후 $\dfrac{P_X}{P_Y} = 1$

A재, B재 소비량 동일. 따라서, 10개씩 소비
B재 10개 수출, A재 10개 수입

• 무역 후: A재만 50개 생산. 무역 후 $\dfrac{P_X}{P_Y} = 1$

B재 10개 수입, A재 10개 수출
을 소비량: B재 10개, A재 40개

02 다음은 갑국의 교역 전후 상황에 대한 자료이다. 〈작성 방법〉에 따라 서술하시오. 일반사회 21

그림은 두 재화 X재, Y재에 대한 갑국의 생산가능곡선을 나타낸다. 현재 A에서 생산 및 소비를 하고 있는 갑국은 비교우위가 있는 재화에 특화하여 교역에 참여하기로 하였다. 해외시장에서 X재와 Y재는 1 : 2의 비율로 거래되고 있고, 갑국이 교역에 참여하더라도 해외시장에서 거래비율은 변하지 않는다.
(단, X재와 Y재는 완전경쟁시장에서 거래된다.)

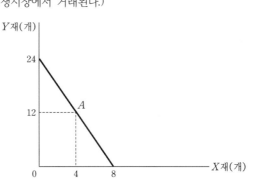

〈작성 방법〉
○ 갑국의 X재와 Y재의 기회비용을 구하고, 어떤 재화에 비교우위가 있는지 서술할 것.
○ 갑국이 교역에 참여하더라도 X재와 Y재 현재소비량이 줄어들지 않기를 원한다면, 교역을 통해 갑국이 최대로 소비할 수 있는 X재와 Y재 각각의 수량을 쓸 것.

해설 1. 생산가능곡선의 기울기 : $|PPC'| = MRT_{XY} = \dfrac{P_X}{P_Y} = 3$ (교역전 교역조건. X재 상대가격)

  1) 경제적의미 : X재 생산의 기회비용 = 3, Y재 생산의 기회비용 = $\dfrac{1}{3}$

  2) 갑국의 교역전 교역조건 $\left(\dfrac{P_X}{P_Y}\right) = 3 > 2 =$ 국제시장 교역조건 $\left(\dfrac{P_X}{P_Y}\right)$. 갑국은 Y재에 비교우위. 완전특화

  2. 생산가능곡선의 기울기 : $|PPC'| = MRT_{XY} = \dfrac{P_X}{P_Y} = 3$ (교역전 교역조건. X재 상대가격)

  1) 무역 후 Y재를 24개 생산하고, 12개 국내소비했으므로 12개 수출.

   국제 X재 상대가격 $\left(\dfrac{P_X}{P_Y}\right)$ 이 2이므로 Y재를 12개 수출할 경우, X재 6개 수입하여 소비가능.

   따라서, Y재를 12개 소비할 때 X재 최대소비량은 6개

  2) 무역 후 Y재만 생산하고, X재를 4개 수입하여 소비.

   국제 상대가격 $\left(\dfrac{P_X}{P_Y}\right)$ 이 2이므로 X재를 4개 수입하기 위해서는 Y재를 8개 수출해야 함.

   따라서, X재를 4개할 때 Y재를 최대소비량은 16개

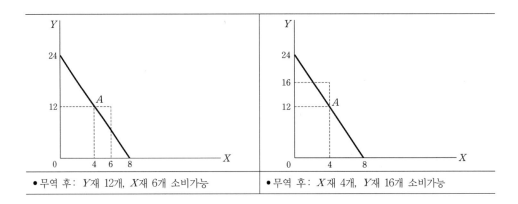

| • 무역 후: Y재 12개, X재 6개 소비가능 | • 무역 후: X재 4개, Y재 16개 소비가능 |

03 다음 글을 읽고 〈작성 방법〉에 따라 서술하시오. 　　　　　　　　　일반사회 19

다음 그림은 국내의 X 재 시장 상황을 나타낸다. 정부가 관세정책을 실시한 결과, X 재의 국내공급량이 2,000개로 나타났다.
정부가 관세정책을 수입할당제(수입쿼터)로 변경하여 X 재 수입량을 3,000개로 제한하려 한다. (단, 국내공급곡선 및 국내수요곡선은 직선의 형태이며, X 재는 국제시장에서 국제가격으로 얼마든지 공급이 가능하다.)

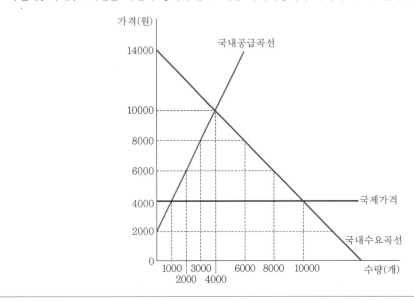

〈작성 방법〉

○ 관세정책 하에서 X 재 1개당 정부가 부과한 관세가 얼마인지와 X 재의 국내수요량을 순서대로 제시할 것
○ 관세정책에서 수입할당제로 변경할 때, 이런 정책변화가 X 재의 국내가격과 국내공급량에 미치는 영향을 구체적인 수치를 포함하여 서술할 것

해설 1. 2,000원 / 8,000개

　　2. 관세부과 시, 국내가격 6,000원, 국내공급량 2,000개. 수입할당 시, 국내가격 8,000원, 국내공급량 3,000개
　　　따라서, 국내가격 2,000원 상승, 국내공급량 1,000개 증가

04 다음의 주어진 상황에서 A국과 B국이 모두 무역의 이익을 얻을 수 있는 쌀과 컴퓨터의 교역조건(쌀/컴퓨터)을 T라고 할 때, 이 T의 범위를 구하시오.

일반사회(A 기입) 15

A국과 B국 모두는 쌀과 컴퓨터만을 생산하고 있다. 두 나라 모두에서 자원은 노동뿐이고 노동의 질은 각 나라 안에서 동일하다. 두 나라의 생산가능곡선을 도출하기 위해 자료를 조사한 결과, 다음의 표와 같이 각각 생산가능곡선 위의 두 점씩을 확인할 수 있었다. 표의 괄호 속 숫자는 (쌀의 생산량, 컴퓨터의 생산량)을 나타낸다. (단, 쌀의 생산량 단위는 톤(ton), 컴퓨터의 생산량 단위는 대임)

	생산가능곡선 위의 점	
A국	(480, 100)	(420, 150)
B국	(80, 240)	(40, 320)

해설 • A국과 B국의 생산가능곡선

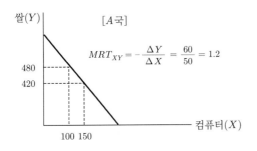 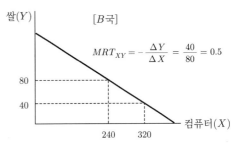

• 균형 교역조건(T) : 두 나라 교역 전 교역조건 사이에서 결정

▶ 교역 전 교역조건 : A국의 교역조건 $= MRT_{XY} = -\dfrac{\triangle Y}{\triangle X} = \dfrac{60}{50} = 1.2$

$\quad\quad\quad\quad\quad\quad\quad B$국의 교역조건 $= MRT_{XY} = -\dfrac{\triangle Y}{\triangle X} = \dfrac{40}{80} = 0.5$

▶ 균형 교역조건 : $0.5 < T < 1.2$

05 다음 그래프는 국내의 X 재 시장 상황을 나타낸다. 자유무역이 실시된다면, 무역이 이루어지지 않은 경우에 비해 X 재 국내 생산량이 얼마나 증가 또는 감소하는지 쓰시오. (단, 국내공급 및 국내수요곡선은 직선의 형태이며 X 재는 국제가격에서 얼마든지 수출하거나 수입할 수 있다.)

일반사회(A 기입) 14

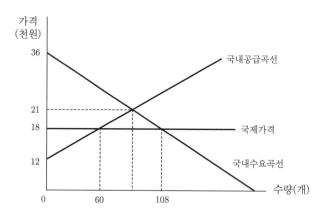

• 해설

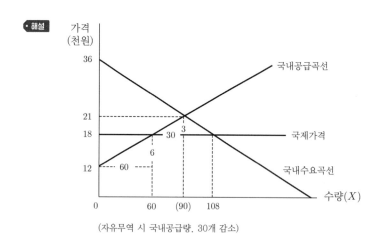

(자유무역 시 국내공급량. 30개 감소)

06 다음 〈표〉는 ○○나라의 주간(週間) 당근 수요·공급을 나타낸 것이다. 당근의 수량과 가격은 시장에서 수요와 공급에 의해서 결정된다. 이 〈표〉를 기초로 정부의 당근 가격 지지정책과 수입자유화와 효과를 분석하려고 한다. 물음에 답하시오.

일반사회 02

〈표〉 당근의 수요 공급

공급량(개)	가격(원)	수요량(개)
12000	100	2000
10000	80	4000
7000	60	7000
4000	40	11000
1000	20	16000

6-1 정부가 개당 당근 가격을 100원으로 유지하고자 할 때 정부의 당근 수매에 필요한 금액을 쓰시오.

6-2 국제시장의 당근 가격이 개당 40원일 경우 자유무역이 이루어질 때, ○○나라의 당근 수입량은 몇 개인지 쓰시오. (국내시장에서 정부의 개입이 없는 상태에서 당근의 거래가 이루어지고 있으며, 가격이 같으면 국산을 선호한다고 가정한다.)

정답 **6-1.** 1,000,000원

6-2. 7,000개

07 A국은 철강을 수출하는 작은 나라이다. 수출을 장려하는 것이 국익에 도움이 된다고 판단한 A국 정부는 해외로 수출되는 철강에 대해 톤(ton)당 일정액의 보조금을 지급하기로 하였다. 이러한 정책 시행 이후 A국의 소비자잉여와 총잉여에 각각 어떤 변화가 있을지 판단하시오. (단, A국의 수출량 증가는 철강의 국제가격에 아무런 영향을 미치지 못하며, 수출 및 수입에 따른 제반 비용은 없다고 가정한다.)　　일반사회(A 기입) 15

해설　· 보조금 지급 전 균형: 국제가격(P_W), 국내수요량(Q_1^D), 국내공급량(Q_1^S)

　　　· 보조금 지급 후 균형: 국제가격(P_W), 국내수요량(Q_1^D), 국내공급량(Q_2^S)

　　　　▶ 국내수요량 불변(Q_1^D)

　　　　▶ 국내 공급자는 보조금 지급 후 가격이 $P_W + S$로 보조금(S)만큼 상승하므로 국내공급량 증가(Q_2^S)

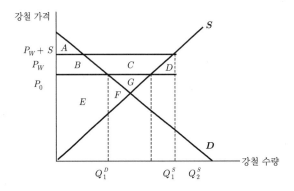

　· 보조금 지급 후 잉여 변화

　　　▶ 소비자잉여: 보조금 지급 전과 동일. $A + B$

　　　▶ 공급자잉여: 보조금 지급에 따라 공급가격이 상승하므로 $E + F + G$에서 $B + C + E + F + G$으로 증가.
　　　　　　　　　　따라서 공급자잉여 증가분은 $(B + C)$

　　　▶ 정부보조: 보조금 지급 후 국내공급량(Q_2^S) × 단위당 보조금(S) = $(B + C + D)$
　　　　　　　　　이때 정부보조금은 경제적잉여를 감소시키는 효과

　　　▶ 경제적잉여 변화분 = 공급자잉여 증가분$(B + C)$ − 정부보조금 지급액$(B + C + D)$ = $-D$

	보조금이 없을 때	보조금이 있을 때	변화
소비자잉여	$A + B$	$A + B$	0
생산자잉여	$E + F + G$	$B + C + E + F + G$	$+ (B + C)$
정부수입	0	$- (B + C + D)$	$- (B + C + D)$
경제적잉여	$A + B + E + F + G$	$A + B - D + E + F + G$	$- D$

08 연주와 민수는 최근 우리나라의 농업시장 개방 문제를 경제학 개념으로 설명해 보았다. ㉠, ㉡, ㉢에 들어갈 내용을 그래프에서 찾아 기호를 쓰시오.

일반사회 07

> 연주: 우리가 배운 이론에 따르면 쌀 수입을 금지할 때보다 개방할 때에 더 많은 이득이 있어. 아래 그래프를 보면, 쌀 수입을 전면적으로 개방할 때 소비자 잉여와 생산자 잉여의 합이 쌀 수입을 금지할 때보다 $E+F+G+H+I$ 만큼 더 늘어난다는 것을 알 수 있잖아.
>
> 민수: 소비자들이 이익을 보는 것은 맞아. 하지만 우리나라 농민의 이득, 즉 생산자 잉여는 종전의 $B+C+D$ 에서 (㉠)로 줄었잖아. 우리나라 농민들이 피해를 많이 본단 말이야.
>
> 연주: 맞아. 그러니까 그 피해를 줄이기 위해 우리나라 정부는 수입쿼터제를 도입해서 $Q_2 \sim Q_3$ 만큼만 한정하여 수입하고 있어. 이 경우는 완전개방보다는 소비자 잉여가 줄지만, 그래도 개방을 전혀 하지 않는 것과 비교하면 $B+E$ 만큼은 이익이야.
>
> 민수: 이 경우 농민은 개방하지 않는 것보다는 여전히 손해이지만, 완전히 개방하였을 때와 비교하면 (㉡) 만큼은 생산자 잉여가 회복되겠지.
>
> 연주: 그렇다면 (㉢)만큼의 이익은 누가 가져가지?
>
> 민수: 그건 수입업자가 가져가겠지.

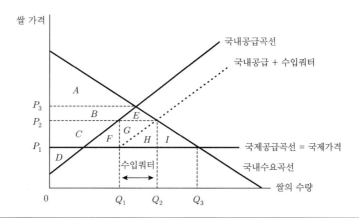

정답 ㉠ D ㉡ C ㉢ $G+H$

Chapter 15 | 국제수지이론

09 다음 자료는 어느 나라의 미국 달러화에 대한 환율 변화의 추이를 나타낸 것이다. 이 표를 보고 물음에 답하시오.
일반사회 03

연도	대미 환율
1995	775
1996	844
1997	1,415
1998	1,208
1999	1,145

9-1 1996년에서 1997년의 환율변동을 기초로, 경상수지 변화를 추측해 보고 그 논리를 설명하시오.

9-2 이와 같이 환율이 급상승하는 원인을 설명하시오.

정답 **9-1.** 경상수지적자, 자본유출 급격하게 증가

9-2. 외환수요 급증(외환유출이 급격하게 증가)

10 다음은 인터넷에서 구한 신문자료의 일부이다. '중략' 부분의 내용을 아래의 〈조건〉을 고려하여 완성해 보시오.
(조건 : 일본 기업의 수출, 일본의 경기 회복, 일본 국내의 수요, 아시아 국가들의 대일본 수출, 경기 활성화
등의 용어를 반드시 넣어 90자 내외로 완성할 것)
일반사회 99

사실 모든 대외변수의 움직임에 대해 일희일비할 필요는 없다. 모든 경제 변수는 선이 될 수도 있고, 동시에 악이 될 수도 있기 때문이다. 엄밀히 따지고 보면 엔고(円高)의 장기화가 반드시 우리에게 유리한 것은 아니다. 왜냐하면 엔고가 지속되면, …(중략)… 그러나 단기적으로 엔고(円高)는 우리의 수출경쟁력과 맞물려 호재임이 분명하고 따라서 이의 변동에 관심이 집중되는 것이 사실이다.

해설 엔고가 지속되면 일본의 순수출 감소에 따라 일본 경기침체. 이에 따라 다른 나라의 순수출이 감소하여 경기침체

11 다음을 읽고 '달러화에 대한 원화의 환율'과 '빅맥지수'가 얼마인지를 도출하고, 이를 근거로 현재의 환율이 원화의 실제 구매력을 어떻게 평가하고 있는지 쓰시오. (단, 환율에서 매도율과 매입률의 차이는 없다고 가정한다.)

일반사회 08

> 김 씨는 미국의 공항에서 3달러짜리 빅맥 햄버거를 사먹으려다 탑승시간에 쫓겨 그냥 비행기에 올랐다. 한국의 공항에 도착해서 배가 고픈 김 씨는 수중에 남아 있는 3달러를 은행에서 환전한 돈 2,700원을 가지고 식당을 찾다가, 미국에 있던 것과 똑같은 빅맥 햄버거를 팔고 있는 가게를 발견하였다. 메뉴를 보니 한국에서 빅맥 햄버거의 가격은 3,000원이었다.

정답 • 환율 : 900원　　　• 빅맥지수 : 1,000원　　　• 원화의 구매력에 대한 평가 : 과대평가

12 다음 자료는 A국과 B국 두 나라로 구성된 국제경제에서 교역이 이루어지고 있는 상황에 관한 것이다. 이에 대해 〈작성 방법〉에 따라 서술하시오.

일반사회 17

> A국과 B국 두 나라의 교역에는 어떤 규제도 없으며 비용도 발생하지 않는다. A국과 B국의 화폐단위는 각각 '링기'와 '페수'이다. 동일한 햄버거에 대한 두 나라의 수요곡선과 공급곡선은 다음과 같다. 식에서 Q와 P는 각각 햄버거의 수량과 가격을 나타낸다.
>
> | A국 | B국 |
> |---|---|
> | 수요곡선 : $Q_{DA} = 100 - P_A$ | 수요곡선 : $Q_{DB} = 80 - 2P_B$ |
> | 공급곡선 : $Q_{SA} = 40 + P_A$ | 공급곡선 : $Q_{SB} = 20 + 2P_B$ |
>
> 〈작성 방법〉
>
> ○ 두 나라에서 햄버거 1개의 구입비용이 같도록 환율이 결정되어야 한다면, A국의 화폐 1링기는 B국의 화폐 몇 페수와 교환되어야 하는지를 제시할 것
> ○ 현재 A국과 B국 두 나라의 외환시장에서 링기 1단위와 페수 1단위가 교환되는 비율로 환율이 형성되어 있다면, 두 나라 간에 햄버거의 국제교역이 균형을 이루는 가격을 제시하고, A국과 B국 중에 어느 나라가 햄버거를 몇 개 수출하게 되는지를 제시할 것

• 해설 [분석 편의상, A국을 한국, '링기'를 원(₩), B국을 미국, '페수'를 달러($\$$)로 상정하고 분석한다.]

1. 절대적 구매력평가: $\dfrac{\dfrac{1}{P_B}}{\dfrac{1}{P_A}} = \dfrac{P_A}{P_B} = \dfrac{30\,\text{₩}}{15\,\$} = 2\text{₩}/\$$. 즉, 1달러 당 2원, 1원 당 0.5달러

2. 균형교역조건과 교역량
   - 무역 전 두 나라 시장균형
     ▶ A국(한국): 시장균형조건(수요량=공급량) $Q_{DA} = Q_{SA} \Rightarrow 100 - P_A = 40 + P_A$ ∴) $P_A = 30$, $Q_A = 70$
     ▶ B국(미국): 시장균형조건(수요량=공급량) $Q_{DB} = Q_{SB} \Rightarrow 80 - 2P_B = 20 + 2P_B$ ∴) $P_B = 15$, $Q_B = 50$

   - 시장환율이 $1\text{₩}/\$$일 때,
     ▶ B국(미국)에서 햄버거 1개를 15달러에 사서 A국(한국)에 30원에 수출하면 15달러 이득. 따라서 B국(미국)은 햄버거를 수출하고 A국(한국)은 수입
     ▶ 이 경우, B국(미국)의 햄버거 수요가 증가하여 가격 상승, A국(한국)의 햄버거 공급이 증가하여 가격 하락
     ▶ 균형 시, B국(미국) 햄버거 수출량(ES. 초과공급량)과 A국(한국)의 햄버거 수입량(ED. 초과수요량) 동일

     B국 초과공급량(ES) $= Q_{BS} - Q_{BD} = (20 + 2P) - (80 - 2P) = -60 + 4P$
     A국 초과수요량(ED) $= Q_{AD} - Q_{AS} = (100 - P) - (40 + P) = 60 - 2P$

     균형일 때, $ES = ED \Rightarrow -60 + 4P = 60 - 2P$ ∴) $P_E = 20$, $ES = ED = 20$

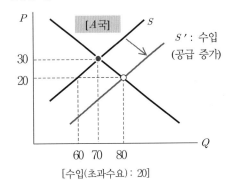

[수입(초과수요): 20] [수출(초과공급): 20]

13 다음 그래프의 A점은 국내균형(완전고용)과 대외균형(국제수지균형) 측면에서 어떤 경제상태에 있는지 서술하고, 재정정책과 통화정책을 활용하여 A점이 균형점 E에 도달하는 과정을 설명하시오. (단, 고정환율제도를 가정한다.)

일반사회 16

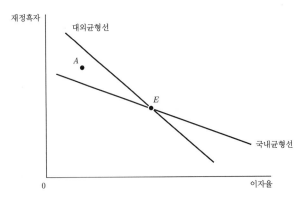

• 해설 (해설 생략)

14 甲국에서 고등학교 3학년 경제수업을 담당하는 K교사는 ㈐의 내용을 수업하기 위해 해당 교육과정의 일부인 ㈎를 확인하였다. ㈎에 나타난 사회과 교육과정 구성원리의 명칭을 쓰고, 주요 특징을 두 가지만 서술하시오. 그리고 ㈐에서 A국이 통화공급을 확대할 경우 B국의 국민소득과 물가에 미치는 영향과 그 과정을 B국이 선택하는 환율제도에 따라 구분하여 설명하시오. (단, 환율은 A국 통화 1단위에 대한 B국 통화의 교환비율이고, J곡선효과는 무시하며, 환율변동은 총공급에 영향을 미치지 않는다고 가정한다.)　일반사회(B 논술) 14

㈎

학년	성취 기준
1	화폐시장에서의 이자율, 환시장에서의 환율을 이해한다.
2	이자율 변화가 환율에 미치는 영향을 이해한다.
3	이자율 변화에 따른 환율변동이 국민경제에 미치는 영향을 이해한다.

㈐

- A국은 대규모 개방경제로 B국에 경제적 영향을 주지만 B국은 소규모 개방경제로 A국에 영향을 주지 않는다. A국과 B국 간 자본이동은 자유로우며 자본은 이자율이 낮은 국가에서 높은 국가로 이동한다.
- A국 또는 B국에서 통화공급이 증가(감소)하면 해당 국가의 총수요가 증가(감소)하고 이자율이 하락(상승)한다.
- 변동환율제도에서는 환율의 변동에 따라 순수출이 변하며 환율변동이 순수출 변화의 가장 중요한 요인이다. 고정환율제도에서는 중앙은행의 외환시장 개입에 따라 통화량이 변한다.

해설 ㈐ A국이 통화공급을 확대할 경우 : 이자율 하락, 총수요 증가에 따라 국민소득 증가

1) B국에 미치는 효과 : B국이 변동환율제일 때
 A국으로부터의 증권투자를 통한 자본유입(외환공급 증가)에 따라 환율 하락.

 ⇒ 수출 감소, 수입 증가 : 총수요 감소 ⇒ 물가 하락, 국민소득 감소

2) B국에 미치는 효과 : B국이 고정환율제일 때
 A국으로부터의 증권투자를 통한 자본유입(외환공급 증가)에 따라 외환시장 초과공급

 ⇒ 외환당국, 외환매입
 ⇒ 통화공급 증가, 이자율 하락
 ⇒ 민간 소비와 투자수요 증가 : 총수요 증가
 ⇒ 물가 상승, 국민소득 증가

15 ㈎에 진술된 정책의 전달경로를 참고하고 ㈏에서 제시한 두 개의 이론모형을 활용하여, 미국에서 재정적자와 중앙은행의 국채 매입이 각각 미국의 이자율과 화폐가치(환율) 그리고 순수출에 미치는 효과를 비교하시오. (단, 재정적자가 이자율에 미치는 영향의 분석에는 대부자금시장 모형을, 국채 매입이 이자율에 미치는 영향의 분석에는 화폐시장 모형을 사용하시오.) 그리고 중앙은행의 국채 매입이 물가 및 국민소득에 미치는 단기적 효과가 폐쇄경제와 개방경제에서 어떻게 다른지 ㈐의 조건을 고려하여 비교·설명하시오. 　일반사회 13

> ㈎ 1980년대 미국 레이건 정부는 세금을 대폭 감면한 반면 재정지출은 비슷한 폭으로 감축하지 않아 대규모 재정적자가 발생했다. 재정적자는 이자율을 변화시켰으며, 이자율 변화는 외환시장에서 달러에 대한 수요와 공급을 변화시켜 달러가치의 변화를 초래하였고, 이러한 달러가치의 변화는 같은 시기 미국의 대규모 무역적자의 원인이 되었다.
>
> ㈏ 이러한 미국의 쌍둥이적자를 설명하기 위해서는 두 개의 이론모형과 몇 가지 가정이 필요하다. 첫째는 이자율 결정모형이다. 이자율 결정모형에는 이자율이 대부자금의 수요와 공급에 의해 결정된다는 대부자금시장모형과 이자율이 화폐의 수요와 공급에 의해 결정된다는 화폐시장모형이 있다. 모형의 단순화를 위하여 단기에 명목이자율의 변화와 실질이자율의 변화는 완전히 동일하다고 가정한다. 둘째는 환율결정모형으로 자본이동이 완전히 자유롭다는 가정하에 외환시장에서 수요와 공급에 의해 한 나라의 화폐가치 또는 환율이 결정되는 과정을 분석하기 위한 것이다. 역시 단순화를 위하여 단기에 명목환율의 변화는 실질환율의 변화와 완전히 동일하다고 가정한다. 또한 미국의 수출품과 수입품 모두 수요의 가격탄력성이 1보다 크며, 환율의 변화가 순수출의 변화에 즉각적으로 반영된다고 가정한다.
>
> ㈐ 환율변화는 총수요와 총공급을 변화시켜 국민소득과 물가에 영향을 미친다. 동일한 환율변화로 인한 총수요곡선 이동폭이 총공급곡선의 이동폭보다 더 크다고 가정한다.

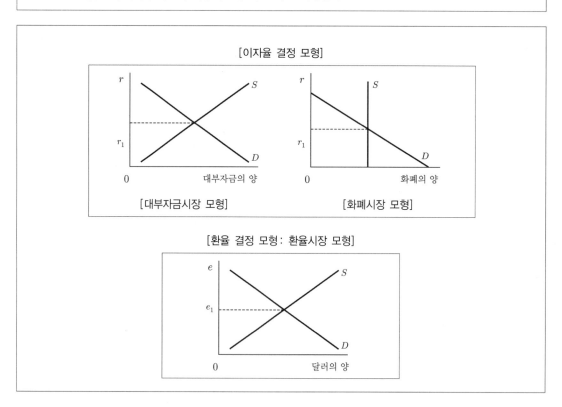

•해설 1) 정부 재정적자 발생 : 정부저축과 총저축에 감소하여 이자율 상승

⇒ (증권투자) 자본유입 ⇒ 외환공급 증가 ⇒ 환율 하락 ⇒ 순수출 감소

중앙은행 국채매입 : 통화공급 증가, 이자율 하락

⇒ (증권투자) 자본유출 ⇒ 외환수요 증가 ⇒ 환율 상승 ⇒ 순수출 증가

2) 중앙은행 국채매입

폐쇄경제모형 : 이자율 하락 ⇒ 민간의 소비와 투자가 증가(총수요 증가) ⇒ 국민소득 등가

개방경제모형 : 이자율 하락 ⇒ (증권투자) 자본유출 ⇒ 외환수요 증가 ⇒ 환율 상승 ⇒ 순수출 증가

따라서, 개방경제모형에서 국민소득 대폭 증가. 환율 상승하면 원자재 수입가격 상승하여 총공급(국민소득) 감소

16 변동환율제도를 채택하고 있으며 자본 이동이 자유로운 소규모 개방경제를 상정하자. 물가하락은 가계의 소비지출과 기업의 투자지출뿐 아니라 순수출에도 영향을 미친다. (A) 물가하락이 화폐시장에서 이자율에 영향을 미치게 되는 과정을 쓰시오. (B) 화폐시장에서의 이런 변화가 순수출에 어떤 경로로 영향을 미치게 되는지를 자본 유출입, 환율, 수출입에 대한 영향의 순서에 따라 쓰시오.　　　　　　　　일반사회 06

•정답 (A) 물가 하락 ⇒ 실질 통화공급 증가, 또는 (거래·예비) 통화수요 감소 ⇒ 이자율 하락

(B) 이자율 하락 ⇒ 자본 유출 ⇒ 환율 상승 ⇒ 수출 증가 ⇒ 경상수지 개선

17 불황기에 국민소득을 증대시키기 위한 확대재정정책 효과가, 개방경제에서 더 큰지 폐쇄경제에서 더 큰지 알아보고자 한다. 다음 자료를 읽고, 이자율 변동, 자본 이동, 환율 변동, 총수요 변동을 고려하여 150자 이내로 설명하시오. (단, 총공급 곡선은 이자율이나 환율에 의해서 영향을 받지 않는다고 가정한다.)　　일반사회 02

> 상품과 자본의 이동이 자유로운 개방경제는 폐쇄경제와는 다른 특징들을 보이고 있다. 자본이동이 자유로우면 국가 간 이자율의 차이에 따라 자본의 이동하는데, 이렇게 이동한 자본은 외환시장에서 수요나 공급을 변화시켜 환율을 변동시킨다. 환율의 변동은 다시 여러 경제변수에 영향을 준다. 따라서 경제정책의 효과를 분석할 때 개방경제에서는 폐쇄경제에서와는 달리 환율 변동에 따른 효과까지 분석해야 한다. 즉 개방경제에서 재정정책과 통화정책의 효과를 분석할 때는 폐쇄경제에서의 효과 외에 환율이 총수요와 총공급을 어떻게 변화시키는지 추가적으로 고려해야 한다.

•해설 1) 폐쇄경제에서 확대재정정책을 실시하는 경우

확대재정정책(정부지출 증가 내지는 조세감면) ⇒ 국민소득↑, 이자율↑ ⇒ 국민소득 감소(구축효과 발생)

2) 개방경제. 폐쇄경제의 경우 효과가 더 커짐

확대재정정책 ⇒ 국민소득↑, 이자율↑ ⇒ 국민소득 감소

⇒ 자본 유입↑ ⇒ 국제수지 개선 ⇒ 외환의 초과 공급 상태

⇒ 환율 하락 ⇒ 경상수지 악화 ⇒ 유효수요 감소 ⇒ 국민소득 감소

박지훈의
친절한 경제학

초판인쇄 | 2023. 1. 16.   **초판발행** | 2023. 1. 20.

편저자 | 박지훈   **발행인** | 박 용

표지디자인 | 박문각 디자인팀   **발행처** | (주)박문각출판

등록 | 2015년 4월 29일 제2015-000104호

주소 | 06654 서울특별시 서초구 효령로 283 서경 B/D   **팩스** | (02)584-2927

전화 | 교재 문의 (02)6466-7202, 동영상 문의 (02)6466-7201

저자와의
협의하에
인지생략

이 책의 무단 전재 또는 복제 행위는 저작권법 제136조에 의거, 5년 이하의 징역 또는 5,000만 원 이하의 벌금에 처하거나 이를 병과할 수 있습니다.

ISBN 979-11-6987-103-7

정가 38,000원